***ACCESO GRATIS** a la Lectura en la Nube*

Para visualizar el libro electrónico en la nube de lectura envíe junto a su nombre y apellidos una fotografía del código de barras situado en la contraportada del libro y otra del ticket de compra a la dirección:

ebooktirant@tirant.com

En un máximo de 72 horas laborables le enviaremos el código de acceso con sus instrucciones.

La visualización del libro en **NUBE DE LECTURA** excluye los usos bibliotecarios y públicos que puedan poner el archivo electrónico a disposición de una comunidad de lectores. Se permite tan solo un uso individual y privado.

Diccionario de Derecho constitucional latinoameriano

Procedimiento de selección de originales, ver página web:
www.tirant.net/index.php/editorial/procedimiento-de-seleccion-de-originales

Diccionario de Derecho constitucional latinoamericano

CARLOS MANUEL VILLABELLA ARMENGOL
LILIAN BALMANT EMERIQUE
MARÍA ELENA ATTARD BELLIDO
RUBÉN MARTÍNEZ DALMAU
(Coordinadores)

tirant lo blanch
Valencia, 2024

En caso de erratas y actualizaciones, la Editorial Tirant lo Blanch publicará la pertinente corrección en la página web www.tirant.com.

Corrección: Lic. Ivón Kennedy Suárez

© TIRANT LO BLANCH
EDITA: TIRANT LO BLANCH
C/ Artes Gráficas, 14 - 46010 - Valencia
TELFS.: 96/361 00 48 - 50
FAX: 96/369 41 51
Email: tlb@tirant.com
www.tirant.com
Librería virtual: www.tirant.es
DEPÓSITO LEGAL: V-3419-2024
ISBN: 978-84-1056-894-5
MAQUETA: Tink Factoría de Color

Si tiene alguna queja o sugerencia, envíenos un mail a: *atencioncliente@tirant.com*. En caso de no ser atendida su sugerencia, por favor, lea en *www.tirant.net/index.php/empresa/politicas-de-empresa* nuestro procedimiento de quejas.

Responsabilidad Social Corporativa: http://www.tirant.net/Docs/RSCTirant.pdf

Índice de voces

— C —

— D —

— E —

— F —

— G —

— H —

— I —

—J—

—L—

—M—

— N —

— O —

— P —

Prólogo

Este no es un diccionario más de Derecho constitucional. Se trata del primer intento de construir colectivamente un diccionario de la disciplina específicamente latinoamericano, que desarrolla voces y contenidos que no son usuales en textos homónimos. Un trabajo con este enfoque es necesario para avanzar en la reflexión conjunta y en los consensos académicos sobre los significados de términos de relevancia constitucional en la región. Ese propósito denota la trascendencia de la obra y asegura, como deseamos los coordinadores, que no pasará desapercibida.

El constitucionalismo latinoamericano se mueve entre dos aguas, las reposadas y las que generan un oleaje cuyos alcances están aún por comprender. El nuevo constitucionalismo latinoamericano, que progresó en Latinoamérica desde finales de la centuria anterior, representó un punto de inflexión para la región por *cómo* se gestaron los documentos constitucionales y *qué* dijeron. La participación popular en su creación, la búsqueda de soluciones a las problemáticas sociales acumuladas, el énfasis en las minorías y grupos originarios, el encaramiento de las deudas con los derechos humanos y en particular con los derechos sociales, la propuesta de relación con la Naturaleza, su temple decolonial, entre otros aspectos, condicionan su valía. En esa tesitura, evocó esencias del primer constitucionalismo revolucionario y vislumbró una alternativa a los desafíos que se había propuesto el constitucionalismo social.

La ruptura con paradigmas, especialmente con el canon liberal conservador, la originalidad de enfoques e instituciones y la vocación refundadora, suscitaron replanteamientos filosóficos, metodológicos y teóricos. Progresivamente se destilaron nuevos conceptos y contornaron sentidos renovadores a otros: autonomía indígena, afrodescendientes, cosmovisión indígena, identificación indígena, plurinacionalidad, populismo, democracia comunitaria, madre tierra, derechos de la Naturaleza, derechos del buen vivir, despatriarcalización, interculturalidad, comunidad tradicional, pluralismo jurídico, constitucionalismo crítico, empoderamiento, interseccionalidad, entre otros conceptos, constituyen términos que difícilmente estarían presentes en libros de referencia clásicas, pero que son una realidad en la trayectoria constitucional latinoamericana contemporánea.

Un estudio preliminar puso en evidencia que en América Latina se han publicado glosarios de términos políticos, de Derecho parlamentario, de Derecho procesal y de Derecho constitucional. En el último ámbito, destacan el *Diccionario de Derecho Constitucional contemporáneo*, publicado en Lima por Gaceta Jurídica en 2012; y el *Diccionario constitucional chileno*, publicado por el Tribunal Constitucional de Chile en 2014. La diferencia con estos es que el presente texto une términos clásicos con vocablos decantados en la teoría constitucional y la interpretación jurisdiccional de la región, producto de un hacer crítico y decolonial. En paralelo, la explicación de cada voz no se centra en un país específico, sino que ofrece, donde es posible, un enfoque comparado. Es por ello que no es un diccionario al uso.

Las páginas que aquí se presentan han llevado más de dos años de trabajo. Ha sido un reto su construcción desde una epistemología cualitativa diferente y con una metodología integradora. Combina autoras y autores consolidados con jóvenes académicos. Incorpora 217 voces trabajadas por 132 investigadores y operadores del Derecho de medio centenar de universidades e instituciones, principalmente latinoamericanas. Entendemos que es una obra perfectible, viva. Lo importante era lanzar esta primera versión y verla gatear. Irá creciendo a medida que se vayan asentando sus contenidos y ampliando sus voces.

Los coordinadores del *Diccionario de Derecho Constitucional Latinoamericano* deseamos que este trabajo les sea de ayuda en sus programas de formación, en sus procesos de investigación, en la toma de decisiones jurídicas y en sus momentos de lectura. Sus comentarios y propuestas de mejora serán muy bien recibidos.

Carlos Villabella Armengol
Lilian Balmant Emerique
María Elena Attard Bellido
Rubén Martínez Dalmau
Coordinadores

Abolición

Ver *Esclavitud*.

Acceso a la justicia

Gorki Yuri Gonzales Mantilla

El acceso a la justicia tiene por objeto crear las garantías y las vías institucionales necesarias, en el marco del ordenamiento constitucional, para transformar y suprimir las relaciones de poder y subordinación que dificultan o inciden negativamente en el ejercicio de los derechos y las libertades fundamentales.

La prioridad de este enfoque tiene como premisa la necesaria exigibilidad de los derechos y la responsabilidad del Estado en su cumplimento o realización. El concepto se delimita a partir de la indispensable relación del Derecho con la política y el orden social, para enfrentar y superar las condiciones de desigualdad e injusticia de la realidad. Por esa razón puede ser considerado un instrumento necesario para promover el desarrollo y la convivencia social.

El acceso a la justicia no se agota en la posibilidad de recurrir al sistema judicial para demandar la satisfacción de un interés. Aunque esta última versión haya sido la más difundida en sus antecedentes, obedece a una idea que lo confunde o subordina a la denominada tutela judicial efectiva. Desde esta perspectiva, el acceso a la justicia solo era reconocible dentro de los límites impuestos por las formas procesales. Y este era el ámbito en el que se tenía la pretensión de realizar el acceso a la justicia como derecho de todos los miembros de la comunidad. No había lugar, en esta fórmula, para reparar en las desigualdades sociales de carácter estructural, ni para reconocer los intereses y poderes que definen las condiciones de exclusión, desigualdad e injusticia en la sociedad.

Este punto de vista es relevante para los países de América Latina, donde la ausencia de derechos es una realidad estructural como resultado de las condiciones de pobreza y desigualdad histórica de sus comunidades. Esta carencia es la barrera, compleja y extendida, que el acceso a la justicia debe superar para el reconocimiento y realización de los derechos y para evitar que su significado se diluya en las estructuras normativas.

La ausencia de derechos ofrece manifestaciones muy diversas, y en América Latina esta es una realidad compartida. Son las barreras que surgen por razones lingüísticas, por las diferencias culturales, por razones económicas, por el origen social de las personas, por razones del territorio o geográficas, por razones de género o de edad y por cualquier otra consideración. La superación de estas condiciones vincula el significado del acceso a la justicia, tanto en el origen de su contenido como en su finalidad institucional.

El acceso a la justicia, por lo dicho, está en el núcleo de los fines que justifican la existencia de las democracias constitucionales: la necesidad de garantizar plenamente los derechos fundamentales y promover el bienestar de todos los miembros de la comunidad política. A esta premisa responde la dimensión normativa del acceso a la justicia, con particular relevancia en América Latina, al carácter indivisible y justiciable de los derechos fundamentales —en los términos de PIZZORUSSO (2001)— para romper el maniqueísmo que trae consigo la división entre derechos sociales e individuales, con particular menoscabo de los primeros y para defender su exigibilidad, cualquiera sea su contenido.

El acceso a la justicia es un derecho estructural del orden constitucional y columna del ordenamiento político en varios de los países de América Latina. En el preámbulo o como parte de algunas cláusulas constitucionales, aparece la prioridad de la justicia como fundamento y objeto del Estado (Colombia 1991, Paraguay 1992, Argentina 1994, Ecuador 2008, Bolivia 2009, entre otras). Esta definición sitúa el significado del acceso a la justicia en toda su expresión, más allá de su reconocimiento específico en el ámbito de las garantías y los principios de la función judicial.

La hermenéutica del derecho de acceso a la justicia también está definida por la relevancia de los derechos fundamentales desde el ámbito internacional. En América Latina esta perspectiva se abre paso desde la inviolabilidad de la dignidad que está en el núcleo del acceso a la justicia, hasta la necesidad de articular una comprensión-interpretación en materia de acceso a la justicia, que no se agota en los trámites de los procesos internos y que exige al Estado las garantías que aseguren los derechos en forma concreta y dentro un tiempo razonable (Sentencia Corte IDH, caso "Bulacio contra Argentina", de 18 de septiembre de 2003, C 114; Sentencia Corte IDH, caso "Palamara contra Chile", de 22 de noviembre de 2006, C 188). A este escenario responden las decisiones de la Corte Interamericana y las recomendaciones de la Comisión sobre la materia, y se articula a diversos instrumentos internacionales relacionados: la Declaración Universal de Derechos Humanos (artículos 8° y 10°); el Pacto Internacional de Derechos Civiles y Políticos (artículo 14-1); la Convención Americana sobre Derechos Humanos (artículo 8-1); la Declaración Americana de Derechos y Deberes del Hombre (artículo XVIII); y la Convención internacional sobre Eliminación de todas las Formas de Discriminación Racial (artículos 5° y 6°).

Acción afirmativa

Vanilda Honória DOS SANTOS

El concepto de acción afirmativa se constituyó en diferentes etapas, entendiendo que no basta no discriminar, se necesitan "acciones positivas" en la lucha contra la discriminación, lo que se denomina "discriminación positiva". India fue pionera en la implementación de programas de "discriminación positiva" o acciones afirmativas, como la política de reserva de vacantes, que comenzó a fines del siglo XIX y cobró nuevos contornos en 1950, cuando entró en vigor la Constitución india. La experiencia india influyó en el desarrollo de programas de acción afirmativa en Estados Unidos. Según el jurista y exministro del Supremo Tribunal Federal de Brasil, Joaquim BARBO-

SA, en su primera etapa, la acción afirmativa tenía el significado de "estímulo" promovido por el Estado para que los agentes con poder de decisión en los ámbitos público y privado pudieran considerar la diversidad y la diversidad de inclusión en el proceso de toma de decisiones en temas como la educación y el mercado laboral.

El objetivo era combatir la discriminación, reflejando la representación de todos los grupos sociales en la composición de estos sectores. La experiencia estadounidense fue la que más influyó en el debate sobre acción afirmativa en América Latina. En la segunda etapa de acción afirmativa se comprobó la ineficacia de los procedimientos clásicos para combatir la discriminación basados en la democracia liberal y en el principio de igualdad formal, por lo que fue necesario ampliar el concepto, abarcando la igualdad de oportunidades. Se inicia el proceso de imposición de cuotas estrictas de acceso de representantes de minorías a sectores del mercado laboral e instituciones educativas, vinculando las acciones afirmativas a los objetivos estadísticos.

En la actualidad, en su tercera etapa, las acciones afirmativas han adquirido el significado de un conjunto de medidas especiales y temporales, esto es, políticas públicas y privadas, cuyo objetivo constitucional para el conjunto de la sociedad es combatir la discriminación racial, de género, nacional e internacional, regional, edad y estado en relación con la discapacidad; y corregir los efectos de la discriminación pasada. En resumen, las acciones afirmativas son medidas para implementar el principio jurídico de igualdad sustancial o material y un instrumento de inclusión social, visando la realización del ideal de igualdad efectiva de acceso a los bienes y oportunidades fundamentales, induciendo transformaciones culturales, pedagógicas y psicológicas, eliminando del imaginario colectivo la idea de supremacía y subordinación racial y de género; frenar la discriminación presente y eliminar los efectos de la discriminación pasada; promover la "diversidad", mayor "representatividad" y "pluralidad" de los grupos minoritarios en los sectores público y privado.

La base filosófico-constitucional de la acción afirmativa en las Américas se encuentra en las concepciones teóricas occidentales de justicia compensatoria, justicia distributiva y multiculturalismo. Las acciones afirmativas se sustentan en el ámbito jurídico del Derecho internacional de los derechos humanos en el escenario mundial y regional y en el Derecho constitucional de los ordenamientos jurídicos nacionales de los países democráticos. Es necesario un análisis crítico con respecto a la efectividad de las políticas de acción afirmativa, considerando que en varias áreas, los intentos de implementar tales políticas en América Latina aún enfrentan muchas resistencias por parte de los sectores privilegiados. El enfoque de la Teoría crítica de la raza, expuesto por el jurista Derrick BELL, sobre el concepto de "convergencia de intereses", es una lente importante para este análisis crítico. Se trata de mirar la materialización histórica de la racionalidad jurídica, expresada por la regulación de las acciones afirmativas, observando la yuxtaposición caótica de múltiples pretensiones políticas y económicas. Además de la normalización, la implementación del principio constitucional de igualdad requiere el desarrollo de políticas públicas efectivas y de seguimiento, evaluación y control social.

Acción de cumplimiento

Patricia SERRUDO SANTELICES

La acción de cumplimiento es un procedimiento mediante el cual se busca hacer efectivo un mandato constitucional o legal incumplido de manera injustificada por un servidor público; con ello se promueve el Estado de Derecho, generando que la ley se cumpla materialmente.

El principal antecedente de la acción de cumplimiento se encuentra en el *writ of mandamus* del Derecho común anglosajón o *Common Law*, mediante el cual una resolución judicial obliga al cumplimiento de un deber público, cuya naturaleza es distinta a la de un deber privado, como una obligación contractual; además, el *writ of mandamus* no alcanza al error en decisiones judiciales.

En Bolivia se trata de una acción tutelar definida por el artículo 134 de la Constitución política del Estado, que procede en caso de incumplimiento de disposiciones constitucionales o de la ley por parte de servidores públicos, con el objetivo de garantizar la ejecución de la norma omitida. Su tramitación está definida por el mismo artículo y por el Código procesal constitucional.

En Ecuador, la acción por incumplimiento es un proceso constitucional desarrollado por el artículo 93 de la Constitución que establece que "La acción por incumplimiento tendrá por objeto garantizar la aplicación de las normas que integran el sistema jurídico, así como el cumplimiento de sentencias o informes de organismos internacionales de derechos humanos, cuando la norma o decisión cuyo cumplimiento se persigue contenga una obligación de hacer o no hacer clara, expresa y exigible. La acción se interpondrá ante la Corte Constitucional".

En Colombia, la acción de cumplimiento es un proceso que es resuelto por el Consejo de Estado, que se constituye como el instrumento adecuado para demandar de las autoridades o de los particulares que ejercen funciones públicas, la efectividad de las normas con fuerza material de ley y de los actos administrativos.

Acción de tutela

Ver *Amparo constitucional.*

Acción popular

María Elena ATTARD BELLIDO

En el avance de los constitucionalismos dialógicos latinoamericanos, la acción popular tiene dos sentidos: es concebida como un mecanismo de legitimación activa amplia para que cualquier persona pueda presentar una garantía jurisdiccional o una acción pública de inconstitucionalidad (Ecuador, artículo 86 de la Constitución de 2008), y también ha sido concebida como un mecanismo de directa justiciabilidad y con legitimación activa amplia para la justiciabilidad de derechos e intereses colectivos (Colombia y Bolivia).

Como mecanismo de directa justiciabilidad, tiene una naturaleza preventiva y reparadora, está regida por los principios de informalismo, publicidad, sumatoriedad y de prevalencia del Derecho sustancial para la tutela eficaz de derechos colectivos o con incidencia colectiva, cuando son amenazados o vulnerados por servidoras o servidores públicos o personas particulares. No está condicionada al agotamiento de otras vías de defensa ni a plazos de caducidad.

Procesalmente, y en relación con derechos colectivos o con incidencia colectiva, por la naturaleza de los derechos, se aplica la inversión de la carga de la prueba, el principio precautorio y en caso de denegarse la tutela, la decisión no adquiere cosa juzgada material, y puede ser presentada nuevamente en caso de denegarse la tutela. Asimismo, para una prevalencia de la justicia material frente a formalismos que pueden resultar desproporcionales, puede realizarse flexibilizaciones como reconducciones procesales de oficio o reconducciones de legitimación pasiva.

En su faceta preventiva se aplica el principio precautorio, en virtud del cual no se requiere certeza jurídica para la tutela de derechos colectivos o con incidencia colectiva, por lo que en estos casos la autoridad que ejerce control tutelar debe asumir medidas preventivas eficaces e inmediatas para evitar daños. En su faceta reparadora debe ordenarse medidas destinadas a una restitución integral del derecho, que incluyan medidas de restauración, de socialización y garantías de no repetición, con enfoque intercultural en casos en los cuales la vulneración esté vinculada con pueblos indígenas o pueblos afrodescendientes.

En Roma era concebida como una institución para la defensa de la *res pública* (OVALLE, 2004: 399). En Latinoamérica, inicialmente, la codificación civil reguló este tipo de acciones, con la finalidad de ordenar demoliciones o el resarcimiento de daños en plazas, u otros lugares de uso público, brindando para este fin legitimación activa a las municipalidades y las personas particulares. En el constitucionalismo latinoamericano, la acción popular tuvo un avance importante para la tutela de derechos colectivos y con incidencia colectiva.

La Constitución de Brasil de 1998 reguló la acción popular para la protección del patrimonio público, el medio ambiente, el patrimonio histórico o cultural. Posteriormente, la Constitución de Colombia de 1991 instituye la acción popular para la protección de derechos e intereses colectivos relacionados con el patrimonio, el espacio, la seguridad y salubridad públicas, la moral administrativa, el ambiente, la libre competencia económica y otros de similar naturaleza. Sobre la base de esta previsión constitucional, la Ley 472 (*Diario Oficial* No. 43.357, de 6 de agosto de 1998) regula las acciones populares como mecanismos procesales para la tutela de derechos e intereses colectivos y las acciones de grupo, para el resguardo de derechos de un número plural de personas (artículo 1).

La Constitución del Ecuador de 2008, en el Capítulo tercero, disciplina derechos al ambiente, el equilibrio ecológico, los recursos naturales, el espacio público, la seguridad y salubridad, los servicios públicos, el patrimonio público y cultural, la prevención de desastres, el comportamiento inadecuado de funcionarios públicos, consumidores y usuarios, las construcciones urbanísticas, entre otros; y en el artículo 86 se consagra la legitimación activa para que cualquier persona pueda presentar una garantía jurisdiccional y una acción pública de inconstitucionalidad, es decir, que tiene un sentido procesal que transversaliza la legitimación activa a mecanismos constitucionales de defensa; en cambio, en el Estado plurinacional de Bolivia, la Constitución de 2009, en el artículo 125 ha consagrado a la acción popular como un mecanismo específico de control tutelar de constitucionalidad, que tiene la finalidad de tutelar derechos colectivos de pueblos indígenas y afrodescendientes y otros derechos con incidencia colectiva, entre ellos los derechos de la madre tierra, los derechos de los seres sintientes, los derechos al espacio público, a la salubridad, de usuarios, usuarias, consumidoras y consumidores, entre otros.

La jurisprudencia le ha brindado características especiales, como, por ejemplo, la aplicación del principio de informalismo (SCP 0788/2011-R, 1982/2011-R y 0707/2018-S2, entre otras), la reconducción procesal (SCP 0645/2012 de 23 de julio), la reconducción de legitimación pasiva (SCP 1560/2014 de 1 de agosto), la inexistencia de cosa juzgada cuando se deniega la acción popular (SCP 0176/2012 de 14 de mayo), la aplicación del principio precautorio o pro natura (0070/2017-S3 de 24 de febrero), aspectos que emergen de un desarrollo de esta acción a la luz del constitucionalismo plurinacional comunitario y descolonizador (ATTARD, 2019: 476).

Finalmente, en Perú, la acción popular se la concibe como una acción pública destinada a proteger el interés común de la sociedad, para hacer respetar la Constitución mediante la legitimación activa de ciudadanos (Morón, 2013: 33). En este sentido, Villavicencia la define como un mecanismo de acceso a la justicia mediante una legitimación activa, abierta y amplia, que habilita a los ciudadanos a controlar y defender la legalidad ante la jurisdicción ordinaria (2017: 3).

Activismo judicial

José Antonio Rivera

El vocablo *activismo judicial*, como un fenómeno central en la teoría y la práctica jurídica, tiene múltiples sentidos y perspectivas en el tiempo y el espacio, en función de las concepciones políticas e ideológicas; de ahí que lo entienden en un sentido quienes lo propugnan; y en otro, quienes lo critican. Eso hace que exista una dificultad conceptual, pues en la doctrina constitucional no se tiene una definición unívoca.

Rivas-Robledo (2022), partiendo de la hipótesis de ruptura de las normas de competencia, lo define como la modificación intencional de las competencias que hace el juez a través de sus decisiones, ampliándolas o reduciéndolas, pero actúa como si estuvieran dentro del ámbito de los poderes definidos en la norma de competencia.

El activismo judicial es la decisión adoptada por los jueces o tribunales que, en cumplimiento de valores supremos y principios constitucionales, sobre la base de una interpretación creativa de la ley fundamental del Estado, apartándose de los precedentes, e incluso rebasando sus competencias, materializa la fuerza normativa de la Constitución y otorga protección efectiva y concreción a los derechos humanos y fundamentales, principalmente de los grupos sociales vulnerables, frente a las violaciones estructurales por acciones u omisiones de los gobernantes del Estado. Rompe la forma tradicional de entender el papel de los jueces en un Estado democrático constitucional de Derecho; y se constituye en una respuesta jurídica a la inacción estatal en la garantía de los derechos humanos, especialmente de los grupos sociales vulnerables.

Se trata de una práctica judicial en la que los jueces, partiendo de un caso que refleja la vulneración estructural de los derechos humanos y fundamentales de varios sujetos, asumen una decisión reparadora de la situación emitiendo órdenes a las autoridades competentes con lineamientos generales para que adopten políticas públicas o se expidan normas necesarias, todo ello para restablecer los derechos violados y garantizar su goce pleno y ejercicio efectivo.

En el ámbito académico, el vocablo fue utilizado por primera vez en Estados Unidos de Norteamérica; fue Arthur SCHLESINGER quien, en un artículo de la revista *Fortune* de 1947, lo utilizó para referirse a los jueces de la Suprema Corte de Justicia que, en su criterio, al tomar sus decisiones se apartaban de la moderación que se espera tengan en el ejercicio de sus funciones. A partir de ello, el vocablo ha formado parte de la discusión político-jurídica norteamericana, con posiciones a favor y en contra.

En el ámbito jurisdiccional, la doctrina señala como antecedente la Sentencia del caso "Marbury *vs.* Madison", de 1803. Sin embargo, es posible identificar como antecedente a las Siete Partidas del Rey Alfonso, *El Sabio*; pues en la Partida Tercera, Ley 11, Título IV, se le imponía al juez la obligación de "saber la verdad del pleito por cuantas maneras pudiese", a cuyo efecto se le otorgaba un poder muy amplio para esclarecer la verdad del litigio.

El vocablo fue usado por vez primera por la Suprema Corte de Estados Unidos de Norteamérica, cuando bajo la presidencia del Juez Earl WARREN, emitió la Sentencia del caso "Brown *vs.* Board of Education", de 17 de mayo de 1954, declarando la inconstitucionalidad de la segregación racial en las escuelas norteamericanas.

En Latinoamérica, desde las últimas décadas del siglo XX, fue aplicado en la jurisdicción constitucional en decisiones calificadas como sentencias estructurales, para reparar las violaciones estructurales a los derechos humanos y fundamentales, principalmente los derechos económicos, sociales y culturales de los grupos sociales vulnerables, así como los derechos colectivos de los pueblos, dando respuestas integrales a las víctimas directas e indirectas de las acciones u omisiones estatales. Se ha constituido en una respuesta a la insuficiencia de las vías políticas o las omisiones de los órganos de poder en el cumplimiento de labores institucionales para la concreción de los derechos humanos y fundamentales.

En la Argentina, la Corte Suprema de Justicia de la Nación ha adoptado decisiones que son calificadas como activistas. Así, en su Sentencia del caso "Ángel Siri", de 27 de diciembre de 1957, crea el recurso de amparo constitucional para la protección de derechos fundamentales; en su Sentencia del caso "Mendoza, Beatriz y otro c/ Estado Nacional y otros, s/ Daños y Perjuicios", resguardando el derecho al medio ambiente, emitió órdenes expresas e imperativas a la autoridad competente para que cumpla el programa de tratamiento y recuperación de los daños ambientales de la cuenca Matanza-Riachuelo establecido en la Sentencia, con los objetivos de mejorar la calidad de vida de los habitantes de la cuenca Matanza-Riachuelo; la recomposición del ambiente en la cuenca en todos sus componentes (agua, aire y suelos); y la prevención de daños con suficiente y razonable grado de predicción.

El Tribunal Constitucional Plurinacional de Bolivia, desde su primera época asumió decisiones que encuadran en el activismo judicial, para proteger derechos sociales y derechos colectivos de las naciones y pueblos indígena originario campesinos. Así, en sus Sentencias 0411/2000-R y 0687/2000-R, para proteger el derecho a la vida de las personas con enfermedades crónicas; en su Sentencia 0026/2003-R, para resguardar el derecho a la vida de las personas portadoras del VIH; en su Sentencia 0645/2012, para resguardar los derechos colectivos de un pueblo indígena originario; y en su Sentencia SCP 1422/2012, para la protección de los derechos de grupos sociales de atención prioritaria.

Si bien es muy controvertido el vocablo, en el Brasil, el Supremo Tribunal Federal ha adoptado decisiones que encuadran en el activismo judicial. De tal manera, ha realizado una interpretación extensiva de la Constitución, en la Sentencia ADO 26/DF ADO 26/DF, de 13 de junio de 2019, para incluir como crimen de "racismo" la homofobia; y en la Sentencia ADPF 132/RJ, de 05 de mayo de 2011, para el reconocimiento del matrimonio y la unión de personas del mismo sexo.

En Colombia, el activismo judicial se utiliza para la concreción de los derechos económicos, sociales y culturales frente a la violación estructural de grupos sociales vulnerables. Así, respecto a la violación permanente de las personas desplazadas forzadamente, en la Sentencia T-025 de 2004, la Corte Constitucional la declaró como estado de cosas inconstitucional, e impartió órdenes concretas y generales para reparar las graves violaciones. En relación con las personas privadas de libertad, en las Sentencias T-153 de 1998 y T-606 de 1998, la Corte Constitucional declaró el estado de cosas inconstitucional en las prisiones y emitió órdenes a las autoridades competentes para reparar las graves violaciones de los derechos de la población carcelaria. Ante la violación estructural del derecho a la salud, en la Sentencia T-760 de 2008, la Corte Constitucional emitió órdenes a las autoridades competentes para remediar los problemas estructurales de la satisfacción del derecho a la salud.

Por su parte, la Sala Constitucional de Costa Rica ha utilizado el activismo judicial para la protección de derechos colectivos y derechos sociales, frente a vulneraciones estructurales. Así, en su Sentencia 1154-96 emitió órdenes al órgano ejecutivo para la adopción de medidas para el resguardo del derecho a tener un ambiente sano, a vivir en condiciones de bienestar y dignidad, y el derecho a la salud; y en su Sentencia 4621-2013 emitió órdenes a las autoridades de la Caja Costarricense de Seguro Social para que adopten medidas de protección del derecho a la salud.

Afrodescendiente

Maria do Carmo REBOUÇAS DOS SANTOS

En América Latina, la población afrodescendiente corresponde al 21 % de su población total (CEPAL, 2020: 85). El tema del reconocimiento étnico-racial es complejo y no está exento de tensiones y diferencias. En efecto, existen distinciones de identificación y pertenencia racial, ya sean de carácter cultural —subordinadas a las construcciones históricas del lugar social de los descendientes de los pueblos africanos en cada sociedad desde la colonización—, o de carácter institucional nacional —resultantes de la forma de institucionalización de categorías censales étnico-raciales en cada país—, o incluso institucional internacional —relacionado con la institucionalización de categorías étnico-raciales para la producción de datos por parte de organismos internacionales y su influencia en contextos domésticos—.

En la región, cuya población afrodescendiente está más urbanizada (CEPAL, 2020: 91) —con algunas excepciones como Colombia—, predominan marcadores fenotípicos, que, a su vez, y por las razones anteriores, dan como resultado categorías y conceptos raciales como *diáspora africana, afrodescendientes, negro* y *negritud.*

El término *diáspora africana* se utiliza para identificar a los millones de personas descendientes de africanos(as) esclavizados(as) que habitan la región, que además de compartir cultura, identidad y reivindicaciones políticas, construyeron una historia a partir de procesos de larga duración, que tienen como centro características como la esclavitud, la colonización, la discriminación y la exclusión (CEPAL, 2020: 71).

La categoría negro fue inicialmente movilizada por los haitianos en el contexto de las luchas por la independencia de ese país de la colonización francesa. El término aparece en la Constitución de 1805 en su artículo 14, que eleva el estatus de ser "negro" a la categoría general a la que pertenecían todos los haitianos (Rebouças dos Santos, 2021).

La categoría negritud tiene un antecedente secular arraigado en el protagonismo de varios personajes históricos. En el contexto constitucional haitiano fue reconceptualizada como una categoría política que señalaba "resistencia histórica o potencial" a la esclavitud y la dominación colonial. Para Cesaire (1939), teórico caribeño que en la contemporaneidad se destacó por la movilización de la categoría a partir de su poema *Cuaderno de regreso a la patria,* la negritud sería la conciencia de ser negro, que implica aceptación, asunción del propio destino como persona negra, su historia, su cultura. Sería la afirmación de una identidad, de la solidaridad, de la fidelidad a un conjunto de valores negros. Más tarde, el término *negritud* tomó el significado de un movimiento político, ideológico y cultural francófono del panafricanismo, en oposición al eurocentrismo y a la asimilación colonial que ha influenciado a la diáspora africana en el mundo (Adi, 2022: 189).

La categoría negro también es usada en Brasil. La clasificación de la población negra en ese país se define en términos de raza o, más específicamente, de color, y no en términos culturales o lingüísticos

(IGREJA, *et al.*, 2023). A pesar de la adopción generalizada del término afrodescendiente en América Latina tras la III Conferencia Mundial de Durban, en Brasil es la categoría negro la que ganará relevancia política e institucional y, por tanto, será institucionalizada a través del censo de población. De hecho, en Brasil, el sistema de clasificación oficialmente imperante referente a raza/color para categorizar a la población afrodescendiente resultó de la influencia política del Movimiento Negro. El censo nacional, a partir del año 2000, pasó a adoptar las categorías *preto* y *pardo*, que fue políticamente asimilado a la categoría negro. De esta manera, la categoría negro, antes considerada peyorativa, ganó fuerza en la retórica política y en las políticas públicas. La apuesta por el término *negro* tuvo como objetivo resaltar la importancia de reconocer una identidad y construir una conciencia racial. Además, el término ganó un significado especial al servir como un paraguas para los términos *pardo* y *preto*, que sumados cubrirían el color de más de la mitad de la población brasileña (IGREJA, *et al.*, 2023).

El término negro aparece, entre otras categorías, en el censo de Colombia. En una taxonomía de terminologías, Costa Rica también utiliza el término negro en el censo, al igual que Cuba, Ecuador, El Salvador, Honduras, México, Panamá, Perú, Uruguay y Venezuela (CEPAL, 2021).

El término afrodescendiente es una categoría movilizada por organismos internacionales y que ha cobrado fuerza y difusión en América Latina a partir de la III Conferencia Mundial contra el racismo, la discriminación racial, la xenofobia y las formas conexas de intolerancia de la ONU, realizada en Durban, Sudáfrica, en 2001. Ciertamente, en la Conferencia Regional preparatoria de la Conferencia Mundial, la Conferencia Regional de las Américas, celebrada en Santiago de Chile, en el año 2000, los Estados de las Américas reconocieron que los afrodescendientes en la región americana eran víctimas del racismo, la discriminación racial y la esclavitud, motivo de la negación histórica de sus derechos. En la Conferencia de Durban, los Estados ratificaron esta concepción, además de comprometerse a crear un mecanismo para estudiar la discriminación racial que sufren las personas afrodescendientes y proponer medidas de reparación. En 2002, la Comisión de Derechos Humanos de la ONU creó el Grupo de trabajo de expertos sobre personas afrodescendientes. En 2003, el mencionado grupo consideró que “los afrodescendientes que viven en la diáspora son las víctimas históricas y continuas de la trata de esclavos y la esclavitud transatlántica, mediterránea y del océano Índico, y así fueron reconocidos en la Declaración y Programa de Acción Mundial de Durban. Conferencia contra el Racismo, la Discriminación Racial, la Xenofobia y las Formas Conexas de Intolerancia” (Naciones Unidas, 2003: 17), cuyos derechos humanos deben ser promovidos y protegidos.

Desde el punto de vista de la recepción de estas categorías en el constitucionalismo de la región en materia de garantías constitucionales, doctrina y jurisprudencia, observamos que las categorías son recibidas de diferentes maneras, pero todas, a pesar de sus distinciones históricas, políticas y sociales, se utilizan para identificar a los descendientes de los pueblos africanos que fueron esclavizados en las Américas y para la regulación de un abanico de garantías y protección de derechos para este segmento social.

En América Latina, 13 Constituciones condenan la discriminación racial: República Dominicana (1844), Panamá (1972), Honduras (1982), El Salvador (1983), Brasil (1988), Colombia (1991), Perú (1993), Nicaragua (1995), República Bolivariana de Venezuela (1999), Ecuador (2008), Estado plurinacional de Bolivia (2009), México (2017) y Cuba (2019). Tres Constituciones hacen referencia específica a los afrodescendientes: Bolivia, Ecuador y México, y reconocen a los afrodescendientes como pueblo: Bolivia, Ecuador y México. Efectivamente, la Constitución de Bolivia de 2009 utiliza el término *afrobolivianos*, así como la Constitución de Ecuador de 2008 moviliza categorías afroecuatorianas y en ambas constituciones se considera a los afrodescendientes como pueblo. La Constitución de México reconoce los derechos de los afromexicanos y en la reforma constitucional de 2019 reconoció a los pueblos y comunidades afromexicanos, cualquiera que sea su autodenominación, como parte de la composición pluricultural de la nación.

Los cambios constitucionales más recientes relacionados con los afrodescendientes ocurrieron en 2019 en Cuba, Costa Rica, México y Chile. En efecto, Cuba aprobó una nueva Constitución en la que repudia cualquier manifestación de racismo o discriminación.

Costa Rica estableció el carácter pluriétnico y pluricultural del país en la Ley 9.305, y México reconoció a los pueblos y comunidades afromexicanas como parte de la composición pluricultural de la nación; en Chile el artículo 1 de la Ley 21.151 estableció el reconocimiento jurídico del pueblo tribal afrodescendiente chileno y su identidad cultural, idioma, tradición histórica, cultura, instituciones y cosmovisión (CEPAL, 2020: 40).

En el caso de Brasil, el país con mayor población negra fuera de África, aunque la Constitución de 1988 no contiene la categoría negro ni ningún significado relacionado, hay una condena expresa al racismo y la discriminación racial, considerando racismo un delito sin fianza. En normas infraconstitucionales, como el microsistema jurídico de acciones afirmativas, se establece un listado de garantías y se utiliza la categoría negro, como en el Estatuto de igualdad racial y las leyes que establecen reserva de cupos (cuotas) para personas negras en las universidades y en el servicio público federal. En términos jurisprudenciales, el Supremo Tribunal Federal —tribunal constitucional brasileño— estableció entendimientos para combatir el racismo y las interdicciones resultantes, como en el proceso constitucional "Arguição de Descumprimento de Preceito Fundamental" No. 186, del 26 de abril de 2012, que determinó que no contradice —por el contrario, honra— el principio de igualdad material la institución de acciones afirmativas en la educación superior, y en la "Ação Declaratória de Constitucionalidade" No. 41 de 2017, que declaró la constitucionalidad de la reserva de cuotas para personas negras en el servicio público federal. Más recientemente, en 2022, la Convención Interamericana contra el racismo, la discriminación racial y las formas conexas de intolerancia, de la Organización de los Estados Americanos, fue incorporada al ordenamiento jurídico brasileño, con rango equivalente a una reforma constitucional.

En la Constitución de Colombia de 1991, el artículo 7° reconoce la diversidad étnica y cultural de la nación colombiana. La Ley 70 de 1993 reglamenta el artículo 55 transitorio de la Constitución para reconocer la propiedad colectiva de la tierra, sus prácticas productivas comunitarias y la identidad cultural de las comunidades negras colombianas como grupo étnico que habita históricamente un territorio determinado. Ciertamente, en su artículo 2° define a la comunidad negra como "el conjunto de familias de ascendencia afrocolombiana que poseen una cultura propia comparte una historia y tienen sus propias tradiciones y costumbres dentro de la relación campo-poblado, que revelan y conservan una conciencia de identidad que los distingue de otros grupos étnicos".

Agua

Lola Cubells

El agua, elemento esencial para la vida, está en el centro de las ontologías de los pueblos originarios en *Abya Yala.* La serpiente emplumada, *Quetzalcóatl* en la cultura mexica; *Kukulcan* para los mayas; *Amaru* en las comunidades andinas, u otras representaciones como los *Yacuruna* en las comunidades de la Amazonía o los *Ngen-Ko* en el pueblo mapuche, son guardianes de la sagrada agua. Desde las epistemologías indígenas, el agua no solo es indispensable para la vida, sino que tiene vida o como ellos dicen "tiene corazón".

Abya Yala cuenta con el 31 % de las fuentes de agua dulce del mundo, actualmente amenazadas por el ciclo neoextractivista, el agronegocio, las represas y la construcción de megainfraestructuras que están deforestando selvas y bosques, esenciales para mantener los ecosistemas hídricos y la vida.

Existe una conflictividad ontológica entre las maneras de pensar, sentir y nombrar el agua por parte de los pueblos originarios y los movimientos sociales-ambientalistas que entienden el agua como indivisible del territorio, como bien común, y la concepción mercantilista del agua que fomenta el paradigma desarrollista. El reconocimiento de los derechos de los pueblos originarios, a través de la ratificación por la mayoría de los países latinoamericanos del Convenio No. 169 de la OIT, permitieron iniciar, aun desde el antropocentrismo, un diálogo para proteger y respetar la relación espiritual de los pueblos con el agua-territorio. En la actualidad, la irrupción de los derechos de la Naturaleza está generando una ruptura paradigmática que permita transitar hacia regulaciones biocéntricas que protejan el agua-territorio como sujeto de derechos.

El nuevo constitucionalismo latinoamericano ha representado una transformación en la regulación constitucional del agua y las políticas de gestión. En las constituciones de Ecuador (2008) y Bolivia (2009) se incorporan normas que ponen en diálogo las normatividades referentes al agua entendida como derecho humano y recurso estratégico de las naciones, y las ontologías indígenas que defienden la interdependencia del agua con el territorio y su reconocimiento como sujeto de derechos.

En las normas fundamentales de Ecuador, Bolivia, Venezuela y Uruguay se reconoce el derecho humano al agua (Bolivia, artículo 16.I; Ecuador, artículos 3 y 12; Venezuela, artículo 127). Prohíben la privatización del agua y se explicita la obligación del Estado de proveer de agua suficiente para las necesidades humanas. Si bien el agua es entendida como un recurso natural de carácter estratégico y de interés público, se instaura la gestión del agua pública y comunitaria (Ecuador, artículo 318) y se reconocen los usos y costumbres de las comunidades sobre la gestión sustentable del agua (Bolivia, artículo 374). Ecuador, además, reconoce el derecho de la naturaleza a la restauración, es decir, no solo a evitar contaminar el agua, sino recuperar aquellas que estén contaminadas (GUDYNAS, 2021). El caso de Uruguay es particular al reconocer el derecho humano al agua y prohibir su privatización a través de una iniciativa legislativa popular que consiguió reformar el artículo 47 constitucional en 2004, e incluyó la novedad de autorizar el suministro de agua a otros países, fundamentada en la solidaridad frente al desabastecimiento. Las constituciones de Honduras, México, Perú, Cuba y Costa Rica también reconocen explícitamente el derecho humano al agua y a su saneamiento, mientras que el resto lo hace de manera indirecta a través del reconocimiento del derecho a la vida o al medio ambiente sano. A pesar de ello, en el caso de México, la Ley de Aguas Nacionales permite la privatización del agua a través del sistema de concesiones. La Constitución de Brasil reconoce el agua como un bien de la nación, pero exige, a través del artículo 231.3, en el caso del aprovechamiento de recursos hídricos en tierras indígenas, la autorización del Congreso, una vez se haya escuchado previamente a las comunidades. Como excepción, Chile consagró en su Constitución de 1980 el derecho a la propiedad particular de las aguas. A pesar de ello, la Corte Suprema (2021) reconoció el derecho humano al agua a dos comunidades, ordenando a los municipios correspondientes su garantía a través de la aplicación de los estándares internacionales en dicha materia.

El desarrollo jurisprudencial en la región camina hacia una interpretación del derecho humano al agua desde una perspectiva relacional e interdependiente con los derechos colectivos de los pueblos originarios, transitando desde el paradigma antropocéntrico al biocéntrico. La Corte Interamericana de Derechos Humanos, en el caso "Comunidades indígenas miembros de la Asociación *Lhaka Honhat vs.* Argentina" (2018), reconoce la relación indisoluble del derecho humano al agua junto a la protección medioambiental, la soberanía alimentaria y la identidad cultural.

En Colombia, pese a que la Constitución no reconoce explícitamente los derechos de la Naturaleza, la Corte Constitucional, en 2016, reconoció al río Atrato como sujeto de derechos y la Corte Suprema de Justica otorgó derechos a la Amazonía colombiana desde el reconocimiento de derechos bioculturales a las comunidades. Destaca, por ello, la sentencia dictada en Ecuador en 2011 reconociendo el derecho del río Vilcabamba a no ser desviado de su curso, aplicando así el giro ecocéntrico reconocido en el texto constitucional.

Amazonía

Fernando Antônio de Carvalho Dantas y Patrícia Melo

El Amazonas es la tercera palabra más popular en el mundo (Dias Mendes, 2013), solo superada por Jesucristo y Coca Cola. Conceptualizarlo no es tarea fácil. Requiere un abordaje histórico, geográfico, antropológico, geológico, ideológico, político entre las múltiples dimensiones que demanda el conocimiento como proceso de aprehensión y explicación de la realidad. Conceptualizar la Amazonía en el campo jurídico, especialmente en escala constitucional, implica diálogos que trascienden los límites simplificadores del Derecho positivo para el tejido de una posible concepción abierta y dinámica donde quepan las complejidades de la realidad.

Esta voz aborda el concepto jurídico-constitucional de la Amazonía en tres perspectivas: la Amazonía humana y biológica, una relación necesaria; la Amazonía en los textos constitucionales de los países amazónicos y la Amazonía entre "cosa de nadie" (*res nullius*, antropocentrismo) y la existencia de seres en interrelación (derechos de la Naturaleza, ecocentrismo) en la Amazonía.

La primera dimensión aborda la Amazonía humana y biológica, teniendo como parámetro la relacionalidad. En realidad, no hay forma de separar naturaleza y cultura, sin pérdida de sentidos, como hizo la cultura moderna occidental. El pueblo indígena Mebêngôkre-Kayapó, que vive en el centro de la Amazonía brasileña, a través del concepto de ecozona, "apêtê" (islas de selva), según POSEY (1986:182), relata que la selva amazónica es una construcción humana. Asimismo, el pueblo Magüta (conocido como Tikuna), que vive en la porción occidental de la Amazonía, en la triple frontera entre Brasil, Colombia y Perú, narra el inicio de la historia afirmando que antes de que existiera el mundo, ya existían Ngutapa y Mapana, así como Baia y su mujer. La tierra estaba en formación y los seres y objetos fueron forjados por los héroes míticos creadores vividos en el mito fundacional Torü Duü'ügü, nuestro pueblo (SOUZA, 1985:67). Los yanomami, pueblo que vive en el norte de la Amazonía, entre Brasil y Venezuela, configuran la selva-tierra como un ente vivo "urihi", interrelacionado entre seres humanos y no humanos (KOPENAWA YANOMAMI, 2018). Los colonizadores, españoles y portugueses, descalificaron estas narrativas, ya que ni siquiera consideraban a los seres humanos originales como sujetos, personas con alma (solamente en el año 1537, a través de la encíclica *Sublime Deus*, el Papa reconoció la humanidad de los indígenas).

Del Edén, Terra de Ofir, El Dorado, al Infierno Verde, la sucesión de relatos históricos heteronómicos sobre la Amazonía transitaron desde Gaspar DE CARVAJAL, Cristóbal DE ACUÑA, Alexandre RODRIGUES FERREIRA, Alexander VON HUMBOLDT, Robert WOODLAND —por nombrar algunos, todos hombres blancos—, y la Amazonía fue idealizada sin la percepción de sus metamorfosis, en la clara reflexión crítica de SILVA (1997), y tratada como un bloque sin soberanía, un espacio verde natural, desprovisto de presencia humana válida.

Hoy, la Amazonía es el espacio que trasciende las fronteras internacionales de Bolivia, Brasil, Colombia, Ecuador, Guyana, Perú, Surinam, Venezuela y la Guayana Francesa. Según BRAGA (2003), fue llamado

"Hileia" por Alexander von Humboldt (1769-1859). Es el espacio de los bienes biológicos comunes tierra, agua, bosque, aire, clima, conocimiento y animales, humanos y no humanos; seres interrelacionados. Para Fonseca (2005:103-104) este espacio, también llamado Amazonía Continental, Gran Amazonía o Panamazônia, concentra características importantes como: 1/5 del agua dulce del planeta; 1/3 de bosques latifoliados; 1/3 de los árboles del mundo; 80 000 especies de plantas; más de 200 especies de árboles por hectárea; 30 millones de especies animales; aproximadamente 1 500 especies de peces conocidas; unas 1 300 especies de aves; más de 300 especies de mamíferos; 10 % de la biota universal; 1/20 de la superficie de la Tierra; 750 millones de hectáreas (500 millones en Brasil); 4/10 de América del Sur; más del 30 % de la biodiversidad del planeta; 350 millones de hectáreas de bosques; 17 millones de hectáreas de reservas y parques nacionales; el río más largo del mundo en longitud (Amazonas, con 6 577 km); el río más grande del mundo en volumen de agua (caudal promedio de 200 000 m^3/s); aproximadamente 80 000 km de ríos; unos 25 000 km de vías fluviales; la provincia minera más grande del mundo; aproximadamente el 30 % del stock genético de la Tierra.

Ejemplo demostrativo de estos comunes es la evapotranspiración, conocida como "ríos voladores", "ríos aéreos" (Marengo, Fisch & Nobre, 1998; Fearnside, 2015), responsables de la distribución de los flujos de agua y los ciclos de lluvia en Centroamérica y la parte centro-oriental de toda Sudamérica.

En Brasil, hay una especificidad: la figura jurídica de la Amazonía Legal creada por la Ley 1.806 de 6 de enero de 1953, modificada por la Ley 12.651, de 25 de mayo de 2012. En esta configuración, la Amazonía Legal comprende los Estados federados de Acre, Pará, Amazonas, Roraima, Rondônia, Amapá y Mato Grosso, y las regiones ubicadas al norte del paralelo 13 S, en los Estados de Tocantins y Goiás, y al oeste del meridiano 44° O, en el Estado de Maranhão.

Según Dantas (2009), solo desde el paradigma de la complejidad se puede revelar la Amazonía en las realidades, relaciones, los procesos e intereses que en ella convergen. Como observó De Oliveira (2005), la Amazonía de "sociedades y espacialidades múltiples" es un lugar, en la perspectiva de Santos (2006), de la "ecología de los saberes"; como señala BECKER (2006), de "dimensiones humanas de la naturaleza y la biodiversidad". Esto equivale a decir que las riquezas amazónicas lo son, al mismo tiempo, porque están indispensablemente interrelacionadas, naturales y humanas. Por ello es que, a lo largo de la historia, la Amazonía ha sido escenario de visiones, conceptos, procesos, luchas y disputas paradójicas —la mayoría de las veces, equivocadas— por el control y apropiación de estas riquezas. En el mismo sentido, la Amazonía humana es el lugar de la diversidad social y cultural más compleja del planeta. Según Naciones Unidas (2021) en la Amazonía existen 170 pueblos indígenas que suman una población de más de 400 000 personas. La diversidad social y cultural que constituyen estos pueblos amazónicos implica, por los vínculos inseparables con el medio ambiente, en la sociobiodiversidad amazónica, es decir, el conjunto relacional de sujetos, objetos y procesos de conocimiento que a lo largo del tiempo constituyen la vida, la esencia de los seres y el espacio —región— lugar amazónico.

Los nueve países que tienen parte del territorio incidente en la Amazonía tienen antecedentes geopolíticos diferentes. Fueron sometidos en el proceso colonial a España, Portugal, Inglaterra, Holanda y Francia. Este último país aún mantiene el dominio colonial de la Guayana Francesa, como territorio de ultramar.

Al firmar el Tratado de Tordesillas, en 1494, las coronas española y portuguesa delimitaron "sus" espacios de dominio en el Nuevo Mundo, ignorando las territorialidades de los pueblos indígenas. Al mismo tiempo, delinearon e implementaron políticas de demarcación localizadas, mediante la ocupación y posesión, de tierras y recursos naturales, consideradas como *res nullius*, con base en el entonces vigente derecho de conquista, en perjuicio del *uti possidetis* de los pueblos indígenas.

La Amazonía, en este contexto, según MELO SAMPAIO (2006), a pesar de estar situada dentro o a partir de la frontera española, constituía una zona fronteriza, un inmenso territorio aún sin definición de jurisdicción efectiva entre las coronas portuguesa o española en la perspectiva de UGARTE (2006). Fue así durante mucho tiempo. Más de dos siglos separan las expediciones de Francisco DE ORELLANA (en el siglo XVI, a partir de 1542) y Alexandre RODRIGUES FERREIRA (en el siglo XVIII, entre 1783 y 1792). Sin embargo, el objetivo fue conocer, ofrecer subsidios técnicos para la demarcación y, como consecuencia, ejercer la jurisdicción por ambos emprendimientos, además de atestiguar que este lugar fue escenario de disputas coloniales que extrapolaron los deseos de los iberos.

La definición de las fronteras nacionales en la Amazonía, así como en Brasil, superó tiempos y etapas históricas. Los acuerdos del Tratado de Tordesillas, el Tratado de Madrid y el Tratado de San Ildefonso no fueron suficientes para resolver las cuestiones y límites territoriales. Estas cuestiones solo fueron resueltas a fines del siglo XIX por el Barón de Rio Branco. Del mismo modo, ha sufrido la implementación de políticas de inclusión, integración y desarrollo de la Amazonía, vinculadas a planes nacionales y no transnacionales, es decir, a planes estatales, que no contemplan sus especificidades naturales y humanas.

Afortunadamente, la aniquilación de los pueblos y culturas indígenas amazónicas no se produjo. La Amazonía concentra hoy la mayor población indígena de Brasil. Sin embargo, la huella de las visiones y el control externo de la región quedó sedimentada. Se observa que, en este aspecto, como destaca Gondim (2007), la Amazonía fue "inventada" por los europeos a partir de la construcción historiográfica de la India, de hecho, una deconstrucción del pensamiento occidental que originó los superlativos de la Amazonía.

Así sucedió con la valoración, solo en el aspecto económico, de los bienes de la naturaleza llamados, en principio, hierbas del sertón, que tuvo su apogeo con la expansión de la comercialización del caucho *(Hevea brasiliensis)* y, posteriormente, la valoración económica de la madera, es decir, del bosque reducido al potencial maderero, que apunta al tránsito conceptual de la naturaleza "como propiedad común del género humano a su apropiación privada" (Senent de Frutos, 2004).

Esta visión de la Amazonía solo como un objeto apropiable por los seres humanos, especialmente por el capital, es superada por el reconocimiento constitucional que las constituciones de Ecuador (2008) y Bolivia (2009) hacen de la subjetividad jurídica de la naturaleza y el principio de armonía en las relaciones del ser humano con la naturaleza (Moraes, 2018).

Las constituciones de los países amazónicos tratan la Amazonía de la forma siguiente:

En el Preámbulo de la Constitución del Estado plurinacional de Bolivia se hace referencia a la Amazonía junto con el chaco, el altiplano, los llanos y valles, como parte integrante del territorio boliviano, poéticamente llamado el lugar de verdor y flores. La Constitución dedica el Capítulo octavo a la Amazonía, el cual está integrado por tres artículos que definen la cuenca amazónica y la Amazonía boliviana; trata sobre el desarrollo integral y sostenible de la región y la participación democrática popular e indígena (artículo 391, incisos I, II y II) y políticas públicas especiales y específicas para los pueblos indígenas y campesinos (artículo 392, fracciones I y II). La cuenca amazónica y la Amazonía boliviana son, respectivamente, un espacio estratégico de especial protección para el pleno desarrollo del país, por su alta sensibilidad ambiental, biodiversidad existente, recursos hídricos y ecorregiones; y la segunda un área de jurisdicción territorial, comprendiendo la totalidad del departamento de Pando, la provincia Iturralde del departamento de La Paz, y las provincias Vaca Díez y Ballivián del departamento del Beni. El desarrollo integral de la Amazonía boliviana, como espacio territorial silvestre de bosques húmedos tropicales, de acuerdo con sus características específicas de riqueza forestal extractiva y recolectora, se regirá por ley especial en beneficio de la región y del país (artículo 390, inc. artículos I y II).

La Constitución de la República Federativa de Brasil (1988) incluye la Amazonía como patrimonio nacional (artículo 225, § 4) y condiciona su uso a la preservación del medio ambiente. La Ley de Disposiciones Constitucionales Transitorias creó la Comisión de estudios territoriales para definir, en particular, la Amazonía Legal y la asignación de parte de los ingresos tributarios nacionales a la Región Norte, que comprende la Amazonía brasileña (artículo 12, artículo 34, § 10, inciso I. Según el IPEA, la Amazonía Legal Brasileña "es un área que corresponde al 59 % del territorio brasileño y abarca los ocho Estados federados (Acre, Amapá, Amazonas, Mato Grosso, Pará, Rondônia, Roraima y Tocantins) y parte del Estado de Maranhão (al oeste del meridiano 44° O), con un total de 5,0 millones de km^2. Allí reside el 56 % de la población indígena brasileña. El concepto de Amazonía Legal fue instituido en 1953 y sus límites territoriales surgen de la necesidad de planificar el desarrollo económico de la región y, por tanto, no se limitan al ecosistema del bosque húmedo, que ocupa el 49 % del territorio nacional y se extiende también por el territorio de ocho países vecinos. Los límites de la Amazonía Legal han sido cambiados en varias ocasiones como resultado de mudanzas en la división política del país. El Plan Amazonía Sustentable (PAS), lanzado en mayo de este año por el gobierno federal, considera integralmente al Estado de Maranhão como parte de la Amazonía brasileña".

La Constitución política de Colombia (1991) se refiere a la Amazonía indirectamente, cuando trata de la elección de la Cámara de Representantes, que se elige en circunscripciones territoriales especiales, incluidas las de Amazonas; la transformación de las intendencias en departamentos (artículo 309); y la elección de gobernadores en los Departamentos (artículo 17 Transitorio).

La Constitución del Ecuador de 2008 se refiere a la Amazonía en el Título V, Capítulo segundo, cuando se trata de la organización territorial del Estado. Establece que el territorio de las provincias amazónicas forma parte de un ecosistema necesario para el equilibrio ambiental del planeta. Este territorio constituirá una circunscripción territorial especial, para la cual habrá una planificación integral reconocida en una ley que incluirá aspectos sociales, económicos, ambientales y culturales, con un ordenamiento territorial que garantice la conservación y protección de sus ecosistemas y el principio del *sumak kawsay* (artículo 250). Obliga al Estado a desarrollar políticas de protección basadas en el desarrollo sostenible (artículo 251) y regula la distribución de los ingresos obtenidos de la exploración en la Amazonía (Disposición Transitoria Vigesimoctava).

La Constitución de la República Cooperativa de Guyana (1980) no hace ninguna referencia a la Amazonía.

La Constitución Política del Perú (1993) se refiere a la Amazonía en la obligación del Estado de promover su desarrollo sostenible (artículo 69) y la organización política departamental.

La Constitución de la República de Surinam (1987) no hace referencia a la Amazonía.

La Constitución de la República Bolivariana de Venezuela (1999) se refiere a la Amazonía cuando trata de la elección de representantes indígenas a la Asamblea Nacional, Consejos Legislativos y Consejos Municipales (Disposición Transitoria Séptima).

La Guyana Francesa es un departamento de ultramar de Francia. Según la Constitución francesa (1958), las colonias francesas son partes integrantes de la República y están sujetas a la misma ley constitucional (artículo 6). La Constitución no hace referencia a la Amazonía.

Los intentos de protección comunitaria en la Amazonía han sido objeto de muchas preocupaciones geopolíticas sobre la integración política de los países amazónicos. Actualmente se basa en el Tratado de Cooperación Amazónica, firmado el 3 de julio de 1978 por Bolivia, Brasil, Colombia, Ecuador, Guyana, Perú, Surinam y Venezuela. La alianza administrada por la Organización del Tratado de Cooperación Amazónica (OTCA) tiene como objetivo "promover el desarrollo armónico de los territorios amazónicos para lograr el desarrollo sostenible de la Región Amazónica", así como la "preservación del medio ambiente y el uso racional de los recursos naturales de la Amazonía".

Amicus curiae

Marco A. LOAYZA COSSÍO

(Del latín: "amigo del tribunal o de la corte") mecanismo procesal por el cual una persona natural o jurídica, de Derecho público o privado, ajena a la relación procesal, por invitación de la entidad jurisdiccional o de manera voluntaria, pero con la aquiescencia de esta o por precepto legal, reglamentario o precedente, otorga su opinión cualificada, idónea, técnica, doctrinal, normativa, útil, respecto a una controversia o temática jurídica relevante; facilitando a la autoridad jurisdiccional competente argumentos suficientes y razonables que eventualmente fundamenten, expliquen, apoyen, desarrollen y/o amplíen su decisión.

Respecto a la evolución histórica de la figura, se encuentran sus antecedentes en el Derecho romano, donde para ciertos litigios se ocasionaba una suerte de asesoría a la curia a través de la consulta de la contienda a otros expertos; pero su desarrollo se dio principalmente en Inglaterra a partir del siglo IX, en donde los *amicus curiae* venían de juristas o expertos que asistían la labor de los tribunales en la identificación de los precedentes jurisprudenciales o normas positivas relevantes para los casos en discusión que pudieron ser pasados por alto o ser desconocidos en la interpretación del Derecho. Actualmente la institución se denomina *Advocate of the Court*. En Estados Unidos de Norteamérica se inició su tratamiento con el Caso "Schooner Exchange *vs.* McFaddon" (1812), en el que se autorizó al fiscal del distrito de Pensilvania a realizar una indicación *(suggestion)* al Tribunal, que fue finalmente admitida y desempeñó un papel determinante en el fallo; sin embargo, el reconocimiento oficial se dio con el caso "Green *vs.* Biddle" (1823), en el que la Corte Suprema de ese país invitó a un servidor público a realizar una interpretación normativa; actualmente está muy difundida la figura, especialmente en tribunales federales, dado el control de constitucionalidad difuso que caracteriza esa jurisdicción.

Un campo donde el *amicus curiae* ha tenido especial desarrollo ha sido ante las entidades de protección de derechos humanos, tanto en el ámbito universal como regional europeo e interamericano. En el primero, por ejemplo, la Observación General No. 2, adoptada por el Comité de los derechos del niño, recomendó a las instituciones nacionales de derechos humanos facilitar a los tribunales sus conocimientos especializados sobre los derechos del niño en calidad de *amicus curiae* o parte interviniente. En el sistema interamericano de protección de derechos humanos, la Corte Interamericana de Derechos Humanos comenzó a recibirlo desde 1989 (caso "Velásquez Rodríguez *vs.* Honduras"), lo que alentó a que el Reglamento de noviembre de 2009 contemplara el instituto en su artículo segundo. Es importante señalar que los escritos de *amicus curiae* no solamente pueden emplearse en el procedimiento contencioso sino también en los procedimientos de Opinión Consultiva.

En Argentina, la presentación de *amicus curiae* se ha regulado por la Corte Suprema de Justicia de la Nación mediante Acordada y Reglamento No. 7/2013, teniendo por fin, según el artículo 4, "la actuación del Amigo del Tribunal tiene por objeto enriquecer la deliberación en cuestiones institucionalmente relevantes, con argumentos fundados de carácter jurídico, técnico o científico, relativos a las cuestiones debatidas".

El uso del *amicus curiae* está reservado para aquellas personas físicas o jurídicas con reconocida competencia sobre la cuestión debatida en el pleito, quienes deberán expresar la naturaleza de su interés y las razones por las cuales consideran que el asunto es de trascendencia o de interés público.

En Bolivia, el reconocimiento del *amicus curiae* se ha dado mediante vía jurisprudencial, siendo la Sentencia Constitucional Plurinacional No. 1472/2012, de fecha 24 de septiembre, de Acción Popular, la primera en referirlo al señalar: "el derecho a participar en el proceso constitucional de acción popular de los miembros de esa colectividad no puede ser la de titulares de derechos subjetivos sino en su calidad de *amicus curiae*". A partir de allí se ha permitido su uso por el Tribunal Constitucional Plurinacional en otro tipo de acciones, como de Inconstitucionalidad (SCP 1946/2013 de 4 de noviembre de 2013), Amparo Constitucional (SCP 0163/2015-S3 de 27 de marzo de 2015).

Por su parte, el tratamiento en Brasil se encuentra regulado por las Leyes 9.868/1999 y 9.882/1999, que regulan el procedimiento de las demandas constitucionales ante el Supremo Tribunal Federal y posteriormente se normó en el Código de Procedimiento Civil (Ley 13.105/2015), que refiere que los escritos de *amicus curiae* son admitidos ante cualquier tribunal de ese país. Los diferentes tribunales tienen la competencia para revisar el *amicus curiae* con el fin de determinar si este será relevante y de "ayuda real" para el análisis o la decisión de fondo.

En el tratamiento chileno, el instituto solamente está regulado en el ámbito ambiental ante los tribunales de esa materia, en el artículo 19 de la Ley 20.600, que los crea. En los demás órganos de justicia no consta una regulación expresa.

En Colombia, el numeral 1 del artículo 242 de la Constitución política otorga a todos los ciudadanos el derecho a hacer uso de las acciones públicas previstas ante la Corte Constitucional, ya sea impugnando o propugnando las normas sometidas a examen de constitucionalidad.

En ese entendido, el Decreto 2067 de 1991, en su artículo 13 establece que el magistrado relator del examen de constitucionalidad puede invitar a entidades públicas, organizaciones privadas y expertos independientes para que presenten opiniones en relación con el caso en examen. Esta práctica ha tomado tal importancia que hubo casos en los cuales la Corte Constitucional colombiana ha anulado sentencias por no haber notificado el auto de admisión a terceros para que presenten sus memoriales.

En México, la figura se encuentra regulada expresamente en el Código federal de procedimientos civiles, de la manera siguiente: "todas aquellas manifestaciones o documentos, escritos u orales, de terceros ajenos al procedimiento que acudan ante él en calidad de *amicus curiae* o en cualquier otra, siempre que sean relevantes para resolver el asunto controvertido y que los terceros no se encuentren en conflicto de interés respecto de las partes" (artículo 598).

El tratamiento del instituto en Centroamérica es variado, va desde su rechazo absoluto en Nicaragua, hasta su aceptación relativa solo para cuestiones de intereses y derechos difusos que se dan en Costa Rica, El Salvado y Guatemala, principalmente en recursos de inconstitucionalidad, y también en temas sociales, de derechos humanos, como en Honduras; aunque un común denominador en la región es que no tiene ningún tipo de regulación constitucional, legal, reglamentaria o jurisprudencial, siempre abocándose a la práctica o la discrecionalidad de las autoridades jurisdiccionales competentes.

Amnistía

Rebeca Delgado

El significado de esta palabra en su concepción original en el Derecho usual se refiere al olvido, amnesia o pérdida de la memoria. Con referencia a la palabra como "institución jurídica" significa la eliminación o inexistencia de la responsabilidad penal y civil de los delitos de carácter político, generalmente otorgada a una pluralidad de sujetos. La diferencia sustancial entre delitos comunes y políticos subsiste debido a la imprescindible calificación de los hechos de acuerdo con las circunstancias que los configuran y el ánimo de cometerlos, ya sea con intención de causar algún tipo de lesión de bienes jurídicos protegidos o de alguna motivación de transformación del orden social imperante, como elemento subjetivo imprescindible para su concesión.

Los diferentes contextos históricos en los que se aplicaron como medida desde el tercer milenio a. C. han gestado pautas de fundamentación de la validez de las amnistías, ya sea por acuerdo de la Asamblea, por interés general, por la ética del buen gobierno en Atenas, por la *summa potestas* del pueblo, por el emperador romano, y otras formas que, llegando a la época medieval, denotan la incursión del pensamiento cristiano y la conciencia moral de los príncipes.

En diferentes coyunturas se dieron con la firma de tratados internacionales o acuerdos internos en búsqueda de la paz, ya sea como consecuencia de guerras o de épocas de dictaduras, como es el caso en América Latina. Existen diferentes aportes teóricos, entre ellos el de Bartolomé DE LAS CASAS (murió en 1566), que contribuyó con la teoría del "pacto social", y de Hugo GROCIO (nació en 1583) con la teoría de la "utilidad pública" o dominio eminente, considerado como una potestad soberana de la autoridad máxima de gobierno, con el fin de reparar daño a quien se lo hubiera ocasionado.

En la actualidad, aún existen antagonismos en su aplicación, dependiendo de los contextos y coyunturas políticas, que pasan por argumentaciones eclécticas o radicales entre doctrinas: *del mal menor necesario,* en que prevalece el utilitarismo, y de *la reparación íntegra* para proteger los derechos de las víctimas. El tema principal que no se puede perder de vista es que la amnistía como institución jurídica requiere darse en escenarios de madurez y sabiduría política para el establecimiento y mantenimiento de la paz internacional —paz social— como indica el artículo 1.1. de la Carta de la ONU.

En América Latina, en gobiernos de dictaduras o estados de sitio, en las décadas de 1970, 1980 y 1990, la conceptualización y el tratamiento constitucional han tenido las mismas connotaciones jurídicas y políticas. En Bolivia, la CPE de 1967 establecía entre las atribuciones del "poder legislativo", hoy órgano de poder público, en el inc. 19) del artículo 59: *decretar amnistía para delitos políticos previo informe de la Corte Suprema de Justicia.* La CPE de 2009 en el inc. 14) del artículo 172 establece que *es atribución de la presidenta o presidente del Estado, con aprobación de la Asamblea Legislativa Plurinacional.* El Tribunal Constitucional Plurinacional ha sentado jurisprudencia a través de la Sentencia 0966/2022-S4 de 1ro de agosto de 2022, a través de la cual ha determinado que la amnistía incluye la forma de extinguir el ejercicio de la acción y de la ejecución de la pena que son valoradas por el Órgano Ejecutivo y que, en los casos en los que una persona procesada inicia el trámite de amnistía, una vez que obtenga la resolución en su favor, esta deberá ser homologada por la autoridad judicial que conoce la causa.

En el Sistema interamericano de derechos humanos, la Corte ha sentado la jurisprudencia de aplicación de amnistía para delitos políticos, excluyendo su concesión a hechos que constituyen violaciones de derechos humanos. Constituyen importantes precedentes, bajo el control de convencionalidad, los casos "Almonacid Arellano *vs.* Chile" y el caso "Barrios Altos *vs.* Perú", en los que se ha determinado la responsabilidad internacional de los Estados y la obligación de derogar el DL 2.191 de 1978 (Chile) y las Leyes 26479 y 26492 de 1980 y 1995, respectivamente, de Perú, por ser incompatibles con la Convención Americana sobre Derechos Humanos.

Amparo constitucional

Vicente FERNÁNDEZ FERNÁNDEZ

El amparo es el principal mecanismo de protección de los derechos humanos que tienen los gobernados frente a los actos de las autoridades. Mediante este juicio es que se pueden controvertir todo tipo de actos de las autoridades, incluso de particulares que realicen actos equiparados a estos. El Estado, a través de sus entes, emite tres tipos de actos: legislativos, administrativos y jurisdiccionales. En el juicio de amparo es posible controvertir todos ellos; desde una ley emitida por el Congreso o un reglamento emanado del ejecutivo, hasta poder impugnar clausuras, multas e, incluso, sentencias de los tribunales. Bajo ciertas reglas, el amparo es un juicio que ha mostrado eficacia para que el gobernado se defienda del actuar ilegal, inconstitucional y arbitrario de las autoridades.

Un sistema jurídico garante de los derechos humanos es aquel que además de reconocerlos en su Constitución y sus leyes, y que acoge y respeta el Derecho convencional, contiene mecanismos de tutela y protección real y efectiva y que, en caso de que sean violentados, haga posible su restauración y reparación integral. Si el agresor o violador de los derechos humanos es un particular, normalmente es la justicia ordinaria la que se encarga de velar por su tutela y reparación; si es el Estado quien vulneró los derechos humanos de los gobernados, es la justicia constitucional, a través del juicio de amparo, la encargada de hacerlos valer y buscar también su reparación integral.

El juicio de amparo tuvo su origen en México, en el proyecto de Constitución yucateca de 1840, instaurándolo como un medio de control de la constitucionalidad de las leyes y los actos, tanto del poder ejecutivo como del poder judicial, previendo, en este último caso, que también las sentencias definitivas dictadas por las autoridades jurisdiccionales fueran impugnables.

En el proyecto de Constitución de 1842 no se incluía referencia alguna al juicio de amparo; en las Bases de organización política de la República Mexicana, de 1843, prevaleció su ausencia, y fue en el Acta Constitutiva y de Reformas de 1847, que restaura el federalismo al poner en vigencia la Constitución de 1824, que se recoge ya de manera precisa la procedencia del juicio de amparo, manteniéndose en la Constitución de 1857 y en la aún vigente Constitución de 1917, con varias reformas, siendo la más reciente y trascedente la de 2011.

El juicio de amparo es un medio de control constitucional que pueden interponer los gobernados como un medio de impugnación extraordinario, debiendo agotar previamente todos los medios ordinarios de defensa (principio de definitividad) y acreditar de manera fehaciente el agravio o afectación jurídica que cause el acto de autoridad, y puede hacer valer violaciones a derechos subjetivos como la libertad, la propiedad, la posesión, etc., así como derechos difusos como el medio ambiente. En el juicio de amparo cabe la protección de todo tipo de derechos, salvo los de carácter político, los cuales pueden ser tutelados por otros mecanismos propios de la justicia electoral.

El juicio de amparo, como otros procesos, debe seguir las formalidades esenciales del procedimiento (demanda, emplazamiento, contestación, pruebas, alegatos y sentencia), lo que sumado a la gran cantidad de juicios que se presentan, hace que muchas veces sea un juicio de larga duración, cobrando especial relevancia la posibilidad de que se emitan medidas cautelares que propicien una tutela anticipada de los derechos, conocida como la suspensión del acto reclamado. Esta medida cautelar en el juicio de amparo es la que posibilita que mientras se sustancia el juicio, no se sigan violando los derechos humanos del gobernado, e incluso que se le restituya de manera anticipada y provisional. Dicha medida cautelar es la que permite que a una persona no se le desposea de su patrimonio; no se le prive de la libertad o recupere esta; no le sean embargados y rematados sus bienes; que le sean administrados medicamentos o se practique una cirugía, etcétera.

Siguiendo el ejemplo mexicano, el amparo se fue incorporando o fue acogido por la mayoría de los países latinoamericanos, dándole en cada caso un matiz propio de la época y el lugar. En Argentina nace en 1921 en la Provincia de Santa Fe y de ahí se fue extendiendo a otras provincias hasta llegar a nivel nacional, con el caso "Ángel Siri", de 1957; luego legislándose en normas secundarias en 1966, y ya después, constitucionalizado en 1994, consagrándose como un medio pleno de protección de todos los derechos constitucionales, implícitos o explícitos, salvo el de libertad personal, tutelado por el *habeas corpus.* A Colombia llega directo a su Constitución (1991) denominándose acción de tutela, con un alcance total a los derechos fundamentales y facultándose a todos los jueces para conocerlas y resolverlas de manera expedita (máximo diez días), con la finalidad de proteger al gobernado de los actos y omisiones de los poderes públicos y de los particulares en ciertos casos. Con ese mecanismo, la acción de tutela convirtió a todos los tribunales en jueces constitucionales, desarrollándose una amplia doctrina jurisprudencial por parte de la Corte Constitucional.

Si bien el amparo ha ido evolucionado y siendo cada vez más eficaz para la protección de los derechos humanos, no ha logrado consagrarse como un medio que lleve a la reparación integral de los derechos humanos, sobre todo en la parte indemnizatoria. Siempre se le ha visto como un medio de defensa resarcitorio, pero no indemnizatorio. Si la autoridad administrativa clausura una fábrica por presuntamente contaminar el medio ambiente y el afectado promueve un juicio de amparo, es posible que más de un año después obtenga una sentencia favorable en la que se conceda el amparo para efecto de que se levante la clausura. De esa manera el juicio de amparo habrá cumplido con su fin de resarcir el derecho violado, porque podrá reabrirse la fábrica; sin embargo, es evidente que después de un año cerrada habrá sufrido daños y perjuicios que en el amparo no se van a considerar. El juez de amparo no podrá condenar a la autoridad a que indemnice al gobernado afectado con su acto ilegal e inconstitucional. El afectado tendrá que iniciar otro juicio para buscar esa indemnización bajo la figura de la responsabilidad patrimonial del Estado.

Andes

Matías VALENZUELA

Esta palabra "etiqueta" una cadena montañosa que atraviesa varios países latinoamericanos; no obstante, es posible encontrar referencias a los Andes y a su importancia en la cultura, la historia y la geografía de los países andinos en algunos preámbulos de las constituciones de nuestro continente. La palabra *Andes* no aparece abiertamente mencionada desde la lógica jurídico-normativa en las constituciones de América Latina.

Es común que en los países de América Latina en los cuales sus territorios comprenden la cordillera de los Andes se utilice el término en instituciones o iniciativas que buscan promover la integración y cooperación regional. Lamentablemente no ha de constituir un espacio de referencia relevante para los habitantes de los países que la habitan.

La Comunidad Andina de Naciones (CAN) es una organización intergubernamental fundada en 1969, que reúne a Bolivia, Colombia, Ecuador y Perú, y tiene su sede en la capital de este último país. La CAN, según señalan sus objetivos fundacionales, "busca fomentar la integración económica y social entre los países miembros, y promover su participación en el comercio internacional y la cooperación en áreas como la cultura, la educación y el medio ambiente". (Véase *Comunidad Andina de Naciones*).

Existen actualmente diversos proyectos en la región que buscan intervenir/considerar la geografía física y humana de los Andes, entre ellos el Proyecto Qhapaq Ñan, liderado por la UNESCO, que busca revelar el Camino del Inca. También existen iniciativas lideradas por la organización indígena, como es el caso de Chirapaq, en Perú. Este proyecto tiene como objetivo promover el respeto y la valoración de la cultura andina y la identidad de los pueblos indígenas de la región, así como fomentar su participación en la toma de decisiones y el desarrollo económico y social. Además, la Organización de Estados Americanos (OEA) promueve el Proyecto Paz Andina desde el año 2001, que busca promover la integración y la paz en la región, a través de iniciativas en áreas como el comercio, la educación y la cultura.

Aunque el vocablo *Andes* no aparece explícitamente en las constituciones del continente, la de Ecuador de 2008 y de Bolivia de 2009 reconocen y garantizan la diversidad cultural, territorial y geográfica, que incluye a la región andina. No es menor dar cuenta del déficit en la experiencia histórica resultante de su ausencia. Las articulaciones internacionales dan cuenta de la importancia de ciertos espacios, recursos o intereses comunes. Al decir de AUGÉ (1993), parecemos estar en presencia de un no-lugar, de una *ausencia activa*, "de aquellos lugares de transitoriedad que no tienen suficiente importancia para ser considerados como lugares".

Aplicación preferente de derechos más favorables

Rosa Carmina PARADA AGUILAR

El término hace referencia a la aplicación preferente de los derechos previstos en los tratados internacionales sobre el Derecho interno, incluida la propia Constitución.

La aplicación gradual de derechos humanos consagrados en convenios internacionales por parte de tribunales nacionales —en su mayoría tribunales constitucionales— en América Latina tiene la característica de ser progresiva. La reformulación del concepto "soberanía" y "no intervención" en función ya sea de acatar un fallo de tribunal interamericano y bien la modificación de la jerarquía normativa en el orden interno de tratados internacionales de derechos humanos dan cuenta de ella. Esta progresión es resultado de la concertación de nuevos compromisos destinados a garantizar el ejercicio efectivo de estos derechos, imponiendo inclusive límites al Derecho constitucional interno, siempre y solo si este reconocimiento encuentra su legitimación en el texto constitucional.

La primacía del Derecho internacional sobre la Constitución no fue por mucho tiempo la regla general en el constitucionalismo latinoamericano, ha tenido un proceso gradual de reconocimiento a partir de la reconfiguración del concepto de la supremacía del ordenamiento interno, teniendo como base los compromisos internacionales de los Estados ante la realidad de que un tratado internacional no solo consagre derechos no considerados en el Derecho interno, sino, además, que los proteja de mejor forma.

Al referirnos a la aplicación preferente debemos aclarar dos conceptos: supremacía y primacía. La supremacía establece que la Constitución es la norma de normas, legitimada en el proceso democrático que la crea, es la norma jerárquica suprema que a su vez posibilita la aplicación —primacía— del Derecho internacional de los derechos humanos, es decir, solo si la norma constitucional superior prevé la aplicación preferente del tratado internacional al existir una mejoría en la protección y efectividad de los derechos de las personas, esta aplicación es válida y no rompe con el pacto constitucional soberano, ni menoscaba la autonomía del Estado.

Estamos en este caso ante una aplicación preferente al ordenamiento interno, validada por la Constitución, pues está determinada por ella misma.

Por un lado, está la supremacía que otorga la jerarquía estructural o formal a la Constitución y por otro, la primacía del Derecho internacional de los derechos humanos como jerarquía material o factual, en tanto aplicación preferente indicada por el mismo texto constitucional.

El nuevo constitucionalismo latinoamericano hace la diferencia entre estos dos conceptos, puntualizando la supremacía constitucional, la legitimidad de la Constitución democrática como norma suprema del ordenamiento jurídico, que a su vez es la que determina y establece la forma y los límites a la aplicación preferente; y la primacía, del Derecho internacional, reconociendo los casos particulares en los que prevalecerán los derechos humanos consagrados en tratados internacionales que sean más beneficiosos para las personas. Esta primacía se traduce en lo que algunas constituciones latinoamericanas denominan "bloque de constitucionalidad", ya sea porque lo reconocen los tribunales constitucionales al interpretar, o bien porque se encuentra previsto de manera textual.

Ahora bien, a partir de lo anterior, los métodos de incorporación del Derecho internacional en el Derecho interno han sido variados, y se puede hacer referencia a los siguientes: la incorporación de una cláusula abierta de derechos humanos inherentes a la persona; la aplicación inmediata de previsiones constitucionales sin necesidad de reglamentación legislativa, solo sobre la base de lo regulado en el instrumento internacional; la constitucionalización progresiva de los instrumentos, con la consecuente aplicación directa en el orden interno; la inserción de reglas de interpretación constitucional de los derechos en las constituciones, siguiendo lo establecido en el tratado internacional o lo declarado en instrumentos internacionales, o bien, de conformidad con el principio de progresividad en la aplicación e interpretación de los derechos, fomentando la aplicación de las normas más favorables contenidas en los tratados internacionales.

Ahora bien, la aplicación de instrumentos internacionales en el ámbito interno depende, como sabemos, del rango y valor reconocido a estos en el Derecho interno, de tal manera que ya sea al otorgarle a los tratados ratificados por los Estados parte, un rango supraconstitucional, reconociendo una jerarquía superior a la regulación internacional que prevalece así sobre la norma constitucional interna, propiciando su aplicabilidad inmediata y preferente, o bien reconociéndoles —rango constitucional— donde tienen aplicación directa, pues tienen el mismo poder que la Constitución, distinguiendo por un lado aquellos regímenes que reconocen a todos los tratados internacionales de derechos humanos, y por otro, aquellos que están enumerados en la Constitución.

Por lo que hace a la interpretación de los derechos de conformidad con el principio de progresividad, plantea que no se puede admitir una interpretación o aplicación de una norma relativa a los derechos humanos que resulte en la disminución de su goce, ejercicio y protección efectivos y en caso de que existan varias previsiones reguladoras, deberá aplicarse con prelación la que disponga la regulación más favorable al ejercicio del derecho *(favor libertatis)*.

El también denominado principio *pro personae*, es un criterio hermenéutico que informa todo el Derecho de los derechos humanos, a partir del cual se debe acudir a la norma más amplia o a la interpretación más extensiva cuando se trate de reconocer derechos protegidos.

La forma de aplicación de dicho principio puede ser: a) en el caso que existen varias normas de derechos humanos, debe aplicarse aquella que contenga protecciones mejores a más favorables para la persona; b) en el caso que existe una sucesión de normas, debe entenderse que la norma posterior no deroga la anterior si esta consagra protecciones mejores o mayores que deben conservarse para las personas; y c) cuando se trate de la aplicación de una norma, debe siempre interpretarse en la forma que mejor tutela a la persona (Convención Americana sobre Derechos Humanos, artículo 29).

Arte

Yolanda SIERRA LEÓN

Manifestación humana relacionada con el universo étnico y creativo, la libertad de expresión y la propiedad intelectual; que garantiza la plenitud expresiva de todas las personas tanto en el plano individual como colectivo.

Las constituciones latinoamericanas no definen directamente al arte como derecho, pero sí lo protegen de forma indirecta desde siete enfoques: 1. Protección cultural, se relaciona con las comunidades indígenas, afro y grupos étnicos, amparo de sus lenguas y tradiciones para salvaguardar y mantener la identidad nacional. El arte contribuye a la narrativa de identidad nacional (México, artículo 2; Bolivia, artículos 30, 98, 100, 101; Brasil, artículos 215, 231 y 242; Perú, artículo 2; Ecuador, artículos 21, 23, 58, 59, 60, 379; El Salvador, artículo 62; Colombia, artículo 8; Honduras, artículo 173; Nicaragua, artículo 90; Venezuela, artículos 119 y 121; Argentina, artículo 25). 2. Libertad de expresión y derecho a buscar, recibir y difundir ideas o información. Los Estados se comprometen a proteger las expresiones artísticas sin importar su contenido, siempre y cuando no atenten contra otros derechos (Colombia, artículo 71; Perú, artículo 2, numeral 8; Cuba, artículo 32, literales F y H; Guatemala, artículos 57, 63; Nicaragua, artículo 127; Venezuela, artículo 98; Argentina, artículo 27; Brasil, artículo 221). 3. Protección a la propiedad intelectual de creaciones, obras literarias o artísticas. Se resalta la necesidad de proteger al artista en tanto propietario de la obra (Bolivia, artículos 101, 103; Chile, artículo 25; El Salvador, artículo 103; Nicaragua, artículo 127; República Dominicana, artículo 52; Uruguay, artículo 33). 4. Acceso a la cultura. El arte es connatural a la cultura, al protegerse la cultura como el todo se protege al A como una de sus partes (Argentina, artículos 13, 25; Brasil, artículos 215, 216 A; Colombia, artículo 70; Cuba, "fines del Estado", literal H, artículos 46, 79; Ecuador, artículos 377, 378; El Salvador, Preámbulo; Guatemala, artículos 57, 59; Honduras, artículo 1; Nicaragua, artículos 58, 85, 126; Panamá, artículos 81, 84; Paraguay, artículo 83; República Dominicana, artículo 64; Venezuela, artículo 101). 5. Protección al patrimonio cultural. Incorpora productos materiales, inmateriales con valor histórico, estético, científico o artístico (Bolivia, artículos 102, 298, 300, 304; Brasil, artículos 5, 23, 24, 29, 216, 219; Colombia, artículo 72; Perú, artículo 21; Costa Rica, artículo 89; Ecuador, artículo 379, numeral 4, artículo 380; El Salvador, artículo 63; Guatemala, artículos 69, 61, 62; Honduras, artículo 172; Nicaragua, artículo 128; Paraguay, artículo 81; Uruguay, artículo 34; Venezuela, artículo 99). 6. Garantía a la educación, como acceso a la formación en conocimientos, técnicas o habilidades. El arte es parte de la educación protegida por los Estados y se incentiva su acceso desde la educación inicial (Brasil, artículos 206, 210, 221; Chile, artículo 19; Perú, artículos 2, 14, 18; Costa Rica, artículo 83; Cuba, "fines del Estado", literal K; El

Salvador, Preámbulo; Honduras, artículos 1, 170; Uruguay, artículo 71). 7. Derechos de los niños a la cultura y a la creatividad. Como parte del desarrollo integral de los menores de edad, los Estados buscan proteger el desarrollo de habilidades físicas, intelectuales y artísticas (Brasil, artículo 227; Chile, artículo 19; Colombia, artículo 44; Ecuador artículos 23 y 380).

MARTÍNEZ DALMAU (2014) propone "el derecho al arte", donde el bien jurídico se determina en tanto existe una relación única entre el ser humano y este tipo de expresión, que puede o no estar vinculado con la identidad, cultura nacional u otros derechos afines y por tanto merece una teorización independiente; plantea que el arte puede contribuir a la paz, la conciliación, la reparación y la rehabilitación, a pesar de no ser el objetivo central de la expresión artística. SIERRA LEÓN (2014) plantea el *constitucionalismo estético,* donde el A tiene relaciones con el Derecho en *diferentes campos:* 1) *A como prueba*; 2) *A como prefiguración o fuente de derecho*; 3) *emancipación estética,* donde el A opera como un dispositivo para convertir textos jurídicos en formatos estéticos más comprensibles; 4) *litigio arquitectónico* como un espacio contradictorio en el cual se pueden defender o violar los derechos, según sea su concepción o ejecución, *v. gr.*, la arquitectura, que incluye o excluye a las personas con discapacidad; 5) *litigio artístico,* donde el A contribuye a la defensa a favor de los DD.HH.; 6) *A como reparación simbólica,* algunas obras de A son símbolos que pueden ser incorporados como órdenes judiciales o políticas públicas de reparación; 7) *A como garantía de no repetición,* debido a su capacidad para incorporar al universo sensible de los seres humanos, hechos que no conoce directamente, pero tienen el potencial de aproximarse a ellos para cambiar hábitos, costumbres, prejuicios y comportamientos relacionados con violaciones a los DD.HH.; 8) *A como garantía de satisfacción,* que contribuye a tramitar el dolor individual de las víctimas de delitos; 9) *A como memoria, verdad y dignidad,* aunque no es el objeto de las obras de A, puede ser usado libremente para potenciar estos derechos autónomos.

Asamblea constituyente

Diego GONZÁLEZ CADENAS

Término utilizado comúnmente para referirse al órgano encargado de llevar a cabo la tarea de redactar y aprobar un nuevo texto constitucional. Debe remarcarse, en primer lugar, que este es equivalente al utilizado habitualmente en otras latitudes para referirse a órganos con idénticas funciones. Así, si bien en América Latina o en diversos países europeos es frecuente la utilización del concepto *asamblea constituyente*, es notable la utilización de *constitutional convention* en Estados Unidos, utilizada también en algún texto constitucional latinoamericano, como son el uruguayo de 1967, el argentino de 1994 o el paraguayo de 1992, o *conférence nationale* en el África francófona. Compartiendo o no denominación, la organización y funciones entre órganos constituyentes puede ser muy distinta. Así, una asamblea constituyente puede adoptar formas y fines muy diferentes y estar más cercana en su composición y objetivos de un parlamento encargado de redactar una Constitución que de otro tipo de asamblea constituyente. La Asamblea Constituyente de Ecuador de 2007, con plenos poderes para el cumplimiento de sus fines, no puede equipararse a la Asamblea Constituyente de Sudáfrica, que dio lugar a la Constitución de 1996 y que estuvo limitada por la obligación de redactar un texto en concordancia con una serie de principios establecidos en una Constitución provisional previa.

Por lo tanto, si bien diferenciar entre las diferentes denominaciones que han tenido o pueden tener los órganos encargados de redactar y aprobar un nuevo texto constitucional, tiene un interés histórico indudable, el estudio de estos debe centrarse en analizar y debatir su organización, composición, modo de elección, funcionamiento, fines y relación con el resto de poderes constituidos. Todas estas características se enmarcan, a su vez, en la lógica de la principal clave que, desde el prisma de la teoría clásica del poder constituyente, define la metodología de trabajo de una asamblea constituyente: la relativa a su carácter soberano. Este carácter de órgano ilimitado e irrestricto en sus poderes a la hora de cumplir con su objetivo de redacción del texto constitucional estructura y abarca todos los elementos que rigen su actividad.

El carácter soberano de la asamblea constituyente fue señaladamente definido por, entre otras, dos sentencias de dos órganos jurisdiccionales supremos latinoamericanos. En primer lugar, acerca de la supremacía del poder constituyente, es notable la Sentencia de 9 de octubre de 1990, de la Corte Suprema de Justicia de Colombia, en la que determinó, en esencia, que el pueblo siempre tiene el poder para reemplazar el ordenamiento jurídico existente al margen de los cauces establecidos y que este no puede tener más límites en el ejercicio de su poder de creación constitucional que los que pueda imponerse él mismo. En una lógica análoga, la Corte Suprema de Justicia de Venezuela, en Sentencia de 14 de octubre de 1999, determinó que existe una clara división entre poder constituyente y poder constituido, de tal forma que el primero, representado en la asamblea constituyente, no está sujeto al control del segundo, dados su supraconstitucionalidad y su carácter originario y autónomo, lo que implica que los actos del poder constituyente no pueden ser juzgados por normas dirigidas al poder constituido.

Siendo esto así, la metodología tradicional de funcionamiento de una asamblea constituyente que opera paralelamente al poder legislativo es que la primera deberá tener como función prácticamente exclusiva, la redacción de la nueva Constitución, si bien, en caso de que de forma reiterada alguno de los poderes constituidos trate de impedir sus trabajos, podrá tener capacidad para limitar los poderes de dicho órgano. Para soslayar este tipo de posibles disfuncionalidades, algunos países, véase Venezuela en 1999 y Ecuador en 2007, siguiendo el precedente de Francia en 1946, optaron por realizar un referéndum previo de apertura del proceso. Ello permite dejar fijado de antemano, contando con la aquiescencia popular, la reglamentación del proceso constituyente, el carácter originario y las reglas de procedimiento de la asamblea constituyente. Este último aspecto es de especial relevancia, dado que procesos constituyentes como el boliviano que inició en 2006 o el fallido proceso constituyente chileno de 2022, dedicaron energías y tiempo excesivo de los trabajos de la asamblea constituyente a debatir en torno a las reglas de procedimiento.

Por lo que respecta a la organización interna de la asamblea constituyente, la forma de operar que parece imponerse en los más recientes procesos constituyentes en América Latina se dirime por cuatro grandes líneas de actuación: trabajo en diferentes comisiones, que se centraliza en una comisión de redacción para su debate posterior en pleno; transparencia del proceso, tomándose acta, emitiéndose y grabándose toda sesión de trabajo de la asamblea constituyente; interacción con la ciudadanía, favoreciéndose la participación directa de esta en todas las fases del proceso; referéndum de ratificación del texto constitucional aprobado por los constituyentes, para así poder conocer si el texto constitucional refleja adecuadamente la voluntad popular.

Asilo

Jazmín Serrano Ramírez

Etimológicamente, la expresión asilo proviene del vocablo griego *ásylos*, que significa "sitio inviolable", por lo que puede ser entendido como lugar de refugio (Opinión Consultiva de la Corte Interamericana de Derechos Humanos OC-25/18, de 30 de mayo de 2018. Serie A No. 25, párrafo 73). En razón de su desarrollo, el asilo puede ser conceptualizado como el derecho que tiene toda persona a buscar protección fuera de su país de origen o residencia, de ser acogido en el territorio y no ser obligado a retornar forzosamente, en razón de la existencia de riesgo de ser perseguido y/o vulnerado en derechos. Esta persecución puede constituir un daño, o una amenaza de daño.

El asilo como derecho reconocido en el plano internacional fue impulsado por los países de nuestra región latinoamericana. En ese proceso, el concepto de asilo inviolable para los refugiados políticos fue incluido por primera vez en el Tratado de Derecho Penal Internacional de Montevideo, en 1889, firmado por Argentina, Bolivia, Paraguay, Perú y Uruguay el 23 de enero de 1889. Desde entonces, el asilo fue reconocido en diversos tratados bilaterales y multilaterales relacionados con el asilo diplomático y territorial y con la no extradición por motivos políticos, permitiendo que muchas personas que huían de una persecución pudieran continuar con sus vidas en circunstancias seguras.

Posteriormente, la Declaración Americana de los Derechos y Deberes del Hombre de 1948 incluyó el derecho al asilo en su artículo XXVII, reconociéndolo como un derecho individual, y marcó su desarrollo y codificación internacional. Es así que el mismo año, la Declaración Universal de Derechos Humanos señaló en su artículo 14 que: "En caso de persecución, toda persona tiene derecho a buscar asilo, y a disfrutar de él, en cualquier país". Este mismo artículo se establecen los límites de este derecho: "no podrá ser invocado contra una acción judicial realmente originada por delitos comunes o por actos opuestos a los propósitos y principios de las Naciones Unidas".

En 1951, después de la Segunda Guerra Mundial, a consecuencia del contexto de las personas en búsqueda de refugio, se aprueba la Convención sobre el Estatuto de los refugiados, que establece la prohibición de devolución, y su Protocolo de 1967, que elimina cualquier limitación geográfica o temporal en su aplicación. De esta forma, a nivel universal, el asilo asumió la forma y modalidad de estatuto del refugiado. Con la adopción de la Declaración de Cartagena sobre refugiados, de 1984, se amplía la definición de refugiado hacia las personas que se ven obligadas a salir de sus países por su seguridad, por ser víctimas de amenazas violentas, reafirmando la naturaleza humanitaria del asilo o del reconocimiento de refugiado. Más tarde, la Convención Americana sobre Derechos Humanos de 1969 reconocería el derecho al asilo en su artículo 22.7., que establece: "Toda persona tiene el derecho de buscar y recibir asilo en territorio extranjero en caso de persecución por delitos políticos o comunes conexos con los políticos y de acuerdo con la legislación de cada Estado o los convenios internacionales".

En este desarrollo, el principio de no devolución, como elemento fundamental, se encuentra en todos los instrumentos de protección relativos al derecho al asilo adoptados en la región, por lo que es parte del Derecho consuetudinario de América Latina, que por los aconteceres sociales y políticos comunes y por la respuesta pragmática de los Estados, está regido por principios como la solidaridad internacional y reparto de la carga.

El asilo en el constitucionalismo de la región latinoamericana ha cobrado relevancia a lo largo de la historia, ha sido desarrollado como un instrumento para garantizar la seguridad e integridad de las personas que huyen de persecuciones, especialmente políticas. En este sentido, varios países latinoamericanos incorporaron disposiciones constitucionales que reconocen y protegen el derecho de asilo. Estas disposiciones a menudo reflejan los principios del Derecho internacional en materia de asilo y refugio. Además, algunos países han establecido leyes y procedimientos específicos para gestionar las solicitudes de asilo de manera efectiva y justa.

Es así que, por ejemplo: la Constitución de la República del Ecuador reconoce el derecho de asilo en su artículo 41, que establece que el Estado concederá asilo diplomático a personas perseguidas por razones políticas. La Constitución Política del Perú, en su artículo 36, reconoce el derecho de asilo; asimismo, el artículo 37 prohíbe la extradición por motivos políticos. La Constitución Política de los Estados Unidos Mexicanos, en el artículo 11, reconoce el derecho a buscar y recibir asilo, indicando que el país concederá asilo político de conformidad con los tratados internacionales. El artículo 29 de la Constitución del Estado plurinacional de Bolivia reconoce el derecho a pedir y recibir asilo o refugio por persecución política o ideológica, de conformidad con las leyes y los tratados internacionales; que toda persona a quien se haya otorgado en Bolivia asilo o refugio no será expulsada o entregada a un país donde su vida, integridad, seguridad o libertad peligren; y que se atenderá de manera positiva, humanitaria y expedita las solicitudes de reunificación familiar que se presenten por padres o hijos asilados o refugiados.

Respecto a la normativa específica, Argentina, Bolivia, Brasil, Chile, Colombia, Ecuador, El Salvador, Guatemala, Honduras, México, Nicaragua, Paraguay, Perú y Uruguay adoptaron en el ámbito interno la definición de refugiado, sobre la base no solo de la Convención de 1951 y su Protocolo de 1967, sino también de la Declaración de Cartagena de 1984, ampliando su protección a las personas que se ven obligadas a salir de su país de origen o residencia por haber sido vulnerado en derechos a la vida, integridad personal, libertad, o considerarse en peligro bajo real amenaza (Opinión Consultiva de la Corte Interamericana de Derechos Humanos OC-25/18, de 30 de mayo de 2018. Serie A No. 25, párrafo 129).

Es importante recalcar que el tratamiento del asilo en la región ha evolucionado y que en relación con las interpretaciones y prácticas, si bien pueden variar entre países, existe una uniformidad marcada en el reconocimiento y compromiso, de conformidad con el Derecho internacional de los derechos humanos.

En este sentido, es importante destacar el rol interpretativo de la Corte Interamericana de Derechos Humanos, expresado en su jurisprudencia, que ha establecido estándares de protección en relación con el derecho al asilo, como el Derecho a la no devolución (principio de *Non-refoulement*), que prohíbe el retorno de una persona a un país donde su vida, libertad o integridad puedan estar en peligro debido a persecuciones políticas u otras amenazas; además ha subrayado la importancia de que los Estados respeten y protejan los derechos humanos de las personas solicitantes de asilo, esto incluye asegurar un proceso justo y efectivo para la determinación del asilo y proteger a las personas contra la persecución y violaciones de derechos fundamentales en virtud de su búsqueda de asilo, resaltando la importancia del derecho a ser escuchado y presentar pruebas de persecución o temor fundado. Del mismo modo ha reconocido la importancia de brindar protección efectiva a las personas con estatuto de refugiado, asegurando que los Estados adopten medidas para garantizar sus derechos y bienestar (cfr. Corte IDH. Caso "Familia Pacheco Tineo *vs.* Bolivia". Excepciones preliminares, Fondo, Reparaciones y Costas. Sentencia de 25 de noviembre de 2013. Serie C No. 272; Corte IDH. Derechos y garantías de niñas y niños en el contexto de la migración y/o en necesidad de protección internacional. Opinión Consultiva OC-21/14 de 19 de agosto de 2014. Serie A No. 21; Corte IDH. Caso "Vélez Loor *vs.* Panamá". Excepciones preliminares, Fondo, Reparaciones y Costas. Sentencia de 23 de noviembre de 2010. Serie C No. 218; Corte IDH. Caso "Nadege Dorzema y otros *vs.* República Dominicana". Fondo, Reparaciones y Costas. Sentencia de 24 de octubre de 2012. Serie C No. 251).

Autoidentificación indígena

Leonardo TAMBURINI

La autoidentificación indígena es el derecho a través del cual las personas y los pueblos que son descendientes de poblaciones que habitaban el país o la región geográfica en el momento de la conquista, colonización, o posteriormente durante el establecimiento de los límites estatales actuales, asumen autónomamente diferenciarse del resto de la sociedad nacional declarando su pertenencia étnica. La autoidentificación considera el sentimiento de pertenencia cultural, de cosmovisión, espiritualidad y valores compartidos aparte del idioma, territorio común, historia y pertenencia étnica (Cosidra, 2020:12).

Se ejerce de manera individual o colectivamente y es indelegable, es decir, no interviene el Estado ni está sujeta a su aprobación o anuencia. Es, de todos modos, un elemento principal que utilizan los Estados para identificar comunidades indígenas y tribales y la pertenencia de sus miembros a dichos grupos.

El núcleo de este derecho es la fijación del autorreconocimiento como el elemento principal que configura la condición de indígena. Lo indicado se sostiene, en general, a partir del carácter del modelo de Estado constitucional asumido que, al menos en América Latina, reconoce el carácter pluralista, multiétnico e incluso plurinacional, que implica el impedimento de la imposición de criterios formales y sustanciales para la definición, determinación e identificación de los pueblos indígenas.

Las Naciones Unidas nunca adoptaron una definición sobre los pueblos indígenas, en tanto sus organizaciones sostenían que esta podría utilizarse por los Estados para excluir a muchos otros pueblos como sujetos de sus derechos colectivos. Según este organismo, el enfoque debe ser no de definir, sino de identificar sobre la base de criterios, donde el de la autoidentificación, establecida en el Convenio 169 de la OIT, es el fundamental para esa tarea (García, 2023).

La autoidentificación ciertamente fue establecida en el artículo 1°, punto 2, del Convenio No. 169 de la OIT, donde "la conciencia de su identidad indígena o tribal deberá considerarse un criterio fundamental para determinar los grupos a los que se aplican las disposiciones del presente Convenio". En el mismo sentido, la Declaración de las Naciones Unidas sobre los derechos de los pueblos indígenas establece que "los pueblos indígenas tienen derecho a determinar su propia identidad o pertenencia conforme a sus costumbres y tradiciones" (artículo 33, numeral 1). Este derecho debe ser leído a partir del derecho-principio a la libre determinación que tienen los pueblos indígenas, establecido en el artículo 3 de la misma Declaración.

En el sistema interamericano, el criterio de la autoidentificación ha sido tomado en cuenta como un elemento central de la libre determinación, entendida como la conciencia del pueblo a su identidad. La autoidentificación supone que las personas y pueblos indígenas que la reivindican existen de por sí, y han existido de manera permanente, independientemente de un reconocimiento oficial o de la voluntad del Estado (CIDH, 2022). La Corte IDH ha señalado en varios fallos que una comunidad, desde su nombre hasta su composición, consiste en un hecho histórico-social que hace parte de su autonomía (Sentencia Comunidad Xákmok Kásek *vs.* Paraguay, párrafo 39).

Si bien el reconocimiento de los pueblos indígenas por terceros no es óbice para el ejercicio de sus derechos, el reconocimiento por parte del Estado facilita la realización efectiva de estos. Para el Estado, la autoidentificación supone, por tanto, dos responsabilidades: 1) el reconocimiento de las comunidades indígenas —como sujetos colectivos— y de sus integrantes individualmente considerados-; y 2) la prohibición de negar arbitrariamente la identidad indígena de las comunidades o sus miembros. Más allá de los elementos objetivos para identificar un pueblo indígena, de acuerdo con los criterios establecidos en el artículo 1°, numeral 1 del Convenio 169, el criterio principal para su identificación se deriva de la conciencia, el reconocimiento y la reivindicación de su condición de indígena, que viene ejercido a partir de su libre determinación y autonomía de decisión (CIDH: 48).

En su dimensión individual, los mecanismos con mayor peso para determinar la condición de indígena deben ser aquellos adoptados por las comunidades en ejercicio de su autonomía. Si bien la prueba de esa condición puede lograrse a través de diversas formas, tales como los censos, conceptos sociológicos o antropológicos, certificados de las autoridades de las comunidades o cualquier medio probatorio, estos no sustituyen lo anterior. Por ello la Corte Constitucional de Colombia concluye que la calidad de indígena se configura a partir "[...] de la identidad cultural real del sujeto, que pregona su pertenencia a una determinada comunidad, y de la aceptación por parte de la comunidad de tal pertenencia e identidad" (T-703 de 2008).

En su dimensión colectiva, se razona que el derecho a la libre determinación y a la autonomía de los pueblos indígenas implica el derecho a autoidentificarse y a ser reconocidos como portadores de una identidad culturalmente diversa. De ahí que toda negación de este reconocimiento, a propósito de la decisión de un litigio concreto sobre el alcance de los derechos que se derivan de tal condición, constituye una restricción de su libre determinación y su autonomía (T-294 de 2014).

En Bolivia, a partir de la adopción de la Constitución Política del Estado, el sujeto activo titular de los derechos indígenas reconocidos es la "nación y pueblo indígena originario campesino". La autoidentificación bajo cualquiera de estas denominaciones, queda expresada en la Sentencia SCP 1422/2014: "la colectividad será sujeta de derechos colectivos y le serán aplicables todos los efectos del artículo 30 en sus dos parágrafos de la Constitución, así como los efectos del principio de libre-determinación inherente a los pueblos y naciones indígenas originario y campesinos plasmado en el segundo artículo de la CPE".

Autonomía indígena

Nelson Omar La Madrid Thenier

Autonomía indígena equivale al reconocimiento de la autodeterminación colectiva de los pueblos indígenas. En ese marco, la autonomía Indígena, más allá del reconocimiento de su propio sistema político de gobierno, también implica el reconocimiento de su libre determinación, como un derecho consagrado para este grupo de atención prioritaria, entendido como la facultad de escoger su propio devenir. En consideración a ello debe tomarse en cuenta como válidas las decisiones que repercuten de manera interna, cuando deciden libremente dotarse de sus normas, aplicar aquellas ancestrales y modificarlas de conformidad con su propia cosmovisión; y de manera externa, cuando asumen una posición jurídica conjunta en el plano estatal e internacional, así como la decisión de la libre disponibilidad de las riquezas que existen en su territorio; por lo mismo, el ejercicio de autogobernarse incluye las decisiones asumidas en torno a sus cuestiones políticas, económicas, culturales, territoriales y la propia ejecución de su Derecho consuetudinario.

Es preciso señalar que el reconocimiento de la autonomía indígena varía de Estado en Estado, dado que en algunas legislaciones de orden garantista, este reconocimiento es amplio, y en otras, se tiene la carestía de un contenido normativo concreto, aunque al ser esta condición política positivada en la norma suprema, el límite generalizado a la autonomía indígena se determina por el cumplimiento de las normas constitucionales, el bloque de constitucionalidad y el respeto de los derechos fundamentales. No obstante, y como se precisó, teniendo en cuenta que de por medio se encuentra el ejercicio del derecho de los pueblos indígenas a su libre determinación, exigirá, del Estado, un grado elevado de reconocimiento normativo, pues debe partirse de la premisa de que, a mayor reconocimiento de la autonomía, mayor conservación de los usos y las costumbres de los pueblos indígenas.

La autonomía indígena, en el constitucionalismo contemporáneo, tiene connotación histórica, ya que se manifiesta como una reconfiguración democrática en los Estados que, a partir de su constitucionalización, implícitamente reconoce su composición plural de origen étnico, lingüístico, cultural y social, que puso fin en muchos casos a conflictos de poder, incluso armados, al interior de los Estados reconocidos en su momento como multiétnicos —con una cultura dominante—, como sucedió en México con el Ejército Zapatista de Liberación Nacional (EZLN); en Colombia, con la Autodefensa Campesina; y en Perú con las rondas campesinas, entre otros.

El artículo 4 de la Declaración Universal sobre Derechos de los Pueblos indígenas sostiene que los pueblos indígenas, en ejercicio de su derecho a la libre determinación, también cuentan con el derecho a la autonomía y al autogobierno, lo que corresponde a establecer que pueden decidir de manera autónoma, sobre las cuestiones relacionadas con sus asuntos internos, así como a disponer de medios para financiar sus funciones. Al respecto, la Corte Constitucional de Colombia sostuvo que la autonomía de los pueblos indígenas debe alcanzar, cuando menos, al derecho de participar en las decisiones que los afectan; a la participación política en sus organizaciones; y al autogobierno al interior de sus comunidades. Por su parte, la Corte Constitucional del Ecuador afirmó que la real eficacia de los derechos de los pueblos indígenas a su autodeterminación, respeto de la diversidad étnica y cultural, y al reconcomiendo de su propio Derecho consuetudinario, depende de un amplio ejercicio de su autonomía. El Tribunal Constitucional del Perú proclama que el Estado peruano reconoce la autonomía organizativa, económica y administrativa a las comunidades indígenas, así como la libre disposición de sus tierras que no son materia de prescripción, además de respetar su identidad cultural. Finalmente, el Tribunal Constitucional Plurinacional de Bolivia manifestó que la autonomía indígena consiste en la capacidad de autogobernarse al interior de sus pueblos y sus territorios, sobre la base de sus normas propias, sin injerencias externas, decidiendo o definiendo libremente su organización territorial, sus sistemas jurídicos, políticos y económicos, en concordancia con su cosmovisión. De conformidad con lo desarrollado, el reconcomiendo y ejercicio de la autonomía indígena, como elemento del respeto de su derecho a la libre determinación, resulta de vital importancia en la medida que garantiza la supervivencia de estos colectivos considerados minoritarios.

Autonomía municipal

Ver *Municipio.*

B

Ballotage, Balotaje

Ver *Segunda vuelta electoral.*

Banca central

Gabriel MORENO GONZÁLEZ

La banca central es una institución imprescindible en la mayor parte de sistemas políticos del mundo, más allá del marco occidental y atlántico. Se trata del organismo encargado de la política monetaria de un país, de la determinación de la masa de dinero en circulación y de la garantía del valor de la propia moneda nacional; suele asociársele, además, un conjunto de atribuciones sobre supervisión y control de los bancos privados. Hemos de tener en cuenta que la mayoría de la moneda que circula es producida en el circuito privado de los préstamos y las relaciones interbancarias, de aquí la necesidad económica de que la banca central también controle estas últimas para garantizar el valor monetario.

Su surgimiento como institución pública lo encontramos en la consolidación de los Estados modernos europeos y en la génesis del capitalismo a estos asociados, puesto que el nuevo sistema económico necesitó avanzar hacia una economía de moneda fiduciaria y de intercambio bancario con base en el préstamo privado. Una característica singular de la banca central en el proceso gradual de constitucionalización y juridificación de lo político que se inaugura en la contemporaneidad, es que su origen, paralelo al de este proceso, no tuvo correspondencia en este, puesto que apenas se ven trazas de su incorporación a los textos fundamentales hasta el siglo XX. Esta débil, cuando no ausente constitucionalización, se debe, en parte, a los estrechos vínculos que al principio presentó con los bancos privados, administradores de la banca central (y que aún pueden verse, por ejemplo, en el sistema de reservas federales de los EE.UU.) y a la subordinación plena, posterior, al gobierno o al parlamento como un mero órgano de ejecución.

Sin embargo, en el siglo XX, y en especial tras la Segunda Guerra Mundial, se incrementó la centralidad de esta institución en el sistema económico internacional (Bretton Woods), dejando de ser una mera fiduciaria y supervisora bancaria para erigirse en un motor esencial del desarrollo económico y de la activación de la demanda agregada. Junto al objetivo de la estabilidad monetaria se fueron sumando el del crecimiento de aquella, el del pleno empleo o el de las políticas de redistribución económica, fines todos amparados por la nueva mentalidad keynesiana que reinó en el occidente industrializado, y también en las economías emergentes latinoamericanas, hasta principios de la década de 1980. Tras estos se fue imponiendo, por múltiples causas, la visión neoliberal totalmente contraria, en la que la independencia supuestamente técnica de los bancos centrales se convertía en uno de los principios esenciales del nuevo paradigma económico. Para dar este salto, la construcción neoliberal solo necesitó, en la inmensa mayoría de países, servirse de las leyes de regulación o desarrollo, dada la nula e inexistente regulación constitucional ya mencionada. Aprovechando este vacío, se fueron modificando los marcos normativos y se terminó generalizando el modelo actual de bancos centrales con independencia funcional respecto del poder político democrático, aunque la elección de sus decisores sí competa, *ab initio*, a este.

En el caso europeo, el modelo se homogeneizó bajo parámetros ordo y neoliberales con la instauración progresiva de la moneda única (Maastricht, 1992) y la creación del Banco Central Europeo (BCE), referente del modelo neoliberal en el que el único objetivo prioritario es la estabilidad de precios y de la propia moneda, sin atender a fines de justicia social o desarrollo económico. Sus decisiones están blindadas tras la independencia que le otorgan sus estatutos, elevados al rango jerárquico del que disfrutan los tratados constitutivos de la Unión Europea, y estas no pueden ser recurridas, alteradas o discutidas por los representantes democráticamente elegidos o por el resto de las instituciones. Ello provoca un problema democrático de raíz, por cuanto se le concede la determinación de la política monetaria a un órgano que está al margen de la rendición de cuentas y de la legitimidad popular, que en un Estado de Derecho y democrático debiera presidir y fundamentar cualquier órgano o poder.

En el caso latinoamericano, y siendo conscientes los Estados de la realidad neoliberal aludida tras la década perdida (años 80), se extendió la tendencia a constitucionalizar con mayor grado de detalle que en Europa, la banca central y sus atribuciones. Los desarrollos constitucionales más extensos hoy de la institución los encontramos, por tanto, en la realidad latinoamericana, muy especialmente en los textos del llamado nuevo constitucionalismo latinoamericano (NCL), como son los de Bolivia (artículos 326-329), Ecuador (artículos 302-303) o Venezuela (artículos 318-321). La nota en común de los tres tratamientos constitucionales es que, por primera vez en la propia historia constitucional, el banco central se juridifica al más alto nivel con la pretensión explícita de someterlo al control democrático y a los mecanismos de rendición de cuentas de todo poder público, así como de encauzar sus decisiones más relevantes por los medios de legitimación propios de una democracia constitucional, retomándose además entre sus objetivos los que eran característicos del momento keynesiano de posguerra.

Bloque de constitucionalidad

Omar Alberto García Palacios

Doctrina a través de la cual se plantea reconocer jerarquía constitucional a normas que no están referenciadas o incluidas en la Constitución Política de un Estado determinado, con el fin de interpretarlas sistemáticamente con el texto de la Constitución. El conjunto de normas que forman o integran el bloque varían en su contenido y alcance.

En el ámbito latinoamericano, el concepto de bloque de constitucionalidad, o también llamado bloque de la constitucionalidad o parámetro de constitucionalidad, está fundamentalmente referido a instrumentos del Derecho internacional de los derechos humanos (DIDH).

La doctrina del bloque de constitucionalidad es una corriente europea que tiene su origen en Francia con los planteamientos del Consejo Constitucional y que básicamente implica el conjunto de "normas de referencia" con las que el Consejo contrasta las normas con rango o valor de ley sobre cuya legitimidad ha de pronunciarse (RUBIO LLORENTE, 2001).

En América Latina, como bien destaca GÓNGORA MERA (2015), la doctrina del bloque de constitucionalidad está referida usualmente a instrumentos internacionales del DIDH, esto implica que los países que han acogido esta doctrina, tanto en el ámbito científico como jurisprudencial, encuentran elementos comunes en torno al DIDH.

El desarrollo de dicha doctrina en el ámbito latinoamericano ha implicado reconocer que los tratados internacionales de derechos humanos tienen rango constitucional o se encuentran al mismo nivel jerárquico de la Constitución; y en ocasiones, asumir su jerarquía "supraconstitucional".

De igual forma, en América Latina, en donde existen varios procesos de integración regional, como el Sistema de la Integración Centroamericana (SICA), la Comunidad Andina de Naciones (CAN), el Mercado Común del Sur (MERCOSUR), y la Comunidad del Caribe (CARICOM), y cuentan con un ordenamiento jurídico comunitario, el bloque de constitucionalidad posiblemente deberá considerar al Derecho comunitario como parte de este. En ese sentido, los instrumentos internacionales de derechos humanos y el Derecho comunitario formarán parte del bloque de constitucionalidad.

Otro elemento a destacar, relacionado con la doctrina del bloque de constitucionalidad, es el tratamiento al sistema de fuentes en la Constitución que cada Estado diseña y al planteamiento jurisprudencial que cada uno de los máximos intérpretes de la Constitución han hecho en cada país para determinar el contenido y el alcance del sistema de fuentes.

Por último, en relación con las ideas aquí planteadas, conviene destacar el trabajo de GÓNGORA (2015), en donde desarrolla la evolución de la doctrina del bloque de constitucionalidad en América Latina, destacando su inicio en Panamá, a través de la Sentencia de la Corte Suprema de Justicia del 24 de julio de 1990. En dicha Sentencia, la

Corte reconoce la jerarquía constitucional de los instrumentos internacionales, particularmente a la Convención Americana. A partir de ahí, la doctrina del bloque de constitucionalidad en América Latina ha encontrado como elementos comunes, tanto a nivel doctrinario científico como jurisprudencial, el tratamiento del Derecho internacional de los derechos humanos, salvo excepción del caso peruano, en donde a partir de 1996, el Tribunal Constitucional ha utilizado dicha doctrina al estilo del caso español para resolver conflictos de distribución de competencias territoriales (GÓNGORA, 2015). El autor también destaca que las opiniones consultivas y los fallos jurisprudenciales de la Corte Interamericana de Derechos Humanos han influido notablemente en la acogida de la doctrina del bloque de constitucionalidad y del llamado control de convencionalidad.

La revisión de los textos constitucionales en los países de América Latina relacionados con la definición de bloque de constitucionalidad, nos conduce a sostener que únicamente la Constitución del Estado plurinacional de la República de Bolivia lo tiene definido. En el artículo 410, numeral II, la Constitución señala: "... El bloque de constitucionalidad está integrado por los Tratados y Convenios internacionales en materia de Derechos Humanos y las normas de Derecho Comunitario, ratificados por el país".

En ese sentido, el resto de textos constitucionales no tienen una definición expresa sobre bloque de constitucionalidad. Este hecho reafirma la posición que se ha venido sosteniendo a lo largo de esta voz: bloque de constitucionalidad es una doctrina acogida por el ámbito científico y jurisprudencial en los países de América Latina, que está íntimamente relacionada con el tratamiento del sistema de fuentes del Derecho en la Constitución y la posición que ocupa el instrumento internacional en cada uno de los sistemas, particularmente el instrumento internacional en materia de derechos humanos, y en los casos que proceda, las normas en materia de Derecho comunitario, tal como precisa la Constitución de Bolivia.

Por ello es que en esta voz, bloque de constitucionalidad, se destaca que su concepto en el ámbito latinoamericano es una construcción de la doctrina científica y jurisprudencial que acerca posiciones al tratamiento que tiene cada ordenamiento jurídico relacionado con los instrumentos internacionales en materia de derechos humanos.

Fundamentalmente, las constituciones y la jurisprudencia constitucional han señalado en gran medida que los tratados internaciones en materia de derechos humanos tienen una posición de "jerarquía constitucional", es decir, gozan del mismo nivel jerárquico de la Constitución (se entiende, para su interpretación y aplicación, como normas complementarias, normas configuradoras, normas de interpretación sistemática que protegen los derechos humanos). A esta posición de "nivel jerárquico" encontramos una excepción, como es el caso de la Constitución de Cuba, que expresamente señala que los instrumentos internacionales están por debajo de la Constitución, una posición "infraconstitucional". La Constitución prima sobre los tratados internacionales (artículo 8).

Bloque de convencionalidad

Vicente FERNÁNDEZ FERNÁNDEZ

El bloque de convencionalidad o parámetro de control de convencionalidad es la base sobre la que descansa y se mide todo el orden jurídico y el actuar de los entes públicos. Implica que todas las autoridades (administrativas, legislativas y jurisdiccionales) deben emitir sus actos y resoluciones a la luz de la Convención Americana sobre Derechos Humanos y u otro Derecho convencional aplicable, aun cuando existan disposiciones en contrario en su Derecho interno, siempre y cuando permitan darles un alcance o mayor tutela a los derechos humanos de los gobernados, en estricto apego, respeto y cumplimiento al principio *pro persona.*

El orden jurídico de un país democrático debe estar organizado de tal manera que sea viable la convivencia entre los gobernados y entre estos y los diversos entes estatales, teniendo como premisa el respeto pleno de los derechos humanos. La manera en la que se organice el sistema jurídico determinará el tipo de bloque normativo, ya sea de constitucionalidad o convencionalidad.

Un bloque de constitucionalidad o de convencionalidad estará delimitado en función de la prevalencia del principio de supremacía constitucional o convencional, es decir, si tiene como punto de partida para fijar un parámetro de control de todo el sistema jurídico a su Constitución o a la Convención Americana sobre Derechos Humanos (Convención) y su interpretación por la Corte Interamericana de Derechos Humanos (Corte), para los países latinoamericanos que forman parte del Sistema Interamericano de Derechos Humanos. En algunos casos la diferencia se ha vuelto solo teórica al fijar su parámetro de control en ambos modelos, el interno de su Constitución y el externo de la Convención.

El sustento del Derecho convencional y que se ha considerado como bloque o parámetro de control de todo el sistema normativo de un país determinado emana, sobre todo, de la Convención de Viena sobre el Derecho de los tratados, en cuyo artículo 26 se prescribe que "Una parte no podrá invocar las disposiciones de su derecho interno como justificación del incumplimiento de un tratado", y se reitera de manera particular en el artículo 2 de la Convención Americana sobre Derechos Humanos, en el sentido de que "[...] los Estados Partes se comprometen a adoptar, con arreglo a sus procedimientos constitucionales y a las disposiciones de esta Convención, las medidas legislativas o de otro carácter que fueren necesarias para hacer efectivos tales derechos y libertades".

La supremacía convencional ha sido ratificada de manera continua y reiterada por su máximo intérprete, la Corte Interamericana de Derechos Humanos, sentencias que además son obligatorias para los países que aceptaron su jurisdicción y no solo para el Estado que haya sido demandado y condenado. Desde el año 2001, en el caso "La Última Tentación de Cristo" (Olmedo Bustos y otros) *vs.* Chile, la Corte, interpretando los referidos artículos 27 de la Convención de Viena sobre el Derecho de los tratados, en relación con el 2 de la Convención Americana sobre Derechos Humanos, arribó a la conclusión de que los Estados Parte no pueden invocar normas de Derecho interno para no respetar los derechos humanos reconocidos en el Derecho convencional y, además, que deben ajustar su Derecho interno (incluyendo su Constitución) a la Convención, de tal manera que la Corte ha condenado a los Estados a que reformen sus constituciones y las adecuen al mandato convencional.

Como se dijo, esa interpretación de la Corte no fue un hecho aislado, sino que lo ha reiterado en varios casos, como el "Vereda La Esperanza *vs.* Colombia" en 2017 y dos casos emblemáticos en 2023,

"Tzompaxtle Tecpile y otros *vs.* México" y "García Rodríguez y otro *vs.* México", en donde condenó al Estado mexicano a eliminar de su Constitución la figura del arraigo, que permite privar de la libertad a una persona antes de iniciar un proceso penal, solo con la finalidad de integrar una investigación, y por otro lado a reformar el texto constitucional, a fin de eliminar la prisión preventiva oficiosa, figura que implica que un juez, en ciertos delitos, al vincular a proceso a una persona, le decrete forzosamente la prisión preventiva.

En el Sistema Interamericano de Derechos Humanos ya no es una discusión si debe prevalecer un bloque de constitucionalidad o uno de convencionalidad. Como se ha visto, la Convención Americana sobre Derechos Humanos es muy clara en que los Estados Parte deben velar por que sus constituciones se ajusten a los mandatos de la Convención y, además, la Corte ha sido contundente en condenar a los países a reformar sus constituciones, cuando estas no se ajustan a los parámetros del Derecho convencional.

Bolivarianismo

José Ignacio LACASTA ZABALZA

Con esta voz constitucional ocurre que posee aditamentos bien poco constitucionales, como resultado, sobre todo, de su empleo propagandístico por parte de los mayoritarios medios de comunicación. Para estos, todo lo *bolivariano* es lo actuado por el régimen político de Venezuela, desde la presidencia de Hugo CHÁVEZ. Pero resulta que lo bolivariano atañe también al legado político y constitucional de Simón BOLÍVAR, al símbolo constituyente iberoamericano del ejercicio de la *soberanía* frente a los diversos imperialismos e imperios (y el primero en el tiempo, que fue el español), devotos no siempre de izquierda, como lo testimonian numerosos líderes conservadores iberoamericanos que hicieron de *El Libertador* y su efigie una de sus banderas más utilizadas. Así, el colombiano Álvaro GÓMEZ, asesinado por las FARC según confesión propia ante la JEP (Jurisdicción Especial para la Paz), escribió en 1958 un muy revelador libro titulado *La Revolución en América*. De él, y de otras obras, se desprende un Simón BOLÍVAR representativo del orden conservador, que propone detentar un poder ejecutivo fuerte, cooperador con el catolicismo y su Iglesia, poco preocupado por la división de poderes del Estado, menos inquieto todavía por el parlamentarismo y, en suma, convertido en la cúspide de un constitucionalismo fundamentado en el "principio de autoridad". Llama la atención del pensamiento de Álvaro GÓMEZ la subvaloración, rayana en el menosprecio, de la cultura indígena y sus hallazgos arquitectónicos y antropológicos, de muy negativas y excluyentes consecuencias constitucionales para las minorías aborígenes. En las filas conservadoras, el dictador Gustavo ROJAS PINILLA usó así mismo la figura de *El Libertador* de manera profusa. Y en Venezuela, por igual hubo presidentes que intentaron ocultar su demagogia bajo la vistosa casaca de Simón BOLÍVAR, como el dictador Juan VICENTE GÓMEZ (él mismo condecorado con la Orden del Libertador).

Pero donde ha fructificado y arraigado de veras la herencia de BOLÍVAR es en el seno de la cultura democrática y en el patrimonio de la izquierda latinoamericana; carga simbólica que pudo contemplarse a lo crudo en la toma de posesión del presidente de Colombia Gustavo PETRO, en agosto de 2022. La presencia en estrados de la espada de BOLÍVAR en ese acto, escoltada por la Guardia Presidencial, fue el reconocimiento de ese *mito soberano* tan querido en Latinoamérica. Todos los Jefes de Estado y de Gobierno allí presentes, de variadas procedencias ideológicas, se levantaron de inmediato ante su paso. Todos, menos el rey de España, Felipe VI, quien permaneció sentado. Con todo, de la democracia radical y de las filas de la izquierda iberoamericana a veces surgen despropósitos acerca del *mito* de Bolívar. El régimen de Venezuela, lo que daña la imagen histórica de *El Libertador*, ha propagado un Simón BOLÍVAR sin defectos humanos, carente de errores políticos y militares, lo más parecido, valga la expresión crítica, a un santo constitucional. Y, sin embargo, lo que más puede beneficiar la validez de ese mito se debe a una documentada reconstrucción histórica, que no oculte ni tergiverse la bárbara decisión de la "guerra a muerte" o sin prisioneros, de honda raíz decimonónica española, que hoy violaría todos los parámetros del Derecho internacional humanitario. No tiene convalidación constitucional el modelo consular vitalicio y hereditario; ínsito en la Constitución de Bolivia de 1826, casi de puño y letra de Simón BOLÍVAR. Ni los plenos poderes establecidos en el Decreto Orgánico de 1828, al fin del mandato y la vida de *El Libertador*. Desmán bolivariano que ya criticara todo un Benjamin CONSTANT, quien prefirió la "tormenta" de la vida política a la ilegítima tiranía de toda dictadura. GARGARELLA (2015) ha criticado, con justeza, el empalme de cierta izquierda latinoamericana, bajo el símbolo de BOLÍVAR, con el cesarismo militar y el presidencialismo. Asegura que la concentración de poderes presidencialista no es una vía adecuada para las transformaciones sociales ni para la participación política. Es más, se añade aquí, el carácter *personal* de ese poder presidencial nada tiene que ver con las instituciones *impersonales* republicanas; desmesura personalista que alcanza de lleno a la actual República Bolivariana de Venezuela que, por cierto, a su vez carece de una adecuada justicia constitucional y su tribunal correspondiente.

Y, no obstante, Simón BOLÍVAR puede ser el *mito fundacional* perfecto para la construcción de un constitucionalismo iberoamericano, que no prescinda en su análisis de los defectos y fallos de *El Libertador*, pero que no pierda de vista la grandiosa perspectiva: a) de su lucha prolongada por la abolición de la esclavitud y contra el tráfico de las personas afrodescendientes (medio siglo antes que Abraham LINCOLN) y b) su mirador de la Gran Colombia, que puede acoger bajo su símbolo las alianzas internacionales iberoamericanas y programas varios, desde la moneda y el mercado comunes hasta proyectos ya en curso y exitosos como la Corte Interamericana de Derechos Humanos.

C

Caribe

Viridiana MOLINARES HASSAN

El Caribe es una región construida desde la historia, la cultura, la música, la imaginación y las sensaciones; trenzada por una geografía integrada por las Antillas mayores y menores, como se conocen las grandes y pequeñas islas de las que surgió, y por un gran litoral que inicia en el Brasil y que algunos extienden hasta las costas de la Florida. Es un espacio real e imaginado de gran diversidad política, debido a que en el Caribe encontramos Estados asociados, socialistas, monarquías y repúblicas. También cuenta con una gran diversidad lingüística, producto de las diferentes migraciones que recibió; cultural, que se refleja el gran número de géneros musicales que ahí han tenido origen, y por la creatividad de sus pobladores, entre ellos, premios nóveles de literatura de recordación mundial como el colombiano Gabriel GARCÍA MÁRQUEZ, y el santalucense Derek WALCOTT, y por mujeres escritoras como Maryse CONDÉ y muchas más que, desde una narrativa poscolonial, utilizando la literatura, como instrumento de memoria, la música, la cuentería y muchas otras manifestaciones culturales, visibilizan relaciones de poder y denuncian diferentes formas de exclusión y de integración que se han dado y se dan en esta región.

Aunque hay muchas interpretaciones, de acuerdo con el historiador colombiano Alfonso MÚNERA (2019), el Caribe se construyó con la llegada, en el siglo XV hasta el XX, de los conquistadores-colonizadores, y aproximadamente once millones de africanos esclavizados que poblaron esta región luego de sobrevivir la difícil travesía de viajes de África hasta América. Para MÚNERA, de los africanos esclavizados, a pesar de la gran injusticia de la esclavitud, heredamos la alegría.

En sus orígenes la palabra *Caribe*, explica Múnera (2019), tuvo que ver con la mítica historia que construyeron los españoles sobre los indios Caribe, ubicados en las costas de Colombia, Venezuela y algunas islas, como indios indomables y caníbales; pueblos que preferían morir antes que ser sometidos. Rápidamente la palabra Caribe fue apropiada por los pobladores de las Antillas, posteriormente su uso se generalizó por parte de norteamericanos, sin embargo, fueron los ingleses los que afianzaron el término Caribe, cuando, a partir de los siglos XVII y XIX, empezó a aparecer en los mapas la denominación *caribbean sea,* aludiendo al Mar Caribe, y se creó la *caribbean community,* comunidad caribe, antes denominada *west indian people.*

En las islas del *caribbean sea* se ubicaron el 23-24 % de los africanos esclavizados; muchos otros ingresaron a Latinoamérica por Cartagena de Indias, donde estuvo ubicado el puerto dedicado a la comercialización de personas esclavizadas más grande de esta región. Aunque en el litoral de Colombia y Venezuela predomine el habla hispana, en el caribe insular se hablan diferentes idiomas y en su mayoría todos hablan inglés, por la alta migración que se dio en esta región.

De acuerdo con Múnera, el Mar Caribe representó, antes de la aviación, la gran avenida que unía al mundo. Constituyó una zona en la que se desarrolló una economía basada en la venta de personas esclavizadas, y una revolución capitalista alrededor de la venta de azúcar, café, tabaco y oro, que contribuyó al desarrollo de sistemas financieros, bancarios, de seguros, y de navegación. Hoy en las constituciones de algunos países latinoamericanos, como la de Colombia, se consagra como principio constitucional la integración latinoamericana y del Caribe.

Caudillismo

Luis Gonzalo INARRA ZEBALLOS

El caudillismo ha sido un fenómeno recurrente en la historia política de América Latina, especialmente en los siglos XIX y XX. El término se refiere a la figura del líder carismático y autoritario que ejerce un gran poder en una región o país, a menudo a través de la fuerza y la intimidación. El caudillo se convierte así en una figura central en la política y la sociedad, dominando a menudo la vida política durante varios años.

Uno de los primeros estudios sobre el caudillismo fue realizado por el historiador Germán CARRERA DAMAS, en su obra *El culto a Bolívar* (1969). Según CARRERA DAMAS, el caudillo es una figura que surge en un contexto de crisis política y social, cuando la autoridad del Estado está debilitada y la sociedad está fragmentada. En este contexto, el caudillo se convierte en un líder carismático que promete restaurar el orden y la estabilidad, y logra ganarse el apoyo de las masas a través de su capacidad para movilizar a la gente y su habilidad para resolver conflictos. Otro autor en este tema es Enrique KRAUZE, quien ha escrito extensamente sobre el caudillismo en América Latina. En su obra *El poder y el delirio* (2008), KRAUZE describe al caudillo como un líder que ejerce un poder absoluto, que se sitúa por encima de las leyes y las instituciones, y que utiliza la violencia y la intimidación para mantener su posición.

El caudillismo ha tenido un impacto profundo en la política y la sociedad latinoamericana. Por un lado, el caudillo ha sido visto como una figura necesaria para mantener el orden y la estabilidad en un contexto de crisis política y social. Por otro lado, el caudillismo ha llevado a menudo a una concentración de poder en manos de una sola persona (o en algún caso de un grupo), lo que ha socavado las instituciones democráticas y ha debilitado la participación ciudadana. También ha tenido un impacto negativo en la economía latinoamericana. En muchos casos, los caudillos han utilizado su poder para enriquecerse a sí mismos y a su grupo cercano de seguidores, en detrimento del desarrollo económico y social del país. La corrupción y el nepotismo han sido a menudo una característica de los regímenes caudillistas, lo que ha impedido el crecimiento económico y ha perpetuado la pobreza y la desigualdad.

Ciudadanía

Martha PRIETO VALDÉS

La ciudadanía es una categoría compleja por la diversidad de posturas respecto a ella. En algunos casos es la institución jurídica básica, con incidencia directa en la persona humana en todos los ámbitos, momentos y situaciones, y se asume como el status jurídico o condición legal de la persona que marca y certifica los vínculos con un determinado Estado, la pertenencia a una comunidad sociocultural y política; implica el disfrute de todos los derechos en todos los espacios posibles, incluidos los de participación, junto a los deberes para con la sociedad, las personas y el Estado.

En otros casos es solo una institución que se adquiere con la mayoría de edad y asegura los derechos políticos, entre ellos ejercer cargos públicos, pudiendo renunciar o ser privado de ella, ya que es la nacionalidad la categoría primaria.

La primera acepción de ciudadanía, en tiempos de Grecia antigua, fue la condición que prestigiaba al hombre y le permitía participar en los poderes públicos, que elaboraba sus leyes y contribuía hasta con la vida a su protección. En la Roma originaria, se le reconocía a aquel hombre con *status civitate*, con lo cual podía ser propietario, contratar, casarse y participar en la vida política; aunque primero estuvo limitada a un grupo de propietarios y luego extendida —en tiempos de Caracalla—, con fines económicos y militares, a personas nacidas en el Imperio; ese cambio dio paso a una diferenciación de la noción original.

El proceso de formación del Estado nacional y las revoluciones burguesas estimularon la formación de una ciudadanía activa, que se entendió como condición del hombre libre, con derechos a la propiedad, la seguridad, así como a la resistencia frente al poder y con derechos a su expresión y manifestación; fue el instrumento para defender la *res publicae*, inicialmente limitado por la cuantía de sus recursos financieros e ilustración como precondición de la aptitud para elegir y ser electos. Los primeros códigos civiles, las iniciales declaraciones de la época moderna y las constituciones codificadas dan fe de la asunción de esta institución jurídica importante para el ser humano en interacción con los demás.

En la primera mitad del pasado siglo XX, los reclamos sociales hicieron que se volviera la mirada a la ciudadanía, ya no restringida a lo civil personal o patrimonial y a lo político, sino para incluir lo social, para potenciar el disfrute de derechos de las amplias colectividades poblacionales, también para los derechos culturales, laborales, de prestación social y participativos. Ser ciudadano, entonces, debía dejar de ser expresión del yo individual y lo convocaba a intervenir en las múltiples decisiones cotidianas y ejercer soberanía, con deberes también para aportar a lo común. Así, se entendió como institución resultante de la conjugación de una población que nace o desarrolla su vida en un territorio, bajo jurisdicción estatal y en un espacio de cultura común; lo cual condiciona que ese vínculo genere y se asumen derechos, deberes y responsabilidades, propias y para con el otro y los otros. Esta es una noción de ciudadanía incluyente, que suma actores en todas las esferas sociales.

La conformación de nuevos espacios políticos comunes ha vuelto a despertar la importancia del término, ahora a escala internacional, desde una visión incluyente y de multiculturalidad; antes solo consignado en las constituciones nacionales, y ahora como expresión de una población plural, con una amplia movilidad, que requiere intervenir en el desarrollo humano y social; de ejemplo pudiera referirse la ciudadanía europea. Así, esta condición jurídica ampara todos los ámbitos de la vida social, en el goce de lo que le pertenece, pues lo ha construido, de ahí que sea hoy una fórmula no solamente para la inclusión de unos, sino para la participación en todas las esferas, en la toma de decisiones y en la protección de la vida.

En el plano doctrinal y normativo, la ciudadanía y la nacionalidad han estado vinculadas, también a la residencia o al domicilio para la adquisición de una segunda nacionalidad o ciudadanía, como elementos *sine qua non* para determinar la ley aplicable en situaciones de conflictos de leyes, en especial, ante la presencia del elemento extranjero.

Se acoja la ciudadanía o la nacionalidad como la categoría básica, estas tienen importantes subclasificaciones, asociadas al momento y la forma de adquisición, o incluso a la posibilidad de ostentar varias: a) por nacimiento, cuando la condición se vincula al origen de la persona, vía *ius sanguinis,* o la que ostentan sus padres ante el vínculo consanguíneo que los une; o por el *ius soli,* territorio físico del Estado donde se produce el nacimiento; b) por naturalización, con posterioridad a la de origen, previa solicitud voluntaria del individuo (en calidad de extranjero) y decisión soberana del Estado; generalmente puede quedar equiparado al nativo con todos sus derechos y deberes;

c) múltiple o multipatridia, cuando se tiene el reconocimiento de manera simultánea por varios Estados, generalmente causado por el flujo migratorio y la política de ciudadanía que adopte cada Estado a partir de su realidad política, económica, jurídica y sociocultural.

En América Latina, aunque con excepciones, la ciudadanía se vincula a la mayoría de edad y pauta los derechos de participación en la esfera política, incluyendo poder ejercer cargos públicos, en tanto la nacionalidad es la precondición esencial para el reconocimiento y ejercicio de derechos y de vínculo con el Estado donde ha tenido origen su vida o ha decidido residenciarse o formar familia.

Esta combinación categorial tiene su fundamento en el origen y desarrollo de nuestro subcontinente. La determinación de una ciudadanía/nacionalidad diferenciada de la metropolitana fue una vía para asegurar la independencia nacional y del hombre libre frente al antiguo yugo colonial. Los criollos —los naturales o nacidos de este lado— la exigieron para evitar que el colonizador participara en la vida política de las nuevas repúblicas; y que, al menos, por vía electoral no llegaran a sentarse en la silla del poder. Ver, por ejemplo, las primeras Constituciones de Argentina, Bolivia, Apatzingán, las de las Provincias Unidas del Centro de América o las mambisas cubanas.

Si partimos de concebir al ente natural como nacional, formado en el seno de un grupo humano del cual se deriva su identidad, valores y la existencia de una cultura común, de la condición de nacional derivan entonces derechos, no solo culturales, sino ambientales, de propiedad, participación y desarrollo humano. Este criterio se defiende por grupos humanos, originarios o no, tradicionalmente establecidos en un determinado ámbito territorial. Así, la Constitución de Colombia vincula la nacionalidad con los valores y la cultura en sus diversas manifestaciones; o la de Bolivia, que consigna que las naciones y pueblos indígena originario campesinos y las comunidades interculturales y afrobolivianas constituyen el pueblo boliviano, y ostentan la nacionalidad boliviana. Otra forma de asumir lo nacional, es como categoría sociopsicológica y cultural, que identifica idiosincrasia y pertenencia a un grupo humano o comunidad, sin ser precondición para la ciudadanía; es el caso de

Cuba, que a partir de la reforma constitucional de 1992 y ratificada en el texto de 2019, solo consigna ciudadanía —de origen y por naturalización— y puede renunciarse o ser privado de ella excepcionalmente.

La mayor parte de los textos incluyen ambas, la ciudadanía con la mayoría de edad asociada a la participación en la vida sociopolítica y la nacionalidad como la categoría primaria, aunque se pueden apreciar diferencias, por ejemplo: Uruguay establece la nacionalidad como derecho fundamental de los niños y no se pierde, así como la ciudadanía legal y natural; Argentina estipula el principio de nacionalidad natural y por opción; Colombia —la renuncia de la nacionalidad impacta en la ciudadanía—; Ecuador —solo se perderá la nacionalidad por naturalización por renuncia expresa—; Perú —la nacionalidad se puede renunciar y es recuperable, en tanto la ciudadanía puede ser suspendida—; o Venezuela —la pérdida o renuncia a la nacionalidad genera la pérdida de la ciudadanía—.

En cuanto a la doble nacionalidad (o ciudadanía en caso Cuba), poco a poco se ha ido acogiendo, vinculado ello con la movilidad de las personas y el impacto migratorio en su condición. También es significativa la previsión de la no conflictualidad entre ellas, aunque sí la prevalencia de la que corresponde al Estado en que se encuentra, especialmente si es la de origen. Entre los anteriores puede ejemplificarse: Colombia, Ecuador, Perú, Venezuela, República Dominicana y más recientemente Cuba. En algunos textos no se autoriza la doble condición para el ejercicio de altos cargos públicos, tales como Cuba y República Dominicana.

De lo anterior deriva entonces que diversas nociones son correspondientes a situaciones varias, pero todas con incidencia sobre los derechos y deberes; por tanto, es una exigencia su regulación clara y precisa, a fin de ordenar coherentemente la conducta humana y brindarles certeza y seguridad a las relaciones múltiples que en cada Estado se establecen.

Cláusula de garantía

Ver *Intervención federal.*

Comunidad Andina de Naciones

Alex Hassan RENDÓN TERRAZAS

La Comunidad Andina de Naciones, también conocida como la CAN, es un organismo internacional integrado por Bolivia, Colombia, Ecuador y Perú, que tiene por objetivo promover el desarrollo equilibrado y armónico entre los países andinos, mediante la integración y cooperación económica y social.

La CAN fue creada mediante el Acuerdo de Integración Subregional Andina "Acuerdo de Cartagena", un tratado internacional firmado el 26 de mayo de 1969, que fija los objetivos de la organización y las bases del proceso de integración andina, así como su sistema institucional y los órganos que integran el Sistema Andino de Integración (SAI), incluidos la Secretaría General, el Tribunal de Justicia de la Comunidad Andina, el Parlamento Andino, la Universidad Andina Simón Bolívar, entre otros.

La integración andina está basada en la noción de *supranacionalidad,* que en América Latina no sigue la lógica arcaica de un sistema compuesto por dos esferas independientes con una relación jerárquica y vertical, sino se trata de un sistema de cooperación horizontal y fortalecimiento recíproco, cuya riqueza radica esencialmente en el constante tránsito entre lo internacional y lo nacional, orientado en el caso de la CAN a una integración subregional y luego latinoamericana.

Los procesos constitucionales y la voluntad de los constituyentes en los países miembros de la CAN dan cuenta de una marcada intención de promover el proceso de integración regional, estableciendo mandatos específicos sobre la naturaleza de sus relaciones internacionales y la propia internacionalización del Estado.

En Bolivia, la Constitución de 2009 establece en su artículo 410.II que las normas de Derecho comunitario forman parte del bloque de constitucionalidad; y en su artículo 10.I define al Estado como uno pacifista que promueve la cooperación entre los pueblos de la región y del mundo, a fin de contribuir al conocimiento mutuo, al desarrollo equitativo y a la promoción de la interculturalidad.

La Constitución Colombiana de 1991 en su artículo 227 determina el mandato estatal de promoción de la integración con las demás naciones del mundo y específicamente con los países de América Latina, "inclusive para conformar una comunidad latinoamericana de naciones"; además, establece que la ley podrá establecer elecciones directas para la constitución del Parlamento Andino y del Parlamento Latinoamericano.

En Ecuador, el artículo 416.11 de la Constitución de Montecristi estipula que las relaciones internacionales del Estado estarán orientadas a impulsar prioritariamente la integración política, cultural y económica de la región andina, de América del Sur y de Latinoamérica; asimismo, en el artículo 423 establece las pautas relativas a procesos de integración a las que se compromete el Estado.

En Perú, la Constitución de 1993 dispone que es deber del Estado promover la integración, particularmente latinoamericana, así como el desarrollo y la cohesión de las zonas fronterizas en concordancia con la política exterior.

Comunidad tradicional

Lisneider Hinestroza Cuesta

¿Qué hace que un grupo de seres humanos o un sector de la población de una nación sea nombrada por sí mismos o por otros como una comunidad tradicional? El término *comunidad tradicional* se refiere inexorablemente a lo colectivo, a una identidad propia y diferencial, al pasado, también al presente y al futuro de la existencia de un conjunto de personas que están unidas por lazos construidos y transmitidos de generación en generación con saberes particulares, nexos espirituales y materiales, principalmente con sus miembros, el territorio y la naturaleza, la madre tierra o Pachamama.

En el contexto histórico y social de América Latina y el Caribe, el término comunidad tradicional no es simplemente una categoría léxica, es una verdadera forma de reconocer e iniciar la materialización de la consagración de principios constitucionales como el pluralismo jurídico, el principio y derecho a la diversidad étnica y cultural, igualdad y no discriminación establecidos de manera textual en la parte dogmática de la mayoría de las constituciones de América Latina y el Caribe (*v. gr.*, Constitución de Ecuador, artículos 1, 3, 21, 25; Constitución Política del Perú, artículo 2; Constitución de Brasil, Preámbulo, artículos 1, 5; Constitución de Bolivia, Preámbulo, artículos 8, 9; Constitución de Colombia, Preámbulo, artículos 1, 2, 7, 13, entre otras), que desarrollan el constitucionalismo de la diferencia explicado, entre otros, por CRIADO (2011). Además, garantiza el ejercicio de derechos colectivos fundamentales como el derecho a la cultura, la subsistencia, la propiedad, el territorio, al conocimiento ancestral, uso, aprovechamiento y administración de recursos naturales, al gobierno propio y a la identidad étnica y cultural, entre otros, incorporados principalmente a través del bloque de constitucionalidad en el ordenamiento jurídico de los países de la región y desarrollados en su gran medida por los pronunciamientos jurisprudenciales.

Ahora bien, en la región esta categoría es sinónimo o se asocia con otras denominaciones como pueblos originarios, comunidades étnicas, pueblos étnicos, pueblos tribales, comunidades indígenas, colectividades originarias, comunidades negras, pueblos indígenas, pueblo mapuche, pueblos afrodescendientes, pueblos *room*, cimarrones, pueblo cimarrón, quilombolas, palenques, cumbes, pueblo morón, comunidades étnicas diferenciadas, pueblos guaraníes, comunidades interculturales, pueblos nativos, pueblos en aislamiento, pueblos no contactados, entre otros. Todas estas formas para referirse a un conjunto de personas que están unidas no por una motivación de agremiación, sino por saberes ancestrales, lazos comunes exteriorizados en prácticas, valores, cosmovisiones, acervo lingüístico que ha sido construido y transmitido generalmente de forma oral y de generación en generación.

La categoría comunidad tradicional está predeterminada por circunstancias históricas y sociales, que dan origen a su configuración, estructura y permanencia no por prácticas repetitivas o ritualidades.

Estas circunstancias no se reducen obligatoriamente a estereotipos como el aislamiento geográfico, condición de vulnerabilidad social y económica, condición de pobreza, que si bien son situaciones en las que se pueden encontrar en la actualidad estas comunidades; o como lo explica el profesor MOSQUERA (2014) no debe asociarse con lo "exótico", "lo rural" y "lo folk" o como sinónimo de campesino, inculto o atrasado, pues no son elementos característicos y definitorios de lo que es una comunidad tradicional, sino que son el reflejo y resultado de los imaginarios, sesgos y estereotipos construidos en virtud del eurocentrismo, el colonialismo, el racismo estructural, institucional y cotidiano que se presenta en todos los estados de la región.

Las características que se proponen para dar contenido a esta categoría son: a) conjunto de personas diferenciadas por saberes ancestrales y lazos construidos de generación en generación y transmitidos en la mayoría de los casos de forma oral; b) identidad propia definida a partir de la cultura; c) saberes ancestrales en lo social, espirituales, religiosos, lingüísticos y valores propios que cohesionan al grupo; d) formas de vida diferenciadas originadas en el proceso histórico de su configuración como pueblo y en los saberes ancestrales; e) formas de conocer, relacionarse y explicar el mundo diferente al resto de la población. Relación de interdependencia con el pasado que predetermina el presente y el futuro; f) vínculos espirituales y materiales con el territorio y la naturaleza; g) formas de gobierno propio y diferencial; h) prevalencia de la oralidad y el Derecho consuetudinario; i) transmisión individual y colectiva de saberes, principalmente a través de la familia extensa o extendida; j) elementos definitorios de identidad diferenciada al resto de la sociedad; k) renovación permanente y progresiva de la cosmovisión; l) reconocimiento y respeto de la memoria y de los antepasados que dieron origen al grupo y crearon los saberes ancestrales; m) tradiciones diversas sin homogeneidad.

En varios países de la América Latina *(Abya Yala)* como Colombia, Ecuador, Bolivia, Perú, Brasil, entre otros, los pronunciamientos judiciales de las altas cortes utilizan la categoría comunidad bajo las denominaciones señaladas para referirse a los grupos y/o pueblos étnicos y no a poblaciones campesinas (a manera de ejemplo: Colombia, Corte Constitucional, Sentencias T-307-18, T-485-15, T-357-17, T-276-22, T-228-19, T-232-14; Ecuador, Corte Constitucional, Sentencias 20-12-IN/20, 22-18-IN/21; Bolivia, Tribunal Constitucional Plurinacional, Sentencia 0010/2019-S2; México, Suprema Corte de Justicia, Sentencia 142/2022 y sus acumuladas 145/2022, 146/2022, 148/2022, 150/2022 y 151/2022.

Por lo tanto, se entenderá por comunidad tradicional a los pueblos étnicos de la región y no a otros grupos poblacionales, que si bien pueden repetir con ritualidades algunas prácticas, estos no han sido creados, adquiridos y transmitidos desde la ancestralidad. Aún más, las comunidades tradicionales han sido categorizadas bajo una fórmula especial denominada "sujetos de especial protección constitucional". Así se puede ver entre otros pronunciamientos del máximo tribunal constitucional de Colombia (Sentencias T-357-17; T-276-22).

En síntesis, hablar de comunidad tradicional es reconocer la otredad, las formas otras, los saberes ancestrales y la diversidad étnica y cultural como el mayor patrimonio y elemento característico de la nación latinoamericana. En América Latina y El Caribe hay semejanzas entre diferentes.

Consejo de Estado

Soraya PÉREZ PORTILLO

El Consejo de Estado es una institución que nace históricamente de la transformación de aquellos cuerpos de asesores del rey de naturaleza noble, a quienes se consultaba en casos especialmente complejos. Con el advenimiento del Estado moderno pasó a ser un órgano consultivo de los Estados democráticos y como tribunal supremo de lo contencioso-administrativo que revisa la actuación administrativa, acorde con los principios del Estado social de derecho, en oposición a toda arbitrariedad de un poder público sin control judicial.

América Latina, desde su fundación republicana, fue receptora de toda una serie de procesos históricos sucedidos previamente en Europa, como es la consolidación del Estado moderno, de sus instituciones políticas y del subsistema jurídico del Derecho administrativo, que implicó el sometimiento de la actividad y decisiones de la administración, en una serie de acontecimientos ocurridos en diversos momentos, en los que la Revolución francesa es señalada como el referente del sometimiento del absolutismo a la ley.

El Consejo de Estado en Francia obedece a la dialéctica revolucionaria, es de creación napoleónica en 1799, como remplazo al consejo del rey. En la actualidad es un órgano del Estado que actúa como asesor jurídico del gobierno y como tribunal supremo de la justicia administrativa. Desde entonces, se entiende que el objeto del Derecho administrativo y la jurisdicción de lo contencioso-administrativo tendrán como punto de inflexión juzgar la actividad de la administración, por senderos diferentes a la jurisdicción ordinaria.

En Iberoamérica, acorde con su historicismo, la instalación de una la organización colonial de administración del imperio español impuesta sobre los territorios del nuevo mundo, dejaron una huella institucional, tales como el Consejo de Indias liderado por el virrey en su respectivo territorio, así como la experiencia de las Reales Audiencias en materia de justicia, donde los particulares ejercían sus derechos con el recurso de agravios, que consistía en una garantía que otorgó el rey a sus súbditos, como lo señala J. O. Santofimio. Con ello se quiere significar que hubo una experiencia de administración colonial jerarquizada, de rendimiento de cuentas al soberano; instituciones coloniales que persistieron de cierta manera, a pesar de las proclamaciones de independencia.

El Consejo de Estado en América Latina finca su presencia, por una parte, de la evolución del Derecho público francés, y por otra, de la experiencia de los consejos reales asturiales, que datan de 1526, aunque también eran reconocidos los consejos reales de Castilla, como también de la influencia de la Constitución de Cádiz de 1812, que estableció un cuerpo asesor del rey, quien debía escuchar su consejo en los asuntos graves gubernativos. De esa experiencia en Iberoamérica se instauraron las Reales Audiencias, vistas como las semillas de donde emerge la función consultiva del Consejo de Estado, *v. gr.*, en Colombia, que solo hasta inicios del siglo XX asumirá la función contenciosa en 1914.

En la actualidad, en España, la función del Consejo de Estado en solo consultiva, acorde con la Constitución Política de 1978, que permitió la transición hacia la democracia, que en su artículo 107 lo establece como el supremo órgano consultivo del gobierno.

En México, el Tribunal Federal de Justicia Fiscal y Administrativa depende del ejecutivo. En su actuación se divide en la Sala Regional, Seccional y el Pleno. Procede en los juicios contenciosos administrativos contra resoluciones administrativas definitivas, e igualmente contra los actos administrativos, decretos y acuerdos de carácter general, en aplicación de la Ley Federal de Procedimiento Contencioso-Administrativo, de 2005.

En Argentina, el poder judicial es ejercido por la Corte Suprema de Justicia, hay ausencia de un tribunal de lo contencioso-administrativo autónomo, como también de un código contencioso-administrativo federal, circunstancia que redunda en los criterios de admisión competencial de las controversias que sobre la materia llegan a la Alta Corte.

El Consejo de Estado en Colombia hace parte de la rama judicial del poder público. Entre sus atribuciones está la de velar por la guarda e integridad de la Constitución Política, a través de las acciones de nulidad por inconstitucionalidad de los decretos dictados por el gobierno nacional, cuya competencia no corresponda a la Corte Constitucional; desempeña funciones de tribunal supremo de lo contencioso-administrativo y actúa como cuerpo consultivo del gobierno en asuntos de administración, debiendo ser necesariamente oído en aquellos casos que la Constitución y las leyes determinen.

El Consejo de Estado, como cabeza de la jurisdicción contencioso-administrativa y como cuerpo consultivo del gobierno, ha fortalecido el engranaje institucional del Estado social de derecho, en una manifestación de eficacia de la administración de justicia y como limitante del poder del ejecutivo, lo que significa un avance en los regímenes democráticos latinoamericanos.

Consejo electoral

Soraya Pérez Portillo

A la figura del Consejo electoral, con sus diferentes denominaciones en Latinoamérica, le corresponde la vigilancia, inspección y el control de la actividad electoral; nace para la dirección y organización de los escrutinios, de carácter nacional o territorial, *grosso modo*. Es una entidad que ha tomado importancia en los Estados de la región, para lograr afianzar la cultura democrática, la transparencia y la confianza ciudadana en los procesos electorales.

La puesta en práctica de una democracia representativa y participativa a través de los diferentes mecanismos de participación política y ciudadana, como el plebiscito, el referendo, la consultas, el voto, y la existencia de los partidos y movimientos políticos donde el ciudadano se involucra en la conformación, el ejercicio y el control del poder político, ha conllevado que los Estados creen organismos constitucionales o legales con suficiente autonomía para el mejor desempeño de los diferentes procesos electorales.

En Colombia, el Consejo Nacional Electoral, CNE, es de origen constitucional, lo integran 9 miembros elegidos por el Congreso de la República, en pleno, en ejercicio de sus atribuciones electorales, a través del voto público y nominal, por tratarse de candidatos que postulan los partidos y movimientos políticos o grupos significativos de ciudadanos, como lo precisa la jurisprudencia constitucional. Entre otras funciones, el CNE declara las elecciones y expide las credenciales; revisa los escrutinios e instrumentos electorales; colabora en la consulta de los partidos políticos; reconoce y revoca la personería jurídica de los partidos y movimientos políticos; distribuye los aportes para las campañas y reglamenta la participación en los medios de comunicación de los partidos y movimientos políticos.

En México, el Tribunal Electoral del Poder Judicial es la máxima autoridad en materia electoral, es un órgano jurisdiccional autónomo, integrado al poder judicial de la Federación, con competencia para definir los resultados electorales, en última instancia. Las atribuciones del Tribunal Electoral se encuentran conferidas en la Ley Orgánica del Poder Judicial de la Federación y en el Reglamento Interno del Tribunal, cuya función se orienta a impartir justicia electoral. Se integra por una Sala Superior con 7 magistraturas, 5 Salas Regionales con 3 magistraturas cada una, y cuenta con una Sala especializada en la fiscalización de los recursos de los partidos, propaganda y los actos anticipados de la campaña.

En el Perú, la Constitución Política, en su Título XIII, artículos 176 y siguientes, establece un sistema electoral, a fin de velar por la autenticidad del voto y que los escrutinios reflejen la voluntad del elector. El sistema electoral está conformado por el Jurado Nacional de Elecciones; la Oficina de los Procesos Electorales; y, el Registro Nacional de Identificación y estado Civil.

En Argentina, la Cámara Nacional Electoral se creó mediante la Ley 19.277. Es un tribunal electoral con competencia en todo territorio del Estado y hace parte del poder judicial de la nación. La CNE es la autoridad superior de aplicación de la legislación político-electoral, con rol específico en la organización de los procesos electorales, en aplicación del Código nacional electoral. De manera especial, en este país del cono sur se consagra un mecanismo de *amparo al elector* que denuncie un hecho ilegal o arbitrario que afecte el ejercicio del sufragio, acción que se presenta ante el juez federal con competencia electoral, a fin de que adopte de manera urgente, las medidas conducentes para hacer cesar el impedimento al sufragante.

Constitución

Martha PRIETO VALDÉS

Una Constitución es la expresión normativa superior de una sociedad que formula el deber ser, encauza hacia los valores, ideales, principios e intereses que se han identificado y acordado por el constituyente.

La Constitución, más que una norma, es ese conjunto de normas integrado y destinado a ordenar la vida social, política, económica, cultural, a pautar el ordenamiento jurídico, así como las posibles acciones o determinaciones que desde el Derecho se dirigen a la sociedad, para instrumentar esos contenidos y la preservación o cambio del orden establecido. Tiene también como contenidos prioritarios el reconocimiento de los derechos y deberes que son esenciales para esa comunidad y el conjunto de garantías o medios para asegurar su realización.

Esta disposición normativa suprema impera sobre las demás regulaciones vigentes y se concibe como fuente principal del Derecho; es esa forma lógica jurídica que resulta de la elaboración humana en un momento determinado en el que está destinada a regir. Además, por ser resultado de la realidad —con la finalidad de incidir sobre ella— constituye una manifestación concreta, en espacio y tiempo, de una manera de ser política, de una forma de estructuración, composición, funcionamiento y distribución del poder, y expresión de la sociedad que la aprueba y sobre la cual rige. Lo anterior muestra la complejidad de la Constitución, con lo que reclama ser valorada de conformidad con las circunstancias concretas de la cual es resultado y las cuales regula; un análisis integral, incorporando los diversos ángulos, para no afectar la comprensión de su esencia.

Es esa norma aplicable directamente, que contiene mandatos, disposiciones, principios y valores que determinan el programa jurídico y político, las pautas de acción, y también el punto de partida para el desarrollo. En tanto disposición que reconoce, permite, ordena, garantiza, delimita, prohíbe y manda, es punto de partida y techo; fija el marco, los mínimos y los máximos de la actuación de todos, a la vez que establece la base para la conformación del Estado y los diversos entes sociales, y en tal sentido ofrece unidad y coherencia al sistema normativo, propiciando legitimidad y consenso sociales.

La Constitución, tratada como realidad y normativa debe ser analizada de conformidad con las circunstancias históricas concretas de la cual es resultado, teniendo en cuenta las posiciones jusfilosóficas, la tradición y las políticas que la han sustentado, e incluso que se han desarrollado en su momento de adopción. Si en el siglo XVIII, una primera concepción fue asumirla como un programa político, y una manera especial de ordenación política y social que necesitaba de las normas para su desarrollo e instrumentación; a partir del siglo XX se entendió que era una expresión del Derecho, norma imperativa y obligatoria para todos, base del orden jurídico nacional, defendiéndose como disposición de aplicación directa, sin obviar la necesidad de normativas que concretasen los presupuestos constitucionales. Para finales de siglo, sin contradecir con la postura anterior, se defiende la noción abierta de las normas constitucionales, contentiva de principios concretos y elementos básicos del ordenamiento; propiciaba así una norma marco que a la vez flexibilizaba las pautas interpretativas. Acepciones y modelos de Constitución diversos en dependencia de las diferentes circunstancias históricas que las han provocado.

Posturas ciertas, pero no deben ser excluyentes, pues la existencia de las constituciones, las definiciones sobre ella e incluso la eficacia de lo que postulan reflejan el estado real de la correlación entre las fuerzas políticas participantes en el mecanismo de poder, ante conciliaciones o pactos previos, y en ocasiones de aquellas que luchan por ascender y estimulan nuevas ideas. Todas ellas inciden en la organización política, social, económica y jurídica de la vida humana en determinado país.

Asimismo, si en la cuarta década del pasado siglo se defendió la soberanía de la Constitución nacional, la última abrió una puerta hacia una posible Constitución supranacional; y se han dado pasos hacia una prevalencia del Derecho internacional sobre el soberano nacional en materia de derechos humanos. Otro elemento a valorar hoy, que debe ser decidido por el constituyente, teniendo en cuenta la integración comunitaria y la necesidad de seguridad de cada país.

En otras palabras, limitar el análisis a un solo aspecto, concepción o postura asumida en la conformación de los magnos textos, lleva solo a validaciones de una manera de ser, sin estimar el deber ser, sin tener en cuenta la correspondencia entre la previsión y el grado de instrumentación; constreñirlo al normativo impide el conocimiento de la esencia, tomando solo la apariencia en vez de la realización del fenómeno, con incidencia en la eficacia social y legitimidad material de sus postulados.

Teniendo en cuenta los cambios políticos y jurídicos constitucionales en el subcontinente latinoamericano en el pasado siglo y los pasos actuales, conviene replantear el tratamiento de las funciones de la Constitución, no limitado a las esferas sobre las que ella actúa —política, ideológica, económica, cultural, ideológica y jurídica—, sino que en aras de la concreción social de los postulados supremos que contiene debe defenderse lo que ella es:

1. Programa jurídico-político y cauce para su desarrollo (con lo que cumple función de guía). Las constituciones latinoamericanas, a través de sus primeros artículos, fijan los valores y principios que han de ordenar el Estado y la sociedad —Brasil, Colombia, Cuba, El Salvador—. Reconocen el carácter unitario —Chile, Cuba, Ecuador—, plurinacional —Bolivia, Ecuador—, o los niveles de autonomía y descentralización —Brasil, Colombia, Paraguay, Uruguay—. También se establecen los principios que sustentan el orden jurídico, como también los que deben pautar el desarrollo de la persona y el respeto a su dignidad —Cuba, El Salvador, Paraguay, Perú—.

Parte de ese programa que debe ser instrumentado se expresa en el poder de la ciudadanía para intervenir en la conformación de la vida política —Bolivia, Colombia, Cuba, Ecuador—, como también de la elaboración y reforma de la ley suprema, que debe ser plural, pues al dirigirse a toda la sociedad ha de expresar esa diversidad de intereses; que no se limite a la intervención de los órganos tradicionales de poder superior soberano, sino que el pueblo la selle con su voto.

2. Límite al ejercicio del poder (brindando el parámetro de la actuación). En los textos, a la vez que se delimita jurídicamente el ámbito territorial y físico —Ecuador, El Salvador, Honduras, Panamá, República Dominicana—, se determinan los límites y el espacio competencial de la acción del Estado y sus órganos centrales y locales, tanto en situaciones normales como en las extraordinarias —Argentina, El Salvador, Paraguay—, así como de los otros entes políticos de la sociedad —Brasil, Nicaragua, Panamá—.

3. Instrumento de control (tanto de lo político como de lo jurídico). Al definirse la Constitución como norma de normas —Colombia—, o la supremacía de sus postulados —Cuba, El Salvador, Paraguay, República Dominicana— se prevén los mandatos de cumplimiento, de respeto y de realización de sus contenidos, junto a la exigencia de su observancia para los directivos —Costa Rica, Ecuador, Nicaragua—. Asimismo se consagra el carácter extraordinario de los propios procedimientos de reforma y elaboración a que se sujeta —Costa Rica, Ecuador, Guatemala—, el control de la excepcionalidad —Brasil,

Colombia, Paraguay—, y los órganos y medios para el control, así como la solución de los diversos conflictos constitucionales —Ecuador, Guatemala, Perú, Uruguay-.

4. Garantía superior de estabilidad y seguridad jurídica de las relaciones que regula. Ese ser como ente superior incluye la existencia de una lista detallada de los derechos humanos fundamentales —Brasil, Costa Rica, Cuba, Ecuador, Honduras, México—, como la primera garantía formal, seguida de otras jurídicas y materiales que aseguren el ejercicio y defensa de los derechos, entre ellos los procesos especiales —Brasil, Bolivia, Cuba, Ecuador, México, Venezuela—, junto a la obligación para el Estado de crear las condiciones necesarias para ello. Se prevén los deberes ciudadanos, en particular en la defensa de la patria —Argentina, Cuba, Honduras—, y la posibilidad de las acciones individuales o colectivas que puedan impulsar la actuación estatal y la protección constitucional —Colombia, Ecuador, Honduras—. Por tanto, si está previsto, puede o debe ser.

Por último, si bien el criterio inicial fue que su jerarquía era la superior en el orden jurídico nacional en el que impera y por encima de ella nada ni nadie, salvo que el constituyente o pueblo en referendo popular haya dispuesto la integración —Cuba, Ecuador, El Salvador, México, Paraguay—; la interrelación de los Estados para la solución de conflictos diversos ha sometido a una revaloración de los rangos de exigencia de las normativas internacionales, incorporándolas al nivel constitucional pero limitado —Argentina—, o sujetándose parcialmente las preceptivas constitucionales a los ordenamientos regionales o internacionales, e incluso a las cortes de justicia regionales —Colombia, Costa Rica, Guatemala, Honduras—.

En otras palabras, si queremos que el texto constitucional realmente impere y salvaguarde lo acordado por el pueblo, ha de entenderse e instrumentarse en correlación con su cotidiano, como una ley viva y práctica (MARTÍ, J., 1975, t. 9: 308).

Constitución económica

Carlos Manuel VILLABELLA ARMENGOL

Es el conjunto de normas constitucionales que diseñan y pautan la actividad económico-financiera del país, contornando un parámetro iusfundamental que delimita la intervención del Estado en la economía y enmarca la participación de los actores privados. La conforman las normas que regulan: la propiedad, el manejo de los recursos naturales estratégicos, los principios rectores de la actividad económica, la política comercial, el régimen fiscal, el sistema financiero, los derechos económicos, las cláusulas que fijan principios y fines al Estado en el orden social y económico.

La Constitución económica correlata un modelo económico en el que subyace un determinado paradigma de Estado: abstencionista, regulador-mediador, de intervención protagónica. Ello expresa una decisión política, lo que destrona la idea sostenida por algunos autores de que este acápite debe proveer un marco jurídico neutral y aséptico. No existe una Constitución económica como compartimento estanco, al margen de la Constitución política. El trazado que realice la ley fundamental en ese sentido define y proyecta, a su vez, la actuación de los poderes públicos, en particular del legislador y el gobierno.

El modelo de Constitución liberal que perduró hasta las primeras décadas del siglo XIX propugnaba la idea de un Estado mínimo y la autosuficiencia del mercado, bajo la filosofía del *laissez faire laissez passer*; como consecuencia, no era función de las cartas magnas regular las relaciones económicas y sociales.

El ordoliberalismo emergido en la década del treinta de la centuria anterior en la Universidad de Friburgo fecundó el vocablo, como respuesta a la crisis económica, social e institucional europea del periodo de entreguerras. La doctrina postuló que la ley suprema contornara un marco legal que asegurara el desarrollo eficiente de la economía; para ello, era necesario ordenar el mercado, regular la política fiscal, lograr estabilidad monetaria, controlar la formación de los monopolios que atentan la libre competencia, capacitar la fuerza de trabajo, proteger a la clase trabajadora e incorporarla como consumidora del mercado de bienes y servicios. A estas tesis se incorporó posteriormente una fibra moral, al sostener que el Estado debe propender el bien común y proveer justicia social. El objeto primordial era blindar la esencia del sistema capitalista protegiendo al mercado y la libertad de empresa, acotando el papel del Estado, limitando la concentración desmedida del poder económico en manos privadas, evitando la amenaza que entrañaba las masas populares marginadas.

El constitucionalismo social de postguerra, construido sobre los postulados del economista británico John Maynard KEYNES, enarboló un arquetipo de Estado envés del que había instaurado la burguesía un siglo antes. Su eje era la acción interventora del poder público para corregir la menesterosidad y procurar la satisfacción de las necesidades vitales, logrando estándares esenciales de justicia social. Como afirmó GARCÍA PELAYO, el Estado benefactor emerge como necesidad histórica de contrarrestar las disfuncionalidades del capitalismo generador de un feudalismo económico y para disminuir la intensidad de la lucha de clases, cuestiones que encubría el Estado formal de Derecho (1988: 18-19).

El Estado social se construyó sobre las siguientes variables que, con matices, se convirtieron en enunciados de las constituciones de la segunda postguerra: I) ordenación por el Estado de la economía, a través del manejo de índices macroeconómicos, la regulación de la política fiscal y monetaria, el establecimiento de fines sociales, el fomento de empleo, la administración directa de medios de producción y recursos estratégicos; II) desarrollo de políticas públicas y acciones asistenciales dirigidas a los grupos vulnerables; III) promoción del bienestar general a través del acceso a los bienes y servicios; IV) complementación del principio de igualdad formal con el de igualdad materia, que entraña el aseguramiento de derechos económicos y sociales.

Las cartas magnas de México de 1917 y de la República de Weimar de 1919 fueron precursoras de estos contenidos constitucionales. La primera incluyó un listado de derechos económicos: trabajo, jornada máxima de ocho horas, descanso, protección a la maternidad, salario mínimo e igual, amparo en caso de accidente de trabajo o enfermedad profesional, derecho a la huelga y a la indemnización en caso de despido. La segunda, además de refrendar derechos económicos y sociales, incluyó una sección que intituló "vida económica", en la que proclamó que la organización de la vida económica debe responder a principios de justicia, con la aspiración de asegurar una existencia digna a todos los hombres; asimismo, que los obreros y empleados serán llamados a colaborar, al lado de los patronos y con igualdad de derechos, en la reglamentación de las condiciones de la retribución y el trabajo, así como en todo el desenvolvimiento económico de las fuerzas productivas.

En las leyes supremas de Latinoamérica existe diversidad de fórmulas reguladoras de la economía. Textos como el de Chile (1980), Paraguay (1992), o Argentina (1994) recogen enunciados mínimos en tal sentido. Los documentos de la corriente del nuevo constitucionalismo (Brasil, Colombia, Venezuela, Ecuador, Bolivia) reconocen el papel protagonista del Estado en la ordenación de la economía y la sociedad y contienen prolijas regulaciones que estructuran en secciones. La filosofía dominante en estas cartas es que el control del Estado de los recursos naturales y la política económica es condición necesaria para lograr justicia social y dignidad humana. Por ejemplo, la Constitución de Bolivia (2009), dedica su parte cuarta, con una extensión de 100 artículos, a lo que denomina: "Estructura y organización económica del Estado"; la de Ecuador (2008) consagra el título VI contentivo de 66 artículos al "Régimen de desarrollo", y el precepto primero del acápite señala que "El régimen de desarrollo es el conjunto organizado, sostenible y dinámico de los sistemas económicos, políticos, socio-culturales y ambientales, que garantizan la realización del buen vivir, del *sumak kawsay*. El Estado planificará el desarrollo del país para garantizar el ejercicio de los derechos, la consecución de los objetivos del régimen de desarrollo y los principios consagrados en la Constitución".

Constitucionalismo

Gonzalo Ramírez Cleves

El concepto de constitucionalismo puede dar lugar a distintos significados. En un primer entendimiento se puede decir que se deriva del término *Constitución*. En este primer sentido se trata de la ciencia o la teoría que estudia la Constitución, así como del movimiento que impulsa la idea revolucionaria democrática liberal, con la elaboración de una norma jurídica suprema creada por el pueblo, que divide poderes y reconoce derechos, y que tiene mecanismos de protección como el control de constitucionalidad y sistemas de reforma agravada que garantizarían su supremacía y rigidez. Desde esta concepción, la idea de constitucionalismo solo surgiría a partir de la existencia de las constituciones en el mundo, que se daría a finales del siglo XVIII y principios del XIX con el advenimiento de las revoluciones de independencia y burguesas, en donde se empieza a emplear el término Constitución como un documento creado por el pueblo que divide los poderes, organiza el Estado y reconoce los derechos.

Así, en Estados Unidos, a partir de una resolución del Congreso Continental de mayo de 1776 se indicaba a las trece colonias que todavía no hubieran establecido una forma de gobierno adecuada a la nueva situación, la adopción inmediata de "la constitución que mejor conduzca a su felicidad y seguridad y a la de América en General". De este modo se elaboraron las Constituciones de New Hampshire, Carolina del Sur, Virginia, New Jersey, Delaware, Pennsylvania, Maryland, Carolina del Norte en 1776; las de Georgia y Nueva York en 1777, y la de Massachusetts en 1780. Solo Connecticut y Rhode Island conservarían las antiguas cartas de derechos como constituciones. Igualmente, en Francia, con el hecho de la Revolución, se redacta el artículo XVI de la Declaración de los Derechos del Hombre y del Ciudadano, en donde se establece que "toda sociedad que no divida los poderes y reconozca los derechos carece de Constitución".

A partir de esta época, el fenómeno del constitucionalismo, como teoría y como idea revolucionaria, se empieza a extender en muchas partes del mundo. Esta recepción se dio especialmente en los movimientos revolucionarios e independistas en Latinoamérica, que desde 1805 empiezan a formular Juntas o Cabildos, para buscar la Independencia y elaborar constituciones a la manera que se dio en Estados Unidos con Inglaterra. Así, por ejemplo, las Constituciones de Haití en 1805, las de 1811 y 1812 en Cundinamarca (Colombia), la de 1812 en Quito (Ecuador), la de 1821 en Córdoba (Argentina) y la de la Gran Colombia en 1821, que conjugaba a los actuales territorios de Colombia, Ecuador y Venezuela.

En un segundo sentido, el término *constitucionalismo* se ha venido utilizando, especialmente dentro la metodología del Derecho comparado, para diferenciarlo del concepto de Constitución. Así, desde la versión de Carl SCHMITT, considerarían que la Constitución es una decisión política fundamental que posibilita la unidad de un Estado. En este sentido, el constitucionalismo sería un tipo particular de Constitución, que se deriva del concepto originario de la tradición liberal burguesa de la división de poderes y el reconocimiento de los derechos humanos.

GUASTINI, por ejemplo, diría que el concepto de división de poderes y reconocimiento de derechos es un concepto de Constitución, propio del liberalismo burgués que actualmente se encuentra en desuso. De esta manera se podría indicar que es mejor utilizar el término constitucionalismo que el de Constitución, ya que la Constitución sería la forma de ordenamiento que buscaría cualquier Estado ya sea bajo la forma democrática liberal u otra, mientras que constitucionalismo sí podría abarcar aquellas constituciones que se configuran en la forma democrática liberal, aun sin tener un documento escrito, pero que contenga estas características, como es el caso de Inglaterra, Nueva Zelanda e Israel.

En el caso de Latinoamérica, el término constitucionalismo se corresponde con la primera acepción; es decir, se trata de una teoría que va de la par del concepto de Constitución, que representa la idea de división de poderes, reconocimiento de los derechos y la limitación de los poderes. La forma de constitucionalismo no ha variado durante los más de dos siglos de irrupción en Latinoamérica, es decir, se trata de un documento jurídico creado por el pueblo, que limita los poderes, los divide y reconoce los derechos humanos o fundamentales. Lo que sí ha venido variando es el concepto de constitucionalismo para que los pilares tradicionales del liberalismo de libertad, igualdad y fraternidad se cumplan eficazmente. Por ejemplo, en lo que se ha denominado como el nuevo constitucionalismo latinoamericano se pretende que se integren materialmente en la Constitución, desde su creación y puesta en práctica, los grupos habitualmente discriminados, como las mujeres, los indígenas, las comunidades negras y los grupos LGTBI. También que este constitucionalismo provea los mecanismos para buscar una igualdad real o material, posibilitando el reconocimiento y eficacia de los derechos económicos, sociales y culturales. Finalmente, este nuevo constitucionalismo latinoamericano debe proveer de herramientas para darle un nuevo rol a la relación que tiene la persona humana con la naturaleza, con el reconocimiento de derechos de la Naturaleza o a la Madre Tierra (Pachamama), como en las Constituciones de Ecuador de 2008 y Bolivia de 2009, y en la jurisprudencia de la Corte Constitucional colombiana con el caso del Río Atrato a partir de 2016.

En suma, desde las dos acepciones de constitucionalismo como aquella doctrina que explica la idea de Constitución bajo el concepto democrático liberal de división de poderes y protección de derechos, y la concepción de constitucionalismo de los comparatistas, como una forma particular de Constitución, propia de la democracia liberal, considero que la idea de constitucionalismo debe estar en una conexión necesaria con la idea de Constitución desde una perspectiva que permita identificarla como una norma u orden que posibilite el control de los poderes y la defensa material de los derechos. De otro modo se confundiría el término Constitución con el de cualquier régimen político, incluso los de aquellos de tipo autoritario y totalitario, presentándose una contradicción en los términos u oxímoron.

Constitucionalismo crítico

Antonio DE CABO DE LA VEGA y Carlos DE CABO MARTÍN

El constitucionalismo crítico es una metodología y una práctica discursiva en torno a la Constitución, asociadas a un proyecto político emancipatorio. El constitucionalismo crítico forma parte de una familia de planteamientos que se inspira en la teoría crítica de la Escuela de Frankfurt y en otros pensamientos de la sospecha, incluyendo el marxismo, el feminismo, el ecosocialismo o la teoría foucaultiana del poder, y se relaciona —más específicamente— con algunas formas de analizar el Derecho como los *critical legal studies*, el uso alternativo del Derecho (BARCELLONA, 1973) o el pensamiento de MORTATI (2000). El constitucionalismo crítico, por último, está abierto a las potencialidades transformadoras de las prácticas, los saberes y las epistemologías del sur global.

Esta vinculación entre discurso y acción transformadora supone un rechazo a concepciones aislacionistas o autopoyéticas del Derecho, pues reconoce la capacidad de este para configurar la realidad y la influencia de esa misma realidad social en la práctica del Derecho; e implica, adicionalmente, una visión que supera las barreras disciplinares de los estudios de dogmática jurídica, para dar cabida a consideraciones económicas, políticas, sociales, culturales, etc., en la medida en que el constitucionalismo no existe como un objeto material independiente en la realidad, sino como un conjunto de relaciones sociales, normativas y de poder dentro de cada formación social.

El constitucionalismo crítico se propone recuperar el momento utópico y transformador que dio inicialmente aliento al proyecto constitucional antiabsolutista (antimonárquico) y laico en el siglo XVIII, el compromiso (jacobino) con la democracia radical que acompañó brevemente a las revoluciones francesa y norteamericana, y la apuesta por una mejora real y efectiva de las condiciones de vida de las clases trabajadoras que se propuso el Estado social, pero alejándose de las limitaciones geográficas, económicas, ecológicas, culturales y de género en las que el contexto económico capitalista y el pensamiento liberal (y neoliberal) han venido encerrando a cada una de estas propuestas.

Desde el punto de vista metodológico, el constitucionalismo crítico adopta una visión histórico-teórica. Es decir, en primer lugar, considera al constitucionalismo como un fenómeno histórico incardinado en unas concretas coordenadas espaciotemporales y no como una invariante abstracta que deba rastrearse en cualesquiera sociedades en todo tiempo histórico. En segundo lugar sostiene que el discurso constitucional, es decir, el conjunto de afirmaciones, explicaciones y creencias que toman a la Constitución como objeto, es él mismo un objeto histórico. Es decir, posee una validez circunscrita a un determinado tiempo y lugar. O, dicho más sencillamente, que todas las teorías de la Constitución son teorías concretas (del constitucionalismo liberal occidental, del constitucionalismo de las independencias criollas liberales, del estado social de posguerra, etc.) y no teorías generales de validez universal; no siendo estas últimas más que absolutizaciones de teorías particulares dependientes no de sus especiales capacidades explicativas, sino de las posiciones de poder (académico, económico, político) que ocupan los sujetos que las enuncian.

El constitucionalismo crítico es, simultáneamente, una forma de conocimiento teórico. Es decir, no se contenta con una consideración empírico-descriptiva de su objeto de estudio, no se limita a una constatación fenomenológica de la existencia del hecho constitucional, sino que aspira a construir un modelo explicativo a partir de conceptos y categorías que, aunque toma como referencia al Derecho positivo, no sirve solo para describirlo, sino que nos ayuda a dar razón de su existencia, a explicar su funcionamiento, a señalar sus relaciones con otros aspectos de la organización social y nos sirve de guía para una acción emancipatoria al poner al descubierto las formas de dominación y explotación incorporadas (y, con frecuencia, naturalizadas) en los mandatos legales.

Esta vinculación entre conocimiento y acción, este trascender su objeto en busca de su transformación —que es lo que convierte en crítica a esta forma de enfocar el estudio del derecho— tiene como consecuencia ineludible la necesidad de incardinar sus propuestas en el marco de las luchas emancipatorias realmente existentes, que actúan, por un lado, como elementos que favorecen el análisis (al desvelar las formas concretas en que la explotación y la dominación que se condensan en las normas constitucionales son experimentadas por quienes las padecen) y, por otro, como piedra de toque de los resultados del análisis y de las propuestas que de él se derivan, puesto que solo en la realidad podrá legitimarse la viabilidad de este tipo de análisis en función de sus resultados.

En este contexto, conviene poner de relieve, por último, cómo la vigencia y actualidad de este tipo de análisis se ha ido desplazando en las últimas décadas desde los países centrales del capitalismo hacia el sur global, donde los procesos de transformación se han vehiculado en buena medida como luchas por la Constitución, lo que ha obligado a reinventar las categorías normativas y de análisis constitucional, dando a luz a una vigorosa corriente de constitucionalismo crítico mestizo.

En particular, en América Latina las luchas sociales no han alcanzado solo a los procesos constituyentes necesarios para inaugurar un ciclo de constitucionalismo democrático en la región, sino que se han prolongado en una disputa interpretativa sobre el sentido de esos mismos textos, frente a la pretensión de ciertos sectores políticos, académicos y judiciales de aplicarles una lectura reduccionista, paleopositivista y funcional a los intereses de las clases tradicionalmente en el poder. Es en este contexto de disputa popular por el contenido normativo de las constituciones en el que resulta especialmente necesario, al tiempo que más viable y fructífero, un constitucionalismo crítico.

Constitucionalismo latinoamericano

Roberto VICIANO PASTOR

El constitucionalismo latinoamericano ha sido, desde sus orígenes, un constitucionalismo fuertemente influido por el europeo y por el norteamericano.

La hegemonía europea era lógica, pues las élites que iniciaron ese constitucionalismo criollo, después de las independencias, estuvieron fuertemente influidos por la tradición filosófica, política y jurídica francesa y española y bebieron de las experiencias de las constituyentes revolucionarias francesas y de la Constitución española de 1812.

De hecho, la Constitución española de 1812 estuvo vigente, con diferentes lapsos, en el espacio latinoamericano de lengua española. Aunque se ha defendido que la primera Constitución latinoamericana no fue la española sino la haitiana de 1801, producto de la rebelión de los esclavos negros que crearon una república independiente de Francia, lo cierto es que la citada "Constitución" era más bien un documento que regulaba un régimen autoritario y dictatorial sin incorporar siquiera los reducidos instrumentos libertarios y limitadores del poder del constitucionalismo liberal.

También los constituyentes de las independencias latinoamericanas acudieron al modelo norteamericano para resolver dos cuestiones para las que no pudieron inspirarse en el constitucionalismo liberal europeo: la sustitución de la forma monárquica por la República y las soluciones federalistas que se experimentaron en algunos de los nuevos Estados para resolver fundamentalmente la articulación de los caudillajes o intereses de las élites locales.

Hay que tener en cuenta que el experimento republicano de la Constitución francesa de 1793 no pudo ver la luz y el de 1795 acabó degenerando en la autocracia; y que tanto el modelo francés como el español, en aquel primer momento constitucional fueron fuertemente centralizados.

Como consecuencia de la adopción de la fórmula presidencial norteamericana, Latinoamérica se adscribió a la forma de gobierno presidencialista frente a la opción parlamentaria europea.

El constitucionalismo latinoamericano siguió la estela del constitucionalismo español y, en gran parte, europeo durante el siglo XIX. Un constitucionalismo elitista con sufragio censitario, interrumpido por asonadas militares y en donde se produjo una alternancia de constituciones de signo conservador o liberal, según el partido que resultaba hegemónico en un determinado momento por la fuerza de las urnas o la fuerza de las armas.

La excepción monárquica solo apareció fugazmente en México con el primer y segundo Imperio encabezados por Agustín DE ITURBIDE (1822-1823) y por Maximiliano DE HABSBURGO (1864-1867), y se prolongó en Brasil hasta la revolución que proclamó la República en 1889.

El constitucionalismo latinoamericano sí que fue precursor del constitucionalismo social, anticipándose la Constitución mexicana de 1917 a la Constitución de Weimar de 1919, que inaugura el ciclo en Europa.

Sin embargo, el modelo mexicano fue degenerando progresivamente hasta desembocar en un régimen de partido dominante y económicamente neoliberal.

Siguiendo la estela del constitucionalismo social europeo, será antes y después de la Segunda Guerra Mundial cuando se produzca el surgimiento de constituciones sociales en América Latina. Así, podemos señalar las Constituciones peruanas de 1920 y 1933, la Constitución chilena de 1925, la brasileña de 1934, las Constituciones venezolanas de 1947 y 1961, o la Constitución boliviana de 1952. Todas ellas sufrieron interrupciones autoritarias, pero fue la revolución cubana la que provocó que los endebles sistemas constitucionales latinoamericanos fueran sustituidos por dictaduras militares, salvo en el caso de México, Venezuela, Colombia y Costa Rica.

Después de las dictaduras militares se intentó importar de nuevo un constitucionalismo del Estado social y democrático de Derecho de inspiración europea, que resultó fallido dado que no fue acompañado del compromiso de las élites latinoamericanas con el financiamiento y respeto de este. Tan solo la Constitución chilena de 1980 apostó abiertamente por un modelo restrictivo en lo democrático y claramente neoliberal, aunque fue sucesivamente reformada para moderar esos factores.

La aparición del Consenso de Washington (1990) significó el golpe definitivo para un constitucionalismo social que quedaba solo en los textos constitucionales sin ninguna efectividad en la sociedad.

La aplicación de esa agenda neoliberal generó un amplio descontento social que reforzó la idea en los sectores populares y las organizaciones sociales de la necesidad de un nuevo constitucionalismo, más centrado en la realidad latinoamericana y que pudiera construir verdaderamente un Estado democrático y social.

Como consecuencia de ello se promulgaron una serie de nuevas constituciones, aprobadas en el marco de procesos constituyentes democráticos, que intentaron crear una agenda alternativa al neoliberalismo (Colombia 1991, Venezuela 1999, Ecuador 2008 y Bolivia 2009). Sin embargo, la evolución de dichos modelos fue divergente. Mientras en Colombia el programa social y democrático de la Constitución de 1991 fue desdibujada por una conjunción de reformas constitucionales, omisiones legislativas y desarrollos inadecuados del texto constitucional, en Venezuela se produjo una deriva hacia un modelo más estatalista de la economía y un fuerte deterioro del marco democrático. Las Constituciones de Ecuador y Bolivia se convirtieron a su vez en paradigma del nuevo constitucionalismo latinoamericano e inspiraron diversos intentos de procesos constituyentes similares en Perú, Paraguay, Honduras y Chile, que no prosperaron por diferentes razones. Los tres primeros no llegaron a darse por diferentes motivos y el chileno ha ido evolucionando hacia un tipo de constitucionalismo más clásico.

Podemos afirmar que la región aún sigue a la búsqueda de un paradigma constitucional que permita resolver los graves problemas democráticos y sociales que aquejan a la región.

Constitucionalismo plurinacional comunitario

Farit ROJAS TUDELA

El constitucionalismo plurinacional comunitario es un modelo de organización política y jurídica que reconoce como fundamento de su existencia la diversidad ontológica, cultural, étnica, lingüística, filosófica, jurídica, política, económica e institucional de un Estado y promueve la participación y presencia democrática de las diferentes comunidades que la componen.

Este modelo está basado en la idea de que las diferentes culturas y comunidades tienen el derecho de expresar y materializar sus identidades, tradiciones, cosmovisiones e instituciones propias y que el Estado no solo debe reconocer y proteger esas identidades, seres, instituciones y derechos, sino que debe transformarse, abandonando el paradigma de unidad, homogeneidad, universalidad, antropocentrismo y patriarcalismo que se expresa en la agencia eurocéntrica de la forma Estado nación soberano expresado en un derecho, una lengua, una estructura burocrática institucional, una cultura patriarcal, la unívoca concepción de la naturaleza como recurso natural, una visión de desarrollo y una pretendida universalidad homogénea, hacia un Estado plurinacional comunitario, fundado en la pluralidad y en los pluralismos cultural, lingüístico, jurídico, político, económico e institucional, con un nuevo lenguaje de derechos y prácticas de descentramiento de los sujetos de derechos, en un proceso activo e interseccional de descolonización y despatriarcalización, en busca de consolidar un nuevo modelo económico denominado vivir bien. Esta transformación implica la redefinición del concepto de soberanía, que es resignificado no como unidad, sino como pluralidad y es compartido entre el Estado y las distintas naciones y comunidades que lo conforman, de manera que se garantiza la presencia de estas en el nuevo diseño estatal, organizacional, judicial, territorial, económico y en el gobierno del Estado, en la definición de las políticas públicas descolonizadoras, despatriarcalizadoras e interseccionales, en la proyección a una nueva legislación estatal y un activismo judicial, que prevean el desmantelamiento progresivo de la agencia eurocéntrica de Estado. Se trata, entonces, de un constitucionalismo desde abajo, plural, decolonial, despatriarcal, deconstructivista, biocéntrico y proyectado como alternativa a la modernidad capitalista eurocentrada.

El constitucionalismo plurinacional comunitario es parte del nuevo constitucionalismo latinoamericano, que se caracteriza por sus múltiples orígenes radical-democráticos, en tanto se trata de un constitucionalismo desde abajo, es decir, resultado de complejos procesos constituyentes ampliamente plurales y participativos, en los que la sociedad plural es la que imagina y constituye el Estado y no viceversa. Este nuevo constitucionalismo latinoamericano tiene múltiples orígenes y memorias. En la memoria larga se encuentran las luchas indígenas y movimientos sociales desde tiempos de la colonia, en los que cada resistencia era un triunfo que hacía visible la necesidad de transformaciones y desplazamientos en la manera de concebir la sociedad, el desarrollo, el Estado y la política; y en lo que respecta a la memoria corta se encuentran los momentos previos y siguientes a los procesos constituyentes de Colombia, de 1991; Venezuela, de 1999; Bolivia, de 2006-2009; y Ecuador, de 2008. Justamente son las Constituciones de Ecuador y de Bolivia las que inauguran materialmente el constitucionalismo plurinacional comunitario, sin embargo, estas constituciones tienen muchas relaciones de afinidad y similitud con los procesos constituyentes y constituciones que caracterizan al nuevo constitucionalismo latinoamericano.

Las características de las Constituciones de Ecuador (2008) y Bolivia (2009), que fundan el constitucionalismo plurinacional comunitario, son la libre determinación de los pueblos y comunidades indígenas, que comprende su derecho al autogobierno, a la autonomía, a la territorialidad, al ejercicio de sus propias instituciones jurídicas, políticas, económicas y culturales, en el marco y contextos de sus propias cosmovisiones; la emergencia de un nuevo lenguaje de los derechos, en los que destacan los derechos de los pueblos indígenas, los derechos de los seres vivos y de la naturaleza; el pluralismo jurídico, político y económico participativo, con la potencialidad de crear nueva materia estatal y transformar la agencia eurocentrada del Estado y sus ideas de desarrollo, crecimiento y acumulación propias del capitalismo y la modernidad; y finalmente, una nueva manera de gestión colectiva del gobierno en los márgenes de una democracia directa y participativa, una democracia representativa limitada por la amplia participación popular que puede revocar los mandatos, una democracia comunitaria sobre la base de normas y procedimientos propios de pueblos y comunidades indígenas y prácticas de democracia intercultural, en las que se combinan distintas experiencias de participación y representación, también conocidas y caracterizadas como demodiversidades.

En suma, el núcleo de convivencia de esta pluralidad propia del constitucionalismo plurinacional comunitario no es otro que el diálogo intercultural, la visibilización de nuevos lenguajes de derechos y nuevos sujetos colectivos, el vivir bien o buen vivir como nuevo modelo económico (o paradigma crítico de desarrollo), la descolonización y la despatriarcalización, y finalmente, la construcción colectiva, participativa y democrática del Estado plurinacional comunitario.

Consulta popular

Teodoro Yan GUZMÁN HERNÁNDEZ

Con este *numen iuris* se identifican diversas formas de participación, tanto las que han sido usuales en el marco de la democracia representativa como las que han venido emergiendo o asociándose a las democracias participativa y deliberativa. En todas se somete a consideración de la ciudadanía o de un grupo social, un determinado asunto de interés público, al efecto de que haya un pronunciamiento general sobre este, para condicionar, influir o determinar la decisión final.

La consulta popular es una de las concreciones del derecho de participación, tiene carácter colectivo y es expresión del principio de soberanía popular, dentro de lo cual entraña su ejercicio directo en diferentes grados, entre otras razones porque no siempre la ciudadanía puede "activarla" a iniciativa propia y no siempre es vinculante, dependerá de la forma específica que adquiera. Puede tener naturaleza refrendaria o plebiscitaria, así como una finalidad consultiva (deliberativa) o vinculante (participativa-directa).

En principio, la relación de la consulta popular con el referendo y el plebiscito pudiera ser de género a especie, pero en su regulación constitucional se constata una notable falta de homogeneidad. En algunos casos se denomina consulta popular o plebiscito a lo que otros ordenamientos denominan referendo, o se refiere como referendo a una consulta popular no vinculante activada por determinadas instancias del poder, sin perjuicio de que se prevean los tres constitucionalmente, por ejemplo, en las Constituciones de Ecuador 1998 y 2008. En casos como este debe quedar delimitado el ámbito de aplicación de cada uno de estos institutos.

La Constitución de Argentina (1853, reforma de 1994) establece que, a iniciativa de la Cámara de Diputados, el Congreso podrá realizar una consulta popular de un proyecto de ley y el voto afirmativo del proyecto lo convertirá en ley y su promulgación será automática. La de Guatemala (1985) prevé una consulta popular preceptiva para dar validez a la reforma constitucional, así como para hacer definitivo un acuerdo que tenga como fin resolver la situación de los derechos en relación con Belice. En función de la validez de la reforma constitucional, se regula una consulta popular en la Constitución de Panamá (1972, reformada).

La consulta popular territorial —una modalidad bastante extendida en América Latina— puede emplearse para implicar a la ciudadanía en decisiones de tipo político-administrativo en los niveles local y regional, aunque con más incidencia en el primero. Con tal propósito se prevé en las Constituciones de Costa Rica (1949) y Brasil (1988), en este último texto bajo la denominación de plebiscito. Igualmente, con efectos en el régimen territorial, también se reconoce en la Constitución de Colombia (1991), donde además de la consulta popular genérica que ha sido desarrollada en la Ley 134/1994 y puede implicar también cuestiones territoriales, se prevé una específica para la creación de áreas metropolitanas. En la Constitución de El Salvador (1983) puede usarse para modificar el régimen territorial del Estado. En todos los supuestos que se han referido el resultado tiene carácter vinculante.

En el marco de la institución en Colombia se ha consultado a la ciudadanía temas territoriales, como son la incorporación de municipios a un área metropolitana prexistente, la integración de uno o varios municipios a otro, la unión de dos o más para la creación de un área metropolitana, la variación de sus líneas limítrofes, entre otros temas.

Se ha llegado a sostener, con intenciones calificatorias, que cuando la consulta popular es instada por las estructuras del poder político, aun cuando legalmente se trate de un referendo, tiene una vis plebiscitaria, incluso si lo que se somete a consideración del electorado es un acto de representación política, como puede ser un proyecto de ley. Dentro de esa calificación estarían el procedimiento consultivo de la Constitución de Guatemala (1985), por el cual se pueden consultar decisiones políticas de especial trascendencia, así como la consulta popular, a instancia del ejecutivo, en la Constitución de los Estados Unidos Mexicanos (1917, reformada).

Los desplazamientos valorativos y la generación de nuevas calificaciones de esos institutos responden, en cierta medida, a la influencia de la democracia participativa, en especial de las oportunidades de concreción e innovación de la participación directa en los modelos constitucionales, lo que ha traído consigo nuevas perspectivas de la relación entre los principios democrático y de representación.

También se regulan consultas populares no vinculantes, como en la Constitución de Chile (1980). En los límites de la Constitución de Cuba (2019) se prevé para el municipio para asuntos de interés local, en pos de la deliberación ciudadana, antes de adoptarse una decisión en esa instancia. Hasta la fecha, esta última ha tenido escasísima práctica.

En relación con la naturaleza plebiscitaria de la consulta popular, se encuentran aquellas que se realizan sin preverse en la Constitución. Con ese propósito se han realizado "sondeos" no vinculantes a los ciudadanos en las urnas o a través de mecanismos individualizadores y cuantificadores de la voluntad de estos, que han desembocado en una decisión política legitimada por el resultado. En 1984, el presidente argentino Raúl ALFONSÍN convocó a una consulta en las urnas para todo el territorio nacional, sin carácter obligatorio. Esta consulta tuvo como propósito conocer la opinión de la ciudadanía acerca de la mediación del Papa, a fin de solucionar el conflicto limítrofe con Chile sobre el Canal Beagle. Hubo una participación superior al 70 %, el "sí" obtuvo una victoria aplastante y al final se firmó el Tratado de Paz y Amistad entre Argentina y Chile en Roma.

Un caso diferente, pero de la misma naturaleza, fue la consulta popular que se realizara en Cuba en 2002 para introducir una cláusula de intangibilidad constitucional, consistente en la irrevocabilidad del socialismo, como respuesta a la iniciativa legislativa popular conocida como "Proyecto Varela", el cual no cristalizó por encubrir una iniciativa de reforma constitucional, no prevista constitucionalmente, a través de una iniciativa legislativa popular, además de no cumplir con otros requisitos de forma. La consulta de 2002 se efectuó a través de una recolección de firmas de adhesión a la propuesta de las organizaciones sociales de masas canalizada por el Estado. Concluyó con la participación de más de 9 millones de personas y la firma de 8 198 237 electores, lo que condujo a un acuerdo de la Asamblea Nacional del Poder Popular, mediante el cual se aprobó la Ley de reforma constitucional.

La consulta popular prelegislativa es otra modalidad de consulta popular y es una forma de participación popular mediante la cual un anteproyecto de ley se somete a un proceso deliberativo previo, en el que los ciudadanos, reunidos en asambleas, dan sus consideraciones para que el ente político decisor realice las modificaciones pertinentes o tenga en cuenta las propuestas o advertencias hechas por estos.

Con esta configuración específica, tal como se prevé en Cuba desde la Constitución de 1976, no es una forma de participación muy extendida en otros ordenamientos, aunque encuentra similitud con la consulta previa e informada a los pueblos indígenas, muy extendida en América Latina, así como con otros mecanismos consultivos que se prevén en los ordenamientos para proyectos normativos de inferior jerarquía a la ley. La consulta popular prelegislativa debe ser previa a la adopción de la ley o de la reforma constitucional, se inserta en el proceso de formación del estatuto legal y tiene una naturaleza deliberativa. No media el voto en su realización y su resultado no es vinculante, aunque puede incidir en mayor o menor medida en la modificación del anteproyecto antes de convertirse en proyecto de ley y pasar a votarse por el órgano legislativo. En resumen, la particularidad de esta modalidad de consulta popular es que se realiza en el marco de la actividad legislativa, tal como se ha previsto en Cuba en las Constituciones de 1976 y 2019.

Consulta previa

Teodoro Yan Guzmán Hernández

Es otra especie de la consulta popular, esencialmente, trata temáticas vinculadas a lo cultural, ambiental y territorial. Es el derecho fundamental que tienen los diferentes grupos étnicos y los pueblos indígenas u originarios, para que, oído su parecer, estos puedan decidir sobre proyectos legislativos o medidas administrativas, así como sobre proyectos de obras o actividades, públicos o privados, que puedan tener cualquier tipo de impacto en sus territorios, entendido este como un entorno sociocultural.

Algunos autores asocian el origen de esta institución a la propia cultura de los pueblos indígenas u originarios, como también se les denomina. La constitucionalización de la consulta previa ha tomado como fundamentos directos la Declaración de Naciones Unidas sobre los Derechos Indígenas y el Convenio No. 169/1987 de la Organización Internacional del Trabajo (OIT) sobre pueblos indígenas y tribales. Otros fundamentos son la Convención Americana sobre Derechos Humanos, sin identificar una disposición específica de la convención; el Pacto Internacional de Derechos Civiles y Políticos y la Convención Internacional contra la Eliminación de todas las Formas de Discriminación Racial.

La consulta previa tiene carácter preceptivo y busca proteger la integridad de las etnias y pueblos indígenas u originarios, y garantizar el derecho a la participación. En la mayoría de los ordenamientos jurídicos latinoamericanos se ha configurado como un derecho constitucional colectivo y un proceso de carácter público especial y obligatorio. Su realización es previa a la adopción o ejecución de alguna medida administrativa o proyecto público o privado, que potencialmente pueda afectar al sistema o formas de vida de los grupos étnicos nacionales en sus aspectos territorial, ambiental, cultural, espiritual, social, económico y de salud, así como en otras cuestiones que incidan en su integridad étnica.

Desde la perspectiva del desarrollo, se ha considerado que la consulta es un mecanismo efectivo para la adopción de decisiones sustentables, que presupone que las acciones o medidas económicas o administrativas que impliquen entornos indígenas no pueden estar divorciados de la identidad y la cultura los pueblos o comunidades indígenas u originarios. También con la consulta popular se concilian visiones y aspiraciones locales con las necesidades e intereses de mayorías nacionales. La Comisión de Expertos en la observación individual sobre el Convenio No. 169/1987 de la OIT a Bolivia, en 2004, sostuvo que el concepto de consulta a las comunidades indígenas comporta el establecimiento de un diálogo genuino entre ambas partes, caracterizado por la comunicación y el entendimiento, el respeto mutuo y la buena fe, con el deseo sincero de llegar a un acuerdo común.

Es un mecanismo participativo cuya instrumentación no ha estado ajena a dificultades e incomprensiones por los actores y los entes públicos que están obligadas a cumplirla o garantizarla, según sea el caso. Las sentencias estructurales de los órganos jurisdiccionales constitucionales y las indicaciones derivadas de los instrumentos de *soft law* han contribuido a la configuración más democrática de la institución. La propia comisión, en 2019, al efecto de seguir direccionando la realización de este mecanismo, ha sostenido que las consultas deben llevarse a cabo de buena fe, a través de un verdadero diálogo, por mecanismos apropiados y adaptados a las circunstancias, y con el objetivo de llegar a un acuerdo o lograr el consentimiento sobre las medidas propuestas.

La Corte Interamericana de Derechos Humanos, en la Sentencia Pueblo Indígena Kichwa de Sarayaku *vs.* Ecuador, de 27 de junio de 2012, enuncia los estándares internacionales para la consulta, estos son: carácter previo, de buena fe y con la finalidad de llegar a un acuerdo, la consulta en sí debe ser adecuada y accesible, informada y preverse un estudio de impacto ambiental en el marco de esta.

La regulación constitucional y su desarrollo normativo o jurisprudencial en América Latina ha sido diversa y tiene un punto de inflexión con la Constitución de Ecuador (2008), que la previó explícitamente en el texto como un derecho colectivo con la denominación de consulta previa, libre e informada, asociado al régimen del Buen vivir. Consecuentemente, la Constitución de Bolivia (2009) también la reguló directamente ante medidas legislativas o administrativas susceptibles de afectar a las naciones y pueblos indígena originario campesinos.

Con anterioridad, el desarrollo normativo y la configuración constitucional por vía jurisprudencial (caso Perú) dependió de la conjugación de diversos artículos que garantizaban la participación de las comunidades étnicas o de los pueblos indígenas, y garantizaban la integridad cultural, social y económica de esas comunidades ante medidas o disposiciones que se adoptaran por entes públicos o privados, siempre sobre la base del Convenio No. 169/1987.

La Constitución de Colombia (1991) integró el derecho de participación de la comunidad ante decisiones que puedan perjudicarla y la garantía de que no se exploten los recursos naturales de los territorios indígenas afectando la integridad cultural, social y económica de las comunidades indígenas, que dieron paso al desarrollo normativo y jurisprudencial de la consulta previa. Similar anclaje constitucional tiene en la Constitución Argentina (1853, reformada en 1994), que reconoce la preexistencia étnica y cultural de los pueblos indígenas argentinos y asegura su participación en la gestión referida a sus recursos naturales y a los demás intereses que los afecten.

Varias constituciones de América Latina que no reconocen constitucionalmente la consulta previa o no la han configurado por vía jurisprudencial, como son los casos de Chile (1980), Paraguay (1991, revisada en 2011), Nicaragua (1987, con enmiendas hasta 2014), la han ejecutado y regulado al amparo del Convenio No. 169/1987.

Contraloría General

Omar Alberto García Palacios

Órgano encargado de realizar el control externo de las cuentas públicas en los Estados democráticos. Su naturaleza jurídica, composición, organización y funciones varían según su evolución histórica y desarrollo en cada país. A este tipo de órganos se suele denominar de manera genérica como Entidad Fiscalizadora Superior (EFS).

Los órganos de control externo de las cuentas públicas tienen dos modelos originarios: el modelo inglés de tipo parlamentario y el modelo francés de tipo jurisdiccional. En el modelo inglés, el parlamento crea un órgano especializado *(National Audit Office)*, que responde a las necesidades de este en cuanto a su función presupuestaria y de control. El parlamento aprueba los presupuestos públicos y como tal requiere de un apoyo técnico que le permita contar con información especializada en materia de cuentas públicas y ejercer el control político al ejecutivo, quien es fundamentalmente el mayor ejecutor de los presupuestos públicos. El ejecutivo y todas las administraciones públicas rinden cuentas sobre la utilización de los fondos públicos autorizados a gastar por parte del parlamento. En este modelo las cuentas se fiscalizan.

En el modelo francés de tipo jurisdiccional *(Cour des Comptes)*, los órganos de control externo se organizan como tribunales de cuentas y tienen como función primordial juzgar la administración de las cuentas públicas que el parlamento ha autorizado al ejecutivo y todas las administraciones públicas utilizar. En este modelo las cuentas se juzgan y se establecen responsabilidades para los administradores.

En América Latina persisten los dos modelos. El modelo inglés de la *National Audit Office* ha sido importado a través del órgano que realiza el control externo de las cuentas públicas en Estados Unidos de Norteamérica *(General Accounting Office)*. Su influencia llega a América Latina a finales de 1917, a través de expertos norteamericanos como Edwin Walker Kemmerer; inicia en México a finales de 1917 con la creación del denominado Departamento de Contraloría. Se sigue expandiendo mediante la llamada Misión Kemmerer (Guatemala 1919; Colombia 1923; Chile 1925; Ecuador 1926; Bolivia 1928; Perú 1930).

La Misión Kemmerer se compone de un quinteto de profesores universitarios norteamericanos, "expertos en finanzas y administración pública", dirigidos por el profesor Edwin Walker KEMMERER. Muchos países acogen las recomendaciones de la Misión y mediante ley instalan el modelo de Contraloría general, ejemplo, México 1917, Colombia 1923, Chile 1925, Ecuador 1926, Bolivia 1928, Perú 1930. Este modelo se implanta por primera vez en México en 1917 y se retoma en Colombia en el año de 1923; el modelo francés fue incorporado a través de la herencia española de Tribunales de Cuentas. Este modelo imperó en todos los países de América Latina hasta la aparición de las Contralorías Generales. En la actualidad todavía persiste en varios países de América Latina, por ejemplo, en El Salvador.

Actualmente, con independencia del modelo que acoja cada país, los órganos de control externo coadyuvan al parlamento en su función de control a través de informes especializados. Este control permite orientar un adecuado desarrollo para la buena administración de los fondos públicos. El control externo adquiere una relevancia notable en el buen funcionamiento de las democracias. Control externo, rendición de cuentas y participación popular se vuelven elementos esenciales para la buena administración pública.

Las constituciones de los países de América Latina recogen en sus textos constitucionales a la Contraloría General. Sus tratamientos constitucionales varían según los países. Su naturaleza jurídica, composición, organización y funciones son diversas. Tienen un elemento en común, que es la fiscalización de los bienes y recursos públicos, el control externo de las cuentas públicas. Los países de América Latina que tienen un órgano fiscalizador llamado Contraloría General son: México (Contraloría General), Honduras (Contraloría General), Nicaragua (Contraloría General), Costa Rica (Contraloría General), Panamá (Contraloría General), Cuba (Contraloría General), Colombia (Contraloría General), Ecuador (Contraloría General), República Bolivariana de Venezuela (Contraloría General), Perú (Contraloría General), Brasil (Contraloría General), Estado plurinacional de Bolivia (Contraloría General), Paraguay (Contraloría General), Chile (Contraloría General), Argentina (Contraloría General). Los países de América Latina que tienen un órgano fiscalizador llamado Tribunal de Cuentas son: El Salvador (Corte de Cuentas) y Uruguay

(Tribunal de Cuentas). Los países de América Latina que estructuran su sistema de control de fondos públicos con una Contraloría y un Tribunal de Cuentas son: Guatemala (tiene una Contraloría y un Tribunal de Cuentas) y República Dominicana (tiene una Contraloría y una Cámara de Cuentas).

Por otro lado, las contralorías generales se organizan de forma unipersonal (contralor general dirige la institución), por ejemplo, Colombia; en otras ocasiones se conforman de un contralor general y un subcontralor (Costa Rica); de igual forma, existe un caso como Cuba que se organiza con un contralor general y tres vicecontralores generales, y en ciertas ocasiones se organizan como un tribunal, de forma colegiada, tal es el caso de Nicaragua (5 miembros propietarios y 3 miembros suplentes).

Por último, cabe destacar que la designación de las personas que dirigen las Contralorías Generales corresponde a los parlamentos, teniendo o no el poder ejecutivo la posibilidad de proponer candidatos. Las funciones son variadas, ejercen controles internos y externos en momentos *a priori* y *a posteriori*, dirigen el Sistema de Control de la administración pública, fiscalizan, juzgan cuentas, controlan legalidad de actos de la administración, probidad de los funcionarios públicos, funciones asesoras o pedagógicas, entre otras. Los efectos jurídicos que se desprenden de su actividad también varían según cada país, todo de conformidad con su historia y tradición.

Control de constitucionalidad

Jorge Olver Mondelo Tamayo

En el constitucionalismo moderno, la primera expresión del control de constitucionalidad se empleó para referirse a los mecanismos jurisdiccionales que posibilitan la defensa de los contenidos constitucionales ante las posibles vulneraciones ocasionadas como consecuencia de la aprobación, interpretación o aplicación de actos normativos en clara colisión con el orden constitucional establecido. Por otra parte, también se emplea para referirse a la correspondencia de las decisiones de funcionarios del Estado y del gobierno con los contenidos constitucionales. El concepto responde a una concepción amplia que lo entiende como un mecanismo de defensa de la Constitución, que evalúa las leyes y otras disposiciones normativas, así como las acciones u omisiones de las autoridades, en correspondencia con estándares de constitucionalidad. Su fundamento jurídico constitucional se erige sobre la base de preservar el principio de supremacía constitucional.

Existen varios modelos de control constitucional, y están reconocidos en la doctrina los de naturaleza jurisdiccional o judicial y política. En los modelos de tipo jurisdiccional, el control lo realiza un juez; para este tipo de control, la doctrina ha identificado dos grandes modelos históricos: el abstracto, también conocido como concentrado y el concreto o difuso. El denominado control abstracto o concentrado da la posibilidad a un órgano *ad hoc* —*v. gr.*, los tribunales constitucionales—, de dar solución en única instancia a las controversias generadas, declarando la inconstitucionalidad de las disposiciones normativas infraconstitucionales y, como consecuencia, expulsándolas del ordenamiento jurídico, actuando de este modo como un *legislador negativo*, siguiendo la más primaria idea de su concepción y a la vez rasgo esencial inherente a este tipo de órgano. Por su parte, en el control difuso o concreto, cualquier juez del sistema de tribunales ordinarios tiene la posibilidad de inaplicar la norma inconstitucional para el caso que está resolviendo o, en su defecto, se resuelve la inconstitucionalidad por vía de incidente. Para un sector de la doctrina, la solución de la inconstitucionalidad por vía de incidente constituye un equilibrio entre los modelos concentrado y difuso. El modelo de control político implica la creación de un órgano no jurisdiccional, con una membresía electa entre el ejecutivo, el poder judicial y el poder legislativo, generalmente, y tiene competencia sobre las disposiciones que emanan del órgano legislativo, en materia electoral, entre otros asuntos. Este modelo ha ido evolucionando hacia un modelo jurisdiccional. Por último, se habla de un modelo mixto, para referirse a la actual tendencia por establecer un sistema de control que combina los modelos descritos.

Tres momentos han resultado de vital importancia como parte del origen, la evolución y la consolidación del control de constitucionalidad. El primero de ellos es el fallo del *Chief* Marshall en el caso "Marbury *vs.* Madison", de la Corte Suprema de Estados Unidos de

América, en temprana fecha de 1803, el que constituye el pórtico del constitucionalismo moderno y reafirma dos rasgos característicos de las constituciones: su carácter normativo y el principio de supremacía constitucional. El *judicial review* norteamericano, que recién inició, se caracterizó por un control en el cual los jueces ordinarios podían inaplicar la norma inconstitucional para el caso concreto, pero la cuestión de inconstitucionalidad debía ser resuelta por la Corte Suprema, quien conocía por vía de incidente. De ese modo se inauguró el control difuso. Hacia 1920, Hans KELSEN crea el primer Tribunal Constitucional en Viena, Austria, un órgano *ad hoc*, que opuesto al *judicial review* norteamericano, tenía la misión de expulsar en un proceso de naturaleza contencioso, las disposiciones normativas inconstitucionales. A la par, KELSEN promueve la creación de un órgano similar en República Checa. En 1958, la Constitución de la Quinta República de Francia introduce el Consejo Constitucional como órgano político, lo que constituyó un hito en la evolución de los modelos de control constitucional.

En América Latina se pueden apreciar varios de los modelos identificados. El control difuso sobrepasó las fronteras del *Common Law* con experiencias palpables en Argentina, como botón de referencia de ese modelo en su área geográfica. Sin embargo, son varios los países que han concebido, sobre la base de la regulación constitucional y su jurisprudencia, la combinación de sistemas concentrado y difuso, en lo que parece ser una tendencia mayoritaria, *v. gr.*, Bolivia, Brasil, Colombia, Ecuador, Guatemala, México, Venezuela. Por su parte, Perú cuenta con un Tribunal Constitucional, independiente del poder judicial, único de su tipo en esta área geográfica; pese a ello, también es un ejemplo entre los países que combinan el control concentrado y difuso. En el ámbito del Caribe, Cuba es un caso peculiar de estudio, pues introdujo una experiencia pionera al crear un Tribunal de Garantías Constitucionales y Sociales en 1940, que era una Sala en la sede del Tribunal Supremo; tras la aprobación de la Constitución de 1976, su modelo de control recayó en el órgano legislativo, diseño mantenido tras la reforma de 2019.

Control de constitucionalidad híbrido

Ver *Jurisdicción constitucional.*

Control de convencionalidad

Vicente FERNÁNDEZ FERNÁNDEZ

El control de convencionalidad consiste en la aplicación de mecanismos internos y externos que permitan hacer un estudio de los actos y las normas de los entes públicos, tomando como parámetro al Derecho convencional. En el caso latinoamericano hace referencia principalmente a la Convención Americana sobre Derechos Humanos (Convención) como punto de partida y a las demás convenciones, estatutos, protocolos, reglamentos y su interpretación tanto por la Comisión Interamericana de Derechos Humanos (Comisión) como por la Corte Interamericana de Derechos Humanos (Corte), que conforman precisamente el Sistema Interamericano de Derechos Humanos.

Todos los actos y las normas que realicen o emitan los órganos estatales deben sujetarse al orden jurídico (constitucional y convencional) y, en caso de no ser así, deben existir mecanismos que permitan restablecer el orden jurídico. Para determinar si esos actos y normas se ajustan al orden jurídico, es necesario tener una base o parámetro con el cual medirlos, confrontarlos y, en su caso, expulsarlos del sistema jurídico, ya sea con efectos generales o particulares para el caso concreto. Más allá de que se le llame bloque o parámetro, lo relevante será que, en cualquier caso, el sistema que se adopte debe permitir o buscar que el análisis de los actos y las normas se efectúe a la luz de la Constitución y su derecho interno y, a su vez, tener como parámetro al Derecho convencional.

Cuando el mecanismo lo lleva a cabo el máximo intérprete convencional, esto es, la Corte, entonces hablamos de un control de convencionalidad concentrado (caso "Almonacid Arellano y otros *vs.* Chile", de 26 de septiembre de 2006). Se le llama así porque la actividad se desenvuelve entre la Comisión y la Corte, teniendo como centro a la Convención, es decir, los tres pilares del Sistema Interamericano. Y es justo a través de las sentencias que ahí se emiten, que se va permeando todo el sistema jurídico de los Estados Parte, dado que dichas sentencias obligan no solo a quienes intervinieron en el caso concreto, sino también a todos los que conforman el Sistema y que aceptaron la jurisdicción del Tribunal Interamericano.

Como máximo intérprete de la Convención, la Corte hace el análisis y estudio del caso que le presentó la Comisión, teniendo como parámetro de control a la Convención y todo el Derecho convencional, pudiendo juzgar los actos y las normas internas del Estado demandado, incluyendo a su propia Constitución, haciendo prevalecer la Convención aun a costa de la propia Constitución, llegando incluso a condenar a que se reforme esta para que se ajuste al Derecho convencional. Así es como funciona un control de convencionalidad concentrado.

Dado que son pocos los casos que se someten a la Corte y, por lo tanto, también son pocas las sentencias que emite, estas funcionan, además del caso en específico, como directrices generales para todo el orden jurídico, de tal manera que con la finalidad de que se respete de manera efectiva el Derecho convencional, deben ser todos los jueces y tribunales de los Estados Parte quienes tienen la encomienda de ajustar sus resoluciones no solo a su Constitución, sino a veces, incluso, a pesar de su Constitución, porque sus sentencias deben tener como base y premisa el respeto y cumplimiento efectivo de la Convención. Esto es lo que conocemos como control difuso de convencionalidad (caso "Trabajadores Cesados *vs.* Perú", de 24 de noviembre de 2006; caso "Cabrera García y Montiel Flores *vs.* México", de 26 de noviembre de 2010).

Con la finalidad de que efectivamente se respete el Derecho convencional, la Corte ordenó, a través de sus sentencias, que todos los jueces de los Estados Parte sean verdaderos jueces interamericanos, prescribiendo que deben actuar como tales no solo a petición de las partes en un caso concreto, sino que, en todo momento, deben hacerlo oficiosamente, de ahí que ya es parte de la cultura jurídica que todos los tribunales deben hacer un control de convencionalidad *ex* oficio, es decir, que tienen la obligación de analizar y confrontar los actos y las normas internos con la Convención y, en caso de que sean violatorios del Derecho convencional, expulsar los actos y normas de la esfera jurídica del gobernado, es decir, inaplicar al caso concreto la norma jurídica interna.

El progreso del control difuso de convencionalidad llevó la primacía del Derecho convencional no solo a todos los juzgadores de los Estados Parte, sino, además, a que deban ser todas las autoridades (incluidas las administrativas) quienes deben velar por el respeto pleno de los derechos humanos y, al igual que los jueces, en los casos concretos que les corresponda conocer, es su deber inaplicar las normas jurídicas del Derecho interno cuando estas sean contrarias a la Convención, de tal manera que todos los sujetos integrantes del Estado deben realizar control difuso de convencionalidad (caso "Gelman *vs.* Uruguay", de 24 de febrero de 2022).

Independientemente de que los Estados Parte se han visto obligados a adoptar las políticas judiciales de la Corte, y en la mayoría de los casos han incorporado a su Derecho interno directrices como el control de convencionalidad, lo relevante es que aun en aquellos supuestos en que no ha sido así y que lejos de que la Constitución de un país determinado acoja el control difuso de convencionalidad, todas las autoridades (administrativas y jurisdiccionales) deben ser garantes del respeto pleno y eficaz de los derechos humanos, ya sean estos de fuente interna o convencional.

Control parlamentario

Omar Alberto GARCÍA PALACIOS

Se refiere a toda la actividad que realizan los parlamentos con el objeto de fiscalizar la acción del gobierno y de todas las administraciones públicas en un Estado democrático. El control parlamentario implica la crítica, el cuestionamiento, la fiscalización, así como la posibilidad de generar o no sanciones con efectos directos o indirectos. Es un mecanismo de control político que fortalece la buena marcha de los procesos democráticos.

Los parlamentos tienen fundamentalmente tres grandes funciones: legislativa, representación y control. Legislan, representan y controlan. El control parlamentario va a ser establecido en el ámbito latinoamericano desde el momento en que aparece una Constitución y se diseña un órgano legislativo y un órgano ejecutivo. El control queda plasmado en las facultades que tiene el órgano legislativo sobre la actuación del órgano ejecutivo. Con el paso del tiempo, las diversas administraciones van creciendo y así aparece la administración centralizada, descentralizada y mixta. Todas las administraciones públicas, según su desarrollo en cada uno de los países, serán objeto del control parlamentario a través de sus diversos mecanismos; el parlamento, según se organice (unicameral o bicameral), ejercerá el control parlamentario al ejecutivo central y a las diversas formas de organización administrativa que el Estado diseñe según sus formas (Estados unitarios o compuestos). El control parlamentario se desarrolla como mecanismo para el fortalecimiento del Estado democrático.

Las constituciones de los países latinoamericanos tienen regulaciones sobre la función de control parlamentario. Esta función tiene múltiples manifestaciones y está presente en la "dirección política", a través del nombramiento o designación de titulares de cargos públicos, en comisiones de investigación parlamentarias, en los instrumentos de control como preguntas, interpelaciones, mociones, y todo aquello que permita al parlamento, a los congresos, cámaras legislativas, órganos legislativos, o asambleas nacionales, como se les denomine en cada país, poder fiscalizar o criticar las acciones de gobierno tanto en los ámbitos centralizados como en los descentralizados o desconcentrados; en fin, en todas las administraciones públicas en las que el Legislativo ejerza su función de control parlamentario y que dicha acción, como tal, coadyuve al fortalecimiento de los procesos democráticos en un Estado social y democrático de Derecho.

Este control parlamentario se manifiesta independientemente de la forma de organización que adopte cada Legislativo en un país determinado, es decir, estemos frente a un órgano unicameral o bicameral. Los instrumentos legislativos (normas jurídicas que regulan la organización y las funciones de los parlamentos) desarrollan las previsiones constitucionales sobre el control parlamentario. El control parlamentario es una función esencial de los legislativos modernos y cada país lo desarrolla según sus experiencias, costumbres y desarrollos históricos legislativos, según sea su acervo jurídico-histórico. Esta función se ejerce aun en los tiempos más difíciles, como fue la época de pandemia mundial ante la enfermedad de la COVID-19.

En el ámbito de los países latinoamericanos, el control parlamentario a través de sus instrumentos de control tiene diversas manifestaciones: en Argentina, el Gabinete de Ministros tiene un jefe de ministros sobre el cual el parlamento exige responsabilidad política al órgano (Gabinete), el parlamento aplica voto de censura a los ministros que en caso de prosperar los obliga a dimitir; en Bolivia el parlamento puede aplicar voto de censura a los ministros, que en caso de prosperar, los obliga a dimitir; igualmente sucede en el caso de Colombia, donde existe voto de censura a los ministros, que de prosperar los obliga a renunciar; en Ecuador la Asamblea Nacional puede destituir al Presidente de la República y existe voto de censura contra ministros, que de prosperar los obliga a renunciar; en Guatemala el legislativo puede aplicar un procedimiento de falta de confianza contra los ministros, que en caso de prosperar, los obliga a dimitir; en México existen procedimientos parlamentarios de ratificación para altos cargos del Estado nombrados por el poder ejecutivo; en Nicaragua también existen procedimientos parlamentarios de ratificación para ciertos cargos nombrados por el Ejecutivo, por ejemplo, ministros de Estado, e igualmente existen procedimientos de destitución, especie de censura, por ejemplo, contra ministros de Estado, que en caso de prosperar, el Ejecutivo deberá removerlos del cargo; en República Dominicana el parlamento cuenta con voto de censura a ministros, que en caso de prosperar, los obliga a renunciar; en Panamá también existe voto de censura contra ministros, que en caso de prosperar, los obliga a renunciar; en Perú existen procedimientos parlamentarios de voto de censura contra ministros, que en caso de prosperar, los obliga a renunciar, y existen procedimientos de cuestión de confianza, que en caso de ser rechazada, obliga a la renuncia del ministro; en Uruguay existe procedimiento parlamentario de voto de censura individual a los ministros o plural al órgano, que en caso de prosperar, los obliga a renunciar; en Venezuela existe un procedimiento parlamentario de voto de censura a ministros y vicepresidente de la República, que en caso de prosperar, los obliga a renunciar. De igual forma, en la región existe otra manifestación del control parlamentario, como son los denominados *impeachment* o juicio político, elemento característico del sistema presidencialista.

Estas manifestaciones de control parlamentario, propias de sistemas parlamentarios, ponen de relieve el desarrollo de las formas de gobierno en América Latina, en general, y del control parlamentario en particular, que han ido desplazándose de sistemas estrictamente presidencialistas hacia formas más parlamentarias, en donde los mecanismos de control parlamentario han ido ganando terreno. La introducción de mecanismos de control parlamentario como la moción de censura y la moción de confianza a ministros, con efectos vinculantes que conllevan la renuncia al cargo, así como procedimientos parlamentarios de destitución del presidente de la República y vicepresidente, ha generado una rica discusión en la región sobre las formas de gobierno con que cuentan los países de América Latina (VILLABELLA, 2018).

Control social

Marco NAVAS ALVEAR

Uno de los rasgos sobresalientes del denominado "nuevo constitucionalismo latinoamericano" tiene que ver con la importancia que las constituciones le asignan a la participación ciudadana en el gobierno de los Estados (NAVAS ALVEAR, 2017: 9). A la vez, podemos advertir que existen formas de control social en las constituciones de algunos países como Bolivia y Colombia (NAVAS ALVEAR, 2018). En el ordenamiento venezolano se prevé un "Poder Ciudadano", integrado por el Consejo Moral Republicano y otras entidades públicas, además de varios derechos políticos y mecanismos de participación ciudadana en el control social. Sin embargo, es en el texto de la Constitución ecuatoriana donde el "control social" adquiere mayor protagonismo y regulación.

En ese contexto, la particular constitucionalización del término *control social* en Ecuador debe entenderse como una forma principal de ejercicio de la participación, consagrada como principio definidor del Estado y de su régimen democrático, en consonancia además con el principio de soberanía popular, todo esto determinado en el artículo 1 de la Constitución de la República del Ecuador (CRE) de 2008.

En consideración de lo antes explicado, el control social tiene en el caso ecuatoriano una triple dimensión:

Como principio organizador de la vida democrática derivado del principio más amplio de participación. Así, el control social actúa como una directriz de la vida política del Estado y en particular, de la delicada relación entre los ciudadanos, los colectivos sociales y el Estado. La CRE prevé en este sentido, en su artículo 95, que "Las ciudadanas y ciudadanos, en forma individual y colectiva, participarán de manera protagónica en la toma de decisiones, planificación y gestión de los asuntos públicos, y en el control popular de las instituciones del Estado y la sociedad, y de sus representantes, en un proceso permanente de construcción del poder ciudadano". A la vez, el texto indica como subprincipios de la participación los de "igualdad, autonomía, deliberación pública, respeto a la diferencia, control popular, solidaridad e interculturalidad". El control "popular" en este caso se asimilaría al "control social".

En segundo lugar, el control social es un derecho subjetivo que forma parte del derecho a la "participación de la ciudadanía en todos los asuntos de interés público", que se ejerce "a través de los mecanismos de la democracia representativa, directa y comunitaria" (artículo 95 de la CRE). En sentido más preciso, el derecho al control social se cristaliza en el artículo 61 de la CRE, que instituye los derechos de participación o derechos políticos, específicamente los derechos a: "2. Participar en los asuntos de interés público" y de "5. Fiscalizar los actos del poder público".

El control social es definido oficialmente por el Consejo de Participación Ciudadana y Control Social (CPCCS) no solo como un "derecho", sino como un "deber" que le corresponde a "los ciudadanos y ciudadanas quienes, como ejercicio de su derecho de participación ciudadana, controlan el buen manejo de la gestión de lo público" (CPCCS, 2023).

En tercer lugar, el control social supone, desde un punto de vista objetivo, una serie de instituciones, tanto organismos como mecanismos constitucionales e instrumentos, que garantizan los derechos de participación y en particular el "control social".

En cuanto a la arquitectura estatal, esta se materializa en la creación de una nueva Función del Estado denominada de "Transparencia y Control Social" (FTCS). Al efecto, el artículo 204 de la CRE prevé que la FTCS "promoverá e impulsará el control de las entidades y organismos del sector público, y de las personas naturales o jurídicas del sector privado que presten servicios o desarrollen actividades de interés público, para que los realicen con responsabilidad, transparencia y equidad".

Además, la FTCS "fomentará e incentivará la participación ciudadana; protegerá el ejercicio y cumplimiento de los derechos; y prevendrá y combatirá la corrupción". Al efecto de cumplir estos cometidos, esta función estatal se conforma por el Consejo de Participación Ciudadana y Control Social, que es su principal organismo, y además por la Defensoría del Pueblo, la Contraloría General del Estado y las superintendencias como las de Compañías, Banca y Seguros, entre otras. Con esto se integra en una función del Estado a entidades públicas que ejercen varios tipos de control (Granda, 2023: 38-65): administrativo, financiero, de vulneraciones de derechos, entre otros; con la entidad que centraliza los procesos de control social, que es el CPCCS, uno de cuyos cometidos centrales precisamente es el de impulsar y establecer "mecanismos de control social" (artículo 207 de la CRE), también asociados al control que pueden ejercer otras funciones del Estado desde lo judicial y lo político.

Finalmente, en la Constitución ecuatoriana se prevén al mismo tiempo varios mecanismos, entre otros las veedurías, observatorios y procesos de rendición de cuentas, que produzcan información pertinente para poder desarrollar los procesos de control social. La CRE instituye igualmente amplias competencias para accionar mecanismos jurisdiccionales en orden de tutelar el ejercicio del control social.

Control social del poder judicial

Claudia María Barbosa

El control social del poder judicial busca contribuir a dar respuesta a la clásica pregunta del poeta romano Juvenal: *¿Quis custodiet ipsos custodes?* [¿Quién guarda a los guardianes?]. La división tripartita de poderes, común al constitucionalismo liberal, establece funciones típicas para los poderes ejecutivo, legislativo y judicial, y el Estado de Derecho, que está fundado en las constituciones, define que todo poder debe tener una base legal, debiendo existir un control recíproco entre ellos, lo que suele hacerse mediante un sistema de controles y contrapesos: *checks and balances*. Este tipo de control, según la tipología de O'DONNELL (1998), es horizontal, resultando de una acción "entre iguales", es decir, entre los poderes constituidos, sin jerarquía entre ellos. El control horizontal, sin embargo, a veces es insuficiente, y para evitar la arbitrariedad son necesarios otros tipos de control, como el que ejercen los medios de comunicación, la sociedad civil o los ciudadanos, típicos controles sociales. El control sobre la función pública que ejercen estas instituciones resulta de una acción entre desiguales, siendo, por tanto, vertical, y se produce de diferentes formas, donde la principal es el voto, en el caso de los ciudadanos; la vigilancia, realizada por organismos de la sociedad civil; además del control mediático que ejerce la prensa.

El control sobre la rama judicial presenta especificidades. Es necesario distinguir el control de las decisiones judiciales, es decir, sobre las decisiones judiciales, del control ejercido sobre lo que se denomina política judicial, especie de política pública cuyo objeto es el sistema de justicia. El sistema de apelación es típicamente un mecanismo de control de la decisión judicial, horizontal, interno, porque solo involucra a los órganos del sistema de justicia, y legal, encaminado a corregir posibles errores en las decisiones judiciales; el juicio por jurados, en cambio, es un mecanismo vertical, externo y social, pues deja en manos del ciudadano la decisión sobre la inocencia de los acusados, aunque corresponde al magistrado determinar la pena. Por otro lado, el control ejercido sobre la ética de los jueces y funcionarios judiciales, la selección de los magistrados y la legalidad de sus actos, el funcionamiento de los órganos de justicia, la eficacia de la decisión judicial estratégica del poder judicial, es lo que se considera control sobre la política judicial. Es externo y horizontal cuando la ejerzan los poderes ejecutivo o legislativo, o externo y vertical, conforme la realice la sociedad. Si es cierto que los jueces y tribunales necesitan ejercer la jurisdicción de manera independiente, también es cierto que la sociedad necesita participar y supervisar los servicios de justicia y la política judicial.

De una forma general, en Latinoamérica la independencia del poder judicial en relación con los demás poderes públicos sigue siendo un desafío por enfrentar, pero Brasil en este caso es una excepción. La Constitución brasileña vigente desde 1988 diseñó un poder judicial tan fuerte e independiente que la pregunta que surge ya no es si el poder judicial es independiente, sino si no sería demasiado independiente. Para equilibrar la independencia y la responsabilidad buscamos mejorar la llamada *accountability* judicial (el término en inglés es consagrado y apropiado porque abarca tres dimensiones bien diferenciadas: la transparencia, la justificación y la capacidad de hacer cumplir).

La *accountability* judicial es una especie de control de la función pública, y esto tiene un aspecto gerencial y político. El rasgo gerencial expresa una forma deseada de ejercer la autoridad y se relaciona con los modelos de gestión y gobernanza; la característica política se centra en la distribución y ejercicio del poder, especialmente del poder público.

La combinación de la fuerte independencia de un sistema de justicia que asumía un rol político que le era ajeno, con la baja *accountability* de sus órganos y agentes favorece el escenario de un "gobierno de jueces", cuyo control, a diferencia de los cargos políticos, no se hace por medio de elecciones, de ahí la necesidad de fortalecer la *accountability* social del poder judicial. Este es un tipo de control vertical, pero no electoral, sobre las autoridades, que descansa en la acción de los ciudadanos, las organizaciones de la sociedad civil y los medios de comunicación, y debe poder cobrar a las autoridades judiciales transparencia, justificación y, cuando sea necesario, aplicar sanciones.

La *accountability* social que surge del compromiso cívico, como lo indican PERUZZOTTI y SMULOVITZ (2006), tiene ventajas específicas: fortalece el sentido de participación y de ciudadanía; es operada por sectores organizados de la sociedad civil que buscan vigilar el funcionamiento o inducir demandas, y que no actúan según la lógica del voto mayoritario; es capaz de imponer sanciones (simbólicas) que inciden en la imagen pública de los sujetos; funcionan al margen de los pesos y contrapesos intraestatales; pueden trabajar todo el tiempo y no reducirse al momento de la votación.

El control social del poder judicial, por su parte, también presenta dificultades relacionadas con la manipulación de la voluntad popular; el riesgo de la voluntad mayoritaria sobre los derechos de las minorías, por ejemplo; el desafío de equilibrar los intereses públicos y privados; la necesidad de asegurar la diversidad y pluralidad en el poder judicial; la dificultad misma de formular una política judicial que sea capaz de garantizar un derecho básico de acceso a la justicia y extenderlo a la sociedad en su conjunto. La responsabilidad social del poder judicial, necesaria para equilibrar su independencia y responsabilidad, depende de un control social efectivo, y el mayor riesgo para su ejercicio es la apatía y la falta de compromiso cívico, que derivan de una democracia de baja densidad en sociedades excesivamente desiguales y fundamentalmente autoritarias, como se da en Latinoamérica.

Cosmovisión indígena originaria

Humberto GUARAYO LLACSA

Desde una perspectiva conceptual iberoamericana, la palabra *cosmovisión* está compuesta por dos palabras: cosmo y visión. Según la Real Academia Española significa "Visión o concepción global del universo." En la concepción indígena originaria, es un paradigma de vida fundado en interrelaciones con la tierra, el territorio, la naturaleza, cosmos y todo lo que comprende la vida comunitaria e individual, adentro y afuera. Es un paradigma plural que comprende diversas formas de ver, experimentar, entender y explicar el universo. Cada pueblo indígena originario tiene sus formas propias; su visión de mundo *(pacha)*, porque cada comunidad tiene sus particularidades, su sistema de convivencia, arraigado en su historia, cultura, lengua, conocimiento ancestral, geografía, vestimenta, costumbres, música, ritos, y espiritualidad. Estos entendimientos, plurales, van transmitiéndose de generación en generación, y con una resistencia milenaria que ha sobrevivido a diferentes periodos históricos de asimilación, conquista y colonización. En Latinoamérica coexisten una diversidad de pueblos indígenas originarios que guardan en su esencia lo cultivado desde épocas prehispánicas, una ancestralidad que sigue presente pese a la implantación de las repúblicas fundadas sobre civilizaciones, como fue el vasto *Tawantin Suyu.* Gracias a la lucha y determinación histórica de los pueblos indígenas, a partir de los años 1990, los Estados de la región empiezan a reconocer a los pueblos indígenas originarios en sus constituciones, y se definen como Estados pluriculturales o multiculturales. Posteriormente se va profundizando un proceso que lleva a la redefinición de Estados pluriculturales o multiculturales a Estados plurinacionales, con Ecuador y luego Bolivia a la cabeza. Las nuevas constituciones en Ecuador y Bolivia reconocen explícitamente el papel de la cosmovisión en la vida de los pueblos indígenas originarios y más allá del acontecer nacional, porque es una concepción del mundo como un todo interrelacionado, donde todo tiene vida y se complementa. De ahí se desprende que los pueblos indígenas tienen otra forma de visión de desarrollo.

D

Deberes constitucionales

Boris Wilson ARIAS LÓPEZ

El deber constitucional es la obligación emergente de manera directa o implícita del texto constitucional; en este sentido, el cumplimiento de un deber constitucional no depende de la voluntad del obligado, por ejemplo, se tiene el deber de cumplir el servicio militar, independientemente de que el obligado desee realizar dicho servicio.

Desde el famoso análisis en el libro *Los conceptos jurídicos fundamentales*, de Wesley Newcomb HOHFELD, se piensa que los deberes no están aislados, sino que son correlativos a los derechos, es decir, que en las constituciones, los deberes constitucionales se fundan en la protección de un derecho constitucional, lo que implica que no hay derecho si no hay una persona identificada o identificable a quien se deba cumplir el derecho, aunque a veces derecho y deber coincidan. Por ejemplo, puede darse el caso del derecho de cumplir un deber, como sucede con la consignación de pago en casos en los que un titular de una acreencia no pretende cobrar.

La relación jurídica implicaría: 1) el titular de una facultad o derecho; 2) el titular de un deber jurídico; y 3) el contenido de la relación jurídica consistente en una prohibición, permisión o comportamiento obligatorio, que relaciona al titular del deber y al titular del derecho; así, entre algunos ejemplos extraídos del constitucionalismo latinoamericano, tenemos que cuando el artículo 2.1 de la Constitución peruana reconoce a toda persona como titular del derecho a la integridad física, también reconoce un deber genérico de toda persona a abstenerse de causar lesiones, o cuando el artículo 108.10 de la Constitución boliviana establece como deber de "asistir, proteger y socorrer a sus ascendientes", se deduce un deber de los padres como titulares del deber a socorrer a sus hijos.

Tenemos por otra parte la postura que sostiene que pueden existir deberes constitucionales sin el correlativo del derecho, por ejemplo, el deber de denunciar actos de corrupción o narcotráfico, generalmente no tienen un correlato de una persona con un derecho afectado, aspecto que también se denota con la controvertida exigibilidad de los derechos económicos, sociales y culturales, los cuales implican un derecho, pero que muchas veces por la falta de desarrollo legislativo no se traducen en un deber de alguien específico.

Desde su configuración como Estados sociales, la mayoría de países latinoamericanos reconocen deberes fundamentales, los cuales se fundan en la solidaridad, lo que implica que no solo el Estado debe ayudar a los necesitados, sino que dicho deber alcanza a los particulares en casos determinados; por ejemplo, la Corte Constitucional de Colombia, en la Sentencia C-767-14 estableció: "La dimensión de la solidaridad como deber, impone a los miembros de la sociedad la obligación de coadyuvar con sus congéneres para hacer efectivos los derechos de estos, máxime cuando se trata de personas en situación de debilidad manifiesta, en razón a su condición económica, física o mental"; sin embargo, la falta de precisión del contenido del deber fundamental o del titular del deber jurídico muchas veces provoca que se pueda generar incertidumbre sobre la obligación respecto a quién demandar el cumplimiento del derecho fundamental, pese a ello, los deberes emergentes de los derechos económicos, sociales y culturales como derechos son exigibles: 1) cuando existe legislación expresa que desarrolla dichos deberes; 2) cuando su no satisfacción ponga en riesgo otros derechos plenamente operativos; 3. los derechos económicos, sociales y culturales condicionan la conducta estatal; 4) pueden generar la inconstitucionalidad por omisión.

De lo expuesto, y en general, al menos se tienen en las constituciones latinoamericanas dos tipos de deberes constitucionales, los basados en normas operativas directamente exigibles, y los que se fundamentan en normas programáticas, cuyo grado de efecto jurídico depende del grado de desarrollo legislativo.

Debido proceso

Fabio JOFFRE CALASICH

El debido proceso es un concepto que sirve como salvaguardia contra el ejercicio arbitrario e injusto del poder por parte del Estado. Este concepto incluye tres niveles de proyección, como derechos, garantías y principios. Las garantías esenciales del debido proceso tienen como objetivo proteger la vida y la libertad humanas y están enraizadas en tratados internacionales de derechos humanos y constituciones (MATVIEIEVA, *et al.*, 2022). Típicamente, el debido proceso implica una investigación y un juicio imparciales que respeten los derechos del acusado y brinden una oportunidad justa para ser escuchado. Según NOVOZHYLOV (2019), garantizar la aplicación correcta de la ley es fundamental para garantizar el debido proceso.

El debido proceso ofrece un trato igualitario a ambas partes y tiene como objetivo mantener el Estado de Derecho. Proporciona los derechos del acusado y las víctimas con las garantías esenciales de una sociedad libre y justa, y asegura que el aparato estatal siga el procedimiento legal establecido (SEIXAS & SOUZA, 2014). El debido proceso de ley garantiza una investigación y un juicio objetivos, imparciales y rápidos, mediante la realización del procedimiento legal establecido para proteger los derechos del acusado (KONI, *et al.*, 2021). Además, no se debe pasar por alto la importancia práctica del principio del debido proceso sustantivo, como señala KIM (2023). El debido proceso de ley se interpreta como un principio, una garantía y un derecho necesarios e indispensables para la ejecución de la función de litigio de las autoridades públicas y para la resolución de disputas que podrían limitar las libertades civiles (MATVIEIEVA, *et al.*, 2020; NOVOZHYLOV, 2019).

La implementación del debido proceso implica limitaciones al poder del Estado, asegurando que los ciudadanos tengan ciertas protecciones contra la acción estatal. Sin embargo, el debido proceso también ha sido criticado; algunos autores creen que el debido proceso sustantivo es una instancia de activismo judicial en la que los jueces utilizan la Constitución como una herramienta para imponer sus preferencias políticas en la sociedad (BARNETT & BERNICK, 2018).

Decolonialidad

Ver *Descolonización*.

Defensa de la Constitución

Boris Wilson ARIAS LÓPEZ

Refiere a la instancia que debe realizar el control de constitucionalidad, puesto que se concibe a la Constitución como fundamental, como el fundamento del Derecho restante, de forma que las leyes y actos no pueden contraponerse a esta; entonces se requiere una instancia que efectúe el control de regularidad y que haga prevalecer a la Constitución sobre el Derecho restante que se elabora y existe de conformidad con la Constitución.

El antecedente teórico más importante sobre quién debe ser el defensor de la Constitución lo encontramos justamente en los orígenes de la teorización del control de constitucional, es decir, en el debate KELSEN-SCHMITT, el cual nos remite a dos concepciones diferentes sobre lo que entienden por Constitución.

Para el profesor alemán C. SCHMITT, el elemento esencial de una Constitución es la legitimidad, la cual no puede adquirirse solo y únicamente porque es la Constitución, sino porque la población reconoce la autoridad del poder constituyente que elabora la norma suprema, de ahí, que sostenga: "Una norma no puede legitimarse a sí misma: su validez se apoya en la voluntad existencial de quien la emite" (SCHMITT, 2003); en cambio, para el profesor austriaco H. KELSEN, la idea de "legitimidad" es un discurso ideológico y metafísico porque la idea de un "pueblo", entendido como un conjunto de personas homogéneas, no responde a la realidad, y más bien se tiene a una pluralidad de personas en un mismo espacio físico con diferentes culturas, creencias, pensamientos políticos, etc., que solo y únicamente pueden convivir gracias a un ordenamiento jurídico, entendiéndose para KELSEN la Constitución como un conjunto de normas jurídicas que no tiene relación alguna con la legitimidad.

En este contexto, para SCHMITT la idea de "validez" utilizada por KELSEN como un criterio epistemológico para conocer el derecho y que refería a que es posible reconocer a una norma como parte del ordenamiento jurídico, porque este se elaboró de conformidad con una norma superior, no era aplicable para el profesor alemán al texto constitucional, en la medida en que una Constitución tiene conceptos genéricos, los cuales no se pueden subsumir a un caso concreto, sino que dan lugar a que el intérprete decida el sentido de la norma constitucional. De esta forma, el órgano para tomar dicha decisión debe ser un órgano "legítimo", por lo que no puede ser el judicial, sino un órgano de carácter político en la Alemania de ese entonces, en su criterio el presidente del Reich (SCHMITT, 2009).

Al respecto, KELSEN, quien propuso que el control de constitucionalidad se realice por un órgano especializado como es el Tribunal Constitucional, manifestó para responder a dichas observaciones, que esa instancia no se constituye en un órgano judicial, sino en un "legislador negativo", por lo que no crea Derecho, sino que abroga o deroga la norma inconstitucional, y respecto a la lógica, señaló que el control no confronta normas sino proposiciones normativas, por lo que la lógica es aplicable (KELSEN, 2009).

En América Latina existen diferentes criterios sobre quién debe ser el defensor de la Constitución, no solo si debe ser un órgano jurisdiccional, o si debe ser un órgano político; por ejemplo, en Bolivia, en la Constitución denominada "bolivariana" de 1826 se estableció un órgano político de control de constitucionalidad como era la Cámara de los Censores, que tenía entre sus atribuciones la de "velar si el gobierno cumple y hace cumplir la Constitución, las leyes y los tratados públicos", atribución que en la Constitución de 1831 pasó al Consejo de Estado; luego dicha facultad pasó a la Corte Suprema de Justicia de acuerdo con la Constitución de 1861, que estableció el modelo difuso de control de constitucionalidad, para que en la reforma constitucional del año 1994 se cree un órgano especializado de control de constitucionalidad, como es el Tribunal Constitucional.

La mayoría de los países latinoamericanos adoptó el criterio del control de constitucionalidad realizado por órganos judiciales, sea a través del control de constitucionalidad difuso, como sucede en Argentina, en el cual todo juez puede inaplicar una norma considerada inconstitucional; o control de constitucionalidad concentrado, pese a ello, en general se habla de modelos mixtos, como sucede en Venezuela o Costa Rica, países que tienen salas constitucionales incrustadas en su tribunal o corte suprema, respectivamente; o incluso de modelo dual sugerido por el profesor Domingo GARCÍA BELAUNDE, que sostiene que en Perú la facultad de inaplicar la norma inconstitucional corresponde a todo juez, y dicha decisión tiene efecto *inter partes,* pero al mismo tiempo existe un Tribunal Constitucional, cuya decisión es *erga omnes,* de lo cual se extrae la gran variedad de modelos de control de constitucionalidad, de los cuales a su vez se extrae gran variedad de defensores de la Constitución (LÖSING).

Defensoría del pueblo

Santiago MACHUCA LOZANO

El Defensor del Pueblo es una autoridad estatal reconocida en los sistemas constitucionales contemporáneos, a la cual se le encarga las funciones y atribuciones de controlar y evitar que los derechos de las personas y colectivos sean vulnerados, bien sea por una acción del propio Estado o de un privado. La misión de esta autoridad es garantizar el respeto de los derechos de cada individuo o colectivo en el marco de cualquier tipo de proceso judicial, procedimiento administrativo, política pública u otra actuación del Estado o de un privado.

Para cumplir con esta función, el Defensor del Pueblo puede recibir e investigar las denuncias que realicen las personas que se vean afectadas, aunque también puede actuar de oficio, luego de lo cual realizará un pronunciamiento de los hechos denunciados e investigados, en el que se incluirán recomendaciones que serán puestas en conocimiento de la parte afectada y de la autoridad. De esta manera, y para cumplir con este propósito, el Defensor del Pueblo puede realizar varias actividades, como recopilar toda la información, enviar comunicados a instituciones para que remitan información sobre la situación investigada, visitar oficinas y comunidades, inspeccionar lugares públicos sin avisar antes de hacerlo, citar a los funcionarios públicos que no colaboren o presten ayuda con la investigación, consultar a las personas involucradas y a los líderes o autoridades comunitarias.

En algunos Estados se le reconoce al Defensor del Pueblo otras funciones, como la legitimación para impugnar directamente las leyes o disposiciones con rango de ley que pudieran vulnerar el catálogo de derechos incluido en los textos constitucionales. En algunos casos, al Defensor del Pueblo también se le da iniciativa legislativa en materia de derechos humanos (El Salvador), la facultad para la ratificación de tratados o instrumentos internacionales de derechos humanos (Perú-Venezuela) y la vigilancia del debido proceso en procesos judiciales y procedimientos administrativos (Ecuador). Si bien los pronunciamientos del Defensor de Pueblo son vinculantes en gran parte de los Estados, estableciéndose un procedimiento sancionador para el caso de desobediencia u obstaculización de sus labores, este carece de poderes coercitivos que le permitan, por ejemplo, destituir funcionarios, sancionar directamente a los violadores de los derechos humanos o cambiar por sí solo las decisiones estatales.

El Defensor del Pueblo mantiene independencia de los demás poderes del Estado, a pesar de que en muchos sistemas constitucionales es designado por una mayoría calificada del parlamento, pero el tener prerrogativas especiales como la no sujeción a mandato imperativo de otro poder del Estado, la inviolabilidad de sus funciones, la inmunidad en el ejercicio del cargo y el fuero especial, le dan un alto margen de autonomía frente a otros poderes estatales.

La denominación "Defensor del Pueblo" aparece en los países escandinavos con el nombre de "Ombudsman", término sueco que significa "representante del pueblo". El *ombudsman* se instituyó en Suecia en 1809 y servía para trasladar los intereses y quejas del pueblo hacia el parlamento, aunque hay que manifestar que mucho antes del siglo XVIII, ya existían roles similares a los del ombudsman como, por ejemplo: 1) en Esparta y Atenas existía el *Eflore y Euthynoi* —respectivamente—, que eran funcionarios que se dedicaban a controlar a los funcionarios de gobierno (años 500-700 a.C.); 2) en el Imperio romano existían los *Tribuni Plebis* o *magistrados plebeyos* (año 509 a.C.). 3) en el Imperio persa existía el denominado "Ojo del Rey" para controlar la actividad de todos los funcionarios públicos (años 529 al 560 a.C.); 4) en China, en la dinastía Han (del siglo III al año 220 d.C.) el emperador designó a un funcionario conocido como *Yan* para controlar la administración imperial y a sus funcionarios; 5) en la época bizantina (395-1453 d.C.) existía el denominado *Defensor Civitatis* para proteger a las personas vulnerables frente al poder de los gobernantes, y finalmente; 6) en el Incario existía el *Tucuyricuj*, cuya traducción al español significa el "el que todo lo ve", que cumplía funciones similares de protección a los habitantes del Imperio.

Ahora bien, el Defensor del Pueblo en las constituciones nacionales de Latinoamérica también recibe otras denominaciones, como Comisionado de Derechos Humanos, Procurador de Derechos Humanos, Defensoría del Pueblo, Defensoría de los Habitantes. En Latinoamérica aparece la figura del Defensor del Pueblo en las constituciones nacionales a partir de mediados de los años 80, luego de un periodo marcado por el autoritarismo propio de las dictaduras militares, en donde la institucionalidad del Defensor del Pueblo o Defensoría del Pueblo viene marcada por la influencia de la forma en cómo se concibe dicha institucionalidad en la Constitución española de 1978.

Democracia

César CANSINO

Sobre el concepto de democracia (D), SARTORI (1957) ha expresado que es la unión de dos conjuntos, uno integrado por ideales y otro por realidades (procedimientos, instituciones, etcétera). Por otro lado, diversos autores consideran a la D como un proceso de continua e interminable construcción (véase, por ejemplo, LECHNER, 1986; PORTANTIERO, 1988). El carácter inconcluso del proceso no corresponde solo a un periodo histórico, sino que es una propiedad inherente, por lo que sería entonces, una realidad institucional y también una utopía. Una utopía que jamás puede construirse completamente. Por su parte, DAHL (1971) la define solo desde sus componentes reales: régimen con amplia participación (inclusión) y tolerancia de la oposición (pluralismo).

Estas primeras aproximaciones teóricas nos permiten definirla como un régimen político determinado por un conjunto de reglas explícitas y prefijadas para la resolución pacífica de los conflictos. En la democracia, los arreglos políticos son el resultado de compromisos, cuyo producto sustancial permanece relativamente incierto. Los principales autores de estos compromisos son estructuras políticas de intermediación vinculadas en un mayor o menor grado con los diversos grupos de interés. Los intermediarios políticos desempeñan una función fundamental en el proceso de decisión y elaboración de políticas. Cabe señalar que esta definición no pone en duda los entendidos formales de la D (sufragio universal y secreto, garantías para la participación y la competencia; elegibilidad a cargos públicos de cualquier ciudadano; pluripartidismo, etcétera), sino que simplemente trata de destacar algunos de los rasgos constitutivos, cuyo seguimiento empírico en casos concretos ha sido una materia central de la ciencia política, al menos durante las últimas cuatro décadas.

El fondo de las transformaciones contemporáneas de la democracia está señalado por una paradoja instituyente: *la democracia es causa y consecuencia potencial de la guerra*. Es decir, la democracia conlleva una lógica reactiva que, dependiendo de la fuerza y el impacto de la reacción, puede provocar cambios largos o breves en la dinámica del régimen democrático, afectando su estructuración institucional y, por ende, la profundización en distintos niveles de su efectividad. Así pues, por ejemplo, al ser una salida a la experiencia totalitaria, la democracia necesitaba de un elemento de cohesión (en el nivel de los hechos) y de explicación (en el nivel de las ideas) para referir precisamente el nacimiento, el desarrollo y la potencial muerte de un régimen democrático. En este sentido, el punto a considerar fue: ¿qué condiciones sociales, culturales y, sobre todo, económicas pueden asegurar el desarrollo de la D en el tiempo para que esta última pueda perdurar y desterrar en lo posible la experiencia antagónica a ella? La respuesta estará dada por las nuevas funciones que adoptó el Estado (y el régimen político consustancial a él) como garantes y promotores de una cultura política de corte democrático. No es gratuito que en este contexto cobre forma la llamada "gran generación de pensadores sobre la democracia", que son aquellos que insistirán sobre la *dimensión real* de esta y no sobre su dimensión sustancial o normativa (Bobbio, 1984). Este hecho es importante, ya que de aquí comenzará el debate sobre el nivel de democraticidad que puede alcanzar un régimen democrático en el terreno fáctico, dado que estos pensadores abogarán sustancialmente sobre los aspectos más institucionales y menos sobre los contenidos. Esta generación será encabezada por Schumpeter y su concepción realista-elitaria sobre la D (1942); T. H. MARSHALL y su reflexión sociológica acerca de la igualdad a partir de los ciclos de aseguramiento de los derechos políticos, civiles y sociales (1963); y Anthony DOWNS y los mecanismos de extensión de la participación electoral (1957).

Por consiguiente, la insistencia sobre los mecanismos institucionales de control y aseguramiento de la democracia nos lleva a varios puntos. El primero, *la concepción doméstica* de la política y la D, dado que la democratización, tanto en los años cincuenta como en los sesenta del siglo XX, miraba, antes que nada, a su desarrollo nacional. Un segundo elemento es la rápida transformación de las economías de la posguerra (industrialismo). De aquí la noción de *democracias maduras* en contraposición a aquellas democracias recientes, que no han alcanzado un grado suficiente de aseguramiento económico y que posteriormente será una preocupación central del debate sobre la calidad o el mejoramiento de la democracia.

En este sentido, vale la pena puntualizar que el crecimiento acelerado (1945-1975) vivido en Europa, Estados Unidos y con menor intensidad en el subcontinente latinoamericano tendría consecuencias no intencionales, tales como el conflicto de clase, el conflicto generacional y la disputa por los llamados valores posmateriales; así como la introducción de un mecanismo estructurado económicamente, pero usado en la arena política, y que se volvería central en la dinámica de los regímenes democráticos: la mecánica de la esperanza política, que involucró dos dimensiones, una estructural y otra de tipo cognitivo. En realidad, aquí se puede entender la verdadera pretensión del llamado Estado de bienestar. Es decir, el *Welfare State* nace precisamente como contraposición al Estado de guerra *(Warfare State)*; por ello, el desarrollo preciso de tres componentes a él inherentes: a) servicios; b) distribución territorial y c) economía estatal (PIZZORNO, 2006).

El mecanismo de la esperanza política puede ser definido como aquella concepción en la cual se le inculca al ciudadano la creencia de que el Estado se encargará del mejoramiento de las condiciones socioeconómicas de él y de la sociedad en su conjunto. En el desarrollo de las democracias liberales de masas, a partir de los años cincuenta del siglo pasado, se pondrá en movimiento dicha concepción cuando sutilmente y mediante la organización del Estado benefactor se expande la noción de un Estado que se *ocupaba* (en alguna medida, esto es consecuencia de la llamada educación a la democracia) de la sociedad. Luego entonces, este mecanismo indujo a pensar que el Estado podía contribuir a la transformación positiva de ella.

Ciertamente, aunque la D ha terminado por imponerse en casi todo el planeta como la única forma de gobierno legítima y preferible, incluso en países donde hace unos cuantos años parecía un derrotero inverosímil, hoy no podemos más que aceptar que las democracias realmente existentes están en crisis en todas partes. Por cierto, el debate intelectual sobre la crisis de la D podría llenar bibliotecas enteras.

Democracia comunitaria

Mónica Gabriela Sauma Sankys

Es una manifestación del ejercicio de los derechos políticos de los pueblos indígenas, es decir, la forma en que eligen a sus autoridades y toman sus decisiones en el marco de su libre determinación, de acuerdo con sus normas y procedimientos propios. Es la práctica tradicional colectiva y convenida, cuyo espacio político central es la asamblea comunitaria que, a su vez, es considerada la autoridad máxima dentro del sistema normativo de los pueblos originarios (Ocampo, 2022).

La democracia comunitaria no es un concepto creado por los pueblos indígenas, sino el reconocimiento de un mecanismo para la designación de representantes (Vargas, 2014), cuyo alcance puede variar, siendo evidente que su reconocimiento es mayor a nivel comunitario, local, en tanto que se va debilitando en los niveles intermedios y más amplios (Zegada, *et al.*, 2011).

La designación de las autoridades por parte de los pueblos indígenas ha recibido diferentes denominaciones: democracia indígena, democracia comunal, democracia étnica o democracia del *ayllu*, y ha sido ejercida de manera paralela a la democracia liberal, muchas veces de manera clandestina. Actualmente, también se hace referencia a la democracia intercultural, que enfatiza en el reconocimiento formal de las normas y procedimientos de los pueblos indígenas en el sistema político (MAYORGA, 2013), pero que, desde una mirada más amplia, implica la renovación de la democracia representativa a partir de prácticas desde el repertorio de nuevos actores sociales portadores de demandas de variada índole (movimiento indígena, mujeres, ecologistas, jóvenes, entre otros) (MAYORGA, 2016).

Los pueblos indígenas organizan su convivencia y su relacionamiento con otros pueblos. Estas prácticas son ancestrales, han existido en América antes de la Colonia y han persistido durante el periodo colonial. En el área andina, en especial en Bolivia, se instauró un orden caracterizado como dual, con una *república de españoles*, hegemónica, y una de *indios, conquistados y subordinados*, quienes en virtud a las Leyes de Indias, podían tener autoridades propias para asuntos internos, hasta un segundo nivel de *kurakas* o *jilaqatas*, que tenían autoridad sobre unidades étnicas preexistentes pero reducidas a un territorio más continuo, con subdivisiones por *ayllus* y comunidades (ALBÓ y BARRIOS, 2006).

Este sistema dual otorgó, a decir de los autores citados, cierta autonomía indígena política y cultural, donde los *kurakas* o caciques eran concebidos como la bisagra ante el corregidor español, que era el nivel mínimo colonial, sobre todo como recolectores de los tributos coloniales en especie, plata y trabajo, incluida la mita minera a Potosí; arreglo que es denominado por PLATT como *pacto colonial*, que si bien no se encontraba formalizado, permitía una relación relativamente estable entre comunarios y el poder colonial (PLATT, 1982). En las tierras bajas, la Colonia llegó algo más tarde, y tuvo mayor gama de variación en su relación con los pueblos originarios, desde una mayor subordinación hasta una significativa autonomía indígena en los que habían aceptado juntarse en reducciones misionales (ALBÓ y BARRIOS, 2006).

La independencia política de las colonias americanas no significó el fin de la subordinación ni el *reconocimiento oficial* de las autoridades indígenas. A partir de los principios liberales se erigieron los Estados-nación monoculturales, fundados en un modelo de ciudadanía censitaria, para hombres blancos propietarios, ilustrados (YRIGOYEN, 2011), no sujetos a servidumbre. La conducción del Estado fue tarea exclusiva de los varones criollos de las sociedades americanas, con exclusión formal de los pueblos indígenas y de las mujeres en el ejercicio de los derechos políticos, por lo que la igualdad jurídica predicada por las constituciones liberales surgidas a partir de la independencia, solo era practicada entre esa élite masculina, donde todos sus miembros se consideraban iguales y semejantes (Barragán, citado en Irurozqui, 1996), visiones que sin duda desconocieron la democracia comunitaria.

En un análisis comparado de constituciones y de la influencia de instrumentos internacionales en la región, puede señalarse que la suscripción del Convenio 169 de la OIT en 1989, y su ratificación por la mayor parte de los países de Sudamérica, ha implicado un positivo avance en el reconocimiento de los derechos de los pueblos indígenas. En este contexto, el Convenio marca un referente en cuanto al compromiso de los gobiernos de asumir la responsabilidad de desarrollar acciones destinadas a proteger los derechos de los pueblos, así como el respeto de sus costumbres, tradiciones e instituciones, la participación libre e igualitaria en la adopción de decisiones en instituciones electivas y organismos administrativos, y la libertad de decisión en cuanto a sus prioridades de desarrollo. Reconoce la obligación del Estado de considerar las costumbres o el Derecho consuetudinario de los pueblos indígenas al aplicar la legislación nacional (artículo 8.1), y el derecho de esos pueblos a conservar sus costumbres e instituciones propias.

Asimismo, el artículo 5 de la Declaración de Naciones Unidas sobre Derechos de Pueblos Indígenas (DNUDPI) reconoce el derecho de estos pueblos a conservar y reforzar sus propias instituciones políticas, jurídicas, económicas, sociales y culturales, *manteniendo a la vez su derecho a participar plenamente, si lo desean en la vida política, económica, social y cultural del Estado.* En similar sentido, el artículo 20 de la DNUDPI establece que los pueblos indígenas tienen derecho a mantener y desarrollar sus sistemas o instituciones políticas, económicas y sociales. En este sentido, el artículo VI de la Declaración Americana de Derechos de Pueblos Indígenas (DADPI) establece que los Estados reconocen y respetan el derecho de los pueblos indígenas a su actuar colectivo, a sus sistemas o instituciones jurídicas, sociales, políticas y económicas.

Por su parte, la Corte IDH, en el caso "Yatama *vs.* Nicaragua" (Excepciones Preliminares, Fondo, Reparaciones y Costas. Sentencia de 23 de junio de 2005. Serie C No. 127), señala que los Estados deben respetar las formas de organizaciones de los pueblos indígenas y que no es posible condicionar su participación política a través de partidos políticos; pues, en todo caso, se deben adoptar las medidas necesarias para que puedan participar en condiciones de igualdad, en la toma de decisiones sobre asuntos y políticas que inciden o pueden incidir en sus derechos y en el desarrollo de dichas comunidades, de forma tal que puedan integrarse a las instituciones y órganos estatales y participar de manera directa y proporcional a su población en la dirección de los asuntos públicos, así como hacerlo desde sus propias instituciones y de acuerdo con sus valores, usos, costumbres y formas de organización.

A nivel de las constituciones latinoamericanas, es importante mencionar a la ecuatoriana, que en el artículo 57 reconoce el derecho de los pueblos indígenas a conservar y desarrollar sus propias formas de convivencia y organización social, y de generación y ejercicio de la autoridad, en sus territorios legalmente reconocidos y tierras comunitarias de posesión ancestral; así como a construir y mantener organizaciones que los representen, en el marco del respeto al pluralismo y a la diversidad cultural, política y organizativa, y a participar mediante sus representantes en los organismos oficiales que determine la ley, en la definición de las políticas públicas que les conciernan, así como en el diseño y decisión de sus prioridades en los planes y proyectos del Estado. Sin duda, la Constitución que ahonda más en el tema de la democracia comunitaria es la boliviana, que en el artículo 11 reconoce de manera expresa como una forma de la democracia, a la comunitaria, por medio de la elección, designación o nominación de autoridades y representantes por normas y procedimientos propios de las naciones y pueblos indígena originario campesinos; en el artículo 26.II establece que el derecho a la participación comprende el ejercicio de la democracia comunitaria de acuerdo con normas y procedimientos propios, así como la elección, designación y nominación directa de los representantes de acuerdo con sus normas y procedimientos propios.

Democracia participativa

Teodoro Yan GUZMÁN HERNÁNDEZ

Es un modelo en el marco del Estado constitucional, que potencia la participación en sus dimensiones social, económica y política, y toma como base la relación dialéctica entre las instituciones de participación ciudadana y el ejercicio de la representación política y la acción de las instancias burocráticas. En lo político se proyecta, especialmente, a través de las instituciones de democracia directa, las que, junto al resto de las instituciones participativas, encuentran una extensa previsión constitucional y un consecuente desarrollo en normas infraconstitucionales para los diferentes niveles del poder público. Además, las instituciones presentan una regulación tendente al empoderamiento ciudadano.

El origen de la democracia participativa, al menos desde su reconocimiento y mayor tolerancia por la doctrina, se debe a la superación de la dicotomía que autores liberales o de izquierda radical sostuvieron entre la democracia "real" y la democracia "formal". Esta última se materializaba a través del modelo de democracia representativa, el cual se "autolegitimaba", esencialmente, a partir de la tesis del Estado de Derecho, de conjunto con el respeto a la libertad y la atención, en mayor o menor medida, a las cuestiones económica y social, al menos, y sobre todo, en América Latina, con la configuración normativo-constitucional del Estado social del Derecho.

Sin embargo, al no quedar legitimadas por la legalidad constitucional otras formas de participación, diferentes a las que tradicionalmente se reconocían, como eran los casos de la elección de cargos públicos, el referendo, el plebiscito y la iniciativa de agenda, la acción participativa para subvertir el *statu quo* por la vía democrática no encontraba cauce constitucional y por ende legítimo. En algunos Estados latinoamericanos, las mayorías descontentas con las resultantes de la representación quedaban a merced de la ruptura violenta del orden constitucional o cuando menos a la descalificación de sus prácticas o intentos participativos, al ser considerados antidemocráticos por quedar al margen de las reglas procedimentales del Estado de Derecho.

La democracia participativa tiene bases en el pensamiento de PATEMAN (1970), MCPHERSON (1977) y POULANTZAS (1968). Para David HELD (1991), este modelo parte de los presupuestos de igual derecho para que todos los ciudadanos tengan oportunidades a fin de lograr un desarrollo personal integral; la participación directa de los ciudadanos en la regulación de las instituciones claves de la sociedad, incluyendo el trabajo y la comunidad local; otros presupuestos son la democratización real de los partidos políticos y de las estructuras parlamentarias y de gobierno; también la redistribución equitativa de los recursos para tributar a un empoderamiento ciudadano real; la reducción de las estructuras burocráticas y de las mediaciones de las instancias gubernativas que no son responsables directamente frente a los ciudadanos, toda vez que no son electas y la ciudadanía no cuenta con mecanismos participativos directos para exigirles responsabilidad política y, por último, un sistema de información transparente que garantice decisiones informadas.

El modelo ha encontrado un nuevo resurgir en las constituciones que se inscriben dentro del nuevo constitucionalismo latinoamericano, a partir de la Constitución de Colombia (1991), con ecos fuertes en la Constitución de Perú (1993) y con forma propia en las de Venezuela (1999), Ecuador (1998 y 2008) y Bolivia (2009). En esta última se defiende como forma de gobierno al sostenerse que "la República de Bolivia adopta para su gobierno la forma democrática participativa, representativa y comunitaria, con equivalencia de condiciones entre hombres y mujeres". Por su parte, la Constitución de Ecuador (2008) opta por calificar como participativos, diferentes procesos y actividades de la vida pública o de la acción estatal, como son la educación, la planificación económica, la gestión de la producción, entre otros. El texto venezolano proyecta el modelo democrático participativo como fin del Estado y refiere que su régimen socioeconómico se apoya en una planificación estratégica democrática participativa y de consulta abierta.

En estas constituciones se constatan diversas instituciones participativas que proyectan las diferentes dimensiones de la participación (social, económica y política), en todo el ciclo de la representación, algunas con carácter innovativo, como el presupuesto participativo, la consulta previa o "la silla vacía", esta última en Ecuador. Se prevé, además, la activación de mecanismos participativos "desde abajo", regulaciones que coadyuvan a la participación, y una concepción integral de la democracia en sus dimensiones política, social y económica. La Sentencia C-180/1994 de la Corte Constitucional colombiana sostiene que la democracia participativa "implica la ampliación cuantitativa de oportunidades reales de participación ciudadana, así como su recomposición cualitativa en forma que, además del aspecto político electoral, su espectro se proyecte a los planos de lo individual, familiar, económico y social".

En lo político, la democracia participativa se proyecta a través de una perspectiva multifuncional de la participación, en relación con la representación política. A través de diversos mecanismos e instituciones, la ciudadanía incide en la representación política, desde sus dimensiones subjetiva (¿quién decide?), objetiva (¿qué se decide?) y adjetiva (¿cómo se decide?). Esto tiene basamento en la previsión que hacen algunas constituciones acerca del derecho a participar que tienen los ciudadanos, al poner este derecho en función de la conformación, el ejercicio y el control del poder público del Estado. Esta previsión se puede encontrar en las Constituciones de Colombia (1991, artículo 40), Venezuela (1999, artículo 62), Ecuador (2008, artículo 95), Bolivia (2010, artículo 26), incluso en la de Cuba (2019, artículo 80), aun cuando esta última no se inscribe dentro de un modelo de democracia participativa. En los artículos precedentes se puede identificar "la bóveda constitucional de la democracia participativa", pues desde una concepción sistémica, impulsa a la propia Constitución y al resto de ordenamiento a prever diferentes instituciones y mecanismos que llenen los extremos funcionales de la participación a los diferentes niveles.

La democracia participativa también ha incidido en las reformas constitucionales que han acaecido en América Latina, trayendo consigo un mayor compromiso con las instituciones participativas y con los mecanismos de democracia de democracia directa. Dentro de los países que, sin inscribir en sus constituciones modelos de democracia participativa, han ampliado las formas de participación ciudadana otorgándole un mayor protagonismo al soberano o a la ciudadanía se encuentran República Dominicana, con las reformas constitucionales de 2005 y 2010 y Cuba con la Constitución de 2019.

En el caso de Cuba, sería apropiado hablar de un modelo de democracia socialista popular en tránsito hacia una democracia participativa. Esto se debe a que la representación política se conforma en un sistema político de partido único tendente a su democratización, a que la mayoría de las instituciones participativas en lo político están configuradas con mediaciones de las estructuras de poder, por ejemplo, no se reconocen la iniciativa popular de referendo; la revocación de mandato, salvo para la instancia municipal, no es de forma directa; la iniciativa legislativa es técnicamente una iniciativa de agenda, entre otras particularidades. Además, el modelo cubano padece de una fuerte burocratización, se potencian formas de participación gregarias, como las movilizaciones y formas no cuantificables de participación en el espacio local (Constitución de 2019, artículo 200).

La democracia constitucional actual no escapa de los análisis mediados por la lógica *fuzzy sets theory*. Esto significa que en un modelo constitucional están presentes diversos elementos de los modelos reconocidos por la doctrina, por lo tanto, habrá componentes participativos, deliberativos y de representación, basados en la insuperable relación entre los principios de representación y democrático. Significa que bajo el rubro "democracia participativa" se inscribirán una variedad de modelos que se diferencian entre sí, tanto en su configuración legal como en el resultado de su materialización, el cual dependerá de variables socioculturales, económicas e ideológicas, entre otras.

Democracia representativa

César CANSINO

La democracia representativa (DR) es un régimen político en el que los ciudadanos eligen a representantes que actúan en su nombre en el gobierno. Estos representantes, que pueden ser elegidos por medio de elecciones libres y justas, toman decisiones y establecen leyes en nombre del pueblo. En este sistema, los ciudadanos tienen la oportunidad de participar en la toma de decisiones políticas a través del proceso electoral y pueden influir en las políticas públicas a través de su relación con sus representantes electos. La DR se basa en el principio de que el poder emana del pueblo y se ejerce en su nombre.

En el silo XX se opera un cambio fundamental: se asiste a la transformación de la matriz de la representación política de corte clásico-territorial hacia una representación política cada vez más dispersa en términos territoriales. Es decir, se asiste a la sustitución de la membresía política de corte identitario e ideológico, que conferían los partidos políticos de masas a una membresía que tentativamente se puede denominar inmaterial y abiertamente compleja (Arditi, 2005). Es sintomático el creciente proceso de desideologización de los partidos políticos contemporáneos, al introducir el primado no intencional en su estructuración discursiva, aunado a la reducción de las posibilidades del ciudadano (pasaje subjetivo) a una sola: el voto que permita ganar los puestos de elección.

Al volverse inmaterial la membresía hacia el partido político, cada ciudadano antes de compartir las causas del prójimo o de la persona que se encuentra al lado, reivindica su propia condición de diferencia frente a lo colectivo. Es decir, el ciudadano incrementa la intensidad de su participación en la política, a partir de la estructuración de alguna de las caras que enarbola: puede intensificar su participación en términos de reivindicación de su propia condición de inferioridad/superioridad social frente a las demás condiciones, antes de compartir un sentimiento o una necesidad en común (Pizzorno, 2005). Quizá esta sea una de las causas que han provocado el incremento del costo de la política democrática, ya que a la desaparición paulatina de las identidades sociales por las cuales abogar desde el partido político, se vuelve urgente el uso discrecional de los medios de comunicación (principalmente la televisión) para poder repercutir en las preferencias individuales y, posteriormente, colectivas a favor de una tendencia o una organización. Asimismo, el incremento en el costo de la organización de la contienda política está directamente relacionado con la incorporación de las comunidades de expertos (efecto claro de las nuevas profesiones y del surgimiento de la tecnocracia en el nivel gubernamental) tanto en la confección de la imagen política como en el diseño de las plataformas, oferta y propuestas de gobierno (Cansino y Covarrubias, 2006: 36 y ss.).

En 1984, Norberto BOBBIO publicó uno de sus libros más conocidos: *El futuro de la democracia*, en el que desarrolló el tema de las promesas no cumplidas de la democracia, que resultan de contrastar el ideal de esta (los valores que la definen) con la democracia realmente existente: a) lejos de garantizar que los individuos se afirmen como los verdaderos sujetos de la política, esta ha sido asaltada por poderosos grupos de interés (sindicatos, partidos, asociaciones...); b) lejos de permitir la afirmación de un Estado representativo del todo social, el Estado se ha vuelto un mero mediador de los verdaderos intereses en disputa defendidos por poderosos grupos y corporaciones; c) lejos de hacer valer el ideal de un gobierno del pueblo, lo que realmente existe son oligarquías, aunque en un contexto más competitivo; d) lejos de ampliarse el sufragio a todos los ámbitos de la sociedad, este se ha restringido al ámbito político electoral, debido a las muchas resistencias e intereses que cruzan a las empresas o a las organizaciones de todo tipo; e) lejos de afirmarse la visibilidad del Estado por el principio del control de los ciudadanos sobre el poder, se ha afirmado un poder invisible (mafias, logias, etcétera) al lado del poder visible del Estado; y f) lejos de propiciar una ciudadanía más informada y participativa en los asuntos públicos, los políticos propician una creciente apatía y desinterés por parte de los ciudadanos.

Al constatar la vigencia de estas tesis es muy probable que arribemos a la conclusión de que hoy la democracia acumula más pasivos que activos, o sea, que cada vez son mayores y más visibles sus promesas no cumplidas que sus logros o conquistas. Sin embargo, bien miradas las cosas, quizá haya hoy algunas razones para ser más optimistas que fatalistas.

Hoy no podemos más que aceptar que las democracias realmente existentes están en crisis en todas partes. Como he sostenido en otras sedes (CANSINO, 2008 y 2011), se trata ante todo de una crisis de representación, pues los ciudadanos nos sentimos cada vez menos representados por nuestras autoridades, menos incluidos en los asuntos que nos atañen por parte de quienes nos representan y toman decisiones en nuestro nombre. Además, las democracias han tenido que lidiar con fenómenos de todo tipo que las debilitan sin remedio: incremento descomunal de los poderes fácticos o invisibles que terminan rebasando y suplantando al Estado en muchas de sus funciones sustantivas; supresión más o menos velada de algunos derechos elementales en nombre de la preservación de la seguridad nacional en tiempos de amenazas terroristas; ingobernabilidad creciente por incapacidad de los gobiernos para enfrentar la actual crisis económica del capitalismo; la afirmación global del sector financiero, que somete a sus caprichos a todos los gobiernos del planeta; la incapacidad real de los gobiernos para frenar la creciente inequidad social y los muchos rezagos acumulados, entre otros muchos fenómenos.

Sin embargo, la crisis de representación de la democracia, en lugar de alimentar la apatía de los ciudadanos o su inexorable desmovilización o exclusión política, ha propiciado múltiples formas de activación social en todas partes, como expresión de un nuevo tipo de protagonismo de los ciudadanos en los asuntos públicos, desde la creación de organizaciones de todo tipo de la sociedad civil hasta movilizaciones masivas y acciones de resistencia cada vez más vigorosas e influyentes. Además, en los últimos años este creciente activismo social ha contado a su favor con las nuevas tecnologías de la comunicación, como las redes sociales, gracias a las cuales los ciudadanos en general han conquistado mayor visibilidad y centralidad.

Si esto es así, para referirnos a América latina habría que poner en tela de juicio aquellas posiciones que miran con desdén el aporte ciudadano a la democracia, y que se refieren a los ciudadanos de nuestra región como "ciudadanos de baja intensidad" (O'Donnell, 1995) o "ciudadanos precarios" (Durand Ponte, 2010). En contra de este tipo de posiciones, considero que no es poca cosa para cualquier sociedad tener que cargar sobre sus espaldas con todo el peso que significa mantener democracias tan endebles y frágiles como las latinoamericanas (sometidas a tantos embates que las amenazan permanentemente, empezando por la ineficacia y el desinterés de las élites políticas). Es más, en contraste con lo que ocurre en democracias consolidadas, donde las instituciones y las prácticas democráticas, por así decirlo, caminan solas, en democracias no consolidadas, el papel de la ciudadanía es por necesidad más activo y decisivo, pues si los individuos en estas realidades insuficientemente democráticas flaquean y no se hacen cargo de dichas inconsistencias, lo más probable es que se retrocedería a estadios predemocráticos, a los que la mayoría no quisiera regresar en ninguna circunstancia.

Derecho internacional de los derechos humanos

Daniela SAAVEDRA MURILLO

Los derechos humanos se han comprendido como el conjunto de prerrogativas inherentes a todas las personas, las cuales les permiten alcanzar un desarrollo digno, libre y pleno. Su fuente es, principalmente, los ordenamientos internos de cada Estado. Como consecuencia, existía por lo menos hasta el siglo XX, un entendimiento casi únicamente nacional de los derechos humanos y, como resultado, las garantías de estos dependían exclusivamente de las autoridades e instituciones internas.

Fueron algunos eventos históricos que, por su naturaleza y gravedad, determinaron el cambio de lo entendido hasta ese momento como una protección local o regional de los derechos de las personas. Así, como resultado de las atrocidades ocasionadas sobre la humanidad durante la Segunda Guerra Mundial, los derechos humanos atravesaron por un proceso de internacionalización que permitió su reconocimiento a nivel internacional (PECES-BARBA, 1999: 173). Unos años más tarde, en 1948, dos decisiones multilaterales estatales marcaron un nuevo hito en el Derecho internacional. Por un lado, en un ámbito regional, la Novena Conferencia Internacional Americana dispuso la creación de la Organización de Estados Americanos, y aprobó en Bogotá, Colombia, la Declaración Americana de Derechos y Deberes del Hombre, el 30 de abril de 1948. Este evento es fundamental para el estudio de la materia, pues se constituyó en el primer tratado internacional de estas características adoptado por los Estados americanos. Meses más tarde, el 10 de diciembre de 1948, la Asamblea General de las Naciones Unidas aprobó la Declaración Universal de Derechos Humanos. Ambos instrumentos internacionales son los primeros en reconocer un conjunto de derechos a las personas, y como consecuencia de establecer las obligaciones estatales correlativas.

En ese contexto surge el Derecho Internacional de Derechos Humanos. Es una rama del Derecho internacional que se ocupa del establecimiento y promoción de los derechos humanos y de la protección de los individuos o grupos de individuos en casos de violaciones de dichos derechos en tanto sean atribuibles al Estado (LENGUA, 2017: 154).

El desarrollo del Derecho Internacional de Derechos Humanos en América Latina ha tenido matices y particularidades propias como consecuencia de los procesos políticos, sociales y culturales vividos en las últimas seis décadas. Podemos anotar dos aspectos principales: primero, la consolidación de un sistema regional de protección de derechos humanos y segundo, el impulso de reconocimiento de derechos consagrados en tratados internacionales en la normativa nacional a través del bloque de constitucionalidad.

En cuanto al Sistema Interamericano de Derechos Humanos, el amplio trabajo de sus dos órganos principales: la Comisión Interamericana y la Corte Interamericana de Derechos Humanos ha permitido una evolución e implementación del Derecho Internacional de Derechos Humanos en las normativas y realidades nacionales americanas. En ese sentido, los citados órganos han supervisado el cumplimiento de las obligaciones internacionales de los Estados a través de sus mecanismos de seguimiento y monitoreo de la situación de los países, así como a través del procedimiento de casos y denuncias individuales por violación de los derechos humanos. Asimismo, en el marco de la Organización de Estados Americanos, junto a la Convención Americana sobre Derechos Humanos se han adoptado otros tratados internacionales de derechos humanos abordando temáticas muy variadas, los cuales forman parte del *corpus juris* interamericano.

Por otra parte, el Derecho internacional de los derechos humanos ha permitido desarrollar la implementación de garantías y derechos para las personas en los países americanos a través del bloque de constitucionalidad. Así, en América Latina existen algunas normas constitucionales que expresamente consagran la jerarquía constitucional a los tratados internacionales de derechos humanos. Ejemplo de ello son la Constitución de Argentina de 1994, la Constitución de Venezuela de 1999, y la Constitución Política de Bolivia de 2009. Sin perjuicio de lo anterior, en la gran mayoría de los Estados, el reconocimiento de las normas internacionales de derechos humanos a la par de las normas constitucionales se ha realizado a través de interpretaciones jurisprudenciales de las altas cortes nacionales. Al respecto podemos citar las decisiones judiciales de los máximos tribunales de Panamá (Sentencia de 24 de julio de 1990), Costa Rica

(Sentencia de 10 de noviembre de 1993), Colombia en 1995 (Sentencia C-225/1995).

Con sus particularidades propias, la aplicación de las normas internacionales de derechos humanos a través del bloque de constitucionalidad ha tenido históricamente efectos innegables en la protección de las personas, así como de los procesos democráticos fundamentales en la región.

Derechos civiles y políticos

Ver *Derechos individuales*.

Derechos colectivos

Danelia CUTIÉ MUSTELIER

La denominación alude a aquellas facultades o exigencias de todos los seres humanos en cuanto tales, de ejercicio común en sociedad, que les garantiza a los individuos la posibilidad de tomar decisiones colectivas acordes con su cosmovisión del mundo, con sus prácticas comunitarias, multiculturales, o que responden a sus bienes, e intereses comunes o de grupo. Estos derechos tienen como titular a la sociedad en su conjunto (titularidad difusa), la comunidad o un determinado grupo, que se presentan como sujetos colectivos de derechos, con facultades para demandar en tal calidad su cumplimiento, respeto y vigencia.

Supera la tradicional concepción individualista de la titularidad de los derechos humanos, haciéndolos transindividuales, es decir, ejercitables, aplicables y exigibles en un ámbito colectivo. Entre estos derechos se encuentran los llamados derechos de tercera generación, o solidaridad (derecho a un medio ambiente sano, al desarrollo, a la paz, a la autodeterminación de los pueblos, derechos de los consumidores), los derechos reconocidos a un conjunto determinado de personas que tienen algún rasgo, interés o bienes comunes que las distinguen de las demás, es el caso de los derechos de las minorías étnicas, culturales y religiosas (pueblos indígena originario campesinos, afrodescendientes), así como los reconocidos a grupos específicos o de atención prioritaria (mujeres, niños(as), jóvenes, personas de la tercera edad, con discapacidad, portadores de VIH, personas con opción sexual diferente, migrantes, etcétera).

El origen de los derechos colectivos es tan antiguo como el de los derechos individuales; existen antecedentes de los derechos colectivos desde la etapa del Estado liberal, la historia de muchos de los países latinoamericanos a lo largo del siglo XIX muestra pasajes de las luchas de algunas comunidades indígenas y campesinas por sus bienes comunes y la defensa de sus autonomías, dando lugar al reconocimiento del derecho de las comunidades a la propiedad colectiva de la tierra a través de la protección constitucional del ejido y de la propiedad comunal. Sin embargo, el tratamiento teórico-doctrinal de ambas categorías no ha sido paralelo, pues el enfoque desde concepciones individualistas predominó durante mucho tiempo. En la actualidad, el tema de los derechos colectivos ha cobrado auge tanto desde el punto de vista político como jurídico. Diversos documentos internacionales refrendan algunos de estos derechos: Carta de Naciones Unidas de 1945, artículos 1.1, 1.2 y 55; Convenio 107 de la OIT sobre poblaciones indígenas y tribales, de 1957; Pacto de los Derechos Civiles y Políticos, artículos 1.1, 1.2; y Pacto de los Derechos Económicos, Sociales y Culturales, artículo 8, ambos de 1966; Convenio 169 de la OIT sobre pueblos indígenas, de 1989; Declaración de los Pueblos Indígenas de las Naciones Unidas, de 2007; Declaración Americana sobre los Derechos de los Pueblos Indígenas, de 2016; Declaración sobre los derechos de los campesinos y otras personas que trabajan en las zonas rurales, de 2018.

El constitucionalismo latinoamericano contemporáneo se caracteriza por los extensos catálogos de derechos, en los que se aprecia la recepción progresiva de los derechos colectivos. Sirva de botón de muestra las regulaciones contenidas en algunas de las constituciones de la región: Constitución de la Colombia de 1991, Constitución de Venezuela 1999, la Constitución de Ecuador de 2008, Constitución de Bolivia de 2009, Constitución de México de 1917, reformada en 2011 en materia de derechos humanos.

La titularidad colectiva de los derechos demanda la adopción de un sistema de protección especial, amparado en un marco normativo pluralista, y el diseño de mecanismos supraindividuales para la defensa efectiva de la colectividad y de los grupos, como son las acciones populares, las consultas previas, entre otros.

Significativo avance en pos de la defensa y protección de los derechos colectivos lo constituye la jurisprudencia emanada de los tribunales y cortes constitucionales de algunos países del área y de la Corte Interamericana de Derechos Humanos. En el caso de esta última, destacan las sentencias siguientes: caso "Mayagna (Sumo) Awas Tingni contra Nicaragua", Sentencia del 31 de agosto de 2001; caso "Comunidad indígena Sawhoyamaxa contra Paraguay", Sentencia de 29 de marzo de 2006; caso "Comunidad indígena Moiwana contra Surinam", Sentencia de 15 de junio de 2005; caso "Comunidad indígena Yakye Axa contra Paraguay", Sentencia de 17 de junio de 2005.

En el caso de cortes nacionales, resalta la actuación del Tribunal Constitucional Plurinacional de Bolivia. Este, teniendo en cuenta la condición de Estado plurinacional y el paradigma biocéntrico, ha realizado una amplia labor de interpretación y tutela de los derechos colectivos. Vale destacar las sentencias siguientes: scp 0281/2016-S2 de 23 de marzo, relativa al el derecho a la libre determinación de las naciones y pueblos indígena originario campesinos como sujetos de derechos colectivos; la scp 0645/2012 de 23 de julio, estableció que el derecho-garantía del debido proceso no solo tiene una dimensión individual, sino que, desde su dimensión colectiva, la titularidad puede recaer en determinados sujetos colectivos de derechos como, las naciones y pueblos indígena originario campesinos.

Este órgano constitucional ha construido, por medio de la jurisprudencia, la doble dimensión de varios derechos, al considerarlos tanto derechos subjetivos como colectivos. Vale citar los casos del derecho de acceso al agua potable (scp 0176/ 2012 de 14 de mayo); el derecho a la salubridad pública (scp 1974/ 2011-R de 7 de diciembre); el derecho de los usuarios y consumidores, al que otorgó naturaleza de difusa y contenido complejo porque su protección no solo comprende el ámbito patrimonial, sino abarca la salud, la vida, la integridad física y la alimentación (scp 1560/2014 de 1 de agosto); derecho a la energía eléctrica (scp 1020/ 2013-L de 28 de agosto), considerado derecho colectivo que tiene preeminencia ante cualquier interés privado o estatal de la empresa que preste el servicio; el derecho a la paz y a la democracia (SCP 0788/2011-R de 30 de mayo); el derecho al espacio público, al patrimonio histórico, cultural y natural (SCP 1981/2011-R de 7 de diciembre). Se ha establecido, además, como mecanismos de tutela, el amparo constitucional en el caso de la defensa del derecho subjetivo y la acción popular para la defensa de la dimensión colectiva del derecho.

Derechos de la Naturaleza

Silvia BAGNI

La expresión derechos de la Naturaleza adquiere relevancia jurídica por primera vez en 2008, cuando la Constitución de Ecuador entra en vigencia. El artículo 71 de la carta magna ecuatoriana afirma:

"La naturaleza o Pacha Mama, donde se reproduce y realiza la vida, tiene derecho a que se respete integralmente su existencia y el mantenimiento y regeneración de sus ciclos vitales, estructura, funciones y procesos evolutivos.

Toda persona, comunidad, pueblo o nacionalidad podrá exigir a la autoridad pública el cumplimiento de los derechos de la Naturaleza. Para aplicar e interpretar estos derechos se observarán los principios establecidos en la Constitución, en lo que proceda.

El Estado incentivará a las personas naturales y jurídicas, y a los colectivos, para que protejan la naturaleza, y promoverá el respeto a todos los elementos que forman un ecosistema".

Las ideas "subversivas" detrás de esta expresión ya habían sido formuladas y sistematizadas en el ámbito doctrinario en Estados Unidos, en 1972. Primero, por Cristopher STONE, profesor de Derecho en la Universidad de la Southern California, en un artículo titulado "Should Trees Have Standing?", *Towards Legal Rights for Natural Objects* (STONE, 1972). Segundo, por la opinión disidente de los jueces DOUGLAS, BRENNAN y BLACKMUN, en el caso "Sierra Club *vs.* Morton" (405 U.S. 727 (1972), donde la tesis de STONE viene utilizada como fundamento y legitimación de una solución distinta de la opinión de mayoría, justificando en cambio el reconocimiento de derechos procesales al medioambiente para garantizar su protección y conservación.

Entre 1972 y 2008 no hay debate jurídico sobre el tema, ni llegan a las cortes otros conflictos judiciales. Sin embargo, en el ámbito de otras ciencias, grandes pensadores como el ecólogo Aldo LEOPOLD y el teólogo Thomas BERRY, cada uno desde su propia perspectiva, desarrollan una nueva ética de la Tierra, basada en una visión holística de las relaciones entre seres humanos y la naturaleza, que confluye en la creación de la *Earth Jurisprudence*, una disciplina reciente "que aboga por un enfoque eco-céntrico del derecho, para garantizar que los sistemas de gobernanza humana sean coherentes con el orden natural" (CULLINAN 2010: 1). El punto de partida de la *Earth Jurisprudence* es que "Nuestro destino humano es parte integral del destino de la tierra" (BERRY, 1990: XIV; BERRY, 2009: 81, 135). La humanidad debe redescubrir la naturaleza y dejarse guiar por su código interior. Si se actúa de esta manera, todavía es posible una vida armoniosa en la tierra sobre una base igualitaria para todos los humanos y no humanos.

Los indígenas pueden ser un modelo, ya que han defendido su relación con la Tierra, resistiendo la era industrial. Cormac CULLINAN, abogado sudafricano, en su best-seller *Wild Law. A Manifesto of Earth Justice* (CULLINAN, 2011), trata de construir un nuevo marco legal, aplicable tanto a los humanos como a los no humanos, de manera que se pueda garantizar una oportunidad de existir y desarrollarse para cada especie, respetando la interacción ecológica entre todos los elementos que componen el ecosistema de la Tierra. Habla de "ley salvaje", en el sentido de que debe reflejar las reglas ecológicas que rigen la "wildness", generalmente considerada fuera de la ley. Necesitamos un cambio radical en nuestra comprensión de lo que es el "derecho", y también necesitamos redescubrir cómo comunicar, sentir empatía y cuidado por la naturaleza y otros seres, es decir, "sentipensar" con la Tierra, en palabras de ESCOBAR (ESCOBAR, 2014). De hecho, la *Earth Jurisprudence* comparte muchas de las cosmovisiones propias de los pueblos indígenas de todo el mundo. La Conferencia mundial de los pueblos sobre cambio climático y los derechos de la Madre Tierra fue convocada en Cochabamba, Bolivia, en 2010. En esa ocasión, todos los participantes aprobaron la Declaración Universal de los Derechos de la Madre Tierra, una idea que había sido lanzada por primera vez por el presidente Evo MORALES en la reunión de la Asamblea General de la ONU, el año anterior.

Después de la constitucionalización de los derechos de la Naturaleza en Ecuador y de su incorporación en el ordenamiento de Bolivia, el movimiento de los derechos de la Naturaleza obtiene reconocimiento a nivel internacional. Durante la 63ª sesión de la Asamblea General en 2009, viene instituido el día internacional de la Madre Tierra (Resolución A/RES/63/278) y fue creado el Programa Armonía con la Naturaleza, con el objetivo de fomentar un cambio de actitudes de antropocéntricas o centradas en el ser humano, a actitudes personales y sociales no antropocéntricas o centradas en la Tierra. El sitio web del Programa ofrece una base de datos detallada y actualizada sobre todas las iniciativas de reconocimiento de derechos de la Naturaleza en el mundo. Hoy está acompañado por el *Eco-Jurisprudence Monitor*, coordinado por miembros de GARN (Alianza Global para los Derechos de la Naturaleza). Estos instrumentos permiten apreciar en tiempo real, el nivel de difusión de los derechos de la Naturaleza, por área geográfica (América Latina lidera el movimiento; en Europa, España es el primer país que ha aprobado en 2022 una ley que reconoce derechos a una laguna (Ley 19/2022, de 30 de septiembre, para el reconocimiento de personalidad jurídica a la laguna del Mar Menor y su cuenca) y por medios de implementación. Desde esta última perspectiva, Ecuador sigue siendo el único país en reconocer los derechos de la Naturaleza en Constitución (en Chile, la Asamblea Constituyente elegida en 2021 había introducido el reconocimiento de los derechos de la Naturaleza en el proyecto de Constitución, rechazado en el plebiscito del 4 de septiembre de 2022; en México, los derechos de la Naturaleza están reconocidos en algunas de las constituciones de los Estados); Colombia, en cambio, es el país donde más reconocimiento de la personalidad jurídica a elementos naturales se ha realizado por vía jurisprudencial, seguida por India, Pakistán y Bangladesh. Varios son los países donde se han introducido leyes sobre derechos de la Naturaleza, como Bolivia, Panamá, Uganda.

Mucho tiempo después de la adopción de la Constitución de Ecuador y de su artículo 71, los derechos de la Naturaleza siguen solicitando muchas investigaciones jurídicas; sin embargo, también existen varias críticas, enfocadas sobre todo en la inutilidad de extender la personalidad jurídica a la naturaleza para aumentar su nivel de protección; en el enfoque meramente descriptivo de la mayoría de las publicaciones en favor de los derechos de la Naturaleza; en el riesgo de fomentar un nuevo iusnaturalismo en violación de los derechos humanos; en la falta de concreción a la hora de mostrar el resultado práctico de un modelo jurídico ecocéntrico (Darpö, 2021).

Muchas de las críticas demuestran un malentendido sobre el modelo de los "derechos de la Naturaleza". De hecho, el reconocimiento de la personalidad jurídica a elementos naturales representa una entre distintas consecuencias de la implementación de un "mandato ecológico" (Gudynas, 2009), considerado como nueva *Grundnorm* de cada ordenamiento jurídico. El movimiento por los derechos de la Naturaleza no apela a un nuevo iusnaturalismo, sino persigue adaptar el paradigma jurídico a los principios ecológicos que sostienen los ecosistemas naturales, de los cuales los seres humanos somos parte. Esto significa dividir el ordenamiento jurídico en dos grandes ramas: el Derecho ecológico, que regula las relaciones entre seres humanos y naturaleza, y el Derecho humano, que regula, como lo hace actualmente, las relaciones entre seres humanos. El Derecho ecológico necesita el replanteamiento de los principales institutos jurídicos, como el concepto mismo de derecho subjetivo y los criterios de resolución de antinomias. El derecho subjetivo debe ser considerado como "relacional", y no "adversario". Esto significa que el bien jurídico a tutelar es la permanencia de una relación estable y equilibrada entre los sujetos interesados, y no la prevalencia de los intereses de uno sobre los del otro. Igualmente, cuando se produce un conflicto, hay que reconocer nuevos criterios de resolución de antinomias, como el principio *in dubio pro natura et clima*; el principio de conservación de las especies; el principio de resiliencia; y finalmente el principio *pro-homine*. Sin embargo, en fase de ponderación, el principio *pro homine* viene aplicado con enfoque ecosistémico, así que se habla de ecoproporcionalidad y de respeto del núcleo duro de los derechos de la Naturaleza (Carducci, *et al.* 2020).

Un ejemplo único de construcción de un paradigma jurídico inspirado al Derecho ecológico se encuentra en la motivación de la sentencia de la Corte Constitucional de Ecuador en el caso "Los Cedros" (Sentencia No. 1149-19-JP/21 del 10 de noviembre de 2021, juez ponente: Agustín GRIJALVA JIMÉNEZ). La decisión se fundamenta en la violación de los derechos de la Naturaleza, del derecho al agua y a un medio ambiente sano y del derecho a la consulta previa. La premisa es el reconocimiento de que la Constitución de Ecuador ha creado un nuevo paradigma jurídico, fundamentado en la ecología de saberes entre conocimiento científico occidental y sabiduría indígena, con el fin común de lograr el buen vivir. Este nuevo enfoque permite al juez: 1) reconocer un nuevo principio del ordenamiento jurídico, el principio de tolerancia ecológica, fundado en el concepto ecológico de sostenibilidad, es decir, en la idea que el límite en el uso de un recurso corresponde a su capacidad de autorregeneración (GROBER, 2012: 88); 2) aplicar el principio de precaución a los derechos de la Naturaleza, adelantando la tutela a la fase anterior a la producción del daño y ampliando la base de datos a averiguar para el juicio pronóstico sobre las afectaciones al medio ambiente.

Derechos de los pueblos indígenas

Claudia STORINI

Categoría de derechos humanos que forma parte de los denominados derechos de cuarta generación o también llamados derechos de los pueblos o derechos colectivos, y que, pese al debate persistente aún de que no tienen las características de ser individuales y universales, han logrado un reconocimiento en constituciones e instrumentos internacionales.

Los derechos que se han ido configurando en esta categoría se han desprendido de la visibilización de los pueblos indígenas y afroamericanos y, consecuentemente, de la aceptación de su autodeterminación e identidad cultural; lo que ha permitido la conformación de Estados plurinacionales (se reconoce en las Constituciones de Bolivia y Ecuador), noción que ha desestabilizado la noción del Estado nación y que algunos autores consideran elemento peligroso para la unidad de los Estados.

Si bien los derechos humanos en sus tres primeras generaciones tenían un carácter aparentemente inmutable de ser individuales y universales, el artículo 27 del Pacto Internacional de Derechos Civiles y Políticos de 1966, de manera ambigua, muestra el paso de esta noción de derechos individuales a colectivos y el reconocimiento de derechos de los pueblos indígenas al determinar que en aquellos Estados en que haya minorías étnicas deberá existir un reconocimiento en común a practicar su propia forma de religión, cultura, e idioma. Esa disposición es reforzada con el reconocimiento del derecho de libre determinación en el artículo 1 del Pacto Internacional de Derechos Económicos, Sociales y Culturales y la Declaración sobre la Raza y los Prejuicios Raciales de 1978, en que se reconoce que tanto individuos como grupos tienen el derecho a ser diferentes y considerados como tales. Es de trascendental importancia también, en cuanto a normativa internacional, la Convención 169 de 1989 de la OIT sobre Pueblos Indígenas y Tribales, que con mayor profundidad desarrolló los derechos de los pueblos indígenas.

Es en la Declaración sobre los Derechos de los Pueblos Indígenas de 2007 donde se recogen todos los derechos de estos pueblos: no ser sometidos a ningún acto de genocidio o violencia, no ser discriminados, no ser desplazados por la fuerza de sus territorios; practicar sus tradiciones; ser reparados integralmente por las vulneraciones sufridas, por ejemplo, ser restituidos en sus tierras, o ser indemnizados por la confiscación de estas; establecer y controlar sus propias instituciones docentes y que el conocimiento sea impartido en su propio idioma; establecer sus propios medios de información en su lengua; participar activamente en los asuntos del Estado; ser consultados antes de aplicar medidas legislativas o administrativas que les incluyan, para obtener su consentimiento previo, libre e informado, necesario también para la implementación de cualquier proyecto que pueda afectarles, sobre todo aquellos relacionados con la explotación minera; derecho a practicar su medicina ancestral; mantener su propia relación espiritual con la tierra, el agua, los mares y todos los elementos de la naturaleza; propiedad de los territorios que tradicionalmente han ocupado; conservación del medio ambiente en que habitan, para no afectar su capacidad productiva ni sus recursos; que no se desarrollen actividades militares en sus territorios; propiedad intelectual de su patrimonio cultural; determinar su propia identidad y pertenencia; desarrollar sus propias costumbres y sistemas jurídicos, su sistema de justicia, determinar responsabilidades de los individuos con su comunidad, siempre con respeto a los derechos humanos; recibir asistencia financiera de parte de los Estados para promover sus prácticas y tradiciones; entre otros.

El reconocimiento de los derechos de los pueblos indígenas se ha incluido en varias constituciones latinoamericanas, teniendo un mayor desarrollo en la ecuatoriana y la boliviana. La Constitución de Ecuador, a partir del artículo 56, regula los derechos de las comunidades, pueblos y nacionalidades, en donde se establece los derechos colectivos de los pueblos indígenas, de los pueblos afroecuatorianos y de los pueblos montubios; quienes pueden constituir circunscripciones territoriales para la preservación de su cultura. En la Constitución de Bolivia, a partir de su artículo 30, se regulan los derechos de las naciones y pueblos indígena originario campesinos y afroboliviano. En ambas se reconoce el respeto a los derechos de los pueblos no contactados o en asilamiento.

En el Estado colombiano, si bien no existió un amplio desarrollo de los derechos de los pueblos indígenas en la Constitución, ha tenido relevancia el desarrollo realizado por la Corte Constitucional del artículo 7°, que reconoce la diversidad étnica y cultural. Por ejemplo, la Corte ha determinado que las comunidades indígenas son sujetos de derechos colectivos y que no deben ser considerados únicamente como una suma de sujetos con derechos individuales (Sentencia T-380/93); reconoció el derecho a la propiedad de tierra comunitaria y de participación en las decisiones que pudiesen afectar a las comunidades (Sentencia SU-510/98); y el derecho a la práctica de su medicina ancestral (Sentencia C-377/94),

De igual manera, la jurisprudencia de las cortes constitucionales de Ecuador y Colombia ha desarrollado varios de los derechos de los pueblos indígenas, como autodeterminación, derecho propio y justicia indígena, consulta previa, entre otros.

En la actualidad, pese al reconocimiento de los derechos de los pueblos indígenas, tanto en las constituciones, la jurisprudencia de las cortes constitucionales, los instrumentos internacionales y la jurisprudencia internacional, las comunidades y pueblos siguen demandando el respeto a estos, con una relevante connotación de aquellos referentes a la conservación de sus territorios frente al extractivismo.

Derechos de los pueblos originarios

Ver *Derechos de los pueblos indígenas*.

Derechos económicos, sociales y culturales

Viridiana MOLINARES HASSAN

Son derechos que tienen que ver con la existencia material de un mínimo de condiciones que posibiliten la satisfacción de necesidades básicas de todas las personas, sobre todo aquellas en situación de vulnerabilidad. Su objeto es la garantía de la igualdad social, el aseguramiento de una vida digna, de un buen vivir. La consagración constitucional se originó a partir de exigencias de la clase obrera, de mejoras en las condiciones laborales, que desde la mitad del siglo XIX, con la realización de huelgas y marchas, lograron los primeros reconocimientos de una procura existencial mínima, en constituciones como la de Querétaro, en 1917, y la de Weimar, en 1919. Actualmente son incluidos en todas las constituciones.

Un sector de la doctrina ha postulado, y aún lo sigue haciendo, que los derechos económicos, sociales y culturales (DESC) no constituyen verdaderos derechos. Gerardo PISARELLO (2007), entre otros autores, plantea una fuerte crítica asociada a su garantía y realización desde las asimétricas relaciones de poder existentes entre países pobres y ricos, y zonas centrales y periféricas; sustentadas en la *lex mercatoria*, cada vez más global, que debilita el alcance del Estado democrático de Derecho. Unido a esto expone cuatro tesis desde las que discute su alcance y realización.

La primera es la *tesis histórica*, de acuerdo con esta, los DESC conforman la segunda generación, consagrados de manera posterior a los derechos civiles y políticos, lo que sugiere una posición jerárquica inferior o menor respecto a los otros. Al respecto, PISARELLO plantea la interdependencia e indivisibilidad de todos los derechos, tanto en términos axiológicos como estructurales. Esa noción se aprecia en algunas constituciones latinoamericanas recientes como la de Bolivia, que señala que todos los derechos, incluidos los económicos, sociales y culturales, son de aplicación directa. La segunda es la *tesis axiológica,* anclada en una dimensión iusnormativa. A su tenor se señala que, mientras el fundamento de los derechos de libertad es la dignidad, el de los derechos sociales es la igualdad y la protección homogénea de la sociedad, lo que sugiere una ponderación de valores que, en esencia, es falsa. La tercera es la *tesis teórica,* que plantea las distinciones estructurales que tienen los derechos de libertad y los derechos sociales, y consiguientemente la diferencia que existe en sus garantías. Se arguye por algunos autores que los DESC son principios que los Estados deben satisfacer de acuerdo con las posibilidades, pero no verdaderos derechos, y que, por su carácter prestacional, son imposibles de reclamar en vía judicial. Esta consideración es rebatida por el pensamiento más racional, que defiende que deben ser entendidos como derechos subjetivos, y como apuntan Abramovich y Courtis (2009: 5), es una falacia que la realización de los derechos individuales tenga un "menor costo" y que el poder público tiene, respecto a todos los derechos, cuatro niveles deónticos: respetar, proteger, garantizar y promover. PISARELLO apunta también que desde el punto de vista de los sujetos a quienes se le encomienda la tutela de los derechos sociales, deben distinguirse las garantías institucionales, es decir, los mecanismos de protección de derechos ante los poderes públicos, de las garantías extrainstitucionales o sociales que se refieren al resguardo de estos derechos en sus propios titulares, dando lugar a una sociedad más participativa. En Latinoamérica existen numerosos ejemplos de cómo las cortes constitucionales han hecho realidad la judicialización de los DESC, a través de las vías de los recursos procesales que existen para los derechos individuales. La cuarta es la *tesis de dogmática jurídica,* referida a la forma en cómo se consagran los derechos en las constituciones, como derechos judicialmente exigibles o como principios programáticos de libre configuración del legislador. En Latinoamérica, muchas constituciones, en particular los textos del nuevo constitucionalismo latinoamericano, conciben a los derechos sociales desde el punto de vista de la justiciabilidad, como se ha apuntado, postura que permite restaurar la vulneración de estos, derivada de desigualdades materiales y asimetrías de poder político y económico.

Actualmente, y desde hace algunos años, las protestas sociales que se han registrado en diferentes países de Latinoamérica han estado orientadas a la exigencia de derechos sociales. Esto ha supuesto un cambio estructural en la interpretación social de las constituciones que se han convertido en el instrumento para exigir de manera inmediata y no solo desde el principio de progresividad, derechos sociales como educación, salud, vivienda, que se constituyen en la garantía mínima para una vida digna y aspiran a la igualdad material entre las personas; esto sin desconocer que si bien desde el punto de vista histórico se puede discutir sobre la temporalidad en el reconocimiento de estos derechos, todos los derechos hoy, bajo la fuerza vinculante de las constituciones, son exigibles.

Derechos fundamentales

José Juan ANZURES GURRÍA

Dícese de aquellos derechos que corresponden a la persona por su calidad de ser humano y que se encuentran positivados en la normativa interna de cada Estado. El término obedece a una traducción literal del concepto alemán *Grundrechte,* que fue recogido en la Constitución de Bonn de 1949. Si se atiende al origen etimológico de la palabra *Grund,* esta se refiere a *fundamento* o *cimiento.* Como resultado, se trata de derechos que constituyen el cimiento sobre el cual se edifica el Estado constitucional y democrático de Derecho. Al momento en que estos derechos se recogen en la normativa interna de cada Estado dejan de ser un concepto teórico-filosófico para arraigarse en el Derecho positivo de cada país.

El origen más remoto de los derechos fundamentales, sin considerar la época clásica o preclásica, es la carta magna de Juan Sin Tierra del año 1215. Este documento no contiene derechos subjetivos de las personas por su condición humana, sino prerrogativas tributarias de los señores feudales frente al monarca inglés. Desde entonces, una de las principales funciones de los derechos fundamentales es la de limitar el poder del monarca primero, y de toda autoridad estatal después.

En la historia inglesa, otros documentos reconocieron ciertas prerrogativas de las personas frente a la autoridad monárquica, como el *Petition of Rights* de 1628 y el *Habeas Corpus Act* de 1679. El *Bill of Rights* de 1689 será el primer documento que sí reconoce derechos subjetivos de las personas por su condición humana, y será el antecedente de las declaraciones de derechos del movimiento ilustrado.

La Declaración de Derechos del Buen Pueblo de Virginia, de 1776 (que es incorporada en la Constitución de Estados Unidos de 1787) y la Declaración francesa de los Derechos del Hombre y el Ciudadano de 1789 reconocerán que las personas tienen ciertos derechos innatos a su naturaleza humana y que estos no se pierden, sino que deben conservarse, al entrar en el estado de sociedad. Esta ideología permea en todo el continente europeo y se convierte en el motor de los movimientos independentistas de Latinoamérica.

Como producto del Estado liberal de Derecho, se fortalece la idea de que los derechos de las personas son límites al poder del Estado, y se entiende que la obligación de las autoridades estatales consiste en abstenerse de realizar cualquier conducta que pueda interferir en la esfera privada de las personas.

Después de la Segunda Guerra Mundial, se reconoce que los derechos fundamentales no tienen solo una dimensión subjetiva, como límites al poder del Estado, sino también una dimensión objetiva, que consiste en reconocer a los derechos como principios y valores de todo el ordenamiento jurídico; o sea, como elementos fundantes, constitutivos y hermenéuticos de la legitimidad del orden político. Como consecuencia, el Estado constitucional y democrático de Derecho tiene la obligación ya no solo de realizar conductas de omisión, sino también, conductas de acción encaminadas al más amplio ejercicio del derecho por parte de cada persona.

El término ha tenido una gran influencia en todo el constitucionalismo occidental, tanto en Europa continental como en América latina, e incluso en Estados Unidos. Todos los textos constitucionales de Latinoamérica reconocen los derechos fundamentales. Casos particulares son los de México, Guatemala y Venezuela, que no recogen en su texto constitucional dicho concepto, sino el de derechos humanos.

Derechos humanos

José Juan ANZURES GURRÍA

Dícese de aquellos derechos que corresponden a la persona por su calidad de ser humano y que se encuentran positivados en documentos internacionales.

Se refiere a derechos inherentes a la naturaleza humana, o bien que devienen de esta naturaleza. Son derechos intrínsecos cuya existencia no depende del reconocimiento externo por parte del Estado, ni de terceros; tampoco depende de atributos de la persona como la nacionalidad, la cultura, ni de ninguna condición política, social o económica determinada. También se les suele concebir como derechos morales, en el sentido de que se fundamentan en una moralidad básica o ética universal común a todos los seres humanos. Esta postura sostiene que los derechos humanos son prepositivos, ahistóricos, anteriores al Derecho estatal y diferentes del ordenamiento vigente de cada Estado. Las características que se le han otorgado a los derechos humanos son: universalidad, interdependencia, indivisibilidad, imprescriptibilidad y progresividad.

El término hunde sus raíces en la filosofía occidental, primeramente, en los denominados derechos divinos de influencia aristotélico-tomista, y desde el siglo XVIII, en el iusnaturalismo racional. Se trata de una perspectiva apriorística, que concibe a los derechos innatos de las personas como verdades absolutas universales identificadas por el hombre a través de su raciocinio.

Desde una connotación iuspositivista, se entiende que los derechos humanos son derechos de la persona contenidos en tratados internacionales. Su positivación surge después de la Segunda Guerra Mundial, en la Declaración Universal de los Derechos Humanos y a partir de entonces, su desarrollo ha sido prolífico en muchos y diversos tratados. El reconocimiento de los derechos humanos a nivel internacional vino a crear un nuevo ordenamiento jurídico internacional, e incluso hizo nacer una nueva rama del Derecho denominada Derecho internacional de los derechos humanos. Este nuevo Derecho convierte al individuo en sujeto del Derecho internacional y genera obligaciones de respeto y garantismo de los derechos humanos hacia cada Estado.

La mayoría de los Estados latinoamericanos reconocen los derechos humanos mediante una cláusula de apertura inserta en sus propios textos constitucionales. De esta forma, los Estados se abren a un contexto internacional y supranacional, y reconocen que su actuación está supeditada a criterios hermenéuticos del propio Derecho internacional. Así lo reconoce la Constitución de Chile en su artículo 5, inciso 2; la Constitución de Guatemala en su artículo 46; la Constitución de Nicaragua también en su artículo 46; la Constitución de Brasil lo hace en su artículo 5, numeral 1; la Constitución de Argentina en su artículo 22; México lo hace en su artículo 1.

Derechos individuales

Danelia CUTIÉ MUSTELIER

Son facultades o prerrogativas inherentes a los seres humanos en cuanto tales, que les permiten desarrollar los atributos derivados de la dignidad humana, la autonomía personal, garantizar la libertad, la seguridad, la igualdad, la convivencia en sociedad y la participación en la vida política y económica del país. Son ejercitables y exigibles frente al Estado o a terceros para la protección de un bien o interés individual. Tienen como titular a la persona bajo la concepción clásica de los derechos humanos, que responde a una ideología iusnaturalista y liberal, en la que prevalece la persona considerada de forma individual como sujeto de derecho.

Estos derechos requieren del Estado tanto una postura abstencionista de no hacer, de respetar y no violar los derechos, como una postura prestacional, mediante la cual este se obliga a cumplir con determinadas acciones o a establecer mecanismos para que los individuos puedan ejercer el derecho de manera plena.

La historia de los derechos individuales corre paralela a la historia de las luchas por la libertad y dignidad de los seres humanos. Desde la Antigüedad, se encuentran pasajes contra el abuso de poder, la dominación, la opresión, la autonomía personal. Pero fue con las revoluciones burguesas de los siglos XVII, VIII y XIX que quedaron proclamados los derechos individuales (fundamentalmente los de corte civiles-políticos) en las declaraciones resultantes (Declaración de Independencia de 1766, Declaración de Derechos de Virginia, de 1776, Declaración de los Derechos del Hombre y el Ciudadano, de 1789), para dar lugar a la regulación de tales derechos en las constituciones escritas. Hitos importantes en su evolución lo constituyen en el plano internacional, la adopción de la Declaración Universal de Derechos Humanos (ONU, 1948) y de los Pactos de Derechos Civiles y Políticos y de Derechos Económicos, Sociales y Culturales (ONU, 1966).

Es tendencia identificar los derechos individuales solo con los derechos civiles y políticos, también llamados derechos de abstención o de primera generación (derecho a la vida, derecho a la libertad personal, integridad física, libertad de expresión, libertad de conciencia, de pensamiento, libertad de religión, libertad de circulación, derecho a la intimidad personal y familiar, derecho al honor y la propia imagen, derecho a la inviolabilidad y secreto de las comunicaciones, derecho a la inviolabilidad del domicilio, derecho al debido proceso, derecho al libre desarrollo de la personalidad, derecho de asociación, derecho de reunión y manifestación, derecho al sufragio, derecho a participar en la conformación del poder político, derecho de petición y queja, etcétera), diferenciándolos de los derechos económicos, sociales y culturales, que cobran carta de naturaleza con el Estado Social. Sobre estos, por el carácter prestacional que entrañan y por requerir de acciones positivas del Estado, su aplicación es progresiva y su exigibilidad se hace más compleja, pero no por eso dejan de ser individuales, pues el derecho al trabajo, a la salud o a la educación es tan individual como los propios derechos civiles y políticos. La denominación de individuales no responde a la clasificación de los derechos en generaciones, sino que es congruente con la titularidad del derecho, que recae en la persona individual. Por tanto, como rasgos distintivos, la doctrina señala que tales derechos son: universales, inherentes, inalienables, irreversibles, indivisibles e interdependientes.

Los textos constitucionales latinoamericanos regulan de manera amplia los derechos individuales, sin embargo, este término no es empleado de manera uniforme por todas las constituciones, por lo general lo usan para enmarcar a los derechos civiles. Entre las cartas magnas que se afilian al vocablo *individuales* están: la de Panamá de 1972, reformada en 2004; Nicaragua, 1987; Costa Rica, 1949; Honduras, 1982; Guatemala, 1985; El Salvador, 1983; Brasil, 1988. La Constitución de México de 1917 los denominó garantías individuales; luego de la reforma de 2011, acogió el término de derechos humanos. En otras constituciones del área se aprecian las expresiones derechos fundamentales, derechos humanos, y dentro de estos distinguen a los derechos civiles, políticos, económicos y sociales. La Constitución de Colombia de 1991 y la Constitución de la República Dominicana de 2010, los acuñan como derechos fundamentales, subdividiéndolos en derechos civiles y políticos y en derechos económicos y sociales. La Constitución de Venezuela de 1999 acoge la voz derechos humanos, clasificándolos como derechos civiles, derechos políticos, derechos sociales y de las familias, derechos culturales y educativos y derechos económicos. La Constitución de Bolivia de 2009 los denomina derechos fundamentales, agrupándolos en derechos civiles, políticos, y en derechos económicos y sociales. La Constitución de Ecuador de 2008 optó por el vocablo *derechos*, sin adjetivos, de esta forma concentra buena parte de los derechos individuales en los Capítulos sexto y octavo, intitulados derechos de libertad y derechos de protección, respectivamente, coincidentes con los derechos civiles; en el Capítulo V reconoce los derechos de participación, y en capítulos independientes ubica los derechos a la salud, la educación, el trabajo y seguridad social, hábitat y vivienda, cultura. La Constitución cubana de 2019, también reconoce un extenso catálogo de derechos en el Capítulo II del Título V, bajo el rótulo de derechos, englobando tanto a derechos civiles, políticos y económicos, sociales y culturales, bajo el prisma de la titularidad individual.

Siguiendo el principio de progresividad, las tablas de derechos individuales se han ido ensanchando en atención a las nuevas demandas de los seres humanos frente a las amenazas que azotan la vida en el planeta, a los avances científicos y a los desafíos de la era digital; lo que incide en el redimensionamiento de figuras como el derecho a la protección de datos personales, el acceso a la información, el derecho a la verdad biológica, el derecho a decidir sobre el propio cuerpo, entre otros.

Existe una abundante jurisprudencia en torno a los derechos individuales emanada de la de la Corte Interamericana de Derechos Humanos. La mayoría de los casos se refieren a derechos civiles y políticos. Entre los que han sido mayormente declarados como violados, se encuentran: el derecho a la vida, el derecho a la integridad y libertad personal, garantías judiciales, protección judicial, principio de legalidad y retroactividad, libertad de pensamiento y expresión, el derecho a la propiedad privada, protección de la honra y la dignidad, el derecho al acceso a pensión de sobrevivencia para parejas del mismo sexo (caso "Duque *vs.* Colombia", de 2016), libertad de asociación, el derecho a la nacionalidad, suspensión de garantías en los estados excepcionales, igualdad ante la ley y derechos políticos, entre otros.

En igual sentido, es amplia la jurisprudencia en materia de derechos individuales, derivada de las resoluciones de los tribunales y cortes constitucionales en los países del área, la cual ofrece interpretaciones innovadoras, extensivas y evolutivas del contenido de estos derechos. Vale destacar, entre otras, la Sentencia No. 080-13- SEP-CC de 2013, de la Corte Constitucional de Ecuador, relativa a los derechos de debido proceso, tutela judicial efectiva, igualdad y no discriminación de un trabajador portador de VIH despedido de su puesto laboral. De este órgano, también la Sentencia No. 131-15-SEP-CC, relativa al derecho a la verdad biológica y su relación con otros derechos como la intimidad familiar, el principio de interés superior del niño, el debido proceso.

Derechos públicos subjetivos

José Juan ANZURES GURRÍA

Dícese de aquella potestad individual o *facultas agendi* que tiene una persona para realizar o abstenerse de hacer algo de manera lícita, exigiendo del Estado una determinada acción, a fin de satisfacer su interés.

Se trata de una construcción dogmática de la Escuela alemana del siglo XIX. La teoría tiene su fundamento en la concepción del Estado como persona jurídica que entabla relaciones con sus ciudadanos, a quienes también les otorga personalidad dentro del aparato estatal. En esta relación, el Estado crea concesiones voluntarias y potestativas de poder a sus gobernados a través de la norma; de ahí que los derechos tengan una dimensión formal, que se refiere al derecho subjetivo que tiene cada individuo, y una dimensión material, que se refiere al derecho objetivo, que es el que otorga dicho derecho o facultad.

La personalidad del individuo dentro del Estado no se concibe como un derecho, sino como actitudes o *status* frente al Estado. En este sentido, el gobernado tiene, en primer lugar, un *status libertatis* o negativo, que delimita una esfera de actividades individuales, dentro de las cuales el Estado renuncia a la facultad de inmiscuirse; el *status civitatis* o positivo obliga al Estado a hacer o prestar algo, a los efectos de que el individuo logre su pretensión; el *status activae civitatis* o activo se refiere a la potestad del gobernado para actuar en interés del Estado, es decir, para convertirse en órgano o coadyuvante suyo.

Los derechos públicos subjetivos derivan de la condición de ser miembro de la colectividad y no de la autonomía individual, ni de la naturaleza intrínseca de la persona. Al ser otorgados por el Estado, los derechos públicos subjetivos pueden desaparecer mediante transferencia o prescripción, a diferencia de los derechos fundamentales o humanos, que son inalienables.

El concepto fue acuñado primeramente por C. F. Gerber, pero desarrollado a profundidad por George Jellinek, en su obra *System der subjektiven öffentlichen Rechte.* Tuvo especial relevancia a finales del siglo XIX y principios del XX y fue recogido por las constituciones de la primera posguerra, tanto de Europa continental como de América Latina.

Se trata de una transformación de la concepción original de los derechos naturales de las revoluciones liberales del siglo XVIII para adaptarlos al funcionamiento del Estado de Derecho posrevolucionario. El concepto implica una ruptura con el iusnaturalismo ilustrado, que concibió a los derechos naturales como prerrogativas previas al Estado de sociedad, toda vez que los derechos públicos subjetivos no son previos, sino posteriores, al entrar en el Estado de sociedad y solo en tanto se forma parte de la sociedad. Hoy en día se le entiende como una concepción historicista de gran valor que tuvo influencia para la construcción dogmática de los derechos y de la teoría del Estado.

Derechos sexuales y reproductivos

Caridad del Carmen VALDÉS DÍAZ

Los derechos sexuales y reproductivos son derechos humanos relativos a la sexualidad y la reproducción que ofrecen la posibilidad a mujeres y hombres de tomar decisiones autónomas en ese ámbito. Todos los seres humanos tienen derecho al goce de una vida sexual plena y libre, lo cual incluye vivir y tener control sobre la propia sexualidad, elegida libremente, sin coerción, violencia, riesgos ni discriminación; tomando decisiones responsables en estas esferas de la vida, de acuerdo con la vivencia interna (asociada al cuerpo, la mente, la espiritualidad, las emociones y la salud) y externa (asociada al contexto social, histórico, político y cultural). Constituyen una legítima expectativa de respeto a la dignidad humana de la persona; son de carácter esencial y tienen por base los principios de libertad —autonomía e igualdad— y no discriminación.

Aunque estos derechos se presentan generalmente de manera conjunta, se refieren a cuestiones diferentes. Se vinculan e interrelacionan, pero no se identifican plenamente, si bien hoy en día tanto sexualidad como reproducción se encuentran comprendidas en una concepción integral de la salud. Por una parte, es indiscutible que la esfera sexual constituye un factor determinante en el desarrollo de la personalidad, y como tal es parte de la dignidad inherente a todo individuo; no es una dimensión secundaria de la vida humana, sino que pertenece íntimamente a su constitución, y toda persona tiene derecho a vivirla plenamente con entera libertad, con el normal acotamiento que establecen las leyes tomando en cuenta la moral social imperante y con el valladar individual que establece la moral de cada quien. Así, los derechos sexuales abarcan la actividad sexual, las identidades de género, la orientación sexual, el erotismo, el placer, la intimidad. Atribuyen una situación jurídica de poder a la persona para que pueda vivir y tener control sobre su sexualidad, incluyendo la posibilidad de pedir y obtener información sobre estos temas, así como sobre los cuidados preventivos y curativos necesarios para mantener la salud en esta esfera.

En estrecha comunión con lo anterior, las personas tienen derecho a decidir en sentido positivo o negativo sobre su reproducción, es decir, pueden tomar partido respecto a ellas mismas sobre la aplicación de medidas de anticoncepción o contracepción, tratamientos seguros para fertilidad, infertilidad, información actualizada sobre medicamentos, tecnologías y tratamientos médicos, en función de la procreación, incluyendo las técnicas de procreación humana asistida en cualquiera de sus variantes. Los derechos reproductivos, por tanto, se refieren a la libertad de las personas para decidir si tener o no hijos, la cantidad y el espaciamiento entre ellos, el tipo de familia que se quiere formar, acceder a información y planificación para hacerlo, a métodos anticonceptivos y al aborto legal y seguro, así como a los servicios adecuados sobre reproducción asistida y servicios de salud pre y postembarazo. La titularidad de estos derechos no distingue, o no debe distinguir, entre sexos, géneros, razas o aptitudes de cualquier naturaleza, no vale discriminación de ningún tipo, debe reconocerse a todos por igual. Deben ejercitarse con plena responsabilidad, porque en su ejercicio hay un límite natural que es el propio resultado de su práctica: la procreación de nuevos seres humanos.

Su incorporación al elenco de derechos humanos es relativamente reciente. Existe referencia indirecta a tales derechos desde la propia Declaración Universal de Derechos Humanos de 1948, el Pacto Internacional de Derechos Civiles y Políticos, y el Pacto Internacional de Derechos Económicos Sociales y Culturales, ambos de 1966; pero sus fuentes inmediatas se encuentran en instrumentos internacionales dentro de los cuales destacan, por el carácter jurídicamente vinculante para los Estados que los han ratificado, la Convención sobre la eliminación de todas las formas de discriminación contra la mujer; la Convención de los Derechos del Niño; la Convención Interamericana para prevenir, sancionar y erradicar la violencia contra la mujer; la Convención de los Derechos de las Personas con Discapacidad y el Estatuto de la Corte Penal Internacional. También, documentos originados en algunas conferencias celebradas en los años noventa en el marco de las Naciones Unidas, que aunque no vinculan a los Estados firmantes, representan un compromiso político; de manera especial, la Conferencia Mundial de Derechos Humanos celebrada en 1993, en el marco de la Organización de las Naciones Unidas en Viena; la Conferencia Internacional sobre Población y Desarrollo, de 1994, realizada en El Cairo; y la Conferencia Mundial sobre la Mujer llevada a cabo en 1995 en Beijing.

En cada país, su sustento legal aparece generalmente en la Constitución, siempre interrelacionados con otros derechos inherentes a la personalidad, como la integridad, la intimidad, la identidad; ya sea como parte del derecho a la salud, particularizando en la salud sexual y reproductiva, o delineando de manera específica las facultades que conforman estos derechos, como lo hace, por ejemplo, la Constitución de la República del Ecuador del año 2008, que se refiere a ellos en su artículo 32, en su artículo 43, y además en los apartados noveno y décimo de su artículo 66. También enriquecen el contenido de estos derechos las decisiones de cortes, tribunales y jueces, que los interpretan y fijan su alcance. Así, han resultado emblemáticas varias sentencias de la Corte Interamericana de Derechos Humanos, como la Sentencia "Artavia Murillo y otros ('fecundación in vitro') *vs.* Costa Rica", de 28 de noviembre de 2012, y otras de diferentes tribunales nacionales en la región.

Los derechos sexuales y reproductivos pertenecen a todas las personas, y es responsabilidad del Estado ofrecer los medios que garanticen su ejercicio. El pleno ejercicio de cada una de las modalidades comprendidas en estos derechos no es posible sin el desarrollo del resto, ya que se complementan en todo su conjunto y la vulneración de una de ellas repercute en las restantes. Asimismo, todos los derechos sexuales y reproductivos tienen la misma importancia y son igualmente esenciales para el respeto de la dignidad y la valía de las personas. La visión imperante respecto a estos derechos en la región latinoamericana es similar a la del resto del mundo, si bien pueden aparecer barreras para ejercerlos, como resultado de desigualdades estructurales que a su vez provienen de vulneraciones que se provocan como consecuencia de inadecuados enfoques de género, discriminaciones clasistas, racistas o económicas.

Desarrollo

Liber Iván León Ortega

El concepto de desarrollo económico se ha diferenciado sustantivamente del concepto del crecimiento económico en los últimos años. Actualmente, el desarrollo económico sostenible incluye las transformaciones sociales y políticas que conduzcan a una sociedad participativa, equitativa, sustentable, plural y productiva.

En su perspectiva económica, la evolución del concepto contemporáneo de desarrollo económico distingue tres momentos claves: a) el periodo de posguerra e industrialización en América Latina (AL); b) el fracaso de la etapa de industrialización y el ascenso del sudeste asiático y, c) el actual debate en torno al concepto de instituciones. En América Latina, estas etapas han definido el grado y modo de intervención del Estado en la economía y la articulación al sistema económico internacional.

La etapa de posguerra se caracterizó por una rápida recuperación de la actividad industrial, comercial y, en general, del nivel de vida de los países europeos que habían quedado devastados por la Segunda Guerra Mundial. Este ejemplo despertó el entusiasmo de un grupo de economistas llamados desarrollistas (Economía del Desarrollo, ED). Las ideas de la ED desafiaron a las teorías del crecimiento de la corriente *mainstream* de la teoría económica, que consideraban que el crecimiento económico era conducido por las fuerzas del mercado y dependía de la dotación de recursos: capital, trabajo y recursos naturales. Los desarrollistas propusieron la necesidad de intervención del Estado en la economía, un impulso deliberado hacia la industria y la necesidad de romper círculos viciosos de pobreza, entre otros. En la ED destacaron los autores como Paul N. Rosenstein-Rodan, Albert O. Hirschman, Arthur Lewis, Ragnar Nurkse, Gunnar Myrdal, Raúl Prebisch, entre otros.

Desde esta perspectiva, el atraso no era una etapa transitoria que el mercado iba a superar de forma inevitable, sino una condición económica, histórica y política en la cual la economía puede permanecer indefinidamente y que requería de un gran impulso económico para destrabar la condición de atraso, tales como la coordinación estatal y el despertar de las energías sociales. La propuesta de estos economistas ubicó y ofreció un sustento teórico a la industrialización como el principal motor del desarrollo económico.

Una segunda etapa se caracterizó por el agotamiento del modelo industrial a finales de la década de los setenta, etapa en la cual la corriente neoliberal asciende en torno al fracaso de la industrialización y busca interpretar este colapso económico de las regiones de América Latina como resultado de la intervención del Estado y de haber desafiado a las "naturales leyes del mercado". En cambio, destaca el éxito del sudeste asiático como consecuencia de su orientación exportadora conducida por las fuerzas del mercado. En la interpretación heterodoxa destacan los trabajos de Fernando FANJZYLBER y Alice AMSDEN, quienes demostraron, en distintos momentos y desde distintas perspectivas, la existencia de deliberadas y agresivas políticas de industrialización conducidas por el Estado, que lograron "dirigir al mercado".

La investigación histórica demostró que en los casos exitosos de desarrollo económico del sudeste asiático, el Estado desempeñó un papel fundamental en la implementación y coordinación de la política industrial, que incluía protección y apoyos a las empresas, provisión de recursos financieros, impulso a la educación, reforma agraria, entre otros. Por el contrario, se identificó que el modelo de industrialización en AL colapsó esencialmente por minar las bases del desarrollo, por dar cabida a un pacto de corrupción, represión e ineficiencia.

Durante la década de los noventa se puso especial énfasis en las Tecnologías de la Información y las Comunicaciones (TIC) como motoras del crecimiento económico y como fundamento de la sociedad del conocimiento, una nueva fase de desarrollo de la economía. Un enorme esfuerzo intelectual se dedicó a entender las formas en que las empresas y las sociedades asimilan, generan, aplican y difunden conocimiento tecnológico. Quedó claro que las sociedades que lograron asimilar y aplicar conocimiento tecnológico eran las sociedades que estaban experimentando mayores tasas de crecimiento y desarrollo económico.

Actualmente existe un amplio consenso en que la innovación, la inversión en capital, el aumento de los niveles de educación, son consecuencia de que el desarrollo económico está ocurriendo, no su causa. Es decir, la innovación, el aumento en capital humano ocurre porque existen instituciones —reglas del juego en el conflicto social— que establecen los incentivos y limitaciones adecuadas para guiar a las personas hacia comportamientos productivos en beneficio de la sociedad. En esta nueva perspectiva económica, la perspectiva jurídica y política es fundamental, y se propone un nuevo diálogo entre las ciencias sociales. Se identifica que las instituciones tienen un origen histórico y son reforzadas por la estructura económica y política. Desde esta perspectiva, las instituciones económicas y políticas coloniales son instituciones extractivas y tienden a concentrar los recursos y frutos del crecimiento económico en una élite colonial; además, son sostenidas por instituciones políticas extractivas que marginan a las amplias capas de la población y limitan el cambio político. Por el contrario, las instituciones económicas inclusivas promoverían la educación, la inversión en tecnología y el trabajo productivo y son reforzadas por instituciones democráticas.

Esta vertiente institucional ha derivado en dos perspectivas muy contradictorias: 1) una vertiente institucional que identifica como "buenas instituciones" a las instituciones políticas occidentales y a las instituciones económicas típicamente de mercado frente a las instituciones públicas; y 2) en contraparte, y más acorde con la experiencia latinoamericana, una vertiente que ha visto en el debate en torno a las instituciones, la posibilidad de reincorporar a la economía el enfoque histórico y político, y ubicar los principales obstáculos al desarrollo económico desde una dimensión política.

En este sentido, América Latina estaría atrapada entre las posibilidades de construcción de un proyecto de desarrollo económico incluyente y en el cual la principal resistencia son los intereses de una élite económica política que sostiene instituciones económicas extractivas vinculadas y apoyadas por los intereses de empresas globales y que se apoya en instituciones políticas aparentemente democráticas, pero que marginan la defensa de los intereses mayoritarios.

Descolonización

Amélia do Carmo SAMPAIO ROSSI

El término *descolonización* implica la posibilidad de "descolonizar", es decir, de romper con una estructura de dominación colonial (luchas anticoloniales), llevada a cabo a través de la independencia de las antiguas colonias subordinadas a formas de exploración de los cuerpos y del dominio territorial en América Latina y también en el sur global, en especial después del periodo de la guerra-fría, por países del norte global. Subráyase que el hecho de haber ocurrido la descolonización no implica, necesariamente, la discontinuidad de las relaciones de colonialidad, que se perpetúan hoy día por medio de un patrón económico global de poder.

Los términos *decolonialidad* o *descolonialidad,* generalmente empleados como sinónimos, tienen comprensión más compleja, y revelan la posibilidad de buscar alternativas al sistema patrón de poder moderno/capitalista, que se perpetúa hoy en día a través de la colonialidad del ser y del saber, que están interseccionadas y se profundizan por medio del género, la raza y la clase. Pretende, así, deconstruir la modernidad-colonialidad, en la búsqueda por otros caminos que puedan rescatar la existencia plural, igual y, por lo tanto, no racializada de los pueblos. De esta suerte, es un término que implica conducta teórico-política de resistencia y lucha contra los efectos continuos y nefastos de la colonialidad.

Catherine WALSH es una de las autoras que distingue el término decolonial y descolonial. Para ella, la supresión de la "s" pretende marcar una distinción con el significado en castellano del "des", que podría ser comprendido como deshacer lo colonial, lo que sería, desde su punto de vista, imposible. Debido a esta imposibilidad, la supresión de la "s" empleada en el término decolonial significa la posibilidad de posicionamientos y posturas de insurgencia y resistencia, que apuntan a la construcción de un camino continuo de luchas para dar visibilidad y alternativas al patrón colonial y global de poder.

Para abordar las posibilidades semánticas, en la perspectiva de América Latina como espacio epistémico privilegiado, se usarán los términos *modernidad-colonialidad* y decolonialidad para que sean más comprendidos y diferenciados dentro de su uso histórico.

Descolonización y decolonialidad implican dimensiones distintas y con un abanico de posibilidades semánticas de abordaje. Por lo tanto, para comprender la conceptualización es necesario aclarar cómo se relacionan e interactúan con otros términos propios del fundamento argumentativo del grupo modernidad/colonialidad, es decir, la tríada modernidad/colonialidad/decolonialidad.

La conquista, invasión y el saqueo de América Latina *(Abya Yala)* por parte de Europa, y la consecuente instrumentalización del comercio atlántico (especialmente con el tráfico esclavista y la comercialización de las riquezas pilladas) dieron el verdadero origen de la modernidad, que se estableció marcada por una lógica de superioridad y dominación que traspasó la manera de concebir el mundo, las relaciones de poder, la creación cultural, el conocimiento y las subjetividades, todos dimensionados en una visión monocultural, eurocentrada y con pretensiones de universalidad. La retórica de progreso de la civilización, propia de la modernidad, ha servido para instrumentar el capitalismo naciente, que se basa en una sociedad patriarcal. Así, el patrón colonial de poder de carácter capitalista se expresa en la dominación colonial, construida bajo una clasificación social de las poblaciones originarias, con base en la creación de la idea de raza como experiencia básica de esta dominación, que contribuyó a estratificar el mundo en superiores e inferiores, es decir, la sumisión del "otro", el no blanco, el negro, el mestizo, el indio, las mujeres y la propia naturaleza, a los caprichos de la voluntad y la violencia del hombre blanco europeo (norte global en un concepto geopolítico).

Sin embargo, es necesario subrayar que la modernidad es constitutiva de su propio lado oscuro, esto es, la colonialidad. Por lo tanto, la colonialidad es justamente el lado co-constitutivo y co-originario de la modernidad, que revela sus efectos nefastos desde su nacimiento con las invasiones de América y Caribe y sus respectivas colonizaciones, con efectos presentes activamente hasta el momento actual; no obstante la ocurrencia de las independencias de las excolonias. El sociólogo peruano Aníbal QUIJANO es quien introduce, a fines de los años 80, el término *colonialidad*. Para él, la modernidad es constitutiva de la colonialidad, así que una no existe sin la otra. Entonces, se establece la interacción entre la colonialidad del ser, que implica, en la construcción y perpetuación de subjetividades subalternizadas y racializadas la colonialidad del saber, que demuestra el epistemicidio, es decir, la invisibilidad de saberes "otros" que no corresponden a la idea de ciencia eurocentrada, propia del siglo XIX; y la colonialidad del poder, con la estructura de un patrón colonial de poder de carácter capitalista, que se transformará en modo de producción dominante y engranaje de control de todas las formas de trabajo y sus productos.

Así, el uso del término decolonialidad justamente presupone un movimiento de resistencia teórica, práctica y política, que objetiva trascender la colonialidad, buscando desvelar las contradicciones del proyecto de la modernidad-colonialidad, que nació con pretensiones de civilización y para tanto, dio instrumentalidad a una serie de violaciones, exclusiones y apagamientos de otras existencias y formas de organización social.

Es importante demarcar el contenido eurocéntrico y americanizado del constitucionalismo moderno y el contexto histórico de nacimiento de este movimiento (fines del siglo XVIII). La América portuguesa y española ha heredado el constitucionalismo occidental en su estructura, reflejando el monismo cultural y jurídico en la ocultación de las diferencias y pluralidades presentes en las sociedades.

No obstante, la relación mimética de las excolonias portuguesas y españolas con el imaginario jurídico de la modernidad, la evolución constitucional en el sur global, también indica que algunos ejemplos de cambio contemporáneo original y quiebras de paradigmas pueden ser encontrados en lo que se acordó llamar constitucionalismo latinoamericano. Se presenta como innovador y, por eso mismo, portador de una perspectiva decolonial, al alejarse de la lógica instrumental moderna y adoptar, en una concepción propia, la lógica intercultural que reconoce la universalidad de los derechos humanos como un horizonte aun a ser construido mediante un diálogo horizontal entre diferentes perspectivas de comprensión y que tenga en cuenta, especialmente, la necesidad de protección más efectiva de las minorías vulnerables. Este hecho representa una quiebra en la perspectiva moderna de universalidad de estos derechos, propugnando la posibilidad de una universalidad, no como punto de partida, sino como punto de llegada a través de una serie de diálogos e intercambios horizontales de concepciones diferentes. En el mismo sentido, la necesidad de cambiar el paradigma antropocéntrico para el biocéntrico terminó por resaltar el reconocimiento de que no solo las personas, sino también la naturaleza pueden ser reconocidas como un sujeto de derechos, lo que resulta del reconocimiento de otro tipo de relación, simbiótica, entre la naturaleza y la dimensión humana.

En esta perspectiva, el nuevo constitucionalismo que surge en América del Sur, especialmente en las Constituciones de Bolivia (2009) y de Ecuador (2008), tiene el potencial de politizar más aún el significado de los derechos humanos en países latinoamericanos, y representa, por decir así, un ajuste de cuentas con las heridas coloniales del pasado, en la medida en que las nuevas narrativas político-jurídicas confrontan la matriz liberal/moderna de los derechos humanos, denunciando el proceso de sumisión económica, política y cultural europeo y americanizado, sobre los pueblos originarios. Desde el punto de vista de la actual coyuntura histórica, los derechos civiles, sociales, económicos y culturales, erigidos bajo la égida del Estado nación, deben ser leídos e interpretados a la luz de un nuevo proyecto político e intercultural, en el cual los derechos individuales y, especialmente, los colectivos y difusos, están sometidos a la afirmación de Estados plurinacionales. De esta forma, este constitucionalismo apunta a un resguardo más extenso de los derechos fundamentales, reconociendo la protección a las minorías vulnerables como los pueblos originarios, las mujeres, los ancianos, las personas con discapacidad, el apoyo a la maternidad y a la niñez, la autonomía indígena, etc. Los textos constitucionales se abren para ensanchamiento de los derechos fundamentales, por medio de la recepción de tratados internacionales de derechos humanos, definiendo el principio de la dignidad de la persona humana (o Buen Vivir) como horizonte de sentido y compresión de todo el sistema normativo.

Desobediencia civil

José Juan ANZURES GURRÍA

Se refiere al desacato de una norma u obligación jurídica ejercida de manera consciente por un grupo de personas, alegando que su contenido atenta contra valores axiológicos metajurídicos. El incumplimiento puede recaer sobre las normas que se objetan, o bien sobre otras leyes, como mecanismo de presión para la derogación de las leyes objetadas.

La desobediencia civil se inscribe dentro de los gobiernos democráticos, alegando la existencia de leyes contrarias a los principios que el mismo sistema propugna. Se concibe como una herramienta extralegal para hacer notar las fallas institucionales del gobierno a efectos de que sean corregidas. HABERMAS sostiene que se trata de un mecanismo frente a las crisis de legitimidad de los sistemas políticos; es una alternativa de *ultima ratio* ante la imposibilidad de realizar cambios por las vías institucionales.

Suele confundírsele con otros tipos de insubordinación a la ley, como el acto delictivo, la acción revolucionaria o la objeción de conciencia. En el primero, el acto se hace de manera oculta, transgrede la norma con la intención de obtener un beneficio personal y causando un agravio a un tercero; en la segunda se desconoce el modelo establecido y se pretende cambiarlo a través de la violencia; el tercero es una conducta individual, alegando una escala de valores personales, solo tiene efectos para el objetor y está permitido por el ordenamiento jurídico.

La desobediencia civil tiene características bien definidas: 1) es una transgresión a la ley, pues consiste en el incumplimiento de una norma u obligación jurídica; 2) es un acto consciente, en el sentido de que deriva de la autonomía de la voluntad, se conoce la transgresión a la norma y se actúa sabiendo de su ilegalidad; 3) se aceptan las consecuencias jurídicas que acarrea el desacato a la norma y se está dispuesto a afrontarlas; 4) es colectiva, porque requiere de la unión de voluntades de varias personas que comparten un tema en común (según Hanna ARENDT, es el acuerdo entre todos ellos lo que da credibilidad y legitimidad a su postura opositora); 5) es pacífica, en la medida de que no pretende alterar el orden público, dañar la propiedad pública, ni privada, no se trata de un movimiento armado, violento, ni pretende derrocar al gobierno; incluso, se suele avisar a la autoridad para que lleve a cabo las medidas preventivas conducentes; 6) es pública, en el sentido de que es del conocimiento de la autoridad y de la sociedad en general, lo que se pretende es dar a conocer un disentimiento básico de un grupo; 7) su finalidad es la derogación con efectos generales de la norma o política pública que se impugna.

El concepto tiene su origen en la obra de Henry David THOUREAU *La desobediencia civil*, en la que el autor reflexiona sobre su negativa a pagar impuestos que estaban destinados a solventar la guerra de Texas contra México, y que consideraba injusta. Su desarrollo, tanto doctrinal como práctico, cobró fuerza durante el siglo XX. Académicamente ha sido estudiada por varios autores como HABERMAS, DWORKIN, RAWLS, BOBBIO o Hanna ARENDT. La concepción original evolucionó de una acción de rebeldía individual al incumplimiento de una norma o disposición de manera colectiva. En el curso de la historia, han sido varios los casos en los que se ha recurrido a esta figura, como la marcha de la sal en 1930, liderada por Mahatma GANDHI; la lucha por el sufragio femenino en el Reino Unido en 1928; la lucha por la segregación racial de Martin Luther KING en la década de los cincuenta y sesenta en Estados Unidos; la marcha de Wave Hill en Australia en 1996; el Spin-in en Estados Unidos, en 1966, en defensa de los derechos de las personas homosexuales; el rechazo del Poll Tax en Reino Unido en 1989, o el rechazo al *Apartheid* en Sudáfrica.

Actualmente, la desobediencia civil es entendida como una institución más política que jurídica. Aunque no es legal, suele ser tolerada por los sistemas democráticos porque su existencia consolida *de facto* los idearios de dicho modelo. Además, su materialización conlleva en sí misma el ejercicio de otros derechos fundamentales como la libertad de expresión, el derecho de petición, y el derecho de reunión y manifestación.

Al ser un acto ilegal, la desobediencia civil no se encuentra protegida por los ordenamientos jurídicos, ni ha tenido reconocimiento positivo en los textos constitucionales de los distintos países. Su sustento descansa más en ideales políticos o éticos de una colectividad, se apela a un orden metajurídico o metaconstitucional de valores axiológicos que rigen o deberían regir al Estado y que no están siendo observados en la actuación gubernamental. En todo caso, la mayoría de las constituciones reconocen un derecho a la resistencia civil, entendida como la facultad del pueblo de oponerse a regímenes totalitarios o dictatoriales que pretendan derrocar el modelo democrático.

Despatriarcalización

Silvia SORIANO MORENO

Para poder conceptualizar la despatriarcalización es necesaria una breve aproximación a la idea de patriarcado y, concretamente, a su manifestación en el ámbito jurídico. Literalmente, el patriarcado se referiría al gobierno o ley del padre y se ha utilizado históricamente para referirse a la organización social donde la autoridad sobre las personas y sobre el patrimonio es ejercida por el varón jefe de familia (FONTENLA, 2008). En la teoría jurídica, PATEMAN (2019) recogió la idea de que el pacto originario era tanto social como sexual, siendo sexual en el sentido de ser patriarcal, por lo que se entiende el pacto originario como el medio de institucionalización del patriarcado moderno; aunque advierte que el patriarcado ya no sería paterno, sino que se refiere al patriarcado fraternal y, con ello, a la subordinación de las mujeres a los hombres.

A partir de ello, el Derecho se configuraría como un instrumento de articulación del sistema patriarcal, las normas de género y sus reglas de legitimación (FACIO & FRÍES, 2005). Por otra parte, cabe referirse a la idea de patriarcalismo jurídico (SABADELL, 2013), desarrollada a partir de la sociología jurídica y que indica cómo, a pesar de haber sido eliminadas en muchos ordenamientos jurídicos aquellas normas manifiestamente discriminatorias o paternalistas, además de haberse aprobado normas específicas referidas a los derechos de las mujeres, la discriminación sigue existiendo, ya sea en la práctica jurídica o en la doctrina. Esta realidad en la práctica constata que el patriarcado en el Derecho trasciende al Derecho positivo, en tanto que se encuentra en la base del propio Derecho moderno.

La idea de despatriarcalización se referiría a la lucha contra el sistema patriarcal, tanto al sistema estructural de opresión, como a esa función del Derecho como su instrumento. Desde hace varios años se viene trabajando en esta cuestión a nivel institucional —y por tanto para lograr su reflejo en lo jurídico y las políticas públicas— en diversos lugares, destacando especialmente el ejemplo de Bolivia, con la Unidad de Despatriarcalización y el Ministerio de Culturas, Descolonización y Despatriarcalización. En este caso, la idea de despatriarcalización se relaciona con la aportación realizada por los feminismos decoloniales y, por tanto, concibe el patriarcado en relación con el colonialismo y el capitalismo (CHÁVEZ, *et al.*, 2011).

El Decreto Supremo No. 4650, de 2022, del Estado plurinacional de Bolivia entiende en su artículo 3 que Despatriarcalización se refiere "al proceso histórico, político y cultural, al camino individual y colectivo orientado a generar un cambio en la forma de pensar y actuar frente a las opresiones coloniales, capitalistas, neoliberales, sobre mujeres, hombres y la Madre Tierra, construidas históricamente sobre los cuerpos de las mujeres; para crear relaciones recíprocas, armónicas, sin violencia, explotación, exclusión ni discriminación entre las personas, de las personas con la Madre Tierra y entre comunidades".

Deuda pública

Susana RÍOS LAGUNA

Para obtener financiamiento, el Estado tiene tres fuentes de ingresos: la primera relacionada con la recaudación tributaria, la segunda es la obtención de donaciones y cooperación externa y la tercera a partir de créditos y venta de activos. Como el Estado actúa como una persona de Derecho público, cuando se compromete a la obtención de un crédito, asume una deuda y constituye una obligación patrimonial denominada deuda pública, que le permite asumir el cumplimiento de sus fines a través de la actividad financiera, lo que implica brindar a los ciudadanos el acceso a bienes y servicios básicos, o constituir los derechos fundamentales de acuerdo con el marco constitucional. En algunos casos, el análisis de la deuda pública hace referencia a la deuda tributaria, sin embargo, es una fuente de ingreso distinta. La deuda compromete la fe del Estado, por lo que debe contar con el reconocimiento de los órganos de poder para su formalización.

La contratación de deuda pública para el cumplimiento de los fines del Estado es parte de la política fiscal, está basada en la planificación a través del presupuesto y se constituye en un instrumento de política económica que permite el financiamiento del gasto público.

El marco constitucional latinoamericano ha seguido el principio de legalidad en la contratación de deuda pública, requiere la propuesta del órgano ejecutivo para su aprobación ante el órgano legislativo, y ratificarse a través del presupuesto, o de una ley específica. Los Estados de Argentina, Bolivia, Colombia, Chile, Perú, El Salvador y Guatemala disponen la aprobación de la deuda pública mediante una ley especial. En Honduras se reconocen las deudas generadas en la ejecución del presupuesto.

Los textos constitucionales, de Venezuela y Ecuador, de 1999 y 2008, respectivamente, prevén una ley específica para establecer el límite del endeudamiento, además de establecer su finalidad, ya sea productiva (Venezuela) o de inversión (Ecuador).

Las Constituciones de Bolivia, Chile, Colombia, El Salvador, Guatemala, Honduras, Venezuela y Ecuador establecen la previsión de respaldar la deuda señalando la capacidad y fuente de pago.

La norma constitucional ecuatoriana dispone un mecanismo de control a través del poder ciudadano, mientras que Panamá establece que el control del endeudamiento es competencia de la Contraloría del Estado.

Chile, Panamá y Honduras reconocen la posibilidad de que el endeudamiento pueda realizarse a partir de las instancias locales. *Contrario sensu*, la competencia del Estado central para su contratación es un principio aplicado en Ecuador. En Argentina, la deuda de la nación es competencia del congreso, mientras que cada provincia puede establecer sus propias previsiones, al tener facultad para dictar su propia Constitución.

En cuanto a su temporalidad, Chile establece la necesidad de su aprobación con la mayoría absoluta del órgano legislativo, en caso de que el plazo de su contratación exceda el término de duración del mandato presidencial.

Un caso particular es el de Estados Unidos, en el que el Estado reconoce deudas públicas y deudas privadas. Durante la presidencia de HAMILTON se reconoció la deuda por los bonos de guerra emitidos para su independencia en 1790, y recientemente la limitación de la deuda pública fue suspendida hasta enero de 2025, para evitar que dicho Estado ingrese en impago.

Diálogo intercultural

Paola Daniela DE LA ROCHA RADA

Es un proceso mediante el cual individuos o grupos de diferentes culturas se reconocen como legítimos y se comunican entre sí, para comprender y respetar sus similitudes y diferencias culturales. Es un accionar de mutuo enriquecimiento, pues no se busca conquistar al otro, sino abrirse a él sin temor a perder posiciones propias, con el convencimiento de que todas las posiciones se verán enriquecidas después de realizado.

El diálogo, en tanto proceso, es trascender el *logos*, es decir, *dia-logos*: pasar a través del *logos*, servirse de él, para ir más allá del *logos* y abrirse a la comprensión cultural en la que emergerá el otro como legítimo. Este es el punto de partida que supone la aceptación de que ninguno de los interlocutores es autosuficiente, perfecto y completo. Constituye una suspensión de las relaciones de poder.

El siguiente paso es la traducción intercultural o hermenéutica diatópica, que permite inteligibilidad mutua. Esa reflexión hermenéutica parte de la conciencia de que el mundo o la cosmovisión de una cultura no puede comprenderse con los instrumentos de comprensión de una cultura específica. Es la aceptación de que el marco interpretativo monocultural no basta, es insuficiente y debe abrirse a un marco interpretativo intercultural.

Decir "con la otra cultura" es poner en contacto mundos de la vida o cosmovisiones humanas, muchas veces, completamente diferentes. Para lograr inteligibilidad mutua no basta con la supuesta objetividad del *logos*. Como resultado, debemos pasar a través del logos —*dia-logos*— para llegar al encuentro con la otra subjetividad y visibilizar el *logos* objetivo, llegar al senti-pensar del otro desde el que se entiende el *logos*. Esto supone afectar la subjetividad de los interlocutores y descentrar a los traductores para pasar de una traducción cultural como apropiación de una cultura —generalmente dejando de lado lo que no es traducible—, a una traducción intercultural en la que los equívocos y las ambivalencias, pero también las equivalencias funcionales, se hacen presentes como praxis política de enriquecimiento y transformación mutua.

En el diálogo intercultural, el equívoco y la ambivalencia presentan la diferencia cultural en perspectiva, como una zona de contacto entre culturas. Se pueden comunicar en vez de silenciarlas, dando por supuesta la univocidad o el significado único y determinado. También encontramos equivalencias funcionales (equivalentes homeomórficos e intereses isomorfos), en las que es posible que ni la significación ni la función sean las mismas entre culturas, pero que puedan ser similares y ser un punto de contacto para la comprensión e inteligibilidad mutua. De lo que trata es de lograr la máxima comprensión y consciencia de una incompletitud mutua y recíproca.

La plática entre comunidades, mundos de la vida y cosmovisiones, puede llevarnos a un acuerdo, a la creación de una comunidad de comunidades. La comunidad de comunidades no es una síntesis, tampoco una construcción de una comunidad que elimine las comunidades que la constituyen. Constituiría una comunidad que se acerca al diálogo sobre la base de coincidencias isomorfas, las equivalencias funcionales, sin llegar a una síntesis. Es, si se desea, una caracterización, *una comunidad sin comunidad,* que descentra la posibilidad de ser *una* comunidad realizada de manera definitiva, y permite a la vez que cada comunidad cultural que participa en este acuerdo conserve sus diferencias constitutivas.

Se centra en la comunicación y la interacción entre seres humanos de diferentes culturas y, como vimos, se basa en el reconocimiento y el respeto recíproco de la diversidad cultural. Este diálogo puede tener lugar en una variedad de contextos, muchas de las investigaciones que se han desarrollado han evidenciado su utilidad en los ámbitos religiosos, educativos, políticos y jurídicos. Justamente donde se convierte en una herramienta necesaria y fundamental es en el campo del pluralismo jurídico y político de un Estado plurinacional comunitario.

El diálogo intercultural es una herramienta vital para fomentar la convivencia pacífica, la armonía de las diferencias y la cooperación entre las culturas del mundo.

Diálogo jurisprudencial

Paúl Córdova Vinueza

Es un proceso para administrar justicia mediante la inclusión y la participación de los justiciables, con el fin de garantizar condiciones de igualdad. Facilita procedimientos para escuchar a los eventuales destinatarios de las decisiones judiciales y resolver los desacuerdos con la integración de todos los involucrados.

Este ideal normativo y práctico se sustenta en disposiciones constitucionales de varios Estados latinoamericanos que proclaman la democracia deliberativa, la participación en los asuntos de interés público, el pluralismo jurídico y la fiscalización de los actos de la función pública, entre otros.

El diálogo judicial, en sus distintas variantes, ofrece aportes al desarrollo del pluralismo de los sistemas normativos y aparece como alternativa para contener la tensión entre la soberanía estatal y la formación de estructuras jurídicas transnacionales, considerando que aquella se relaciona ahora con una institucionalización transnacional. Con estas tendencias surge el transconstitucionalismo como un proceso que implica el reconocimiento de que los diversos órdenes jurídicos entrelazados en la solución de un caso constitucional deben buscar formas transversales de articulación hacia su solución.

A partir de una definición judicial sugerida en la jurisprudencia de la Corte Interamericana de Derechos Humanos, su tratamiento sería de una viva interacción con intensos vasos comunicantes que propician el "diálogo jurisprudencial", en la medida en que jurisdicciones como la doméstica y la internacional necesariamente deben atender a la normatividad "nacional" y a la "convencional" en determinados supuestos. La actuación de los órganos nacionales (incluidos los jueces), además de aplicar la normatividad que los rige en sede doméstica, tienen la obligación de seguir los lineamientos y dictados de aquellos pactos internacionales que el Estado, en uso de su soberanía, reconoció expresamente y cuyo compromiso internacional asumió.

En esta noción se aprecian tres dimensiones básicas. En la primera aparece el diálogo judicial con los justiciables, que encarnaría un programa intercultural donde las judicaturas asumen lógicas incluyentes y dialógicas para la búsqueda conversacional de la justicia con la sociedad, con lo cual se suscitarían procesos de diálogo abierto que serán sostenidos entre actores sociales e institucionales hacia la búsqueda de acciones que promuevan políticas públicas, mejoren la coordinación entre organismos públicos y formulen el seguimiento a políticas provenientes de ejercicios dialógicos con una multiplicidad de actores.

La segunda dimensión correspondería a la interacción institucional entre el poder judicial y la corte o tribunal constitucional, que permitiría articular otro tipo de relaciones dialógicas entre las ramas del poder público.

La tercera dimensión equivale al diálogo interjurisdiccional o jurisprudencial, mediante el cual los criterios de los tribunales locales deben complementarse con los pronunciamientos y la jurisprudencia de jurisdicciones internacionales —como la Corte IDH— hacia propiciar un intercambio argumentativo que fortalezca la protección de los derechos humanos.

Existen tipos de ámbitos de cooperación y concurrencia normativa en el tratamiento de los problemas constitucionales hacia una diversidad de tipos de transconstitucionalismo para el diálogo entre ordenamientos jurídicos, como los siguientes: i) Derecho internacional público y Derecho estatal; ii) Derecho supranacional y Derecho estatal; iii) entre órdenes jurídicos estatales; iv) órdenes jurídicos estatales y transnacionales; v) órdenes jurídicos estatales y órdenes locales extraestatales. Las relaciones entre estos órdenes jurídicos pueden ser problemáticas, por lo que para propiciar su convivencia es posible facilitar una conversación constitucional mediante referencias recíprocas entre decisiones de tribunales de otros Estados y sus ordenamientos.

Diáspora africana

Ver *Afrodescendientes*.

Dictadura

Eric PALMA GONZÁLEZ

Desde el punto de vista etimológico, la expresión se vincula con *dictare* (dictar) y con la expresión latina *dictatura*. La voz conecta con la historia política romana, donde se condenaba la tiranía, pero a la par, se consideraba como institución jurídico-política para situaciones excepcionales como guerra externa o sublevación, que amenazaran el orden institucional de la república. Era una magistratura excepcional contemplada en el orden jurídico como institución del derecho de excepción, caracterizada por su temporalidad y designación mediante el procedimiento y los poderes habilitados para instaurarla.

Los abusos y excesos del poder son propios de la tiranía y repudiados por el Derecho, no constituyéndose como una forma de gobierno tolerable por el orden jurídico. CICERÓN (1984) señalaba: ¿por qué habría de llamar rey —con el nombre de Júpiter óptimo— a un hombre ávido de dominar o de mando autocrático, que domina sobre un pueblo oprimido, y no más bien tirano? Añadía que en la guerra los obedece igual que a un rey; pues vale más la salvación que la pasión. Por cierto, en las guerras bastante graves, los nuestros quisieron que todo el mando estuviera en las manos de uno solo —inclusive sin colega— cuyo nombre mismo indica la fuerza de su potestad, pues se le llama 'dictador' por el hecho de que 'es dicho'; pero en nuestros libros ves, Lelio, que se le llama 'jefe del pueblo'.

En Roma se distinguía un *dictator* general o mayor, de *optima lege*, magistrado militar y político que conduce la guerra y/o enfrenta las sediciones internas; y un dictador menor o *imminuto iure*, establecido para asuntos de menor gravedad y actos específicos.

La dictadura se entiende en la actualidad como un régimen político que se caracteriza por concentrar la totalidad del poder político en una organización, persona o grupo, como consecuencia, generalmente, de un acto de fuerza contrario a Derecho y en virtud del cual cae el gobierno legal, lo que trae consigo graves atentados a los derechos humanos, pues no existen sistemas de control que den vigencia a las garantías fundamentales.

En el siglo XX, la literatura constitucional europea incorporó la distinción entre dictadura comisaria y soberana propuesta por Carl SCHMITT (1968). La primera consiste en la suspensión del marco jurídico e institucional por un tiempo determinado y debido a una coyuntura específica, vinculada, primordialmente, a una amenaza a la estabilidad de la nación. Así, el dictador actúa como comisario, representante de un comité, durante un periodo concreto, sin tener posibilidad de abolir o crear leyes. La segunda no se encuentra limitada en tiempo y su objetivo no es mantener un determinado orden o marco jurídico, sino producir uno diferente al existente, que se ha quebrantado por "razones justificadas".

Existe una gran heterogeneidad de dictaduras, sin embargo, hay cierto consenso en que los regímenes totalitarios son dictatoriales, así como que existe una vinculación estrecha entre gobierno de facto y dictadura, porque es regular que el primero derive hacia ella. Puede ser de origen o por ejercicio: un gobierno legal y legítimo puede derivar en una fórmula dictatorial si quien asumió el poder por la vía institucional permanece en el poder más allá de su mandato constitucional, concentrando el poder y violando las garantías de la oposición política.

La dictadura en Latinoamérica tuvo sus primeras manifestaciones con el surgimiento de los Estados independientes, como ocurrió en Paraguay con el doctor FRANCIA y en Argentina con ROSAS. Tanto Simón BOLÍVAR como Bernardo O'HIGGINS fueron calificados por sus tenaces opositores como dictadores. En todos los casos serían rasgos de sus gobiernos: la concentración del poder, la persecución de los opositores por vías ilegales y una pretensión de permanecer en el cargo de primera magistratura por tiempo indeterminado o por un largo periodo (en que se vive en situación de excepcionalidad), sin que la población pueda impedirlo por vía institucional (normalmente electoral).

La dictadura latinoamericana del siglo XX, particularmente en la década de 1970, llevó las prácticas represivas a tal nivel de inhumanidad que figuras como la tortura, el asesinato y los detenidos desaparecidos constituyen fenómenos de identidad. Tribunales de distintos países han sentenciado a miembros de estas organizaciones criminales como autores del delito de lesa humanidad, de genocidio, o de homicidio calificado (Argentina, Guatemala y Chile pueden ser indicados como ejemplos). La colaboración de las fuerzas represivas de las dictaduras del Cono Sur en la denominada Operación Cóndor expresa el refinamiento de estas prácticas criminales.

La voz dictadura tiene en América Latina un uso político relevante como arma para deslegitimar a los gobiernos, por eso presenta el desafío de distinguir el uso contingente, de la definición analítica. Del hecho de que los cuerpos armados se involucren en la gestión del poder y en la definición de quién será la máxima autoridad en el país (lo que implica que no hay dictadura personal) ha surgido la expresión dictadura institucional. No es el pueblo en elecciones libres y por medio de procedimientos institucionales competitivos quien define al titular del poder, sino las fuerzas armadas, según el sistema por ellas diseñado. Esa dictadura institucional, impersonal, sería un tipo de dictadura en que no hay un dictador a la manera tradicional (un titular del poder absoluto que no tiene límite temporal para el ejercicio de dicho poder). Sin embargo, todas ellas se vinculan a las elecciones periódicas, es decir, ofrecen restaurar la democracia representativa, o una democracia liberal corregida, con exclusión, a veces, de ciertas ideologías, difiriendo en esto de la dictadura europea de la primera mitad del siglo XX.

En el caso chileno, el de mayor institucionalización, la dictadura institucional avanzó hacia una "democracia protegida", que según sus gestores, contaba con instrumentos jurídicos para impedir la demagogia de los partidos tradicionales y la acción de los partidos marxistas en el seno de una democracia representativa.

Discriminación

Philippe OLIVEIRA DE ALMEIDA

La palabra "discriminación" se asocia con "distinción", "separación", "diferenciación". En sentido jurídico y político, la discriminación consiste en actos u omisiones que implican la distinción, exclusión o restricción de otras personas, con base en características tales como origen, raza, género, orientación sexual, religión, color, edad, aptitudes físicas e intelectuales y condición socioeconómica.

Actualmente, los investigadores diferencian entre discriminación positiva y negativa. La discriminación negativa promueve la injusticia basada en prejuicios, es decir, en juicios estereotipados y generalizaciones simplistas sobre individuos o grupos. Generalmente, cuando se utiliza el término se realiza en este sentido. La discriminación positiva está relacionada con los intentos, mediante el tratamiento desigual de personas desiguales, de reparar las opresiones históricas y aliviar las injusticias sociales. Se sustenta en el principio de igualdad y, la mayoría de las veces, se vincula a esfuerzos para compensar la discriminación negativa anteriormente cometida contra segmentos sociales tradicionalmente marginados. Las políticas de transferencia de recursos y acción afirmativa son ejemplos de discriminación positiva.

La discriminación impide que los grupos socialmente vulnerables reciban igualdad de trato y oportunidades en cuanto al acceso a bienes como la salud, la educación, el empleo, los servicios y equipamientos públicos, la provisión de justicia, la vivienda, etcétera. La discriminación puede manifestarse de forma directa (agresiones verbales y físicas, normas que promuevan la segregación de determinadas poblaciones) e indirecta (políticas, aparentemente "neutrales", pero que contribuyen a perpetuar desigualdades injustificables). Como ejemplos de discriminación directa, mencionamos el *Apartheid* en Sudáfrica y las Leyes Jim Crow en Estados Unidos, así como las medidas para criminalizar la samba, la capoeira y el candomblé, que se adoptaron en Brasil durante varias décadas. Como ejemplos de discriminación indirecta citamos las políticas de guerra contra las drogas, adoptadas por varios países occidentales, y cuyas medidas represivas impactan mayoritariamente en jóvenes pobres y afrodescendientes, y promueven el sistema de encarcelamiento expresivo de estas personas.

Las principales prácticas discriminatorias encontradas en la actualidad son: negativa a suministrar bienes o servicios a individuos de grupos específicos; limitar el acceso de ciertas poblaciones a actividades económicas lícitas; impedir el acceso a lugares públicos o lugares abiertos al público; impedir el acceso a las instituciones educativas; impedir el acceso a funciones públicas o instancias de deliberación política; declaraciones que refuerzan puntos de vista caricaturizados contra ciertas comunidades (lo que la socióloga estadounidense Patricia Hill Collins define como "imágenes de control").

La sociedad contemporánea todavía está estructurada en torno a ocho formas básicas de discriminación: el racismo (discriminación basada en la raza y el color); xenofobia (discriminación por origen étnico); sexismo y transfobia (discriminación por identidad de género); homofobia (discriminación por orientación sexual); capacitismo (discriminación en cuanto a capacidades físicas y mentales); discriminación basada en la edad; clasismo o aporofobia, concepto explorado por la filósofa española Adela Cortina (discriminación en función de la clase social o en contra de personas en situación de pobreza). Todas ellas se fundamentan en prejuicios basados en marcadores sociales construidos históricamente, pero presentados como "naturales" (los individuos sexistas, por ejemplo, creen que las diferencias en los roles sociales que desempeñan hombres y mujeres se deben no a las relaciones de poder instituidas en una forma contingente, sino al condicionamiento biológico).

Varios ordenamientos jurídicos de todo el mundo se han comprometido formalmente a combatir la discriminación, a través de leyes que limitan las prácticas excluyentes cometidas tanto por el sector público como por el privado. En el campo del Derecho internacional de los derechos humanos, en las últimas décadas se han firmado varios tratados y convenciones internacionales. Los ejemplos incluyen la Convención Internacional sobre la Eliminación de Todas las Formas de Discriminación Racial, de 1966; la Convención sobre la Eliminación de Todas las Formas de Discriminación contra la Mujer, de 1979, y el Convenio 111 de la Organización Internacional del Trabajo, sobre Discriminación en Materia de Empleo y Profesión, de 1960. Existen, sin embargo, en el Derecho de las naciones occidentales modernas, varias omisiones normativas que impiden subsanar debidamente las asimetrías entre grupos sociales.

División de poderes

Gustavo FERREIRA SANTOS

La idea de delimitar ciertas funciones y asignar su ejercicio a órganos distintos es central en el proyecto político que triunfa en la modernidad europea. Lleva las huellas de las tensiones entre la corona y el parlamento en la Inglaterra medieval y de la crítica al Antiguo Régimen francés. Es una división funcional en el ejercicio de las potestades que se reconocen al Estado. Para MONTESQUIEU (1906), el primero en designar claramente las tres "funciones" diferentes, la separación de su ejercicio era una garantía de libertad.

Esta conexión queda clara en el artículo 16 de la Declaración de los Derechos del Hombre y del Ciudadano de la Revolución francesa, que resume el contenido material de una Constitución de la primera época y afirma que "Una Sociedad en la que no esté establecida la garantía de los Derechos, ni determinada la separación de los Poderes, carece de Constitución". Básicamente, la separación original identifica un poder de producción de la ley, el legislativo, y dos poderes de aplicación de la ley, el ejecutivo y el judicial. La idea de separar poderes no consiste en establecer unos espacios incomunicables entre ellos de ejercicio del poder. Al contrario, además de la independencia entre los órganos, la idea de separación apunta a la necesidad de armonía entre ellos.

Por muy comunes que sean las ideas teóricas que les han inspirado, las experiencias históricas concretas de cada país darán lugar a diseños institucionales absolutamente diferentes. Esto puede verse en un rápido vistazo a los países que se encuentran en las raíces históricas del constitucionalismo. La idea de la "soberanía del parlamento" en Inglaterra, el protagonismo judicial que marca la historia constitucional de Estados Unidos o la estricta separación de funciones en la Francia decimonónica dicen mucho de los eventos vividos por estos países. Del mismo modo, las manifestaciones de un fuerte presidencialismo en gran parte de la historia política de los países latinoamericanos llevan las marcas de sus experiencias políticas cotidianas.

Todos los textos constitucionales elaborados en la tradición del constitucionalismo delimitan funciones y órganos independientes, con matices espaciales y temporales. La mera opción entre presidencialismo y parlamentarismo divide ya las posibilidades de diseño de la separación de poderes. Del mismo modo, la opción de tener o no un control judicial de la constitucionalidad de las leyes, también da lugar a diferentes "separaciones". Sin embargo, más importante que este esquema de los textos es que la práctica cotidiana de las instituciones hace que cada "separación de poderes" tenga su propia fisonomía.

La complejidad del Estado ha dado lugar a la aparición de ciertos órganos y ciertas actividades que solo pueden encajarse en los esquemas clásicos de poderes a un gran coste. Nos referimos a organismos con un grado razonable de autonomía o que combinan en su actuación elementos que clásicamente pertenecerían a poderes diferentes: agencias reguladoras, autoridades administrativas independientes, fiscalías, tribunales electorales, órganos de control de las cuentas públicas, entre otros.

Las constituciones editadas en países latinoamericanos en las dos últimas décadas han estado marcadas por el experimentalismo, que también afectó a la idea de la separación de poderes. La identificación de las particularidades de ciertas funciones y la convicción por parte de los constituyentes de que era necesario protegerlas de las funciones clásicas condujeron a la construcción de diseños institucionales innovadores. Este fue el caso de la Constitución venezolana de 1999, que hizo la división en poderes legislativo, ejecutivo, judicial, ciudadano y electoral. El "poder ciudadano" reúne a los órganos de control de la administración (Defensoría del Pueblo, el Ministerio Público y la Contraloría General de la República), con un amplio abanico de atribuciones que van desde las clásicas competencias de control e investigación hasta la tarea de promover la educación ciudadana. El "poder electoral" es el encargado de organizar los procesos de consulta popular y elección para ocupar cargos públicos, función que en algunos otros países realiza el propio poder ejecutivo, de forma criticable y más propensa al fraude, y en otros países se asigna a órganos judiciales.

La Constitución ecuatoriana de 2008 también incluye cinco funciones en su estructura de poder, con la función electoral y la función de transparencia y control social adicionales a las clásicas. La Constitución de Bolivia (2009) habla de órganos legislativos, ejecutivos, judiciales y electorales, además de hablar de funciones estatales de control, defensa de la sociedad y defensa del Estado. Estos dos países han incluido en sus constituciones importantes elementos de las culturas autóctonas, insertando en sus textos, principios como el "buen vivir" y la "Pachamama". Especialmente en Bolivia hubo repercusiones en la manera de concebir los poderes constitucionales clásicos. La "justicia indígena", circunscripciones electorales especiales indígenas y la existencia de un Tribunal Constitucional Plurinacional, son resultados de esta opción innovadora.

La práctica constitucional acabó deviniendo, a pesar de las diferentes intenciones de los textos, una nueva versión del tradicional presidencialismo fuerte, que favorece a los líderes en el poder. En este sentido, basta recordar la sentencia del Tribunal Constitucional Plurinacional de Bolivia que declaró inconstitucional, en 2017, la norma constitucional que limitaba a dos el número de mandatos presidenciales sucesivos.

El principio de separación de poderes debe verse sin fetichismo. No es una fórmula mágica que, cuando se aplica, da un resultado predeterminado y, como hemos visto, no existe un modelo único, sino varios diseños particulares que responden a las experiencias concretas de los países. La separación formal de funciones y su atribución a entidades diferentes no garantiza nada por sí misma. Dictaduras de todo el mundo funcionaron bien con esquemas de separación de poderes que, en la práctica, solo existían para dar un barniz de legitimidad a los regímenes. No concentrar poderes en manos de una persona o un organismo es fundamental, pero hay que avanzar algunos pasos más.

Los conflictos entre órganos que ejercen funciones diferentes son inevitables. A menudo, un órgano interpreta que el otro invade su espacio. Es lo que ocurre, por ejemplo, en algunos países, con las críticas a la excesiva judicialización, que cuestionan hasta qué punto el poder judicial tiene potestad para controlar el contenido de las decisiones de otros poderes. Recientemente, en América Latina, se ha producido un notable aumento del uso del poder judicial como instrumento de persecución de los opositores políticos. Este fenómeno ha sido denominado por algunos "lawfare". El caso del encarcelamiento del expresidente Lula, de Brasil, es simbólico de este cambio. Debemos esforzarnos por lograr un diálogo constante entre los poderes, fomentando la capacidad de autocontención y la deferencia recíproca, en busca de la armonía y el equilibrio, aunque este sea siempre provisional y, como hemos visto, no hay ningún estándar universal al que atenerse.

E

Ecocentrismo

Rubén MARTÍNEZ DALMAU

Sistema axiológico enfocado en la naturaleza, y entiende que el surgimiento de los valores proviene de esta, entendida como sistema, y de los elementos naturales comprendidos particularmente. El ser humano está incluido en la naturaleza, pero ha sido superado como centro de la construcción valorativa. El enfoque antropocéntrico, basado en el ser humano como centro, puede ser comprendido como incompatible con el ecocéntrico o superado por este.

El ecocentrismo se construyó desde la filosofía política como reacción al antropocentrismo, paradigma hegemónico en el pensamiento occidental desde el Humanismo y el Renacimiento (siglos XV-XVI) hasta el pensamiento kantiano. KANT y sus seguidores defienden que el ser humano es el único ser vivo racional del planeta, por lo que solo a él atañe la moralidad; su dignidad era el fundamento de la moral y del Derecho; los derechos humanos son, por lo tanto, el efecto jurídico de esa condición. El ecocentrismo, desarrollado durante el siglo XX, cuestiona esta visión y amplía el objeto de la ética a la vida (biocentrismo). Desde el enfoque ecocéntrico, la naturaleza deja de ser considerada un objeto a disposición del ser humano, para comprenderse como un sujeto en el que vive el ser humano. Dicho enfoque supondría, principalmente, reconocer la titularidad de derechos a los elementos naturales o a la naturaleza en su globalidad. Propuestas como la ecología profunda del filósofo noruego Arne NAESS; el ecofeminismo de la filósofa francesa Françoise D'EAUBONNE, o la ética excéntrica del ambientalista estadounidense Aldo LEOPOLD, tienen en común el enfoque ecocéntrico. Otras propuestas ecocéntricas han sido cuestionadas por autoritarias, como las del ornitólogo y ecologista finlandés Pentti LINKOLA.

La evolución del ecocentrismo en las políticas públicas ha sido lenta pero constante, en particular a partir de finales del siglo XX. El giro ecocéntrico de Naciones Unidas puede detectarse en la evolución del tratamiento ecológico desde la Conferencia de Estocolmo (1972) hasta la adopción del programa Armonía con la Naturaleza (2009) y la Agenda 2030 y los Objetivos del Desarrollo Sostenible (2015). En el caso de la Unión Europea, encontramos antecedentes desde la Cumbre de París (1972) y, de manera más específica, en los tratados a partir de Maastricht (1992). Pero el elemento diferencial se dio con la aprobación del Pacto Verde Europeo (2019) y las medidas para la transición ecológica. Es en ese marco en que podemos referirnos a una revolución verde y a las condiciones para el reconocimiento de la naturaleza como sujeto de derechos.

En el constitucionalismo latinoamericano, la introducción por vía constitucional del ecocentrismo tuvo lugar en la Constitución ecuatoriana de 2008, cuyo artículo 10.2 determina que “La naturaleza será sujeto de aquellos derechos que le reconozca la Constitución”. Su desarrollo se encuentra en el Capítulo séptimo del Título II (“Derechos”). Estas previsiones constitucionales han servido de argumento para decisiones jurisprudenciales como la de la Corte Provincial de Justicia de Loja reconociendo los derechos del río Vilcabamba (2011, Juicio No. 11121-2011-0010), o la de la Corte Constitucional sobre el reconocimiento de los derechos del Bosque protector Los Cedros (2021, caso No. 1149-19-JP/20). Respecto a constituciones de Estados federados, tanto la Constitución del Estado de Guerrero, en su reforma de 2014 (artículo 2), como de la Ciudad de México de 2017 (artículos 3.2 y 13.A), ambas en México, incorporan el reconocimiento de la titularidad de la naturaleza como sujeto de derechos. Se considera que también la Constitución del Estado plurinacional de Bolivia de 2009 es de naturaleza ecocéntrica, y generó el reconocimiento de la Ley 71, de 2010, de Derechos de la Madre Tierra. En Colombia, la Sentencia T-622 de 2016, de la Corte Constitucional, sobre los derechos del río Atrato, en el Departamento del Chocó, de mayoría afrocolombiana, profundizó la incorporación del constitucionalismo colombiano en el enfoque ecocéntrico. En todos estos casos, nos encontramos con limitaciones de las libertades económicas de particulares en relación con sus actividades, bien sean de construcción de infraestructuras, bien de carácter económico-extractivo, por ser contrarias a derechos de la Naturaleza como el de vivir o existir.

Empoderamiento

Rosa Carmina Parada Aguilar

Proceso de fortalecer conocimientos y capacidades para ejercer el poder y tener la libertad, la información y el apoyo para tomar decisiones y actuar por hacerlas realidad, adquirir poder e independencia por medio de equilibrar relaciones de poder desiguales, reduciendo la vulnerabilidad, transformando el acceso a los recursos generando la mejora de condiciones y calidad de vida.

El concepto fue creado por Julián Rappaport a finales de los años setenta como un modelo que pretendía mejorar el bienestar y la calidad de vida con la potenciación de recursos.

El empoderamiento puede verse desde distintas perspectivas: como valor se le considera aquella motivación que promueve la intervención comunitaria para trabajar el cambio social con base en las fortalezas y las competencias de cada comunidad, contextualizando sus necesidades propias, donde la comunidad es artífice de su propio desarrollo, ejerciendo sus derechos de manera integral, dirigiendo sus esfuerzos acorde con la satisfacción de sus necesidades. Así, la solución proviene de la experiencia práctica de la realidad del grupo y no de una política pública diseñada desde un escritorio. También puede verse como un proceso de fortalecimiento comprometido, consciente y crítico, tendiente a desarticular la desigualdad estructural, que se traduce en violencia simbólica, estructural y directa, y finalmente, como resultado, en la desarticulación de las estructuras inequitativas, individualistas e injustas, que validan dicha violencia.

El empoderamiento se puede llevar a cabo en tres niveles diferenciados, a saber: el individual, el organizacional y el comunitario (personal, interactivo, social), de tal manera que se caracteriza por ser un proceso dinámico, resultado de la interrelación entre las personas, que como actores sociales desarrollan procesos cognitivos, motivacionales y sentimentales (sentido de comunidad), que transforman efectivamente la realidad.

La falta de poder no solo impide que aquellos que carecen de poder puedan ubicar en la agenda sus demandas, sin que con frecuencia se les hace inimaginable la articulación de estas demandas, de tal forma que un primer paso debe ser la creación de condiciones que favorezcan la visión y la expresión de estas demandas, teniendo en cuenta las limitaciones materiales que se experimentan para que esto suceda, por lo que es indispensable la identificación de estas necesidades prácticas por cada grupo.

De ese modo, el empoderamiento genera estructuras institucionales que inspiran confianza y capacitan en conocimiento y liderazgo para decidir de un abanico de oportunidades reales en el ámbito social, político y cultural en un contexto local determinado.

Así, las estrategias para el empoderamiento, a partir de la identificación de las necesidades prácticas y de los intereses estratégicos comunes, no pueden ser extraídas del contexto histórico que generó la carestía de poder, como tampoco pueden ser analizadas aisladamente de la realidad y los procesos actuales.

La visión de empoderamiento en Latinoamérica implica un empoderamiento colectivo y no solo individual, es decir, el empoderamiento por medio de la toma de decisiones colectivas donde se promueva la construcción de la autoconfianza positiva; el desarrollo de habilidades para pensar críticamente; la cohesión del grupo; la promoción de la toma de decisiones y la acción que replantean de manera diferente la desarticulación práctica de la desigualdad estructural sustentada en la diferencia del poder —directamente ligada a la capacidad para la toma de decisiones— y que se traduzcan en la transformación de espacios y personas inmersos en la violencia estructural.

En América Latina existe una diferencia entre la noción de "empoderamiento" (*empowerment* anglosajón), que se refiere al rol de las estructuras sociales mediadoras entre los programas institucionales y los individuos, y el término *potenciación*, ligado a la liberación colectiva, al control y al poder adquirido por la comunidad y sus miembros, organizados como "actores sociales constructores de su realidad" y los cambios que en ella ocurren.

La jurisprudencia en las decisiones interamericanas pone énfasis en el empoderamiento de voces excluidas del debate público y en el fortalecimiento de actores institucionales locales con una agenda progresista en materia de derechos humanos, fortaleciendo el diálogo colectivo local a través de reformas constitucionales donde se le reconoce mayor jerarquía al Derecho internacional de los derechos humanos, por medio, por ejemplo, del reconocimiento de las categorías sospechosas a partir de la identificación de sus necesidades diferenciadas.

El desarrollo de la jurisprudencia interamericana ha traído aparejado el replanteamiento de las agendas nacionales de derechos humanos en el ámbito interno, como medio de incidencia política para superar resistencias del propio Estado y de otros sectores sociales y, aún más, con la inclusión de actores comunitarios que se han mantenido al margen, generando un empoderamiento "desde abajo" de estos grupos sociales, como en el diseño de políticas públicas impulsoras de garantizar sus derechos humanos.

La configuración de un nuevo poder con sede constitucional puede verse reflejada si bien en cambios legales, también en cambios sociales, mediante la redefinición de ciertos grupos por su empoderamiento institucional, en el cambio de ideas, percepciones o imaginarios sociales respecto del objeto de análisis en la jurisprudencia (objeto del litigio) o en el cumplimiento de la sentencia por parte del aparato estatal y burocrático, que conlleva al goce efectivo de los derechos por parte de las personas o grupos. Las decisiones interamericanas generan un escenario de confrontación entre diversos poderes públicos o bien al interior de un poder público específico, denominándolo empoderamiento institucional, a partir de la legitimidad de la Corte Interamericana.

Enfoque de género

Mónica Gabriela Sauma Sankys

El término es utilizado como sinónimo de perspectiva de género, visión de género, o mirada de género, y se inscribe dentro de los estudios feministas y los estudios de género. El enfoque de género se basa en una crítica de la concepción androcéntrica, binaria y heteronormativa de la humanidad, que excluyó del ejercicio de sus derechos a más de la mitad de la población, en especial a las mujeres y a quienes se apartaban de los modelos de masculinidad y feminidad hegemónicamente construidos. Tiene como finalidad una nueva resignificación de la historia, la sociedad, la cultura, la política, reconociendo la diversidad de géneros como principio esencial en la construcción de una humanidad diversa y democrática (LAGARDE, 1996).

El enfoque de género remite a lo que se entiende por género, concebido como una herramienta analítica y una categoría sociocultural que ayuda a comprender las relaciones entre los seres humanos, entendiendo que estas no están determinadas por lo biológico (el sexo), sino por lo social y, por ende, son históricas. El género construye roles masculinos y femeninos (roles de género) entendidos como un conjunto de patrones de comportamiento, normas, prescripciones, signos, símbolos, costumbres que se imponen y transforman en el tiempo.

El género se vincula con las estructuras de poder y, en ese sentido, SCOTT sostiene que es un elemento constitutivo de las relaciones sociales que se basan en las diferencias percibidas entre los sexos; así, el género es una forma primaria de las relaciones simbólicas de poder, que comprende cuatro elementos interrelacionados: 1) símbolos culturalmente disponibles que evocan representaciones, múltiples y a menudo contradictorias (Eva y María, como símbolos de la mujer en la tradición cristiana occidental); 2) conceptos normativos que manifiestan las interpretaciones de los significados de los símbolos, que se expresan en doctrinas religiosas, educativas, legales y políticas, por las cuales se afirma el significado de varón y mujer, masculino y femenino; 3) las nociones políticas y las referencias a las instituciones sociales (familia, trabajo, educación, política); 4) la identidad subjetiva, en la medida en que las identidades genéricas son construidas, transformando la sexualidad biológica en un proceso de culturalización (SCOTT, 2008).

Posibilita además, dar cuenta de esa construcción de género y sus elementos, para entender que las diferencias entre hombres y mujeres se explican a partir de las condiciones sociales, culturales, políticas, económicas y jurídicas históricamente creadas para determinar la vida de los hombres y las mujeres a partir de su sexo biológico, que han generado determinados comportamientos permitidos o esperados en una sociedad, en la que las ideas de dominación masculina plantean la inferioridad de las mujeres y de quienes se apartan de los modelos hegemónicos de masculinidad y feminidad.

Desde el ámbito estrictamente jurídico-feminista, se ha efectuado una distinción entre perspectiva y enfoque de género. La primera está referida a teorías y modelos de justicia que justifican una mirada diferenciada para analizar los casos que involucran a mujeres (Patiño, 2019) u otras personas que sufran discriminación en razón de género; en tanto que el enfoque de género hace referencia al método, al camino para lograr la aplicación específica de la perspectiva de género. En otras palabras, el enfoque de género implica el reconocimiento de las asimetrías y relaciones de poder existentes en los casos concretos, asumiendo una mirada diferenciada en los procesos en los que intervienen personas que se encuentran en una situación de subordinación, a la luz de las diferentes normas y estándares internacionales e internos sobre los derechos de las mujeres y, en general, sobre las personas que se encuentran fuera del modelo sexo-género imperante.

La palabra género fue utilizada por primera vez, en 1955, por John Money, psicólogo y médico neozelandés, aludiendo a los modos de comportamiento, forma de expresarse, moverse, que caracterizaban a la identidad masculina y femenina, asignando una importancia mayor a los factores culturales frente a las posiciones biologicistas; sin embargo, desde el movimiento feminista, fue Simone de Beauvoir, en su libro *El segundo sexo*, publicado en 1949, quien se aproximó al concepto de género, al señalar que "no se nace mujer: llega una a serlo", inaugurando de esta manera una nueva veta para la investigación feminista posterior. Posteriormente, Betty Friedman reflexionará sobre el malestar sin nombre de las mujeres de las décadas de los cincuenta y sesenta, dedicadas a lo doméstico y a labores de cuidado, como realización de la feminidad. En los años setenta, Kate Millet, feminista radical, explica la estructura de poder entre hombres y mujeres con la frase "lo personal es político", y cómo esta opresión se ejerce a través de las relaciones más íntimas y tiene su origen en una institución social que es el patriarcado, en el que todo el poder se encuentra en manos masculinas, lo que nos remite al carácter estructural de la desigualdad sexual. Asimismo, Gayle RUBIN (1975) entendió que las relaciones del *sistema de sexo-género* convertían a una hembra en mujer oprimida; sistema entendido como un conjunto de arreglos por los que una sociedad toma como realidades biológicas a lo que es producto de la actividad humana.

El concepto "género" se convirtió en la base para la construcción de argumentos políticos desde el feminismo para romper el determinismo biologicista. Para ello se parte de la distinción entre sexo y género; el primero referido a las características sexuales que distinguen al hombre y la mujer, y el segundo como el conjunto de prácticas, creencias, representaciones y prescripciones sociales en función a la diferencia sexual. A ello se suman los estudios de Judith BUTLER, quien indaga sobre las relaciones entre género y sexualidad, que argumenta que no solo la masculinidad y la feminidad están construidas socialmente, sino también la heterosexualidad y la homosexualidad. BUTLER desmonta la noción de género reducida a lo femenino o masculino bajo una estructura binaria, cuestionando su universalidad. Sostiene que el género es un aparato discursivo que construye prácticas de exclusión, que dicta normas, marca comportamientos y construye identidades genéricas. Para combatir la exclusión corresponde romper el binarismo, la normatividad a partir de contradiscursos y de contraprácticas que multipliquen los géneros. Bajo esta lógica, la teoría feminista, desde BUTLER, no restringe el significado de género e identidad de género a lo masculino/femenino.

La perspectiva de género fue inicialmente aplicada a las mujeres, y aún hoy —en muchos ámbitos—, se considera que género es sinónimo de mujer. La perspectiva de género fue desarrollada a nivel internacional en la IV Conferencia sobre la Mujer en 1995, buscando, por una parte, priorizar el discurso sobre la mujer en escenarios políticos, culturales, que se escucharan las propuestas de las mujeres en las agendas políticas y, por otra parte, que se implementaran en las políticas públicas los problemas específicos de las mujeres. Este concepto de perspectiva de género fue aplicándose por diferentes instituciones internacionales, y también en los diferentes Estados latinoamericanos, con la creación de ministerios, viceministerios o direcciones de género y la promulgación de normas referidas a las cuotas de género en las organizaciones políticas y en la institucionalidad pública, así como leyes para combatir la violencia contra las mujeres.

Actualmente, el enfoque de género, si bien se aplica prioritariamente a mujeres, también se extiende a quienes sufren discriminación y violencia en razón de género, y tiene sustento constitucional en la cláusula de igualdad sustantiva y prohibición de discriminación asumida por la mayoría de las constituciones latinoamericanas. Su aplicación en la región también responde al ejercicio del control de convencionalidad en relación con instrumentos internacionales ratificados por la mayoría de los Estados latinoamericanos, como la Convención Interamericana para Prevenir Sancionar y Erradicar la Violencia Contra la Mujer (Convención de Belém do Pará) y la Convención sobre la Eliminación de todas las Formas de Discriminación contra la Mujer (CEDAW por sus siglas en inglés), instrumentos que forman parte de los bloques de constitucionalidad de los países latinoamericanos.

Esclavitud

Vanessa Santos do Canto

Una definición jurídica de la esclavitud dentro de la modernidad marcada por el modo de producción capitalista, está relacionada con la reducción del individuo a cosa (res), lo que en términos del Derecho romano sería un *captis diminutio maxima.* Dentro del ámbito del liberalismo clásico que subyace en las teorías jurídicas modernas del constitucionalismo, tal situación viola directamente los principios del Derecho natural, en la medida en que elimina la posibilidad de disfrutar de la vida, la libertad y la propiedad; porque los individuos esclavizados son considerados carentes de razón y, por tanto, no conocen la verdadera religión ni el verdadero Dios (desde la perspectiva judeocristiana occidental estos no serían sujetos de derechos).

En el ámbito del positivismo, los individuos esclavizados serían incapaces de ejercer su libre albedrío y, por ende, incapaces de participar en los procesos político-electorales de elaboración de las leyes que rigen la sociedad en la que están insertos, debido a la esclavización de los pueblos indígenas o al tráfico transatlántico de africanos a las

Américas (GONZÁLEZ, 1988). Una definición legal de abolición, por otra parte, estaría relacionada con la manifestación de los gobernantes de las sociedades esclavistas de América en el sentido de reconocer el estatus legal de ciudadanía a los esclavizados, ya que esta se les niega a estos individuos, mientras se les reduce al estatus jurídico que regula el modo de producción esclavista, necesario para la acumulación capitalista.

La esclavitud, en términos jurídicos, es una forma de utilización del trabajo que tiene sus orígenes en la Antigüedad y estaba relacionada, básicamente, con la conquista territorial a través de guerras o la asunción de deudas contraídas por ciudadanos que no fueron pagadas. En la modernidad, la guerra, la lucha de razas (en el sentido de lucha de clases), fueron reemplazadas por la lucha de razas en el sentido biológico. Desde una lectura centrada en Europa, el racismo moderno habría surgido en el siglo XIX (FOUCAULT, 2005), pero como nos muestran autores del grupo modernidad/colonialidad, como QUIJANO (2005), el racismo moderno surge con la invasión de América (GONZÁLEZ, 1988).

En el ámbito del constitucionalismo de las Américas, la esclavitud/servidumbre fue regulada desde el inicio con matices en cada país en el tratamiento de temas relacionados con las diferencias en la esclavitud de los pueblos indígenas y africanos y sus descendientes. Los principios relacionados con la vida y la libertad, tan queridos por el liberalismo, quedaron reducidos a los dictados necesarios para el mantenimiento de los derechos de propiedad que guiaron las decisiones judiciales en las Américas. Primero, a través de la encomienda (régimen jurídico presente en los dominios españoles para el caso de los indígenas esclavizados); luego, mediante la esclavitud.

En el siglo XIX, el sistema mostró la necesidad de cambios significativos, ya que en Europa las luchas por la regulación del trabajo libre dieron como resultado, cambios significativos en el tratamiento de la cuestión social que surgió de las luchas entre los capitalistas y el proletariado en el continente y que repercutieron en las colonias, de modo que los colonizadores se dieron cuenta de la necesidad de modificar su forma de tratar a los pueblos indígenas esclavizados, los africanos y sus descendientes en el ámbito del modo de producción esclavista aún vigente en ese periodo histórico. Además, las luchas por la libertad y la vida, a través del ejercicio de la propiedad colectiva de la tierra en manos de esclavos indígenas y africanos y sus descendientes provocaron el temor de que el sistema colapsara. Empero, el constitucionalismo decimonónico mantuvo una posición ambigua sobre la cuestión del ejercicio del derecho de propiedad.

En América (GONZÁLEZ, 1988), la historia de la esclavitud se articula intrínsecamente con el proceso de acumulación capitalista primitiva, con el racismo moderno y la regulación jurídica del fragmentado Derecho europeo hasta el siglo XVIII, cuando el pacto colonial alcanza su apogeo y comienza a verse impactada por las revoluciones liberales, principalmente la Revolución francesa que tuvo lugar en 1789 y que inspirará la Revolución haitiana, en el año 1791. Las luchas de los descendientes de ex esclavizados continuaron durante todo el periodo republicano en América, por el goce de los derechos reconocidos en los textos constitucionales, además del reconocimiento de proyectos alternativos de sociedad y de participación política en el ámbito de las diferentes expresiones de constitucionalismo contemporáneo, como el nuevo constitucionalismo latinoamericano, que surge en el contexto de la redemocratización de América Latina.

Estado constitucional

Juan Manuel SOSA SACIO

La expresión hace referencia, en un primer sentido, a la existencia de Estados en los que existen constituciones formales. De este modo, sería con la aparición del primer constitucionalismo, a fines del siglo XVIII e inicios del XIX, que surgieron los Estados constitucionales. En ese sentido, sobre todo a inicios del siglo XIX, en el contexto latinoamericano se produjo una "ola constitucional", conjuntamente con la adopción mayoritaria de sistemas políticos republicanos y democráticos (a diferencia de gran parte del Norte Global, donde, por esas mismas fechas y hasta entrado el siglo XX, prevalecieron las monarquías —algunas de ellas constitucionales— y los imperios).

En segundo lugar, desde una perspectiva contemporánea, se denomina "Estado Constitucional" a la actual forma de organización jurídico-política en la que los poderes (públicos y privados) se encuentran subordinados a las constituciones democráticas y, en especial, a los derechos y bienes fundamentales que ellas contienen. Así, además de la existencia de documentos formales llamados "constituciones" (a la que aludía la primera acepción), este segundo significado de "Estado constitucional" destaca el efectivo valor político y jurídico que las constituciones tienen en nuestras comunidades para limitar el poder y orientar su accionar, previéndose diversos mecanismos de garantía y protección, incluso de carácter jurisdiccional; por ejemplo: la existencia de tribunales constitucionales y de procesos de tutela de derechos).

En este orden de ideas, suele hacerse referencia al tránsito del "Estado legal", basado en la primacía del legislador y de la ley, al "Estado constitucional", en el que la constitución desplaza a la ley como la norma de mayor importancia. Igualmente, se alude a la evolución desde el llamado "Estado social y democrático de Derecho", caracterizado por la coexistencia formal de ciertos contenidos distintivos de los constitucionalismos liberal, social y democrático, al cualitativamente distinto "Estado constitucional", en el que tales contenidos tienen auténtica fuerza normativa y son exigibles.

Son varias las características que se le atribuyen al Estado constitucional. Se señala que este encuentra fundamento en la persona humana (y su dignidad); es esencialmente democrático; reconoce amplias listas de derechos básicos; existe una "constitucionalización" de los ordenamientos jurídicos; las constituciones adquieren verdadera fuerza normativa; los contenidos constitucionales son indeterminados y tienen una gran carga axiológica; la interpretación de estos contenidos demanda esfuerzos hermenéuticos y argumentativos adicionales a los clásicos, lo que potencia el papel de los jueces, etcétera.

De modo complementario, la doctrina (en especial, del Norte Global) tiende a señalar que este cambio de paradigma se debió, en especial, a los aprendizajes ocurridos luego de la Segunda Gran Guerra, pues los países tomaron conciencia de que, en dicho contexto, la dignidad humana quedó subordinada a intereses políticos, cometiéndose graves violaciones de derechos humanos (campos de concentración antisemitas, bombas nucleares lanzadas contra población civil, trabajo forzado en favor de la industria bélica, sacrificio de millones de ciudadanos enviados ineludiblemente a morir, etcétera).

En América Latina suele mencionarse los antecedentes ocurridos en Europa, sin embargo, el impacto de la Segunda Guerra no fue el mismo. Si bien los países de la región también suscribieron tratados sobre derechos humanos en el marco de la creación de la Organización de Naciones Unidas, lo cierto es que el efectivo reconocimiento de una igual dignidad y derechos para todas las personas ocurrió con posterioridad, vinculado con otros sucesos histórico-sociales de importancia. Recordemos que hasta fines del siglo XX hubo dictaduras militares mortíferas; existían formas vergonzantes de explotación y dominación avaladas por nuestros ordenamientos jurídicos, relacionadas, por ejemplo, con la concentración de tierras o la explotación de los recursos naturales; no se reconocían derechos a los pueblos originarios, cuyos integrantes vivían en situación de abandono, abuso y menosprecio; el poder político estaba cooptado por minorías sociales y económicas, etcétera.

Si bien nuestra región fue pionera en la consolidación de repúblicas constitucionales, así como en la creación de órganos judiciales de control constitucional (en América Latina surgieron, antes que en el Norte Global, interesantes formas de control concentrado judicial) y de procesos constitucionales (además del amparo mexicano, cabe destacar las creaciones pretorianas argentinas, los procesos constitucionales regulados en Brasil o la depurada codificación procesal constitucional extendida en nuestra región); dichas construcciones, tomando en cuenta la violación sistemática de las constituciones y los derechos que existió en la práctica, tuvieron un alcance muy limitado.

Con la llamada "tercera ola democratizadora" (tras las dictaduras militares), con el auge de constituciones democráticas surgidas desde los años 90, y con la existencia de tribunales y cortes constitucionales realmente comprometidas con los valores de este nuevo constitucionalismo, es que ha terminado de perfilarse el tránsito al "Estado constitucional". Ciertamente, además de los contenidos generales antes mencionados, el Estado constitucional latinoamericano presenta algunas particularidades referidas, por ejemplo, a la forma de gobierno, el reconocimiento de derechos fundamentales y sus garantías (en especial, respecto de los derechos sociales y políticos), el reconocimiento de las cosmovisiones originarias y formas alternativas de desarrollo, el respeto y protección efectiva a los derechos de los pueblos originarios, etcétera.

Estado de Derecho

José Walter MONDELO GARCÍA

Se entiende por tal, toda forma de organización política donde el ejercicio del poder se encuentre regulado por y sometido a las leyes. El Estado de Derecho, en su concepción básica, es un modelo de organización del poder cuyas notas conceptuales distintivas serían las siguientes: el imperio de la ley como expresión de la voluntad general; la separación de poderes (legislativo, ejecutivo y judicial); la legalidad del gobierno, su regulación por la ley y el control judicial; la protección de los derechos y libertades fundamentales, garantía jurídico-formal y realización material.

La noción de Estado de Derecho se afianza históricamente en tres raíces distintivas: la primera, el pensamiento filosófico republicano y la praxis política de las polis mediterráneas de la Antigüedad, especialmente Atenas y la República romana. La segunda, el iusnaturalismo racionalista y el pensamiento de la Ilustración, en autores como LOCKE, SPINOZA, MONTESQUIEU, ROUSSEAU y KANT. Por último, el legado político y jurídico de la Revolución de las 13 Colonias y, especialmente, de la Revolución francesa y el ciclo revolucionario que condujo al mundo contemporáneo.

A lo largo de la historia se han sucedido diferentes concreciones del Estado de Derecho, marcados por las coyunturas históricas y las luchas políticas. En la reconstrucción histórica convencional, serían sucesivamente Estado liberal de Derecho, Estado social de Derecho y Estado democrático de Derecho.

El Estado liberal de Derecho (siglo XIX-mediados siglo XX), se caracterizó por:

- Prevalencia de posiciones liberales directamente contrarias al sufragio universal, defensoras del voto censitario (solo los varones, adultos, y con altos niveles de renta podían votar). Es un Estado abstencionista *(laissez faire, laissez passer)* en el mundo del trabajo y de la economía, con fuerte defensa de la propiedad y la libertad de empresa; y en el orden público y militar, con dura represión de huelgas y gran actividad en el ámbito exterior. Negación de derechos sociales, económicos y culturales, en marcado contraste con la declaración y protección jurídica de ciertos derechos civiles y políticos (de pensamiento, expresión, religión, participación pública, aunque restringida), garantías de seguridad personal y procesal.

- Sociedad individualista, fuertemente elitista y rígidamente clasista, con muy reducida y difícil movilidad. Ascenso y consolidación de la burguesía, de sus derechos y preferentes libertades. Sacralización de la propiedad privada capitalista, economía competitiva de "libre mercado", y de bajos salarios, subconsumo y pobreza para las grandes mayorías.

Una segunda fase sería el Estado social de Derecho (de mediados a fines del siglo XX). Funcionó como alternativa a las insostenibles carencias del modelo liberal. Sus rasgos fueron:

- Fuerte intervencionismo estatal para poder satisfacer las demandas sociales de mayor participación e igualdad real: sufragio universal (incluido el femenino) y amplio pacto social con compromiso por el Estado para políticas de bienestar. También pretendió hacer más reales para todos, los derechos civiles y políticos tan proclamados y falseados por la reducción liberal de la democracia a mero proceso de selección y alternancia de élites. En lo económico, las corporaciones económicas y profesionales, las asociaciones patronales y sindicales adquieren una mayor presencia y reconocimiento público, incluso oficial. La legislación se hace pactada, concertada con el parlamento.

Este Estado social, que respondió a una serie de circunstancias históricas —la crisis del modelo liberal, la oleada revolucionaria tras el fin de la Primera Guerra Mundial y, sobre todo, el gran triunfo de los países democráticos sobre el fascismo en la Segunda Guerra Mundial—, fue un pacto entre las élites económicas y los sindicatos y partidos de izquierda, muy exitoso durante unos 40 años. Desde inicios de los años de 1980, entró en crisis, pues las élites, ganadas por el fundamentalismo neoliberal, abandonaron el consenso de posguerra y el Estado social fue estigmatizado y progresivamente desmantelado, aunque muchas de sus políticas se han mantenido gracias a la resistencia de sindicatos, ONGs y partidos de izquierda.

En las últimas décadas, diversos autores han defendido la necesidad de pasar del Estado social, ya seriamente erosionado, a un nuevo modelo, el Estado democrático de Derecho. En rigor, una propuesta teórica para afrontar la situación actual, en medio de una crisis económica, social y ecológica que ha erosionado gravemente la legitimidad de las instituciones y conducido a la emergencia de corrientes políticas de extrema derecha, que niegan la noción misma de Estado de Derecho y derechos fundamentales. Se caracterizaría por lo siguiente:

- Política y jurídicamente se mantienen las líneas básicas del Estado de Derecho, en un contexto mucho más plural y diverso con la presencia de ONGs, grupos de presión y otras asociaciones de la sociedad civil, y nuevas formas de participación en el ámbito público, con internet y el auge de las redes sociales. En el campo de la economía y la producción, un sector público no solo estatal, sino imbricado con un dinámico sector social, con la emergencia de formas de economía social y solidaria; y junto a ellos, el espacio del sector privado que opera con los criterios y las instancias del mercado. Aquí, el sector público, y el Estado con él, debe cumplir una triple e indelegable función: de producción, de redistribución y de regulación y organización.
- En cuanto a los derechos fundamentales, los de tercera generación reclaman su presencia, junto a los ya reconocidos históricamente: derechos de las minorías étnicas, sexuales, lingüísticas, derechos de los inmigrantes, ancianos, niños, mujeres, derechos al medio ambiente, las generaciones futuras, la paz, el desarrollo de los pueblos, las manipulaciones genéticas, las nuevas tecnologías, catálogo aún en proceso de construcción y definición.

El Estado de Derecho pretende realizar el viejo sueño ilustrado: el gobierno de las leyes sobre el arbitrio de los hombres, al tiempo que se reconocen y garantizan las libertades de los ciudadanos. Las notas distintivas del Estado de Derecho fueron expresadas jurídicamente por primera vez en la Declaración de los Derechos del Hombre y del

Ciudadano (1789), que sirvió como modelo al constitucionalismo posterior, actualizado y renovado con la Declaración Universal de los Derechos Humanos de 1948 y los subsiguientes Pactos Internacionales de Derechos Humanos (1966). En el ámbito hispanohablante, la Constitución española de 1978 puso en circulación la expresión Estado social y democrático de Derecho, formulación que se ha trasladado a muchas constituciones contemporáneas de América Latina, sobre todo después del fin de las dictaduras militares en el subcontinente.

Estado de derechos

Ramiro Ávila Santamaría

La Constitución del Ecuador del año 2008, en su artículo 1, estableció que el país es un Estado constitucional de derechos, intercultural y plurinacional, entre otras características.

Una lectura ligera y rápida sobre el "Estado de derechos" nos llevaría a pensar que hubo un error de codificación en el texto constitucional y que hay una "s" de más. Detrás de la palabra "derechos" que cualifica al Estado, hay justificaciones y sentidos.

En el Estado de Derecho el poder está sometido al Derecho bajo dos modalidades. En una, el Derecho es entendido exclusivamente como la ley; en la otra, el Derecho tiene una concepción más amplia y se la podría entender como el sistema jurídico formal o como el sometimiento a la Constitución. En todo caso, el Estado se somete a las normas, a los textos vigentes.

En el Estado de derechos, en cambio, todo poder, público y privado está sometido a los derechos reconocidos en el sistema jurídico a las personas titulares. El Estado se somete a las personas, a las colectividades, a los pueblos y a la naturaleza.

En el Estado de derechos, los derechos, que son creaciones y reivindicaciones históricas, anteriores y superiores al Estado, someten y limitan a todos los poderes, incluso al constituyente. La parte dogmática de la Constitución tiene una relación de importancia superior a la orgánica, que incluso prima en importancia en el texto jurídico al establecer el fin y al instrumentalizar para su efectivo cumplimiento a los órganos estatales. El Estado al servicio de las personas.

El Estado de derechos nos remite a una comprensión nueva del Estado desde dos perspectivas: la pluralidad jurídica y la importancia de los derechos reconocidos en la Constitución para la organización del Estado.

En el Estado de Derecho, el único sistema jurídico que existe y se reputa válido es el formal. La única fuente del Derecho es la ley y el resto de las normas expedidas de conformidad con los procedimientos y las autoridades competentes reconocidas por la Constitución.

En el Estado de derechos, en cambio, los sistemas jurídicos y las fuentes se diversifican. Uno de los sistemas jurídicos es el estatal; otro el supraestatal o internacional; otro es el que se deriva de prácticas y valores de los pueblos indígenas, que son comunidades políticamente organizadas, tienen autonomía y ejercen el derecho a la autodeterminación.

El Derecho indígena siempre ha existido y siempre se ha aplicado en el Ecuador y en muchos países del continente americano. El Derecho indígena, como cualquier sistema jurídico, está compuesto por principios, normas, procedimientos, autoridades legitimadas para aplicarlo y formas de ejecución.

El Derecho estatal, pues, convive con otros sistemas normativos en el mismo territorio nacional y, por tanto, se podría hablar con propiedad de que el Estado es de derechos por contener dentro del Estado varios sistemas normativos.

Otra explicación al predicado "Estado de derechos" es que el fin del Estado es el reconocimiento, promoción, garantía de los derechos constitucionalmente establecidos. La parte que se conoce como dogmática cobra protagonismo en relación con la parte orgánica y en relación con el sistema jurídico. La parte orgánica debe adecuarse a cumplir los derechos y el sistema jurídico debe adecuarse a la parte dogmática de la Constitución. Por ello, no es casual que las garantías en el texto constitucional ecuatoriano sean de políticas públicas, normativas y, en última instancia, judiciales (artículos 84 al 86).

Bobbio, en un célebre ensayo traducido como "La era de los derechos", hace una aproximación interesante a los derechos desde la filosofía de la historia: la revolución de los derechos es a la ciencia jurídica y política lo que la revolución copernicana fue a la física. Los derechos humanos, en relación con el Estado, invierten el punto de vista del análisis y la centralidad Estado-persona. La era de los derechos es un tiempo distinto a la era de las obligaciones. Lo importante no es el Estado, sino la persona; no son las obligaciones, sino los derechos; no es el que tiene el poder de incidir en el comportamiento del otro, sino el históricamente sometido.

En suma, Estado de derechos significa el reconocimiento de varios sistemas jurídicos que tienen como centro, medio y fin, el ejercicio y la protección de los derechos de las personas, colectividades, pueblos y la naturaleza.

Estado liberal de Derecho

Ver *Estado de Derecho*.

Estado plurinacional

José Luiz Quadros de Magalhães

El vocablo, en el sentido que aquí se emplea, es una noción del nuevo constitucionalismo latinoamericano. Supone no solo el reconocimiento a la diversidad de pensamiento y la tolerancia, sino además, la aceptación de la diversidad cultural y jurídica. Aspira a la construcción de la igualdad sobre la complejidad social (Welzer, 2004).

Es fundamental percibir que, a costa de la uniformización hegemónica, a partir de un padrón europeo, los textos de este constitucionalismo protegen el reconocimiento de la diversidad como derecho individual y colectivo por el ordenamiento jurídico. Como consecuencia de esta idea, viene la afirmación del derecho a la diversidad como derecho individual y colectivo, además de la idea de derecho a la diferencia (individual o colectiva), lo que implica la búsqueda de la superación de cualquier padrón hegemónico establecido por el Estado y todavía persistente en la idea de derecho a la diferencia (¿diferente de qué?).

Otro eje importante es la superación de la lógica binaria, fundada principalmente en el dispositivo moderno "nosotros *versus* ellos", y de la cual transcurren otros dispositivos como inclusión *versus* exclusión; capital *versus* trabajo; culturalismo *versus* universalismo, entre varios otros.

Es perceptible también la creación de espacios de diálogo, no hegemónico, intercultural (más allá del multiculturalismo), lo que permite la construcción de un espacio común, de un Derecho común, en una perspectiva transcultural, posibilitando la superación de una lógica histórica lineal por la idea de permanente complementariedad.

Punto marcado especialmente en las Constituciones de Ecuador (2008) y Bolivia (2009) consiste, además, en la construcción de una nueva concepción de naturaleza como concepto integral superando la idea de "recursos naturales", uno de los mitos modernos que separa el "hombre" de la "naturaleza", y transforma la naturaleza en algo salvaje, a ser domado y explotado por la civilización. Esto implica la superación de la idea de "desarrollo sostenido", concepto que pasó a condicionar la naturaleza y el medio ambiente a las necesidades de desarrollo económico moderno (capitalismo), que implica más consumo y más producción como meta permanente. La prioridad es la naturaleza, mientras que el sistema económico debe adecuarse al respeto a la vida como totalidad sistémica. De ahí surge una nueva comprensión de persona superando la idea del "individuo" liberal, que nace y muere con una personalidad distinta y separada de la comunidad y de la naturaleza. El nuevo concepto de persona nos remite a una persona plural, dinámica, procesal, no limitada, y no restringida a un nombre colectivo, a una etiqueta, a un hecho, o a un nombre de familia. Una persona que es naturaleza e integra el todo en el universo.

Otros puntos de ruptura pueden ser enumerados: la sustitución de un sistema moderno monojurídico (hegemónico) por un sistema plurijurídico, que admite la pluralidad de derechos de familia, de propiedad (y de no propiedad) y de jurisdicciones; la igualdad entre jurisdicción originaria (indígena) y "ordinaria"; democracia consensual como prioridad; judicial consensual (justicia de mediación) como prioridad; pluralismo epistemológico como fundamento del conocimiento, de la democracia y de la justicia plural; superación de la dicotomía "culturalismo *versus* universalismo", lo que requiere la superación del falso concepto de universalismo (el universalismo europeo). (WALLERSTEIN, 2007).

Estado social de Derecho

Adoración GUAMÁN HERNÁNDEZ

Si hay una característica que se plantea como indiscutible en la forma de Estado social es la integración de la contradicción y la diferencia junto con el reconocimiento del conflicto en el orden constitucional. Así, como elemento preponderante, encontramos un pacto *político-social* pluralista, sostenido por los elementos formales básicos del Estado liberal y vinculado de manera indisoluble con el principio de solidaridad (DE CABO, C., 2006) y con la creación de las condiciones materiales más adecuadas para una existencia digna. Por añadidura, y como rasgo igualmente característico, este pacto de fundacional se inserta como uno de los elementos vertebrales de las constituciones del Estado social.

Con estas líneas de encuadre, la noción estricta de Estado social se utiliza para referirse a la forma de organización jurídico-política de los Estados centrales del capitalismo a partir de la segunda posguerra mundial, un modelo en el que las dimensiones política, económica y jurídica aparecen estrechamente vinculadas (DE CABO, A., 2006). No se trata, por tanto, de una noción atemporal, al contrario, las formas de Estado son formas históricas sustentadas en la constitución material que configura sus rasgos fundamentales, motivo por el cual las características del Estado social europeo de posguerra no pueden coincidir con las que determinan la forma Estado social en América Latina, pues existen diferencias sustanciales en los agentes, las condiciones socioeconómicas o los elementos específicos de integración y gestión del conflicto.

La adecuada comprensión de las distintas expresiones del modelo amerita una profundización en las características de la formación histórica inicial, que arrancó en el primer tercio del siglo XX en Europa. La constitucionalización del Estado social tuvo sus primeras expresiones en la Constitución mexicana de Querétaro (1917) y en la alemana de Weimar (1919). Ya en el momento de posguerra, la forma Estado social se expandió en Europa, configurándose como una respuesta al conflicto de clase, aceptando que para producir un orden posible era necesario integrar el conflicto capital-trabajo constitucionalizando (con mayor o menor amplitud) los derechos sociales y los mecanismos de composición de la confrontación, en una fase de capitalismo monopolista de Estado con una regulación del trabajo basada en el modo de producción fordista. La asunción del keynesianismo apuntaba a la reformabilidad del capitalismo, sin transgredir sus límites, pero haciendo compatibles dos tendencias antes excluidas: la intervención del Estado en la gestión económica y la presión sindical.

Durante décadas, y en el ámbito europeo, la forma de Estado social cumplió su función de optimización de las condiciones de funcionamiento del capitalismo oligopólico nacional, al tiempo que consiguió garantizar la reproducción social, la mejora, moderada, del bienestar de la clase trabajadora y la participación de sus representantes en la arquitectura institucional y en la regulación de las condiciones de trabajo y de vida. Sin embargo, es igualmente evidente que todo ello se consiguió arrastrando una serie de limitaciones o patologías que coadyuvaron en la precipitación de la crisis del modelo y que forman parte ya indiscutible de su código genético originario. Las patologías más relevantes son (DE CABO, A., 2012): obrerismo, patriarcalismo, clientelismo, colonialismo, depredación y expolio de la naturaleza. De entre ellas, la base androcéntrica y patriarcal del Estado social es especialmente destacable (FRASER, 2020). A todo lo anterior, ya en el concreto plano constitucional, se suma la débil juridificación de los derechos sociales que, situados en una posición subordinada y dependiente, ha lastrado su evolución y desarrollo posterior y que ha coadyuvado al movimiento deconstituyente (PISARELLO, 2011) o la desconstitucionalización del programa constitucional (MAESTRO, 2012).

La crisis señalada coincidió en el tiempo con el impulso de determinadas características propias del Estado social en el último periodo del constitucionalismo latinoamericano (Maestro, 2012). Es innegable que, desde México 1917, la incorporación de declaraciones de derechos robustas, extensas y generosas, con la inclusión de nuevos derechos sociales, económicos y culturales, ha sido una de las "marcas de identidad" del constitucionalismo regional (Gargarella, 2018). Sin embargo, las constituciones más recientes —Colombia, Venezuela, Bolivia y Ecuador— comparten, entre otros rasgos característicos, la inclusión de la fórmula "Estado social" reforzada, con características novedosas fundamentales y apoyada en procesos constituyentes emancipadores (Viciano & Martínez Dalmau, 2017).

Con la vida buena como núcleo del nuevo pacto constitucional de convivencia, las Constituciones de Bolivia y Ecuador marcaron, además, una ruptura epistémica con la mirada antropocéntrica, instalando un nuevo pacto ecosocial que permea el conjunto del nuevo modelo (Ramírez, 2023). Se trata de una suerte de sustitución del vínculo social típico del constitucionalismo del Estado social clásico europeo por otro más general, el buen vivir, que en palabras de Maestro, incorpora tanto una legitimación más amplia para la intervención estatal como una definición más compleja del bienestar. En este marco, las renovadas declaraciones de derechos no solo se expandieron, sino que asumen los principios de universalidad, interdependencia, indivisibilidad y progresividad, aceptando el necesario protagonismo de los derechos sociales, económicos y culturales en la garantía de la vida buena, compatibilizándose todo lo anterior con un modelo económico calificado como social, comunitario y solidario, que tiene como protagonistas a una complejidad de nuevos sujetos constitucionales, integrando todo lo anterior una renovación mejorada de las características históricas de la forma de Estado social.

Estados excepcionales

William Felipe Hurtado Quintero

El ordenamiento jurídico es un sistema de pretensiones compactas creado para responder a los conflictos sociales desde la institucionalidad en contextos de normalidad. Sin embargo, las sociedades no son inmóviles y, por ende, dicho ordenamiento jurídico ha de admitir salidas excepcionales para atender problemas derivados de situaciones o crisis extraordinarias de orden social, económico, bélico e, inclusive, ambiental (ECHEVERRI, 2014). El estado de excepción es la institución prevista para enfrentar esos contextos. Su declaración constituye facultad del ramo ejecutivo del poder público, y lo habilita para adoptar decisiones de urgencia, entre ellas, la suspensión de algunos derechos.

La atención de crisis a través de medidas excepcionales suele ser, después de las revoluciones liberales y los procesos de emancipación en América, una cuestión recurrente. En ello ha influido el diseño de la forma de gobierno que dota al presidente de amplias atribuciones unipersonales (FIX-ZAMUDIO, 2004).

En el contexto latinoamericano, esta institución ha pasado por todo un proceso histórico de desnaturalización, apoyado por el cambiante entorno político de la región, el cual ha estado marcado por la inestabilidad política, regímenes dictatoriales, conflictos armados y fenómenos como el narcotráfico. En este marco es complejo pensar en un ambiente de normalidad jurídico-política y que el establecimiento de la excepción —o el sitio— se constituiría en la herramienta que sirve de garantía a los procesos de normalización del Estado de Derecho o el Estado constitucional. Contrario a ello, en diversos contextos lo anormal se volvió normal y los estados de sitio o excepción fueron excusa para el desequilibrio en el poder público y facilitar la acción política general del poder ejecutivo.

Esta desnaturalización implicó en varios casos la atemporalidad o prórrogas indefinidas de los estados de excepción; la actividad legislativa en cabeza del ejecutivo, inclusive en asuntos no relacionados con la crisis coyuntural y con carácter de normas permanentes; la suspensión de derechos o garantías fundamentales, sobre todo el debido proceso; intervención del Derecho militar en situaciones propias del Derecho ordinario; falta de control judicial de las medidas de excepción en defensa de la Constitución, entre otras (GOIZUETA, 1997).

Con el nuevo constitucionalismo latinoamericano se ha pretendido brindar respuestas democráticas a las fallas políticas y jurídicas del viejo constitucionalismo desde la concepción de un modelo de Estado constitucional y democrático de Derecho. Entre esos puntos está la reconfiguración de los estados de excepción, superando cualquier escenario de gobierno de sitio a uno donde imperen medidas con un marco limitante desde el constitucionalismo garantista (GARCÍA & UPRIMNY, 2005).

En la actualidad, en Latinoamérica hay una tendencia común, más o menos generalizada, en torno a la declaratoria y el desarrollo de estos estados, cuyas características y distinciones, según CARRASCOSA (2020) son las siguientes (si se toman como muestra países como Guatemala, El Salvador, México, Chile, Uruguay, Argentina, Colombia y República Dominicana):

(i) Su solicitud es facultad del ejecutivo.

(ii) En Argentina, Chile, República Dominicana, Uruguay y El Salvador, el presidente puede por sí mismo declararlo. En Colombia, México y Guatemala, la declaratoria debe estar acompañada de la firma de sus ministros.

(iii) En Argentina, México, República Dominicana, Uruguay y El Salvador, la declaratoria requiere ser aprobada por el cuerpo legislativo. En países como Colombia y Chile, como regla general no requiere aprobación del Congreso, salvo en algunos casos, como sucede con el estado de guerra exterior en Colombia.

(iv) Prohibición de suspensión de los derechos humanos y vigencia temporal de la excepción.

(v) Control judicial del acto de declaratoria y de los que establecen las medidas de excepción por parte del tribunal, corte o sala constitucional.

Si bien el continente ha avanzado en el rompimiento de las viejas formas de estados de sitio, persisten situaciones que dan lugar a la reflexión sobre su alcance político cuando se pone en función del presidencialismo y sus proyectos políticos. Sobre este punto, abiertos están para la discusión las medidas de emergencia tomadas en algunos países para mitigar la pandemia derivada de la COVID-19, el polémico anuncio de estado de excepción del entonces presidente CASTILLO en el Perú y el estado de excepción declarado por el presidente BUKELE y aprobado por el Congreso en El Salvador, ambos en 2022.

Estándar de máxima protección de los derechos humanos

Fernando Bruno ESCOBAR PACHECO

El término alude al patrón que se conforma sobre derechos humanos a partir de la regulación de estos en los tratados internacionales; las observaciones, comentarios y recomendaciones ofrecidas por organismos internacionales vinculados al sistema protección de los derechos humanos de las Naciones Unidas y los sistemas regionales; y las pautas interpretativas asentadas por los órganos de justicia supranacionales y las cortes o tribunales constitucionales nacionales.

Esos estándares delinean requisitos para la interpretación, aplicación y argumentación de los derechos, así como las conductas que deben seguir los Estados en el cumplimiento de sus obligaciones de respeto, protección, satisfacción y realización de derechos. Es un concepto en desarrollo, en el sentido de que el contenido de los derechos se transforma y las amenazas a su realización también cambian.

Un antecedente de la doctrina fue la discusión sobre el sistema de protección de los derechos fundamentales en la Unión Europea, especialmente en lo atinente a los criterios de interrelación entre el sistema comunitario, el Consejo de Europa y los mecanismos nacionales. Para solucionar los problemas de interrelación y convivencia se presentaban dos alternativas: una opción maximalista (máximo estándar de protección) y la solución pluralista que aceptaba la convivencia de diferentes órdenes normativos sin jerarquía de ninguno y que conllevaba a un sistema multinivel y desigual de aseguramiento y protección (SARRIÓN, 2014: 73).

La labor de los organismos internacionales relacionados con los derechos humanos, en particular los órganos de justicia, es la que ha ido contornando estándares en tal sentido. En el Sistema Interamericano (SIDH) esta pauta se define a tenor de documentos rectores como la Declaración Americana de Derechos y Deberes del Hombre (1948) y la Convención Americana sobre Derechos Humanos

(1869); documentos específicos en determinado contenido como la Convención Interamericana para prevenir, sancionar y erradicar la violencia contra la mujer (1994); las interpretaciones y opiniones brindadas por la Corte IDH; etcétera.

Por ejemplo, el documento "Estándares jurídicos vinculados a la igualdad de género y los derechos de las mujeres en el Sistema Interamericano de Derechos Humanos: Desarrollo y aplicación" define estándares que sirven de guía para los Estados miembros de la OEA, en términos de cumplir con sus obligaciones relacionadas con la igualdad de género que orientan a los gobiernos y sirven de herramientas vitales para el trabajo de las organizaciones de la sociedad civil, agencias internacionales, el sector académico y el monitoreo de los derechos humanos.

En el orden constitucional nacional, las cortes o tribunales han ido trabajando también la noción. Por ejemplo, es usual por parte de la Corte Constitucional de Colombia realizar una sistematización sobre los estándares internacionales de protección de temáticas determinadas, como la que realizó en la Sentencia T-550/15, sobre las personas y comunidades afectadas por desplazamientos conexos al desarrollo; la Sentencia C-503/14, que fijó los estándares para verificar las medidas regresivas en el ámbito de los derechos sociales; la Sentencia C-536/12, que lo hizo sobre el derecho a la vivienda digna.

En Bolivia este criterio ha sido desarrollado a efectos de solucionar divergencias entre el contenido de decisiones de la justicia constitucional que tienen el mismo grado de vinculatoriedad y de efectos generales, en atención al artículo 203 de la Constitución Política del Estado, pero que resultan contradictorias.

En ese sentido, el Tribunal Constitucional Plurinacional, desarrollando un entendimiento basado en los artículos 13.IV y 256 de la Constitución, que configuran la obligación de interpretación más favorable en materia de derechos humanos, señaló en la SCP 2233/2013, de 16 de diciembre, que con la expresión estándar más alto de la jurisprudencia constitucional se refiere a las decisiones del Tribunal Constitucional que hubieran resuelto un problema jurídico recurrente y uniforme, pero de manera progresiva a través de una interpretación que tiende a efectivizar y materializar de mejor manera los derechos fundamentales y garantías constitucionales previstas en la Constitución y en los tratados internacionales de derechos humanos que forman parte del bloque de constitucionalidad.

La propia sentencia estableció que el método de identificación del estándar más alto en la jurisprudencia constitucional es a través de un examen o análisis integral de la línea jurisprudencial, de tal forma que el precedente constitucional en vigor se constituirá en aquel que resulte de dicha comparación. Sobre la comparación entre precedentes, el fallo de la Sentencia SCP 0846/2012, de 20 de agosto, asentó el criterio de análisis dinámico jurisprudencial.

La jurisprudencia constitucional boliviana ha precisado que el uso del estándar más alto de la jurisprudencia constitucional al menos tiene dos consecuencias prácticas: i) que un juez o tribunal, en caso de contar con dos sentencias constitucionales contradictorias, elija, de acuerdo con las particularidades de cada caso, el entendimiento que tutele de manera más adecuada los derechos fundamentales que llegan a ser el estándar más alto; ii) de existir diversos entendimientos jurisprudenciales no antagónicos, sino progresivos, estos deban armonizarse para la resolución más adecuada del caso en atención a los derechos fundamentales, obteniéndose vía integración de jurisprudencia el estándar más alto.

Exclusión social

Lilian BALMANT EMERIQUE

La exclusión social es el proceso por el cual individuos o grupos son sistemáticamente apartados o privados, en diversos ámbitos de la estructura de la sociedad, de varios derechos, oportunidades y recursos que normalmente están disponibles para miembros de un grupo diferente y que son fundamentales para la integración social y el respeto de los derechos humanos. Por lo tanto, la exclusión es un proceso de marginación, degradación o desventaja social para personas o grupos desfavorecidos en curso descendente, a lo largo del cual ocurren sucesivas rupturas en la relación de los afectados con la sociedad.

Aunque el concepto de exclusión social fue razonado desde los años de 1950, solo en la mitad de la década de 1980 alcanzó importancia en Francia. El concepto de exclusión social fue adoptado oficialmente en 1989 por la Comunidad Europea, en una Resolución del Consejo Europeo en la lucha contra la exclusión social. Desde entonces, el concepto de exclusión se ha expandido en Europa y en organismos internacionales como la ONU, la OIT y el Banco Mundial. Sin embargo, el concepto no consiguió implantarse en Estados Unidos ni en Asia, y su presencia quedó más circunscrita en África, América Latina y Europa.

En un primer momento, el término ganó un sentido diverso del original, pretendiendo que la expresión sustituyera la noción de pobreza, más utilizada en la tradición de estudios ingleses, principalmente ocupada con los aspectos distributivos (aunque esta no era la intención inicial). En una segunda acepción, el término solo se entendió como la fase terminal de un proceso, sino que significaba el propio proceso de marginación social, noción más aproximada de la tradición francesa de estudios, interesada en los aspectos relacionales de la exclusión social.

La exclusión social surge teóricamente en cuatro dimensiones correlacionadas: acceso insuficiente a derechos sociales, privación material, participación social limitada y falta de integración normativa. La exclusión social puede resultar en las siguientes consecuencias: multiplicidad de privaciones (económicas, educativas, culturales, sociales y ambientales); empobrecimiento de la vida humana y sensación reducida de bienestar; desigualdad, pobreza, desempleo y migración involuntaria; estigmatización social y marginación; complejo de miedo entre los excluidos; restricciones sobre la participación libre y plena en las actividades económicas, culturales y políticas; impacto negativo intenso en la calidad de vida, entre otras.

La exclusión social incide sobre situaciones complejas de inserción, aceptación y participación en la sociedad, se trata de un concepto multidimensional, representado por la ausencia de derechos, de la participación social, económica, cultural y política en sociedad, en el acceso a la educación, salud y cuidado, servicios básicos de infraestructura y vivienda, y la disponibilidad de entradas. La exclusión social es un fenómeno estructural, dinámico, multidimensional, acumulativo y politizable.

La enajenación o la privación de derechos, recursos y capacidades básicas (acceso a la legalidad, al mercado de trabajo, a la educación, a las tecnologías de la información, a los sistemas sanitarios y a la protección social) por la exclusión social puede estar vinculada a la clase social de una persona, raza, color de la piel, género, edad, afiliación religiosa, nacionalidad, estado educativo, nivel de vida o apariencia, discapacidad, condición periférica, pertenencia a minorías étnicas y culturales, personas LGBTQIA+, usuarios de drogas, personas privadas de libertad, inmigrantes y refugiados, etcétera.

La exclusión social es un concepto central para tratar las situaciones de pobreza, desigualdad social y vulnerabilidad de personas o grupos. La pobreza sería una de las formas de exclusión social (BALMANT EMERIQUE, 2009). Según la Corte Interamericana de Derechos Humanos, la pobreza es un problema de derechos humanos (DH), que impone obstáculos para el goce y ejercicio de estos derechos en condiciones de igualdad real entre las personas, grupos y colectividades afectados por la pobreza aguda o crónica, moderada o extrema. La pobreza implica altos niveles de discriminación estructural y exclusión social, que hacen ilusoria la participación y ciudadanía, acceso a la justicia y efectividad de derechos. La pobreza representa un nivel crítico de privación, que pone en peligro la supervivencia, la dignidad y el disfrute del derecho de las personas afectadas, dimensiones que no se limitan a la carencia de un ingreso monetario suficiente para satisfacer los ingresos mínimos, pero incluyen aspectos relacionados con el enfoque de derechos humanos (derechos civiles y políticos, derechos económicos, sociales, culturales y ambientales).

La desigualdad social y económica generada por la pobreza, la injusticia y la explotación económica ha sido un gran problema social. Para muchos, la desigualdad social en el mundo comienza con la introducción del sistema de explotación capitalista. En este sentido, el concepto de exclusión social está relacionado con el de desigualdad, siendo un factor que potencia el proceso de exclusión. Genera miseria, pobreza, mortalidad, aumento del desempleo, aumento de la violencia y marginación de parte de la sociedad.

La desigualdad social ha sido uno de los problemas recurrentes y con pocos avances en su combate en América Latina. Sin embargo, en los últimos años, las construcciones constitucionales del nuevo constitucionalismo latinoamericano han permitido algunos avances significativos, aunque iniciales para segmentos sociales que más sufren históricamente con la exclusión social (Martínez Dalmau, 2018). Aunque existen mejoras, los problemas de la desigualdad y exclusión encuentran raíces largas en la herencia colonial expresada en la colonialidad del ser, saber y poder que, a lo largo de los años, subsiste en continua acción, principalmente en relación con las cuestiones de clase, raza y género en América Latina.

Extractivismo

Alex Hassan Rendón Terrazas

Es un modelo económico basado en la explotación intensiva de los recursos naturales, asociado a sectores como la minería a gran escala, la explotación petrolera y del gas, la agroindustria intensiva, la tala de bosques, entre otras; con la finalidad de obtener beneficios económicos a corto plazo. Las críticas al extractivismo en Latinoamérica están ligadas a sus impactos sociales, ambientales y culturales, así como a la dependencia económica de varios países de la región, asociada con la desigualdad.

El impacto del extractivismo en la región ha sido significativo. Si bien ha brindado beneficios económicos en forma de ingresos y empleo, también ha generado consecuencias negativas. La explotación intensiva de recursos naturales ha llevado a la deforestación, la contaminación ambiental y la pérdida de biodiversidad. Además, ha provocado conflictos sociales y violaciones de derechos de comunidades campesinas, especialmente de los pueblos indígenas. La dependencia económica de la exportación de recursos ha dejado a la región vulnerable a las fluctuaciones en los precios de las materias primas y ha contribuido a la desigualdad y la falta de diversificación económica. Ha impactado también en la cultura y la cosmovisión de pueblos indígenas, erosionando su relación ancestral con la naturaleza. Frente a este contexto, organismos como la CEPAL y la OXFAM han propuesto la adopción de transiciones a economías diversificadas y centradas en una distribución justa de la riqueza, que combata efectivamente contra la desigualdad y genere condiciones de desarrollo sostenible respetando los sistemas ecológicos.

En esa línea, Bolivia ha reconocido en el artículo 33 de su Constitución que todas las personas tienen el derecho a un medio ambiente saludable, protegido y equilibrado. Además, establece que el ejercicio de ese derecho debe permitir a los individuos y colectividades de las presentes y futuras generaciones, además de otros seres vivos, desarrollarse de manera normal y permanente.

Por su parte, la Constitución ecuatoriana establece en su artículo 71 que la naturaleza o Pacha Mama, donde se reproduce y realiza la vida, tiene derecho a que se respete integralmente su existencia y el mantenimiento y regeneración de sus ciclos vitales, estructura, funciones y procesos evolutivos. Toda persona, comunidad, pueblo o nacionalidad podrá exigir a la autoridad pública el cumplimiento de los derechos de la Naturaleza. Para aplicar e interpretar estos derechos se observarán los principios establecidos en la Constitución, en lo que proceda. El Estado incentivará a las personas naturales y jurídicas, y a los colectivos, para que protejan la naturaleza, y promoverá el respeto a todos los elementos que forman un ecosistema.

Reconocer y proteger el derecho a un medio ambiente sano y los derechos de la Naturaleza es esencial para equilibrar las necesidades económicas con la conservación del entorno natural y el bienestar de las comunidades, en particular de campesinos y otros trabajadores rurales, pueblos indígenas y comunidades afrodescendientes.

El constitucionalismo en América Latina, al consagrar el derecho al medio ambiente y los derechos de la Naturaleza en la norma fundamental, establece una base jurídica sólida para la protección ambiental y la promoción de una gestión sostenible de los recursos. Esto implica reconocer que la naturaleza tiene sus propios derechos y que es necesario considerarla como un sujeto de protección, no solo como un objeto de explotación. Al hacerlo, se garantiza el respeto hacia la naturaleza y se fomenta una relación más equilibrada y armoniosa entre los seres humanos y el entorno natural, salvaguardando así una vida digna y sostenible para las generaciones presentes y futuras.

Extradición

Ilana Aló Cardoso Ribeiro y Danilo Sardinha Marcolino

La extradición es un acto legal mediante el cual un Estado entrega a otro un individuo acusado de cometer un delito de considerable gravedad, o que ya ha sido condenado por dicho delito, garantizando previamente que se respeten los derechos humanos del extraditado. Esta institución tiene como objetivo principal evitar, a través de la cooperación internacional, que un individuo evada las consecuencias de sus actos criminales. La concesión de la extradición generalmente se lleva a cabo con acuerdos, tratados bilaterales o multilaterales, que vinculan a las partes involucradas.

Es posible clasificar la extradición en activa, cuando el gobierno de un Estado, al que se denomina Estado requirente, solicita la medida al gobierno de otro Estado, que se denomina Estado requerido, en cuyo territorio se encuentra la persona que practicó la conducta punible. Se denomina pasiva cuando el Estado requerido concede la extradición a otro Estado de personas procesadas o sancionadas por las autoridades, que se encuentran dentro de su territorio (Bonilla, 2015).

En América Latina, este tema está regulado por varios tratados, incluida la Convención de Derecho Internacional Privado de 1928, conocida como el Código de Bustamante, que posteriormente fue modificado por la Convención sobre la Extradición en Montevideo, en 1932, y por el Tratado de Derecho Penal Internacional en Montevideo, en 1940. Además de estos tratados multilaterales específicos, también se pueden mencionar otros acuerdos de ámbito universal como la Convención de las Naciones Unidas contra la Delincuencia Organizada Transnacional y sus protocolos (Convención de Palermo, 2004), la Convención de las Naciones Unidas contra la Corrupción (Convención de Mérida, 2003), entre otras.

A través de estos instrumentos jurídicos, los países de América Latina buscan establecer un marco normativo que facilite la extradición entre ellos. Estas medidas tienen como objetivo garantizar que los criminales no encuentren lugar en territorios extranjeros y que respondan legalmente por sus actos en sus respectivos países de origen o donde se cometieron los delitos. La extradición, por lo tanto, desempeña un papel crucial en la cooperación entre los Estados latinoamericanos en la lucha contra el crimen transnacional y en la búsqueda de justicia, reforzando la importancia del respeto a los tratados y normas internacionales, en beneficio de la seguridad y estabilidad en la región.

Entre los principios que fundamentan la extradición en América Latina se destacan: (i) la doble tipicidad; (ii) la reciprocidad; (iii) la no extradición de nacionales; (iv) la prohibición de extradición por delitos políticos; y (v) la especialidad.

La doble tipicidad significa que el delito debe ser considerado crimen en ambos países involucrados en el proceso de extradición; es decir, debe haber una equivalencia entre las legislaciones penales de los países.

La reciprocidad se basa en el principio de "dar para recibir"; o sea, un país está dispuesto a extraditar un individuo siempre que el otro país haga lo mismo en circunstancias similares.

La no extradición de nacionales es algo bastante común en muchos países latinoamericanos; en general, existen prohibiciones constitucionales o legales contra la extradición de sus propios ciudadanos. Sin embargo, esto no significa que el individuo quede impune, sino que se prioriza que estos sean juzgados en su propio territorio a través de la homologación de la sentencia extranjera.

La prohibición de extradición por delitos políticos está prevista, en algunos casos, cuando la legislación de países latinoamericanos prohíbe la extradición de individuos acusados de delitos políticos para evitar persecuciones políticas. Además, el Estado requerido podrá denegar la extradición de un demandado al que haya concedido o tenga intención de conceder asilo político. En el caso de una solicitud de extradición de un refugiado, el aspecto primordial desde el punto de vista de la protección internacional es garantizar el pleno respeto del principio de la no devolución, según la nota de orientación sobre extradición y protección internacional de refugiados de la ACNUR, Agencia de la ONU para los Refugiados.

El principio de especialidad determina que el individuo extraditado solo puede ser juzgado por el delito específico que motivó la extradición, evitando que sea procesado por otros delitos cometidos anteriormente.

A pesar de los desafíos y las diferencias entre los sistemas jurídicos, la extradición en América Latina sigue siendo una herramienta esencial en la lucha contra la impunidad y en el fortalecimiento del Estado de Derecho. La cooperación internacional para la extradición de criminales es una demostración de compromiso con la justicia, la seguridad y el respeto a los derechos humanos, pilares fundamentales para el desarrollo y la estabilidad de la región.

La extradición es una figura legal que se justifica únicamente en casos de delitos de cierta gravedad y no se aplica a simples contravenciones. Con este propósito, algunos tratados específicos establecen que la extradición solo será concedida si el delito es castigado con una pena de prisión superior a uno o dos años. La doctrina y la práctica mencionan ciertos casos en los cuales la extradición no debe concederse, tales como los crímenes políticos, los crímenes relacionados con la libertad de prensa, los crímenes religiosos y los crímenes militares. En el caso de que el individuo sea condenado a pena de muerte, la extradición solo se otorgará si esa pena es conmutada por una pena de prisión (Osorio-Montoya, 2018).

Un caso emblemático en Latinoamérica involucra a Alberto Fujimori. El expresidente de Perú se convirtió en una figura simbólica en el ámbito de la extradición en América Latina. Luego de su huida a Japón en 2000, donde renunció a la presidencia por fax desde su país de origen, Fujimori fue objeto de una solicitud de extradición por parte del gobierno peruano para que respondiera por diversos cargos relacionados con violaciones a los derechos humanos y corrupción durante su mandato.

Después de pasar varios años en Japón, Fujimori viajó a Chile en 2005, con la intención de regresar al Perú y postularse nuevamente para la presidencia. Sin embargo, en Chile fue arrestado en el aeropuerto, en respuesta a la solicitud de extradición presentada por las autoridades peruanas (Ramíres Parco, 2011).

El proceso de extradición de Alberto FUJIMORI fue complejo y prolongado, involucrando argumentos legales y políticos tanto en Chile como en Perú. En 2007, después de un extenso proceso legal y debates sobre la viabilidad de la extradición por delitos cometidos durante su mandato, Chile finalmente accedió a extraditar a FUJIMORI al Perú. Ya en su país de origen, FUJIMORI fue juzgado y condenado por diversas violaciones a los derechos humanos, incluyendo el caso de las matanzas de Barrios Altos y La Cantuta, así como por corrupción. Su juicio fue ampliamente seguido y generó un intenso debate en la sociedad peruana.

La extradición de Alberto FUJIMORI fue un marco importante en el campo de la justicia y la rendición de cuentas de altos funcionarios por sus acciones durante el ejercicio del poder en América Latina. Este caso ilustra cómo la cooperación internacional y la aplicación de tratados de extradición pueden contribuir a que los líderes políticos rindan cuentas por posibles abusos de poder y crímenes cometidos en el ejercicio de sus funciones (RAMÍRES PARCO, 2011).

F

Familias

Leonardo Bernardino PÉREZ GALLARDO

Definir la familia cada día se torna un imposible. Como ha dicho el Tribunal Constitucional de Perú: "A nivel de la región, los constituyentes se han referido a la familia como 'núcleo fundamental de la sociedad', 'elemento natural y fundamento de la sociedad', 'fundamento de la sociedad', 'asociación natural de la sociedad' y como el 'espacio fundamental para el desarrollo integral de las personas', 'base de la sociedad', 'célula fundamental de la sociedad', por citar algunos" (Sentencia de 6 de noviembre de 2007, recaída en el expediente 06572-2006-PA/TC). Esta institución, que ha permanecido en toda época, logrando atravesar las barreras de la historia, sigue, no obstante, con "vida", a pesar de las predicciones de aquellos que hablan de su "crisis", "siendo un instituto constitucional [...] se encuentra inevitablemente a merced de los nuevos contextos sociales" (Pleno del Tribunal Constitucional de Perú, Sentencia de 20 de junio de 2010, recaída en el expediente 04493-2008-PA/TC). La familia sigue hoy siendo el sostén de las personas, base de su educación e inserción social, que alienta además sus proyectos individuales, a la vez que fomenta la motivación de ese grupo de personas, cuyos lazos o vínculos, también hoy han cambiado.

La familia, que importa no solo para los juristas, ha sido sustentada desde la modernidad a partir de lazos conyugales o parentales (entendidos estos, ya sea los consanguíneos, nacidos a partir de la filiación; los civiles o adoptivos, que tienen como fuente la figura de la adopción; y los afines, devenidos a partir del matrimonio, y no precisamente entre los cónyuges, sino entre los parientes consanguíneos de un cónyuge y el otro de los cónyuges). La familia tradicionalmente ha sido concebida entonces como aquel grupo de personas cuyo cordón umbilical lo es el nacimiento o el matrimonio, y excepcionalmente la adopción. Empero, esta visión biologicista, ha sido hoy, en sentido general superada, "no puede concebirse únicamente como una institución en cuyo seno se materialice la dimensión generativa o de procreación" (Tribunal Constitucional de Perú, Sentencia de 6 de noviembre de 2007, recaída en el expediente 06572-2006-PA/TC). Empero, las dinámicas sociales han dado un impulso a las concepciones que desde el Derecho se tienen de la familia, a partir de un enfoque de pluralismo que permite ensanchar su concepto tradicional, todavía anclado en la mayoría de las codificaciones civiles y familiares, a la familia nuclear, o sea, "el concepto de familia no puede ser entendido de manera aislada, sino en concordancia con el principio de pluralismo", porque "en una sociedad plural, no puede existir un concepto único y excluyente de familia, identificando a esta última únicamente con aquella surgida del vínculo matrimonial" (Corte Constitucional de Colombia, Sentencia C-577/11, de 26 de julio, magistrado ponente: Gabriel Eduardo Mendoza Martelo). Se abre fila así el componente socioafectivo en los modelos familiares que el Derecho comienza a recepcionar y proteger.

La familia de hoy, la familia moderna, ha dicho el Supremo Tribunal Federal de Brasil, se sustenta en el "[...] afecto como valor jurídico impregnado de naturaleza constitucional: un nuevo paradigma que informa e inspira la formulación del propio concepto de familia" (Ref.: 477554 MG, Relator: ministro Celso de Mello. Data de Julgamento: 16/08/2011, Segunda Turma, data de Publicação: DJe-164, divulg. 25/08/2011 Public. 26/08/2011, Ement Vol-02574-02 PP-00287), o como refuerza el Tribunal Constitucional de Perú (Sentencia de 6 de noviembre de 2007, recaída en el expediente 06572-2006-PA/TC): "es la encargada de transmitir valores éticos, cívicos y culturales. En tal sentido, 'su unidad hace de ella un espacio fundamental para el desarrollo integral de cada uno de sus miembros, la transmisión de valores, conocimientos, tradiciones culturales y lugar de encuentro intra e intergeneracional', es pues, 'agente primordial del desarrollo social'".

La tesitura que hoy mueve la mirada de algunos autores de indudable autoridad científica supone reformular el concepto tradicional de familia, de manera que permita ser omnicomprensivo de las distintas constelaciones familiares, aun sus diferencias y modos de expresión. Se requiere, no solo desde la sociología, la demografía, las estadísticas, sino también desde el Derecho, no una visión compasiva o meramente tolerante, sino una vocación de ecumenismo. En el concepto de familia deben prevalecer el amor, los afectos, las emociones, la solidaridad, el sentido de convivencia, más allá de estereotipos sexistas, de presupuestos ideológicos, de requerimientos normativos. Como expresara hace ya algunos años la profesora Kemelmajer de Carlucci (1999: 13): "La familia hoy es [...], el ámbito de encuentro del amor y de la solidaridad, de la formación moral de los hijos, de la protección contra las agresiones externas de todo tipo, de la recepción y revalorización de las esperanzas y sueños. Y esta función no es baladí; por el contrario, es la que respeta a la persona en su real humanidad". Y esa familia no solo es la nuclear, monogámica y heterosexual, dogmáticamente entendida y concebida como único modelo familiar. En tal orden han sido catalizadores, a través de esa labor de orfebrería jurídica, las cortes o tribunales constitucionales en su función de guardianes y máximos intérpretes de la Constitución de cada Estado.

Pensar la familia en plural no supone únicamente agregar la letra "s" a una palabra, sino llevar la visión que tradicionalmente se ha tenido de familia al nuevo escenario tan diverso, plural, democrático que hoy se impone. Se trata de sumar derechos y visibilizar modelos familiares hasta entonces no reconocidos desde el prisma jurídico.

En fin, el concepto de familia no puede ser entendido de manera aislada, sino en concordancia con el principio de pluralismo, porque en una sociedad plural, no puede existir un concepto único y excluyente de familia, identificando a esta última únicamente con aquella surgida del vínculo matrimonial. No es mero capricho el uso del plural, como antes se ha utilizado en materia de Derecho civil para hacer referencia a las sucesiones, a las obligaciones, a los contratos, a las personas, a los derechos reales. Siempre en plural como expresión de la diversidad de tipos de cada una de estas instituciones, que no por ello dejan de concebirse en abstracto en singular, como cuando hablamos de la Teoría del contrato, o la de la regulación de la sucesión *mortis causa.* Solo la familia dentro de las instituciones clásicas del Derecho civil en su prístina concepción ha sido relegada y vista desde el prisma de lo singular, cuando también la familia se ha pluralizado para emerger como familias, expresión de los distintos arreglos familiares que hoy tienen arraigo y reconocimiento social, no así en todos los casos, expresión jurídica. "El *derecho de familia* pasa a ser así una ordenación neutra (si ello es posible, porque la neutralidad es en sí misma una ideología) que debe aplicarse a diferentes modelos de familia (un *derecho de 'familias'*)" (TAPIA, 2007: 159).

Fascismo(s)

Luiz Guilherme ARCARO CONCI

El surgimiento de los gobiernos fascistas en la primera mitad del siglo XX se encuentra vinculado al sentimiento político en las democracias entonces existentes, de que las instituciones del Estado no propiciaban su buen funcionamiento ni representaban a un electorado en expansión. Esa "crisis de legitimidad" propicia el surgimiento de movimientos autoritarios, nacionalistas, defensores del derrocamiento de las instituciones democráticas, para su reformulación o, más claramente, su sustitución por nuevas "formas de representación" corporativa desvinculadas del "electoralismo occidental".

El fascismo o, preferentemente, los fascismos, implementan un conjunto de medios de acción política violentas, sea desde el gobierno o en la práctica política cotidiana, con el objetivo de destruir a los "enemigos" del Estado. Es un régimen contrario a las instituciones democráticas, las elecciones y el pluralismo político. Critica el orden liberal y concibe que sus instituciones deben ser reformadas. Propugna la dictadura como la forma ideal de organización del poder político, sustentada en el líder-mesías que "ejecuta la voluntad del pueblo", arbitra los conflictos sociales, busca el "bien común" y "salva a la nación". Exige la adscripción incondicional de los ciudadanos como condición para mantener la unidad; su obediencia anticipada, bajo pena de ser considerados enemigos. Propone una nueva estética forjada a partir de la Antigüedad, como en el caso del rescate de la cultura griega, en Alemania; o de la cultura romana, en Italia; con el objetivo de contribuir a la construcción de un consenso nacional forjado en la historia. Adopta el corporativismo estatal y una visión orgánico-estatista de la sociedad sustentada en diferentes unidades orgánicas (familias, poderes locales, asociaciones profesionales y organizaciones e instituciones de interés).

La llegada de los fascismos a la América Latina tuvo improntas como la proximidad con la Iglesia católica o las propuestas antimperialistas. Su difusión encontró rápida aceptación en las comunidades europeas asentadas en la región, como la italiana, la alemana, la española y la portuguesa.

La presencia de las ideas fascistas fue más fuerte en el Cono Sur, especialmente en Argentina, Brasil y Chile. En los dos primeros, las ideas fascistas y la representación política fueron posibles con al apoyo de la sociedad que compartía ideas de este tipo. En Brasil existió, incluso, el partido más fascista de la región, la Acción Integralista Brasileña (AIB), que ocupó cargos gubernamentales y en el parlamento nacional.

Los fascismos son maleables, dependen del contexto en que se presentan, pues se trata principalmente de una performance política pensada para llegar y mantenerse en el poder, sin exigencia de partidos políticos, elecciones, instituciones de control y otras características de las democracias liberales. En América Latina, las ideas fascistas tuvieron que adaptarse para proyectarse por la región, y solo a partir de mediados de la década de 1940, fueron perdiendo espacio en la arena política.

Federalismo

Ignacio Durbán Martín

Definir el federalismo no resulta sencillo, pues se trata de un concepto poliédrico que, a lo largo del tiempo, ha sido caracterizado de formas muy diversas. Desde el prisma del Derecho constitucional, puede apuntarse que es una corriente de pensamiento sobre la construcción del orden social y político, que propugna una determinada forma de organización y distribución del poder estatal que denominamos Estado federal o federación.

Dicho modelo de Estado se cimenta sobre un pacto o decisión constituyente —no en vano el término federal proviene de *foedus*, es decir, *pacto* en latín—, que contempla como objetivo intrínseco y fundamental un reparto vertical del poder entre, al menos, dos niveles de gobierno directamente responsables ante sus respectivos electorados: el Estado (o nivel federal) y las entidades subestatales (o nivel federado). Con la formalización constitucional de esta cláusula federativa se pretende la integración de las diferentes entidades subestatales, respetando su diversidad y garantizando, a su vez, la imprescindible unidad estatal. El Estado federal implica, pues, un equilibrio entre autogobierno y gobierno compartido.

Este compromiso constitucional puede ser expresión, de acuerdo con la conocida clasificación de Alfred STEPAN (2001), de dos realidades diferentes: la asociación de estructuras anteriormente soberanas —*coming togheter*— o la reestructuración en forma descentralizada de una comunidad previamente configurada como centralizada —*holding together*—.

Partiendo del anterior presupuesto —un pacto constitucional expreso—, el Estado federal se ha caracterizado, tradicionalmente, por la concurrencia de una serie de elementos identificativos que, más allá de las diferencias y modulaciones que pueden presentar en el plano comparado, son, en esencia, los siguientes: 1) un sistema de distribución de competencias entre los distintos niveles de gobierno establecido en el máximo nivel normativo; 2) una instancia jurisdiccional *supra partes* configurada como un poder arbitral para resolver las disputas competenciales; 3) la coexistencia de una Constitución federal con constituciones de las entidades subestatales; 4) una segunda cámara territorial en el parlamento federal; 5) autonomía financiera para garantizar el ejercicio de las competencias atribuidas y la consiguiente asunción de la responsabilidad derivada; 6) la participación de las entidades subestatales en el procedimiento de reforma de la Constitución federal; 7) un elemento extrajurídico pero igualmente relevante, como es una cultura federal que asegure la lealtad y el compromiso de los diversos agentes políticos y sociales con el propio sistema.

En síntesis, el Estado federal requiere de la existencia de un pacto o decisión fundacional —*coming together* o *holding together*— y de la presencia de una serie de elementos característicos —cuya concreción puede variar en cada una de las experiencias federales—. Desde este punto de vista, conviene diferenciar el Estado federal de la mera descentralización política del poder. Todo Estado federal es un Estado políticamente descentralizado, pero no todo Estado políticamente descentralizado es un Estado federal. Al respecto, Francisco CAAMAÑO (2020) o Ramón MÁIZ (2018), entre otros, han hecho hincapié en esta capital distinción, recordando que la descentralización política hace referencia a un proceso de distribución del poder político sobre el territorio, mientras que el federalismo —y, por extensión, su plasmación: el Estado federal o federación— constituye un modelo normativo de democracia basado en la convención y el pacto entre quienes, considerándose distintos y representando mayorías diversas, deciden confluir en libertad y articular un sistema descentralizado de ordenación territorial del poder para convivir como ciudadanos de un mismo Estado. Por lo demás, es relativamente frecuente identificar diversas modalidades de federalismo (dual, cooperativo, asimétrico, plurinacional, etc.), si bien el análisis de sus implicaciones no puede abordarse en este breve espacio.

En América Latina, dejando al margen algunas breves experiencias federales vividas en Estados de tradición centralista o el caso la República Federal Centroamericana, cuatro son los países que han adoptado la forma federal de Estado desde el siglo XIX hasta nuestros días: México, Argentina, Brasil y Venezuela. Se trata de cuatro federaciones que, pese a haberse construido y desarrollado de manera diferente, comparten una misma tendencia que conocemos como "federalismo centralizador" (CARMAGNANI, 1993) o "federalismo centralizado" (PAVANI, 2018). Estas denominaciones pretenden evidenciar la fuerte concentración de poder efectivo en el nivel federal de gobierno —en forma, sobre todo, de competencias y recursos— que, por diversos factores (hiperpresidencialismo, nacionalismo, experiencias dictatoriales o inexistencia de un verdadero federalismo fiscal, entre otros) se ha consolidado en estos cuatro Estados, debilitando —cuando no imposibilitando— el referido equilibrio vertical de poderes consustancial al federalismo. Así pues, aunque en diferente grado, los Estados federales latinoamericanos muestran un acusado contraste entre el principio federal constitucionalmente proclamado *(law in the books)* y la realidad efectiva del ordenamiento *(law in action)*.

Feminismos

Ana Patricia PABÓN MANTILLA

Los feminismos agrupan, por un lado, sistemas de pensamiento de carácter crítico, marcado por una transformación permanente (OFFEN & FERRANDIS, 1991), y por otro, sistemas de movilización y acción social que buscan transformar las condiciones de vida de las mujeres. Su carácter universal posibilita la reconstrucción de diversas genealogías del concepto en distintas tradiciones culturales, sociales y políticas, lo que ha permitido mapear corrientes, diferenciables por sus postulados; categorías de análisis y propuestas, que tienen puntos de encuentro y desencuentro.

Para AMORÓS & ÁLVAREZ (2014) existe una fuerte relación entre los feminismos teóricos y los movimientos sociales y políticos de mujeres que en las distintas épocas de su desarrollo han combinado la teoría y la práctica para luchar por la reivindicación de sus derechos. De ahí que no se hable de un solo feminismo, ni de una sola forma de producir conocimiento desde el feminismo, la manera en que se han valorado sus objetos de estudio, así como los métodos y las técnicas de investigación propuestas, permiten hablar de epistemologías feministas, con un estatuto cognitivo que transforma la producción de saber en todas las disciplinas del conocimiento y en todas las formas de acción social en la que se introducen sus postulados.

Si se analizan los puntos de encuentro de los distintos feminismos, se puede afirmar que dirigen su construcción conceptual a la comprensión, desde una perspectiva crítica, de los privilegios fundados en el sexo y el género y, contemporáneamente, en relación con las distintas imbricaciones o intersecciones que establecen las categorías sexo-género con otros rasgos identitarios o sociales. Desde allí, develar las causas que generan las desventajas que viven las mujeres y feminidades en los distintos órdenes (familiar, político, social) y sobre esa comprensión generar rupturas, primero frente a la forma de producción de conocimiento (al incorporar las categorías como raza, edad, etnia, clase y preferencia sexual) (BLÁZQUEZ, 2012) y luego frente a la acción y movilización social y política de cara a su corrección o transformación. Es por ello que esta producción de conocimiento debe tener el potencial de transformar las condiciones de vida las mujeres y de las condiciones sociales y estructurales que reproducen dichas desventajas.

Esta noción epistémica y teórica se articula con la movilización política, jurídica y social que a partir de la acción busca en algunos casos corregir las desventajas, por ejemplo, mediante el avance en la consecución de estándares legales; y en otros casos, transformar las condiciones estructurales que generan desventajas para las mujeres y las disidencias de género y orientación sexual en el entramado social. A partir de allí, la crítica se dirige a cuestionar el sistema de valores sociales y culturales que reproducen y mantienen la distribución inequitativa del poder político, de los recursos económicos y de reconocimiento simbólico (Fraser, 2006); esta última asociada a la supremacía de un sexo, de una orientación sexual o de una expresión de género y la forma en que esto se imbrica con las relaciones de capital.

Los feminismos en Latinoamérica han dirigido su mirada a cuestionar el pensamiento patriarcal, racista, capitalista y colonial, así como la hegemonía religiosa, desde la transformación de las estructuras sociales que reproducen el sexismo y la jerarquía masculina (Gargallo, 2015).

Los feminismos de corte latinoamericano han hecho aportes significativos al nuevo constitucionalismo, en la medida en que se ha agudizado la crítica a la tradición liberal, a las distinciones entre lo igualitario y lo diferente, en tanto han reivindicado la perspectiva desde lo común y lo comunitario.

Desde esta postura epistémica, construida desde los feminismos comunitarios, indígenas, chicanos, lésbicos y negros se han cuestionado las respuestas desde la democracia representativa, en tanto deja sin voz a las mujeres que están por fuera de los lugares de poder. Se ha puesto énfasis en la crítica al republicanismo de corte liberal y a la supervivencia de la racionalidad colonial, racista y patriarcal que subsiste en el orden social y en las estructuras de reproducción del poder. Su originalidad conceptual radica en afianzar la necesidad de reconocer los saberes y las dinámicas de los grupos originarios y comunitarios excluidos y las voces alternas.

Esto ha marcado en el contexto latinoamericano la posibilidad de que emerjan matices en la interpretación del discurso constitucional, en su enseñanza y en las categorías de análisis para su investigación, manteniendo una fuerte relación con la práctica y la movilización social y consiguiendo en muchos casos avances propios del sur global a partir de las necesidades del contexto, como el reconocimiento de derechos para la naturaleza, las violencias sexuales y reproductivas, la discusión sobre el valor del cuidado y la necesidad de reconocimiento simbólico, además de la distribución económica y el poder.

Fiscalía general

William Felipe HURTADO QUINTERO

La definición o explicación de esta institución merece algunas precisiones iniciales, pues según el país desde donde se lea, puede generar confusiones en su conceptualización, ya que en algunos Estados latinoamericanos, hablar de fiscalía general o ministerio público hace referencia a un solo cuerpo institucional, pero en otros, se trata de dos entidades diferentes tanto en su función como en su naturaleza jurídica. Para los efectos de este texto, se acogerá la mirada integradora y se hará mención breve a la distinción del ministerio público en algunos ordenamientos constitucionales.

La fiscalía general es el órgano del Estado encargado de la investigación criminal y titular de la acción penal del Estado. Dentro de sus funciones está acusar a los presuntos responsables de haber cometido un delito, según el ordenamiento penal vigente. Está encabezada por un fiscal general y su operación se da mediante la figura de la desconcentración de funciones en múltiples fiscales, encargados de atender las diferentes investigaciones penales.

En este punto, cabe hacer la nota aclaratoria sobre el ministerio público, pues en los Estados donde se acoge el modelo integrador, hay una circularidad funcional entre la actividad de investigación criminal y otras como la defensa de los derechos humanos y garantías ciudadanas, sin embargo, dicho modelo no es absoluto en Latinoamérica, y en países como Colombia, el ministerio público es un órgano diferente a la fiscalía, siendo esta última parte de la rama judicial y el primero parte de los denominados órganos de control.

En Latinoamérica, algunos de los antecedentes más antiguos relacionados con esta institución se dieron en la apertura republicana en México con las cartas constitucionales de 1824, 1836 y 1843, que regularon fiscales judiciales con funciones de persecución y acusación delictual. En la Constitución de 1830, en la ya disminuida Gran Colombia, se crea formalmente el ministerio público con funciones mixtas entre la cuestión penal, disciplinaria y de promoción jurídica (Vila Casado, 2018). En Uruguay, en 1899, se creó el cargo de Fiscal de Corte y Procurador General de la nación.

Desde estos orígenes se destacaron algunos rasgos que van a influir en la regulación actual, por ejemplo, las funciones mixtas y el proceso de elección de la cabeza de la entidad, en la mayoría de los casos asignado a una Corte Suprema de Justicia.

Con el cierre del siglo XX y la entrada del nuevo constitucionalismo latinoamericano ha operado una especie de consolidación del rol orgánico y funcional de la fiscalía en la estructura del Estado, encontrando escenarios que desde el orden constitucional acogen el modelo dual e independiente —fiscalía y ministerio público— y el modelo integrador —fiscalía con ministerio público o como parte de este—.

En el modelo dual e independiente puede señalarse la regulación constitucional de Colombia (1991) y de Ecuador (2008), en la que ambos consideran a la fiscalía como parte de la rama o función judicial, cumpliendo la función de dirección en la investigación penal. Para el caso colombiano, hay una expresa separación entre la fiscalía general y el ministerio público como órgano de control no judicial, dentro del cual está la Procuraduría General de la Nación. En el caso ecuatoriano, si bien no se habla de ministerio público en los términos como lo hace Colombia, sí se habla de la Procuraduría General del Estado (Hurtado Quintero, W. F., & Marín Reina, 2021).

Por su parte, en el modelo integrador encontramos ejemplos como el de Bolivia, cuya Constitución (2009) establece que el fiscal general del Estado es la autoridad jerárquica superior del ministerio público. Similar contexto se presenta en la Constitución de Perú (1993), país que, aunque no es considerado parte del denominado nuevo constitucionalismo latinoamericano, su historia constitucional le ha conducido a acoger una visión integradora que articula fiscalía de la nación y el ministerio público. En este modelo la fiscalía suele estar asociada a la rama judicial.

Forma de gobierno

Carlos Manuel VILLABELLA ARMENGOL

Fisonomía que adopta el poder político público de acuerdo con la estructura, forma de constituirse, atribuciones e interrelaciones, de los órganos que ejercen la función legislativa, ejecutiva y de gobierno. Devela rasgos esenciales de la anatomía del Estado, de la organización y el funcionamiento de los órganos supremos de poder.

En la teoría política existe una diversidad de catalogaciones que han atendido a variables diversas para establecer la taxonomía. Una clasificación liminar fue la que planteó ARISTÓTELES (2011: 210). Distinguió formas puras e impuras de gobierno; en las primeras consideró a la monarquía, la aristocracia y el gobierno popular o república; en las segundas, a la tiranía, la oligarquía y la democracia (BOBBIO, 1966). En la modernidad, una categorización que resume el pensamiento de la época fue la de MONTESQUIEU (1976: 59). Reconoció a la monarquía, la aristocracia, el despotismo, la república y el gobierno mixto. En el pensamiento contemporáneo se introducen otras consideraciones para establecer la diferenciación, *verbigratia,* BISCARETTI DI RUFFIA (2000: 223) reconoce a la monarquía constitucional, la república presidencial, la república parlamentaria, la república constitucional directorial, la forma del Estado socialista, y la del Estado autoritario.

En el Estado moderno, atendiendo a las variables señaladas en el concepto que se comparte, se identifican las formas o sistemas de gobierno: parlamentaria, presidencial, semipresidencial y convencional.

La forma de gobierno presidencial emergió de la Revolución de las Trece Colonias. Se contornó en la Constitución de 1787. El prototipo norteamericano se caracteriza por los rasgos esenciales siguientes:

I) ejecutivo unicéfalo, el presidente es jefe de Estado y de gobierno; II) el presidente es elegido, de manera indirecta, por un colegio de compromisarios que representa el voto de los electores en cada Estado; III) no existe un órgano de gobierno como tal; IV) el titular del ejecutivo es asistido por los secretarios de despacho; V) los secretarios son escogidos por el presidente, generalmente entre personas de su línea política, su nombramiento requiere la aprobación del Senado; VI) el legislativo es bicameral, elegido de manera directa, un cuerpo representa al pueblo (Cámara de Representantes) y la otra a los Estados (Senado); VII) el congreso no cuenta con mecanismos de control político que puedan provocar la renuncia de los secretarios; VIII) el presidente solo puede ser forzado a dimitir mediante *impeachment*; IX) el jefe de Estado no puede disolver al legislativo en ninguna circunstancias.

La forma de gobierno parlamentaria se configuró en el Reino Unido, en virtud de acontecimientos que contornaron un flujo particular de relaciones entre el parlamento, el monarca y los ministros. A esa experiencia continúo la de los países europeos en los que las revoluciones burguesas abolieron a la monarquía. Así, se perfilaron dos tipologías, una conservó al monarca como jefe de Estado (monarquías constitucionales), en la otra la titularidad del Estado quedó en manos de un presidente. Los rasgos principales son los siguientes: I) ejecutivo bicéfalo, el monarca o presidente es titular del ejecutivo y el primer ministro es jefe del gobierno; II) el titular del ejecutivo accede al puesto de manera hereditaria o por elección indirecta en el legislativo; III) los ministros son designados por el jefe de Estado a partir del resultado electoral en el legislativo; IV) el primer ministro es investido por el parlamento; V) el jefe de Estado participa en sus atribuciones formalmente, sin activismo (particularmente en la monarquía), no es responsable políticamente; VI) el primer ministro constituye la figura central del mecanismo estatal, de él parten las iniciativas de gobierno, encabeza el consejo de ministros, es el líder de la mayoría legislativa; VII) el legislativo ejerce control político sobre el gobierno mediante mecanismos generales (preguntas, interpelaciones, comisiones de investigación, debate sobre el estado de la nación, etc.) y específicos o de última ratio (moción de censura y cuestión de confianza); VIII) los controles políticos específicos pueden desembocar en la renuncia del ministro o ministros, y la recomposición del gobierno; X) el jefe de Estado puede disolver el parlamento y convocar a nuevas elecciones en determinados supuestos.

La forma de gobierno semipresidencial se delineó en Francia a partir de la reforma constitucional (1962) al texto de 1958. La enmienda respondió a una exigencia del general Charles DE GAULLE para asumir la presidencia del país ante la crisis provocada por la guerra de independencia de Argelia. El modelo que devino fue considerado, inicialmente, como una atipicidad del parlamentarismo. ¿Qué elementos muta del sistema parlamentario?: I) el presidente es elegido por sufragio directo; II) el jefe de Estado desempeña sus funciones con liderazgo y activismo; y preside las reuniones del consejo de ministros; III) los ministros se someten a la doble confianza del legislativo y del jefe de Estado. Como las elecciones del ejecutivo y el legislativo son asincrónicas, puede ocurrir que las fuerzas políticas triunfadores no coincidan. Así, el primer ministro sería de un partido diferente al del presidente, cuestión que provoca tensión en el seno de la función ejecutiva. Esa cohabitación política requiere de una compartimentación clara de los quehaceres ejecutivos, lo que le proporciona ductilidad a esta forma de gobierno.

La forma de gobierno convencional se originó en Francia, en la Constitución de 1793, que instituyó a la Convención Nacional con funciones legislativas y ejecutivas, la que elegía al Consejo Ejecutivo de 24 miembros, encargado de la dirección y vigilancia de la administración y la ejecución de las leyes. En la misma tesitura, el texto de 1795 estableció el Directorio nombrado por la asamblea legislativa e integrado por cinco miembros. La Constitución de 1799 instituyó el Consulado compuesto por tres cónsules, designados por el cuerpo legislativo. Esa concepción de ejecutivo colegiado llegó a la Confederación de las trece Comarcas que posteriormente conformarían la nación suiza. Se adoptó en la ley suprema de 1798 y se ratificó en la de 1848. Los rasgos del prototipo suizo son los siguientes: I) el órgano legislativo (Asamblea Federal bicameral) constituye el ente superior de poder público y elige al órgano ejecutivo colegiado (el Consejo Federal se integra por siete miembros); II) el criterio para la composición del órgano ejecutivo no es primordialmente político, sino que en él esté representado la diversidad territorial y cultural del país; III) cada miembro del órgano ejecutivo dirige un ministerio, deviniendo entidad ejecutiva y de gobierno; IV) los integrantes del ejecutivo designan a un presidente y un vicepresidente por el término de un año, los que solamente podrán adoptar decisiones urgentes; V) el legislativo no ejerce mecanismos de control político específico sobre el gobierno que impliquen la renuncia de sus miembros; VI) el órgano ejecutivo no tiene facultad para disolver al legislativo.

Función ejecutiva

Carlos Manuel Villabella Armengol

El significado prístino que tuvo esta categoría fue el de implementar las leyes y decisiones adoptadas por el soberano o por el órgano que ostenta su representación. En el Estado moderno rebasa ese contorno y se manifiesta como la función que personifica al Estado y se encarga de la gestión y conducción de los asuntos públicos.

La teoría de la función ejecutiva tuvo punto de partida con Marsilio de Padua (García Cué, 1987: 107). El italiano reconoció que el pueblo considerado como *universitas civium*, es titular del poder y tiene la atribución de dictar las leyes *(legislator humanos)*, potestad que distinguió del poder de acción, *pars principans*, que posee el príncipe. Similar diferenciación reconoció Bartolo de Sassoferrato (1983). La noción fue retomada por Locke (2004: 29), que reconoce la existencia de un poder permanente que cuida de la ejecución de las leyes. Adoptó cuerpo final en la doctrina de la tripartición de poderes desarrollada por Montesquieu (1976: 228). El francés precisó que en las repúblicas modernas existe un poder ininterrumpido que se ocupa de la ejecución de las leyes y otros especiales servicios relacionados con ello; consideración que esboza la idea de que la función tiene un matiz político y supera la simple instrumentación del Derecho.

Lo que se identifica como ejecutivo, en singular, tiene dos ámbitos orgánico-competenciales: la jefatura de Estado y el gobierno. El jefe de Estado es un órgano unipersonal que lo ejerce el presidente —elegido de manera directa o indirecta— o el monarca. Excepcionalmente se ha configurado en un órgano colegiado. El gobierno, en relación con la forma de gobierno de que se trate, se personifica en el consejo de ministros —encabezado por el primer ministro o el presidente—, o en los secretarios de Estado junto al presidente. Se integra por un vasto aparato orgánico a nivel central y local que conforma la estructura de la administración pública.

Las atribuciones del ejecutivo como titular del Estado fueron reguladas en detalle desde las primeras constituciones escritas. El gobierno, por el contrario, no tuvo refrendo hasta el constitucionalismo europeo de entreguerras y enfáticamente, a partir del constitucionalismo social. Su ámbito competencial es difuso y refractario a la normativización exhaustiva, por su esencia dinámica, discrecionalidad de acción y alcance finalista.

La función ejecutiva, como un todo, se desgrana en las competencias esenciales siguientes: a) simbólica (el jefe de Estado es la cabeza de este y representa a la nación); b) ejecutiva (implementa las leyes y decisiones); c) dirección política (encauza la política interior y exterior; impulsa, coordina y controla la actividad del aparato estatal en pos de determinados fines); e) designativa (el jefe de Estado nombra a los ministros, magistrados, altos cargos militares, etc.); e) económico-social (el gobierno concibe, dirige y ejecuta las políticas económicas, financieras, sociales y culturales; así como la política exterior); d) defensa (es garante de la seguridad nacional, el jefe de Estado es el comandante de las fuerzas armadas); f) legislativa (el jefe de Estado tiene iniciativa legislativa, sanciona las leyes, legisla mediante decretos; el gobierno tiene potestad reglamentaria); g) jurisdiccional (el jefe de Estado nombra a los funcionarios judiciales de primer nivel, concede indultos).

En la forma de gobierno presidencial, la función ejecutiva la desempeña el presidente, asistido de los secretarios de despacho para la gestión de los asuntos de gobierno. Estos no conforman un órgano autónomo. El presidente es jefe de Estado y de gobierno.

En América Latina, el presidencialismo, en su diseño típico, fue mutado a partir de la introducción de elementos y dinámicas del parlamentarismo, cuestión que aconteció en el ciclo de constituciones que se promulgaron a finales de la centuria anterior e inicios de esta. Algunos textos mitigaron el contorno unipersonal del ejecutivo, señalando que la función es desempeñada por el presidente y los ministros como colaboradores (Brasil, Bolivia, Costa Rica, El Salvador, Guatemala, Panamá), o como señala el texto salvadoreño: por un órgano ejecutivo integrado por el presidente, el vicepresidente, los ministros y los viceministros. Se regularon consejos de ministros o consejos de gabinete como entes de gobierno en la mayoría de los países (excepto en Brasil, Chile, Colombia, Ecuador y México), los que en muchos casos cuentan con atribuciones propias. En Argentina y Perú se institucionalizó la figura de primer ministro como cabeza de este órgano.

Función electoral

Marco Navas Alvear

El término *electoral*, en su sentido más general, alude a "elecciones" y "electores" que en ellas participan. De allí la necesidad de una institucionalidad, que tiene que ver con el desenvolvimiento de los procesos que permiten el ejercicio del derecho al sufragio por parte de unos sujetos que tienen la categoría de electores; para lo que los ordenamientos de cada país prevén normativas específicas.

La competencia electoral es parte de los sistemas constitucionales modernos. El objeto es organizar procesos de elección popular para designar gobernantes provenientes de la comunidad política y posibilitar el desarrollo de la actividad política, a través de partidos y otras instituciones políticas. Esta competencia la desarrolla un Estado en ejercicio del principio de soberanía popular.

Los países latinoamericanos presentan diseños diferentes para ejercer la competencia electoral, estableciendo organismos especializados que actúan desde las dimensiones administrativa y contenciosa. Por ejemplo: en México existe el Instituto Nacional Electoral como entidad administrativa autónoma; el Tribunal Electoral de la Federación, que forma parte del poder judicial; y la Fiscalía Especial para la atención de delitos electorales. En Colombia se encuentra instituido el Consejo Nacional Electoral como autoridad autónoma de regulación y control, y la Registraduría del Estado Civil. En Perú se encuentra el Jurado Nacional de Elecciones como entidad de justicia;

la Oficina Nacional de Procesos Electorales, con competencias administrativas; y el Registro Nacional de Identificación y Estado Civil.

Otros modelos, como Venezuela, Bolivia y Ecuador, contemplan la competencia electoral como una rama específica del poder público. El primero establece el poder electoral, cuyo órgano máximo es el Consejo Nacional Electoral. De forma similar, el segundo, regula el Órgano Electoral Plurinacional como uno de los poderes del Estado plurinacional, encabezado por el Tribunal Supremo Electoral.

La Constitución de Ecuador es la única que se refiere propiamente la "función electoral". Por "función" nos referimos a una institucionalidad específica organizada de acuerdo con el principio de separación funcional de los cometidos del Estado. La categoría es asimilable a las denominaciones de poderes estatales o ramas en las que se divide el poder del Estado para garantizar, realizar y proteger el régimen democrático y los derechos de las personas. Así, se instituye singularmente la función electoral entre las cinco funciones previstas en este ordenamiento.

Los órganos principales de la función electoral en Ecuador, según la Constitución de 2008, son el Consejo Nacional Electoral (CNE) y el Tribunal Contencioso Electoral (TCE). El artículo 217 de la Constitución señala que ambos órganos tienen jurisdicción nacional y son administrativa, financiera y organizativamente autónomos, con personalidad jurídica propia, orientándose por los principios de autonomía, independencia, publicidad, transparencia, equidad, interculturalidad, paridad de género, celeridad y probidad.

Es necesario destacar que los casos ecuatoriano, venezolano y boliviano, que elevan a las instituciones electorales al nivel de función o poder estatal, han marcado un hito importante en el llamado nuevo constitucionalismo latinoamericano (NAVAS ALVEAR, 2017).

Resumiendo, de acuerdo con lo explicado, la función electoral se define como un conjunto institucional organizado constitucional y legalmente para garantizar el ejercicio de los derechos políticos que se expresan a través del sufragio, así como los referentes a la organización política de la ciudadanía.

Función judicial

Gorki Gonzales Matilla

En su versión más difundida, este concepto se asocia a uno de los rasgos característicos del Estado moderno en su versión clásica: la función de impartir justicia junto a las otras que definen, en su forma primigenia, la idea del orden político liberal en el plano de legislar y gobernar. La función judicial se presenta también como expresión del monopolio estatal sobre la impartición de justicia. En este caso se trata de una narrativa en cuya virtud, el contrato social que ha dado lugar al orden político debe garantizar la seguridad jurídica desde el Estado. En el fondo es una expresión que se presenta como neutral y vincula la existencia de las normas que organizan la función judicial a la justicia como realidad derivada.

Sin embargo, esa idea debe ser reconsiderada tomando como punto de referencia la forma a través de la cual se organiza el poder en la sociedad. Esta observación es relevante en algunos en los países de América Latina, donde los grandes acuerdos para definir y organizar el Estado, sus instituciones, así como fijar las garantías y derechos, no han contado con la participación de la ciudadanía. El orden imperante en estas sociedades es un "estado de cosas" que proviene de acuerdos más específicos entre ciertos grupos con poder en la sociedad: la caracterización del poder y los ordenamientos jurídicos en América Latina son, en gran medida, una manifestación de esta realidad originada en los inicios de la república del siglo XIX.

La función judicial es una parte fundamental de este escenario institucional. El que la función haya sido definida como "poder" apunta a reafirmar la pretensión definida por el modelo político republicano. Se presenta como una de las razones que justifican la existencia del "orden político" para el "bien público". Para ello se organiza a través de un andamiaje institucional repleto de principios que se relacionan entre sí (independencia, imparcialidad, debido proceso, acceso a la justicia, tutela judicial, entre otros), sin referencia a la realidad, a partir de la presunción de legitimidad del poder ostentado por el Estado, que aparece como entidad abstracta, separada de los conflictos e intereses. Sin embargo, el poder de la función judicial y las propias instituciones que le dan soporte resultan de la influencia ejercida sobre ellos desde la política, los poderes fácticos de la sociedad y quienes lo ejercen. La práctica cultural de los jueces incluso puede servir para moldear, gracias a los argumentos jurídicos, la legitimidad de los intereses prevalentes desde la óptica de los poderes en la sociedad.

Se presenta, también, como "deber" del Estado. No obstante, el significado que implica la idea de poder de "lo judicial" coloca en cuestión el contenido del "deber" del Estado en este extremo o, por lo menos, lo relativiza. En otras palabras, el esquema de esta teoría es que los ciudadanos pueden acceder a la justicia y a la tutela efectiva de sus derechos, como efecto del deber de impartir justicia a cargo de la función judicial que se ejerce desde el "poder". Empero, este "deber" proviene, más bien, del significado prevalente que adquieren los derechos fundamentales como base sobre la cual se estructura el orden político y jurídico. Es la real posibilidad de exigir la garantía de las condiciones para el ejercicio de los derechos fundamentales que atribuye contenido al deber. Sin embargo, este último está subordinado al contenido fáctico (los distintos intereses) que hegemoniza el "poder" atribuido al judicial.

Esta función del Estado hace de la imparcialidad una de sus principales características y reclama también la independencia en su actuación. Aquí se observa con claridad la diferencia entre el órgano judicial y los protagonistas del ejercicio de la función judicial, es decir, los jueces. Son ellos para quienes se predica la imparcialidad y para quienes se exige independencia en su función. La imparcialidad de los jueces, no obstante, es un supuesto que no se sostiene en ningún supuesto fáctico. Sin considerar los sesgos personales de diversa índole, la ideología o cualquier otro aspecto que pueda influir en el razonamiento de los jueces, la imparcialidad surge como pretensión que apunta a ser una "apariencia" de imparcialidad; por lo tanto, se acepta la imposibilidad de su realización, pero al mismo tiempo se establece un argumento retórico para mantenerla formalmente —aunque sea como creencia— y legitimarla a través de la argumentación del derecho.

La independencia de la función judicial está interrelacionada con la imparcialidad o, más bien, con las características personales del juez. La independencia como prohibición de la intromisión de cualquier tercero en la función del juez, está subordinada también a la capacidad o tolerancia del juez para resistir las presiones. Estas, por lo demás, no tienen por qué ser evidentes, públicas ni permanentes. Como consecuencia, la independencia como atributo del juez y de la función judicial puede situarse en un espacio muy precario y opaco.

El estado de la justicia en América Latina está expuesto a muchos de los peligros que presenta el sistema político como conjunto. Los jueces, en muchos de los países de la región, están expuestos a los males que produce la precariedad institucional, a las presiones del poder económico, y hasta la iglesia católica ha mostrado tener una dosis nada despreciable de influencia sobre el judicial. En contrapartida, las comunidades más pobres, las personas en condiciones de indefensión, mujeres, niños, comunidades y pueblos indígenas, no solo están desprotegidos por el modelo político y económico imperante, sino que difícilmente reciben la atención de la función judicial para la protección de sus derechos.

La idea de justicia como poder, desde el punto de vista institucional, ha sufrido un conjunto de cambios y ajustes. Esto se muestra en la ampliación de este atributo a otras entidades especializadas o con ciertas competencias específicas que se sustraen del clásico "poder judicial", de sus tribunales y juzgados; en algunos casos, estas entidades son típicamente administrativas y, en otros, deben la asignación de su competencia a la propia Constitución, como es el caso de las cortes electorales en algunos países de la región.

En varias constituciones de América Latina se reconoce la existencia de la justicia comunal a partir de los usos y costumbres, dentro del territorio comunal, pero con el límite de los derechos fundamentales. La institución puede ser valorada como una expresión del reconocimiento expreso o implícito del derecho a la identidad cultural y étnica, y como parte del afianzamiento de las políticas institucionales que se demandan de los Estados para tal propósito. Empero, la emergencia de la función jurisdiccional comunal es una novedad que enfrenta muchas dificultades en su actividad. Esta institución debe enfrentar la cultura legal dominante en el sistema judicial ordinario y en los otros ámbitos institucionales con los que, eventualmente, debe tener alguna relación, incluyendo a la policía. En esta línea se sitúa la propia articulación con el Derecho ordinario, a partir de la coordinación legal que debe ser trazada desde el poder legislativo.

Función legislativa

Omar Alberto GARCÍA PALACIOS

Es la actividad que realizan los parlamentos siguiendo un procedimiento previamente establecido, a través del cual las decisiones políticas se convierten en normas jurídicas. Este procedimiento se suele denominar procedimiento legislativo o proceso de formación de ley. En muchas ocasiones, el ejecutivo participa en el ejercicio de la función legislativa, convirtiéndose en un colegislador.

Los parlamentos tienen, fundamentalmente, tres grandes funciones: legislativa, representación y control. Legislan, representan y controlan. Legislar es la esencia misma de los parlamentos. En el ámbito latinoamericano, la función legislativa nace desde el instante en que se configura un órgano llamado parlamento y este es configurado en una Constitución. La función legislativa se desarrolla a través del tiempo y varía según la forma de organización parlamentaria que cada Estado adopta; incluso, la capacidad de activar dicha función también varía en dependencia de quién tiene iniciativa legislativa. La función legislativa va adquirir matices diversos en países que adopten un parlamento unicameral de aquellos cuya organización sea bicameral. En esencia, la función es la misma, pero los procedimientos para llevarla a cabo serán distintos. Eso también sucede cuando la iniciativa legislativa se reserva a pocos órganos o cuando existe la iniciativa legislativa popular o iniciativa legislativa ciudadana. La función legislativa fortalece el Estado social y democrático de Derecho.

Las constituciones de los países latinoamericanos tienen regulaciones sobre la función legislativa. Se ha afirmado que sus procedimientos varían, según se adopte un modelo unicameral o bicameral de organización parlamentaria. Los países que han adoptado un modelo bicameral son: Argentina, Brasil, Chile, Colombia, México, Paraguay, Uruguay, República Dominicana. En el caso de países que han adoptado un modelo unicameral, destacan: Bolivia, Costa Rica,

Cuba, Ecuador, El Salvador, Guatemala, Honduras, Nicaragua, Panamá, Perú, Venezuela (VILLABELLA, 2014).

Sin embargo, independientemente de la forma de organización parlamentaria (recuérdese que países con cierta extensión territorial adoptan modelos bicamerales), existen diversos elementos que conforman el procedimiento legislativo, y en términos generales, esta función legislativa puede agruparse en tres grandes fases: 1) Iniciativa (se conforma un texto que aspira a convertirse en norma jurídica); 2) constitutiva o deliberativa (se debate, elabora y aprueba la norma). 3) integración (se hace eficaz y vinculante mediante la intervención del Ejecutivo y su debida publicación en el instrumento de publicación oficial del Estado). En el ámbito latinoamericano, cuyos modelos de gobierno obedecen fundamentalmente a sistemas presidencialistas (con matices que varían según algunos países), esta función legislativa adquiere una noción muy particular, específicamente porque la figura del veto permite la posibilidad de que la decisión política del parlamento no adquiera su destino final de convertirse en norma jurídica.

En conclusión, el tipo de parlamento que tenga cada país (unicameral, bicameral), los sujetos legitimados para presentar iniciativas legislativas, el procedimiento parlamentario en sí, es decir, el proceso de formación de ley que se regule y la configuración particular sobre el veto por parte del ejecutivo le darán, entre otros elementos y factores, una peculiaridad a la función legislativa que cada país latinoamericano adopte. En América Latina se puede observar un equilibrio entre una u otra forma de organización parlamentaria para desarrollar la función legislativa.

Función social de la propiedad

Fabiola MECO TÉBAR

El instrumento jurídico que permite materializar la concepción social de la propiedad y mostrar la plasticidad o la diversidad de estatutos de la propiedad es conocido como función social. La determinación de su alcance es variada y debe reconducirse al análisis de cada uno de los diversos tipos de propiedad imaginables (aguas, minas, costas, urbana, agraria, vivienda, artística, etc.). La propiedad no es concebida bajo el Estado social y democrático de Derecho, solo como un haz de facultades individuales sobre las cosas, sino también, y al mismo tiempo, como un conjunto de deberes y obligaciones. El rol reservado a la función social no es otro que el de componer, en cada concreto contexto, los intereses en presencia, a fin de lograr un equilibrio entre los de los particulares y las necesidades de la colectividad.

La aproximación a la idea de función social llega de la crítica al Estado liberal y al individualismo propietario, que impregnaba el concepto napoleónico de propiedad, realizada principalmente por DUGUIT, que cuestionó que la propiedad fuera un derecho subjetivo y llegó a reconocer la propiedad como una función social, y al propietario como un funcionario que ha de utilizar el bien de que es propietario en beneficio de la sociedad que protege su derecho, que solo será amparado en la medida en que cumpla con tal obligación.

Una de las primeras formulaciones constitucionales de la subordinación de la propiedad al "interés público", está contenida en la Constitución de México de Querétaro, de 5 de febrero de 1917 (artículo 27). De gran relieve es también, por su fuerza expansiva, la Constitución alemana de Weimar de 14 de agosto de 1919 (artículo 14), que sentenció: "La propiedad obliga. Su utilización debe servir al bien de la comunidad" (artículo 153).

En América Latina, las Constituciones de Ecuador de 1929 o de 1945, y las posteriores, apuntaban en la línea de supeditar el interés privado a los intereses de la colectividad, los intereses del Estado, el bienestar o la justicia social. Por su parte, la Constitución colombiana de 1936 se adhería a la visión duguitiana al decir que "la propiedad es una función social que implica obligaciones" (artículo 10). Por su parte, la Constitución peronista de 1949 matizaría y ya no dirá que es una función social, sino que "tiene una función social y, como resultado, estará sometida a las obligaciones que establezca la ley con fines de bien común" (artículo 38). También recogía este concepto jurídico, aunque a nivel genérico, la Constitución venezolana de 1961 (artículo 99). En igual sentido, numerosos textos constitucionales europeos, entre ellos el español, consagraron en su seno el concepto jurídico de la función social. En España, la Constitución de la II República de 9 de diciembre de 1931 (artículo 44) fue la primera en España en plantear una quiebra con la concepción liberal-individualista de la propiedad privada; si bien fueron las leyes administrativas y civiles las que mostraron el camino y profundizaron en el alcance de la función social. A destacar, por abrir el paso, son la Ley de Expropiación forzosa de 1954 o la primera Ley del Suelo y Ordenación Urbana de 1956, que reguló el uso del suelo y determinó las facultades y obligaciones del propietario debidas al planeamiento y a la calificación urbanística de los predios. Tras la aprobación de la Constitución española, muy destacable es la Ley 8/1984, de Reforma Agraria de la Comunidad Autónoma de Andalucía, pues abrió la puerta a la construcción jurisprudencial de la función social a través de la conocida, como *leading case*, la Sentencia del Tribunal Constitucional 37/1987, de 26 de marzo, que reconocía que "utilidad individual y función social definen, por tanto, inescindiblemente el contenido del derecho de propiedad sobre cada categoría o tipo de bienes" (F.J. 2°). En la actualidad ha cobrado dimensión la función social de la vivienda.

La función social es una seña de identidad también del nuevo constitucionalismo latinoamericano que alumbraron las Constituciones de Colombia en 1991 (artículo 58), Argentina en 1994 (artículo 17), Venezuela en 1999 (artículo 115), Ecuador en 2008 (artículo 66), o Bolivia en 2009 (artículo 56). Estos textos han profundizado la idea de que la propiedad obliga, que tiene una función social que cumplir, con una dimensión ecológica/ambiental y una colectiva o comunitaria, especialmente de los pueblos indígenas, que la Corte Interamericana ha protegido como una superación de la mirada individualista del Derecho civil clásico de la propiedad privada (SALMÓN & BLANCO). Apuestan por un claro abandono y superación de la concepción abstracta de este derecho como mero ámbito subjetivo de libre disposición o señorío sobre cualquier bien objeto de dominio reservado a su titular. En este sentido puede verse el fallo de la sentencia de la Corte Constitucional colombiana (C-595/99) que afirma que "desde la reforma constitucional de 1936 y, con mayor razón, a partir de la vigencia de la Carta de 1991, que caracterizó a nuestra organización política con el significativo e ineludible concepto de Estado Social de Derecho, la propiedad privada ya no puede reclamar para sí el atributo de la arbitrariedad ni el carácter absoluto que en tiempos ya superados constituyeron elementos inherentes a ella". En tal sentido considera la Corte que la formulación del concepto de propiedad en el Código civil colombiano en sentido absolutista y potencialmente ilimitado (artículo 669) resulta contrario a los valores de solidaridad que se proclaman del Estado social de Derecho definidos en la carta política de 1991, e insta a eliminar el concepto de disposición arbitraria de la propiedad.

La relevancia de la Constitución venezolana de 1999 reside en la concreción de la materialización de la función social al decir que "la propiedad estará sometida a las contribuciones, restricciones y obligaciones que establezca la ley con fines de utilidad pública o de interés general" (artículo 115). El constituyente, en su consagración del Estado como social y democrático de Derecho y de justicia garantiza la propiedad y apuesta por un sistema de propiedad funcional en un contexto de justicia social; y en este sentido, es necesaria la intervención legislativa del Estado para articular los deberes de los propietarios y para posibilitar el acceso a la propiedad de los no propietarios.

Estas construcciones constitucionales, desarrolladas también a nivel legislativo en estos países latinoamericanos, y la propia aplicación e interpretación por la Corte de la Convención Americana sobre Derechos Humanos (artículo 21), superan la teorización de la "función social-límite", afín a la tradicional concepción estática y abstracta del derecho de propiedad, y apuesta por su concepción como "función social impulsiva", más acorde con la noción dinámica que define el contenido mismo de la situación particular de pertenencia o de atribución de la propiedad privada. A tenor de ello, la función social es vista como elemento interno del derecho de propiedad y principio político estructurador de la comunidad social, ocupando una centralidad en el dominio, que rehúye su rol como mero deber moral o simple principio programático, asignado o atribuido en otros tiempos y bajo el signo de otras concepciones ideológicas más conservadoras. La función social supone la incorporación de la perspectiva del deber al derecho subjetivo, deber que modaliza su ejercicio, que se aboca a un logro social, que al mismo tiempo preserve el ámbito de poder del titular.

Por último, no debe pasarse por alto la relevancia de la función ambiental de la propiedad ecologizadora del derecho de propiedad, llamada a amplificar la dimensión social al modalizar el ejercicio de la propiedad, a tenor de la relación de respeto y cuidado de la persona hacia la naturaleza, en aras a no comprometer la supervivencia propia, del planeta, y de manera singular los derechos de las futuras generaciones.

En definitiva, la propiedad no es una función social en sí, sino que tiene una función social que cumplir. Atendidas las particularidades propias de cada tipo de bien, sirve para delimitar el contenido del dominio en un sentido u otro, confiriéndole a su titular un mayor o menor número de facultades de uso y disfrute, un conjunto de condiciones para el ejercicio de las facultades atribuidas; o de deberes, obligaciones y cargas que impongan una determinada actividad del particular, cuyo incumplimiento pueda generar la sobrevenida carencia de legitimación en la titularidad o en el ejercicio del derecho de propiedad de que se trate (Rodotá); todo ello con el objeto de asegurar el cumplimiento del interés o de los intereses públicos en juego en cada caso, por cuya salvaguarda debe velar en todo caso el poder público.

G

Garantías constitucionales

Carlos Manuel VILLABELLA ARMENGOL

El vocablo identifica a las acciones procesales que se despliegan ante la jurisdicción ordinaria o constitucional (sala constitucional o corte constitucional), para reclamar la vulneración de contenidos constitucionales. CAPPELLETTI (1955: 35) diferenció dos ámbitos de las garantías constitucionales: las dirigidas a restaurar la vulneración de derechos y libertades (jurisdicción de la libertad) y las que restituyen la violación del sistema organizacional del Estado y las competencias de los órganos del poder público (jurisdicción orgánica). El diseño que adoptan esas acciones, la manera en que se complementan, el órgano ante el que se desarrollan, los efectos de la sentencia, etc., contornan el modelo de control de constitucionalidad. En un sentido restringido, un sector de la doctrina ciñe el constructo a los procesos tuitivos de los derechos y libertades: garantías generales que salvaguardan a todos los derechos y las garantías específicas de tutelan el contenido de determinados derechos *(habeas corpus, habeas data).*

La categoría garantías ha sido empleada también en un sentido más dilatado. FERRAJOLI (2006: 15) distingue entre garantías primarias —negativas y positivas— y garantías secundarias. Las garantías primarias negativas son las cláusulas que limitan la actuación de los poderes públicos o los obliga al respeto de los derechos, y las normas que protegen la rigidez de la Constitución. Las garantías primarias positivas son las que obligan al legislador a promulgar las normas necesarias para desarrollar los derechos, y a la administración pública a ejecutar las políticas requeridas para su materialización. Las garantías secundarias son las que permiten la justiciabilidad de los derechos. En tesitura similar, ÁVILA (2010: 77) aprecia las garantías estatales y las jurisdiccionales. En las primeras reconoce las garantías normativas (aseguran que toda autoridad que tiene facultad de legislar lo haga en los marcos de la Constitución) y las políticas (resguardan que todos los órganos del poder público actúen en los límites que marca la Constitución).

FIX-ZAMUDIO (2001: 180) insiste en preservar el término *garantía* para los instrumentos procesales generadores de justicia constitucional. Con ese fin diferencia estas de los medios de protección de la Constitución. En esta noción considera a las normas y cláusulas que inciden en preservar los contenidos de la carta magna: artículos que invocan la supremacía y eficacia directa de la normativa, la cláusula de reforma, la positivización de que toda disposición que restringa el contenido de un derecho es ilegítima *ab initio.* Incluye, asimismo, instrumentos políticos, económicos y sociales que limitan el poder y condicionan que este se desempeñe en los cánones constitucionales: los principios que encauzan la actuación del gobierno y la administración sobre parámetros de justicia, la reserva de ley que obliga al legislador a actuar sobre el mandato que fija la ley suprema, los requerimientos que acota la Constitución económica para el uso de la hacienda pública en función del bienestar general, el Defensor del Pueblo o Comisión de derechos humanos).

En el Estado constitucional se han ampliado las garantías constitucionales. El constitucionalismo latinoamericano de las últimas décadas, y en particular los textos del nuevo constitucionalismo, han sido especialmente fértiles en este punto. Algunos de los mecanismos garantes refrendados son los siguientes: recurso de inconstitucionalidad, acción de constitucionalidad abstracta, acción de constitucionalidad concreta, controversia de constitucionalidad, recurso indirecto de inconstitucionalidad, conflicto de competencias, conflicto de competencias entre la jurisdicción indígena ordinaria campesina y la jurisdicción ordinaria y agroambiental, recurso de amparo, acción de tutela, mandato segurança, *habeas corpus, habeas data,* acción de libertad, acción de protección a la privacidad, recurso contra tributos e impuestos, recurso contra resolución del órgano legislativo, recurso directo de nulidad, acción popular para la protección de los derechos e intereses colectivos, acción originada por daño a un número plural de personas, acción popular en materia de tutela del medio ambiente, acción de cumplimiento, acción extraordinaria de protección, acción de acceso a la información pública, acción por incumplimiento, acción extraordinaria de protección contra decisiones de la justicia indígena.

Golpe de Estado

Eric Eduardo PALMA GONZÁLEZ

Es una actuación rápida y violenta de gran impacto, protagonizada por las fuerzas armadas o una facción de ellas, con o sin la participación de civiles, destinada a derrocar a un gobierno y asumir el control del poder ejecutivo, interrumpiendo la estabilidad institucional y quebrantando la democracia. También puede expresarse como una amenaza creíble del uso de la violencia.

La voz tiene su antecedente en el siglo XVII, en que surge la expresión *coup d'État*. Según GÓMEZ (2000), en la obra de Gabriel NAUDÉ, *Considérations politiques sur les coups d'État* (publicada en Roma en 1639), se busca justificar la acción violenta que viene desde las altas esferas del poder político en aras de la salud del Estado (razón de Estado). BARTELSON (1997) atribuye a John LOCKE la aportación teórica para la moderna comprensión del golpe de Estado; en términos tales que se trata de un fenómeno que viene desde fuera del gobierno establecido y se imbrica con la soberanía y la excepción.

El fenómeno golpista se inserta dentro del tipo penal de levantamiento o subversión contra el gobierno constituido; sin embargo, si el golpe resulta exitoso, queda regularmente, según lo muestra la historia, sin sanción penal. Hay, por lo tanto, golpes en grado de tentativa, frustrados y consumados.

Atendiendo a la violencia o a la participación de la población que llama a las fuerzas armadas a la intervención, se emplea la voz pronunciamiento militar para indicar que hubo escasa violencia (como el pronunciamiento del coronel Rafael DE RIEGO en España, en 1820), o que las fuerzas armadas contaban con apoyo de las élites económicas, políticas y religiosas (como lo sostuvo el 11 de septiembre de 1973 Augusto PINOCHET en Chile).

Los cuerpos armados estatales pueden actuar por decisión propia, o impulsados por civiles. Del mismo modo pueden gobernar con o sin su colaboración activa. Los casos de Brasil (1964) y de Chile (1973) son ejemplos de una participación relevante de los civiles, que contribuyeron aportando cuadros políticos, así como discursos legitimadores del golpe. Si los golpistas avanzan hacia la configuración de un nuevo orden constitucional, normalmente los civiles proporcionan el saber que avala dicha transformación, como ocurrió en los golpes recién referidos.

MARTÍNEZ (2014) precisa que las élites que lo impulsan podrían provenir del exterior del propio Estado.

El impacto del golpe en la institucionalidad vigente suele variar dependiendo de la orientación que los militares y civiles, según sea el caso, den a su accionar político una vez consolidados en el poder. Puede ocurrir que se persiga impedir avances impulsados por el gobierno derrocado (como el caso de PERÓN en Argentina, en 1955), que se busque volver a un estado de cosas antiguo (como en el caso de Rusia bajo GORBACHOV), que se busque impedir la sustitución del titular del poder ejecutivo (como el autogolpe de FUJIMORI en Perú, que ha dado pie para hablar de golpe de Estado constitucional), o que se impulse la conformación de un nuevo orden institucional, social y económico.

Para comprender ciertos fenómenos políticos verificados en el siglo XXI, en que se busca provocar los efectos del golpe de Estado recurriendo a normativa jurídica que es instrumentalizada y tergiversada por el gobierno constituido, o por operadores del aparato institucional, dañándose gravemente la democracia, diversos autores latinoamericanos acuñaron la expresión golpe de Estado constitucional (2011), que ha tenido cierta difusión, según indican HUERTAS & CÁCERES (2014). Incluso se habla de un neogolpismo (MORENO & FIGUEROA, 2019).

Dado que el fenómeno es verificable en distintas zonas geográficas del mundo y no ha dejado de acontecer adoptando distintas formas, lo que hace complejo abordarlo para efectos de su conceptualización y caracterización, MARTÍNEZ (2014) propone distinguir el concepto tradicional y subcategorías. El elemento constante sería el propósito de la acción: desplazar de manera ilegítima e ilegal al titular del poder ejecutivo; propósito que regularmente se justifica con un discurso que persigue presentar el golpe como motivado por intereses generales y por el afán de traer orden. La violación del ordenamiento constitucional tendría justificación en el estado de cosas que se denuncia, así como en los fines de la acción violenta. MARTÍNEZ precisa que los golpistas recurren también a la operación de legalización de su quehacer, como otra forma de lograr legitimidad para su conducta.

La democracia, ya sea perfecta o imperfecta, ha debido bregar con los golpes de Estado de modo más o menos recurrente a lo largo del mundo. Así, tratándose del siglo XX, por señalar algunos ejemplos, en el caso de Europa tenemos el frustrado golpe de Estado de Adolf HITLER en Alemania, en 1923; el de Primo DE RIVERA en España (13 de septiembre de 1923); en Polonia, en mayo de 1926, el golpe de Estado del mariscal Józef PIŁSUDSKI; en octubre de 1935, en Grecia, el organizado por el general Georgios KONDILIS contra la Segunda República y para restaurar el régimen monárquico; lo propio en 1936 en España contra la II República; en Rumania, en 1941, el del mariscal Ion ANTONESCU; nuevamente en Grecia en 1967; en Portugal en 1974.

En Latinoamérica, el fenómeno fue recurrente durante el siglo XX y en lo que transcurre de esta centuria: Argentina, 1930, 1943, 1955, 1962, 1966, 1976; Bolivia, 1970, 1980; Brasil, 1964; Colombia, 1953; Costa Rica, 1917, 1948; Cuba, 1952; Chile, 1924, 1925, 1932, 1973; Ecuador, 1963, 1976, 1997, 2000, 2005; Honduras, 1956, 1963, 2009; El Salvador, 1931, 1944, 1948, 1960, 1961, 1979; en México en 1911, 1913; Nicaragua, 1936, 1947; Panamá, 1931, 1968; Paraguay, 1953, 1989; Perú en 1914, 1919, 1929, 1948, 1962, 1963, 1968, 1975, 1992 (autogolpe de FUJIMORI); República Dominicana, 1963; en 1908, 1945, 1948, 1958, 2002 en Venezuela; Uruguay, 1933, 1973; etcétera.

H

Habeas corpus

Arturo Yáñez Cortes

Tratar de acercarse al estado del arte del *habeas corpus* en Latinoamérica resulta complejo, dada la evolución que logró desde su recepción. Probablemente la idea que más se acerque a la realidad sea partiendo de su original denominación que provendría desde el célebre "Libelo homine exhibendo" del Derecho romano, por el que las personas libres retenidas injustamente debían ser exhibidas ante el pretor, pasando por la carta magna (1215) del rey Juan Sin Tierra, u otros como el Juicio de Manifestación de Personas (1428), el *Habeas Corpus Act* (1679) u otros; por el que ya en nuestro continente se ha caracterizado como el instituto por excelencia para tutelar inmediatamente la libertad e integridad personal, evolucionando hacia otros bienes de de mayor calado como la vida.

Desde una perspectiva procesal, el *habeas corpus* es una garantía operativa que protege el derecho a la libertad y, en algunos casos, incluso la vida. El *habeas corpus* es la herramienta para defender la libertad, incluso frente al poder. En Bolivia, por ejemplo, el *habeas corpus* ha sido utilizado para proteger la vida de personas detenidas arbitrariamente. Según García Belaunde (1997: 105), es un derecho instrumental, es decir, un conjunto de procedimientos para defender o proteger otros derechos.

El *habeas corpus* es una herramienta que tutela inmediatamente bienes de mayor valor en una sociedad democrática, como la libertad, la integridad personal y la vida. Estos derechos son operativos por excelencia, ya que su efectivo ejercicio permite el funcionamiento del resto de los derechos.

Sobre su evolución, podría analizarse desde estas dos ópticas: a) su rango normativo, que avanzó hacia su actual raigambre constitucional desde lo legal, dada su altísima importancia como herramienta oponible al ejercicio arbitrario de poder y en resguardo de la libertad individual; b) los bienes jurídicamente protegidos o cobertura, teñidos de progresividad, partiendo de la protección inmediata de libertad individual e integridad personal, además de la vida.

Es la tendencia lograda por las Constituciones de Bolivia (2009) y Ecuador (2008). La primera franquea la tutela en favor de toda persona que considere que su vida está en peligro, que es ilegalmente perseguida, indebidamente procesada o privada de libertad personal; mientras que la segunda tiene por objeto recuperar la libertad de quien se encuentre privado de ella ilegal, arbitraria o ilegítimamente, por orden de autoridad pública o cualquier persona, así como proteger la vida y la integridad física de las personas privadas de libertad.

También la argentina (1994), en favor de toda persona que considere que su vida está en peligro, está ilegalmente perseguida, indebidamente procesada o privada de libertad personal; y con menor cobertura que en las anteriores, Costa Rica (1994), cuando franquea en favor de toda persona para garantizar su libertad e integridad personales.

Con cobertura normativa menor, en el segundo grupo tenemos las constituciones políticas —para señalar algunas— de Colombia (1991), para quien estuviere privado de su libertad y creyere estarlo ilegalmente, y Perú (1993). La de Chile (1980) para todo individuo que se hallare arrestado, detenido o preso con infracción de la Constitución o leyes, podrá ocurrir por sí o cualquiera a su nombre, para que se ordene se guarden las formalidades legales, adopte de inmediato las providencias necesarias para restablecer el imperio del Derecho y asegure su debida protección, o en favor de toda persona que ilegalmente sufra cualquier otra privación, perturbación o amenaza en su derecho a la libertad personal y seguridad individual.

Según la Constitución de Venezuela (1999), bajo acción de amparo a la libertad o seguridad, podrá ser interpuesta por cualquier persona y será puesto o puesta bajo la custodia del tribunal de manera inmediata, sin dilación alguna.

La Constitución de Brasil (1988) manda conceder "Hábeas Corpus" cuando alguien sufriera o creyera estar amenazado de violencia o coacción en su libertad de locomoción por ilegalidad o abuso de poder. La Constitución uruguaya (1967, con sus reformas), en caso de prisión indebida, dispone interponer el recurso para que la autoridad explique y justifique de inmediato el motivo legal de la aprehensión, estándose a lo que decida el juez indicado.

Resalta la paraguaya (1992) prevé que podrá ser: a) preventivo, por el que toda persona, en trance inminente de ser privada ilegalmente de su libertad física, recabará examen de la legitimidad de las circunstancias que amenacen su libertad y orden de cesación; b) reparador, en favor de quien se hallase ilegalmente privada de su libertad para recabar su rectificación; c) genérico, para demandar rectificación de las que al no estar contempladas en las anteriores restrinjan la libertad o amenacen la seguridad personal. Procede también en violencia física, psíquica o moral que agraven esas condiciones.

En suma, las distintas constituciones latinoamericanas avanzaron paulatinamente a consagrar el *habeas corpus* como proceso, acción o recurso en sus constituciones políticas, abarcando en ciertos casos no solo la libertad e integridad personal, sino también la vida. Por progresividad, dada la naturaleza de esos bienes, esa parece la tendencia a seguir en el inmediato futuro.

Entre sus características procesales principales, con distintas denominaciones, está su i) universalidad: toda persona puede interponerlo contra cualquier persona o autoridad; ii) inmediatez: puede interponerse urgentemente y así resolverse; iii) sumariedad: por su pronta tramitación y resolución e informalidad, sin exigencias que vacíen de contenido su ejercicio.

En Bolivia, el Tribunal Constitucional ha desarrollado jurisprudencialmente la acción de libertad traslativa o de pronto despacho para reparar lesiones a la libertad ante demoras injustificadas, o la innovativa, para evitar que se repitan y reproduzcan actos contrarios a la eficacia y vigencia de los derechos a la vida, la libertad física y de locomoción, entre otros.

Habeas data

Alan VARGAS LIMA

Según su etimología, el *habeas data* conjuga una mixtura de voces: por un lado, el vocablo latino *habeas*, segunda persona del presente subjuntivo del latín *habeo (habere)*, cuyo significado es "téngase en posesión", "exhibir", "tomar", "traer" —evocando al clásico *habeas corpus*—; y, por otro lado, la expresión *data*, acusativo plural de *datum*, término en inglés, que como sustantivo plural significa "información o datos". Es decir, en su traducción literal, el *habeas data* supondría algo así como "traer la información", "conservar u obtener los datos" y, en síntesis, "que se tenga, traiga o exhiba o presente los datos, ello en clara referencia al constante manejo de información y el vertiginoso desarrollo tecnológico reciente.

En criterio de EKMEKDJIAN & PIZZOLO (1998), el *habeas data* se define como el derecho que asiste a toda persona —identificada o identificable— a solicitar judicialmente la exhibición de los registros —públicos o privados— en los cuales están incluidos sus datos personales o los de su grupo familiar, para tomar conocimiento de su exactitud; a requerir la rectificación, la supresión de datos inexactos u obsoletos, o que impliquen discriminación. En ese sentido, DERMIZAKY (2004) entiende que el *habeas data* es un derecho y a la vez una garantía de los derechos de intimidad y de identidad personal, dado que habilita a solicitar judicialmente la exhibición de registros públicos y privados para conocer los datos que contiene sobre la persona individual y/o su grupo familiar, a fin de requerir su rectificación, eliminación o complementación, cuando se considere que su inexactitud es perjudicial, discriminatoria, deshonrosa o infamante.

Su enorme utilidad para la protección de datos personales ha determinado que la jurisprudencia constitucional reafirme esta doble condición del *habeas data* como derecho autónomo y como garantía. Así, la Corte Constitucional de Colombia —en la Sentencia SU 458/12 de 21 de junio de 2012— precisó que, como derecho autónomo, el *habeas data* tiene un objeto protegido concreto: el poder de control que el titular de la información puede ejercer sobre quién (y cómo) administra la información que le concierne. En este sentido, el *habeas data* en su dimensión subjetiva faculta al sujeto concernido a conocer, actualizar, rectificar, autorizar, incluir, excluir, etc., su información personal, cuando esta es objeto de administración en una base de datos. A su vez, en su dimensión de garantía, el *habeas data* tiene la función específica de proteger, mediante la vigilancia del cumplimiento de las reglas y principios de la administración de datos, los derechos y las libertades que dependen de (o que pueden ser afectados por) una administración de datos personales deficiente.

En el ámbito latinoamericano, fue la Constitución brasileña de 1988, en su artículo 5°, inciso LXXII, la primera en "bautizar" constitucionalmente al instituto del *habeas data*. Dicha norma dispone que se concederá *habeas data*: a) para asegurar el conocimiento de informaciones relativas a la persona de quien lo pide, que consten en registros o bancos de datos de entidades gubernamentales o de carácter público; b) para la rectificación de datos, cuando no se prefiera hacerlo en proceso reservado judicial o administrativo.

La Constitución colombiana de 1991 ha establecido en su artículo 15 que todas las personas tienen derecho a la intimidad personal y familiar y a su buen nombre, con la obligación del Estado de respetarlos y hacerlos respetar. Agrega también el derecho a conocer, actualizar y rectificar las informaciones que se hayan recogido sobre ellas en bancos de datos y en archivos de entidades públicas y privadas. En la recolección, tratamiento y circulación de datos se respetarán la libertad y demás garantías consagradas en la Constitución.

La Constitución de Paraguay de 1992, artículo 135, establece el *habeas data* y dispone que toda persona podrá acceder a la información y a los datos que sobre sí misma o sobre sus bienes obren en registros oficiales o privados de carácter público, así como conocer el uso que se haga de estos y de su finalidad. Podrá solicitar ante el magistrado competente, la actualización, rectificación o la destrucción de aquellos, si fuesen erróneos o afectaren ilegítimamente sus derechos.

La Constitución argentina —reformada en 1994— regula expresamente en el artículo 43 el *habeas data*, estableciendo que toda persona puede interponer esta acción para tomar conocimiento de los datos a ella referidos y de su finalidad, que consten en registros o bancos de datos públicos, o los privados destinados a proveer informes, y en caso de falsedad o discriminación, para exigir la supresión, rectificación, confidencialidad o actualización de aquéllos. No podrá afectarse el secreto de las fuentes de información periodística (EGUIGUREN, 1999).

La Constitución boliviana de 2009 consagra esta garantía, aunque ha cambiado su denominación como *Acción de Protección de Privacidad*, encontrándose configurada como una garantía constitucional de carácter procesal, destinada a la protección del derecho a la autodeterminación informática, que puede ser interpuesta ante la jurisdicción constitucional —previo agotamiento de los medios administrativos o judiciales— por cualquier persona natural o jurídica que considere que se vulneran sus derechos a la intimidad y privacidad personal o familiar, o a su propia imagen, honra y reputación, por estar impedida de obtener la eliminación o rectificación de sus datos personales registrados en cualquier archivo o banco de datos públicos o privados.

En definitiva, el *habeas data* parece haber surgido como un esmerado intento de actualizar el elenco de procesos constitucionales en las legislaciones de cada país, para lograr responder a las nuevas realidades tecnológicas, y la necesidad de protección de los datos personales.

Hiperpresidencialismo

Ver *Presidencialismo latinoamericano.*

Horizontalidad de los derechos

José Juan ANZURES GURRÍA

Horizontalidad de los derechos corresponde al efecto y vinculatoriedad que despliegan los derechos fundamentales en las relaciones entre particulares. Se trata de una evolución de la función original de los derechos fundamentales como límites al poder. Si el Estado ya no es el único detentador del poder, tampoco es el único capaz de violentar derechos fundamentales. Como consecuencia, el Estado ya no tiene la única obligación de realizar conductas de omisión para garantizar el pleno ejercicio de los derechos fundamental, sino que, además, debe garantizar su efectividad en las relaciones privadas.

La doctrina constitucional ha debatido teóricamente sobre la forma en la que los derechos despliegan su eficacia frente a terceros; ya sea de manera mediata o inmediata. La teoría mediata entiende que el Estado hace efectivos los derechos fundamentales en las relaciones privadas a través de sus órganos; primero a través del legislador, mediante su labor configuradora, o bien mediante la labor del juzgador al resolver cada caso en concreto. Cuando deviene la violación de un derecho fundamental en una relación particular, la infracción es imputable al Estado, ya sea porque el legislativo no previó esta situación al configurar el ejercicio del derecho, o bien porque el juzgador no dispensó la protección esperada.

La teoría de la eficacia inmediata sostiene que los derechos fundamentales son verdaderos derechos subjetivos contenidos en cada Constitución y, como tales, exigibles directamente por su titular frente a sus semejantes; y ello sin que medie la actuación de algún órgano estatal. Esta teoría no niega la intervención del legislador para configurar el alcance de los derechos fundamentales en las relaciones privadas, pero considera que la obligación de una persona para respetar estos derechos surge y emana directamente de la Constitución. Se entiende que un derecho fundamental es vinculante directamente de una persona hacia otra como un derecho subjetivo y no como un criterio hermenéutico.

El origen de esta teoría tiene sus raíces en la Alemania de la segunda posguerra. La Constitución de Bonn no reconoció la eficacia horizontal de los derechos fundamentales, pero sí su dimensión objetiva, que a la larga dará lugar a la eficacia horizontal. Tempranamente, su más ferviente exponente, H. C. NIPPERDAY (magistrado del Tribunal Federal Laboral de Alemania), reconoció que los derechos fundamentales surten sus efectos en las relaciones privadas, principalmente en las relaciones laborales; más tarde, el Tribunal Constitucional alemán reconoció la eficacia horizontal de los derechos fundamentales en el caso "Lüth" del año 1958.

En América Latina, la eficacia horizontal de los derechos fundamentales ha sido generalmente aceptada por todos los Estados; aunque no se trata de una cuestión dogmática o de Derecho sustantivo, sino más bien de Derecho adjetivo. En este sentido, en México, la Ley de Amparo de 2013 reconoce que el amparo puede promoverse contra particulares, siempre que estos actúen como tales y que tengan delegada dicha función mediante una legislación. En Colombia, la Constitución política reconoce que la acción de tutela es un mecanismo para proteger los derechos fundamentales frente a actos u omisiones que provengan de particulares u autoridades. La Constitución de Perú reconoce también que la acción de amparo es un medio para proteger los derechos fundamentales de las personas frente a actuaciones de particulares. Así también, la acción de tutela, reconocida en la Constitución de Argentina, protege la violación de los derechos fundamentales frente a actuaciones de particulares.

I

Igualdad

María Cecilia ROCABADO TUBERT

Cuando en 1789 la Declaración de los Derechos del Hombre y del Ciudadano proclamaba que "todos los hombres nacen libres e iguales", en otras latitudes del mundo, miles y millones de seres humanos eran considerados y tratados como objetos con vida, sin pensamiento, ni decisión. Desde los debates del "Derecho de las gentes" en el siglo XVI, se plantea quién es considerado como humano, y hoy en día, desde otras realidades y bajo el manto de "democracia", también persiste la pugna sobre quién es tratado o no "como humano". En ese sentido, el concepto de igualdad no podemos dejar de abordarlo desde muchas ópticas, pero fundamentalmente desde la material, aquella que no deja de mostrarnos la "deshumanización de acciones" y finalmente el "irrespeto" a la vida y la dignidad.

La igualdad se presenta en los Estados constitucionales como un principio, es decir, un parámetro ético que se debe seguir y como un valor, porque define el comportamiento de los individuos en sociedad, siendo que debe ser objeto de protección. En la mayoría de las constituciones, el valor igualdad está unido al trato no discriminatorio, estableciéndose la prohibición de discriminación por cualquier índole. COMANDUCCI (1998) se refiere a esta concepción y además señala que la igualdad debe ser entendida como un trato de ejercicio igual de derechos, de deberes y libertades.

La igualdad también implica el derecho de todas las personas a tener las mismas posibilidades de acceso al bienestar social. Este criterio está próximo de la igualdad material, en sentido del derecho al acceso a los bienes materiales y servicios; poniendo de manifiesto diferencias económicas y sociales palpables en diversas realidades que contrastan con el criterio de dignidad personal y el atributo de ser "humano".

Respecto al igual trato en el ejercicio de los derechos establecidos en la Constitución y las leyes, las estructuras económicas, sociales, políticas y jurídicas se constituyen en una barrera imponente, mas, en el concepto de igualdad formal o igualdad ante la ley, se transforma en políticas públicas, cuyos objetivos serán lograr las bases de una igualdad material que, conduzca al ejercicio progresivo de los derechos fundamentales.

El desarrollo jurisprudencial de la mayoría de los Estados latinoamericanos, entre ellos la emanada del Tribunal Constitucional boliviano, ha establecido que la igualdad es un valor, un principio, un derecho y una garantía; entendiéndose como una reivindicación del derecho a la diferencia y una garantía en tanto es pasible de ser tutelada judicialmente.

En suma, el valor, principio, garantía y derecho de igualdad, se activa a partir de las políticas públicas adecuadas adoptadas en el marco del Estado constitucional, que no podrá ser efectivas sin una igualdad material que posibilite el ejercicio real de los derechos constitucionales y del derecho a la diferencia.

Impeachment

Ver *Juicio político.*

Independencia judicial

Ramiro ORÍAS ARREDONDO

El principio de independencia judicial resulta esencial para garantizar el ejercicio de las funciones de los jueces y magistrados. Una autoridad jurisdiccional es independiente cuando conoce, juzga y decide los casos bajo su competencia, sin interferencias indebidas de ningún otro órgano, funcionario o persona, estando únicamente sometidos a la Constitución, las leyes y los tratados internacionales aplicables. Sus decisiones estarán basadas en los hechos probados del caso y en aplicación estricta del Derecho; por ningún motivo, otros órganos del poder público, personas naturales o jurídicas, sea de forma directa o indirecta, poderes formales o fácticos tendrán injerencia en sus decisiones, ni en la sustanciación de un caso concreto.

La independencia judicial es un elemento indispensable para la vigencia de un Estado democrático de Derecho, tanto que se le ha reconocido como una condición básica de la democracia representativa y, a la vez, como un derecho humano fundamental, cuya exigencia se encuentra establecida en múltiples declaraciones (como la Observación General No. 32 del Comité de Derechos Humanos de la ONU y los Principios básicos relativos a la independencia de la judicatura, adoptados por la Asamblea General de Naciones Unidas en 1985) y tratados internacionales que garantizan derecho a ser oído y juzgado por un juez competente, independiente e imparcial. Este principio no solo constituye una garantía de los jueces para el desarrollo de su actividad jurisdiccional libre de interferencias indebidas, como base de la organización judicial en su conjunto, sino que en esencia es la expresión de un derecho fundamental de todas las personas.

La Corte Interamericana de Derechos Humanos, en su jurisprudencia ha señalado que existe una doble dimensión de la independencia judicial, que se traduce desde una *faceta institucional*, en relación con garantizar el funcionamiento del sistema de administración de justicia, libre de presiones externas o ajenas frente a otros poderes públicos, y desde una *faceta individual*, en el derecho subjetivo del juez específico, frente a restricciones o presiones indebidas, directas o indirectas, en el despacho de los casos que están sometidos a su conocimiento y decisión (Corte IDH, caso "Corte Suprema de Justicia *vs.* Ecuador, Sentencia del 23 de agosto de 2013).

La Corte Constitucional de Colombia (SC-285/16) distingue tres facetas de la independencia judicial: (i) la independencia como imparcialidad, es decir, como la desvinculación del juez frente a las partes; (ii) la independencia como autonomía funcional frente a otros jueces de igual o superior jerarquía; y (iii) la independencia como autonomía orgánica frente a las instituciones políticas y el público en general.

Sobre la base de los estándares del Derecho internacional de los derechos humanos, que garantizan de manera reforzada la independencia judicial, se entiende que hay "independencia externa" cuando el órgano jurisdiccional está libre de interferencias o presiones indebidas de actores externos al aparato judicial, como pueden ser otros órganos del Estado, autoridades públicas, actores políticos, sociales, empresariales u otros poderes fácticos. En cambio, se dice que existe "independencia interna" si es que los jueces se hallan libres de subordinación respecto de sus tribunales superiores.

En cuanto al componente institucional, existen ciertas características del diseño institucional, propias de la separación de poderes en un Estado de Derecho democrático, que contribuyen a la independencia del poder judicial en tanto lo recubren frente a la intromisión de los otros poderes: límites a la interferencia indebida de otros órganos en el funcionamiento y gobierno del sistema de justicia; mecanismos transparentes de selección y designación de los magistrados y jueces; autonomía en la gestión administrativa y presupuesto judicial; el derecho al debido proceso de todas las personas a ser juzgados por los tribunales de justicia ordinarios con arreglo al procedimiento judicial establecido.

En relación con el componente individual, es decir, en las garantías de trabajo para la persona del juez específico, fundamentalmente al interior del órgano judicial, por parte de la jerarquía judicial: prohibición de toda interferencia de autoridades judiciales superiores en la decisión de los casos concretos; implementación de la carrera judicial como garantía para el ejercicio del cargo; garantías de inamovilidad, traslados y remoción indebida de jueces; régimen disciplinario y sanciones a jueces por sus decisiones; condiciones de servicio, promoción, ascensos y salarios de los jueces; libertad de expresión y asociación de los jueces.

Iniciativa legislativa popular

Teodoro Yan GUZMÁN HERNÁNDEZ

Es una institución participativa, mediante la cual los ciudadanos intervienen en la formación del estatuto legal del Estado, de ahí que su definición deba tener en cuenta su condición de derecho de participación y su relación con el procedimiento legislativo. La iniciativa legislativa popular es la facultad que tiene una fracción del cuerpo electoral de instar al órgano legislativo, para que, después de cumplir determinados requisitos legales, se active el procedimiento legislativo y se adopte una disposición jurídica, generalmente en forma de ley, acorde con los intereses ciudadanos.

La clasificación de la iniciativa legislativa popular ha sido objeto de estudios teóricos. Una de las más trascendentes guarda relación con la capacidad decisoria del cuerpo electoral respecto al proyecto de ley o a las normas objeto de la iniciativa que presenta una fracción de este. De ahí que se refiera, por una parte, una directa, en la que la intervención del Estado, a través de su órgano legislativo u otros en colaboración con este, queda reducida a comprobar y validar el cumplimiento de las formalidades y la constitucionalidad de la iniciativa promovida por los ciudadanos, y son estos quienes aprueban o rechazan el proyecto de ley en una consulta popular vinculante; por otra parte, una indirecta, en la que la propuesta de ley o el anteproyecto queda a merced de la decisión del órgano legislativo, el cual puede rechazarlo o aprobarlo, incluso con modificaciones.

Otra clasificación tiene que ver con la forma del escrito de solicitud, de ahí que será de tipo simple la que se limita a movilizar al órgano legislativo ordinario para que legisle sobre determinada cuestión, en este caso lo que recibe el legislativo es una propuesta genérica de ley; mientras que será de tipo formulada cuando se requiera la elaboración de un proyecto de ley por parte de sus promotores para perfeccionar la solicitud. Una última clasificación relevante está vinculada con la jerarquía de la disposición normativa que se promueve con la iniciativa o la extensión del contenido normativo. Se refiere a una iniciativa legislativa cuando la promoción de los ciudadanos es de una ley en sentido formal, o constitucional cuando acarrea la reforma parcial o la enmienda a la Constitución.

También, con carácter extensivo, serían objeto de una iniciativa legislativa las disposiciones normativas de menor jerarquía, correspondientes a los niveles inferiores del poder público. De la misma manera cabe hablar de iniciativa normativa cuando se refiera únicamente a modificar normas específicas de una ley en vigor. Esta alternativa puede derivarse de su regulación en las Constituciones de Ecuador (2008) y Uruguay (1966), más allá que de esto último puede derivarse una nueva clasificación, que atiende a la finalidad concreta de la iniciativa, ya sea esta de creación o de modificación.

En la mayoría de los ordenamientos latinoamericanos, la iniciativa legislativa popular adquiere jerarquía constitucional. Siete ordenamientos la previeron entre finales de la "Tercera ola democrática" e inicios de la cuarta (Brasil, 1988; Colombia, 1991; Paraguay, 1992; Perú, 1993; Guatemala, 1993; Argentina, 1994; Nicaragua, 1995). Con el mismo rango normativo, cuatro lo hicieron prematuramente, dos en la primera mitad del siglo XX (Uruguay, 1934; Cuba, 1940) y otros dos en la segunda (Venezuela, 1961; y Ecuador, 1978). En estos últimos casos, las constituciones vigentes reconocen la institución (Venezuela, 1999; Ecuador, 2008; Uruguay, 1966; Cuba, 2019).

Por último, cinco países latinoamericanos la han reconocido constitucionalmente entre inicios de la primera y mediados de la segunda década del siglo XXI (Costa Rica y Bolivia, 2002; Honduras, 2003; República Dominicana, 2010; México, 2012). Panamá, Chile y El Salvador restan por reconocer en sus ordenamientos la iniciativa legislativa para el nivel nacional. En el marco del reconocimiento de la institución a rango superior, algunos textos optan por su mero reconocimiento (Paraguay, 1992; Perú, 1993; Bolivia, 2009), mientras otros establecen, a ese rango, algunos requisitos que aseguren su materialización en mayor (Ecuador, 2008) o menor medida (Colombia, 1991; Argentina, 1994).

Los límites son otro aspecto teórico relevante de la institución; estos pueden ser de tipo temporal o material. Respecto a los primeros, se prevé que una vez sustanciada la iniciativa, o sea, tramitada con rechazo o aprobación, no puede activarse otra con el mismo objeto en un plazo determinado.

Los límites materiales tienen que ver con determinados contenidos que quedan sustraídos del radio de acción de la institución por razones múltiples, que van desde cuestiones técnicas que deben ser tratadas y resueltas mejor a través de la técnica de representación, hasta razones de política del Estado, que no deben quedar a merced de las veleidades de la institución. En América Latina, estos contenidos son políticas o relaciones internacionales (Colombia, Paraguay, Argentina, República Dominicana); materia presupuestaria (Colombia, Perú, Argentina, Costa Rica y República Dominicana); materia tributaria (Uruguay, Paraguay, Colombia, Perú, Ecuador, Costa Rica, República Dominicana); la reforma constitucional de manera expresa (Argentina, Nicaragua y República Dominicana).

Inmunidad parlamentaria

Javier SÁNCHEZ SÁNCHEZ

La inmunidad *(freedom from arrest)* tiene por objeto proteger al representante parlamentario elegido por los ciudadanos frente a cualquier forma de arresto, detención —salvo que medie flagrante delito— o encausamiento judicial que, privándole de su libertad de movimiento, le impidan acudir a las sesiones del parlamento.

La inmunidad opera en el plano jurídico formal como un obstáculo procesal para el ejercicio de la acción penal, tanto en la vertiente personal (prohibición de detención o prisión) como en la formal (prohibición de acusación y enjuiciamiento). No se configura como causa de justificación, sino como causa de inimputabilidad, de donde se derivan varias consecuencias procesales y prácticas:

a) Es temporal, cesando cuando se remueva el obstáculo procesal, bien por levantamiento de la prerrogativa por la cámara (suplicatorio o desafuero) o bien por cese del imputable en su condición de parlamentario, como consecuencia de extinción del mandato, renuncia o cualquier otra causa de pérdida sobrevenida de tal condición.

b) No excluye el carácter antijurídico de la conducta, por lo que es viable la acción civil de exigencia de responsabilidad.

c) Se establece la posibilidad de que sean las cámaras las que aprecien y eviten la intencionalidad política de la eventual acción penal contra sus miembros, a través del procedimiento de un procedimiento específico (suplicatorio o desafuero). Se produce así una valoración del significado político de tales acciones penales, que es precisamente lo que no pueden llevar a cabo los órganos de naturaleza jurisdiccional.

d) La tramitación y concesión del suplicatorio o desafuero es necesaria tanto para el procesamiento como para la detención.

e) Solo en caso de flagrante delito, la detención es viable jurídicamente, pero el parlamentario habría de ser puesto inmediatamente en libertad cuando lo requiera la cámara o, ante el silencio de esta, cuando transcurra el plazo legal de detención.

f) Una interpretación sistemática de los diversos preceptos constitucionales conduce a atribuir a las cámaras y a sus miembros un amplio margen de libertad en el uso de este privilegio, dada su finalidad de asegurar el buen funcionamiento de las instituciones parlamentarias, cuya importancia en un sistema democrático es decisiva. Es decir, no puede aplicarse un automatismo decisorio al resolver sobre el suplicatorio o desafuero (ni en sentido favorable ni denegatorio) que, en todo caso, deberá ser resuelto de forma motivada. Hay que recordar que aquí "la motivación no es sólo una elemental cortesía, sino un riguroso requisito del acto de sacrificio de los derechos" (STC español No. 26/1981, de 17 de julio, FJ 13.

g) En el juicio de oportunidad que se realice por la cámara al conceder o denegar el suplicatorio o desafuero, necesariamente ha de hacerse referencia razonada a la posible incidencia de su concesión o no en la composición de la cámara o en su normal funcionamiento (STC español No. 206/1992, de 27 de noviembre, FJ 5°).

Un entendimiento así de la institución, que es justamente el que han hecho suyo los modernos tribunales constitucionales, puede, desde luego, conducir a privar de gran parte de su operatividad a la garantía de la inmunidad parlamentaria, pero esta concepción restrictiva no vacía por entero de contenido a la institución. Reduce su operatividad, ciertamente, pero en el marco de un Estado democrático de Derecho, una institución nacida en tiempos pretéritos y en circunstancias harto alejadas de las de hoy, y que pugna con principios nucleares de ese Estado, no puede ser objeto de otra interpretación que la que la restrinja estrictamente a su última *ratio*.

La Organización de Mundial de Parlamentarios contra la Corrupción (OMPCC) reconoce que la cuestión de la inmunidad parlamentaria es un asunto clave del debate para la promoción de la lucha contra la corrupción y de una mayor transparencia entre sus miembros. Los parlamentarios tienen un rol esencial que desempeñar, dando ejemplo de integridad y manteniendo su credibilidad como miembros de la institución responsable de hacer que el gobierno rinda cuentas de sus acciones. En este sentido, en el informe final de la Tercera Conferencia Mundial de Parlamentarios contra la Corrupción, celebrada en Kuwait en 2008, ya se sostuvo que: "La inmunidad de detención solo se justifica en instancias en las que se utiliza para proteger la efectividad del parlamento, en su calidad de organismo corporativo que refleja la distribución electoral de las mayorías y minorías, de las acciones penales que responden a motivos políticos. La inmunidad no se justifica como privilegio personal, y tampoco debería proteger delitos tipificados en leyes nacionales y en tratados anticorrupción regionales, internacionales y multilaterales. Sí puede proteger a los parlamentarios en países donde existen dudas acerca de la imparcialidad del sistema judicial y de los tribunales, o donde la legislatura es percibida como un poder dominado por un ejecutivo todopoderoso".

En la misma línea, la Corte Interamericana de Derechos Humanos, en su Sentencia de 7 de septiembre de 2021 (caso "Barbosa de Souza y otros *vs.* Brasil") tiene declarado que: "La inmunidad parlamentaria es un instituto que ha sido ideado como una garantía de independencia del órgano legislativo en su conjunto y de sus miembros, y no puede concebirse como un privilegio personal de un parlamentario. En esta medida, cumpliría el rol de garantía institucional de la democracia. No obstante, bajo ninguna circunstancia, la inmunidad parlamentaria puede transformarse en un mecanismo de impunidad, cuestión que, de suceder, erosionaría el Estado de derecho, sería contrario a la igualdad ante la ley y haría ilusorio el acceso a la justicia de las personas afectadas".

Integración latinoamericana

Silvana Insignares Cera

La integración latinoamericana es el proceso mediante el cual los Estados deciden conformar bloques regionales, a partir del establecimiento de distintos acuerdos desde el punto de vista político y jurídico, de cara a fomentar el bienestar de su población. Dicho proceso ha sido objeto de la influencia de muchas variables presentes en la historia, en la que se ha visto modelado, entre otros, por el proceso de integración de la Unión Europea, así como de las realidades propias del entorno latinoamericano, fruto de las reivindicaciones derivadas de la colonización de la independencia de los países hispánicos, que pueden remontarse desde el Libertador Simón BOLÍVAR como promotor de la unidad latinoamericana y de la integración de las repúblicas americanas.

Los principios generales de la integración se fundamentan en la gradualidad, la flexibilidad y el equilibrio, como elementos claves dentro del respectivo bloque regional, para facilitar en el caso de (i) la gradualidad, que se implemente un programa de liberalización comercial y de la eliminación de barreras arancelarias y no arancelarias; frente a (ii) la flexibilidad, facilita aplicar políticas diferenciadas entre los Estados miembros, lo que se complementa con (iii) el equilibrio, que permite realizar un enfoque diferenciado entre los países en los que se presenten desventajas en sus indicadores económicos.

Frente a las distintas variables presentes en el proceso de integración latinoamericana, encontramos las jurídicas, a partir de la consolidación de un derecho de integración, donde se incluye el elemento supranacional, que se puede enfocar desde la creación de: (i) órganos autónomos e independientes de la voluntad de los Estados que la conforman, y (ii) un ordenamiento jurídico autónomo, regido por los principios de primacía; efecto directo y aplicación inmediata del derecho de la integración sobre el Derecho nacional.

El análisis político es uno de los elementos frente al cual la integración trasciende del elemento económico a buscar mecanismos de decisión política, que le otorgan mayor legitimidad, unido al desarrollo de los distintos instrumentos jurídicos que las implementan.

El análisis de la integración latinoamericana no puede ser ajeno a la consagración constitucional de este proceso al interior de las constituciones de los Estados, en la medida en que, a partir de los textos constitucionales, la integración inicia su construcción jurídico-política. Así las cosas, en los Estados latinoamericanos podemos identificar que existen algunos con vocación integracionista, como es el caso de Colombia, Venezuela, Ecuador, Bolivia, Argentina, en los cuales se incorpora los preceptos integracionistas a partir de la cláusula de apertura, que permite la creación de órganos supranacionales; al igual que la Constitución de Paraguay en su artículo 145, que se refiere a la creación de un orden jurídico supranacional. Por su parte, Colombia inicia su enfoque integracionista desde el preámbulo, el cual continúa en los artículos 150 y 277. Esto facilitó que el activismo judicial de los tribunales y cortes constitucionales de los Estados latinoamericanos incorporaran los principios de la integración en distintas decisiones, como ocurrió en Argentina, caso "Autolatina Argentina S.A." (TF 7879-A, p. 26), frente a la aplicación directa de las normas del Mercosur. Por último, Colombia, en su Sentencia C-256 de 1998, M.P. Vladimiro Naranjo Mesa, estableció la necesidad de acudir para lograr una solución adecuada en el caso concreto, ante los órganos comunitarios andinos, cuando exista contradicción entre las normas comunitarias y el Derecho nacional.

Por todo lo anterior, la integración en Latinoamérica continúa en el proceso de construcción permanente, de cara a buscar superar una serie de obstáculos derivados de aspectos políticos, como sería el caso de la falta de liderazgos permanentes dentro de la región, la escasa participación ciudadana dentro de los respectivos procesos económicos, relacionados con el escaso volumen de comercio intrarregional, así como la necesidad del fortalecimiento permanente de la democracia en la región.

Interculturalidad

Marco Aparicio Wilhelmi

Por interculturalidad puede entenderse tanto el hecho mismo de la interacción entre grupos culturalmente diferenciados, como el proyecto político que busca el diálogo intercultural. Esta segunda acepción implica la garantía de unas condiciones mínimas para que dicha interacción se produzca desde posiciones de igualdad y no a través de la imposición de unos grupos sobre otros, en función de relaciones de poder.

El diálogo intercultural se puede referir a distintos ámbitos, aunque para que se trate de un compromiso efectivo debería tener un alcance global para los distintos espacios de interrelación social entre grupos. En términos normativos, la interculturalidad puede tener mayor incidencia en sectores concretos como, por ejemplo, el ámbito de la educación. Los modelos de interculturalidad pueden ser más o menos profundos y más o menos superficiales, cosméticos. La mayor profundidad implicaría que el propio diseño y desempeño educativo es fruto del diálogo intercultural y, al mismo tiempo, busca su protección e impulso. La Organización de las Naciones Unidas para la Educación, la Ciencia y la Cultura (UNESCO) ha subrayado el carácter dinámico de la interculturalidad, la necesidad de concebirla como un conjunto de relaciones evolutivas entre grupos culturales. La ha definido como "la presencia e interacción equitativa de diversas culturas y la posibilidad de generar expresiones culturales compartidas, adquiridas por medio del diálogo y de una actitud de respeto mutuo" (*Directrices de la UNESCO sobre la educación intercultural,* París, 2006).

Entendida como diálogo efectivo, la interculturalidad adquiere una dimensión prescriptiva, reguladora de las relaciones sociales, tanto a través de políticas públicas como mediante el reconocimiento de derechos colectivos referidos a los grupos en posición de menor poder. Igualmente, y a diferencia de las políticas o medidas propias del multiculturalismo, la interculturalidad requiere necesariamente un cierto grado de transformación institucional, una reconfiguración del Estado que asegure no solo que los distintos grupos culturales puedan contar con sus propias instituciones, sino, más allá, que existan instituciones compartidas capaces de acoger y dar contenido a la interculturalidad. En este caso, seguramente, incluso más que en otros, se trata, de acuerdo con la distinción propuesta por el profesor Bartolomé CLAVERO (2004), de contar no solamente con un "constitucionalismo de los derechos", sino también con un "constitucionalismo de los poderes".

Este modelo o propuesta de regulación apuesta por fundamentar el doble derecho de los pueblos y de las culturas a la diferencia y a la participación tanto en la construcción de la sociedad (pluri) nacional, como de la sociedad global (OLIVÉ, 2004). Desde ahí, la interculturalidad debería permitir una permanente revisión plural del modelo mismo de las relaciones interculturales. La interculturalidad pretende ir más allá que el multiculturalismo en el propósito de garantizar un igual reconocimiento de los grupos humanos en su diversidad cultural. Requiere un compromiso político, un posicionamiento axiológico y epistemológico, que permita descentrar el eje de la validación ética de las prácticas culturales. En palabras de Herrera Flores (2004), "reivindicar la interculturalidad no se detiene en él, por otro lado, necesario el reconocimiento del otro. Es preciso, también, transferir poder, 'empoderar' a los excluidos de los procesos de construcción de hegemonía. Y, asimismo, trabajar en la creación de mediaciones políticas, institucionales y jurídicas que garanticen dicho reconocimiento y dicha transferencia de poder".

En el contexto del constitucionalismo latinoamericano, el debate ha adquirido un claro protagonismo en los países donde la fuerza política de los pueblos indígenas es más relevante, a lo que en ciertas realidades se suma, o es protagónico, el empuje y las reivindicaciones de las comunidades afrodescendientes. En general, el desarrollo de la interculturalidad se vincula en mayor medida a los contextos en los se ha desplegado un mayor nivel de autogobierno de los pueblos indígenas, aunque no siempre dicho autogobierno logre incidir en el diseño de las políticas estatales. El hito normativo de la interculturalidad lo constituyen las propuestas de reconfiguración plurinacional de los Estados como las que recogen las Constituciones ecuatoriana (2008) y boliviana (2009), los dos textos que, con mayor ambición, especialmente el segundo de ellos, asumen la interculturalidad como proyecto de superación de la herencia o continuidad colonial. Debe mencionarse que la plurinacionalidad ha pasado a ser uno de los puntos prioritarios en las agendas de organizaciones indígenas en distintos territorios de la geografía latinoamericana. En los mencionados textos constitucionales, la plurinacionalidad aparece como correlato del compromiso con la interculturalidad y alumbra un camino que entrelaza la justicia social con las justicias cultural y ecológica, profundamente interrelacionadas, puesto que, cada vez de forma más acentuada, ninguna de ellas es viable sin las otras dos. A ello habría que añadir, aun de modo claramente insuficiente, la justicia de género, la plena igualdad de las mujeres.

En el caso boliviano se estarían apuntando con mayor nitidez los elementos de un cambio de paradigma constitucional donde la interculturalidad se fundamenta en el reconocimiento del derecho a la libre determinación de los pueblos indígena originario campesinos, así como, incluso con mayor importancia, en el derecho "a que sus instituciones formen parte de la estructura general del Estado". De este modo, se reconocen las instituciones y el Derecho propio (pluralismo jurídico e institucional) y se da forma a instituciones compartidas, "plurinacionales", que de un modo aún embrionario, son la base de la reconfiguración plural del Estado. Autores como GRIJALVA (2012) han denominado a este modelo "constitucionalismo dialógico".

En definitiva, como ha señalado WALSH (2008), la interculturalidad es algo por construir e implica "implosionar desde la diferencia en las estructuras coloniales del poder como reto, propuesta, proceso y proyecto; es hacer reconceptualizar y re-fundar estructuras que ponen en escena y en relación equitativa lógicas, prácticas y modos culturales diversos de pensar, actuar y vivir".

Interpretación constitucional

Francisco Javier DÍAZ REVORIO

Cabe entender por interpretación, la labor de determinación del significado de un significante, y en el caso de los textos jurídicos implica el establecimiento del contenido normativo de una disposición determinada. Para ello existen diversos elementos, criterios o métodos.

En el caso de la interpretación de la Constitución, la doctrina ha debatido tradicionalmente si el proceso de su interpretación puede llevarse a cabo con los mismos elementos o criterios que la interpretación jurídica en general, o bien si sus peculiaridades exigen la utilización de otros, o incluso si se trata de un proceso cualitativamente diferente que requiere sus propios métodos.

Esta cuestión no es pacífica, pero si se considera la Constitución como norma jurídica suprema, participa del carácter normativo de otros preceptos y, por tanto, puede interpretarse, al menos en principio, con los mismos criterios aplicables a otras normas jurídicas. Y sin dudas, si se toman los criterios considerados "clásicos", elaborados por F. C. de Savigny en el siglo XIX, estos son aplicables a la Constitución, a saber, los criterios gramatical, histórico, lógico y sistemático.

De hecho, también para el resto del ordenamiento jurídico se utilizan a veces otros criterios, más allá de los citados "clásicos". Así, también se suele utilizar el criterio teleológico, que a la hora de interpretar una norma, se pregunta por su "espíritu y finalidad", así como un criterio evolutivo que se plantea la interpretación de la norma de acuerdo con el contexto o realidad social en el que ha de ser aplicada.

También se ha propuesto el llamado "método tópico", orientado al problema que parte de la especial estructura normativa de la Constitución y las peculiaridades de su relación con la ley, destacando que la Constitución no determina el contenido de la ley ni la actuación del legislador, sino que fija solo los límites de tal actuación.

Igual se ha hablado del método o criterio de la concordancia práctica, que obliga a interpretar la Constitución como un todo, evitando jerarquizar entre sus preceptos y principios, y resolviendo los posibles conflictos mediante la ponderación.

El rasgo más destacado de la Constitución, desde la perspectiva de su interpretación, es el predominio de los principios, que no pueden interpretarse como las reglas, alejándose del parámetro de la subsunción. De este modo, la ponderación parece convertirse para algunos estudiosos en el gran método de la interpretación constitucional, o al menos de los derechos y principios constitucionales. La ponderación como método intenta resolver los conflictos entre los principios sin sacrificar por completo ninguno de ellos, sino maximizando en lo posible el ámbito de aplicación de todos los principios en juego.

Distinto a la ponderación, pero relacionado con la idea de la interpretación de los principios constitucionales, está el llamado juicio de razonabilidad, y la idea de proporcionalidad que, en sentido amplio, puede confundirse con este, pero en sentido estricto es uno de sus elementos. En efecto, si los principios constitucionales se consideran mandatos generales que permiten diversos niveles de intensidad, no puede descartarse que estos se vean restringidos por una regulación legal. Pero estas restricciones, a su vez, tienen sus límites, por eso para saber si son razonables y, por tanto, legítimas, es habitual un juicio que valora, en primer lugar, la existencia de fines lícitos para la restricción, y luego la idoneidad y necesidad de tales restricciones, para terminar valorando su proporcionalidad. Solo si superan todos estos estándares, las restricciones legales serían lícitas.

Aunque la ponderación y el principio de proporcionalidad son actualmente muy utilizados en la interpretación constitucional, también se han criticado sus riesgos, como la tendencia a la subjetividad y al activismo judicial, ya que tienden a potenciar el margen de discrecionalidad del juez, sobre todo si no se someten a estándares estrictos.

Sobre todo en Estados Unidos, pero también en otros lugares, existe el debate sobre el originalismo, centrado en la interpretación del texto de acuerdo con la voluntad del constituyente, y la interpretación evolutiva que implica centrarse en la realidad al momento de la aplicación. Ambas tendencias tienen sus riesgos y deberían combinarse y aplicarse de forma compatible para evitar extremos irrazonables en la interpretación.

En fin, en Iberoamérica todos estos debates, elementos y criterios están presentes en la interpretación constitucional, sin que existan demasiadas peculiaridades. Acaso puede apuntarse un especial énfasis en la ponderación y las tesis basadas en el entendimiento de la Constitución como un conjunto de principios, algo coherente con la tendencia de los últimos textos constitucionales del constitucionalismo de la región a plasmar muchos principios generales en un articulado cada vez más extenso. También hay una cierta tendencia al activismo, cuyos peligros no siempre se perciben, y que acaso tenga como trasfondo la mayor confianza que suele despertar el juez, respecto al legislador, como garante de los derechos y e incluso como fuente "creadora" de nuevos derechos, algo muy dudoso, pero probablemente presente en la región.

Algunas de las constituciones más recientes se preocupan por establecer preceptos concretos que regulan su interpretación. Aunque no siempre son necesarios, pueden ser útiles si la regulación queda adecuada. Como ejemplo cabe citar el artículo 427 de la Constitución de Ecuador de 2008, que dispone: "Las normas constitucionales se interpretarán por el tenor literal que más se ajuste a la Constitución en su integralidad. En caso de duda, se interpretarán en el sentido que más favorezca a la plena vigencia de los derechos y que mejor respete la voluntad del constituyente, y de acuerdo con los principios generales de la interpretación constitucional". Esta regulación parece algo restrictiva al dejar de lado criterios tan fundamentales y necesarios como la interpretación evolutiva, lo cual es tanto más peligroso al venir acompañado de una proclamación formal de una interpretación originalista con la referencia a la voluntad del constituyente. El citado precepto también ha de ser objeto de interpretación, y la más adecuada pasaría por entender que la enumeración de estos criterios o elementos no excluye otros que resulten necesarios para entender cualquier precepto constitucional, que ha de aplicarse en una realidad social siempre cambiante.

Interrupción del embarazo

Mónica Carmen Bayá Camargo

La interrupción del embarazo es la acción por la cual el proceso de gestación, de una mujer o persona con otra identidad de género con capacidad de gestar, no llega a término, independientemente de que el procedimiento se realice con su consentimiento o sin él; sin embargo, este vocablo suele utilizarse con mayor frecuencia en el primer caso.

La Organización Mundial de la Salud (OMS), en la Clasificación Internacional de Enfermedades CIE-11 (2019) utiliza el término *aborto inducido*, también conocido como interrupción artificial del embarazo, para referirse a la expulsión o extracción completa de un embrión o feto de una mujer (independientemente de la duración del embarazo), luego de una interrupción deliberada de un embarazo en curso por medios médicos o quirúrgicos, que no pretende dar como resultado un nacimiento vivo; figura distinta a la del "aborto espontáneo", denominado también aborto no intencional, que es la pérdida espontánea de un embarazo antes de que el feto sea viable fuera del útero.

Jurídicamente, el vocablo *aborto*, tradicionalmente ha sido utilizado en las leyes penales como el delito que sanciona a las mujeres que recurren a este procedimiento, así como a quienes lo realizan, agravando la pena cuando es practicado sin el consentimiento de la mujer o cuando es resultado del uso de la violencia, casos en los que suele denominarse aborto forzado.

La OMS, antes de adoptar el CIE-11 (2019) y las nuevas directrices para la atención del aborto (2022), lo definió como la interrupción del embarazo hasta antes de que el feto hubiera alcanzado viabilidad, es decir, antes de que sea capaz de sobrevivir y mantener una vida extrauterina independiente. Actualmente, ya no se establece una edad gestacional.

En el sistema jurídico latinoamericano, el vocablo *interrupción del embarazo* empezó a utilizarse en los marcos normativos del siglo XXI, que fueron avanzando hacia la despenalización parcial del aborto. No obstante, algunos países mantuvieron o realizaron reformas para establecer una penalización absoluta, lo cual es considerado contrario a los estándares internacionales de derechos humanos.

Si bien la legislación no es uniforme, puede distinguirse entre interrupción voluntaria del embarazo (IVE), que hace referencia al derecho al aborto hasta un determinado número de semanas de gestación a sola solicitud; y la interrupción legal del embarazo (ILE), que se refiere al derecho al aborto, en ciertas circunstancias que suelen denominarse causales. En algunas legislaciones, el término *IVE* se utiliza tanto para la interrupción sujeta a plazos como a causales. En ambos casos el consentimiento es un requisito fundamental, por lo que este debe ser previo, libre e informado. En estos casos, la interrupción del embarazo es resultado del ejercicio del derecho a la autodeterminación reproductiva y a la salud sexual y reproductiva, como parte del derecho a la salud, y es indivisible e interdependiente respecto de otros derechos humanos.

La Corte Interamericana de Derechos Humanos, en el caso "Artavia Murillo y otros ('Fecundación in vitro') *vs.* Costa Rica", en relación con el artículo 4.1 de la Convención Americana sobre Derechos Humanos (CADH), que indica que el derecho a la vida "estará protegido por la ley y, en general, a partir del momento de la concepción", interpretó que "es posible concluir de las palabras 'en general' que la protección del derecho a la vida con arreglo a dicha disposición no es absoluta, sino es gradual e incremental según su desarrollo, debido a que no constituye un deber absoluto e incondicional, sino que implica entender la procedencia de excepciones a la regla general".

La evolución en la regulación de la interrupción del embarazo en la región se produjo en unos casos a partir de reformas legales, y en otros mediante decisiones de sus más altos tribunales de justicia, sobre la base de los estándares internacionales de derechos humanos.

En México, en abril de 2007, se aprobó la reforma al Código penal, que introdujo en la Ciudad de México el sistema de plazos en materia de aborto, reconociendo el derecho de las mujeres a interrumpir su embarazo durante las primeras 12 semanas de gestación. Entonces, solo Cuba, que fue el primer país en despenalizar el aborto en 1965, Guyana y Puerto Rico tenían similar legislación. En septiembre de 2021, la Suprema Corte de Justicia de la Nación estableció que criminalizar el aborto voluntario era inconstitucional.

En Uruguay, desde el año 1938, su legislación consideraba al aborto como un delito que podía ser eximido de pena solo en algunas circunstancias. En 2012 se convertiría en el primer país sudamericano en legislar la IVE, mediante la Ley 18987, la que dispuso que la mujer que recurra a este procedimiento durante las primeras 12 semanas de embarazo no sería penalizada.

Por su parte, Argentina en 1921 despenalizó el aborto terapéutico y la causal de violación. La IVE hasta las 14 semanas de gestación fue despenalizada en 2021 mediante la Ley 27.610 y mantuvo dos causales de acceso a la interrupción del embarazo después de ese plazo, cuando el embarazo es el resultado de violencia sexual (violación) y/o cuando está en riesgo la vida o la salud integral de la persona gestante.

En Bolivia, desde 1972 el Código penal despenalizó parcialmente el aborto cuando el embarazo fuese resultado de violación, estupro o incesto, o cuando estuviera en riesgo la vida o la salud de la mujer. El Tribunal Constitucional Plurinacional, a través de la Sentencia Constitucional Plurinacional No. 0206/2014, de 02 de agosto, eliminó los requisitos de autorización judicial y el inicio de la acción penal para acceder a la interrupción del embarazo.

En Chile, desde 1874 el aborto era sancionado en todas sus formas; en 1931 se introdujo en el Código sanitario el aborto terapéutico, que luego se derogó en 1989. La Ley 21.030 de 2017 reguló la despenalización de la IVE en las causales de riesgo vital de la mujer, patología congénita adquirida o genética letal en el feto y en caso de violación, siempre que no hayan transcurrido más de 12 semanas de gestación, excepto tratándose de niñas menores de 14 años, en cuyo caso el plazo sería de hasta 14 semanas.

En Ecuador, la Corte Constitucional estableció la despenalización del aborto en caso de violación, en 2021, para todas las personas, pues hasta ese momento solo podían acceder al aborto legal por causal violación las "personas con discapacidad mental".

El delito del aborto fue declarado condicionalmente exequible por la Corte Constitucional de Colombia en la Sentencia C-355 del 10 de mayo de 2006, cuando existieran las causales de peligro para la vida o la salud de la mujer, exista grave malformación del feto que haga inviable su vida, en caso de violación o incesto y de inseminación artificial no consentida. En 2022, la Corte amplió el acceso a la IVE a través de la Sentencia C-055, sin importar el motivo, durante las primeras 24 semanas de gestación, manteniendo el sistema de causales para casos que excedan ese límite.

Interseccionalidad

Mónica Carmen BAYÁ CAMARGO

La interseccionalidad es una perspectiva que permite identificar la presencia simultánea de dos o más características diferenciales de las personas, tales como pertenencia étnica, género, sexo, discapacidad, orientación sexual, nacionalidad, y otras categorías que representan desventajas por procesos históricos, políticos, sociales y económicos, tales como el sexismo, el racismo y la homofobia, incrementando la carga de discriminación hacia las personas que poseen estas características. Da nombre a una experiencia de desventaja que no se reconoce cuando la discriminación se aborda como si fuese un problema de características consideradas aisladamente. A partir de este enfoque, puede evidenciarse la existencia de la discriminación interseccional, entendida como una diferencia irracional, subjetiva y desproporcionada de trato basada en dos o más causales de discriminación que concurren conjuntamente.

Actualmente, la interseccionalidad tiene una triple dimensión: la primera como herramienta para el análisis interseccional que permite revelar y resaltar relaciones de poder e injusticia social con el objetivo de identificar las variadas identidades y exponer los diferentes tipos de discriminación y desventaja que se dan como consecuencia de la combinación de identidades; en segundo lugar, como instrumento de abogacía, que ayuda a entender y a establecer el impacto que tiene la convergencia de múltiples discriminaciones y a identificar situaciones de oportunidad para promover el acceso a derechos que están siendo afectados; en tercer lugar, como herramienta para la elaboración de políticas que tomen en cuenta, de manera directa, cómo la incidencia en un aspecto de la identidad tiene repercusiones en otros, e impulsar una intervención pública más eficaz e integral.

El concepto de interseccionalidad fue introducido por Kimberlé Crenshaw (1989), como un cuestionamiento a la dogmática jurídica y a las corrientes feministas por la exclusión de las mujeres afroamericanas en la legislación y a las políticas antidiscriminatorias, feministas y antirracistas, poniendo de relieve que ellas experimentaban discriminaciones cualitativamente diferentes respecto a las mujeres en general y a los hombres afroamericanos, que no eran tratadas. Si bien la idea de discriminación basada en múltiples rasgos había sido abordada o reconocida con anterioridad y existen antecedentes teóricos del feminismo afroamericano, la contribución de Crenshaw se considera particularmente importante para el Derecho antidiscriminatorio además de ser la pionera de la teoría crítica.

Kimberlé Crenshaw señaló tres niveles, distintos pero interconectados, de interseccionalidad: la interseccionalidad estructural, la política y la representacional. Más tarde, diversas autoras feministas desarrollarían la interseccionalidad en distintos campos del análisis y se convertiría también en una herramienta metodológica.

En el Derecho internacional de los derechos humanos son pocos los tratados que hacen referencia a este concepto, entre ellos, la Convención sobre los Derechos de las Personas con Discapacidad (2006), la Convención Belem do Pará (1995) y la Convención Interamericana sobre la Protección de los Derechos Humanos de las Personas Mayores (2015), que incorpora de manera explícita el concepto. Posteriores tratados interamericanos contra la discriminación incluyeron la figura de la discriminación múltiple, aunque no propiamente la interseccionalidad. Instrumentos adoptados por los mecanismos convencionales y extraconvencionales son los que empiezan a utilizar con mayor frecuencia el concepto.

En el Sistema Interamericano de Derechos Humanos, el concepto de interseccionalidad fue utilizado por primera vez por la Corte Interamericana de Derechos Humanos (Corte IDH) en el caso "Gonzales Lluy y otros *vs.* Ecuador", de 2015, reconociendo la existencia de una forma diferenciada de discriminación donde pueden confluir en forma interseccional y simultánea múltiples factores de vulnerabilidad y riesgo de discriminación, lineamiento que seguiría en posteriores sentencias, sobre todo en caso de violencia en razón de género y su relación con factores como la etnia, la edad, la migración y otros.

A nivel constitucional, la Corte Constitucional de Colombia, en la Sentencia T-141-15 de 27 de marzo de 2015 estableció que el concepto de "interseccionalidad" constituye un paradigma de análisis y una herramienta para la justicia racial y de género, que propone examinar las situaciones en las que convergen distintos tipos de discriminación. El Tribunal Constitucional Plurinacional de Bolivia, en la SCP 130/2018-S2 de 16 de abril, introduce el enfoque diferencial e interseccionalidad respecto a los derechos de las personas adultas mayores y en la SCP 156/2019-S2 de 24 de abril incorpora la obligación de aplicar este enfoque en la investigación de hechos de violencia contra las mujeres, en especial si involucran a niñas y adolescentes. La Corte Constitucional de Ecuador, mediante la Sentencia No. 2185-19-JP de 01 de diciembre de 2021, aplicó el enfoque de interseccionalidad en el análisis de una acción de protección al tratarse de niñas y adolescentes migrantes, reconociendo que este es un grupo amplio y heterogéneo, con diferentes características socioeconómicas y necesidades que deben ser atendidas a través de un enfoque interseccional y con perspectiva de género.

Intervención federal

Marcelo Labanca Corrêa de Araújo

La intervención federal es un instituto previsto en los Estados federales que autoriza, excepcionalmente, a la entidad central a suspender la autonomía de la entidad estatal para restablecer la normalidad constitucional cuando el pacto federal se vea amenazado. Se puede decir que es un remedio que usa el veneno mismo: un régimen excepcional que suspende temporalmente alguna autonomía estatal específica para hacer frente a un problema disfuncional que pone en riesgo el pacto federal.

La formación de los Estados federales en América Latina estuvo fuertemente inspirada en el modelo norteamericano. Una de las razones para crear una "Unión" fue precisamente la posibilidad de que la entidad central fuera más expresiva para responder a las agresiones externas y también internas. Por eso mismo, en el artículo 4, Sección IV, de la Constitución de Estados Unidos, la Unión tiene el deber de garantizar a todos los Estados la forma republicana de gobierno, así como la protección contra invasiones externas o violencia interna.

Una de las principales características de los Estados federales es la autonomía política de las entidades subnacionales. Así, es deber de la Unión intervenir cada vez que se ejerza la autonomía estatal fuera de las reglas del juego federativo. Esta acción de la Unión a veces se denomina "cláusula de garantía" (Sosa, 2020).

La cláusula de garantía dio paso a normas constitucionales que aumentaron las posibilidades de injerencia del gobierno central en las entidades subnacionales. Así se creó un sistema constitucional de normas que autorizaba a la Unión a intervenir en los gobiernos de los Estados. Si inicialmente la preocupación era solo la protección contra agresiones o el mantenimiento del régimen republicano, ahora también hay indicios de que la Unión puede intervenir en los Estados para garantizar la gobernabilidad y la protección de los derechos fundamentales. Naturalmente, es una decisión político-constitucional de cada país definir la dimensión de este espacio constitucional que amplía los poderes federales sobre los Estados y las hipótesis que legitiman la intervención federal.

En América Latina hay cinco países que constitucionalmente pueden ser considerados federaciones (Brasil, Argentina, México, Venezuela y Saint Kitts y Nevis). Otros países pueden utilizar los principios del federalismo como elemento de descentralización territorial, pero sin una autonomía política subnacional efectiva.

En las federaciones latinoamericanas, los textos constitucionales que tratan el tema de la intervención federal no lo hacen de manera uniforme, sino de diferente manera.

Las constituciones presentan condiciones de desequilibrio federativo para autorizar la intervención federal. Las situaciones son variadas. En el caso del ejemplo brasileño (artículo 34), hay intervención para mantener la integridad nacional, para repeler invasiones extranjeras o invasiones de una unidad de la federación a otra, para garantizar el libre ejercicio de los poderes en las unidades de la federación y para garantizar la observancia de los principios constitucionales, incluidos el republicano y el democrático; también se permite la intervención federal como instrumento de protección y derechos fundamentales, por ejemplo, cuando exista evidencia de que los derechos humanos o el régimen democrático no están siendo respetados por los Estados. La Constitución argentina también utiliza la palabra intervención (artículo 6) para legitimar el papel del gobierno federal en la protección de la forma republicana o repeler invasiones extranjeras. En el caso mexicano, no existe disposición constitucional expresa que utilice a palabra *intervención*, aunque el artículo 119 dispone que la Unión tiene el deber de proteger a las entidades federativas contra invasiones o violencias externas. Además, se instituyó la figura de la desaparición de poderes como instrumento de la coacción federal, teniendo como figuración no solo las de la cláusula de garantía, sino también el abandono del ejercicio de funciones o la prórroga del ejercicio del mandato cuando ya haya terminado. Es decir, el ejemplo mexicano permite medidas centrales contra los gobiernos estatales, encaminadas a proteger el ejercicio mismo de la democracia.

El caso de Venezuela, es peculiar, ya que el sistema constitucional, a partir de 1999 y posteriores reformas, estableció una centralización paulatina basada en unidades de unidad y coherencia como, por ejemplo, el Consejo Nacional de Gobierno, para dotar al Ejecutivo nacional de mayor poder sobre Estados y municipios, en un movimiento de transición de un Estado federal a un Estado centralizado (HARO, 2010).

En cualquier situación, la intervención federal debe cumplir con el supuesto de generar unidad cuando el pacto se fragmenta. Es común tener un control parlamentario preventivo de la intervención; por tanto, es un acto complejo en el que pueden participar el presidente de la República y el poder legislativo, o puede ser solicitado por otros poderes, como el poder judicial. Normalmente, el parlamento aprueba la propuesta presentada, el parlamento es el órgano central en el filtro de intervención.

La intervención federal es una medida que autoriza la supresión temporal de la autonomía estatal. Es decisión político-constitucional de cada país latinoamericano ampliar o reducir el espacio de intervención del gobierno central en los gobiernos estatales. Lo cierto es que la intervención federal se aleja de la visión original de una cláusula de garantía frente a la agresión armada o de protección de la república frente a la monarquía colonizadora, convirtiéndose en un instituto que debe entenderse desde la perspectiva del fortalecimiento de la democracia y de los derechos humanos a nivel estatal.

Inviolabilidad parlamentaria

Javier SÁNCHEZ SÁNCHEZ

La prerrogativa de la inviolabilidad *(freedom of speech)* garantiza la libertad de expresión y de voto del parlamentario, liberándole de amenazas o perturbaciones en el ejercicio de sus funciones, para permitir que la cámara parlamentaria forme su voluntad libremente y en representación de la voluntad popular.

Desde un punto de vista jurídico formal, opera como una causa de justificación en la actuación del parlamentario, impidiendo que surja un acto antijurídico y haciendo con ello inviable cualquier acción penal o civil contra el parlamentario, tanto en la actualidad, como en el futuro. La prerrogativa de la inviolabilidad no solo comporta la exención de cualquier responsabilidad, sino que también opera como un privilegio frente a la mera incoación de todo procedimiento; configura así un verdadero límite a la jurisdicción que tiene un carácter absoluto y no meramente relativo. Produce un efecto impeditivo para la apertura de cualquier clase de proceso o procedimiento que tenga por objeto exigir responsabilidad a los parlamentarios por opiniones manifestadas en el ejercicio de sus funciones.

La inviolabilidad ha sido caracterizada como "un privilegio" de naturaleza sustantiva, que garantiza la irresponsabilidad jurídica de los parlamentarios por las opiniones manifestadas en el ejercicio de sus funciones, entendiendo por tales aquellas que realicen en actos parlamentarios y en el seno de cualquiera de las articulaciones de las cámaras o, por excepción, "en actos exteriores a la vida de las Cámaras que sean reproducción literal de un acto parlamentario", siendo finalidad específica del "privilegio" asegurar, a través de la libertad de expresión de los parlamentarios, la libre formación de la voluntad del órgano legislativo al que pertenezcan (Sentencia del Tribunal Constitucional español 51/1985, de 10 de abril).

La figura ha sido objeto de una delimitación material en el ámbito del parlamentarismo moderno, entendiendo que:

a) La garantía no ampara cualesquiera actuaciones de los parlamentarios y sí solo sus declaraciones de juicio o de voluntad, es decir, sus "opiniones".

b) La actuación del parlamentario en el ejercicio regular de sus funciones debe inscribirse en el procedimiento constitucional y reglamentariamente establecido.

c) En la inviolabilidad no pueden encontrar amparo ni las calumnias, ni las injurias, ni conceptos ofensivos contra personas o instituciones, ni la apología para la comisión de delitos, pues tales manifestaciones mal pueden contribuir al ejercicio de las funciones parlamentarias.

En el marco de la delimitación funcional cabe señalar que:

a) Las "funciones" respecto de las que opera la prerrogativa de la inviolabilidad debieran identificarse en las que son propias del diputado o senador en tanto que sujetos portadores del órgano parlamentario, cuya autonomía, en definitiva, es la protegida a través de esta garantía individual. Como consecuencia, "el diputado o senador ejercitaría [...] sus funciones sólo en la medida en que participase en actos parlamentarios y en el seno de cualesquiera de las articulaciones orgánicas de las Cámaras" (STC 51/1985, de 10 de abril, FJ 6°).

b) Las reuniones de parlamentarios que se celebren sin convocatoria reglamentaria no vincularán a las cámaras y no podrán ejercer sus funciones ni ostentar sus privilegios (Sentencia de la *Corte Costituzionale* italiana No. 81, de 1975).

c) La "prerrogativa puede amparar también los actos 'exteriores' a la vida de las Cámaras, que sean reproducción literal de un acto parlamentario".

En la actualidad, la institución se encuentra recogida en numerosas constituciones de la región (Argentina, Bolivia, Brasil, Chile, Colombia, Costa Rica, Cuba, Ecuador, El Salvador, Guatemala, México, Paraguay, Perú, Uruguay, Venezuela).

A medida que se profundiza en la fortaleza democrática y en la imparcialidad del poder judicial, la inviolabilidad pierde parte de su razón y finalidad, debiendo ponderarse adecuadamente su aplicación para no lesionar el derecho de los particulares a la tutela judicial efectiva frente acusaciones o señalamientos infundados por los parlamentarios.

J

Jerarquía normativa

Majela Ferrari Yaunner

Las disposiciones normativas que coexisten en un ordenamiento jurídico determinado se integran a este a partir de varios principios o presupuestos que permiten que se articule y funcione como un sistema. Precisamente uno de los más importantes es el de jerarquía normativa, que constituye una suerte de principio técnico-estructural de todo sistema jurídico, que implica que sus piezas (disposiciones normativas) se ordenan escalonadamente por niveles jerárquicos, que pueden incluso ser esquematizados en forma piramidal.

El estrato que ocupe un cuerpo jurídico determinado se deriva de la propia jerarquía del órgano que lo crea y que está mandatado para hacerlo, el que ocupa su propio nivel en la estructura orgánica estatal, en lo que incide igualmente su composición, en cuanto a representatividad popular en su integración. De este modo, suele ocurrir que ocupen escaños más altos las disposiciones normativas creadas por órganos colegiados y representativos, a lo que se adiciona la consideración de que en torno a su creación se conciban mecanismos más participativos, no solo derivados de la representación, sino de la propia participación popular directa.

Igualmente resulta esencial que no exista una desconexión entre los niveles jerárquicos del ordenamiento, sino que es importante que se controle la correspondencia de los contenidos de las disposiciones normativas con los de las jerárquicamente superiores, sobre todo con la Constitución. En esa propia relación se establece una derivación que desemboca en la evaluación de la validez normativa, pues uno de sus presupuestos esenciales es el respeto a la jerarquía no solo de manera formal, sino también en su esencia reguladora.

Aunque respecto a la jerarquía normativa se han establecido criterios ya convencionales, sigue resultando polémico la colocación en uno u otro escaño de determinadas disposiciones normativas particulares, como son los tratados internacionales, lo que tiene una trascendencia práctica indiscutible. Esto se debe a que la jerarquía no solo es determinante para controles de legalidad, constitucionalidad y convencionalidad, sino también para la determinación y aplicación de las fuentes formales del Derecho, para definir la pertenencia o no de determinado cuerpo legal al ordenamiento, para solucionar antinomias y lagunas, entre otras cuestiones con trascendencia práctica.

De hecho, en muchas ocasiones se vincula directamente la jerarquía normativa a la ordenación de las fuentes formales en niveles, de lo que se deriva la superioridad o inferioridad de unas normas respecto a otras. También puede considerarse con trascendencia a este concepto que las normas secundarias que establecen facultades normativas resultan ser superiores a las primarias.

Ciertamente el criterio jerárquico se ha erigido como uno de los llamados a solucionar los conflictos entre reglas jurídicas o antinomias y resulta válido, pero no puede utilizarse de forma aislada sin que se valoren otros como el de temporalidad o especialidad, además de que pueden generarse conflictos entre varios de estos criterios, de modo que se complejice más la labor del jurista. En ciertas ocasiones, la determinación de la jerarquía normativa puede constituirse en cuestión contingente en dependencia del "conflicto" y de las normas sobre el que verse.

Existe una regularidad en el ámbito latinoamericano respecto al reconocimiento de la Constitución como la disposición normativa de mayor jerarquía dentro de los ordenamientos (Guatemala, 1986; Colombia, 1991; Argentina, 1994; Ecuador, 2008; Bolivia, 2009; República Dominicana, 2015; Cuba, 2019). En ello ha incidido también el reconocimiento, expreso o tácito, del valor normativo de la Constitución, al desterrarse una anquilosada visión programática de sus contenidos.

Otro elemento que caracteriza a alguno de los últimos textos constitucionales es la incorporación directa, con jerarquía constitucional, o incluso supraconstitucional, de los tratados internacionales de derechos humanos (Brasil, 1988; Argentina, 1994; Colombia, 1991; Ecuador, 2008; Bolivia, 2009; República Dominicana, 2015).

Juez constitucional

Gianluca Famiglietti

Del concepto de "juez constitucional" es posible perfilar, por un lado, una definición más amplia y, por otro lado, una más técnica. Desde la primera perspectiva, un "juez constitucional" es el que aplica directamente la Constitución, el que interpreta la ley "a partir" de la Constitución y tiene un papel "activo" en la defensa de los derechos humanos; desde la perspectiva más técnica, el "juez constitucional" es el que pertenece (o está encomendado) a la "jurisdicción constitucional".

El problema relativo a la legitimidad democrática de la jurisdicción constitucional, ciertamente tiene una relevancia fundamental en un Estado democrático; pero reconstruir aquí el largo debate sobre el punto sería muy difícil. Sin embargo, basta recordar cómo ha encontrado cierto consenso la posición de quienes han incluido, entre los factores legitimadores de la justicia constitucional, el procedimiento concreto de selección y designación de los jueces constitucionales (por ejemplo, a través de las asambleas representativas); procedimiento que, consagrado en una Constitución democrática, goza de una importante cuota de legitimación democrática.

Se trata, por tanto, de una legitimación de segundo (o tercer) grado, pero aún derivada del sistema constitucional que permite transmitir la legitimidad misma al órgano de justicia constitucional a través de los mecanismos previstos para tal fin (Sagüés, 2002).

"Inevitables" para cualquier modelo de justicia constitucional —en aras a dar forma a órganos autoritarios e independientes— aparecen las garantías que acompañan a la condición de juez constitucional: los requisitos subjetivos, las incompatibilidades, la duración del mandato, la inamovilidad y la inmunidad.

En cuanto a la posición de los órganos llamados a realizar el control de constitucionalidad en la estructura del poder judicial, el panorama latinoamericano ofrece distintas soluciones: a) tribunales o cortes constitucionales autónomos situados fuera del aparato jurisdiccional ordinario (Chile, Ecuador, Guatemala, Perú); b) tribunales o cortes autónomos dentro de la propia estructura del poder judicial

(Bolivia y Colombia); c) salas especializadas en materia constitucional, pertenecientes a las propias cortes o tribunales supremos (Costa Rica, Nicaragua, Paraguay y Venezuela), y finalmente, d) cortes o tribunales supremos ordinarios realizando funciones de tribunal constitucional, aunque no de manera exclusiva (Argentina, Brasil, Honduras, México, Panamá y Uruguay).

Muy peculiar es la conformación del Tribunal Constitucional Plurinacional de Bolivia, que está integrado por magistrados elegidos por sufragio universal y mediante criterios de plurinacionalidad, para una representación del sistema ordinario y del sistema indígena originario campesino.

Para la elección de magistrados del Tribunal Constitucional Plurinacional, el sistema electoral prevé la candidatura unipersonal y, por ende, cualquier persona que reúna los requisitos exigidos por la Constitución política del Estado y la Ley 027 de 2010 puede presentar la solicitud ante la Asamblea Legislativa Plurinacional. Los candidatos al Tribunal Constitucional Plurinacional pueden ser propuestos por organizaciones sociales de las naciones y pueblos indígenas y de la sociedad civil en general.

No obstante, para que un *postulante* llegue a ser *candidato*, es necesario que la Asamblea, verificada la existencia de los requisitos, lo preseleccione con el voto de dos tercios de sus miembros presentes.

La forma de reclutamiento de los magistrados del Tribunal Constitucional Plurinacional presenta una forma de selección que busca garantizar la independencia de este, puesto que sus miembros son elegidos por voto directo y universal. A pesar de ello, la preselección de los postulantes recae en manos de la Asamblea Legislativa, órgano de naturaleza política.

La Corte Constitucional de Colombia está integrada por nueve magistrados, nombrados por el senado de ternas presentadas por el presidente de la República, el Consejo de Estado y la Corte Suprema de Justicia, por periodos individuales de 8 años, sin que tengan oportunidad de ser reelegidos.

Los siete miembros del Tribunal Constitucional peruano se encuentran protegidos por la misma inmunidad que los congresistas, elegidos por el Congreso de la República, no podrán ser procesados ni privados de libertad desde que son elegidos hasta un mes después de haber cesado en sus funciones, excepto por flagrante delito.

La Corte Constitucional de Ecuador está integrada por nueve jueces elegidos mediante un concurso público de méritos y oposición. Permanecerán 9 años en el cargo sin posibilidad de reelección inmediata, y serán renovados por tercios cada 3 años. Entre los principales requisitos exigidos, además de la ciudadanía ecuatoriana y estar en ejercicio pleno de sus derechos políticos, está previsto tener título de tercer nivel en Derecho, haber ejercido con probidad notoria la profesión de abogado, judicatura o docencia universitaria en ciencias jurídicas al menos 10 años, demostrar probidad ética, y no pertenecer (ni haber pertenecido), en los últimos 10 años, a la directiva de ningún partido o movimiento político (Attard, Balmant Emerique, Martínez Dalmau, Viciano Pastor, 2021).

La independencia de los órganos de justicia constitucional —además de por los sistemas de designación y las normas correspondientes, por la atribución de la autonomía financiera, por la protección de la sede y la disciplina de las inmunidades— está asegurada, a menudo, por la propia Constitución, a través de un adecuado poder de autorregulación (Pegoraro, 2019).

Juicio político

Miluska Orbegoso Silva

El juicio político se constituye como un proceso de atribución de responsabilidad política a funcionarios públicos, previsto en la Constitución de cada país, y que en términos generales es un proceso que se lleva a cabo por y en sede del poder legislativo, quien hace las veces de juez para juzgar a aquellos altos funcionarios que hayan incumplido o hayan cometido faltas en el ejercicio de sus funciones. Se trata de una especie de remedio ante el incumplimiento o infracción de las funciones que, debido a la irresponsabilidad política del presidente, no suele aplicársele.

Por tanto, podemos señalar que el juicio político tiene cuatro elementos o características: primero, que es un procedimiento que tiene por objeto perseguir responsabilidades; segundo, que se inicia por infracciones cometidas por funcionarios superiores de Estado; tercero, que la propia Constitución lo establece y determina; y cuarto, que la infracción se haya cometido en el ejercicio de sus funciones.

Muchos autores coinciden en que el juicio político se trata de una creación del Derecho inglés. Sus antecedentes podemos rastrearlos al año 1376, cuando la Cámara de los Comunes decidió el arresto de Lord William LATIMER por la defraudación del tesoro público, debido a negocios particulares, hasta que resarciera al rey Eduardo III.

En América Latina, la existencia del juicio político se la debemos a la influencia de la Constitución de Estados Unidos y debido a los controles que en ella se previeron. Ello, sin lugar a duda, nos podría llevar a cuestionarnos acerca de la necesidad de control del legislativo al ejecutivo.

Finalmente, debemos señalar que el juicio político se prevé en varias constituciones de nuestra región, como en Argentina, Brasil, Chile, Perú, Colombia, Ecuador, México, entre otros; donde también se prevé la figura del denominado desafuero o declaración de procedencia, que aplica en el caso de la comisión de un delito. Ha sido el caso de Brasil, Perú, Guatemala, Venezuela, Ecuador, entre otros, donde esta figura ha sido empleada, de conformidad con los procedimientos previstos en la Constitución, para destituir e inhabilitar a presidentes democráticamente electos. En la mayoría de los casos, las causas que originan la activación de este mecanismo de control son acusaciones de corrupción que son probadas, y que, en algunos casos, ha ocasionado que los acusados terminen sus días no solo inhabilitados, sino en prisión, y en otros casos, huyendo del país.

En ese sentido, el análisis del juicio político ha sido más político que jurídico. No obstante, creemos que la existencia del juicio político ayuda a la construcción del Estado de Derecho y la consolidación de la responsabilidad pública de los servidores o funcionarios públicos.

Jurisdicción constitucional

Gianluca FAMIGLIETTI

Los orígenes de la idea de control de constitucionalidad se remontan al debate desarrollado en torno a la Constitución estadounidense de 1787, en el que por primera vez se planteó la idea de un control de la conformidad de las leyes con los principios superiores contenidos en la Constitución asignado a jueces independientes en el acto de interpretar las leyes antes de aplicarlas. Ese debate no se tradujo en una inmediata disposición constitucional de una *Judicial review of legislation*, que germinó unos años más tarde (1803) por la vía jurisprudencial, gracias a la sentencia Marbury *vs.* Madison de la Corte Suprema, presidida por el juez MARSHALL. La "doctrina Marshall" propugna o bien la Constitución es la ley suprema, inmodificable por el legislador ordinario, y por tanto la ley contraria a la Constitución no es una ley, o la Constitución se sitúa al mismo nivel que las leyes ordinarias, por lo que es modificable por cualquier mayoría política.

El control estadounidense es un control *difuso*, porque se encomienda a todos los jueces durante la aplicación *concreta* de la ley, quienes pueden *inaplicar* la ley inconstitucional, declarando así su *nulidad,* pero limitada al caso decidido; corresponderá entonces al principio del *stare decisis* y a la regla del "precedente" mitigar el daño potencial de tal mecanismo a la seguridad jurídica.

En cambio, será la doctrina que, en la segunda década de siglo pasado, determinará el nacimiento del otro gran modelo de control de constitucionalidad. El modelo teorizado por Hans KELSEN, y luego "experimentado" en la Constitución austríaca de 1920, es un sindicato *concentrado*, porque está encomendado a un organismo *ad hoc* ajeno al poder judicial; *abstracto* porque prescinde de la aplicación de la ley a un caso concreto y puede ser activado solo por parte de sujetos públicos determinados; la sentencia del Tribunal Constitucional *anula* la ley inconstitucional (que por lo tanto produce sus efectos hasta ese momento) y tiene eficacia *erga omnes.*

La variedad de modelos y tipos de control de constitucionalidad han encontrado profundizaciones muy interesantes. Más allá de los modelos "puros", las reflexiones contemporáneas debaten las estructuras de las formas de justicia constitucional "híbridas" (PIZZORUSSO, 1982).

Los sistemas de control de constitucionalidad implantados en los ordenamientos jurídicos de América Latina (ATTARD, BALMANT EMERIQUE, MARTÍNEZ DALMAU, VICIANO PASTOR, 2021) siguen un camino que ve prevalecer el modelo difuso hasta mediados del siglo XX, para luego evolucionar progresivamente hacia modelos caracterizados por la presencia de un órgano *ad hoc* encargado del control (normalmente un Tribunal Constitucional), que ejerce una jurisdicción constitucional *concentrada*, en algunos casos *hibridándose* entre sí (FERRER MAC-GREGOR, 2002; MEZZETTI, 2009).

El sistema de control de constitucionalidad vigente en Argentina está completamente conformado en el modelo norteamericano: carácter difuso, encomendado a cualquier juez, tratándose de un control concreto cuyas sentencias tienen efecto *inter partes*.

El control de constitucionalidad en Paraguay está concentrado en la Sala Constitucional de la Corte Suprema de Justicia. Se trata de un control sucesivo con amplia legitimidad activa, cuyas decisiones tienen eficacia en el caso singular: la declaración de inconstitucionalidad de un acto legislativo solo tendrá el efecto de declararlo "inaplicable" al caso. Características muy similares a este también se encuentran en el sistema de justicia constitucional uruguayo. El modelo venezolano también permite la coexistencia de un sistema de control difuso que se acompaña de un control concentrado de la Sala Constitucional de la Corte Suprema, cuyas decisiones adquieren los efectos de cosa juzgada con eficacia *erga omnes*.

El control de constitucionalidad en Brasil está articulado en torno a un complicado sistema *mixto*, en el que coexisten el modelo de control incidental y el difuso (presente desde el inicio de la República en 1891), al que se añadió en 1965 un control abstracto concentrado a cargo del Supremo Tribunal Federal.

Un carácter "bicéfalo" también se encuentra en el modelo colombiano de justicia constitucional. En el Perú existe un sistema de control perfectamente "dualista", difuso por ser ejercido por jueces ordinarios, y concentrado en el Tribunal Constitucional, con efectos *inter partes* para las decisiones de los jueces, *erga omnes* para las del Tribunal Constitucional.

El sistema en Ecuador parece mirar hacia una forma colaborativa entre jueces y Corte Constitucional, aunque *sui generis*: si bien la Corte, en 2010, claramente decidió que la única forma posible de control de constitucionalidad en el ordenamiento jurídico era la concentrada (prohibiendo la inaplicación por parte de los jueces hasta recurrir a la destitución del "responsable"), algunas sentencias posteriores (2019) se han abierto, aunque de manera no del todo clara, a la coexistencia de un modelo mixto.

El carácter plurinacional del Estado boliviano se encuentra en el diseño del sistema "plural" del control de constitucionalidad encomendado al Tribunal Constitucional Plurinacional, en el que coexiste una acción de inconstitucionalidad abstracta (que puede ser activada por entidades públicas específicas) y uno concreto (que puede ser activado por el juez).

En Chile, en 2005, las reformas de la Constitución de 1980 eliminaron el "doble" control de constitucionalidad concentrado en el Tribunal Constitucional, esencialmente preventivo y con efectos *erga omnes*, y en la Corte Suprema, de carácter sucesivo y con efectos *inter partes*; el modelo actual atribuye a la competencia exclusiva del Tribunal Constitucional del control de la constitucionalidad de los proyectos de ley (de acuerdo con el "modelo francés") y de las leyes ya en vigor.

Finalmente, merece señalarse la peculiaridad del sistema de justicia constitucional mexicano, que no puede encasillarse en la clásica dicotomía entre control concentrado o difuso. El sistema mexicano se asocia al *juicio de amparo*, el cual representa una creación muy peculiar de la cultura jurídica mexicana del siglo XIX, que luego logró consolidarse paulatinamente como modelo para muchos otros sistemas latinoamericanos. El sistema puede definirse como el resultado de la suma de tres tipos diferentes de control de constitucionalidad, todos ellos derivados de diferentes modelos: el modelo "autóctono" del juicio de amparo, el modelo norteamericano y el modelo europeo (Passaglia, 2020).

Todos los órganos que en América Latina desarrollan la jurisdicción constitucional, aunque con distintos matices y modalidades particulares, ejercen un control de constitucionalidad para proteger derechos fundamentales a través de un juicio de amparo constitucional.

Jurisdicción penal militar

Paul Enrique FRANCO ZAMORA

La jurisdicción penal militar es concebida como la potestad de investigar y juzgar los ilícitos delictivos perpetrados en instalaciones castrenses o cometidos por su personal en servicio activo. Las unidades militares están acantonadas en los territorios de los países, por lo que la jurisdicción militar suele relacionarse con un tribunal especializado para desarrollar las etapas de un proceso y limitado a enjuiciar hechos delictivos tipificados en un determinado cuerpo normativo, cuyo contenido desglosa las conductas pasibles de sanción (parte sustantiva), las reglas procesales de juzgamiento (apartado adjetivo) y los mecanismos para el cumplimiento de la resolución (ejecución de penas).

La existencia de jurisdicciones propias en temas penales-militares se sostiene plenamente en el Derecho español pues mediante el Decreto Real de 9 de febrero de 1793, el rey Carlos III dispuso la presencia de tribunales con atribuciones de juzgar a quienes gocen de fuero, por su condición de integrantes del ejército. A finales del siglo pasado, países como Alemania, Francia, Holanda y Dinamarca cambiaron la tendencia para que, respetando los pilares del Estado de Derecho, las jurisdicciones castrenses deleguen sus funciones a salas especializadas de la jurisdicción ordinaria o común; no obstante, a razón de las singularidades de los delitos investigados, surgieron posturas de dividir los procesos que incumben a la jurisdicción ordinaria penal de aquellos a dilucidarse en la vía de la jurisdicción exclusivamente militar.

Con los criterios expuestos, la Constitución de Bolivia, mediante el artículo 180, parágrafo II, señala que la jurisdicción militar juzga los delitos de naturaleza militar regulados por la ley; entonces, prevalece el principio de reserva legal para que el Estado boliviano asuma la vigencia de la jurisdicción militar, separándola de la jurisdicción ordinaria. La jurisprudencia constitucional del citado país, mediante la Sentencia Constitucional Plurinacional 2540/2012, de 21 de diciembre, precisó que los tribunales militares buscan preservar la especialidad de la función a partir de la protección de bienes jurídicos relevantes, para el cumplimiento de los fines de las instituciones castrenses.

En rigor, la sustracción del juzgamiento de una conducta delictiva de la jurisdicción ordinaria hacia el procesamiento en la jurisdicción penal militar es justificada únicamente sobre la base de la disciplina, el poder de mando y la obediencia correlativa de los miembros de las fuerzas armadas, motivo por el que en el Estado boliviano fuera constituido un Tribunal Permanente de Justicia Militar, con absoluta independencia de la jurisdicción ordinaria, enmarcándose en la Ley de Organización Judicial Militar y su Código penal militar.

En cambio, el sistema judicial ecuatoriano presenta una diferente orientación, ya que el cuarto párrafo del artículo constitucional 160 instituye que, en el caso de delitos cometidos por miembros de las Fuerzas Armadas dentro de su misión específica, serán juzgados por salas especializadas en materia militar, pertenecientes a la misma función judicial. La Corte Nacional de Justicia del Ecuador, por mandato constitucional y legal, tiene a su cargo el conocimiento de los recursos de casación y de revisión en los procesos penales por delitos de función cometidos por los efectivos uniformados del ejército, en ejercicio de su misión específica.

Se concluye que, siguiendo la tradición española o de otros países europeos, la jurisdicción penal militar en Latinoamérica es responsabilidad de tribunales especializados, que desempeñan sus funciones externamente a la judicatura ordinaria o, más al contrario, como parte integrante de esta.

Para finalizar, con una visión crítica y un enfoque constructivo, pasan detallarse dificultades comunes junto a posibles soluciones a asumirse en los sistemas de justicia penal de índole militar, con reconocimiento expreso en los países de la región.

El punto más debatido en la jurisdicción castrense está relacionado con las restricciones para dictar resoluciones con absoluta imparcialidad. Debido a los problemas jurídicos que se dilucidan ante tribunales especializados en materia militar, surgen todavía limitaciones a los fines de obrar con independencia, pues ante la existencia de rangos jerárquicos, existen prejuicios sobre las labores imparciales de quienes ejercen funciones judiciales militares.

Por esta razón, fueron diseñándose alternativas jurídicas con la finalidad de paliar numerosos inconvenientes. Dentro de las sugerencias destaca la prohibición del juzgamiento de civiles por crímenes considerados de naturaleza castrense. Lastimosamente, como los códigos penales militares datan de anteriores décadas, todavía se confunden los términos de sanción, falta, delito y pena.

En la responsabilidad penal militar convergen delitos y se establecen penas; en cambio, cuando se hace referencia a la disciplina, es necesario aplicar una sanción por conductas adecuadas a una serie de faltas; dicha distinción es confundida en el ámbito judicial castrense, ocasionando lesiones en los derechos de los sujetos procesales.

Con estas apreciaciones, para garantizar el debido proceso y el derecho de acceso a la justicia, las conductas a juzgarse en la jurisdicción castrense de los Estados latinoamericanos justifican la modificación de sus normas internas (sustantivas o adjetivas), y adecuarse a los preceptos constitucionales, así como a los estándares internacionales de los derechos humanos, pues a través de estas tareas de codificación o actualización de disposiciones jurídicas, podrá evitarse la impunidad de quienes sean enjuiciados en dicha jurisdicción.

No debe olvidarse la importancia que reviste la formación especializada de los miembros de cortes militares, ya que representa un factor trascendental en consolidación de la citada justicia, donde los altos mandos de las fuerzas armadas procuren la conformación de tribunales con la presencia de juzgadores ampliamente capacitados que dicten veredictos firmes, con fundamentos jurídicos amplios y debidamente motivados.

Jurisdicciones especializadas

Paul Enrique FRANCO ZAMORA

Los Estados delegan la solución de controversias de la población a instancias de poder público como el órgano judicial, cuyos principios y atribuciones, por lo general, se encuentran establecidos en los textos constitucionales. Cuando la función jurisdiccional no recurre a parámetros particulares, ni está condicionada a elementos extraordinarios de cumplimiento previo, suele denominarse jurisdicción ordinaria o común, categoría en la que ingresan, por tradición, disciplinas como el Derecho civil y el Derecho penal, debido a que los países encomiendan la tramitación de estos conflictos jurídicos a entidades estatales creadas mediante la Constitución.

En cambio, cuando por la naturaleza de la materia jurídica es requerida la actuación de instancias judiciales con criterios técnicos y específicos, se hace referencia a la jurisdicción especializada, concepto relacionado con los órganos encargados de administrar justicia en ciertos asuntos que exigen entendimientos exclusivos, independientemente de los tribunales que conforman la jurisdicción ordinaria o común. Entonces, por la existencia de diversos fueros donde resulta obligatoria la experticia de los juzgadores en selectas áreas jurídicas, emergen las jurisdicciones especializadas, que históricamente resuelven temas arbitrales, contencioso-administrativos, electorales, militares, entre otras ramas del Derecho con determinado conocimiento.

En Bolivia, por ejemplo, la Constitución política del Estado instituye que la jurisdicción ordinaria es ejercida por el Tribunal Supremo de Justicia, los tribunales departamentales de justicia, los tribunales de sentencia y los jueces. Dentro de los márgenes de judicatura especializada boliviana, puede tomarse en cuenta a la jurisdicción agroambiental, la jurisdicción indígena originaria campesina y la jurisdicción constitucional; no obstante, el artículo 179 de la Ley Fundamental permite la existencia de jurisdicciones especializadas a ser reguladas por la ley.

Ecuador, a través de sus artículos constitucionales 160, 171, 175 y 429, considera que las jurisdicciones especializadas conocen materias de orden militar, policial, indígena, niñez y adolescencia, y constitucional. Idéntica situación se advierte en Perú, pues mediante los artículos 149, 181 y 201 de su norma suprema, se otorga la denominación de jurisdicción especializada a la jurisdicción campesina, electoral y constitucional, las cuales están bajo la tuición de las autoridades de las comunidades campesinas y nativas del Pleno del Jurado Nacional de Elecciones y miembros del Tribunal Constitucional.

Partiendo de un análisis crítico, los países de América Latina tienden a profundizar el juzgamiento de ramas jurídicas especializadas, para garantizar que las y los jueces reflejen experticia concreta en determinadas áreas del Derecho. En mérito a la vigencia de los sistemas plurales de la región, la jurisdicción indígena originaria campesina constituye el ejemplo principal en la materia.

En el caso boliviano, los principios de diversidad cultural, interpretación intercultural, pluralismo jurídico con igualdad jerárquica, complementariedad, independencia, equidad e igualdad de género, además de la igualdad de oportunidades, todos ellos contenidos en la Ley de Deslinde Jurisdiccional o Ley No. 073, del 29 de diciembre de 2010, establecen que las jurisdicciones constitucionalmente reconocidas deben interconectarse con el objetivo de consolidar la realidad multidimensional, multidiversa y transdisciplinaria de la justicia local.

En el orden jurídico ecuatoriano, los principios fundamentales de ama killa, ama llulla, ama shua, solidaridad, reciprocidad y colectividad, con la finalidad de restablecer el orden y la paz social, fundamentan el ejercicio de funciones jurisdiccionales especializadas de las autoridades indígenas con base en sus tradiciones ancestrales, demostrando así que las institucionales del Derecho plurinacional catapultan el concepto de justicia consuetudinaria, en calidad de categoría judicial diferente al aparato judicial ordinario.

Cada jurisdicción especial va moldeando principios rectores que permiten la obtención de resoluciones con caracteres particulares. El espacio latinoamericano y su pluralismo jurídico ponen de manifiesto los beneficios de contar con jurisdicciones especializadas, que dan paso al juzgamiento a través de condiciones de tratamiento judicial diferenciado, logrando la consolidación del Estado plural de Derecho.

Jurisprudencia constitucional

Vicente FERNÁNDEZ FERNÁNDEZ

La jurisprudencia constitucional es el resultado de la actividad interpretativa de los jueces facultados para ello, constituyendo un mecanismo de integración de la ley, es decir, una de las maneras en las que se pueden colmar las lagunas existentes en el orden jurídico.

En Latinoamérica se ha adoptado un sistema de obligatoriedad de los precedentes judiciales bajo la denominación de jurisprudencia, como incluso ha sucedido con los precedentes de la Corte Interamericana de Derechos Humanos. Este sistema jurisprudencial tuvo su origen en el *stare decisis* del *Common Law*, sobre todo norteamericano, adaptándose a las particularidades de cada país y teniendo como premisa la búsqueda de certeza jurídica para el justiciable.

La jurisprudencia no es solo el resultado de la actividad interpretativa de los jueces, sino que ha venido adquiriendo más fuerza en función de la obligatoriedad que se le ha dado en la mayoría de los sistemas jurídicos. La Corte Interamericana de Derechos Humanos considera que la interpretación que hacen de la Convención Americana sobre Derechos Humanos se integra a ella misma, que adquiere la misma fuerza; ya no solo es obligatoria la Convención, sino también la interpretación que hace la Corte, es decir, su jurisprudencia (caso "Almonacid Arellano y otros *vs.* Chile").

Algo similar ocurre con la interpretación que las cortes de cada país realizan sobre su propia Constitución. La fuerza del precedente judicial es mayor cuando emana de una corte constitucional o corte suprema y, sobre todo, cuando fue objeto de interpretación el texto constitucional y no una ley secundaria. Más allá del sistema que se adopte en cada país para crear jurisprudencia, lo cierto es que la tarea de los jueces constitucionales es no solo preservar el orden jurídico interno, sino, además, complementarlo con la jurisprudencia que emiten.

En contraposición con la relevancia que tiene la jurisprudencia constitucional, el hecho de que sea obligatoria ha ido menoscabando la actividad de los jueces inferiores, que muchas veces ya no tienen que llevar a cabo la tarea central que tienen como juzgadores: interpretar la ley para aplicarla a un caso concreto y resolver el litigio que les fue planteado. Si ya existe una jurisprudencia que le es obligatoria y le dice qué y cómo resolver, entonces el juez se vuelve ya no un intérprete de las normas, sino un mero aplicador de la jurisprudencia, lo cual podría representar una afrenta a su independencia judicial, dado que son escasos o nulos los supuestos en los cuales puede apartarse de un precedente judicial emanado de la corte del país en cuestión.

Así como existe una discusión sobre la supremacía de una Constitución o del Derecho convencional, también la hay respecto de la jurisprudencia interna y la interamericana. ¿Cómo resolver el conflicto que se presente entre una jurisprudencia de la Corte Interamericana de Derechos Humanos y la de la Corte Constitucional o Corte Suprema de un Estado Parte? La respuesta podría variar si la da el Derecho interno o el Sistema Interamericano. Para la Corte Interamericana sería un falso problema, dado que dicho tribunal interamericano ya dejó claro que para los Estados Parte les es obligatoria la Convención y si, además, aceptaron la jurisdicción de la Corte, también les será obligatoria su jurisprudencia, aun cuando en su Derecho interno (que incluye su jurisprudencia interna) se prevea lo contrario.

Sin embargo, los jueces de cada país pueden verse en medio de un dilema, cuando por un lado tienen la jurisprudencia interamericana y por el otro, la jurisprudencia de su Corte Constitucional o Corte Suprema, máxime cuando esta última les dice que si bien la jurisprudencia interamericana es vinculante, deben aplicar su propia Constitución si en ella existe alguna restricción, y de no hacerlo así, los jueces podrían enfrentar procedimientos de responsabilidad por desacatar la jurisprudencia de la Corte Constitucional de su país.

Así como la Constitución y su jurisprudencia son obligatorias para los jueces de cada país, la Convención y su jurisprudencia interamericana también lo son. Y cuando haya un conflicto entre ambos sistemas, lo que debe prevalecer es el principio *pro persona*, es decir, la aplicación de la norma y la jurisprudencia que brinde una mayor protección a los derechos humanos del gobernado, subsistiendo en armonía la jurisprudencia interamericana y la jurisprudencia constitucional de cada Estado Parte.

Justicia constitucional

Omar Alberto García Palacios

Es el conjunto de instituciones y procedimientos jurisdiccionales orientados a la protección de la Constitución. La justicia constitucional es la garantía de protección jurisdiccional de la Constitución y esta adquiere trascendencia cuando la Constitución se concibe como norma jurídica y como tal, al ser la norma jurídica de mayor trascendencia en un ordenamiento se garantiza su supremacía en el ámbito jurisdiccional.

La justicia constitucional aparece con el Estado constitucional; un Estado regido por constituciones (escritas o no) y en donde no será suficiente la existencia de un texto llamado Constitución. Se requerirá que ese texto adquiera una de sus cualidades más importantes, la supremacía constitucional, la idea de superioridad de la norma constitucional, pero no cualquier superioridad, la superioridad jurídica, y como tal esa superioridad requerirá ser garantizada mediante un juez. La justicia constitucional nace cuando la Constitución se entiende como norma jurídica que goza de superioridad normativa. La justicia constitucional aparece en Estados Unidos de Norteamérica (control difuso, todos los jueces ejercen control constitucional; ver voz "Tribunal constitucional". En el texto constitucional norteamericano se destaca que esta es la *"supreme law of the land"*. A partir de esta afirmación, los jueces comienzan a construir mediante sentencias la idea de supremacía. Entre 1787 y 1803, más de 20 sentencias destacan esta idea. El momento crucial se da en 1803, específicamente en el caso "Marbury *vs.* Madison", en donde la Corte Suprema de Justicia, mediante el Juez Marshall destaca: *"The Constitution is superior to any ordinary act of the legislature"*. Dicha afirmación conduce a la justicia constitucional a dar sus primeros pasos.

En el ámbito latinoamericano, México marca el inicio de esta idea de protección jurisdiccional de la Constitución. En la Constitución de Yucatán de 1841 aparece el juicio de amparo, se retoma en la de 1857 y se consolida en la Constitución de 1917. Aquí aparece un control jurisdiccional de actos normativos y administrativos contrarios a la Constitución.

Quizá lo más llamativo en el ámbito latinoamericano *versus* el ámbito europeo es que mientras en Europa gana terreno la idea de justicia constitucional, en América Latina se construye gradualmente la idea de Derecho procesal constitucional. Al final, independientemente de los usos que se den, justicia constitucional o Derecho procesal constitucional, ambos tendrán siempre un punto en común: garantizar la supremacía de la Constitución mediante su defensa en el ámbito jurisdiccional.

Las constituciones y normas de desarrollo en los países de América Latina recogen diversas formas de protección jurisdiccional de sus constituciones; distintas formas (estructuras, modelos, tipos) de justicia constitucional. Las instituciones y los procedimientos son muy diversos. En términos generales se puede afirmar que en América Latina se encuentra un abanico de formas a través de las cuales se manifiesta la justicia constitucional. Se puede ver una diversidad de órganos jurisdiccionales encargados de la justicia constitucional: jueces, tribunales, salas, Corte Suprema de Justicia, Corte Constitucional, Tribunal Constitucional; una diversidad de procedimientos: normas más orientadas al desarrollo procedimental de la justicia constitucional, reguladas en un Código procesal constitucional (Perú, Estado plurinacional de Bolivia) o leyes con mayor o menor regulación de aspectos procesales (Ley Orgánica de Garantías Jurisdiccionales y de control de constitucionalidad (Ecuador), Ley de Justicia Constitucional (Nicaragua), por citar algunos ejemplos. Así mismo, los mecanismos de protección llamados de diversas formas (procesos constitucionales), tales como acciones, demandas, cuestiones, recursos, suelen ser diversos.

En ese sentido, los diversos procesos constitucionales que se regulan en el ámbito latinoamericano se pueden agrupar, a grandes rasgos, en 3 grupos: 1) procesos que protegen derechos (llamados acciones de tutela [Colombia], recursos de amparo [México, Centroamérica], *habeas corpus, habeas data,* entre otros; 2) procesos que controlan la producción normativa y actos administrativos (en ocasiones la justicia constitucional se cruza con el control de legalidad de los actos de la administración, acercándose más a la justicia contencioso-administrativa). Las demandas de constitucionalidad sobre actos normativos, los recursos por inconstitucionalidad, los controles en casos concretos, cuestiones de constitucionalidad, el control de actos normativos, controles sobre la Ley, los tratados internacionales, actos normativos producidos por el parlamento o por el ejecutivo, con efectos generales o concretos; quiénes pueden activar estos controles (legitimación activa), los efectos jurídicos que producen las declaratorias de inconstitucionalidad, son de lo más diverso; 3) procesos que protegen los ámbitos competenciales de ciertos órganos constitucionales (resuelven conflictos constitucionales, conflictos que se originan entre órganos como poderes del Estado u órganos vinculados a funciones esenciales [legislativa, ejecutiva, judicial, electoral, fiscalización, etc.] o conflictos originados entre administraciones y que protegen sus respectivas autonomías, por ejemplo, conflictos entre el gobierno central y los gobiernos municipales o entre los gobiernos regionales, federales, etc., según se configure el Estado de cada país).

La justicia constitucional en el ámbito latinoamericano es una materia no acabada que se encuentra en constante construcción y que goza de una trascendencia fundamental en el desarrollo del Estado social y democrático de Derecho. La justicia constitucional en América Latina ha ido transitando de elementos de control difuso en sus orígenes a elementos de control concentrando, ha construido sistemas mixtos o integrales, caracterizados por combinar a la vez o en paralelo, elementos de ambos controles (Brewer-Carias, 2021), sistemas híbridos, mixtos, adaptados según necesidades, desarrollo y experiencias empíricas, aunque la ruta "sea en la dirección de una concentración del control" (Pegoraro, 2014).

En síntesis, la justicia constitucional da vida a los derechos fundamentales, los concretiza y ayuda a su realización plena y efectiva. Los jueces constitucionales, a través de sus sentencias, dotan de contenido a los derechos, permiten reconocer su titularidad y orientan su ejercicio efectivo.

L

Laicidad

Carmen Silvana SANDOVAL

Laicidad es un término polisémico, dotado de sentido universal. Este concepto solo tiene significación social y cultural en algunos Estados del mundo. Los primeros países en adoptar la laicidad fueron México, Francia, Uruguay, Turquía, en la parte francófona de Canadá y España.

La Declaración Universal sobre la Laicidad en el siglo XXI (ORTÍZ MAGALLÓN, 2007), de 9 de diciembre de 2005 (BLANCARTE, 2007) visualizó nuevas corrientes doctrinales para el establecimiento de un Estado laico, considerándolo instrumento jurídico-político para proteger las libertades de una sociedad plural, de acuerdo con Derecho internacional. Esta percepción busca garantizar la independencia entre el Estado y las instituciones religiosas con una relación de carácter autónomo, para lograr mayor eficiencia en el respeto de los derechos fundamentales, eliminar la discriminación, evitar la predominancia e imposición de un grupo social acerca de dogmatismos, hacia un pluralismo religioso, dialógico y conciliador, eliminando cualquier hegemonía perturbadora de la paz social.

Estos nuevos paradigmas adquieren gran importancia en el desarrollo de las sociedades democráticas, siguiendo las directrices de la Declaración Universal de los Derechos Humanos, la Convención Americana sobre Derechos Humanos, el Pacto de San José; el Pacto Internacional de Derechos Civiles y Políticos; la Declaración sobre la Eliminación de Todas las Formas de Intolerancia y Discriminación Fundadas en la Religión o las Convicciones, como se evidencia en la sentencia del caso "Olmedo Bustos y otros *vs.* Chile" (también denominado caso "La Última Tentación de Cristo"), Sentencia de 4 de febrero de 2022 (Corte Interamericana de Derechos Humanos, 2022), al igual que las resoluciones pertinentes del Consejo de Derechos

Humanos, la Asamblea General y otros órganos de las Naciones Unidas, manifestándose en el mismo sentido mediante disposiciones del Derecho internacional humanitario.

En América Latina, donde la religión ha sido un instrumento de dominación, discriminación y grave vulneradora de derechos, Boaventura DE SOUSA SANTOS considera como premisa de laicidad la libertad religiosa, pues solo se puede garantizar en la medida en que la religión esté ausente de la esfera pública (DE SOUSA SANTOS, 2014). Por ello, Miguel Ángel RODRÍGUEZ VÁSQUEZ, al considerar el Estado laico y la religión en la era de la globalización, sostiene que es obligada la presencia del Estado constitucional que respete, proteja, garantice y promueva el potencial emancipatorio de los derechos humanos, regido por el principio de igualdad y no discriminación; el pluralismo y el principio de laicidad, en el que subyace la idea de tolerancia, que es la mejor garantía, como históricamente se ha demostrado, para hacer efectiva la libertad religiosa (ÁNGEL, 2015). Pedro SALAZAR UGARTE, concuerda con Norberto BOBBIO, quien no dudaba en afirmar que la libertad de pensamiento y religión era el primer eslabón de todas las libertades, por lo cual la laicidad estatal es base de la democracia moderna (SALAZAR UGARTE, 2006).

La laicidad se erige como una herramienta esencial en la lucha contra la colonización, al ser un proceso descolonizador que busca el reconocimiento y respeto de las minorías y los grupos originarios. Su verdadero valor radica en la promoción de la pluralidad, interculturalidad y transculturalidad, permitiendo la coexistencia de diversas cosmovisiones, costumbres, normas y procedimientos propios. Este enfoque busca alcanzar un vivir pleno con dignidad y respeto, libre de discriminación, en perfecta armonía con el universo. Asimismo, aboga por un espacio donde cada individuo pueda ejercer sus derechos humanos sin las limitaciones impuestas por religiones foráneas, propiciando así un desarrollo pleno y auténtico. Al adoptar este enfoque se fomenta un entorno inclusivo que valora la diversidad y permite que la sociedad progrese hacia un futuro más justo y equitativo.

La Constitución uruguaya de 1919 consagra en su artículo 5 la separación legal y real entre Iglesia y Estado; establece la separación de la iglesia católica, no solamente de carácter jurídico, sino también social, con respeto a la diversidad para un enriquecimiento mutuo.

En el caso de Bolivia, la Constitución del 2009 establece la laicidad del Estado en su artículo 4 y la jurisprudencia constitucional sigue los lineamientos de los nuevos paradigmas de respeto, no discriminación y tolerancia, reconociendo los derechos al libre ejercicio de las creencias religiosas y libertad de cultos, sin intervención del Estado ni obligación de profesar algún credo religioso (SCP0032/2014-S3 F.J III.3).

En Colombia, la Constitución de 1991, en su artículo 19 consagra el Estado laico, reconoce la plena libertad religiosa e igualdad de trato para todos los cultos y separación entre Estado e Iglesia. En este sentido, la Corte Constitucional de Colombia posee una jurisprudencia acerca del principio de laicidad y neutralidad religiosa bajo el fundamento de la laicidad del Estado colombiano y lo que esto implica (Sentencia C-88/22).

México, con una larga tradición de laicidad, desde mediados del siglo XIX, a través de las leyes de la Reforma, la Constitución de 1857 y, posteriormente, el artículo 40 de la Constitución de 1917, reformado en los años 2012 y 2016, incorpora la palabra *laico*, disponiendo que no existe religión oficial u obligatoria en su territorio.

Ley

Majela Ferrari Yaunner

El término *ley* se utiliza para designar a una disposición normativa o cuerpo normativo que contiene diversas normas jurídicas, relativas a una rama del Derecho, subsistema jurídico o institución, a fin de articular coherentemente la regulación en torno a su objeto.

Es preciso puntualizar que puede utilizarse con dos sentidos diferentes, en primer lugar, se hace referencia a la "Ley" para designar la disposición normativa nacional e infraconstitucional de mayor jerarquía, cuya fuente de producción es el órgano con facultades legislativas o el que ostenta el poder legislativo. En tal caso, se le atribuye un significado formal al término, que lleva intrínseco un criterio jerárquico para ubicar a dicha disposición normativa en uno de los más altos niveles del ordenamiento nacional, como fuente del Derecho por excelencia.

En otro sentido, en su concepto material, se utiliza "ley", para designar a cualquier enunciado de Derecho escrito, o lo que es igual, disposición normativa, sin que se distinga el órgano estatal que la ha creado y por consiguiente, sin que sea trascendente el estrato en que se ubica dentro del sistema jurídico. Con este propósito de generalización e indeterminación suele aludirse a las leyes para mencionar al conjunto de disposiciones normativas vigentes que constituyen fuente del Derecho, estructuradas dentro de un ordenamiento jurídico, confundiéndose incluso con el propio Derecho desde una visión puramente normativa.

Si se toma como referente conceptual, a fin de ser estrictos, a la ley, esta cumple una importante función dentro del ordenamiento desde el punto de vista técnico-jurídico, pero también político y consiste en que mediante las leyes se desarrollan los principales contenidos constitucionales, en tanto este tipo de disposición emana de un órgano colegiado y representativo, ya sea estructurado y denominado asamblea, parlamento o congreso. Ello implica que nace de un ejercicio democrático, lo que le aporta legitimidad y ubica a la ley inmediatamente por debajo de la Constitución y en todo caso de los tratados internacionales, en dependencia del país de que se trate.

La ley, desde el punto de vista histórico, adquiere igualmente gran significación por su estrecho vínculo con las luchas de la naciente burguesía por el poder, que encontró en los parlamentos europeos el primer escenario conquistado y a las leyes que en estos se promulgaban, como una poderosísima arma contra el absolutismo monárquico y para el ejercicio del control del actuar no solo del titular del Estado sino, además, de todo el aparato de gobierno y administrativo. Es precisamente en esta idea ilustrada que se cuece el principio de legalidad como derivación natural del imperio de la ley, inherente a la modernidad y fundamento del Estado de Derecho.

Una de las fisonomías que con frecuencia asume la ley se vincula a la codificación, ya que, a lo interno, sus normas deben estructurarse de manera armónica y coherente en cuanto a la sintonía de los dictados de conducta que contiene, sin que se generen contradicciones nocivas a su realización. Para ello debe concebirse la ley como una obra arquitectónica cuyas disposiciones jurídicas específicas se erijan sobre pilares generales, en muchas ocasiones en forma de principios, los que facilitan la articulación de todas sus normas y deben brindar pautas para la solución de todo tipo de conflictos desde el punto de vista técnico, de cara a su interpretación y vigencia.

Desde una proyección hacia su legitimación, deben asumirse como práctica tres cuestiones fundamentales: la inserción de la ley en el ordenamiento jurídico de manera coherente y sin que genere contradicciones con otras, sobre todo con la Constitución; que en los procesos legislativos cada vez más se tengan en cuenta las demandas populares; además de que se monitoree periódicamente la eficacia de las normas jurídicas que esta contiene, a fin de que no se petrifiquen en el tiempo. Requieren también las leyes, en su composición, un lenguaje accesible a sus destinatarios y una divulgación que les acerque sus contenidos como condición imprescindible para la realización de sus postulados.

En el contexto latinoamericano, la ley continúa asumiendo un rol esencial en la estructuración del ordenamiento jurídico, aunque siempre a la sombra de la Constitución, tanto para la determinación de los contenidos legales, como en cuanto al control de su eficacia, es decir, de las decisiones que de las leyes se deriven, que no pueden violentar o contradecir los contenidos constitucionales, para lo que se han concebido mecanismos de control de constitucionalidad que se convierten en medidores de la validez de las leyes.

La ley resulta el instrumento idóneo para el desarrollo de los contenidos constitucionales, por lo que, en las últimas décadas, en el despliegue del nuevo constitucionalismo en Latinoamérica, puede constatarse una fértil producción legislativa como consecuencia de la promulgación de las constituciones, que, aunque son muy amplias, requieren de desarrollo legislativo y en tal contexto se convierte esta en la misión esencial de la ley, la de desarrollar la Constitución.

Libertad

Alejandro GONZÁLEZ MONZÓN

La libertad es un derecho fundamental que, como consecuencia de la exaltación del valor de la persona humana, se concreta en los diferentes derechos de libertad que, generalmente, son regulados en las constituciones de los Estados democráticos y en los tratados internacionales de derechos humanos. En los contornos del Estado democrático, la libertad, que se instituye como uno de sus fundamentos, se debe hacer valer, con las matizaciones necesarias, frente a los poderes públicos y los individuos, para lo cual deben existir las garantías idóneas. La condición necesaria de todo gobierno democrático es la protección de las libertades civiles. Así, el Estado democrático se ha desarrollado y hoy existe solo allí donde los derechos de libertad han sido reconocidos constitucionalmente.

Generalmente, la dogmática constitucional hace referencia a dos perspectivas normativas de la libertad, a saber: a) la libertad como valor y como principio rector del ordenamiento jurídico; y b) la libertad como derecho específico. Incluso, desde esta última dimensión, se puede referir el derecho a la libertad como un derecho fundante, esencial y base para el reconocimiento y la articulación de derechos personalísimos. El derecho a la libertad es pluridimensional, así, es común la regulación jurídica de libertades tales como la física, de conciencia, de tránsito, de trabajo, de contratar, sexual y de expresión.

Una primera característica del concepto *libertad* radica en su carácter complejo. La libertad, generalmente vinculada al lenguaje político y moral, es una cualidad o propiedad de la persona, tanto física como moral. Por lo tanto, sus diversos significados dependen del hecho de que esta cualidad o propiedad pueda referirse a distintos aspectos de la persona, sobre todo a la voluntad o a la acción.

Es común en la doctrina la distinción de dos formas de libertad: la negativa y la positiva. La libertad negativa se representa en el ordenamiento jurídico a través de la permisión. En esta cadencia de análisis, desde el punto de vista jurídico-político, hay libertad para actuar de una determinada manera cuando no existe una norma jurídica que prohíba hacerlo, o bien no existe norma que obligue a actuar de otro modo, o todavía existe una norma que permita explícitamente actuar de este modo. Este concepto de libertad negativa constituye el epicentro filosófico de la teoría liberal de los derechos fundamentales. Esto se debe a que dicho concepto se refiere a la libertad de hacer o dejar de hacer lo que se quiere sin la intervención del Estado o de otros individuos, sin la presencia de una coerción externa.

La libertad positiva soporta dos connotaciones, una individual y otra colectiva. La connotación individual está asociada con la autonomía, mientras que la connotación colectiva está asociada con la autodeterminación, cuyo ejercicio corresponde a las colectividades sociales, tales como las naciones, los Estados y las minorías. Estas connotaciones de la libertad positiva se manifiestan en un constante estado de conexión, pues se presupone que un individuo autónomo pueda incidir en la toma de decisiones colectivas que inciden en su comunidad. El ejemplo de esto último lo constituye el derecho a elegir y ser elegido para cargos públicos.

Los derechos de libertad generan ámbitos de inmunidad en favor de los individuos, que no pueden ser traspasados por el Estado. Es decir, los derechos de libertad se constituyen como límites negativos (de no hacer) para los poderes públicos, que están obligados a no interferir en las conductas amparadas por esos derechos. Estos derechos también han sido catalogados como *de defensa,* ya que permiten al individuo defenderse de intromisiones en su conducta. El objeto de un derecho a algo es siempre una acción del destinatario. La diferencia entre acciones negativas y positivas es el criterio principal para la división de los derechos a algo según sus objetos. Los derechos de defensa pueden dividirse en tres grupos. El primero está constituido por derechos a que el Estado no impida u obstaculice determinadas *acciones* del titular del derecho; el segundo, por derechos a que el Estado no afecte determinadas *propiedades* o *situaciones* del titular del derecho; y el tercero, por derechos a que el Estado no elimine determinadas *posiciones jurídicas* del titular del derecho.

Teniendo presente este triple significado de los derechos-defensa, es como mejor se puede proteger la libertad. Si reducimos esos derechos a una simple obligación negativa de no interferencia por el Estado, es seguro que no podremos asegurar de la mejor forma posible muchas libertades reconocidas en todos los Estados democráticos.

Libertad económica

Andrés MONCAYO CLAVIJO

Desde el lenguaje de los derechos, los procesos constituyentes latinoamericanos han significado una ampliación cualitativa y cuantitativa que implican haceres del Estado para su garantía efectiva, derechos sociales, económicos, culturales y ambientales, que llenan de sentido y reconocimiento la otredad de los pueblos, así como también procesos de consolidación de libertades como presupuestos básicos para el desarrollo y búsqueda de la felicidad individual y colectiva, en un marco democrático y ante escenarios económicos globales de mercado, pero con experiencias locales de desarrollo.

En este contexto global, las libertades económicas, como expresión de la capacidad creadora e innovativa de los individuos en la producción de bienes y servicios necesarios para la vida humana tal y como la conocemos, informan valores de razonabilidad y eficiencia en la gestión económica para el aprovechamiento y desarrollo colectivo. Esta dimensión humana comprende los conceptos de libertad de empresa, libre iniciativa privada y libre competencia económica, en un marco normativo de igualdad de condiciones para todos los actores concursantes, así como quienes aspiran a concursar en el mercado.

Promover y garantizar el interés público por parte de los Estados ha significado, por un lado, el reconocimiento en los textos constitucionales de libertades económicas para el correcto funcionamiento del mercado, al tiempo que a este, como director general de la economía, se le asigna la obligación de intervención y regulación para corregir situaciones en las cuales el mercado, por sí mismo, no logra eficiencia y menos, equidad.

Dado el interés que revisten las libertades económicas para los individuos y los Estados, los procesos constituyentes latinoamericanos de las últimas tres décadas le han prestado singular importancia en el diseño constitucional de informar las libertades económicas, al tiempo de los límites razonables y proporcionales a su ejercicio, frente a lo cual no solo obran los derechos constitucionales, sino también la ética y razón ecológica y ambiental.

Las libertades económicas han adquirido diversos tratamientos en las cartas políticas latinoamericanas, sin que las distancias sean tan amplias, convergiendo presupuestos similares en cada una de estas. La Constitución brasilera (1988) de finales del siglo pasado fundó su orden económico a partir de los valores del trabajo humano y la libertad de empresa, según los dictados de la dignidad humana y la justicia social, empero limitadas en función de la protección del medio ambiente, la libre competencia y la función social de la propiedad.

Por su parte, el caso colombiano (1991) sitúa las libertades económicas como base del desarrollo dentro de los límites del bien común, como un derecho de todos en el caso de la libre competencia económica y da el alcance para que el Estado, por mandato de ley, delimite la libertad económica por motivos de interés social, el ambiente y el patrimonio cultural de la nación.

En el caso venezolano (1999), se torna explícita la importancia de que el desarrollo armónico de la economía es una tarea conjunta entre el Estado y la iniciativa privada. No obstante, su régimen socioeconómico guarda mayor énfasis en las labores del Estado en la economía por sobre la iniciativa privada; lo cual no desconoce el reconocimiento de la empresa como un derecho económico, la asignación al Estado de promover la iniciativa privada para la producción de bienes y servicios, sin más limitaciones que aquellas dictadas por el desarrollo humano, la sanidad y la protección del ambiente.

En el caso ecuatoriano (2008), su régimen de desarrollo planificado —sistemas económicos, políticos, socioculturales y ambientales— se dispone conjuntamente para la realización del buen vivir, lo que en el neologismo quechua se denomina *sumak kawsay*. En él, el Estado es el asignador principal que provee, por medio de empresas públicas o mixtas en las cuales cuente con mayoría accionaria, bienes y servicios para garantizar los derechos, los objetivos del régimen de desarrollo y el buen vivir, y solo de forma excepcional podrá delegar a la iniciativa privada el ejercicio de actividades, en sectores estratégicos y servicios públicos.

Finalmente, el caso boliviano (2009) reconoce un modelo económico plural constituido por formas de organización comunitaria, estatal, privada y social cooperativa. En el caso de la iniciativa privada, la libertad de empresa y el pleno ejercicio de las actividades empresariales se reconoce su importancia dada la contribución al desarrollo económico, social y el fortalecimiento de la independencia económica del país, que actúa, al final, bajo principios de complementariedad, reciprocidad, solidaridad, redistribución, igualdad, sustentabilidad, equilibrio y justicia con las otras formas de organización económica.

De modo entonces que, en los diseños constitucionales latinoamericanos, pese a la alícuota tomada de cinco constituciones en relación con el modelo de desarrollo económico, las libertades económicas están presentes como expresión y desarrollo humano, pero marcado por un claro interés social que, por esta vía, tienden a regularse en función de los principios, valores y derechos que informan cada carta política, como expresión de la soberanía de los pueblos del sur global.

Libre determinación

Elizabeth CORNEJO GALLARDO y María Elena ATTARD BELLIDO

Es un derecho, una garantía y un principio constitucional, en virtud del cual los pueblos indígenas tienen derecho a ejercer sus sistemas jurídicos en armonía con sus cosmovisiones, a través de sus autoridades y mediante sus normas y procedimientos propios, que en un contexto de pluralismo jurídico igualitario tienen la misma jerarquía en el sistema de fuentes que la ley; asimismo, con base en este derecho, los pueblos indígenas ejercen sus sistemas jurídicos en igualdad jerárquica en relación con las otras jurisdicciones, como es la ordinaria. Este derecho tiene dos dimensiones: (i) una interna, que asegura el ejercicio de los derechos de los pueblos indígenas al autogobierno, a la autonomía, a la titulación colectiva de tierras y territorios, a la consulta previa, al ejercicio de sus sistemas jurídicos y políticos y al ejercicio sin discriminación de otros derechos colectivos de los pueblos indígenas; y (ii) una externa, en virtud de la cual el Estado consagra y reconoce los derechos de los pueblos indígenas y sus instituciones como parte de la estructura general del Estado.

El Convenio 107 de la Organización Internacional de Naciones (OIT), de 26 de junio de 1957, sobre Poblaciones Indígenas y Tribales, tuvo una visión asimilacionista de los pueblos indígenas, pretendiendo integrarlos progresivamente en la vida de sus países (artículo 2). Esta perspectiva cambió y, desde una visión de reconocimiento y protección a la diversidad cultural, el Convenio 169 de la OIT, de 27 de junio de 1989, sobre Pueblos Indígenas y Tribales, reconoció la libre determinación en su cuarto artículo, garantizando a partir de este derecho, la autonomía y el autogobierno en las cuestiones relacionadas con sus asuntos internos y locales; asimismo se garantiza a los pueblos indígenas el derecho a disponer de los medios para financiar sus funciones autónomas. Esta disposición tiene un antecedente importante en el Programa de Acción de Viena, en el cual se estableció la necesidad de reconocer a todos los pueblos la libre determinación, para que así establezcan libremente su condición política y persigan libremente su desarrollo económico, social y cultural (Parte considerativa del Convenio 169).

Posteriormente, el tercer artículo de la Declaración de las Naciones Unidas sobre los derechos de los Pueblos Indígenas consagra su derecho a la libre determinación, en virtud del cual, delimitan libremente su condición política y persiguen libremente su desarrollo económico, social y cultural. Este mismo instrumento prescribe que los pueblos indígenas tienen derecho a promover, desarrollar y mantener sus estructuras institucionales y sus propias costumbres, espiritualidad, tradiciones, procedimientos, prácticas y, cuando existan, costumbres o sistemas jurídicos, de conformidad con las normas internacionales de derechos humanos (artículo 34).

La Declaración Americana sobre Derechos de los Pueblos Indígenas establece que los pueblos indígenas tienen derecho a la libre determinación, en virtud de la cual, establecen libremente su condición política y persiguen libremente su desarrollo económico, social y cultural (artículo III).

Tanto el Convenio 169 de la OIT como la Declaración de las Naciones Unidas sobre los derechos de los Pueblos Indígenas y la

Declaración Americana de Pueblos Indígenas, de 14 de junio de 2016, constituyen instrumentos de derechos humanos y su ratificación por los Estados de América Latina incidió directamente en las reformas constitucionales iniciadas desde la década de los años noventa.

Al ser el Convenio 169 de la OIT, la Declaración de Naciones Unidas sobre Derechos de los Pueblos Indígenas y la Declaración Americana sobre Derechos de Pueblos Indígenas instrumentos internacionales referentes a derechos humanos en la región, una vez ratificados, forman parte de los bloques de constitucionalidad, es decir, tienen rango constitucional y, por ende, son de aplicación directa y preferente a la normativa interna; en caso de no haber sido ratificados por los Estados, son fuente de Derecho internacional, porque su contenido es costumbre internacional y se constituye en principios generales de Derecho internacional que deben ser considerados en el ámbito interno.

Las Constituciones de Colombia (1991), Perú (1993), Brasil (1988), Argentina (1994) y Ecuador (2008), no contienen una cláusula expresa sobre el derecho a la libre determinación de los pueblos indígenas; sin embargo, existen entendimientos jurisprudenciales que han reconocido este derecho a partir de la aplicación preferente de los instrumentos internacionales antes referidos, que han implicado un avance progresivo en el Derecho internacional de los derechos humanos.

La única Constitución que desarrolla de manera expresa la cláusula constitucional de la libre determinación es la boliviana, que en su artículo segundo consagra la libre determinación de las naciones y pueblos indígena originario campesinos, reconociendo su autonomía, el autogobierno, el derecho a su cultura, a sus instituciones propias y la consolidación de sus entidades y sistemas políticos, jurídicos, económicos, espirituales o culturales propios. Por su parte, el artículo 30.II.4, reza: "En el marco de la unidad del Estado y de acuerdo con esta Constitución las naciones y pueblos indígena originario campesinos gozan de los siguientes derechos: [...] A la libre determinación y territorialidad". Como puede advertirse, en el caso boliviano, la cláusula de libre determinación de las naciones y pueblos indígena originario campesinos es consustancial a la plurinacionalidad, al pluralismo jurídico igualitario, a la interculturalidad y descolonización.

M

Madre Tierra

Mama Martha CABRERA, Tata Samuel FLORES y
María Elena ATTARD BELLIDO

Los constitucionalismos dialógicos latinoamericanos postulan desde la descolonización de los saberes, la necesidad de dar voz a los pueblos indígenas históricamente silenciados, por tanto, y de acuerdo con una metodología dialógica, la Madre Tierra es definida en los términos siguientes:

> *Pachamamanchis, mamanchis jina mamymatachus kausayninchis, mikunchis paymata. Pachamamachista jallchasunchis kausayninchiswan.*
>
> *Mana mamachistaqa sunthichisunmachu, jallchasunman kausayninta. Ayllusnichispajqa pachamamaqa kausayniyuj. Suyusniykujpaqa pachamamaqa mamayku.*
>
> *Pachamamaykuqa llawarninta jichasan waqashan. Tukuy ima kay pachamamapiqa kausayniyuj.*
>
> *Chayrayku kapun jallchaynin jamachaynin Kay pachapiqha tukuy ima juntasqa kausayniyuj.*
>
> *Pachamamapeqha kausayku qari —wami, orqo thula— china thula, aransaya — urinsaya oro suyu una suyu.*

En la traducción al castellano se definió a la Madre Tierra en los términos siguientes: "Nuestra Madre Tierra es como nuestra madre, quien nos da de comer y vivimos de ella, nos da nuestro alimento. A nuestra madre cuidamos y no podemos violarla. Cuidamos su vida. Para los pueblos indígenas la Madre Tierra tiene vida. Para las naciones ancestrales la Madre Tierra es nuestra madre. La Madre Tierra está echando su sangre, está llorando. Todo lo que está en la madre naturaleza tiene vida. Y por ello tiene derecho. Todo es complementario en la Madre Tierra porque tiene vida. En la Madre Tierra vivimos hombre y mujer, la planta macho y la planta hembra, los de abajo y los de arriba, somos complementarios. Madre Tierra y Padre Tierra, los dos conviven. Todo referente a estos relatos y hechos es el mundo del sistema del *ayllu*. Está demostrado que de la Madre Tierra somos parte y que *Wiraqhocha* procreó" (traducción de Tata Samuel FLORES).

Los procesos constituyentes de Ecuador y Bolivia asumieron avances importantes en la región en cuanto al reconocimiento de los derechos de la Naturaleza o de la Madre Tierra. En efecto, la Constitución del Ecuador (2008) consagra a la naturaleza o Pacha Mama como sujeto de derechos (artículos 10.2 y 71). Asimismo establece el derecho de la naturaleza a la restauración, independientemente de la obligación que tiene el Estado y las personas naturales o jurídicas de indemnizar a los individuos y colectivos que dependen de los sistemas naturales afectados (artículo 72). Se establece también la imprescriptibilidad de acciones legales para perseguir y sancionar por daños ambientales (artículo 396); y se consagra la inversión de la carga de la prueba para la parte demandada (artículo 397).

En este país también ha habido un importante avance jurisprudencial, como ejemplo, la sentencia pronunciada en el caso "Loja *vs.* Río Vilcabamba", de 30 de marzo de 2011, a través de la cual se declaró a la naturaleza como sujeto de Derecho; además, se estableció la inversión de la carga de la prueba, entre otros aspectos que deben ser destacados en esta decisión. También como jurisprudencia relevante debe citarse la Resolución de la Corte Constitucional del Ecuador de 27 de junio de 2018, que rechazó la acción de protección interpuesta por la transnacional Chevron-Texaco, confirmando la sentencia que condenó a dicha empresa por daños sociales y ambientales ocasionados en la Amazonía ecuatoriana (ACOSTA, 2019: 155-206).

En Colombia hubo importantes avances jurisprudenciales como, por ejemplo, la Sentencia T-622 de 10 de noviembre de 2016, que consagró los derechos bioculturales y reconoció "al río Atrato, su cuenta y afluentes como una entidad, sujeto de derechos para la protección, conservación, mantenimiento y restauración a cargo del Estado y las comunidades étnicas" (ESTUPIÑÁN, 2019: 365-385). Posteriormente, la Corte Suprema de Justicia, mediante la SSTT 4360/2018 de 5 de abril, tuteló el derecho de las generaciones futuras en materia climática y declaró a la Amazonía como sujeto de derechos, brindándole protección frente a la deforestación; luego, la Sala de Casación Civil de la Corte Suprema de Justicia, a través de la Sentencia STC 3872/2020 de 18 de junio, reconoció al Parque Isla Salamanca como sujeto de derechos.

En 2010, en Cochabamba-Bolivia se proclamó la Declaración Universal de los Derechos de la Madre Tierra, instrumento que hace traslucir el tránsito hacia una ética biocéntrica (Martínez Dalmau, 2019: 31-47) y que fue sumamente importante para Bolivia, puesto que si bien la Constitución de 2009 no consagró de forma expresa a la Madre Tierra como titular de derechos —aunque este aspecto se puede inferir del carácter plurinacional, plural, intercultural y descolonizante contenido en el diseño constitucional—, fue un marco referencial importante para la promulgación de la Ley de Derechos de la Madre Tierra, Ley 071 de 21 de diciembre de 2010 (Attard, 2023: 509). Posteriormente se aprobó la Ley Marco de la Madre Tierra y Desarrollo Integral para Vivir Bien (Ley 300 de 15 de octubre de 2012). También el Tribunal Constitucional Plurinacional desarrolló estándares más altos de protección en cuanto a los derechos de la Madre Tierra, por ejemplo, en las Sentencias constitucionales plurinacionales SCPs 0070/2017-S3, de 24 de febrero, y 1582/2018-S2, entre otras.

Mestizaje

Maria Angélica dos Santos

El concepto de mestizaje se refiere a la mezcla de elementos de diferentes grupos étnicos. En cuanto al debate étnico-racial y la perspectiva sociológica que lo rodea, el mestizaje implica una estrategia de conjunción biológica con el objetivo de suavizar ciertos rasgos que componen la categoría posicionada socialmente de modo negativo por el marcador racial. Para pensar el mestizaje desde esta perspectiva, es necesario traer la raza como un elemento integral de la discusión.

Raza es un concepto relacional, construido histórica, social, política y culturalmente. A partir de la triangularización del Atlántico, el uso de la raza como instrumento de categorización de los cuerpos para justificar la lógica capitalista que se instauró se vuelve natural en las relaciones que se establecen entre el norte y el sur globales. La construcción de un sistema que instituyera una jerarquía entre los cuerpos sobre la base de criterios fenotípicos, era necesaria para legitimar la explotación de las personas esclavizadas. En este escenario, la jerarquía establecida colocó a las personas de raza blanca en una posición de superioridad en relación con las personas categorizadas como pertenecientes a otras razas, y aquí el gran contrapunto histórico del blanco es el negro. Por tanto, la invención del negro se justifica con el estallido de la modernidad.

Una vez formada la sociedad a partir de la jerarquización de los cuerpos, se establece una disputa biológica y surge el mestizaje como una herramienta interesante para promover el surgimiento del cuerpo negro, y por tanto, posicionado negativamente en esta relación social, la categoría distinta a aquella en la que fue encarcelado, ya que dejaría de serlo y se blanquearía. La posibilidad de mezclar blancos con negros y así obtener un ablandamiento de fuertes rasgos fenotípicos, se convierte en una cuestión social. Además, la idea de mestizaje también está intrínsecamente relacionada con la construcción identitaria. La formación de la identidad de un país considera la formación racial de su pueblo y la diversidad u homogeneidad racial que allí reside.

El mestizaje es, por tanto, una seña social y de identidad. Este movimiento, a favor del mestizaje, se fortalece en oposición al racismo científico que imperaba hasta entonces. Esto sucede porque hubo un momento, alrededor de la década de 1870, en que la discusión sobre el futuro de Brasil y su modernización estuvo muy cerca de la cuestión racial. En ese momento, las teorías que defendían, de forma supuestamente científica, la superioridad de los blancos sobre los negros y los indígenas tomaron fuerza y comenzaron a defender que lo mejor para el futuro del país no sería una posible integración de los negros a la sociedad brasileña, y que el mestizaje de razas sería degenerativo.

Sin embargo, en contraste con este discurso, también hubo una preocupación por el hecho de que la mayor parte de la población brasileña estaba compuesta por negros, indígenas y mestizos. Ignorar esta complejidad social y adherirse a una teoría del racismo científico sería lo mismo que admitir la inferioridad de la nación brasileña. En este escenario, durante el periodo de construcción de la identidad nacional, a partir, sobre todo, de la segunda mitad del siglo XIX, en que cobró fuerza la cuestión abolicionista y también republicana, muchas teorías vinculadas al mestizaje comenzaron a disputar las narrativas que se configuraban por el futuro de Brasil.

En Brasil, después de 1888, con el inicio de la abolición de la esclavitud, aún en tránsito en el país, una serie de teorías blanqueadoras, ya difundidas desde principios de siglo, ganaron más fuerza y adeptos. Siempre considerando a Europa como referencia, los brasileños comprendieron que el mestizaje, además de incentivar la entrada de inmigrantes, podía representar el puente para la deseada europeización y, por lo tanto, para el progreso del país. Hay registros de manifestaciones públicas fuertemente interesadas en promover el mestizaje como una de las estrategias de blanqueamiento de la población. Este blanqueamiento generacional a través del mestizaje aparece como una esperanza de evolución generacional, abriendo posibilidades sociales y económicas para niños mestizos a las que los negros no podrían acceder.

En la década de 1930 cobró fuerza en Brasil otra narrativa basada en una aparente homogeneización derivada del mestizaje. La tesis de la democracia racial también pasa a cuestionar las narrativas identitarias del pueblo brasileño. El argumento de que no habría racismo en este país por el exceso de mestizaje fenotípico y la inexistencia de barreras raciales preestablecidas contribuyó a hacer aún más nebuloso el tema del mestizaje, por tanto, tiempos valorados y replicados, aún rondan en el imaginario brasileño y llevan a una parte considerable de la población a no reconocerse como negra, a pesar de que correspondieren, juntamente con los mestizos, a más de la mitad de la población del país.

El mestizaje está entrelazado en los procesos de colonización, ya que en estos la mezcla terminó convirtiéndose en una estrategia inevitable de dominación y control. América Latina en su conjunto, con sus pueblos originarios culturalmente distintos y ya inmersa en una historia que antecede a la invasión de los colonizadores, se ha convertido en un gran espacio de experimentación, con una hibridez que no se restringía a la raza, sino que interfería en la cultura, la religión, la arquitectura y la construcción social de los futuros latinos.

También es importante considerar que, etimológicamente, mestizo proviene del latín *mecere*, que significa revolver, sacudir. El cuerpo mestizo se mezcla con estructuras no solo raciales, sino también culturales, religiosas y sociales en general, convirtiéndolo en un desafío identitario y complejo. Los pueblos originarios de América Latina, al conectarse con los colonizadores, terminan convirtiéndose en un híbrido, difícilmente encuadrable en una sola categoría, un cuerpo en la frontera, como enseña Gloria ANZALDÚA (1987). Hasta hoy, el mestizaje aparece como un fenómeno que complica la construcción identitaria del pueblo latinoamericano y sirve también a la conveniencia del opresor, como argumento que invisibiliza el racismo que estructura la sociedad.

Migración

Giorgia PAVANI y María Teresa PALACIOS SANABRIA

En torno al vocablo *migración* no existe un consenso internacionalmente reconocido. Se define como "movimiento de personas fuera de su lugar de residencia habitual, ya sea a través de una frontera internacional o dentro de un país" (Organización Internacional para las Migraciones [OIM, 2019, *Glosario de la OIM, sobre migración*, 24: 124]).

Los países latinoamericanos, a lo largo de la historia, han protagonizado la migración, pues han solido ser Estados de origen, tránsito y/o destino. Existen razones comunes que la motivan, entre ellas, la falta de seguridad interna, la necesidad de proteger la vida, integridad personal, libertad, el huir de amenazas, persecuciones o violaciones sistemáticas a los derechos humanos y el cambio climático. Otra de las motivaciones más frecuentes sustenta la emigración en el mejoramiento de las condiciones de vida de las personas. Esta última tipología de movimientos humanos se cataloga como un motivo voluntario, aspecto que resulta cuestionable en la actualidad, pues existen situaciones económicas graves que originan discriminación y falta de acceso a las oportunidades.

México como Estado de origen y destino es relevante en esta dinámica, pues además de ser el principal corredor migratorio del mundo, al aportar 11 millones de emigrantes hacia Estados Unidos, también recibe y es país de tránsito de los países que integran el triángulo norte de América Central (OIM, *Informe sobre las migraciones en el mundo*, 2022: 15), principalmente de Honduras, Guatemala, El Salvador y Nicaragua.

El aumento de la migración entre países de América del Sur, algunos de los cuales también hacen parte de la Comunidad Andina de Naciones (CAN), también se ha intensificado, haciéndose especialmente visible el caso venezolano. Las migraciones peligrosas han sido una constante en la región, a raíz de la presencia de redes de tratantes de personas y traficantes de migrantes. Junto a la adopción de las políticas de securitización en la región, prolifera una tendencia hacia la limitación de reconocimiento de procedimientos de protección internacional, ello en contraste con marcos constitucionales democráticos con numerosos derechos y que predican el cumplimiento de tratados internacionales en materia de derechos humanos, a partir de figuras como la del bloque de constitucionalidad (artículos 103 y 105 de la Constitución de México; artículo 93 de la Constitución de Colombia; artículo 105 de la Constitución peruana).o i

Las constituciones de la región reconocen, en la mayoría de los casos, los derechos de los extranjeros (por ejemplo: artículo 32 de la Constitución de México; artículo 100 de la Constitución de Colombia; artículos 1 y 2 de la Constitución del Perú; artículo 66 de la Constitución de Ecuador) y el derecho a la igualdad, pese a ello, no todos cuentan con políticas migratorias integrales que permitan dar respuesta a los flujos mixtos de migrantes.

Destaca el caso de Ecuador, que utiliza la palabra *movilidad humana* en lugar de *migración*, la cual permite abordar la situación migratoria desde un concepto más amplio, flexible e integral, el cual no solo se circunscribe a la clásica segmentación propuesta por el Derecho internacional respecto de la migración por motivos económico-laborales, sino que comprende varias realidades, entre ellas, la migración en la que media voluntariedad y deseo de mejorar la calidad de vida de las personas, el refugio y asilo, las situaciones de apatridia y el desplazamiento interno por diversas causas, en el marco de aplicación de los Principios Deng (Comisión de Derechos Humanos, 1998 - Intensificación de la promoción y el fomento de los derechos humanos y las libertades fundamentales, en particular la cuestión del programa y los métodos de trabajo de la comisión. "Derechos humanos, éxodos en masa y personas desplazadas". Informe del Representante del Secretario General, Sr. Francis M. DENG, presentado con arreglo a la Resolución 1997/39 de la Comisión de Derechos Humanos). Así lo ha explicado la OIM, al indicar que la utilidad de este concepto reciente consiste en "integrar en una sola idea a todas las formas de movimiento de personas, como el refugio, la migración internacional, la movilidad forzada por delitos transnacionales (trata de personas), la movilidad en el marco de sistemas de integración, entre otras" (VALLE FRANCO, 2009).

Desde la perspectiva del Derecho internacional de los derechos humanos, varios de los países latinoamericanos han ratificado los principales tratados internacionales que integran el núcleo duro de este cuerpo normativo, tanto del orden universal como del interamericano, y que es aplicable a las personas migrantes, como sucede con la Convención Internacional sobre la Protección de los Derechos de todos los Trabajadores Migratorios y sus Familiares, que ha elevado el estándar de protección de derechos de los extranjeros. Cobra importancia el marco de aplicación de las personas en necesidad de protección internacional, con la aprobación de la Declaración de Cartagena de 1984, que si bien no es un tratado internacional de carácter vinculante, ha ampliado el ámbito de aplicación material y personal de la restrictiva Convención de Ginebra sobre el Estatuto de los refugiados, de 1951, y de su Protocolo Adicional de 1967; así también, las dos convenciones de ONU relativas a la apatridia, estas son las de 1954 y 1961, que se acogen en un importante número de países de la región.

Los aportes del sistema interamericano de protección de derechos humanos han sido significativos en la materia, pues logran establecer un estándar mínimo sobre los derechos de los migrantes aplicables a la región. Entre ellos, conviene referir tanto casos contenciosos como opiniones consultivas, que abordan temas fundamentales como las condiciones dignas de detención de los extranjeros (Corte IDH, caso "Vélez Loor *vs.* Panamá" (Excepciones Preliminares, Fondo, Reparaciones y Costas - Sentencia de 23 de noviembre de 2010); el derecho a la igualdad y la prohibición de discriminación como norma de *ius cogens* (Corte IDH, 2003 - Opinión Consultiva OC-18 de 2003, Derechos de las personas migrantes, serie a_18); los derechos de los menores de edad en contextos de movilidad (Corte IDH, 2014 - Opinión Consultiva OC-21 de 2014, Derechos y Garantías de niñas y niños en el contexto de la migración y/o en necesidad de protección internacional", serie a_21); el derecho a la nacionalidad, nombre, el reconocimiento de la personalidad jurídica, acceso al registro civil de nacimiento (Corte IDH, 2003); prohibición de expulsión colectiva y garantías judiciales, derecho a la documentación (Corte IDH, 2014); prohibición de esclavitud, servidumbre y trabajo forzado (Corte IDH, 2016 - caso "Hacienda verde *vs.* Brasil" - Excepciones Preliminares, Fondo, Reparaciones y Costas - Sentencia de 20 de octubre de 2016); la protección consular (Corte IDH, 2001 - caso "Ivcher Bronstein *vs.* Perú" - Reparaciones y Costas - Sentencia de 6 de febrero de 2001); y en general, las obligaciones de los Estados a la luz de la Convención Americana sobre Derechos Humanos y su *corpus* de protección. Conviene referir que los pronunciamientos del sistema tienen la vocación de ser aplicables en el Derecho constitucional interno de cada país, en virtud del control de convencionalidad, además de servir como pautas orientadoras para la construcción de la normativa migratoria.

Los marcos normativos internos en términos de políticas migratorias no son homogéneos, de este modo, las leyes en la materia han solido responder a la historia de cada país y a pesar de que no han existido procesos de armonización legislativa entre los países miembros de la CAN para crear procedimientos comunes conducentes a garantizar los derechos de las personas en situación de movilidad humana, el Parlamento Andino ha construido el "Estatuto Andino de Movilidad Humana", el cual establece las pautas para la creación de una normativa comunitaria que regule la movilidad humana de los ciudadanos y ciudadanas andinos dentro de la región.

Ministerio público

Ver *Fiscalía general.*

Monismo

José Luis CUSI ALANOCA

El monismo se entiende como la concepción que reduce los seres y fenómenos del universo conceptual a una "idea o sustancia única de la cual derivan y con la cual se identifican" (RAE, 2023). Por lo tanto, monismo es "una unidad de metodo y homogeneidad doctrinal" (MARDONES & URSUA, 1994: 162).

El "monismo constitucional" se comprenderá como la concepción que reduce las reglas y principios del universo normativo a una norma centralizada y jerárquicamente superior a las demás normas jurídicas de un Estado, esa norma jerárquicamente superior se le conocerá con el nombre de Constitución, como la unidad jurídico-político y homogeneidad positivo-rígida.

El "monismo convencional" se entenderá como la concepción que reduce las constituciones democráticas del universo normativo internacional a una norma "supraestatal", esa norma supraestatal se la conocerá con el nombre de convención, como la unidad de metodo jurídico y homogeneidad positivo-normativo.

Los monistas jurídicos sostienen —y defienden— la tesis de que prima y debe primar una unidad de sistema jurídico centralizado y jerarquizado —Constitución— en un Estado de Derecho. Asimismo, existe otra posicion —monistas internacionales— que sostiene que una unidad normativa —convención— debe primar a todo un sistema jurídico internacional, que es quien tiene un mayor valor jurídico. El monismo se opone al dualismo jurídico y el pluralismo jurídico.

La Sentencia Constitucional SC-276/93 de la Corte Constitucional colombiana "adopto la teoría del monismo internacional, la cual consiste, principalmente, en la existencia de un único sistema jurídico, donde hay que situar al derecho internacional en un nivel jerárquico superior al derecho interno" (Arévalo Ramírez, 2022: 11).

La Sentencia Constitucional SC-400/98 de la Corte Constitucional colombiana estableció que "[...] un Estado parte en un tratado no podrá alegar las disposiciones de su derecho interno como justificación del incumplimiento del tratado y que todo tratado en vigor obliga a las partes y debe ser cumplido por ellas de buena fe". Además, la "Corte tomó en consideración las teorías clásicas del monismo [...] [para] explicar la relación entre el derecho internacional y el derecho nacional" (Arévalo Ramírez, 2022: 15).

Asimismo, según la "Corte el monismo puede verse de dos formas: la primera habla sobre la posición privilegiada que tiene el derecho interno sobre el internacional y la segunda defiende la primacía de las normas internacionales". Por ello, "la sala se inclina por un modelo monista que, si bien considera que la Constitución prima sobre cualquier norma, incluso las de carácter internacional, también considera que la cláusula de primacía debe permanecer en una total armonía con los principios de derecho internacional", por lo cual se defiende un "monismo constitucional rígido" (Arévalo Ramírez, 2022: 15).

La Sentencia T-568/99 de la Corte Constitucional colombiana "implementó la teoría del monismo internacional la cual sostiene que, el derecho interno y el derecho internacional son parte de una misma manifestación de un solo orden jurídico" (Arévalo Ramírez, 2022: 20).

En sentido contrario, la Declaración Constitucional Plurinacional 0006/2013, de 5 de junio de 2013, del Tribunal Constitucional Plurinacional de Bolivia, establece que "[...] el pluralismo que sustenta el Estado Plurinacional boliviano, empieza en la descolonización del derecho expresado en el monismo jurídico positivista, lo que supone a la vez concebir que los sistemas jurídicos de los pueblos son la fuente del constitucionalismo pluralista, sobre la que se funda el Estado Plurinacional [...]".

Movimientos sociales

Renata VERSIANI SCOTT VARELLA

Designa las diferentes formas a través de las cuales la resistencia colectiva y la contestación, no episódica, al *statu quo*, son practicadas por los grupos sociales y sujetos colectivos. Así, se refiere a distintos tipos de organizaciones políticas, colectividades, resistencias territoriales, comunitarias y simbólicas y acciones colectivas que se reproducen en el tiempo, contemplando una serie de posibilidades de articulación social en torno a la transformación. Es necesaria una definición amplia que sea capaz de comprender las diversidades y las particularidades de las formas y prácticas de la acción colectiva presentes en América Latina, para comprender la dinámica de construcción entre conocimientos, derechos y prácticas de resistencia, incluso por medio de la producción de horizontes de sentido, universos de referencias y de imaginarios sociopolíticos colectivos.

La acepción de movimientos sociales está conectada con el significado y los desdoblamientos de las clases y de los grupos sociales. Como realidades históricas y socioeconómicas, las clases y grupos sociales traducen el compartir entre individuos de alguna o algunas condiciones de existencia relacionadas con los antagonismos presentes en la sociedad. De ese modo, los grupos sociales designan colectividades concreta e históricamente producidas, que expresan los antagonismos a través de los cuales se conforma la realidad social y que están relacionados, en el actual modo capitalista de organización, de forma aislada o combinada, con la producción socioeconómica, la raza, la etnia, el género, la nacionalidad, la orientación sexual, entre otros.

Los movimientos sociales, en general, emergen y actúan a partir de las acumulaciones de experiencias históricas —teóricas y prácticas— de los grupos y clases sociales, representando, en momentos de ascenso de la contestación social, dinámicos espacios de construcción, de diálogo y de actualización de formas de resistencia y de conocimientos. Así, estos sujetos colectivos, al mismo tiempo que explicitan conflictos y opresiones presentes en la sociedad, visibilizan y producen —en diálogo con otros grupos sociales— imaginarios, visiones de mundo, referencias y demandas, incluso por derechos. En el campo de la contestación, muchas veces, los movimientos sociales traducen sus demandas por medio del lenguaje jurídico, conformando, así, luchas por o para la construcción de derechos. En ese sentido, el proceso de constitución de los derechos se enraíza en las disputas societarias y en las acciones articuladas por los sujetos colectivos.

Para aprehender las potencialidades y límites de las producciones de los movimientos sociales y para visibilizar la relación orgánica entre la construcción de derechos y los sujetos colectivos, es importante no atenerse a las teorizaciones europeas y estadounidenses sobre acciones colectivas construidas, de forma prioritaria, a partir de las experiencias de los movimientos sociales de estos territorios. Esos marcos analíticos cargan presupuestos, premisas y construcciones que limitan la aprehensión de la diversidad de los movimientos de contestación y de sus producciones y potencialidades. Es necesario reconocer un esfuerzo de delimitación conceptual sistemático, es decir, un trabajo de construcción de los movimientos sociales como objetos legítimos de investigación sociológica, con el estudio de sus formas de actuación, organización e intervención en la realidad. Para este enfoque, los sujetos colectivos y sus acciones son comprendidos como una parte de la realidad a ser estudiada de manera separada del análisis económico y sociopolítico más amplio. Es decir, es necesario recortar esa parte de la realidad para explicarla en su aislamiento y especificidad, autonomizando ese fragmento en relación con la totalidad social. Los movimientos sociales se transforman de objetos de estudio en cosas exteriores, sin raíces sociopolíticas, históricas y económicas o con énfasis en alguna de esas dimensiones. Son ejemplos de estas teorías: la Teoría de los nuevos movimientos sociales a partir del paradigma europeo (Touraine, 1985; Melucci, 2001), las Teorías de la movilización de recursos (McCarthy & Zald, 1977), del Proceso político y demás enfoques institucionalistas (McAdam, Tarrow & Tilly, 2009). Estos enfoques desconsideran los conocimientos y experiencias que se construyen a partir de la actuación y la historia de los movimientos sociales latinoamericanos, así como a partir de rupturas epistemológicas o renovaciones teórico-metodológicas (Versiani, 2017).

De este modo, es necesario ampliar las fronteras conceptuales de la definición de los movimientos sociales para visibilizar las diferentes formas y repertorios de acción y de construcción de los sujetos colectivos en América Latina, desocultando, entre otras cuestiones, las potencialidades de las resistencias prolongadas y de las re-existencias insurgentes colectivas de diferentes grupos sociales de la región, así como la persistencia, en diálogo e interacción con otras matrices, de visiones de mundo, saberes y perspectivas subalternizadas. Es necesario situar los movimientos sociales en la dinámica general de las fuerzas y de los antagonismos locales, regionales y globales, imbricando la reflexión teórica sobre movimientos sociales con las particularidades de la historia, de la realidad y de los caminos latinoamericanos. Este giro es central para comprender el nuevo constitucionalismo latinoamericano y su construcción histórica.

Ese proceso tiene sus raíces en la historia de los diferentes pueblos y organizaciones existentes en la región antes de la invasión europea en 1492 y pasa por la resistencia continua de esas colectividades, después denominadas como indígenas, a toda violencia y exterminio perpetrados por la conquista europea. Entre otros momentos históricos importantes, para el nuevo constitucionalismo, la década de 1990 trajo un importante punto de inflexión a partir de la adopción y profundización de políticas neoliberales por los gobiernos de los países latinoamericanos. Estas políticas, al reducir el papel del Estado en la economía y en la garantía de los derechos, principalmente sociales, ocasionaron una precarización aún mayor de las condiciones de vida y de trabajo de las mayorías sociales latinoamericanas. En ese contexto se desarrolló un nuevo ciclo de luchas a través del cual las resistencias cotidianas, y muchas veces invisibles, fueron protagonizadas por diferentes grupos sociales. En algunos países, especialmente en Ecuador y Bolivia, esos movimientos lograron traducir sus visiones de mundo, referencias y perspectivas en derechos y en lenguaje jurídico, pautando y proyectando construcciones normativas asociadas a otro proyecto político societal. Esas proposiciones estuvieron en disputa permanente con otras propuestas provenientes de grupos sociales hegemónicos y privilegiados, siendo las nuevas constituciones latinoamericanas productos de las relaciones entre esas fuerzas sociales, así como de la intensidad organizativa de los sujetos colectivos y movimientos sociales.

De ese modo, los movimientos sociales y su actuación constituyen elementos constitutivos del nuevo constitucionalismo latinoamericano. Esto se debe no solo a los procesos participativos y referendos necesarios para su construcción y aprobación, sino en función del papel central desempeñado por los sujetos colectivos en el diseño de una democracia participativa, directa y comunitaria, creando y resignificando diferentes mecanismos de participación e instrumentos de consulta popular. Estos mecanismos, en teoría, garantizarían la posibilidad de participación de los sujetos colectivos en la construcción permanente de los derechos y, principalmente, en los rumbos, caminos y opciones políticas del Estado, resignificando y tensionando la democracia existente. En ese sentido, por medio de la actuación de los movimientos sociales y de la posibilidad de participación y control del Estado, se pretendió la refundación del Estado latinoamericano, con la incorporación efectiva de las construcciones normativas y del universo de referencias del movimiento indígena al texto constitucional. Sin embargo, la construcción efectiva de tal perspectiva se encuentra en permanente disputa para que los dispositivos normativos tengan eficacia plena y apunten para la implementación del proyecto político contenido en las nuevas constituciones, lo que involucra luchas sociopolíticas y sociojurídicas en diferentes campos de actuación, por los distintos sujetos y movimientos sociales.

Mujeres

Vanessa Oliveira Batista Berner

Los diccionarios suelen describir a *mujer* como un sustantivo que designa el sexo femenino de la especie humana, en oposición al sexo masculino, y puede incluir definiciones relacionadas con la identidad de género y la condición femenina en la sociedad. En general, los diccionarios reflejan las definiciones prevalecientes en un momento y contexto determinados y es posible que no capturen completamente las complejidades y perspectivas del feminismo contemporáneo y las teorías de género que pretenden hacer que el término sea más complejo. El plural de mujer, sin embargo, es más amplio, con el término *mujeres*, refiriéndose a individuos que son mujeres o que se identifican como mujeres, siendo utilizado en áreas relacionadas con la igualdad de género, el género femenino y los movimientos feministas. Por lo tanto, desde una perspectiva feminista, mujeres es un término que abarca a las personas designadas como mujeres al nacer o que se identifican como mujeres, independientemente de su designación de género. Se reconoce que el género no es binario y que las experiencias e identidades de las mujeres pueden variar ampliamente. Diferentes teorías y perspectivas feministas pueden tener diferentes definiciones e interpretaciones del término mujer. En los últimos años, hay un mayor reconocimiento, en el discurso feminista, de incluir y enfatizar las experiencias de mujeres transgénero y personas no binarias, al asumir que la identidad de género no solo está dada por el sexo biológico y que el feminismo debe incluir y apoyar a todas las personas que sufren opresión de género. Así, diferentes teorías y perspectivas feministas pueden tener otras definiciones del término mujer. En una retrospectiva histórica, se pueden enumerar algunos hitos para una mejor comprensión del término mujer en el debate feminista.

La filósofa y escritora francesa Simone DE BEAUVOIR, en su obra *El segundo sexo* (1949), argumentó que el término mujer era una construcción social configurada por valores, normas y perspectivas impuestas por la sociedad patriarcal. Su célebre frase "nadie nace mujer, sino que se hace mujer", influenciada por la filosofía existencialista y su concepción no biologizada del género, destaca la adquisición paulatina de la identidad femenina y su producción social. El feminismo liberal, al definir el término mujer tiende a basarse en la noción de identidad de género determinada por el sexo biológico. Así, una mujer sería definida como una persona que nació con características biológicas femeninas, como órganos reproductores femeninos, en contraste con las concepciones de "mujeres" en los feminismos contemporáneos, que son más inclusivos, interseccionales y preocupados por la superposición. Los feminismos contemporáneos reconocen que el género no es binario, es decir, no se limita a las categorías de "mujer" y "hombre", y que la identidad de género es una construcción social compleja, no estrictamente relacionada con el sexo biológico, sino con la autoidentificación de personas, que pueden identificarse como mujeres, independientemente de su anatomía o asignación de género al nacer. Además, los *feminismos contemporáneos* también son cada vez más conscientes de las experiencias de las mujeres, influenciadas por diversos aspectos de la identidad, como la raza, la clase social, la orientación sexual, la discapacidad, entre otros. Por lo tanto, la concepción de "mujeres" en los feminismos contemporáneos abarca una amplia gama de experiencias e identidades, incluidas mujeres transgénero, mujeres no binarias y mujeres de diversos orígenes étnicos y culturales. En el *feminismo negro norteamericano*, el término mujeres abarca a todas las personas que se identifican como mujeres, definiéndose de manera amplia e inclusiva, valorando la diversidad de identidades y experiencias de las mujeres negras, incluidas las afroamericanas, caribeñas, africanas y de otros orígenes. En el *feminismo latinoamericano*, el concepto de "mujeres" se entiende de manera diversa y compleja, teniendo en cuenta las experiencias, luchas y opresiones específicas que enfrentan las mujeres en América Latina. En la teoría de la feminista nigeriana Oyèrónkẹ́ Oyěwùmí (2017), la comprensión del término mujeres cuestiona la universalidad de las categorías de género occidentales y critica la imposición de concepciones binarias y fijas de género en sociedades no occidentales.

El término mujeres, por tanto, es polisémico, cambiando su significado a lo largo del tiempo, dependiendo del lugar donde se aplique y de las diferentes epistemologías feministas que propongan utilizarlo.

Multiculturalismo

Maro Aparicio Wilhelmi

El multiculturalismo agrupa el conjunto de políticas o acciones de reconocimiento y acomodo de la diversidad cultural existente en una sociedad. El objetivo de tales acciones debe apuntar a superar las dinámicas sociales e institucionales de discriminación entre grupos culturalmente diferenciados. Se refiere a realidades en las que existe un grupo dominante, esto es, en posición de mayor poder, frente a otro u otros grupos en situación de menor poder y, por tanto, en posición de subrepresentación en los ámbitos de incidencia política y de acceso a los recursos económicos. En este sentido, puede hablarse de grupo "mayoritario" frente a minorías, grupos minoritarios o, quizás mejor, "minorizados". De todas formas, el multiculturalismo también puede referirse a políticas referidas a los pueblos indígenas que, por lo general, vienen rechazando su consideración como minorías, por cuanto, partiendo de su carácter preexistente al Estado, atesoran atributos objetivos y subjetivos desde donde disputan la noción unitaria y centralizada de soberanía estatal (pretensión de autogobierno que, de modo habitual, con excepciones, conlleva algún grado de control territorial y el desarrollo de un cierto pluralismo jurídico).

El término nos sitúa en una dimensión prescriptiva, a diferencia de las nociones de multiculturalidad o pluralidad cultural, donde el enfoque sería meramente descriptivo. Por otra parte, fundamentalmente nos hallamos en un plano de regulación jurídica estatal (aunque, en menor medida, también pueda ser internacional), ya sea a través de normativas o mediante el diseño e implementación de políticas públicas. Como base de tales normativas aparece el reconocimiento de derechos específicos para los grupos minorizados. Entre tales derechos podemos destacar los establecidos por el artículo 2 de la Declaración de Naciones Unidas (NNUU) sobre los derechos de las personas pertenecientes a minorías nacionales o étnicas, religiosas y lingüísticas (1992): derecho a disfrutar de su propia cultura, a profesar y practicar su propia religión, y a utilizar su propio idioma, en privado y en público; derecho de participar efectivamente en la vida cultural, religiosa, social, económica y pública, o el derecho de participar efectivamente en las decisiones que se adopten a nivel nacional y, cuando proceda, a nivel regional respecto de la minoría a la que pertenezcan. De nuevo aparece aquí una sensible diferencia en función de si los derechos que dan cuerpo a las políticas multiculturales se refieren a minorías (por ejemplo, fruto de desplazamientos migratorios) o a pueblos. En sintonía con el enfoque propio de NNUU, los derechos referidos a minorías suelen ser alusivos a los individuos pertenecientes a estas, mientras que los derechos de los pueblos indígenas son, en primer término, derechos colectivos.

Sea como sea, el multiculturalismo implica necesariamente una comprensión compleja o material de la igualdad, esto es, conlleva superar la concepción formal de corte liberal o liberal-conservador para dar cabida a un trato diferenciado, a través del reconocimiento tanto de derechos especiales como de la implementación de acciones afirmativas o de discriminación inversa o positiva, con el objetivo de compensar la desigualdad cultural y social de partida.

En el contexto del constitucionalismo latinoamericano, el multiculturalismo ha adquirido una notable relevancia debido a la extensa e intensa diversidad étnica y cultural existente. Sin duda alguna, han sido los pueblos indígenas, y en ciertos contextos también las comunidades afrodescendientes, quienes más han empujado el debate y su concreción normativa. Así, a partir de las reformas constitucionales abordadas durante la década de los años noventa del pasado siglo, muy influenciadas por la aprobación del Convenio 169 de la OIT (1989), un buen número de países incorporan el reconocimiento de la diversidad cultural e añaden un catálogo, más o menos nutrido, de derechos colectivos de los pueblos indígenas. Es el caso de Brasil en 1988, Colombia en 1991, Bolivia en 1996, Ecuador en 1998 o Venezuela en 1999.

Tales reformas constitucionales se podrían considerar enmarcadas en la corriente del multiculturalismo liberal, preconizado por autores como el canadiense Will KYMLICKA (1996). En términos generales, ello implica el carácter instrumental de los derechos de pueblos y minorías, cuya finalidad es la garantía de la autonomía individual de los miembros de dichos grupos. De este modo, las constituciones incorporan una cláusula de cierre, en la que se asegura la subordinación de los derechos colectivos a los individuales y, por otra parte, la estructura general del Estado liberal representativo permanece incólume, no alterada por tales reconocimientos de la diversidad.

Como principales críticas al multiculturalismo —en su habitual concepción, que es la de corte liberal— podemos citar como ejemplo las planteadas por Silvia RIVERA CUSICANQUI (2010), quien denuncia el modo en que el multiculturalismo suele manejar un cierto esencialismo cultural, ignorando la diversidad interna y las dinámicas de cambio dentro de cada grupo cultural. Por otra parte, como también ha señalado Nancy FRASER (2000), el multiculturalismo tiende a desviar la atención de las luchas sociales más amplias relacionadas con la justicia socioeconómica y la desigualdad, en una operación que despolitizaría la cultura al reducir su significado a una dimensión simbólica, como "riqueza" o "patrimonio" a preservar o cuidar, y no, en cambio, como factor de transformación de las relaciones de poder que la diversidad expresa.

Municipio

Lissette PÉREZ HERNÁNDEZ

El municipio es la sociedad local organizada, es parte del territorio y de la estructura funcional del Estado, por lo que, como parte de un todo político, mantiene relaciones de naturaleza política y administrativa con este y con la población.

Desde el punto de vista jurídico, el municipio se considera una entidad local básica de la organización territorial del Estado, con personalidad jurídica, organizada sobre la base de la distribución territorial del poder.

En su composición, cuenta con tres elementos básicos: organización política, espacio físico en el que se desenvuelve, y población, la que deviene de las relaciones de vecindad que se dan en ese territorio. Sobre esa base, el municipio es un espacio sociopolítico cercano a la población, que posibilita la representación de intereses y la participación política.

Constituye desde el punto de vista político, un fundamento para la construcción heterogénea del poder, que ofrece a los individuos la posibilidad de ejercer o influir en el control de la gestión política en el territorio, en correspondencia con la proximidad que tienen con la población. En el sentido más amplio que la teoría le concede al término, el municipio es gobierno, dirección y guía política de la comunidad, con autoridad para el ejercicio de las funciones estatales en su territorio.

En Latinoamérica, producto de la colonización, el municipio, originariamente, fue una creación no natural; diferente sociológicamente de las municipalidades europeas. Como institución social, jurídica y política, el municipio precedió al pueblo, la aldea o la villa.

En cuanto a su contenido y alcance, el municipio como unidad política primaria, es también organización y funcionamiento, que se legitima a partir de un mejor actuar y gestión de los servicios públicos en el territorio. A través del tiempo, los empeños municipales convocan de forma autónoma, tanto a fortalecer las competencias que ellos deben ejercitar como a buscar nuevas formas para gestionarlas acertadamente. En ese entorno, el reconocimiento constitucional del principio de autonomía como máxima consustancial al municipio apela a la ampliación de su capacidad de decisión y crea bases jurídicas para que puedan alcanzar mayor promoción y realización de sus fines, precisamente en el espacio de poder público político más cotidiano e inmediato al ciudadano. La realización de este principio tiene en cuenta la división político-administrativa y la organización territorial del poder.

El principio de autonomía municipal significa que los municipios tienen la capacidad de gobernarse a sí mismos en el ámbito de sus competencias. Estas competencias pueden ser propias o compartidas con otros niveles territoriales, en correspondencia con lo cual a los órganos municipales se les asignarán jurídicamente atribuciones específicas para gobernar en pos de la satisfacción de los intereses de la localidad, proveer de obras y servicios, regular la convivencia social y exigir el cumplimiento de las obligaciones contraídas.

Los municipios latinoamericanos dentro de los marcos de procesos de descentralización, condición indispensable para que los municipios puedan actuar de forma autónoma, han desplegado múltiples experiencias, vinculadas algunas a reformas estatales más o menos profundas. En estas, el éxito ha estado mediado, más que por el fin descentralizador en sí mismo, por la posibilidad real de ofrecer en los territorios más acceso y mejor calidad de los servicios, contexto en el cual, el reto continúa siendo alcanzar mayor articulación institucional y financiera, que les permita ejercer los numerosos cometidos que deben asumir. Las crisis económicas y financieras que con frecuencia deben enfrentar los municipios se unen al déficit habitual en sus haciendas municipales, que le adicionan múltiples desafíos a la concreción de su competitividad, sostenibilidad, y en general a todos los objetivos dirigidos a la consecución del desarrollo municipal y mejora de la calidad de vida de sus habitantes. En relación con ello, la acción mancomunada de municipios en la ejecución de diversas facultades y en la prestación de servicios específicos puede contribuir con acciones cooperadas, a la efectividad social.

Ahora bien, el municipio, además de gobierno y administración local, debe ser considerado entidad política que impone su actividad administrativa. No es posible considerar el municipio sin esencia política, porque esta se encuentra también implícita en la efectividad de la gestión municipal que demanda la población. En ese sentido constituye un escenario ideal para ofrecer horizontes nuevos a la participación social, a partir de consultas sobre lo que ha de hacerse. Si se fortalece la vida política municipal, y desde ellos se estrechan los vínculos entre la sociedad civil y el Estado, la democracia puede convertirse en otra realidad.

Mutación constitucional

Carlos Manuel VILLABELLA ARMENGOL

Mutación constitucional es el cambio de contenido de la Constitución tácito, informal, sin recurrir al procedimiento estipulado en la cláusula de reforma; no contradictorio con la fórmula política o el núcleo normativo básico de esta; que se integra al ordenamiento constitucional. Se produce ante situaciones no previstas por el constituyente y la dinámica de la actividad de los poderes públicos. JELLINEK (1906: 13), en una definición precursora del tema, planteó que es aquella modificación que deja indemne el texto porque no lo cambia formalmente, producida por hechos que no tienen que ir acompañados por la intención o consciencia de tal mutación. LOEWENSTEIN (1998: 164) la concretó como la transformación en la realidad del poder político de la estructura social o del equilibrio de intereses, sin que quede actualizada dicha transformación en el documento constitucional, permaneciendo este intacto.

Su definición se contorneo en el Derecho público decimonónico como parte de la teoría del cambio constitucional, en el marco del debate sobre las vías de solventar la conflictividad entre la normatividad y la normalidad constitucional o realidad material.

Algunas tipologías establecidas por la doctrina, atendiendo a qué la origina, son las siguientes: a) la norma constitucional deja de ser congruente con la realidad (mutación formal); b) acaecen relaciones en el ámbito de la actividad material del Estado contrapuestas a lo previsto en la Constitución (mutación material); c) los órganos del Estado (parlamento, gobierno, judicatura) asientan prácticas no previstas en la ley fundamental, pero que no la quebrantan (mutación por complementación); d) imposibilidad de órganos del poder público de ejercer ciertas atribuciones marcadas en la ley suprema (mutación por impedimento); e) imposibilidad de que se cumplan determinadas normas constitucionales (mutación por desuetudo); e) actuación normativa que suple lagunas constitucionales (mutación por integración); f) interpretación jurisdiccional evolutiva de un contenido constitucional (mutación adaptativa).

Es una categoría ambigua y controvertida. Los autores que reconocen la pertinencia de esta modalidad de adecuación constitucional arguyen su necesidad ante el minimalismo de los preceptos constitucionales, el carácter abierto del programa normativo de la ley de leyes, la transformación de la realidad social, y la vitalidad del Estado. Heller (1971: 56) defendió la idea de que lo fáctico tiene fuerza normativa. Se esboza también, como justificación, la concepción de "Constitución viviente".

Otros autores, por el contrario, consideran que la transformación de la Constitución al margen del procedimiento de reforma aprobado por el constituyente es una disfuncionalidad, porque contradice el principio de supremacía constitucional, pilar de la unidad y coherencia del ordenamiento jurídico. Cuestionan cuál es el criterio para apreciar que una mutación es deseada y por ello debe ser admitida, como apunta Hsü Dau-Lin (1988: 31), mientras otra es indeseable y, por ende, inconstitucional. Exponen, asimismo, que la línea que separa la mutación del falseamiento y quebrantamiento de la Constitución, es delgada y controvertible.

Finalizando el siglo XX, se matizó la teoría de la mutación constitucional con la precisión de que esta modalidad, para considerarse válida, tiene un límite: el alcance y finalidad de la norma sobre la que incide. Por tanto, aceptando esta modalidad como válida, la transformación que rebasa esa cota constituye una lesión de la carta magna.

Esta reflexión tuvo dos consecuencias. Por un lado, desplaza a la condición de ilegítima algunas de las tipologías de mutación constitucional esbozadas por la literatura y resumidas anteriormente; por otro, correlata mutación con exegesis, en tanto la delimitación del marco normativo en el que la mutación podría considerarse válida, es un ejercicio interpretativo.

En esa perspectiva, la magistratura constitucional deviene centro de gravedad, al ser ella artífice de la mutación de la Constitución mediante interpretación evolutiva y, además, controlar y corregir la posible actuación mutagénica de los entes estatales. Empero, ¿hasta dónde puede llegar el activismo del juez constitucional en ese sentido?, ¿tiene límites o puede transmutar con más o menos libertad la Constitución? Lo anterior es un tema álgido de la teoría constitucional contemporánea.

En la jurisprudencia constitucional de Latinoamérica existen ejemplos positivos de cambio constitucional a tenor de la interpretación evolutiva que tiene en cuenta nuevos contextos de una institución y cambios de paradigmas; también, ejemplos de arbitrariedad hermenéutica que mutaron a la Constitución al considerar inconstitucionales normas de esta. Este último es el caso de la línea seguida por los jueces constitucionales de Costa Rica, Venezuela, Nicaragua, Honduras, Bolivia y El Salvador, para franquear las restricciones impuestas en la ley fundamental y legitimar la reelección presidencial.

N

Nacionalidad

Dianelis ZALDÍVAR VALDÉS

El término hace referencia a la pertenencia de una persona a un ordenamiento jurídico concreto y tiene su origen a partir del siglo XIX, cuando empiezan a surgir los primeros Estado nación.

La ACNUR, en la Convención sobre el estatuto de los apátridas (1954), y la Convención para reducir los casos de apátridas (1961), la define como: "… el derecho humano fundamental que establece el vínculo jurídico esencial entre el individuo y el Estado, en virtud del cual una persona es miembro de la comunidad política que un Estado constituye según el Derecho Interno y el Derecho Internacional, la cual constituye un elemento fundamental para la seguridad del Individuo, ya que, además de conferir a la persona un cierto sentido de pertenencia e identidad, le otorga el derecho a disfrutar de la protección del Estado y le aporta un fundamento legal para el ejercicio de diversos derechos civiles y políticos".

Sin embargo, es necesario distinguir entre dos términos que normalmente se utilizan indistintamente y son *nacionalidad* y *ciudadanía.* La nacionalidad no deber ser confundida con la ciudadanía; esta comprende a una parte de los nacionales, es decir, a los calificados legalmente para ejercer los derechos políticos, pero hay nacionales que por razones de edad u otras causas pueden no ser ciudadanos.

El individuo se encuentra bajo la jurisdicción del Estado dentro de cuyo territorio reside, y tiene el deber de cumplir con las leyes de dicho Estado mientras reside en él. Sin embargo, al mismo tiempo el individuo queda bajo la jurisdicción personal del Estado del cual es nacional, y debe lealtad a dicho Estado dondequiera que esté. A cambio de ello, tiene derecho a ser protegido por el Estado del cual es nacional. La nacionalidad es entonces un lazo jurídico que une al individuo con un Estado determinado a varios fines; es un vínculo establecido por el Derecho interno; en otros términos, corresponde a cada Estado legislar sobre la adquisición, la pérdida y la readquisición de la nacionalidad.

Si nos guiamos por las definiciones, es difícil encontrar la diferencia entre ellas, pero siempre ha trascendido que la nacionalidad tiene más que ver con los lazos culturales, costumbres y tradiciones de los pueblos; mientras que la ciudadanía tiene más que ver con lo político y lo jurídico. El hecho es que en la práctica jurídica y en algunas ramas del Derecho (el Derecho internacional privado, por ejemplo) suelen ser utilizadas con el mismo significado.

Al realizar un breve análisis de dicha institución en algunas constituciones de la región (Ecuador, Venezuela, Bolivia, Argentina, México, Colombia, República Dominicana, Brasil, Nicaragua, El Salvador, Honduras) podemos concluir que, excepto una (la argentina), todas dedican un título o un capítulo de un título a regular este tema. Estas se dividen en dos grupos: las que solo hacen referencia a la nacionalidad o a la ciudadanía, y las que se refieren a nacionalidad y ciudadanía.

Así, entre las del primer grupo tenemos las constituciones de Brasil, Nicaragua, El Salvador, Honduras y la Constitución cubana.

La Constitución brasileña en su Capítulo III hace referencia solamente a la nacionalidad (artículos 12 y 13); la Constitución de Nicaragua igualmente hace referencia solo a la nacionalidad, dedicando el Título III solo a regularla (artículos 15 al 22); la misma postura adopta la Constitución de El Salvador, regulando la nacionalidad en su Título IV (artículos 90 al 100). Por su parte, la Constitución hondureña regula este tema en el Capítulo I de su tercer Título, "De los hondureños" (artículos 22 al 29), y habla únicamente de nacionalidad, sin mencionar la ciudadanía; y finalmente, la Constitución cubana de 2019 regula el tema en su Título IV, "Ciudadanía" (artículos 33 al 39), y no habla en ningún momento de nacionalidad, solo de ciudadanía.

Entre las del segundo grupo (que regulan de forma separada nacionalidad y ciudadanía) tenemos las constituciones de Ecuador, Bolivia, Venezuela, México, Colombia y República Dominicana.

La Constitución ecuatoriana regula este tema en su Título I, "Elementos constitutivos del estado", en su Capítulo segundo, "Ciudadanas y ciudadanos", en su artículo 6, y define la nacionalidad como el vínculo jurídico político de las personas con el Estado, sin perjuicio de su pertenencia a alguna de las nacionalidades indígenas que coexisten en el Ecuador plurinacional. Por su parte, la Constitución boliviana dedica su Título V, "Nacionalidad y Ciudadanía" (artículos 141 al 145) a regular quiénes son nacionales y quiénes son ciudadanos. La Constitución venezolana regula en su Título III, Capítulo II, "De la nacionalidad y la ciudadanía", en sus artículos 32 al 38, lo relativo a la nacionalidad, y del 39 al 42 lo relativo a la ciudadanía. Por otro lado, la Constitución mexicana dedica el Capítulo II de su Título primero a este tema, denominándolo "De los mexicanos", sin embargo, el Capítulo III lo dedica a los extranjeros, y el IV a los ciudadanos mexicanos. La Constitución colombiana es otra de las que divide la regulación entre nacionalidad y ciudadanía y dedica el Capítulo I del Título III a la nacionalidad (artículos 96 y 97), y el Capitulo II a la ciudadanía (artículos 98 y 99). Y, finalmente, de este grupo la Constitución dominicana dedica a este tema su Capítulo V regulando la ciudadanía en la Sección I (artículos 18-20) y la nacionalidad en la Sección II (artículos 21-24).

Debe destacarse que las constituciones que hacen esta distinción entre nacionalidad y ciudadanía lo hacen sobre todo en el sentido de que ven a la nacionalidad como la condición de la persona de pertenencia a ese Estado y la ciudadanía como el ejercicio de esa condición, como la condición cualificada que le permite a los nacionales ejercer los derechos políticos. Básicamente y según se deriva de las regulaciones constitucionales, los ciudadanos son los nacionales que cumplen ciertos requisitos para ejercer los derechos políticos.

Nacionalismo

Adiel García

Ideología política y principio político de la época moderna que expresa la coincidencia que debe existir entre unidad nacional y unidad política. Constructo histórico y cultural que designa la identificación política o étnica-cultural hegemónica y compartida dentro de un grupo de individuos que se reconocen dentro de una misma comunidad. A su vez, el nacionalismo es entendido como movimiento político que aspira a la autodeterminación a través de la existencia de una organización política propia para esa comunidad nacional.

Existen dos enfoques tradicionales en la comprensión de esta noción: el nacionalismo político y el nacionalismo étnico-cultural. El nacionalismo cultural está delimitado por el vínculo de los individuos a una cultura distintiva, a una historia y descendencia común, así como a determinado signo geográfico, físico o lingüístico característico. Se afirma que la nación en sentido cultural preexiste al Estado y constituye su fundamento. Por otro lado, el nacionalismo político está sustentado en los ideales de la Ilustración, y las categorías de soberanía, ciudadanía y los derechos individuales. La nación, desde esta perspectiva, es consecuencia de factores de naturaleza política, y está conformada por individuos en un territorio que se dan un gobierno, un orden normativo común y están representados en un mismo órgano de poder. El nacionalismo es una corriente de pensamiento que tiene la función de integrar a las masas en una única unidad colectiva, que tiene a la nación como sujeto histórico y político, y del que se deriva la formación de los Estados nacionales.

Los propósitos nacionalistas en América Latina de siglo XVIII y XIX se fraguaron en las ideas de la modernidad clásica. En el orden constitucional tienen como resultado la creación de un Estado nación con forma de gobierno republicana, regulado y legitimado mediante una carta magna que reconoce los derechos individuales y organiza el aparato estatal. Las constituciones en América Latina de inicios de siglo XIX expresan las líneas esenciales de los proyectos políticos independentistas, sus principios, finalidades y fundamentos filosóficos, que confluyen en la necesidad de poner fin al poder colonial y consolidar el triunfo de los ejércitos de liberación. Así son los casos de la Constitución de Haití de 1801; Venezuela de 1811; Quito de 1812 y México (Apatzingán) de 1814.

Con posterioridad a la independencia, el nacionalismo en Latinoamérica mantiene un tono antitradicionalista e integrista, que respalda los intereses y la hegemonía política de las élites criollas regionales, y que asocia el desarrollo nacional a la idea de crecimiento económico y a la estabilidad del ejercicio del poder estatal. Esto tiene como resultado la invisibilización y exclusión del ejercicio del poder estatal de los intereses y la participación de comunidades y sectores considerados minorías. Es la expresión de un constitucionalismo de carácter liberal, con influencias del modelo de constitucionalismo social, inaugurado con la Constitución mexicana de 1917 y a la que le siguen los textos constitucionales de Chile de 1925, Brasil de 1934, Bolivia de 1938, Cuba de 1942, Ecuador y Guatemala de 1945, Argentina y Costa Rica de 1949. Las aspiraciones del pensamiento nacionalista en este periodo son las de enfrentar la desigualdad social y reducir las inequidades en la distribución de la riqueza; aunque el intento de construir el paradigma del Estado de bienestar social en la región queda más como una aspiración que como un hecho para esta época.

En las dos últimas décadas del siglo XX tiene lugar un constitucionalismo garantista que apuesta por fortalecer la democracia y el ejercicio de los derechos humanos en el contexto de la recuperación democrática e institucional tras las dictaduras. A fines del siglo XX e inicios del XXI, se afianza un nacionalismo de carácter popular en la plataforma progresista que se articula en la región, de base antimperialista y antineoliberal, la que logra juntar demandas preteridas en el orden social, económico y político y las del movimiento obrero y campesino, así como las de los pueblos originarios. Esta nueva etapa del nacionalismo en la región parte de una comprensión más amplia de pueblo, que lo asume como centro de la acción política y se construye a partir de las prácticas y luchas de los movimientos sociales. Estas ideas irradian los textos constitucionales de Venezuela de 1999, Ecuador de 2008 y Bolivia de 2009, que conforman el nuevo constitucionalismo latinoamericano.

Además de esta perspectiva, hay una categoría de nacionalismo que se aproxima de un modelo conservador basado en aproximaciones con ideales de "Dios, patria, familia", y que viene paralelamente creciendo en los últimos años en países de América Latina cercanos con versiones extremistas y que fortalecen aspectos de erosión democrática y giro a las "nuevas derechas", como un fenómeno político contemporáneo.

Negritud

Ver *Afrodescendiente.*

Neoconstitucionalismo

Ana Micaela ALTERIO

El término *neoconstitucionalismo* designa tanto un tipo de diseño institucional como una teoría explicativa y una ideología justificadora del Estado constitucional de Derecho. Surgido en las constituciones de Europa continental posteriores a la Segunda Guerra Mundial, como diseño apuesta por constituciones supremas, normativas, rígidas y garantizadas con control judicial de constitucionalidad *fuerte.* En tanto teoría, desafía al positivismo jurídico desde un *neoiusnaturalismo principialista* y como ideología se centra en la defensa de los derechos fundamentales (COMANDUCCI, 2003).

El momento histórico al que se atribuye su surgimiento es crucial. La elección de constituciones repletas de valores consagrados como derechos fundamentales, que fungen como límites jurídicos a las decisiones de los poderes políticos, refleja un clima de preocupación por evitar los horrores vividos durante la Segunda Guerra Mundial y una desconfianza hacia las mayorías. De allí que el neoconstitucionalismo haya tenido que redefinir la democracia, agregándole un elemento constitutivo de valoración sustantiva, al que da prioridad por sobre los elementos procedimentales. Ya no se trata solo de quién y cómo se decide (aspecto procedimental), sino de qué es lo que se puede o no decidir (FERRAJOLI, 2008), en unas democracias adjetivadas como *deliberativas, sustancialistas* o *asociativas.*

Este criterio de "corrección", externo al procedimiento mayoritario de toma de decisiones, se encuentra en los principios de derechos fundamentales, cuya interpretación se reserva a los tribunales, quienes tienen la "última palabra" en materia constitucional (POZZOLO, 1998). El Estado no solo debe respetar los derechos/valores de estas constituciones axiológicas, sino promoverlos; por eso su aplicación se extiende a las relaciones entre particulares, generando un "efecto horizontal" y se irradia o invade el resto del ordenamiento jurídico, que se verá "constitucionalizado" (GUASTINI, 2003).

La denominación y teorización de este modelo constitucional correspondió a la escuela genovesa, integrada por Susanna POZZOLO, Mauro BARBERIS y Paolo COMANDUCCI, que además se centró en el estudio y la crítica de autores como Ronald DWORKIN, Luigi FERRAJOLI, Gustavo ZAGREBELSKY, Robert ALEXY, Carlos NINO o Manuel ATIENZA, cuyos desarrollos teórico-filosóficos se entienden emblemáticos del neoconstitucionalismo.

Quizá por la influencia de esos mismos autores en América Latina, o por la similitud de los horrores vividos durante la mayor parte del siglo XX, en una región azotada por las dictaduras militares, las constituciones latinoamericanas optaron por diseños neoconstitucionales en lo que se conoce como la tercera ola democratizadora. Así, las constituciones de Brasil, en 1988; Colombia, en 1991; Paraguay, en 1992; Perú, en 1993; Argentina, en 1994; México, en 1994 y 2001; Ecuador, en 1998, por nombrar algunas, replicaron las robustas cartas de derechos humanos con control de constitucionalidad con supremacía judicial. Un diseño que también fue incentivado por el "Consenso de Washington", preocupado por la modernización y estabilidad de las democracias latinoamericanas y con una impronta neoliberal en lo económico, que causará una reacción enérgica en la región a fines del siglo XX (UPRIMNY, 2011).

Entre las bondades del modelo neoconstitucional para América Latina, se cuenta el impulso y la legitimidad que la consagración constitucional de derechos fundamentales dio a las luchas sociales por memoria, verdad y justicia posdictaduras, a las reivindicaciones de mejores condiciones de vida mediante el uso de los derechos económicos, sociales y culturales en causas estructurales y las de reconocimiento de derechos para grupos históricamente oprimidos como mujeres, pueblos indígenas, comunidades LGBTI+, etc. Estos movimientos vieron a las cortes constitucionales como aliadas estratégicas, sobre todo en mancuerna con la Convención Americana sobre Derechos Humanos, que había logrado un reconocimiento constitucional en la mayoría de los países de la región mediante cláusulas de apertura. Así, el modelo neoconstitucional se vio fortalecido por la Corte Interamericana de Derechos Humanos, que no solo lo emuló, sino que estimuló su extensión regional reforzando la supremacía judicial mediante el "control de convencionalidad" (Corte IDH, caso "Almonacid Arellano y otros *vs.* Chile", Sentencia del 26 de septiembre de 2006).

Entre las críticas más potentes se encuentran las que denuncian el elitismo de un modelo asentado en la decisión autoritativa y final de un grupo de jueces/zas que no fueron electos democráticamente y que no están sujetos a mecanismos de rendición de cuentas; decisiones que si bien son susceptibles de desacuerdos de buena fe, tampoco pueden disputarse políticamente, pues las constituciones son rígidas y los tratados internacionales vinculantes (ALTERIO, 2021). Todo ello en un contexto latinoamericano donde la judicatura ha sido "lejana" a la ciudadanía y ha sufrido de muy baja o nula legitimidad.

Dadas estas críticas y en medio de una crisis generalizada en las democracias de la región, a principios del siglo XXI hubo algunas reacciones contra los diseños institucionales neoconstitucionalistas, calificados de "liberales". Sobre todo se criticó la lógica contramayoritaria en la toma de decisiones constitucionales, el cierre casi completo a la participación ciudadana y la incapacidad de los sistemas constitucionales para canalizar las demandas políticas y sociales de la población. En esta nueva ola de creación constitucional (emblemáticamente la de Venezuela de 1999, Ecuador de 2008 y Bolivia de 2009) emergió el llamado nuevo constitucionalismo latinoamericano como modelo posliberal, alternativo y superador de algunas de las objeciones democráticas al neoconstitucionalismo.

A pesar de esto, el modelo predominante hoy en los países de América Latina sigue siendo el neoconstitucionalismo, con algunos ajustes locales propios del llamado constitucionalismo dialógico, que intentan matizar las críticas aludidas mediante la apertura de los tribunales a audiencias públicas, *amicus curie*, acciones colectivas, la utilización de remedios estructurales, etc. Un modelo que se refuerza en el ámbito regional, gracias a desarrollos doctrinarios como el del constitucionalismo transformador o el del ICCAL *(Ius Constitutionale Commune Latinoamericanum).*

Neoliberalismo

Aleida Hernández Cervantes

Se conoce como tal al conjunto de posiciones teóricas y prácticas político-económicas que, teniendo como antecedente al liberalismo clásico, impulsa un marco institucional protector de los derechos de propiedad privada, fortalece los mercados libres y considera que el bienestar del ser humano y el desarrollo de una sociedad consisten en no restringir el libre desarrollo de las capacidades y de las libertades empresariales del individuo (Harvey, 2007). Desde esta perspectiva, el papel del Estado consiste en ser garante de la libertad para la operación irrestricta de los mercados, el comercio, las corporaciones y los individuos emprendedores y deberá hacerla valer, incluso, usando el monopolio del ejercicio de la violencia. Con las premisas de que el sector privado es más eficiente y productivo, el neoliberalismo apuesta por un Estado reducido a gestor y facilitador de la transferencia de sectores económicos que, anteriormente, dirigía de forma exclusiva a la esfera privada. Dos de las políticas a las que más se recurre desde esta corriente económica son la desregulación económica y las privatizaciones de empresas estatales, servicios y bienes públicos y comunes.

Con la asunción de Margaret Thatcher al gobierno de Gran Bretaña en 1979 y de Ronald Reagan en Estados Unidos en 1980, el neoliberalismo, como nueva ortodoxia económica en la elaboración de políticas públicas, logró su máxima expresión. Con Thatcher como primera ministra inglesa se desmoronó el Estado de bienestar: privatizó empresas estatales, redujo impuestos y adelgazó derechos sociales a la vivienda, trabajo y salud; por otro lado, Reagan como presidente de Estados Unidos realizó recortes presupuestarios que atacaban directamente al *New Deal* acordado en posguerra, rebajó impuestos a la inversión extranjera y auspició un pronunciado descenso del salario real, impactando gravemente en las condiciones de la clase trabajadora.

En los años noventa tomó auge el denominado *Consenso de Washington,* consistente en una serie de políticas impulsadas por organismos económicos como el Banco Mundial y el Fondo Monetario Internacional, implementadas en los países en desarrollo de América Latina.

La presión a los gobiernos de turno fue ejercida por estos organismos a través del otorgamiento de importantes créditos para el desarrollo. Se trataba fundamentalmente de políticas orientadas a fortalecer los mercados y reducir la intervención tradicional del Estado en la economía: 1) disciplina fiscal (reducción del déficit presupuestario sin recurrir al impuesto inflacionario; 2) prioridades del gasto público (desviar gasto de las áreas que no generaban rendimientos a las que sí lo pudieran obtener, por ejemplo: de defensa a la atención primaria de salud); 3) reforma tributaria (la ampliación de la base tributaria y el recorte de tasas impositivas marginales); 4) liberalización financiera (lograr tasas de interés determinadas por el mercado); 5) tipos de cambio (unificados y competitivos para estimular crecimiento acelerado de exportaciones no tradicionales); 6) liberalización del comercio (sustituir restricciones al comercio por aranceles que vayan reduciéndose progresivamente); 7) inversión extranjera directa (supresión de barreras que impidan la entrada de empresas extranjeras, las empresas nacionales y las foráneas); 8) desreglamentación (eliminar las regulaciones que impidan la participación de nuevas empresas o que restrinjan de alguna manera la competencia); 9) privatización (de empresas estatales); 10) derechos de propiedad (que el orden legal garantice derechos de propiedad a bajo costo y accesibles al sector informal).

Este tipo de políticas neoliberales al interior de los gobiernos nacionales han generado condiciones, al menos en las últimas cuatro décadas, para que se desplieguen procesos de globalización económica, que incluyen, entre otros, el modelo de producción flexible y las finanzas globales interconectadas. Las consecuencias de la implementación de la ortodoxia neoliberal en las políticas nacionales de muchos países en desarrollo han dado lugar a un cambio sustantivo en su respectivo orden jurídico nacional y un debilitamiento en el ejercicio de los derechos sociales (HERNÁNDEZ, 2014; 2019). Los ejemplos más paradigmáticos del impacto que ha tenido el neoliberalismo en el Derecho han sido las reformas privatizadoras de la seguridad social, de desregulación de las normas del trabajo, desnacionalización y privatización de empresas estatales, privatización y desregulación de servicios y de bienes públicos y comunes, como el agua y los hidrocarburos, entre otros.

Niñez y adolescencia

Jetzabel Mireya Montejo Rivero

El vocablo *infancia-adolescencia* alude al grupo de personas entre cero y dieciocho años incompletos, y comprende dos fases o etapas específicas de la existencia humana, con características propias.

El origen de la relación de los niños y el Estado puede ubicarse a finales del siglo XIX, a partir de la institución del "Derecho de menores", dirigido a los niños y adolescentes excluidos de las políticas sociales básicas (escuela, familia, educación y salud), y por esta razón, el Estado instituyó su internamiento en centros correccionales. Así surgió el primer Tribunal de Menores en Illinois, Estados Unidos, en 1899, como modelo diferenciado de control sociopenal de los menores. La idea se extendió por el continente europeo. Desde la aparición en 1905, en Inglaterra, para 1921 todos los países europeos, con excepción de Italia, habían completado su creación. Un proceso similar ocurre en Latinoamérica, comenzó en 1919 en Argentina y culminó en 1939 en Venezuela, con la consideración del menor como objeto de compasión-represión.

Esa concepción del menor bajo el supuesto manto de la doctrina de la situación irregular se atenúa —luego de la Segunda Guerra Mundial— con el desarrollo de instrumentos jurídicos que implican el reconocimiento expreso por los Estados de los derechos humanos e impulsan la adopción de tratados internacionales específicos para grupos vulnerables.

El reconocimiento de los derechos de los niños, las niñas y los adolescentes es resultado del desarrollo de los derechos humanos, que hacia la década del setenta del siglo pasado, el proceso de especificación sitúa los derechos vinculados a sus titulares como personas concretas, en la especificidad de sus diferentes *status* sociales. La cuarta línea evolutiva de los derechos humanos ubica a la infancia-adolescencia entre los grupos vulnerables que merecen especial protección.

La incorporación en las constituciones modernas de la infancia-adolescencia eleva sus derechos a rango constitucional. En ese sentido, los textos latinoamericanos muestran la positivización de los derechos de niños, niñas y adolescentes en dos grupos de países: aquellos que incorporan una ampliación en la *ratio* de derechos y en la carga ideológica a través de la inclusión de normas-principio en las constituciones (Chile, 1980; Honduras, 1982; El Salvador, 1983; Guatemala, 1985; Nicaragua, 1987; Brasil, 1988; Colombia, 1991; Paraguay, 1992; Perú, 1993) y en los que muestran la expansión de la democratización en la región, así como la existencia de varios casos de procesos constituyentes en las últimas décadas. Entre ellos destacan Ecuador, 2008; Bolivia, 2009; Venezuela, 2009.

El reconocimiento de la infancia-adolescencia como sujeto de derechos fundamentales en el constitucionalismo latinoamericano contemporáneo se enuncia a través de los aspectos siguientes:

1. Legitimación de nuevas estructuras o modelos familiares que despiden la concepción del matrimonio como vía idónea para la formación de una familia: Nicaragua, Brasil, Paraguay, Colombia, Ecuador, Bolivia, Venezuela y Cuba.

2. Consagración del principio de igualdad de los hijos en la filiación: El Salvador, Honduras, Nicaragua, Colombia, Paraguay, Perú, Brasil, Ecuador, Bolivia, Venezuela y Cuba.

3. Localización de los derechos de la infancia-adolescencia en un capítulo o sección independiente, que especifica los derechos del niño: Honduras, Ecuador, Bolivia; en un capítulo dedicado a la protección de los derechos de la familia y otros grupos vulnerables: Nicaragua, Brasil, Paraguay, Venezuela; y en el ámbito de regulación de los derechos sociales en general: Guatemala y Perú.

4. Constitucionalización del principio de interés superior del niño: Colombia, Paraguay, Bolivia, Ecuador y Cuba.

5. Regulación de los derechos de participación que incorpora la Convención de los Derechos del Niño: Nicaragua, Colombia, Paraguay, Ecuador, Bolivia y Venezuela.

6. Incardinación de la infancia-adolescencia en el Derecho constitucional, a través de la incorporación del Derecho internacional de derechos humanos: Nicaragua, Venezuela (expresa), Honduras, Colombia y Cuba (tácita, en tanto remite de forma genérica a la protección contenida en tratados o acuerdos internacionales).

Nominalismo constitucional

Eduardo Andrés VELANDIA CANOSA

El nominalismo constitucional es una corriente de pensamiento jurídico que sostiene que las constituciones no tienen una fuerza vinculante en sí mismas, sino que su eficacia depende de la voluntad política y de la reglamentación legal que de ellas plasme el legislador. En Latinoamérica, esta corriente ha sido abordada por diferentes juristas y pensadores políticos, y ha tenido un impacto importante en la teoría y la práctica del Derecho constitucional de la región y, por ende, ha sido objeto de debate y reflexión por parte de diversos expertos en Derecho constitucional.

En este sentido, uno de los principales exponentes del nominalismo constitucional en Latinoamérica fue el jurista argentino Carlos NINO (1997), quien en su obra *La constitución de la democracia deliberativa* sostuvo que las constituciones son meras declaraciones de intenciones y que su cumplimiento depende de la voluntad política de los actores involucrados. Así mismo, el profesor Roberto GARGARELLA (2009) ha desarrollado una teoría del nominalismo constitucional, según la cual las constituciones son meras palabras en un papel, y su eficacia depende de la voluntad política y de la movilización social de los ciudadanos para exigir su cumplimiento. GARGARELLA (2009) sostiene que las constituciones deben ser entendidas como herramientas políticas que pueden ser utilizadas por los ciudadanos para transformar la realidad social y política.

Por su parte, Fernando ATRIA (2020) también se ha referido al nominalismo constitucional, argumentando que las constituciones no tienen una fuerza vinculante real, sino que su cumplimiento depende de la interpretación que se haga de ellas en cada caso concreto.

En Colombia, el profesor Rodrigo UPRIMNY (2007) ha desarrollado una crítica al nominalismo constitucional, al sostener que esta corriente subestima la importancia de la normatividad constitucional y de las instituciones encargadas de garantizar su cumplimiento. UPRIMNY argumenta que la Constitución es una norma jurídica fundamental que debe ser respetada por todas las autoridades públicas y por la sociedad en general, y que su eficacia depende de la existencia de mecanismos de control y de sanción para quienes la incumplen. Ciertamente, sostiene que las constituciones son herramientas importantes para la protección de los derechos y la promoción del bienestar social, pero que su cumplimiento depende, en última instancia, de la voluntad política y de la lucha social de los ciudadanos.

En general, el nominalismo constitucional ha sido objeto de controversia y debate en Latinoamérica, y ha sido abordado desde diferentes perspectivas teóricas y políticas. Sin embargo, su influencia en la teoría y la práctica del Derecho constitucional en la región es indudable, y ha contribuido a una reflexión crítica sobre el papel de las constituciones en la construcción de sociedades más justas y democráticas.

Normativismo constitucional

Eduardo Andrés VELANDIA CANOSA

El normativismo constitucional es una corriente de pensamiento jurídico que sostiene que las normas constitucionales tienen una fuerza vinculante superior a cualquier otra norma jurídica, y que su cumplimiento es una obligación ineludible para todas las autoridades públicas y para la sociedad en general. En Latinoamérica, esta corriente ha tenido un impacto importante en la teoría y la práctica del Derecho constitucional, y ha sido construida por diferentes juristas y pensadores políticos en la región, que defienden la eficacia de la supremacía constitucional y, por ende, la constitucionalización del ordenamiento jurídico.

En Argentina, Germán BIDART CAMPOS (1996) es uno de los principales exponentes del normativismo constitucional. Argumenta que la Constitución es una norma jurídica fundamental, que tiene como objetivo garantizar la protección de los derechos y libertades fundamentales de los ciudadanos, y que su cumplimiento es esencial para la construcción de una sociedad más justa y democrática.

Igualmente, el profesor Carlos Santiago NINO (1997) desarrolló una teoría del normativismo constitucional, según la cual la Constitución es una norma jurídica fundamental que debe ser interpretada y aplicada de manera rigurosa y coherente, y que su eficacia depende de la existencia de mecanismos de control y de sanción para quienes la incumplen. NINO argumentaba que la Constitución es una norma jurídica que no puede ser ignorada ni modificada por la voluntad por las autoridades públicas y, por ende, debe ser respetada por todos los ciudadanos.

En general, el normativismo constitucional ha sido una corriente importante en la teoría y la práctica del Derecho constitucional, predominante en Latinoamérica, y ha contribuido a una reflexión crítica sobre el papel de las cortes o tribunales constitucionales en la concreción de la Constitución como norma jurídica fundamental para la garantía de los derechos y libertades fundamentales, siendo el Derecho procesal constitucional un nuevo actor protagónico de esta nueva corriente de pensamiento.

Nuevo constitucionalismo latinoamericano

Roberto VICIANO PASTOR

La expresión *nuevo constitucionalismo latinoamericano* es un término generado en 2010 por los profesores Roberto VICIANO y Rubén MARTÍNEZ en un estudio publicado por la Corte Constitucional del Ecuador ("Aspectos generales del nuevo constitucionalismo latinoamericano", en *El Nuevo Constitucionalismo en América Latina*), en el que defendieron que los diversos procesos constituyentes que se habían desarrollado en América Latina desde 1991 (Colombia) hasta 2009 (Bolivia) no eran hechos aislados, sino que respondían a la aspiración de amplios sectores sociales de generar un constitucionalismo más autóctono y más efectivo para la resolución de los problemas seculares de la región.

Posteriormente, diversos autores han designado a esta misma corriente con diferentes denominaciones como constitucionalismo andino o constitucionalismo emancipador.

Después de las dictaduras militares que asolaron América Latina desde los años 60 hasta los años 80 del siglo XX, se implementó en Centro y Suramérica un constitucionalismo fuertemente inspirado en el modelo europeo del Estado social y democrático de Derecho, salvo en la forma de gobierno presidencialista. Sin embargo, la adopción del exitoso modelo europeo no fue acompañada del pacto capital-trabajo que permitió que ese constitucionalismo de posguerra fuera efectivamente normativo. Al contrario de lo que ocurrió con el capital europeo, que aceptó respetar el sistema democrático y la redistribución de parte de sus ganancias para generar, vía impuestos, políticas que mejoraran las condiciones de vida de la clase trabajadora, las oligarquías latinoamericanas nunca asumieron que la efectividad de las nuevas constituciones pasaba por la redistribución de parte de su renta.

Consiguientemente, el constitucionalismo social quedó convertido en un concepto retórico sin aplicación en la realidad social. La permanencia de la situación de grandes desigualdades sociales en la región generó protestas, que fueron duramente reprimidas y, por tanto, el programa democratizador de las nuevas constituciones tampoco se cumplió.

Por ello, en un clima de gran insatisfacción social, fue generándose la idea en las organizaciones sociales y en los partidos más a la izquierda de que era necesario forjar nuevas soluciones constitucionales, empezando por la elaboración de nuevas constituciones a través de una mayor participación popular.

Esa agenda fue tomando protagonismo en las movilizaciones sociales y prendió con fuerza en la Colombia de fines de los años 80, azotada por la corrupción y los conflictos violentos y regida por una Constitución que, aunque reformada en varias ocasiones, procedía de un proceso constituyente oligárquico que se llevó a cabo en 1886.

La protesta iniciada por los estudiantes, y posteriormente secundada por muy diversos sectores sociales, obligó a las élites gobernantes, muy a su pesar, a convocar una Asamblea Constituyente democrática, donde tuvo una importante representación la izquierda (M-19 y Unión Patriótica), hasta el momento fuera del sistema representativo. El resultado fue una Constitución de avanzada (1991), que se convirtió en referencia en la región.

Tras algunas experiencias fraudulentas y decepcionantes (Perú 1993 y Ecuador 1998), se abrió paso a un proceso constituyente democrático en Venezuela, con el triunfo electoral de Hugo CHÁVEZ y su Movimiento V República, que basaron su campaña electoral en la promesa de activar el poder constituyente. Tras un referéndum popular de aprobación de la convocatoria de Asamblea Constituyente y de las reglas que regirían el proceso, se llevó a cabo el proceso constituyente, que culminó con la aprobación del texto constitucional por el 87,75 % de los votos emitidos en diciembre de 1999.

A partir de ese momento, el referente en América Latina del cambio constitucional de progreso pasó a ser la experiencia venezolana.

Se consiguieron activar procesos constituyentes en Bolivia, impulsados por el triunfo electoral de Evo MORALES, y en Ecuador con la victoria de Rafael CORREA.

Por el contrario, no prosperaron intentos constituyentes por la deserción de los líderes que los prometieron en Paraguay (presidente LUGO) y en Perú (presidente HUMALA), o por la destitución por un golpe de Estado militar en el caso del presidente ZELAYA (Honduras).

Las Constituciones de Colombia (1991), Venezuela (1999), Ecuador (2008) y Bolivia (2009), a pesar de las diferencias que también contienen, se entendió por los profesores VICIANO y MARTÍNEZ que eran una corriente constitucional que tenía elementos comunes tanto de tipo formal como material.

En cuanto a los elementos comunes formales que caracterizaban a esta corriente, se señalaron los siguientes:

- La generación de las constituciones a través de procesos democráticos con fuerte participación popular y aprobación final del texto por la ciudadanía (salvo en el caso colombiano).
- La construcción de las ideas constitucionales que se incorporaron a las cartas fundamentales por los agentes y movimientos sociales y no por una teoría constitucional preconfigurada desde la academia.
- El ser producto un estado de necesidad social ante el agotamiento y crisis total de los modelos preexistentes.

- La larga extensión de los textos constitucionales, provocada por la desconfianza hacia unos legisladores tradicionalmente proclives a mutar los elementos más progresistas de las constituciones.
- La utilización de lenguaje inclusivo.
- La generación de mecanismos complejos que evitaran la toma de decisiones por uno solo de los poderes del Estado.
- Una priorización del uso de normas-principios sobre las normas-reglas, siguiendo los criterios en este punto del neoconstitucionalismo europeo.

En cuanto a las características materiales se destacaron las siguientes:

- La preocupación por la efectiva supremacía y aplicación de la Constitución, con la generación de órganos jurisdiccionales de control de constitucionalidad.
- Unos catálogos de derechos muy completos, incorporando los derechos de más reciente configuración.
- Unos mecanismos de garantía, institucionales y jurisdiccionales de los derechos, con órganos de control de constitucionalidad.
- La introducción de la supremacía de los tratados internacionales de derechos sobre la ley y como parámetro de constitucionalidad.
- La igual consideración y protección de los derechos civiles y políticos y de los económicos, sociales y culturales.
- La sustitución del modelo de democracia representativa por un modelo de democracia participativa, que contaba con innumerables mecanismos de participación popular como las iniciativas populares, los referendos y consultas o las asambleas ciudadanas.
- La generación de mecanismos de elección de las altas cortes y de los órganos de gobierno del poder judicial, que evitaran la injerencia de los partidos políticos.
- El mantenimiento de la posición reforzada de los presidentes de la República dentro del sistema político.
- La preocupación medioambiental, presente a lo largo de todo el texto constitucional.

- La protección y el reconocimiento de los pueblos indígenas, su cultura y su ordenamiento jurídico.
- La detallada regulación de la Constitución económica estableciendo la propiedad pública de los recursos minerales e hidrocarburos, mecanismos de planificación e intervención del Estado en la economía, al tiempo que se reconocía y protegía la propiedad privada, la libertad de empresa y la economía de mercado.
- El establecimiento de un procedimiento rígido de reforma constitucional, en el que sea necesaria la aprobación por los ciudadanos de dichas reformas (salvo en el caso colombiano).

Lamentablemente, los textos constitucionales del nuevo constitucionalismo latinoamericano no soportaron las maniobras de los dirigentes que impulsaron esos procesos de cambio constitucional y las constituciones han sufrido diversas mutaciones, generadas, a instancias del poder ejecutivo, desde el poder legislativo, judicial o de control de constitucionalidad, llegando, en el caso de Venezuela, al quebrantamiento total de la Constitución.

Tampoco ayudó mucho a la correcta aplicación de esas nuevas constituciones el hecho de que los partidos mayoritarios obtuvieran mayorías parlamentarias superiores a los dos tercios, con lo que la mayoría de las previsiones constitucionales que promovían la necesidad del pacto entre mayoría y minorías no pudieron cumplir con su finalidad.

Algunos autores entienden que el último proceso constitucional de Chile podría considerarse como un último ejemplo de este nuevo constitucionalismo latinoamericano; y así pudiera ser por bastantes de los contenidos que se incorporaron al primer texto constitucional que fue rechazado por la ciudadanía chilena. Sin embargo, el deficiente proceso constituyente, el contenido del segundo texto constitucional y la falta de apoyo popular impiden que pueda enmarcarse en esta corriente doctrinal.

Objeción de conciencia

José Juan Anzures Gurría

Objeción de conciencia es la facultad de toda persona para oponerse al cumplimiento de un mandato legal que pudiera ir en contra de sus propias convicciones. Se trata de una excepción al cumplimento del ordenamiento jurídico permitido por la misma norma, cuando esta entre en conflicto con la escala de principios y valores del sujeto obligado. Es una concreción del Estado constitucional y democrático de Derecho, que al propugnar como uno de sus valores esenciales la pluralidad, debe reconocer y permitir que las personas tengan distintas formas de pensar y actúen de conformidad con ellas.

No debe entenderse como una evasión al ordenamiento jurídico, ni debe invocarse para que otros se eximan de su cumplimento. La razón por la que la persona solicita se le exonere del cumplimiento de una obligación jurídica es porque su realización contravendría sus convicciones. La intención del objetor no es derogar una norma de aplicación general, sino que se exceptúe su aplicación de manera personal e individualizada cuando exista una obligación jurídica que le es exigible. Al exonerarse su cumplimiento se extingue también la responsabilidad jurídica de su inobservancia.

El reconocimiento de la objeción de conciencia como un derecho subjetivo tiene sus primeras muestras en el siglo XVI, como manifestación de la libertad individual frente a la autoridad política-religiosa; aunque el incumplimiento no se fundamentaba en las convicciones personales, sino en el contenido inmoral o injusto de la norma. La concepción actual de la objeción de conciencia hace su aparición a principios del siglo XX, como instrumento jurídico para oponerse al servicio militar obligatorio, primero, y para otro tipo de acciones después, como la fecundación *in vitro*, la eutanasia, la interrupción del embarazo, y otros.

Después de la Segunda Guerra mundial, la mayoría de los textos constitucionales, tanto de Europa como de América latina, han recogido el concepto de la objeción de conciencia, algunos de manera expresa, como un derecho fundamental con autonomía e identidad propia, otros como una concreción de la libertad ideológica y religiosa.

En Paraguay, la objeción de conciencia es reconocida expresamente en la Constitución de 1992, en la que se la consagra como un derecho que puede estar fundado en razones éticas o religiosas; en Venezuela se reconoce expresamente en el artículo 61 de la Constitución; Cuba lo hace en el artículo 54 de su Constitución; México reconoce la libertad de conciencia, ideológica y de pensamiento en el artículo 24 de su carta magna, pero no hace mención expresa a la objeción; no obstante la Suprema Corte ha tenido oportunidad de pronunciarse en varias ocasiones respecto del caso del aborto y otras cuestiones en materia sanitaria, respecto del culto a los símbolos patrios, la transfusión sanguínea y el matrimonio entre personas del mismo sexo. El Tribunal Constitucional de Colombia también ha sido muy prolífico y garantista respecto este derecho (Sentencia SU108/16).

En el contexto del sistema interamericano, el Pacto Internacional de Derechos Civiles y Políticos reconoce la protección del pensamiento, de conciencia y de religión, y reconoce expresamente la objeción de conciencia en materia de servicio militar. El Pacto de San José no lo contempla expresamente, pero la Corte Interamericana de Derechos Humanos lo ha derivado de la interpretación armónica del artículo 5, relativo a la protección de la integridad física, psíquica y moral; del artículo 6, que se refiere a la prohibición de trabajos forzados, y del artículo 12, que protege la libertad de conciencia y de religión (caso "Cristián Daniel Sahli Vera y otros *vs.* Chile", Sentencia de 10 de marzo de 2005).

En materia sanitaria, la Corte Interamericana de Derechos Humanos no ha tenido oportunidad de conocer algún caso en el que de manera expresa se analice la objeción de conciencia, pero se ha pronunciado de manera tangencial en el caso "Artavia Murillo y otros *vs.* Costa Rica" ("Fecundación in vitro", Sentencia de 28 de noviembre de 2012), en el que se impugnó el decreto mediante el cual el gobierno de este país prohibía la práctica de la fecundación *in vitro*, por atentar contra la vida del nonato. La Corte reconoció los derechos reproductivos y estableció obligaciones al Estado para regular en esta materia.

Oposición política

Lilian BALMANT EMERIQUE

El concepto de oposición implica relación y se articula a partir de la dicotomía basada en el contraste entre la perspectiva de aquellos que asignan el poder y aquellos que no están directamente al frente de las funciones de gobierno. La oposición expresa la controversia propia del proceso de formación de la voluntad política y de la adopción de decisiones, y actúa de modo coherente con el respeto y aceptación de las reglas consensuales del juego político. En definitiva, la oposición indica el conjunto de fuerzas sociales (partidos políticos, organizaciones, asociaciones o movimientos) que no pertenecen a una coalición de gobierno (oficialismo) o al *statu quo*, y se contraponen a su actuación, luchando contra él de forma no violenta, impugnando su actuación por razones de conveniencia o legalidad, ejerciendo una vigilancia, control, o modo de resistencia o protesta total o parcial a sus directrices o actividades.

La oposición política institucionalizada, históricamente surgió en el siglo XVIII, en Inglaterra, país en el cual el Parlamento inglés decidió limitar la monarquía por medio de la división de los poderes. Así, la oposición se convirtió en un mecanismo fundamental de verificación en el sistema de frenos y contrapesos. El proceso de institucionalización de la oposición política democrática ha pasado por tres fases: a) reconocimiento del derecho a participar por medio del voto de las decisiones del gobierno; b) reconocimiento del derecho a estar representada; c) reconocimiento del derecho a una oposición organizada, capaz de suscitar votos contra el gobierno en el curso de las elecciones y en los órganos legislativos. Sin embargo, cada país siguió su propia trayectoria en relación con la institucionalización de la oposición.

La oposición política desempeña el papel institucional de: a) fiscalización y control permanente y legal del gobierno, ejercida en la condición de minoría política en el ámbito parlamentario por partidos políticos, como también ante la opinión pública. Es una tarea continua de control, influencia, persuasión, disuasión e impedimento de adopción o ejercicio de decisiones mayoritarias. El gobierno impulsa la acción y gestión política y la oposición inspecciona, advierte y lucha por la rectificación; b) promover la alternancia política democrática; c) disentir, oponerse como una vocalización articulada de la divergencia. La democracia de carácter pluralista puede ser caracterizada como el gobierno de las diferencias, en el cual la manifestación de desacuerdo fortalece la legitimidad del régimen, favorece la ciudadanía, las libertades civiles, exalta los valores de la libre expresión y de la convivencia tolerante y pacífica entre sus miembros.

De ello resulta la importancia del análisis en los distintos sistemas, la amplitud y la protección conferidas al derecho de oposición; a pesar de que se reconoce que la mera presencia de la oposición no basta por sí sola para conferir el atributo democrático a un régimen determinado, no se puede olvidar que la oposición es un elemento imprescindible (aunque no exclusivo) en la composición de la fórmula democrática.

El derecho de oposición es fundamental y está asentado y concretado sobre una estructuración sustancial del Estado democrático, fundado en la ciudadanía y en el pluralismo político y social, reconocedor de la multiplicidad de intereses, posiciones partidarias e identidades de grupos y movimientos. El derecho de oposición describe un conjunto de normas y prácticas de nivel constitucional, integrantes del estatuto disciplinario de las funciones de la oposición política, inscritas o inmediatamente derivadas de la Constitución (BALMANT EMERIQUE, 2006).

Las constituciones de algunos países se refieren expresamente al derecho de oposición: la Constitución de Portugal de 1976 (artículo 114.2); la Constitución de Colombia de 1991 (artículo 112, modificado por el Acto Legislativo No. 1 de 2015); la Constitución del Ecuador de 1998 (artículo 117); la Ley de los Partidos Políticos No. 8 de 1990, de Santo Tomé y Príncipe (artículo 6).

La consagración del derecho de oposición política se inserta en un contexto más amplio de reconocimiento de otros derechos integrantes del "estatuto constitucional de la oposición", como: los derechos a la libertad de opinión, a la libertad de asociación y a la libre manifestación del pensamiento, lo que presupone la viabilidad de la expresión de opiniones sin censura o sin represalias, la existencia de canales adecuados y propicios a la libre circulación de las ideas, el derecho de influir y de convencer a los demás miembros de la sociedad acerca de determinado tema.

Entre 1993 y 2016, Colombia intentó regular la oposición política, pero sin éxito. Solo en 2017, el Congreso dio trámite a un proyecto sobre el estatuto de la oposición, por medio de un procedimiento legislativo especial para la paz (Ley 1909 de 2018 - Estatuto de la Oposición Política). El proceso se celebró principalmente porque constituyó un paso importante en la historia de la construcción del acuerdo de paz, principalmente debido a las dificultades de establecer acuerdos por diversos motivos, especialmente por la persecución, estigmatización y violencia contra las organizaciones políticas de oposición en el país.

En la Sentencia 089 de 1994, la Corte Constitucional de Colombia reconoció que "La oposición política es una consecuencia directa del valor del pluralismo y del derecho al disenso. Los partidos y los movimientos están llamados a canalizar el descontento con el objeto de censurar, cuando así lo estimen conducente, las decisiones del gobierno".

Orden público

Cristhian Flores Torres

Si bien el orden público, conceptualmente puede ser comprendido y aceptado con relativa facilidad por cualquier ciudadano, su definición resulta extraordinariamente complicada para la teoría del Derecho, ya que en el universo normativo no se encuentran frecuentemente definiciones al respecto. La noción de *orden público*, al basarse en valores y principios colectivos, depende mucho de lo que cada sociedad considera como deseable para su existencia, bienestar y progreso.

Orden público es el conjunto de condiciones jurídicas esenciales para vivir y convivir en comunidad con armonía y equilibrio, mediante reglas que al ser inherentes al propio cuerpo colectivo de la sociedad que las instituye, no pueden ser modificadas por la unilateral voluntad de sus componentes. Estas reglas se basan en principios, valores y derechos fundamentales, que fueron erigidos por el propio poder constituyente que fundó las normas mínimas de convivencia, que a su vez son aplicadas y resguardadas por las autoridades competentes para preservar la concordia social, pacto que actúa como límite a intereses contrapuestos a este valor colectivo.

El orden público en la Latinoamérica actual, y para el denominado nuevo constitucionalismo latinoamericano, se encuentra profundamente marcado por la impronta de los intensos cambios políticos y sociales ocurridos en la centuria y décadas pasadas y que abarcan a países como Brasil (1988), Costa Rica (1989), México (1992), Paraguay (1992), Perú (1993), Colombia (1991), hasta la aprobación de las Constituciones de Colombia (1991); Venezuela (1999); Ecuador (1998-2008) y Bolivia (2009), y no únicamente consiste en el sostenimiento formal de la tranquilidad social, sino que, primariamente, reside en la avenencia de los derechos, deberes, libertades y poderes dentro del Estado (Sentencia 2481/2012 de 28 de noviembre de 2012, Tribunal Constitucional Plurinacional de Bolivia).

El orden público garantiza el libre ejercicio de todos los derechos; simultáneamente asegura que todas las partes componentes de la sociedad acaten la vigencia de las leyes; todo esto resulta acorde con la doctrina constitucional contemporánea en Latinoamérica.

Dentro de los fines del Estado de Derecho, las autoridades públicas tienen como una de sus tareas fundamentales, la defensa de la convivencia pacífica, así como la preservación del orden público; sin embargo, en casos excepcionales se recurre al principio de autoridad, que da lugar al restablecimiento del convivir en paz mediante los mecanismos legales establecidos, salvaguardando, en todos los casos, derechos y libertades.

El orden público en el ámbito del Derecho privado trasciende su mera conceptualización jurídica; tanto es así que opera como una limitación de las conductas contrapuestas al interés común.

Organización de los Estados Americanos (OEA)

Eduardo Manuel Val, Ilana Aló Cardoso Ribeiro y
Danilo Sardinha Marcolino

La Organización de los Estados Americanos (OEA), creada en 1948, es un organismo internacional regional, cuyo objetivo es promover la cooperación y el diálogo entre los países de las Américas para el fortalecimiento y la promoción de la democracia, los derechos humanos, la seguridad y el desarrollo (Arrighi, 2003). Está compuesta por 35 Estados y actualmente es considerada el principal foro gubernamental político, jurídico y social de las Américas, además de tener el estatus de Observador Permanente en 70 Estados y en la Unión Europea (UE).

La Carta de la OEA establece los principios, objetivos y propósitos de la organización. De manera específica, su artículo primero señala que tiene por propósito: "lograr un orden de paz y de justicia, fomentar su solidaridad, robustecer su colaboración y defender su soberanía, su integridad territorial y su independencia". Por su parte, la Declaración Americana de los Derechos y Deberes del Hombre y la Convención Americana sobre Derechos Humanos, son tratados regionales de derechos humanos.

La OEA realiza sus fines a través de los órganos siguientes: (i) la Asamblea General, que es el órgano supremo de la OEA y de representación de todos los Estados miembros a través del voto igualitario; (ii) la Reunión de Consulta de Ministros de Relaciones Exteriores, que es un órgano consultivo cuyas reuniones se celebran para considerar problemas urgentes de interés de todos los Estados miembros; (iii) los Consejos, que se dividen en Permanente, que es el principal órgano ejecutivo de la OEA, compuesto por representantes permanentes de los Estados miembros; y el Consejo Interamericano para el Desarrollo Integral, que tiene como principal función promover la cooperación; (iv) el Comité Jurídico Interamericano, que sirve de cuerpo consultivo para asuntos jurídicos; (v) la Comisión Interamericana de Derechos Humanos, que tiene la responsabilidad de promover y proteger los derechos humanos en la región; (vi) la Secretaría General, que es el órgano administrativo de la OEA, encabezado por el Secretario General, quien es elegido por la Asamblea General; (vii) las conferencias especializadas; y (viii) los comités.

La Comisión Interamericana promueve en la región los derechos humanos, tiene su sede en Washington. Se integra por siete miembros, elegidos por la Asamblea General por un periodo de cuatro años, pudiendo ser elegidos por una sola vez.

La Corte Interamericana de Derechos Humanos, con sede en San José de Costa Rica, no está prevista en la Carta de la OEA, como los otros órganos, sino únicamente en la Convención Americana sobre Derechos Humanos. Tiene un rol contencioso y otro interpretativo, en virtud del cual emite opiniones consultivas, a través de las cuales interpreta el marco convencional interamericano, a la luz de los avances progresivos del Derecho internacional de los derechos humanos. La importancia de la Corte Interamericana radica en su capacidad para responsabilizar a los Estados miembros por violaciones de derechos humanos, promover la justicia y proporcionar reparaciones a las víctimas. Sus decisiones son vinculantes, lo que significa que los Estados deben cumplir con sus determinaciones y adoptar medidas para prevenir futuras violaciones.

Es una de las organizaciones de cooperación política más antiguas del mundo, con una historia compleja y en ocasiones controvertida en Latinoamérica. Definitivamente, la historia de la OEA marca momentos importantes y desafíos que reflejan el contexto político y social de las Américas a lo largo del tiempo. Su creación data de 1948, durante el periodo de la Guerra Fría, cuando las tensiones geopolíticas estaban en su apogeo. Su creación fue impulsada por los temores de Estados Unidos y otros países del continente sobre la influencia comunista en América Latina. En este contexto, una visión más crítica de la OEA considera que su fundación tuvo la finalidad de contener la expansión del comunismo en la región.

La OEA tuvo importantes avances en la región y también muchos cuestionamientos, entre ellos el no haber actuado eficazmente para contener los abusos cometidos por regímenes autoritarios en la región durante los periodos dictatoriales en las décadas de los años setenta y ochenta: también, fue criticada por la desigualdad de poder entre los Estados miembros. Ha enfrentado desafíos para abordar golpes de Estado y crisis democráticas en varios países y viene cumpliendo sus objetivos en un escenario internacional en constante evolución, debiendo, en muchos casos, replantear su actuación y su rol en la solución de conflictos y problemas suscitados en la región.

Actualmente, y a pesar de las complejidades y contradicciones de las relaciones internacionales en América Latina, la organización desempeña un papel importante en la cooperación regional y la promoción de valores democráticos y derechos humanos, aunque su eficacia y relevancia continúan siendo cuestionadas (Rodrigues, 2021); y algunas voces la consideran como un instrumento de influencia externa y fuente de presiones e interferencia.

Organizaciones internacionales

Ena Carnero Arroyo

Las organizaciones internacionales (OI) son asociaciones de sujetos de Derecho internacional, que se constituyen de manera voluntaria mediante un tratado, el cual es la base de su ordenamiento jurídico. Tienen personalidad jurídica internacional propia e independiente y crean órganos para la realización de sus fines establecidos en su tratado constitutivo. A diferencia de los Estados que poseen soberanía, las OI tienen competencia de atribución; es decir, se sujetan en su actuación a lo que expresa o implícitamente dispone el tratado fundacional.

Los antecedentes de su formación se encuentran en el siglo XIX, en la época de la segunda revolución industrial, con la aparición de las Comisiones fluviales y las Uniones administrativas, que buscaban, respectivamente, la cooperación internacional comercial y técnica. La creación de la Sociedad de Naciones en 1919 significó un paso importante en la institucionalización de la sociedad internacional con el propósito político de salvaguardar la paz y la seguridad internacional. Después de 1945, con la creación de las Naciones Unidas, comienza el fenómeno de la proliferación de organizaciones internacionales, con distintos fines y estructuras. Uno de los ámbitos de actuación que han contribuido a la humanización del Derecho internacional (DI) y que ha logrado un impacto en los ordenamientos constitucionales, es la protección internacional de los derechos humanos en el Sistema de Naciones Unidas y en los sistemas regionales como el de la Organización de Estados Americanos. Uno de los principios de la OEA es el respeto de los derechos fundamentales de la persona. La Declaración Americana de los Derechos y Deberes del Hombre y la Convención Americana sobre Derechos Humanos (CADH) constituyen fuentes del Derecho en las constituciones latinoamericanas. Este proceso de internacionalización del Derecho constitucional se manifiesta en la incorporación de los tratados de derechos humanos y en el lugar que ocupan en el ordenamiento interno. Constituciones como la de Guatemala de 1985, la de Colombia de 1991 y la de Honduras de 1982 reconocen rango supraconstitucional a los tratados de derechos humanos. Otras constituciones como la de Argentina de 1994 o la peruana de 1979 les otorgan rango constitucional. También hay constituciones que reconocen rango supralegal a los tratados de derechos humanos, como la de Ecuador de 2008 o la Constitución de Costa Rica; o rango legal, como la de los Estados Unidos Mexicanos de 1917. Junto a esta tendencia se observa la incorporación de cláusulas de interpretación de los derechos fundamentales, de conformidad con la Declaración Universal y los tratados de derechos humanos, como la Constitución peruana.

La ratificación de la Convención Americana sobre Derechos Humanos (CADH) por 25 Estados de la región y la aceptación de la competencia contenciosa de la Corte Interamericana de Derechos Humanos, órgano principal de la OEA, ha dado lugar a una mayor interacción entre el Sistema Interamericano de Derechos Humanos y los sistemas constitucionales. Por efecto de una sentencia de la Corte Interamericana de Derechos Humanos se pueden originar reformas constitucionales por violación de los derechos humanos protegidos por la CADH. En la sentencia del caso "La última tentación de Cristo" ("Olmedo Bustos y otros *vs.* Chile"), de 5 de febrero de 2001, se dispuso que este país tenía que modificar su legislación interna para suprimir la censura previa. Algo similar sucedió en la sentencia del caso "Radilla Pacheco *vs.* México", en 2001, de 23 de noviembre de 2009. Con el fin de garantizar el cumplimiento de sus sentencias y la aplicación de los estándares interamericanos de derechos humanos, la Corte, mediante el control de convencionalidad, ha extendido *el efecto inter partes* de sus sentencias a efectos *erga omnes*, lo que ha ocasionado arduos debates doctrinarios sobre la aplicación y extensión de dicho control.

Las organizaciones internacionales de integración económica, también impactan en las constituciones. Cuando los Estados ratifican un tratado, se comprometen a cumplirlo, adecuando su Derecho interno e inclusive su propia Constitución, en caso de no ser compatible con el tratado fundacional de la organización. En el caso de la Comunidad Andina de Naciones (CAN), no todos los Estados miembros han realizado la adecuación. La Constitución colombiana contiene una norma de apertura que le faculta a formar parte de los procesos de integración, e inclusive denotan preferencia por la integración económica con países de América Latina y el Caribe. En la Constitución venezolana se faculta al Estado a la atribución de competencias a organismos internacionales de integración, reconociendo a los tratados fundacionales como parte integrante de su ordenamiento y de aplicación directa. Ecuador también favorece la pertenencia a organismos supranacionales, previa aprobación de la Asamblea Nacional. La Constitución boliviana de 2009 prevé un referendo popular previamente a la ratificación del tratado de integración económica. La Constitución de Perú no contiene una cláusula de apertura respecto a la integración económica.

Por otro lado, el ordenamiento jurídico comunitario andino se rige por los principios de aplicabilidad directa de las normas comunitarias, el principio de efecto directo y el de primacía del Derecho comunitario andino sobre el Derecho interno. El Tribunal Andino, órgano judicial de la CAN, resuelve controversias, expidiendo sentencias obligatorias y directamente aplicables.

P

Parámetro de constitucionalidad

Carlos Justo Bruzón Viltres

El vocablo *parámetro de constitucionalidad* hace referencia al criterio de medida o de comparación que suele establecerse para enfrentar o calibrar una norma respecto al precepto constitucional, y determinar si se ajusta o no al mandato contenido en este último. Es una categoría que tiene una profunda vocación procesal, pues indica a los operadores jurídicos —especialmente a los jueces— una pauta de actuación en el proceso de interpretación y aplicación del Derecho, con énfasis en la resolución de controversias de naturaleza constitucional. Posee también un carácter valorativo o referencial, implica una especie de test, juicio de validez o regularidad de la norma, empleándose, además, como criterio para garantizar la favorabilidad en las decisiones jurídicas en conflictos donde se dirimen derechos.

No ofrece la doctrina exactitud en la identificación del origen de la categoría parámetro de constitucionalidad. Tampoco es homogéneo su tratamiento conceptual, empleándose, en no pocas fuentes, el término parámetro de regularidad constitucional o de control constitucional; inclusive, suele confundirse con la figura del bloque de constitucionalidad, aun cuando se reconocen diferencias entre ambas al asociarse esta última más a una función sustantiva, material, aunque útil también en la identificación de criterios o contenidos que poseen un nivel o rango constitucional.

Lo anterior deriva en que puedan ubicarse los fundamentos del parámetro de constitucionalidad, bien desde los prístinos modelos de control difuso de constitucionalidad en el mundo anglosajón, con el reconocimiento del carácter normativo, supremo y vinculante de la Constitución en la emblemática sentencia del juez Marshall en "Marbury *vs.* Madison" (1803), o con el establecimiento por vía del Consejo Constitucional francés de la categoría bloque de constitucionalidad en la década de los setenta del pasado siglo, seguida de su desarrollo doctrinal y jurisprudencial a partir de los años ochenta en España; cuestión que, como se ha explicado con anterioridad, atiza la confusión de dichos términos. Una parte considerable de autores se inclina por reconocer que los debates constitucionales de finales del siglo XX e inicios del presente contribuyeron a la cristalización conceptual y práctica del término parámetro de constitucionalidad, hecho acompañado por la discusión que en el sistema interamericano y en Europa se produjera en torno al control de convencionalidad desde el año 2003.

Actualmente puede afirmarse que es una categoría que ha evolucionado gracias a la amplia acogida que ha tenido en el discurso jurídico local y el tratamiento ofrecido por la jurisprudencia latinoamericana, como sucede, por ejemplo, en los casos de México o Colombia, por solo citar dos de los más relevantes. La Suprema Corte de Justicia de la Nación delimitó nuevamente en 2014 las "piezas" conformadoras del parámetro de constitucionalidad en el ordenamiento mexicano: i) el contenido de los derechos humanos de fuente constitucional y los reconocidos en los tratados internacionales de los que el Estado mexicano sea parte; ii) la jurisprudencia del poder judicial de la Federación y los precedentes vinculantes de la Corte Interamericana de Derechos Humanos; iii) el estándar de interpretación conforme y el principio propersona, referidos en el segundo párrafo del artículo 1o. constitucional; y iv) el principio de proporcionalidad, de manera que dichas leyes y la normativa que derive de estas puedan considerarse objetivas y razonables, es decir, que persigan fines legítimos, sean idóneas, necesarias y proporcionales.

La difusión del concepto parámetro de constitucionalidad en sus múltiples variaciones es resultado del efecto irradiador que asume la Constitución contemporáneamente respecto al ordenamiento jurídico en su conjunto. La progresiva constitucionalización del ordenamiento implica un ajuste de todas las disposiciones normativas a los mandatos de la carta magna. Esta es una tendencia que devela la fuerza material de la norma suprema del Estado, su naturaleza jurídica y, por ende, una incuestionable jerarquía que la convierte en fuente ordenadora del resto de las fuentes del Derecho.

Por esa razón, los elementos que llenan de contenido la noción de parámetro de constitucionalidad se encuentran en el reconocimiento explícito de la supremacía normativa de la Constitución y su directa aplicabilidad, así como la especial posición y protección de los derechos, aspectos todos que se consagran en la mayoría de los textos constitucionales de la región (*v. gr.*, Constitución mexicana, artículo 1; Constitución colombiana, artículos 4 y 5; Constitución peruana, artículo 51; Constitución ecuatoriana, artículos 11, 424 y 425; Constitución boliviana, artículos 410, 109.1, 13.IV, 13.I y 256; Constitución argentina, artículo 31; Constitución cubana, artículo 7).

Participación

Teodoro Yan Guzmán Hernández

Es una forma mediante la cual las personas se implican en un asunto público o privado, a través de la manifestación de su voluntad o de su actuar, siempre y cuando guarden relación con la esencia o propósito del asunto. Para Sartori (1995), la participación *es tomar parte en persona,* y una parte *autoactiva*; en el mismo sentido rechaza que la participación sea un mero "ser parte de" y aún menos "un ser hecho parte de" involuntario (p. 153).

La participación es esencia y contenido de la democracia. La participación es un concepto multidimensional, en la medida en que debe concretarse en diferentes esferas o dimensiones interconexas e interdependientes, como lo son las esferas económica, social y política, sin perjuicio de identificar otras diferentes o derivadas de las anteriores. Participación y democracia buscan anidarse, desde una relación mutual, en el principio democrático, lo cual debe buscar alcanzar mayores evidencias, verificables normativa y empíricamente, en un modelo constitucional de democracia participativa, para con ello impactar en la transformación social y en la real emancipación de las personas.

La Corte Constitucional colombiana ha sostenido que "el principio democrático de la Constitución Política de 1991 tiene carácter universal y expansivo. El primero, por cuanto incluye escenarios, procesos y lugares públicos, así como privados, que exceden la concepción clásica de la política. En realidad, ese mandato se extiende a todo ámbito que sea susceptible de afectar la distribución, control y asignación del poder social en la esfera de la persona, la comunidad y el Estado. Expansivo, porque el principio democrático debe ir ampliándose efectivamente hasta alcanzar a todas las personas, y profundizarse progresivamente en todas las dimensiones de la vida social" (C-1110/2000).

El Estado constitucional, sobre la base de que la función esencial de la Constitución es poner límites al poder, ha de configurar múltiples formas, mecanismos y procederes, mediante los cuales las personas se involucren en los diferentes ámbitos de la vida pública. Igualmente ha de proyectar su accionar cultural y hegemónico en función de que la participación sea un principio de la vida de las personas, incluso en ámbitos semipúblicos como la familia y privados como la empresa.

También la participación es un concepto constitucional complejo al poder examinarse como un principio, un derecho-deber y una garantía. Como principio guarda relación axiológica con la aspiración democrática o el principio democrático, como en definitiva ha quedado fijado en las constituciones y en la jurisprudencia. WERNER (1996), lo ha operacionalizado a través de la fórmula "tanta participación como sea posible como tanta representación sea necesaria" (p. 386). Este principio implica que la ciudadanía haga parte de las decisiones y de los debates que la afectan y le competen.

La participación como derecho parte de la igualdad, la libertad y la dignidad como presupuestos axiológicos bases. No es un derecho estrictamente político. Se materializa a través de la facultad, en tanto es un derecho subjetivo público que tienen todas las personas de participar en la conformación, el ejercicio y el control del poder en cualquiera de sus dimensiones. La propia Corte Constitucional colombiana en su Sentencia C-127/04 ha sostenido que "el derecho de participación de todas las personas no se circunscribe al ámbito electoral, sino que permea todos los ámbitos públicos, privados, sociales, familiares y comunitarios, en los cuales se han de tomar decisiones que afectan a toda la comunidad". Entendido como el derecho humano a la participación, ha sido desarrollado en diversos instrumentos internacionales, lo cual resulta más completo en el Pacto Internacional de Derechos Civiles y Políticos y en la Convención Americana sobre Derechos Humanos.

La participación también constituye un deber social y jurídico; esta última dimensión puede llegar a configurar una obligación y se evidencia dentro de los mecanismos participativos, a través de la figura del voto obligatorio, por ejemplo.

La participación, entendida como garantía, coadyuva a la concreción efectiva de los principios de soberanía popular, y democrático. El ejercicio directo de la soberanía popular encuentra cauce a través de diversos institutos participativos. No hay soberanía popular ni principio democrático sin participación. También, como garantía puede estar en función del derecho de toda persona al desarrollo integral de su personalidad, así como de otros derechos humanos. Desde esta perspectiva, la participación puede llegar a constituir garantía de garantías.

La participación no es la contrapartida o la contracara de la representación, sino un elemento consustancial a esta, que impide la enajenación del representado. En este sentido, la incidencia de la participación debe verse en función de las tres esferas de la representación: la subjetiva (quién representa o quiénes representan); la objetiva (qué se representa, la cual se constata en la dinámica decisoria que perfecciona constantemente el acto de representar); y la adjetiva o procedimental (cómo se representa o se logra la interacción racional —democrática y eficaz— entre los principios de participación y representación).

Partidos políticos

Franklin Pareja

Los partidos políticos son entidades o asociaciones de estructura jerarquizada, capaces de intermediar y canalizar con efectividad, las demandas, protestas o iniciativas de la sociedad civil. Constituyen poderosos aparatos de competencia formal dentro del sistema político, en la perspectiva de hacerse del poder, usufructuarlo, conservarlo y reproducirlo, en un marco de acción y restricción limitados, según el mayor o menor grado de institucionalidad democrática de los Estados.

Las valoraciones de orden axiológico en el descarnado mundo de la lucha por el poder desplazan a los PP con mayor comodidad al debate y la confrontación dialéctica. Los partidos políticos, quizás por su accionar cuestionable en distintas realidades globales, no vienen precedidos necesariamente de una inmaculada reputación; sin embargo, su existencia es muy necesaria en tanto y en cuanto generan equilibrios de poder, mejorando los niveles de convivencia pacífica en un marco democrático.

Las democracias que gozan de salud cuentan con espacios de poder compartido, a través de la presencia formal de un sistema de partidos políticos, capaz de limitar el monopolio del poder, generando acciones lejanas de los regímenes monopartidistas, autocráticos o teocráticos de fuste cuasi dictatorial.

En las civilizaciones de la Edad Antigua (Roma, Egipto, Grecia), las estructuras políticas de poder eran elitarias y elitistas, distando completamente de la acepción actual de partidos políticos. Posteriormente, en la Edad Media, a medida que las monarquías fueron perdiendo poder, surgieron movimientos de matriz económica comercial y popular, permitiendo la aparición de los "burgos", dando origen a la denominada burguesía, cuya densidad y peso específico creciente, producto de una importante acumulación de riqueza, les exigía dar un paso mayor, ganar poder político.

En ese contexto, las primeras estructuras de partidos políticos vinieron del surgimiento del parlamentarismo británico, con la aparición de los partidos Liberal y Conservador. Esta nueva configuración del sistema político derivó en la génesis del sistema de partidos políticos, de ahí en más, su construcción y presencia se irradió rápidamente en casi toda Europa.

Los partidos políticos, desde la perspectiva occidental, se desarrollan en los marcos formales de las democracias representativas; empero, cada vez más resultan insuficientes, por su lentitud en adaptarse a las complejas y dinámicas transformaciones de la modernidad. Al ser estructuras rígidas, de posiciones un tanto dogmáticas e inflexibles en algunos casos, han propiciado la aparición de nuevas conformaciones políticas en clave más horizontal y menos ideologizada, dentro del sistema político, pero fuera del sistema de partidos políticos.

Por tanto, los partidos políticos, principalmente en aquellos Estados de clara composición bipartidista, han sufrido mermas y oscilaciones en sus espacios de poder; no obstante, la característica ecléctica de las nuevas conformaciones políticas con menor intensidad en el plano ideológico brindan marcos de interpretación un tanto confusos y difusos, por su imprecisión en cuanto a sus fundamentos filosóficos y posiciones ideológicas. Estas cuestiones, con el tiempo, en alguna medida han reforzado nuevamente las posiciones conservadoras en las sociedades, recalando en la necesidad de preservar sus sistemas de partidos políticos, frente a la emergencia de expresiones novedosas y disruptivas que vienen desde fuera del sistema, a veces con ofertas rupturistas y personajes "outsiders".

En Latinoamérica, el surgimiento de los partidos políticos vino en clave de emancipación, el sistema político colonial fue una barrera inexpugnable para el ejercicio de los derechos y libertades prácticamente inexistentes, por tanto, el ejercicio de la acción política horizontal estaba neutralizada. Fueron las ideas de la Revolución Francesa (1789-1799), las que empezaron a expandirse paulatinamente en la región (Latinoamérica), dando origen al surgimiento de partidos políticos de corte progresista, que posteriormente, con la Revolución Rusa (1917), dieron inicio a una visión más proclive a la izquierda, en contraposición a los partidos políticos del "establishment" conservador.

Los partidos políticos son estructuras sensibles y altamente volátiles, cuya influencia (poder) y densidad (militancia) están sujetas al peso específico que detentan en determinados momentos. Por eso, el poder partidario es un recurso en permanente tensión dinámica, existiendo momentos de alta legitimidad, cuya virtud suele proporcionar una consistente representatividad, sobre todo cuando están conectados genuinamente con las sociedades y son capaces de transmitir sus ideas o propuestas como si tuvieran una correa de transmisión. Pero también son susceptibles de sufrir procesos acelerados de deflación, cuando su accionar es espurio por sus acciones, o por sus intentos prorroguistas al margen de la institucionalidad constitucional, un rasgo un tanto recurrente en Latinoamérica.

La virtud de ubicuidad en los partidos políticos suele ser efímera; no obstante, si cuentan con claridad conceptual en sus fundamentos filosóficos y tienen una posición ideológica definida, son más eficaces en preservar su base social, imprescindible para su viabilidad política y sostenibilidad en el tiempo.

Una característica acentuada en una parte importante de los partidos políticos latinoamericanos, es que cimientan fuertemente su cohesión y disciplina férrea, en la figura del líder o caudillo; esta situación suele devaluar la institucionalidad partidaria, generando una desproporcionada dependencia en la figura del líder, debilitando la fluidez de los mecanismos de democracia interna.

En síntesis, los partidos políticos son estructuras vivas de la sociedad, constituyen el cuerpo del sistema de partidos políticos y existen dentro de un sistema político. Su efectividad está supeditada a la institucionalidad democrática y constitucional de los Estados. Los partidos políticos luchan intensamente por el poder, es su razón de ser. Canalizan las demandas y aspiraciones ciudadanas, precisando para tal efecto, un marco conceptual e ideológico preciso y una oferta programática consistente. Se desarrollan en el ámbito de la competencia política electoral, consolidando la estabilidad política de los Estados y permitiendo la circulación del poder de manera pacífica.

Paz

Melba Luz CALLE MEZA

Hay que distinguir dos concepciones diferentes de la paz a lo largo de la historia: la paz negativa y la paz positiva (GALTUNG, 2003). En sentido negativo, paz significa ausencia de guerra entre Estados o estabilidad del Estado. En sentido positivo, paz se entiende como transformación del conflicto realizado mediante políticas de reducción de la violencia directa (guerra, agresión física, asesinato) y de la violencia indirecta (política, militar, económica y cultural); paz estructural y creación de cultura de paz que exige una concepción plural de la paz (GAUSSENS & AYVAR, 2018).

Immanuel Kant (2016) desarrolló el concepto de paz como deber y derecho, en su dimensión internacional e interna. Para Kant, salir del estado de naturaleza o de guerra, para constituir la sociedad civil mediante el contrato originario, es un imperativo categórico, un deber. En el plano internacional, los Estados deben conformar una federación basados en un tratado de paz en el que se establezcan las condiciones preliminares y definitivas para abolir la guerra y así constituir el Estado cosmopolita. Consecuentemente, para los Estados, la paz consiste en el derecho a no ser agredido violentamente por otro Estado y a exigir el uso de procedimientos pacíficos para el arreglo de cualquier controversia (Calle, 2023). Por otra parte, la paz como derecho humano tiene también dos significados: el derecho a la paz política y el derecho a la paz social. El contenido general del derecho a la paz política se reconduce al principio general de hospitalidad universal, esto es, derecho a no ser tratado como enemigo; y se despliega además como derecho a exigir al Estado, la supresión de las armas, que incluye la supresión global de los ejércitos y el derecho a la objeción de conciencia militar, entre otros. En la perspectiva de una paz definitiva, es necesaria además, la paz social, que alude a la creación de condiciones materiales de vida que remuevan las situaciones de violencia presentes en el marco de convivencia de los individuos. Su contenido estriba en el derecho del ciudadano a que el Estado adopte las medidas normativas y ejecutivas necesarias para la erradicación de todas las modalidades de violencia social interna.

Ahora bien, los asuntos más complejos y polémicos de la paz como derecho son su exigibilidad y eficacia. Ambas dependen de su consagración en facultades jurídicamente protegidas por el ordenamiento jurídico positivo. En el Derecho internacional, el primer fundamento del derecho a la paz se encuentra en la Carta de las Naciones Unidas, que establece la obligación de solución pacífica de las controversias (artículo 2.3) y la prohibición del uso de la fuerza en las relaciones internacionales (artículo 2.4). Los avances en la formalización de la paz son contrastados por los límites de la *real politik*.

En la actualidad, los ataques de Israel a la Franja de Gaza desde el 7 de octubre de 2023, con más de 12.000 palestinos muertos, entre ellos 5.000 mil niños (*El País*, 18 de noviembre de 2023) son muestra de las grandes debilidades del Derecho internacional para mantener la paz. Estados Unidos respalda a Israel y ha vetado una resolución del Consejo de Seguridad de la ONU, en la que se pedía la revocación de la orden de evacuación de Israel (*Naciones Unidas*, 18 de octubre de 2023). Este dramático ejemplo en nuestros días da cuenta de que la paz como derecho necesita de la voluntad política de los gobernantes y de los ciudadanos de los respectivos Estados miembros de la comunidad internacional para ser eficaz. Sobre este gravísimo problema global, Luigi FERRAJOLI (2022) plantea una Constitución de la Tierra, capaz de poner límites a la soberanía salvaje de los Estados más poderosos, que adopte la paz como derecho y deber absoluto a cargo de todas las instituciones del mundo.

Una vez estudiada la paz desde un enfoque conceptual y jurídico general, a continuación se hace un análisis de su desarrollo en Latinoamérica. En la historia constitucional latinoamericana del siglo XX, la paz negativa es recogida en el constitucionalismo liberal conservador que estuvo vigente en la mayor parte de la centuria (GARGARELLA, 2014). La paz positiva se desarrolla en el llamado nuevo constitucionalismo latinoamericano. Este último conforma una familia de constituciones que profundizan la democracia y los nuevos derechos y representan una ruptura con el constitucionalismo tradicional (MARTÍNEZ DALMAU, 2018).

Con fundamento en la anterior base conceptual y desde un enfoque cronológico y literal, se identifica aquí la siguiente tipología del constitucionalismo latinoamericano de la paz:

1) *El constitucionalismo latinoamericano de la paz negativa* caracterizado por: a) la paz como fin del Estado a nivel interno, enunciado en el preámbulo y en algunos artículos introductorios; b) la paz como deber del Estado en el ámbito de las relaciones internacionales, con responsabilidades en el poder legislativo y ejecutivo sobre el mantenimiento de la paz o la declaración de guerra exterior; y c) la paz como estabilidad y mantenimiento del orden público interno que comporta la atribución del Ejecutivo para declarar el Estado de excepción en caso de perturbación del orden público con la facultad de suspensión de derechos fundamentales. A este modelo corresponden: Constitución de Argentina de 1994; Chile de 1980, Nicaragua de 1987, Puerto Rico de 1952 y Uruguay de 1967.

2) *El constitucionalismo latinoamericano de la paz negativa con rasgos avanzados*: un grupo significativo de constituciones tradicionales tienen atributos modernos, tales como la conexión de la paz con la dignidad humana y los derechos humanos. En este grupo encontramos: Constitución de Costa Rica de 1949, cuyo artículo 12 prohibió el ejército como institución permanente, una manifestación de pacifismo absoluto en línea kantiana; Constitución Federal de México 1917, El Salvador de 1983; Guatemala de 1985; Honduras de 1999, Paraguay de 1992, Perú de 1993; República Dominicana de 2010 y Cuba de 2019.

3) *El nuevo constitucionalismo latinoamericano de la paz positiva* caracterizado por: a) la paz como deber del Estado y de todos los ciudadanos; b) la paz como sinónimo de justicia social y desarrollo económico; c) la creación de una cultura de paz, que implica el respeto y fomento de la diversidad de significados de la paz según las diferentes culturas. A este arquetipo pertenecen: la Constitución colombiana de 1991, cuyo artículo 22 adoptó una fórmula inédita en el constitucionalismo moderno, según la cual la paz es un derecho y un deber de obligatorio cumplimiento; la Constitución del Ecuador de 2008; del Estado plurinacional de Bolivia de 2009, que declara a Bolivia como un Estado pacifista; y la Constitución de la República Bolivariana de Venezuela de 1999. Finalmente, la jurisprudencia de la Corte Constitucional colombiana declaró que la consagración del derecho-deber a la paz no tiene una naturaleza utópica, sino que se trata de una obligación constitucional en sentido fuerte, con deberes específicos para el Estado y para la sociedad, vinculados a la obligatoria resolución pacífica de las controversias, que es un presupuesto para la efectividad del principio democrático (Corte Constitucional, S-C-379 de 2016).

Periferia

Alejandro López Lasso

Surge de los márgenes de la sociedad y representa experiencias, luchas y esperanzas que no siempre son escuchadas por los grupos de poder, por las grandes potencias. De manera que es un canto que refleja la resistencia y la lucha por la inclusión y la justicia social, por ello, para Dussel (1977): "La voz periférica es la voz de aquellos que han sido silenciados y marginados por la historia, pero que siguen luchando por la dignidad y la justicia, es una voz que se alza desde los márgenes para recordarnos que hay muchas formas de ser humano y que todas merecen ser respetadas" (p. 36). Así pues, se considera una voz legítima y necesaria para lograr una sociedad más justa e inclusiva en Latinoamérica; debido a que, desde una perspectiva geográfica, la periferia en Latinoamérica se extiende por diversas ubicaciones, como las áreas rurales de los Andes, la Amazonía, las zonas fronterizas o los territorios apartados de la costa, de Chile, Bolivia, Paraguay, Perú y Ecuador.

De esta manera, en la jurisprudencia constitucional y la dimensión teórica, se le ha dado un espacio para ser reconocida como una voz importante para los derechos de las minorías y los excluidos. De ahí que se tenga en cuenta conceptos como: El "buen vivir", en Ecuador, el vivir bien/*suma qamaña*, en Bolivia, y el *"Teko Porã"* en Paraguay; conceptos periféricos que surgen como alternativas a la concepción occidental de política económica desarrollista y buscan una conexión más profunda con la naturaleza y las tradiciones culturales de los pueblos indígenas. Por ello, en la Constitución de Ecuador (2008) se reconoce al *sumak kawsay*, "buen vivir", como un principio orientador de la sociedad y el Estado. De la misma manera, se desarrolla con el *"Teko Porã"*, debido a que se ha incorporado en la Constitución Nacional de Paraguay como un principio orientador del Estado, es decir, como un faro que ilumina el camino hacia el reconocimiento y la protección de la cultura indígena y sus valores, y como una brújula que guía al Estado hacia el desarrollo sostenible y la justicia social en el país, para que todos puedan vivir en armonía con la naturaleza y con los demás seres humanos.

Personas LGTBIQ+

Aquiles Ricardo SOTILLO ANTEZANA

Las personas lesbianas, gays, transexuales, transgénero, bisexuales, intersexuales y queer (LGTBIQ) son personas con diversa orientación sexual e identidad de género, que históricamente han sido discriminadas respecto a sus derechos, y relegadas en la participación dentro del Estado, hasta que las constituciones del nuevo constitucionalismo latinoamericano no solo han reconocido, de forma inédita, su existencia como parte de la sociedad, sino que también se les ha reconocido la titularidad de derechos y garantías constitucionales.

La diversidad sexual es tan antigua como la propia civilización humana, al ser reconocida y aceptada en varias sociedades desde la Edad Antigua; sin embargo, a partir de la conversión del imperio romano al catolicismo, hacia el siglo IV, iniciaron las prohibiciones a la manifestación pública y privada de las identidades de género distintas a la heterosexual. De esa manera, durante la Edad Media, la Edad Moderna y bien entrado el siglo XX, fueron comunes todo tipo de prohibiciones, tanto sociales como normativas, que derivaron en encarcelamientos y muertes de la población LGTBIQ+. Esta situación también se replicó en Latinoamérica con el proceso de colonización, hasta que el 28 de junio de 1969, un grupo de transexuales y travestis protagonizaron la revuelta de Stonewell, bajo el hartazgo de los abusos policiales en la ciudad de Nueva York en contra de esa población, iniciando un movimiento de reivindicación y constituyéndose en un importante hito en la lucha de los derechos de esa población, no solo porque se visibilizaron como parte de la sociedad, sino porque también comenzó el debate sobre su protección legal y constitucional, entendiendo que la población LGBTIQ+ no son personas con una enfermedad mental, sino que son sujetos de derechos.

Si bien a partir de Stonewell las legislaciones, principalmente en el mundo occidental, fueron despenalizando las expresiones de la población LGTBIQ+, no es sino hasta los textos constitucionales del nuevo constitucionalismo latinoamericano que se inicia una protección constitucional de estas personas, las cuales tienen como una de sus principales características, la inclusión social de varios grupos y colectivos de la sociedad que históricamente han sido discriminados (Sotillo, 2017). En ese contexto de protección constitucional deben destacarse las Constituciones de Ecuador, del año 2008, (artículos 11, numeral 2; 66, numeral 9; y 83, numeral 14) y Bolivia, del año 2009 (artículos 13 y 14), las cuales prohíben de forma textual la discriminación por razones de orientación sexual e identidad de género, así como el reconocimiento de los derechos sexuales, derechos reproductivos, derecho al libre desarrollo de la personalidad o la protección ante crímenes de odio. Estas previsiones constitucionales de reconocimiento y protección de los derechos de las personas LGBTIQ+, si bien representan un importante avance, solo son el inicio de la larga lucha en la protección integral de su dignidad humana, donde las constituciones democráticas deben ser el pilar fundamental en esta protección.

Plebiscito

Teodoro Yan GUZMÁN HERNÁNDEZ

Es una consulta a la ciudadanía en las urnas para que decida sobre un tema o acto de naturaleza gubernamental o constitucional, como pueden ser cuestiones territoriales o de soberanía. La cuestión plebiscitada es una decisión política susceptible de tomar forma jurídica.

El término *plebiscito* tiene su referencia histórica en el Derecho público romano, alude a las decisiones de la plebe, que se expresaba mediante el voto. ORTOLAN (1863) explica que las asambleas en un principio se llamaban *concilia*, lo que indicaba su carácter de conciliábulo de una sola fracción del pueblo; con mayor frecuencia se llamaron comicios por tribu *(comitia tributa)* y sus decisiones se llamaban *plebis-scita*, órdenes de la plebe, aunque algunos autores, por oposición, designaron bajo el nombre de *populi-scita*, órdenes del pueblo, a las leyes que los otros comicios decretaban (p. 106). Alcanzaron definitivamente fuerza obligatoria en virtud de la Ley Hortensia, que estuvo precedida por la Ley Valeria-Horaria y la Ley Publilia, que tuvieron el mismo propósito de dotar de autoridad de los plebiscitos.

BISCARETTI DI RUFFIA (1965) consideraba que el término *plebiscito* se debería utilizar para el pronunciamiento del cuerpo electoral en relación con un hecho, acto político o medida de gobierno, mientras que el referendo debía quedar reservado para la manifestación del cuerpo electoral respecto a un acto normativo (p. 425). No obstante, los esfuerzos de diversos autores para distinguir el plebiscito del referendo y la línea normativa que se fija desde las constituciones, en ocasiones sigue quedando muy difusa. Tampoco han quedado claros los intentos que, desde la teoría política, tratan de distinguir una y otra figura a partir de qué entender como democracia directa, como el de David ALTMAN (2010: 10-13), por ejemplo.

El radio de acción del referendo es más amplio que el del plebiscito; con el primero se pueden ratificar, aprobar, modificar o derogar disposiciones jurídicas, así como ratificar la reforma constitucional; mientras que el segundo solo puede utilizarse para aprobar, o no, una decisión acto o medida política o de gobierno relevante para la sociedad. En algunos países de América Latina, al presidente de la República se le ha concedido la facultad de consultar al pueblo asuntos de especial trascendencia, ya sea a través del plebiscito o de la consulta popular, la que en ese caso ha sido entendida con naturaleza plebiscitaria.

Al igual que el referendo puede estar sujeto a límites temáticos como el periodo presidencial, leyes aprobatorias de tratados internacionales, de presupuesto o relacionadas con meterías fiscales o tributarias. También que su resultado sea vinculante puede estar sujeto a un *quorum* de participación determinada.

El plebiscito ha tenido finalidades encubiertas, a medida que ha estado relacionado con la ratificación cualificada de quien lo emplea, al poder recaer sus efectos directamente sobre su persona y el cargo público que ostenta, o indirectamente sobre la acción gubernativa de la figura que lo emprende. El primer caso se podría ejemplificar con los *plebiscita* de Roma y los de Napoleón, Luis BONAPARTE y Adolfo HITLER; el segundo se podría ilustrar con los *plebiscita* convocados por el general Charles DE GAULLE en Francia. Sin embargo, la historia reciente de la institución demuestra que no es un instrumento idóneo de autolegitimación (ALTMAN, 2010: 29-30).

La consulta plebiscitaria sucede a instancia de uno de los órganos del Estado, generalmente a petición del ejecutivo. En relación con lo anterior, el término plebiscito también se ha empleado para indicar una votación popular convocada por las instancias de poder y en eventos políticos excepcionales, no previstos constitucionalmente. De ahí que para VERGOTINI (2009), el referendo constitucional realizado en Cuba para legitimar la carta magna de 1976 tuviese naturaleza plebiscitaria (p. 146).

Las constituciones de Chile (1980) Honduras (1982), Colombia (1991) y Cuba (ref. 2019) reconocen el plebiscito y el referendo, debiéndose entender que tienen una finalidad diferente. El plebiscito para la paz en Colombia, que trató de sellar fallidamente el *Acuerdo Final para la terminación del conflicto y la construcción de una paz estable y duradera* en Cartagena de Indias, el 26 de septiembre del 2016, es un ejemplo de decisión política susceptible de legitimarse a través de un mecanismo como este, o fuera del área, el que ha anunciado la primera ministra de Jamaica para la salida de este país del *Commonwealth.* Otro ejemplo fue el plebiscito realizado en Brasil en 1993, sobre la forma y sistema de gobierno, a raíz de la democratización del país. La Constitución Federal de 1988 determinó la realización de un plebiscito en el cual los votantes decidirían si el país dispondría de un sistema de gobierno republicano o monárquico y si el sistema de gobierno sería presidencial o parlamentarista. La mayoría de los electores votó a favor del régimen republicano (86,6 %) y del sistema presidencialista (69,2 %).

Pluralismo jurídico

Antonio Carlos WOLKMER

Concepto polisémico, la expresión *pluralismo* se relaciona con la diversidad, la coexistencia de situaciones, elementos distintos, fenómenos autónomos, múltiples campos sociales. Su sentido amplio que abarca diferentes espacios, representados por lo social, político, económico, histórico, religioso, cultural y otros, puede decirse que existe un pluralismo en el Derecho.

El núcleo central que caracteriza al pluralismo jurídico es la negación de que el Estado sea la única fuente de todo Derecho, pues se privilegia la producción normativa generada por las diversas instancias de la vida social. Tal concepción minimiza, excluye o niega el monopolio de creación de normas jurídicas absolutamente por parte del Estado (monismo jurídico), priorizando tanto la producción de otras formas de regulación como la resolución de conflictos. Entonces, para el pluralismo jurídico hay una multiplicidad de fuentes normativas, una diversidad de derechos y formas de justicia. Si la legitimación del Derecho del Estado está en el Estado a través de sus instituciones formalistas y burocratizadas, entonces el pluralismo jurídico puede tener distintas fuentes de legitimación, esto es, formas de poder autónomo, representadas por grupos sociales, composiciones plurinacionales, representaciones colectivas, autoridades locales o líderes comunitarios. De hecho, la pluralidad normativa abarca no solo prácticas independientes y semiautónomas (Derecho y justicia de las comunidades indígenas y afrodescendientes, derechos consuetudinarios, etc.), en relación con el poder estatal, sino, igualmente, prácticas normativas oficiales/formales (Derecho esportivo, religioso, militar, estatutario) y prácticas no oficiales/informales (formas de justicia comunitaria no estatal, justicia itinerante, justicia popular, etcétera).

La pluralidad contempla la multiplicidad de expresiones o prácticas normativas en un mismo espacio sociopolítico, interactuadas por conflictos o consensos, pudiendo ser oficiales o no, y teniendo su razón de ser en necesidades existenciales materiales y culturales.

A partir de esta noción, es importante mencionar los posibles *orígenes* del pluralismo jurídico. Como entiende muchas corrientes con diferentes orígenes (antiguo, moderno, colonial y no colonial), es necesario encontrar las primeras e innumerables prácticas normativas en las sociedades más remotas en diferentes tiempos y lugares; sin embargo, en el contexto de la tradición de Occidente, ya se pueden reconocer manifestaciones de pluralidad jurídica en sociedades como la antigua Roma.

Posteriormente, la Europa medieval será el rico escenario de una pluralidad de sistemas normativos (romano, canónico, nórdico, feudal, mercantil), pero decae con la emergencia, el auge y hegemonía del monismo jurídico estatal. Al mismo tiempo, en Occidente reaparece siempre como una reacción antiformalista a los normativismos positivistas centralizadores, destacando ciertos momentos representados, ya sea por los procesos de descolonización y liberación (África, suroeste asiático), que generaron el examen de los efectos causados por la imposición del Derecho estatal colonial sobre los sistemas de justicia en las sociedades tradicionales, ya sea por el reconocimiento formal e igualitario en América Latina (Ecuador, 2008; Bolivia, 2009), configurado por el "nuevo" constitucionalismo andino, en las primeras décadas del siglo XXI.

Persiste la dificultad de clasificar el pluralismo jurídico, dada la diversidad de interpretaciones (antropológicas, sociológicas, políticas, jurídicas, etc.) y el abanico de experiencias históricas en distintos espacios de tiempo, pero que, desde una perspectiva sociopolítica, pueden subrayar dos modalidades: a) *pluralismo jurídico conservador:* corresponde verticalmente al Derecho de globalización, impuesto de "arriba hacia abajo", propio del capitalismo global neoliberal, construido a través de acuerdos y pactos comerciales por agentes de instancias transnacionales. Constituye otra "lex mercatoria" del "sistema-mundo"; b) *pluralismo jurídico contrahegemónico,* de contenido "comunitario-participativo", de carácter transformador, horizontal, relacional, heterogéneo, resultante de la diversidad y manifestaciones de colectivos sociales insurgentes, grupos vulnerables, subalternos y minoritarios; se ubica de "abajo hacia arriba", abarca múltiples formas de procedimientos normativos y de justicia, que coexisten e interactúan. Este tipo de pluralismo jurídico asume un carácter emancipador y liberador y cobra fuerza en continentes como América Latina y África, no solo por la gran diversidad étnica y cultural, sino, sobre todo, como vehículo para el reconocimiento de los derechos originarios que son sofocados, discriminados y negados por los procesos de colonización de los países centrales.

Finalmente, el pluralismo jurídico en las sociedades periféricas del Sur ha sido utilizado como instrumento estratégico para la descolonización de la cultura jurídica monista, estatal y eurocéntrica. Se trata de mirar y comprender el Derecho bajo una nueva lógica, desde otro lugar, en múltiples dimensiones: estructura formal, discurso, pensamiento y práctica social. Resulta ser un importante mecanismo normativo, tanto como instrumento de denuncia y contestación del Derecho oficial como para abrir espacios democráticos para definir reglas "comunes" y prácticas comunitarias instituyentes.

Plurinacionalidad

Carlos Bellot y María Elena Attard Bellido

Es un principio constitucional, consustancial a la cláusula de libre determinación de los pueblos indígenas, desde el cual se ejerce libremente, sin discriminación y en el marco de diálogos de los diversos saberes y culturas, los derechos individuales, colectivos, de los pueblos indígenas y afrodescendientes y otros derechos transindividuales, como los derechos de la Madre Tierra, de los seres sintientes, entre otros. Asimismo, este principio irradiará una estructura plurinacional en un contexto de democracia plural que resguarde tanto la democracia representativa como la democracia comunitaria en el marco de una organización territorial del Estado que incluya a los pueblos indígenas y afrobolivianos, garantizando el ejercicio pleno de sus derechos sin discriminación.

El Estado nación, monista y homogeneizante ha transitado a nuevas formas de organización plurinacional y de reconocimiento y validez de derechos desde la vigencia plena de la cláusula de libre determinación de pueblos indígenas y afrodescendientes, que es consustancial al principio constitucional de plurinacionalidad. En esta evolución de modelos de Estado y con la finalidad de desarrollar la plurinacionalidad y su vinculación con el constitucionalismo, es importante citar a Yrigoyen (2012), quien plantea tres ciclos del constitucionalismo. El primero, el del constitucionalismo multicultural (1982-1988), en el cual se reivindicaron, entre otros, el derecho a la diferencia y la diversidad cultural (Constitución de Canadá de 1982, de Guatemala de 1985 y Brasil de 1988). El segundo ciclo es el del constitucionalismo pluricultural (1989-2005), que emergió a partir de la influencia en la región del Convenio 169 de la Organización Internacional del Trabajo (OIT) sobre Derechos de los Pueblos Indígenas y Tribales, que reconoció el ejercicio de sistemas jurídicos y políticos, aunque subordinados a la ley; en este periodo pueden citarse a las Constituciones de Colombia (1991), México (1992), Paraguay (1992), Perú (1993), Bolivia (1994), Argentina (1994), Ecuador (1996-1998) y Venezuela (1999). El tercer ciclo, el del constitucionalismo plurinacional (2006-2009), que conllevó a partir de importantes procesos constituyentes la consagración de Estados plurinacionales (pp. 191-

194). En los modelos que corresponden a este ciclo, como en el caso del Estado plurinacional de Bolivia y su Constitución de 2009, se garantiza la vigencia del principio constitucional de plurinacionalidad en interdependencia, con la libre determinación de los pueblos con existencia ancestral, la democracia comunitaria y una estructura plurinacional.

En la región, las Constituciones de Ecuador (2008) y del Estado plurinacional de Bolivia (2009) consagran el principio constitucional de plurinacionalidad. En el primer caso se reconoce el Estado constitucional de derechos y justicia, social, democrático, soberano, independiente, unitario, intercultural, plurinacional y laico (Constitución de Ecuador, artículo 1). Asimismo, se establecen las circunscripciones territoriales indígenas o afroecuatorianas, regidas por principios de interculturalidad, plurinacionalidad y de acuerdo con los derechos colectivos (Constitución del Estado plurinacional de Bolivia, artículo 257).

La Constitución boliviana de 2009, en su preámbulo señala: "Dejamos en el pasado el Estado colonial, republicano y neoliberal. Asumimos el reto histórico de construir colectivamente el Estado Unitario Social de Derecho Plurinacional Comunitario, que integra y articula los propósitos de avanzar hacia una Bolivia democrática, productiva, portadora e inspiradora de la paz, comprometida con el desarrollo integral y con la libre determinación de los pueblos". Por su parte, el artículo primero de la Constitución señala que Bolivia se constituye en un Estado unitario social de derecho plurinacional comunitario, libre, independiente, soberano, democrático, intercultural, descentralizado y con autonomías. Refiere también este artículo que el Estado plurinacional de Bolivia se funda en la pluralidad y el pluralismo político, económico, jurídico, cultural y lingüístico, dentro del proceso integrador del país. En este contexto, los artículos 2 y 30 consagran la cláusula de libre determinación de las naciones y pueblos indígena originario campesinos en el marco de su existencia precolonial y su dominio ancestral sobre sus territorios, cláusula que garantiza su derecho a la autonomía, al autogobierno, a su cultura, al reconocimiento de sus instituciones y a la consolidación de sus entidades territoriales.

De la misma forma, el artículo 9 establece como fin esencial del Estado, la construcción de una sociedad justa y armoniosa, cimentada en la descolonización, sin discriminación ni explotación, con plena justicia social, para consolidar las identidades plurinacionales. Asimismo, la Constitución boliviana de 2009 establece una estructura orgánica plurinacional en la Asamblea Legislativa Plurinacional (artículos 145 y ss.), el Órgano Electoral Plurinacional (artículo 205) o el Tribunal Constitucional Plurinacional (artículos 196 y ss.). De la misma forma, la Constitución asume una organización territorial plurinacional, que reconoce departamentos, provincias, municipios y territorios indígena originario campesinos (artículo 269.I). Desde la plurinacionalidad, la Constitución boliviana ha desarrollado la autonomía indígena originaria campesina, que consiste en el autogobierno como ejercicio de la libre determinación de pueblos indígenas, cuya población comparte territorio, cultura, historia, lenguas y organización o instituciones jurídicas, políticas, sociales y económicas propias (artículo 289). Esta autonomía indígena, a la luz de los principios de plurinacionalidad, se basa en los territorios ancestrales actualmente ocupados por pueblos y naciones indígena originario campesinas y en la voluntad de su población, expresadas en la consulta.

El Tribunal Constitucional Plurinacional de Bolivia ha definido a la plurinacionalidad como una forma propia de estatalidad, donde son las diversidades (naciones, pueblos y demás colectividades sociales históricamente excluidas) las que reconocen al Estado y no a la inversa, por lo que la plurinacionalidad se configura como el elemento de ruptura del Estado nación homogeneizante y asimilacionista que, desde el imperio de la cultura dominante, concebía a una nación, una cultura o una lengua (DCP 006/2013 de 5 de junio).

Esta máxima instancia ha abordado también otra dimensión de la plurinacionalidad, al señalar que supone la conformación plural de los diferentes órganos e instituciones del poder público para permitir la construcción dialógica y colectiva de un Estado (SCP 206/2014 de 5 de febrero). De acuerdo con esta sentencia, en el ámbito jurídico, la plurinacionalidad supone la consolidación de un constitucionalismo plurinacional, en el marco del pluralismo jurídico igualitario, en el que se respete la plurinacionalidad de sistemas jurídicos. Asimismo, la citada sentencia constitucional plurinacional precisa también que en el ámbito jurídico la argumentación debe considerar otras fuentes del Derecho, como son las normas y los procedimientos de los pueblos indígenas como fuentes directas de Derecho; además —de acuerdo con esta decisión constitucional—, en el ámbito público, la plurinacionalidad se manifiesta en el ejercicio de la democracia comunitaria por medio de la elección, designación o nominación de autoridades y representantes por normas y procedimientos propios de los pueblos indígenas, tal como lo reconoce el artículo 11 de la Constitución.

Poder constituyente

Albert NOGUERA FERNÁNDEZ

El poder constituyente es un ejercicio radical y directo de democracia, a través del cual el pueblo, como titular de la soberanía popular, rompe con los poderes constituidos del viejo régimen y, mediante la redacción de una nueva Constitución, decide organizarse política y jurídicamente en un nuevo Estado. Su origen está en la revolución norteamericana de 1776 y francesa de 1789, aunque tras haber desaparecido durante décadas de la historia del constitucionalismo occidental, su ejercicio ha resurgido con fuerza durante los últimos años en América Latina, manifestándose, con mayor o menor éxito, en países como Colombia (1991), Venezuela (1999), Ecuador (1998 y 2007-2008), Bolivia (2006-2009) o Chile (2022), entre otros.

Consecuentemente, se trata de un poder de transición entre el viejo y el nuevo Estado, conformado por los elementos siguientes: pueblo, soberanía, ruptura y Constitución.

El pueblo: entendido como aquel conjunto de individuos y agentes sociales que, en un contexto de crisis de legitimidad del viejo sistema, protagonizan un momento de encuentro político y unificación coyuntural, que los convierte en un cuerpo social unificado constitutivo de un sujeto histórico transformador.

La soberanía: constituido en sujeto colectivo, el pueblo, se identifica en un momento abstracto superior, Asamblea Constituyente, que instituida en centro de poder plenipotenciario depositario de la soberanía popular, se ubica por encima de las leyes del viejo sistema, sin estar sometida a ellas. El poder constituyente opera en el vacío jurídico, antes que él no hay ninguna norma jurídica que le sirva de referencia ni por la que se encuentre limitado. Es un poder absoluto.

La ruptura: en tanto deudora de la teoría iusnaturalista del contrato social, que construye el origen del Estado y del Derecho en contra de la concepción aristotélica, la idea de poder constituyente lleva asociado un elemento de ruptura. En su *Política*, Aristóteles describe el origen del Estado como fruto de una evolución gradual de la familia a la aldea, de esta a la ciudad, de ella a la región, hasta llegar al Estado, que es la desembocadura natural de este proceso gradual. El Estado sería la progresión histórica de unos individuos que ya desde sus orígenes son presentados como reunidos en sociedad y que, a través de fases intermedias, llegan de formas de sociedad menores a otras de mayores como es el Estado (Bobbio, 1986: 61). Por el contrario, en la teoría iusnaturalista, cuyo origen podemos ubicar en el *De cive* de Hobbes, texto en cuyas primeras páginas ya se toma posición en contra del modelo aristotélico, la conformación del Estado no es fruto de una continuidad progresiva en la evolución de la historia, sino del paso de la sociedad de naturaleza al estado civil, presentados no como continuidad sino como ruptura. El Estado surge fruto de contrato social que permite la transición entre dos momentos antitéticos: la sociedad de naturaleza y el Estado civil. El punto de partida es el estado de naturaleza. Para algunos, este es un estado de guerra (Hobbes) y para otros de paz (Puffendorf, Locke, etc.), pero todos coinciden en que este es un estado negativo en el que los hombres no tienen sus derechos protegidos y del que hay que salir, ya sea porque es útil (Hobbes y Locke), necesario (Spinoza), obligatorio (Kant), etc. El punto de llegada es el Estado civil con un poder soberano al frente. Esta es una creación de los individuos que sustituye al estado de naturaleza, pero no es su prolongación, sino su antítesis. Los distintos autores discrepan acerca de si el soberano debe ser absoluto o limitado, indivisible o divisible, resistible o irresistible, pero, en sus distintas formas, para todos este es un estado positivo en el que todos los individuos tienen sus derechos protegidos por el soberano. Y el medio a través del cual se da el paso de uno al otro, es el contrato social como ruptura con el pasado. El Estado civil tiende a enfrentarse contra el pasado, a construirse en polémica con él, a fijar la relación entre uno y otro en términos de fractura de época; visión a partir de la cual surge la idea de ruptura constituyente.

La Constitución: esta se entiende aquí como *Konstitution*. En su manuscrito *Die Verfassung Deutchslands* (sobre la Constitución alemana), de 1802, HEGEL (1961: 113) utilizó dos conceptos para definir de distinta manera el concepto de Constitución: *Verfassung* y *Konstitution*. Preocupado ante la amenaza de la descomposición de la unidad del imperio en Alemania, que HEGEL ubicaba en el particularismo de los pequeños Estados y el conflicto entre clases sociales, la política debía adoptar, para él, la forma de lucha por la unidad contra la desunión, no de lucha por la libertad contra el despotismo (BOBBIO, 2016: 81). Ello hace que, frente al concepto tradicional de *Verfassung* usado para definir la Constitución en un sentido estrictamente jurídico-normativo, como norma jurídica superior del Estado moderno; él contrapone el concepto de *Konstitution*, derivado del verbo constituir o crear. Con este designa la Constitución en un sentido no normativo, sino institucional, como momento que organiza la conversión de un pueblo o "totalidad ética" en Estado o "totalidad política" (BOBBIO, 2016: 74). La Constitución, por lo tanto, es la organización de las diversas partes que componen un pueblo de acuerdo con un único fin, que es el fin superior del Estado, diferente del fin del individuo. Estos dos conceptos hegelianos de Constitución (*Konstituion* y *Verfassung*) nos permiten entender la Constitución, en el seno de la teoría del poder constituyente, como momento de creación o institución de una nueva unidad en el interior de la cual se hace efectiva la garantía de los derechos subjetivos de sus ciudadanos.

Vistos los elementos del poder constituyente, y en tanto poder transitorio, una vez conformado el nuevo Estado, el poder constituyente se disuelve y da paso a la conformación de los poderes constituidos, a través de los cuales se organiza su funcionamiento.

Poder constituyente constituido

Ver *Poder de reforma.*

Poder de reforma

Diego González Cadenas

El poder de reforma constitucional es la vía a través de la cual se puede proceder al cambio constitucional de acuerdo con los mecanismos establecidos en el texto constitucional vigente. Así pues: 1) es un poder derivado, no original, al basarse en la Constitución y no en sí mismo; 2) no es inicial, al estar reglado y limitado en la Constitución su puesta en marcha; 3) tampoco es necesariamente fundador, al tener su naturaleza en las propias dinámicas de reproducción y continuidad del sistema jurídico-político; 4) está fundamentado en la legalidad constitucional.

Al poder de reforma constitucional se le ha denominado también, en un giro particular del lenguaje, poder constituyente constituido. Esta denominación alternativa es una inversión elitista del principio del poder constituyente, que tiene sus orígenes europeos en la Constitución francesa de 1795, que vino a poner fin al proceso revolucionario. El temor a la potencia democrática de la idea de Constitución, a la profundización democrática que implica, hizo replantear a la burguesía ascendente su coalición de clase con el pueblo. Las constituciones se convirtieron en cartas otorgadas en las monarquías y textos orientativos (no vinculantes) en las repúblicas. La soberanía dejó de residir en el pueblo para hacerlo de forma compartida con el monarca (cosoberanía) y los representantes de la burguesía en el parlamento, únicos con posibilidad de ser electos. La construcción teórica del poder constituyente constituido circunscribió así cualquier tipo de modificación constitucional al marco limitado del poder político organizado. Así, los destinatarios de los límites que impone la Constitución al ejercicio del poder político procedían a autolimitarse, rompiendo con la idea básica de Constitución.

Esta construcción teórica del denominado poder constituyente constituido ha tenido una translación hasta nuestros días, que se expresa en la posibilidad de que los poderes constituidos puedan proceder a reformar, total o parcialmente, el texto constitucional sin contar con la aquiescencia directa de la ciudadanía. Este es el caso, hoy día, en una multiplicidad de países, incluidos una mayoría en América Latina, con fórmulas diversas. Así, por ejemplo, la Constitución argentina, en su reforma de 1994, permite una reforma parcial o total de esta realizada por una convención convocada mediante el voto de las dos terceras partes del Congreso. La Constitución brasileña de 1988 establece su enmienda con la única necesidad de aprobación de tres quintos de cada cámara del Congreso Nacional. La Constitución costarricense deja en manos de la propia Asamblea Legislativa, legitimada para iniciar el procedimiento, la convocatoria de un referéndum si así lo deciden dos terceras partes de sus miembros. Procedimientos similares, de posibilidad de autolimitación del poder constituido, se encuentran en otros textos constitucionales latinoamericanos como el chileno de 1980, el colombiano de 1991, el ecuatoriano de 2008, el salvadoreño de 1983, el hondureño de 1982, el mexicano de 1917, el nicaragüense de 1987, el panameño de 1972, el peruano de 1993 o el dominicano de 2015.

Sin embargo, de acuerdo con la teoría democrática de la Constitución, el poder de reforma constitucional, independientemente de quién lo active, ya sea la propia ciudadanía, el legislativo o el ejecutivo, debe siempre, en última instancia, ser refrendado por los ciudadanos. Así se entiende a nivel estatal en Estados Unidos, donde todos los Estados, con la salvedad de Delaware, requieren de un referéndum de aprobación de cualquier tipo de reforma, sea esta más o menos ambiciosa. Se comprende, desde los propios inicios del constitucionalismo moderno durante el proceso revolucionario norteamericano, que Constitución y procedimiento democrático están obligatoriamente ligados. Siguiendo una lógica análoga, diversas constituciones latinoamericanas han positivizado la necesidad de que cualquier reforma constitucional tenga que ser aprobada obligatoriamente mediante referéndum. Es el caso, por ejemplo, de la Constitución de Bolivia de 2009, la uruguaya de 1967 o la venezolana de 1999. Caso similar es el de las constituciones de Guatemala de 1985 y de Paraguay de 1992, las cuales requieren que cualquier reforma constitucional que sea susceptible de ser aprobada por el poder legislativo sea sometida a referéndum.

El segundo elemento de importancia de cara al entendimiento del poder de reforma es la posibilidad de su activación por parte de los ciudadanos y no únicamente mediante sus representantes. El debate acerca de la posibilidad del cambio constitucional remite al núcleo central de la legitimidad de los sistemas constitucionales. Esto es, la legitimidad de las constituciones depende en gran medida, y paradójicamente, de la posibilidad de que estas puedan ser reformadas. Regular el cambio constitucional incluyendo la posibilidad de que la ciudadanía tenga la legitimidad para impulsar un cambio parcial o total de la Constitución resulta una salida adecuada al dilema acerca del equilibrio entre rigidez y flexibilidad de la Constitución. Esta es la regulación en diversos Estados de Estados Unidos y la lógica que han seguido diversas constituciones latinoamericanas como la boliviana de 2009, la ecuatoriana de 2008, la guatemalteca de 1985, la paraguaya de 1992, la peruana de 1993, la uruguaya de 1967 o la venezolana de 1999, que permiten que los ciudadanos activen un proceso de reforma parcial o total del texto constitucional. Otras constituciones, como es el caso de la costarricense de 1949, legitiman a los ciudadanos para iniciar un cambio parcial de su Constitución.

Populismo(s)

Luiz Guilherme Arcaro Conci

El surgimiento de los populismos, tenidos como modo de hacer política, se da en América Latina como una adaptación de liderazgos autocráticos a las transformaciones políticas advenidas al final de la Segunda Guerra Mundial, especialmente con la institución de elecciones periódicas y el abandono de la violencia como estrategia política. Su enfoque se centra en un liderazgo personalista que utiliza las elecciones para llegar al poder, pero que muchas veces puede promover el desmantelamiento de las reglas democráticas para su ganancia política. Tal modo de hacer política puede asumir características parasitarias al usar la crisis de legitimidad de las democracias constitucionales para debilitarlas, es decir, no tener función de rescate, sino de destrucción.

Conceptualmente, los populismos pueden ser definidos como una ideología, un discurso, una lógica o un estilo particularmente performático de hacer política, siendo este último que ahora se adopta. Al ser así, pueden coexistir con ideologías distintas y conflictivas: de izquierdas a derechas, pues, ese "péndulo ideológico" permite una adaptación al marco político existente, demostrando especial *maleabilidad* para adecuarse al contexto político-constitucional existente.

Parte de la dicotomía entre un pueblo verdadero, homogéneo y no plural, que convive con una élite que necesita ser destruida, aunque sin el uso de la violencia, pero con las herramientas formales de un modelo de democracia meramente electoral, para la cual las elecciones son herramientas exclusivas de legitimación. Un líder populista siempre pretende dirigirse directamente a su pueblo, el pueblo verdadero, que lo apoya, afirmando estar allí para respetar y hacer valer esa voluntad, aunque parcial, y para eso, todos los que se opongan a su proyecto pueden pasar a ser considerados parte de una élite ilegítima que necesita ser anulada, configurando una "forma de democracia autoritaria".

Este modo de hacer política, cuando asume carácter extremado exige deslegitimar y debilitar los órganos intermedios típicos de las democracias constitucionales, como los partidos, los medios de comunicación o las universidades, por una parte, y los mecanismos de *checks and balances*, por otra, como el poder judicial, los parlamentos, las instituciones internacionales, entre otros. Aún puede utilizar la captura de las instituciones como medio de fragilizar los controles institucionales típicos de las democracias constitucionales y de los medios existentes (radios, televisión o internet) como modo de llegar a su pueblo, directamente, o sea, sin intermediación.

En este sentido extremado, los oponentes políticos deben ser retirados del juego, la prensa debe ser desacreditada, la sociedad civil organizada deslegitimada, los derechos de las oposiciones negados. Se transforma la democracia representativa y algunos de sus valores, como el principio de la mayoría y el pueblo, para desfigurarlos y desfigurar así la propia democracia, pues el pueblo se vuelve parcial y el mayoritarismo la regla, pensando que detener a la mayoría significa libertad para imponer sus proyectos políticos, negando cualquier instrumento contra mayoritario como legítimo.

El protagonismo de gobiernos populistas extremistas que disponen del apoyo de mayorías estables acaba permitiendo que procedan a la captura constitucional, acentuando la erosión democrática mediante el debilitamiento sistemático de los mecanismos de frenos y contrapesos y, en casos excesivos, hacer los cambios verdaderos del poder desmedidamente difíciles, lo que puede hacerse mediante la promulgación de una nueva Constitución, que convenga al gobierno o incluso disminuyendo las competencias de control, especialmente de una Corte Constitucional. Se usa, así, el Derecho y sus instituciones para "legitimar" sus narrativas, pudiendo, para ello, alterarlos formalmente, incluso las constituciones, que se vuelven partidarias y exclusivas y utilizando la interpretación constitucional limítrofe para justificar sus decisiones. El principal recurso usado es el fortalecimiento del poder ejecutivo, que viene junto con aumento de mandatos presidenciales, aumento de poder normativo, entre otros.

En América Latina, donde surgen, los populismos se dividen en cuatro grupos: los populistas clásicos, los populistas neoliberales, los populistas bolivarianos y los más nuevos, los populismos competitivos.

Los primeros se insertan en un contexto político en el que fuerzas oligárquicas tradicionales entran en crisis, y así su *modus*, fundado en el patrimonialismo también, además de un modelo de sociedad predominantemente rural. Conviven con procesos de urbanización, industrialización y una crisis de representación paternalista que los lleva a emerger como líderes. En algunos de ellos, estos líderes expanden la participación política popular, luchan contra los fraudes electorales y valores internacionales, imponiendo una mirada nacionalista renovada.

El segundo grupo surge a finales de los años 1980, cuando hay un giro neoliberal en las creencias y en las acciones de nuevos movimientos y líderes populistas. Estos líderes, más a la derecha del espectro político, surgen para solucionar las crisis derivadas de las políticas de sustitución de las importaciones y el aumento exagerado de la inflación, con el consiguiente empobrecimiento de las clases menos favorecidas. Para ello demonizan a las élites de entonces, los partidos tradicionales y sus liderazgos, como medio de alcanzar el poder mediante elecciones, reforzando la lógica política del personalismo, que va ganando espacio como mecanismo de salvación nacional y sus políticas neoliberales como manera de alcanzar la inclusión en un mundo que se integraba económicamente por medio de mecanismos de apertura de mercados nacionales, desregulación económica y políticas tributarias renovadas. Mediante programas de austeridad, tienen como objetivo afrontar la recesión económica, pero acabaron aumentando las desigualdades mediante la disminución de las capacidades estatales de intervención en el orden social. Capturan las instituciones judiciales, confrontan a los medios independientes, reforman o hacen nuevas constituciones que sean su espejo.

La tercera ola, la de los populistas bolivarianos, fue tomando América Latina a partir de finales de los años 1990, con plataforma política más cercana a las izquierdas, lo que queda claro con el recurso al desarrollismo, que aumenta la participación social en el orden social y económico, ampliando las prestaciones estatales en materia de derechos sociales. Por otro lado, a pesar de ser inclusivo, mantiene la tradición de uso de medios de hacer política poco republicanos, con la captura de los mecanismos de *checks and balances* y la intromisión excesiva en las estructuras judiciales. Todo esto ocurre mediante políticas clientelistas identificadas con líderes carismáticos. Se observa, así, la vuelta del binomio políticas sociales y erosión democrática.

Por último, la realidad regional gana nuevos contornos, con la ola de los populismos competitivos, identificados en su modo de hacer política y no en su acento ideológico. Son gobiernos en que plataformas políticas de extrema derecha, neoliberal, por un lado, y conservadora, por otro, con llamamientos al cristianismo, a los valores conservadores y a la necrosis de la política tradicional conviven con otros más a izquierda en términos de derechos sociales y visiones sobre el Estado que interviene fuertemente las cuestiones sociales y en la economía. A pesar de que todos hacen fuertes llamamientos religiosos, ideológicamente son de variables diversas. A diferencia de los anteriores, tales líderes populistas están en los diversos flancos de la política, desde la izquierda hasta la derecha

La forma populista de hacer política cobró impulso y se hizo habitual, lo que refuerza la percepción de que la competencia ideológica no afecta el modo de hacer política populista, es decir, si de izquierda o de derecha, el populismo es parte de la cartilla de tales liderazgos, que se adaptan a cualquier momento político al depender de las necesidades de persistir en el poder.

Presidencialismo latinoamericano

Carlos Manuel VILLABELLA ARMENGOL

La forma de gobierno presidencial se caracteriza por: I) el presidente es jefe de Estado y de gobierno (ejecutivo unicéfalo); II) este, en el modelo estadounidense, es elegido de manera indirecta por un colegio de compromisarios; III) el titular del ejecutivo es asistido por secretarios para el ejercicio de la función de gobierno, los que no integran un órgano de gobierno autónomo; IV) los secretarios son designados por el presidente, aunque su nombramiento requiere la aprobación del legislativo; V) el congreso no cuenta con mecanismos de control político específico que puedan provocar la renuncia de los secretarios; VI) el presidente solo puede ser forzado a dimitir mediante *impeachment*; VII) el jefe de Estado no puede disolver al legislativo en ninguna circunstancia.

El sistema se diseñó en la Constitución de Estados Unidos de 1787. Lo acogieron los países de América Latina al independizarse, cuestión en lo que incidieron razones históricas, sociológicas y culturales, pero, sobre todo, el influjo de Estados Unidos hacia la región. El refrendo en la región no fue mimético, ni su funcionamiento ha gozado de la misma estabilidad. Ejemplo de lo primero es la regulación detallada de las facultades y funcionamiento del ejecutivo y el legislativo, la elección directa del presidente, la mayor incidencia de este en el proceso legislativo, la ausencia de vicepresidente en algunos países o la existencia de dos en otros. Expresión de lo segundo es la fragilidad institucional que ha tenido, la dificultad para generar democracias estables y la tendencia al ejercicio político caudillista, clientelar y populista.

La forma de gobierno presidencial ha sido calificada por algunos autores como tendente al quiebre del equilibrio entre las funciones del Estado, las rupturas de la institucionalidad, la ingobernabilidad. Situaciones de crisis políticas coyunturales desembocan en la disfuncionalidad del sistema, la parálisis gubernativa y las salidas extraconstitucionales. LINZ & VALENZUELA (2013: 12) estipulan que ello se debe a las propias características del modelo. Inciden en ello, ciertamente, algunas de sus características intrínsecas. *Verbigratia*, la legitimidad plebiscitaria del legislativo y el ejecutivo es fuente de tensión entre ambos órganos cuando las fuerzas políticas en estos son antagónicas; el juego de suma cero por el que hay un ganador único provoca una dinámica política no proclive al consenso político; el hecho de que el presidente pueda ser elegido por un bajo porcentaje de votantes en los países en que no existe balotaje repercute en su capacidad de liderazgo político; la ausencia de mecanismos de control político específico del legislativo sobre el gobierno impiden recomponer las mayorías necesarias para gobernar (VILLABELLA, 2018: 15).

El debate sobre las correcciones requeridas de introducir al sistema presidencial para menguar sus aspectos negativos, y en ese marco, cuánto poder reconocerle al presidente, ha sido una constante en el constitucionalismo latinoamericano desde sus inicios. El último momento de esa reflexión se produjo en el contexto de la redemocratización ocurrida a finales del siglo pasado, al cierre de los últimos gobiernos militares. El punto de partida fue el cónclave sobre reforma política y estabilidad democrática efectuado en marzo de 1987 en Fortín de Santa Rosa, Uruguay, que reunió a políticos e investigadores. Autores como NOHLEN (1991), LINZ (1990), o SARTORI (1996) coincidieron en que el camino era la adopción de un sistema parlamentario, o al menos, la introducción de instituciones y dinámicas de este; de lo que podría resultar la configuración de un semipresidencialismo.

En los años siguientes, las reformas introducidas a las constituciones y los nuevos textos promulgados al inicio de la actual centuria, reformularon la forma de gobierno. Se delineó un ejecutivo colegiado al afirmar que la función era por el presidente y los ministros; se institucionalizaron consejos de ministros, a los que se les reconocieron, en algunos casos, atribuciones propias; el órgano de gobierno, en determinados países, se encabezó por un primer ministro o jefe de gabinete; se refrendaron mecanismos de control político del legislativo sobre el gobierno (censura), que podía provocar la dimisión del ministro; en algunas leyes fundamentales se reconoció al ejecutivo la facultad de disolver al congreso. Estos elementos mutaron el presidencialismo de la región. En unos pocos países, el prototipo permaneció en sus rasgos clásicos, pero en la mayoría se transformó en un modelo presidencial atenuado o un modelo presidencial híbrido o con correctivos parlamentarios.

Los trazos descritos no menguaron el protagonismo constitucional del presidente ni su centralidad en la actividad del Estado y el gobierno. Los presidentes tienen amplias atribuciones en los órdenes de la vida social, económica y política del país; facultad legislativa expresada en la iniciativa para presentar proyectos con trato preferente en el congreso, emitir normas con rango de ley, previa habilitación, promulgar decretos, y poder de veto sobre las leyes aprobadas por el congreso; potestad para realizar nombramientos de ministros, magistrados, jueces del órgano de control constitucional; capacidad para declarar estados excepcionales en los que asumen poderes extraordinarios; etc. Debe agregarse a lo anterior, la posibilidad de reelección, aspecto en el que se ha producido una metamorfosis en los últimos años. De la prohibición o aceptación excepcional, se ha franqueado a la reelección inmediata, alterna, o indefinida. No contemplan en la actualidad la reelección únicamente Colombia, Guatemala, México, Paraguay.

Históricamente, los presidentes en América Latina han actuado como césares plebiscitarios con amplias atribuciones constitucionales y poderes metaconstitucionales. En algunos países, empero, la distorsión de los *checks and balances* entre los poderes del Estado y la hegemonía del presidente es acentuada, situación acompañada generalmente de un actuar autoritario y populista de este, y un bajo nivel de institucionalidad del Estado. En esa circunstancia, se refuerza la imagen de presidente-caudillo. Ello ha dado lugar a que se acuñe el término de hiperpresidencialismo para identificar a ese tipo de sistema presidencial degenerado.

Presupuesto participativo

Teodoro Yan Guzmán Hernández

Es el mecanismo participativo a través del cual los ciudadanos, directamente o a través de organizaciones cívicas, se implican en la construcción colectiva e inciden con su opinión en la concepción del presupuesto público de una entidad o ente territorial, o se implican en un proyecto puntual que conlleve decisión sobre el destino de los recursos públicos.

Tiene su origen en la experiencia del presupuesto participativo de Porto Alegre, en 1988, la cual fue el punto de partida para su definición teórica y legal. Sin embargo, al decir de GOLDFRANK (2006), el rigor que se siga en su definición influirá en la valoración de su mayor o menor expansión (p. 3). Como quiera que sea, su incidencia generalmente es local y su uso se ha extendido a diversas ciudades y entidades locales públicas de América Latina, por lo que no se ha restringido únicamente al ámbito de la municipalidad. Su mayor incidencia se verifica en Brasil y Perú, aunque en la inmensa mayoría de los países latinoamericanos se identifican expedientes diversos con la práctica de la institución.

GOLDFRANK (2006) identifica un grupo de condiciones previas para que el presupuesto participativo pueda materializarse con eficacia, como son la existencia de voluntad política de los gobernantes y de la administración, así como de un capital social, a través de asociaciones civiles dispuestas a participar; también la implicación de un personal competente que pueda coadyuvar a la construcción colectiva para el destino eficiente de los recursos (pp. 6-7). Por otra parte, debe darse en un espacio reducido, existir recursos suficientes, preverse una plataforma legal, todo ello en el marco de una política de descentralización política.

En la realización del presupuesto participativo se combinan elementos de los modelos de democracia participativa y deliberativa con elementos de la representación. Se inscribe dentro de las prácticas democráticas innovadoras y se erige sobre la base del principio de buena gobernanza urbana. Este mecanismo no termina con la votación en las urnas, ni con ninguna otra vía para cuantificar la voluntad de los participantes, pero debe tener carácter vinculante, no obstante, han existido casos en que las autoridades municipales no han respetado la decisión o la ciudadanía no ha dado seguimiento a lo acordado.

El presupuesto participativo debe darse en un entorno de transparencia, rendición de cuentas y control social. Con esta institución se obtienen varios dividendos, entre los que destacan: la ciudadanía se implica activamente y no como una simple observadora, en lo que acontece en su entorno público-territorial, lo que tributa directamente a un modelo de democracia participativa. Se generan soluciones colectivas, a partir de necesidades de similar carácter, potenciándose los principios de participación y solidaridad. Contribuye a la creación de un entorno de transparencia y control social; además, coadyuva a la corresponsabilidad social, toda vez que representantes políticos, personal técnico y ciudadanía debaten y comparten soluciones acerca del gasto público. Por último, mejora la comunicación entre los representantes, la administración y la ciudadanía.

El presupuesto participativo tiene una una dimensión procedimental que exige su autoregulación. Presupone también que las gobiernos y autoridades locales promuevan el desarrollo de mecanismos y estrategias de participación en la programación de sus presupuestos, así como en la vigilancia y fiscalización de la gestión de los recursos públicos.

Principios constitucionales

Francisco Javier Díaz Revorio

Los valores y principios son inherentes al constitucionalismo desde su origen. Basta recordar que ya el artículo 16 de la Declaración de Derechos del Hombre y del Ciudadano afirmaba que "una sociedad en la que no esté establecida la garantía de los Derechos, ni determinada la separación de los poderes, carece de Constitución". Y, desde luego, se puede afirmar que estos dos grandes principios (separación de poderes y derechos) son los pilares del constitucionalismo, dado que de alguna manera se han mantenido siempre presentes (si bien hoy quizá hablaríamos de Estado de derecho mejor que de separación de poderes, al tratarse de un principio más amplio que ya engloba ese importante pilar), aunque hoy cabría añadir algún otro, como el principio democrático. Por supuesto, un examen comparado de los valores y principios reconocidos en las constituciones actuales nos permitiría encontrar muchos otros, pero ninguno quizá tan medular y tan reiterado como los mencionados.

En términos jurídicos, la primera cuestión sería la de definición o conceptualización de los valores y principios, así como la distinción entre unos y otros. La cuestión no es fácil ni pacífica, pero podemos entender que toda Constitución contiene, de forma implícita o explícita, un conjunto de bases, fundamentos o aspectos generales que de algún modo impregnan o inspiran toda la norma suprema y todo el ordenamiento jurídico. Es evidente que la característica más notoria de estos valores y principios es su generalidad o ambigüedad, así como una estructura peculiar que los diferencia de las reglas: mientras estas prevén una consecuencia jurídica para un supuesto de hecho, y se aplican a los casos concretos mediante subsunción, de forma que se aplican por completo cuando se da ese supuesto, y no lo hacen cuando ese supuesto no se produce, los valores y principios establecen finalidades generales que se pueden alcanzar en mayor o menor grado, de manera que permiten diversos niveles de intensidad en su aplicación, lo cual da como resultado una diferente técnica para su interpretación.

En cuanto a la diferenciación entre principios y valores, no hay un consenso muy claro al respecto en la doctrina. A veces se ha propuesto el mayor contenido ético de los valores (frente al contenido político de los principios), o se ha señalado que los valores tienen menor eficacia jurídica o carecen de ella más allá del plano interpretativo, o bien que son superiores a los principios, más generales o inconcretos. Pero estos y otros criterios propuestos por la doctrina no son muy convincentes, y tampoco es seguro que esta distinción sea del todo relevante, al menos entre principios y valores explícitamente reconocidos en la norma fundamental, porque hay que partir del igual carácter jurídico y fuerza vinculante de todos sus preceptos, y a diferencia de lo que sucede si comparamos con las reglas, cuya diferente estructura implica importantes consecuencias jurídicas, en el caso de los valores y principios parece que comparten esa similar estructura y por tanto sus consecuencias jurídicas, aunque pudieran apuntarse diferencias del tipo de las sugeridas, que básicamente son de matiz.

Respecto al sentido de los valores y principios, se aprecia una primera función que de algún modo cumplen especialmente los tres principios citados inicialmente (derechos, separación de poderes, democracia) como es la legitimadora. Ello quiere decir que una Constitución que no respete esos principios básicos puede ser la norma suprema de un Estado y gozar de validez como tal, pero no podrá considerarse una verdadera Constitución en el sentido material-garantista de este término. Además de esto, hay que destacar que los valores y principios tienen una finalidad teleológica, en cuanto señalan los fines que debe tener todo el ordenamiento; y, al menos en la medida en que estén explícitamente plasmados en la norma suprema, hay que proclamar su carácter jurídico, vinculante para todos los poderes públicos, así como parámetro para la inconstitucionalidad de todas las normas inferiores, aunque a veces en la medida en que la interpretación de esos valores y principios generales permite un amplio grado de apertura o ambigüedad, hay que respetar en su desarrollo primario las decisiones del legislador, como es propio de cualquier régimen basado en el pluralismo político. Pero es claro que no todas esas decisiones serán respetables, ya que son inadmisibles las que choquen de forma notoria e inequívoca con el núcleo de estos principios.

En fin, ya se ha dicho cuáles son los principios básicos del constitucionalismo, pero desde luego este, en su desarrollo, ha especificado algunos principios que pueden derivarse de esos tres pilares, o ha añadido otros, no siempre coincidentes en los distintos ámbitos. Particularmente, el amplio pilar de los derechos fundamentales se ha ido desarrollando a lo largo de lo que se ha denominado "generaciones" de derechos, y así, a las libertades clásicas se han añadido los derechos políticos y luego los económicos, sociales y culturales, a los que pueden añadirse los ambientales y otros de última generación, como los derechos digitales o los llamados neuroderechos. Pero probablemente todos o la mayoría de ellos se pueden reconducir al pilar fundamental de la dignidad humana (puede haber dudas con otros como los derechos de la Naturaleza o de los animales), y este pilar puede desdoblarse en dos grandes ramas, que son la libertad y la igualdad. También cabe añadir que a estos principios comunes a todo el constitucionalismo se suele añadir otros más específicos del Estado concreto, entre los que es habitual alguna referencia a la nación y a principios como su unidad, su estructura territorial o la solidaridad entre sus territorios

Con estos parámetros comunes, cada Constitución proclama habitualmente sus principios fundamentales, habitualmente en sus primeros artículos, en el preámbulo o en un título preliminar. Así sucede en la mayoría de las constituciones de Iberoamérica, y si bien en general los grandes principios no se distancian demasiado de los pilares o fundamentos que se acaban de mencionar, a veces podemos encontrar algunas peculiaridades, especialmente la inclusión de algunos principios o fundamentos relacionados con los derechos de los pueblos indígenas o con otros aspectos propios del constitucionalismo de la región. También puede destacarse que la mayor profusión de valores y principios suele encontrarse en las constituciones más recientes, ya que este fenómeno se ha ido extendiendo en el constitucionalismo en las últimas décadas, sobre todo desde después de la Segunda Guerra Mundial. A título de muestra, la Constitución argentina de 1853 reserva la mayoría de los principios para el preámbulo, proclamando el objetivo de "constituir la unión nacional, afianzar la justicia, consolidar la paz interior, proveer a la defensa común, promover el bienestar general, y asegurar los beneficios de la libertad..."; la Constitución de México dedica el primer artículo, tras su reforma de 2011, a destacar la importancia de los derechos, y el segundo a la nación; la Constitución de Brasil de 1988, además de los principios reconocidos en el preámbulo, añade otros en su primer artículo: "la soberanía; la ciudadanía; la dignidad de la persona humana; los valores sociales del trabajo y la libre iniciativa; el pluralismo político". La Constitución colombiana de 1991 contiene un amplio elenco de principios y valores en sus primeros artículos, entre los que puede destacarse el que abre la norma fundamental: "Colombia es un Estado social de derecho, organizado en forma de República unitaria, descentralizada, con autonomía de sus entidades territoriales, democrática, participativa y pluralista, fundada en el respeto de la dignidad humana, en el trabajo y la solidaridad de las personas que la integran y en la prevalencia del interés general".

Quizá en las constituciones del llamado "nuevo constitucionalismo latinoamericano" pueden encontrarse mayor número de valores y principios, y acaso la introducción de alguna idea que podría entenderse como evolución o una fase posterior de otros conceptos habitualmente incluidos en el constitucionalismo. Así, en la Constitución de Venezuela de 2000 aparece la expresión "Estado democrático y social de Derecho y de Justicia", y un amplio elenco de valores superiores, como "la vida, la libertad, la justicia, la igualdad, la solidaridad, la democracia, la responsabilidad social y, en general, la preeminencia de los derechos humanos, la ética y el pluralismo político" (artículo 2). La Constitución de Ecuador de 2008 se abre con la proclamación de que "El Ecuador es un Estado constitucional de derechos y justicia, social, democrático, soberano, independiente, unitario, intercultural, plurinacional y laico. Se organiza en forma de república y se gobierna de manera descentralizada". Y en un sentido no muy diferente, la Constitución de Bolivia de 2009 proclama en su artículo 1 que "Bolivia se constituye en un Estado Unitario Social de Derecho Plurinacional Comunitario, libre, independiente, soberano, democrático, intercultural, descentralizado y con autonomías. Bolivia se funda en la pluralidad y el pluralismo político, económico, jurídico, cultural y lingüístico, dentro del proceso integrador del país", y añade en el siguiente precepto: "Dada la existencia precolonial de las naciones y pueblos indígena originario campesinos y su dominio ancestral sobre sus territorios, se garantiza su libre determinación en el marco de la unidad del Estado, que consiste en su derecho a la autonomía, al autogobierno, a su cultura, al reconocimiento de sus instituciones y a la consolidación de sus entidades territoriales, conforme a esta Constitución y la ley". Se aprecia cómo en estos textos el concepto de Estado de Derecho aparece adjetivado con diversos calificativos que van más allá de la expresión "Estado social y democrático de Derechos", aunque no se explicita la separación de poderes.

En fin, el artículo 1 de la Constitución de Cuba de 2019 proclama: "Cuba es un Estado socialista de derecho y justicia social, democrático, independiente y soberano, organizado con todos y para el bien de todos como república unitaria e indivisible, fundada en el trabajo, la dignidad, el humanismo y la ética de sus ciudadanos para el disfrute de la libertad, la equidad, la igualdad, la solidaridad, el bienestar y la prosperidad individual y colectiva".

Proceso constituyente

Albert Noguera Fernández

Un proceso constituyente es la implementación práctica del poder constituyente en el marco de un momento histórico concreto de crisis de régimen y reivindicación de refundación del país por parte de amplias mayorías sociales.

Aunque no están definidos, de manera formal, en ningún lugar, un estudio detallado de los procesos que han tenido lugar desde la década de 1990 hasta nuestros días en distintos países de la región latinoamericana, nos permite señalar que los pasos de un proceso constituyente democrático estandarizado son, en la actualidad: 1) la activación popular del poder constituyente mediante votación en un referéndum para la convocatoria de una Asamblea Constituyente; 2) celebración de elecciones a una Asamblea Constituyente dotada de plenos poderes, donde por sufragio directo, universal y secreto, se elegirán aquellos asambleístas o constituyentes que deberán redactar un proyecto de Constitución; 3) instalación de la Asamblea Constituyente, aprobación de su reglamento de funcionamiento interno e inicio de las sesiones para la aprobación de un proyecto de Constitución. Esta fase debe tener una duración aproximada no superior a un año; 4) convocatoria a un referéndum, para que el pueblo apruebe o rechace el texto de la nueva Constitución; y 5) entrada en vigor de la nueva Constitución, derogación de las normas preconstitucionales que se opongan a lo establecido en la Constitución, disolución de los viejos poderes constituidos y convocatoria de elecciones para la conformación de la nueva estructura orgánica del Estado y elección de sus representantes.

En la práctica, el hecho de que todo proceso constituyente se encuadre dentro de una coyuntura nacional concreta, donde las fuerzas políticas transformadoras y conservadoras tienen correlaciones de fuerza distintas, y que está atravesada por múltiples conflictos de clase, intereses sectoriales cruzados, contradicciones y tensiones particulares, tanto internas como externas, heredadas de su propio acumulado histórico político, económico, jurídico, etc., pasado y presente, hace que los pasos estandarizados del proceso constituyente ideal, descritos anteriormente, no se sigan por igual en todos los países, presentando cada uno de ellos sus propias peculiaridades y variaciones.

Ningún proceso constituyente nacional es igual. No lo han sido el de Venezuela, Colombia, Bolivia, Chile o Ecuador; sin embargo, no cabe duda que los pasos señalados sí conforman una tendencia histórica generalizada, que nos permite definir la idea y las fases de un proceso constituyente.

Procuraduría General del Estado

Santiago MACHUCA LOZANO

Para poder conceptualizar a la Procuraduría General del Estado es necesario en primer lugar remitirnos a la doctrina de la teoría del Estado para explicar la denominación "personalidad y personería jurídica como características del Estado".

La personalidad jurídica se refiere a que el Estado es un ente ficticio de Derecho público con capacidad legal de contraer derechos en el ámbito patrimonial y obligaciones frente a terceros. De esta manera, al tener dicha capacidad legal debe ser representado judicial y extrajudicialmente en la salvaguarda de sus intereses.

Justamente y debido a eso, en cambio, la característica de personería jurídica consiste en que el Estado puede ser representado judicial o extrajudicialmente, es decir, que el Estado puede comparecer como parte procesal en un proceso de naturaleza jurisdiccional, bien sea como actor, demandado o tercero con interés, y de igual manera, que puede ser representado en procedimientos de naturaleza no judicial como los procedimientos alternativos de solución de conflictos, tales como la mediación o el arbitraje.

En tal virtud, la Procuraduría General del Estado es el órgano estatal encargado de ejercer dicha representación velando por la protección de los intereses estatales en el ámbito jurisdiccional y no judicial en las distintas áreas o materias, así como de sus organismos autónomos. Es decir, la concepción tradicional que se le ha dado a la Procuraduría General del Estado es ser el cuerpo de abogados o letrados que asesoran y patrocinan en la defensa de las instituciones estatales.

Sin embargo, la regulación de sus competencias en las constituciones latinoamericanas ha sido variada, incluyendo una serie de nuevas y variadas competencias adicionales, como por ejemplo, la potestad de control, vigilancia y sanción en el ámbito disciplinario de quienes desempeñen funciones públicas (artículo 277.6 de la Constitución política de Colombia), la absolución de consultas de legalidad que hicieren autoridades estatales de otros órganos del Estado (artículo 237 de la Constitución de la República del Ecuador), el arbitraje en materia de contratación pública de privados con las instituciones (artículo 190 de la Constitución de la República de Ecuador), la iniciativa legislativa en materias de interés de esta (artículo 231.8 de la Constitución de Bolivia).

Progresividad de los derechos

Claudia STORINI

Principio de aplicación de los derechos reconocido en varias constituciones latinoamericanas y con amplio desarrollo en la jurisprudencia de la Corte Interamericana de Derechos Humanos, así como las cortes constitucionales de los Estados latinoamericanos, y que complementa el principio de no regresividad de los derechos.

Es una disposición contenida en las constituciones a manera de principio, que implica que todos los derechos concebidos en las constituciones y tratados internacionales de derechos humanos no pueden ser disminuidos en su contenido ya alcanzado, y por tanto, marca un punto de partida respecto de la consecución de las diferentes obligaciones de los Estados, volviendo cualquier regresión inconstitucional, salvo que tenga un carácter justificado y temporal, como por ejemplo, con los estados de excepción o emergencia, que permiten la suspensión y limitación de ciertos derechos bajo principios como el de temporalidad, territorialidad, necesidad, proporcionalidad y razonabilidad, sin que aquello implique una inobservancia de la progresividad en materia de derechos; pues es de mencionar que solo ciertos derechos pueden suspenderse o limitarse, y que por lo general son la inviolabilidad de domicilio, la inviolabilidad de correspondencia, la libertad de tránsito, la libertad de asociación y reunión, y la libertad de información, tal como lo ha desarrollado la Constitución ecuatoriana en su artículo 165, por citar un ejemplo.

De igual manera ha de entenderse que los derechos constitucionales no son absolutos, y por lo tanto están sujetos a restricciones; sin embargo, estas vienen condicionadas a su vez por la proporcionalidad, que implica la restricción mínima, siempre y cuando exista una colisión con otros derechos, y que dicha restricción mínima sea necesaria para satisfacer en mayor medida el otro derecho o fin constitucional en conflicto. Así, por ejemplo, lo ha determinado la Corte Constitucional colombiana en sentencias como la T-269/02, entre otras, y de igual manera, como ejemplo, en sentencias de la Corte Constitucional ecuatoriana como la 245-12-SEP-CC y 07-11-IA/19, entre muchas otras más.

El principio tiene dos momentos de aplicación, el primero cuando se da la construcción normativa y de política pública, pues todo acto normativo deberá, de forma necesaria, adecuarse materialmente a este principio, incluso en algunas constituciones, como la ecuatoriana, es una garantía constitucional; y un segundo momento como una actividad interpretativa del ordenamiento jurídico en lo que a derechos constitucionales respecta, y por lo tanto debe estar inmerso en la actividad jurisdiccional y sobre todo presente en la jurisprudencia creada por las altas cortes, o incluso cuando estas modifiquen sus reglas jurisprudenciales o se aparten de aquellas.

Esta noción ha tenido un desarrollo amplio en varios instrumentos internacionales de derechos humanos, los mismos que han puesto un énfasis especial en la progresividad de los derechos económicos, sociales, y culturales; así, por ejemplo, se observa ya en el artículo 2.1 del Pacto Internacional de Derechos Económicos, Sociales y Culturales de 1966 (PIDESC), que determina la obligación para los Estados Parte de adoptar medidas que tiendan al desarrollo progresivo de todos los derechos ahí reconocidos, y en el artículo 11.1 establece la obligación de estos Estados de generar una mejora continua en las condiciones de existencia de los seres humanos; de igual manera, en el artículo 26 de la Convención Americana sobre Derechos Humanos (CADH) de 1969 se establece la obligación de los Estados Parte del desarrollo progresivo de los derechos a través de medios legislativos u otros. En el mismo sentido, el Protocolo Adicional a la CADH o Protocolo de San Salvador de 1988, en el artículo 1.1 determina la obligación de los Estados de tomar medidas internas e internacionales en el desarrollo progresivo de los derechos ahí contenidos, teniendo en cuenta el máximo de los recursos disponibles y el grado de desarrollo del Estado; concordante con lo anterior, en el artículo 4 establece la prohibición de restricción de derechos reconocidos en las legislaciones internas u otros convenios internacionales bajo el pretexto de no estar reconocidos en el presente Protocolo, es decir, extiende ya la progresividad y protección, incluso a aquellos derechos que se desarrollen localmente en los Estados.

En definitiva, el Derecho internacional busca que los Estados, a través de diferentes medidas, logren un desarrollo gradual y constante de los derechos, hasta lograr su efectividad plena, y de acuerdo con su capacidad, entendiéndose esto como el principio de progresividad de los derechos.

Ese desarrollo, como fue mencionado antes, se ha traspalado a las constituciones y su desarrollo jurisprudencial. La Constitución ecuatoriana, en su artículo 11. 8 ha constitucionalizado este como un principio de aplicación de los derechos, determinando la obligación del Estado de desarrollar de manera progresiva los derechos mediante los actos normativos, política pública y jurisprudencia, estableciendo incluso que cualquier acción u omisión que sea regresiva será inconstitucional. En la jurisprudencia de su Corte Constitucional se ha desarrollado con mayor profundidad el principio. La Sentencia 17-17-SIN-CC ha dado dos dimensiones al principio: por una parte, el avance gradual en la satisfacción de los derechos y por otra, la prohibición de regresividad de la situación ya obtenida, por lo tanto, ningún acto judicial, legislativo, ni administrativo puede ser regresivo. En el mismo sentido, se han pronunciado otras sentencias como la 65-16-IN/21.

La Corte Constitucional colombiana también ha desarrollado ampliamente el principio. La Sentencia C-228/11 ha manifestado que este principio implica que una vez que se ha logrado un nivel de protección, este disminuye la amplia libertad del legislador en la configuración de los derechos, pues no puede ser regresivo, y que en el evento de que suceda, dicho retroceso se presume como inconstitucional, pero al no ser absoluta la prohibición de retroceso, en razón de que el Estado puede entrar en dificultades, esta admite justificación válida, que debe someterse a un estricto control constitucional.

Pese al amplio reconocimiento, es un principio que aún sigue intentando ser aplicado plenamente, de conjunto con la parte económica de las constituciones, razón por la que existen permanentes controversias en torno a la no regresividad de los derechos, situación que se manifestó claramente en escenarios como la pandemia 2020-21.

Pueblo

Silvia Bagni

Para la ciencia jurídica occidental, la noción de "pueblo" está intrínsecamente vinculada a la de "Estado": se trata, en efecto, de un conjunto de individuos que componen una unidad política, es decir, que viviendo en un territorio determinado, se dotan de un ordenamiento jurídico especial para el cuidado de sus intereses comunes (Schmitt, 2001). Prescinde, pues, de caracteres etnoculturales que distinguen a la nación; representa uno de los factores constitutivos del Estado (Mortati, 1972), al que está vinculado por la relación de ciudadanía. Debe distinguirse del "cuerpo electoral", es decir, una fracción del pueblo, titular de los derechos de sufragio activo y pasivo, instrumento de ejercicio de la soberanía. Sin embargo, la soberanía en las constituciones democráticas se reconoce al pueblo o a la nación, y el parlamento se define como el órgano representativo del pueblo o de la nación, y no ya del cuerpo electoral que lo vota.

La recepción del constitucionalismo liberal-democrático en el contexto poscolonial latinoamericano ha puesto en tela de juicio las categorías arriba descritas, a través de la declinación al plural de la palabra "pueblo" dentro de un mismo territorio, con el reconocimiento jurídico de los pueblos indígenas y la creación de la forma de Estado plurinacional.

La "cuestión indígena", es decir, la definición de la relación que se establece entre el Estado y la parte de la sociedad que desciende de las antiguas poblaciones que vivían en el continente antes de la conquista, ha permanecido durante mucho tiempo siendo un nudo sin resolver del constitucionalismo latinoamericano. Al día siguiente de la independencia se borra simplemente con un golpe de esponja, mediante un proceso de integración por asimilación, el blanqueamiento del indio, justificado en nombre del principio de igualdad formal, aplicado en cambio como forma de rechazo de su "alteridad".

La cuestión indígena resurge en el escenario político y constitucional solo en el siglo XX, con el proceso de descolonización apoyado por las Naciones Unidas en la Resolución 1514 de 1960, que invitaba a los Estados imperialistas a iniciar procesos de autodeterminación de las poblaciones locales que aún vivían bajo la dominación colonial. Sin embargo, América quedó formalmente excluida de este proceso, ya que era independiente desde hace más de un siglo, a pesar de que los pueblos indígenas del continente nunca pudieron autodeterminarse en la fase histórica de los procesos de "liberación". La instauración de dictaduras militares o regímenes autoritarios tumbó definitivamente cualquier movimiento para el reconocimiento de los derechos de los pueblos. Por esta razón, los pueblos indígenas desplazan su lucha al ámbito internacional. La adopción, en 1989, del Convenio OIT 169, sobre los derechos de los pueblos indígenas, marca el primer éxito de las reivindicaciones de los pueblos. La influencia del tratado se manifiesta en el ciclo del nuevo constitucionalismo latinoamericano de los años noventa, en el que las constituciones reconocen por primera vez amplios catálogos de derechos colectivos a los pueblos indígenas. En 2000 se crea el Foro Permanente de las Naciones Unidas para las Cuestiones Indígenas; en 2007 se aprueba la Declaración de las Naciones Unidas sobre los Derechos de los Pueblos Indígenas, de carácter no vinculante, a la que más adelante adhirieren Australia, Nueva Zelanda, Canadá y Estados Unidos; en 2016, los Estados miembros de la Organización de Estados Americanos (OEA) aprueban la Declaración Americana sobre los Derechos de los Pueblos Indígenas.

A pesar del marco favorable al reconocimiento de los derechos de los pueblos indígenas a nivel internacional, en algunos países latinoamericanos la aplicación a nivel constitucional y legislativo sigue siendo muy limitada. En Perú, por ejemplo, la Constitución de 1993 no reconoce a los indígenas como "pueblos", para evitar poner en peligro la unidad territorial en nombre del derecho a la autodeterminación reconocido por las Declaraciones y la Convención de la OIT, aunque definida como autogobierno dentro de un Estado soberano. Las organizaciones de los pueblos indígenas y afroperuanos piden desde hace tiempo que el sistema jurídico reconozca la personalidad jurídica de los "pueblos", y no solo la de las comunidades nativas y campesinas. En el contexto peruano actual, solo las comunidades nativas y campesinas han obtenido la titulación de sus tierras, mientras que los pueblos indígenas no pueden hacerlo, ya que no existe una sección del registro nacional dedicada a su reconocimiento. Las limitaciones al ejercicio de sus derechos colectivos que resultan de esta omisión para los pueblos se ejemplifican en el caso del pueblo

Achuar del Pastaza, que tras haber obtenido, mediante recurso administrativo y jurisdiccional, el reconocimiento de su personalidad, no pudo obtener la ejecución de la sentencia por falta del registro correspondiente. La imposibilidad de registrarse como pueblo impide la realización de numerosos actos de Derecho civil que requieren la inscripción en el registro de personas jurídicas del estado civil. Por esta razón, algunas organizaciones representativas habían propuesto, durante la legislatura anterior, un paquete de reformas, conocido como la "agenda legislativa de los pueblos", que incluía también el proyecto de ley para el establecimiento del registro de los pueblos indígenas u originarios y de los pueblos afroperuanos. Con la crisis abierta en Perú por el presunto autogolpe de CASTILLO a final de 2022, los pueblos indígenas y afroperuanos piden ahora que se les reconozca una cuota de escaños del 30 % en el Congreso y en la futura Asamblea Constituyente (IIDS 2023).

Ecuador y Bolivia han introducido en sus constituciones el concepto de Estado plurinacional (BUONO, 2022). No cuestiona la soberanía estatal, sino que implica una forma de descolonización del pensamiento jurídico, ya que rompe con la idea europea de Estado nación (MERINO-VALENCIA, 2018: 15 y 326). El elemento subjetivo del Estado ya no se caracteriza por un pueblo con uniformidad de etnia, lengua, cultura, tradiciones y religión; por el contrario, es un crisol de pueblos, con sus respectivas lenguas, culturas, costumbres, que todos participan por igual en la construcción de la identidad nacional estatal.

Científicamente, el Estado plurinacional representa una categoría subversiva también en perspectiva comparativa, ya que se sitúa en el cruce entre forma de Estado, tipo de Estado descentralizado y unidad/pluralismo del ordenamiento jurídico. Respecto a la forma de Estado, el Estado plurinacional hace propios valores y principios de las cosmovisiones indígenas, como el *sumak kawsay* o el *suma qamaña*, reconocidos en la Constitución como objetivos de las políticas públicas, estatutos de derechos o principios interpretativos. De hecho, la forma de Estado se define en la Constitución "plurinacional, intercultural", en cuanto a que la plurinación implica el reconocimiento igualitario de todos los pueblos que viven en el territorio del Estado, con sus respectivas tradiciones y culturas. El reconocimiento mutuo permite el diálogo entre pueblos y nacionalidades, que es el elemento determinante de la distinción respecto al Estado (y al constitucionalismo) multicultural.

Otro principio fundamental, que deriva necesariamente de los dos antes mencionados, es el principio participativo. Para que el diálogo pueda transformarse en un carácter permanente del Estado plurinacional y en una mentalidad para la solución de los problemas y conflictos sociales, es necesario prever formas de participación no solo extraordinarias y excepcionales, como en los procesos constituyentes, sino ordinarias, en la gestión cotidiana de los servicios básicos para la comunidad. Por esta razón, la representación (de los pueblos indígenas en los órganos constitucionales) y la participación (de todos los ciudadanos en el proceso de formación de las políticas públicas, en la programación de los presupuestos, en los procesos de revisión) son dos palabras claves del Estado plurinacional.

Desde la perspectiva de la organización territorial del Estado, las antiguas categorías de "Estado federal/Estado regional" parecen insuficientes para describir un fenómeno que, formalmente, prevé la creación de entidades cuya competencia se basa tanto en un criterio territorial (residencia en un lugar) como personal (pertenencia a un pueblo o comunidad indígena). No obstante, tanto en Bolivia como en Ecuador, el criterio territorial sigue siendo imprescindible para la creación de municipios, territorios y circunscripciones indígenas, en detrimento de un modelo más fluido de organización local, que la nueva forma de Estado podría legitimar. La doctrina andina señala que la plurinación como modelo de organización institucional es intrínsecamente débil, en cuanto no ofrece solución a situaciones en las que pueblos y comunidades diferentes conviven en el mismo territorio (VALAREZO, 2009: 125).

Por último, el Estado reconoce la existencia de un ordenamiento jurídico que concurre con las normas producidas por sus propias instituciones, y que se legitima fuera de la Constitución y del Estado, fundándose en la tradición autóctona. El Estado plurinacional rechaza el monismo jurídico en favor del pluralismo. El pluralismo jurídico pone en crisis la categoría misma del Estado, siendo la unidad del ordenamiento uno de sus elementos constitutivos. En primer lugar, en el modelo de pluralismo jurídico, el Estado está completamente excluido de la producción del Derecho indígena. En segundo lugar, la Constitución sigue manteniendo la *competenz-competenz*, es decir, el poder de reconocer o no el Derecho indígena, de someterlo a límites y de decidir sobre su compatibilidad con el ordenamiento estatal a través de su propio órgano interpretativo (Tribunal Constitucional o Tribunal Supremo); sin embargo, el Derecho indígena sigue desarrollándose y aplicándose, independientemente de tales sentencias, incluso a pesar del encarcelamiento de miembros de la comunidad por el mero hecho de haber aplicado a un caso el Derecho indígena, como ocurre en Perú con los ronderos.

Pueblos indígenas

Nelson Omar La Madrid Thenier

Grupos humanos con un vínculo territorial y lingüístico particular, descendientes de pueblos originarios, cuya situación les otorga la cualidad de una continuidad histórica; se encuentran organizados en torno a la fidelidad a su cultura, sistema propio de liderazgos y su autogobierno, lo que les permite ejercer el control sobre su propio futuro, como elemento central de su libre determinación y así sobrevivir y prosperar; y por su carácter ancestral mantienen sus tradiciones y costumbres prexistentes, en algunos casos —Latinoamérica— a la invasión colonial, y habiendo sido excluidos en la Constitución de los actuales Estados, son parte del grupo de colectividades no dominantes en las sociedades contemporáneas, pero al ser sujetos de derechos les corresponde una protección especial y reforzada, como política protectiva a la diversidad cultural.

El término *pueblo* fue usado por primera vez en el Convenio 169 de la Organización Internacional de Trabajo (OIT), que fue adoptado el año 1989 y entró en vigencia internacional en 1991, siendo ratificado de manera casi inmediata por Noruega y México. En dicho instrumento internacional, ratificado en la actualidad por veinticuatro Estados, este vocablo se lo usa para referirse a las poblaciones indígenas, incluso poblaciones denominadas tribales, por lo cual, dentro del reconocimiento internacional normativo, el término *pueblos indí-*

genas cobra relevancia en el reconocimiento a estos grupos humanos, de derechos colectivos.

La protección normativa de sus derechos, tanto en el ámbito interno en los países como en el internacional, tiene su fundamento inicial en el reconocimiento a la igualdad y libertad en la práctica de sus tradiciones espirituales y religiosas, ligado interinamente a sus propios patrones culturales, sus instituciones sociales y sus sistemas políticos y jurídicos, que con el transcurso del tiempo también fueron reconocidos como derechos colectivos por los Estados; otro elemento asumido como el sostén de su homogeneidad y particularidad, es el dominio ancestral de sus territorios y la unidad de la propiedad sobre estos, de donde se hace imprescindible el reconocimiento jurídico de su libre determinación y territorialidad.

El reconocimiento constitucional asume que los pueblos indígenas en México descienden de poblaciones que habitaban en el territorio actual de ese país al iniciarse la colonización y que conservan sus propias instituciones sociales, económicas, culturales y políticas; con un componente subjetivo respecto a la conciencia de su identidad indígena como criterio inclusivo en la colectividad; Venezuela sustenta el reconocimiento de estas colectividades, en el respeto de sus derechos originarios sobre las tierras que ancestral y tradicionalmente ocupan y que son necesarias para desarrollar y garantizar sus formas de vida; el reconocimiento del territorio indígena como entidad territorial en Colombia, en la cual estarán gobernados por consejos conformados y reglamentados según los usos y las costumbres de sus comunidades, implica un reconocimiento implícito de derechos antes mencionados; Ecuador reconoce a los pueblos y nacionalidades indígenas el ejercicio de la función jurisdiccional en sus territorios, con base en sus tradiciones ancestrales y su Derecho propio, siempre que no sean contrarios a la Constitución y los derechos humanos, debiendo brindar la garantía de participación y decisión de las mujeres; Perú reconoce como un derecho fundamental, la identidad étnica y cultural, asimismo el ejercicio de la función jurisdiccional dentro de su ámbito territorial, de conformidad con el Derecho consuetudinario; finalmente, Bolivia reconoce a las naciones y pueblos indígena originario campesinos —unidad, naciones originarias (colectivos de tierras altas), pueblos indígenas (colectivos de tierras bajas) y campesinos (dentro del proceso de mestizaje)—, entre otros, los derechos a la libre determinación y territorialidad; al ejercicio de sus sistemas jurídicos, políticos y sociales acordes con su cosmovisión; a la gestión territorial y a la consulta previa, siendo estos suficientes para establecer el reconocimiento a la jurisdicción y autonomía indígena originaria campesina, también constitucionalizados, como fundamento del carácter plurinacional del Estado.

En un contexto jurisprudencial, la Corte IDH, en la Sentencia de 29 de mayo de 2014, que resolvió el caso "Norín Catrimán y otros (dirigentes, miembros y activista del Pueblo Indígena Mapuche) *vs.* Chile", sostuvo que los pueblos indígenas cuentan con el reconocimiento de sus propias características, que conforman su identidad cultural, tales como su Derecho consuetudinario, características económicas, sociales, valores, usos y costumbres, como una comunidad de personas.

Q

Quórum

Daniel Capecchi

La palabra *quórum* tiene un origen latino. En el original *quórum (praesentia sufficit)* significa "cuya [presencia es suficiente]". En el ámbito legal, generalmente se utiliza para describir el número mínimo de agentes de un determinado colegiado necesario para aprobar una medida. En este sentido, tradicionalmente se puede hablar de al menos dos tipos de quórum. El primero es el "quórum de instalación", que se refiere al número de personas necesarias para iniciar una deliberación en un órgano. El segundo es el "quórum de aprobación", que consiste en el número de agentes necesarios para aprobar una determinada medida o decisión. En el ámbito del Derecho constitucional, el quórum reviste especial importancia para los procesos de reforma y sustitución constitucional.

Desde un punto de vista histórico, la provisión de un quórum especial para reformar o sustituir la Constitución es un corolario lógico de la idea de supremacía constitucional. Al ser la Constitución la norma suprema que debe organizar el proceso de producción de las demás normas y cuyos valores deben servir de fuente a todo el ordenamiento jurídico, es necesario que tanto los procesos de reforma como los de sustitución estén sujetos a un proceso de cambio sustancialmente más difícil que los de las demás normas. Es lo que la literatura especializada denomina rigidez constitucional, que implica, entre otros elementos, la exigencia de un número calificado de parlamentarios para reformar o sustituir una Constitución. Según Vega (1985: 38-52), la conexión entre supremacía y rigidez constitucional sería parte de la conciencia jurídica universal. En el contexto latinoamericano, la idea de rigidez constitucional ha estado presente desde la primera Constitución codificada: la de Venezuela de 1811. El artículo 135 de esa Constitución preveía la necesidad de aprobación por un quórum de dos tercios de las Cámaras del Congreso y de las Asambleas Legislativas para que se realicen reformas constitucionales.

Actualmente, todas las constituciones latinoamericanas prevén un procedimiento especial para aprobar reformas constitucionales. En la mitad de las constituciones latinoamericanas, siguiendo la tradición histórica, el quórum es de 2/3. Se exceptúan las Constituciones de Brasil (3/5), Chile (3/5), Colombia (mayoría), Ecuador (mayoría simple con referéndum), Nicaragua (60 %), Panamá (mayoría absoluta con consulta popular), Paraguay (mayoría absoluta), Perú (mayoría absoluta y referéndum), Uruguay (mayoría absoluta con elección de convención nacional constituyente) y Venezuela (mayoría absoluta y referéndum), que prevén al menos un procedimiento con quórum diferenciado.

Además, en un proceso que Martínez Dalmau (2012) identifica como la marginación del poder constituyente, la mayoría de estos textos contemplan al menos un procedimiento de modificación con necesidad de consulta popular, sea mediante referéndum, plebiscito o la elección de una convención con mandato específico para reforma constitucional. Son ilustrativas las Constituciones de Argentina, Bolivia, Colombia, Ecuador, Guatemala, Panamá, Paraguay, República Dominicana, Uruguay y Venezuela. En todos estos casos, también se prevé un quórum mínimo para que la consulta sea suscitada por el poder legislativo. En general, este tipo de reforma con consulta popular implica alteraciones sustanciales en el texto, como las que involucran el régimen de los derechos fundamentales, por ejemplo, la Constitución de la República Dominicana. Sin embargo, es importante señalar que existen casos en los que cualquier reforma requiere consulta popular, como, por ejemplo, en Paraguay y Venezuela. El principal riesgo de este tipo de reformas estructurales es su uso para desfigurar las constituciones democráticas con un instrumento de la propia democracia, en un proceso que Landau (2013) llama "constitucionalismo abusivo".

Un último elemento, propio del nuevo constitucionalismo en la región, es lo que podemos denominar "quórum de convocación", que puede traducirse como el número mínimo de parlamentarios necesarios para convocar a una nueva Asamblea Constituyente y sustituir el texto constitucional vigente o hacer reformas estructurales profundas. Al menos 11 constituciones de la región prevén la posibilidad de convocar a una Asamblea o Convención Constituyente (Argentina, Bolivia, Colombia, Costa Rica, Ecuador, Guatemala, Nicaragua, Panamá, Paraguay, Uruguay y Venezuela). En la mayoría de ellas, el quórum para la convocatoria es de 2/3, y en el caso de Nicaragua, también se establece un quórum para la aprobación del nuevo texto constitucional por la Asamblea Constituyente convocada (2/3). Desde un punto de vista crítico, en línea con lo señalado por LANDAU (2013), uno de los peligros de la posibilidad formal de convocar a una asamblea constituyente o convención es que los movimientos autoritarios la utilicen para destruir las instituciones de la democracia o de los derechos, produciendo lo que el autor llama constituciones populistas.

En resumen, se puede decir que la evolución del quórum de reforma y reemplazo constitucional en América Latina oscila entre dos polos. Por un lado, está la virtud de la democratización de las cartas constitucionales, con mayor participación popular. Por otro lado, el riesgo de utilizar instrumentos de reforma y sustitución para suprimir las instituciones democráticas.

R

Racismo

Philippe Oliveira de Almeida

El racismo es una forma específica de discriminación, prejuicio y violencia contra individuos y grupos. Se basa en la creencia de que existen diferencias biológicas esenciales entre los distintos grupos humanos (razas), que se reflejan en niveles desiguales de aptitudes físicas e intelectuales, desarrollo moral y cultural, y capacidad para actuar políticamente. Recién en el siglo XIX se desarrolló el concepto de "racismo" —a través del trabajo de intelectuales asociados al llamado "racismo científico", como Arthur de Gobineau y Houston Stewart Chamberlain—; sin embargo, el propio racismo, como sistema de dominación, surgió mucho antes.

La historia del racismo está indisolublemente unida a la historia de la expansión marítima europea a partir del siglo XVI, basada en la esclavización de los pueblos africanos y la expropiación de los pueblos amerindios. La idea de "raza" se basa en la creencia de que "anatomía es destino", es decir, las especificidades fenotípicas determinan comportamientos y, por tanto, deben utilizarse como criterio para compartir poder, recursos y derechos entre diferentes personas. Dentro de la lógica racista, formulada en Europa a lo largo de la modernidad clásica, la humanidad podría clasificarse en cuatro grupos elementales, en función de características morfológicas: los "africanos", los "asiáticos", los "australianos" y los "europeos". Solo los "europeos" podrían realizar plenamente el potencial humano; los otros grupos serían infrahumanos y, por lo tanto, deberían ser "protegidos".

Los europeos utilizaron esta taxonomía para fundamentar, en los inicios del mercado global, un sistema de división internacional del trabajo profundamente injusto, basado en el trabajo forzoso de poblaciones no blancas. En el proceso de conquista del continente americano, el racismo ofreció un sustento ideológico al genocidio de los pueblos originarios y la esclavitud colonial. El racismo, así, sirve de fundamento al "privilegio blanco", es decir, la idea de que los europeos y los eurodescendientes son naturalmente superiores a otras comunidades, pudiendo ejercer sobre ellas un dominio político, económico y militar.

El filósofo afrobrasileño ALMEIDA (2017) identifica tres manifestaciones del racismo: el racismo individual; el racismo institucional; y el racismo estructural. El racismo individual está relacionado con las creencias y conductas discriminatorias que determinadas personas, pertenecientes a grupos raciales dominantes, adoptan hacia individuos de grupos raciales subordinados. Implican estereotipos y violencia, verbal y física, basados en la raza, y pueden ocurrir durante las interacciones cotidianas. El racismo institucional, por su parte, se refiere a normas, políticas y procedimientos adoptados sistemáticamente por instituciones (gobiernos, empresas, escuelas, etc.), que, directa o indirectamente, explícita o encubiertamente, resultan en un trato desigual entre personas de diferentes razas. Tales prácticas crean barreras que limitan el acceso equitativo a las oportunidades de los grupos raciales subalternos. Finalmente, el racismo estructural está ligado a los cimientos de la sociedad capitalista moderna, la cual se organiza de manera que perpetúa la superioridad de los europeos y eurodescendientes sobre otras poblaciones, construyendo un orden político-jurídico jerarquizado y segregacionista. Es importante señalar que, para Silvio ALMEIDA, estas tres expresiones del racismo actúan de manera articulada, y no pueden interpretarse por separado.

Una de las principales formas de discriminación por motivos de raza es el racismo cultural, que puede entenderse como la desvalorización y aniquilación de creencias, valores y prácticas asociadas a un grupo racial subalterno. El racismo cultural está asociado al "epistemicidio", es decir, al exterminio del saber asociado a una comunidad sujeta a opresión. Un ejemplo de epistemicidio es la lucha, en Brasil, contra las religiones de origen africana. Durante muchas décadas, el candomblé fue criminalizado: las casas que realizaban los rituales del candomblé fueron invadidas por fuerzas policiales y las reliquias sagradas fueron destruidas. Otra materialización del racismo cultural es la producción de "imágenes de control" (concepto elaborado por la socióloga estadounidense Patricia HILL COLLINS). En "imágenes de control" se generan y difunden caricaturas degradantes de grupos raciales subordinados, reforzando la exclusión de estas comunidades. Un ejemplo, en Brasil, es la figura de la "mulata de exportación", una forma de cosificar a la mujer negra, representada como hipersexualizada (esta "imagen de control" fue minuciosamente analizada por la filósofa afrobrasileña (GONZÁLEZ, 2018). Una estrategia para reforzar las "imágenes de control" es el "racismo recreativo" (un concepto desarrollado por el jurista MOREIRA [2022]), la propagación de "chistes" que utilizan representaciones estereotipadas de individuos no blancos.

Reelección presidencial

Francisco ZÚÑIGA URBINA

En lo estrictamente procedimental, la reelección es, en lo institucional, un procedimiento republicano para recabar confianza en la ciudadanía; y en relación con quien recurre a este, es una facultad jurídica que permite a quien ejerce un cargo de elección popular —en el caso que nos convoca, la Presidencia de la República—, a optar por un nuevo periodo de desempeño en este, sea de manera consecutiva o luego de un determinado periodo de tiempo.

Sin embargo, al insertar este concepto en el contexto latinoamericano —tanto histórico como contemporáneo— es posible observar su gravitación como mecanismo de control político y de permanencia sin contrapeso en el ejercicio del poder, contribuyendo a la erosión del régimen político en su totalidad. La reelección presidencial está estrechamente ligada a la idea de continuismo en el poder.

A pesar de que en los albores de la independencia latinoamericana existe perfecta conciencia acerca de los peligros que acechan a una república, como bien lo observó Simón BOLÍVAR (1979) en su Discurso al Congreso de Angostura: "La continuación de la autoridad en un mismo individuo frecuentemente ha sido el término de los gobiernos democráticos. Las repetidas elecciones son esenciales en los sistemas populares, porque nada es tan peligroso como dejar permanecer largo tiempo a un mismo ciudadano en el poder. El pueblo se acostumbra a obedecerlo y él se acostumbra a mandarlo, de dónde se origina la usurpación y la tiranía" (p. 103).

Dos siglos después, la realidad hoy es otra: se consolida un presidencialismo con reelección consecutiva o inmediata, no consecutiva, mediata o alterna o simplemente reelección indefinida. También contribuye a consolidar el presidencialismo, la fórmula del ballotage conducente a mayorías absolutas, para conferir mayor legitimidad y apoyo a la primera magistratura, pretendiendo conjurar el peligro de un "presidencialismo minoritario".

Ahora bien, en nuestro enfoque lo relevante no es tanto la variable institucional de la reelección, que ocupó a sociólogos y juristas hace décadas y que conlleva un reforzamiento del presidencialismo o de derivaciones "delegativas" o autoritarias, bajo el fenómeno del "continuismo" (LAMBERT, 1970); hoy lo es el hecho de que la regla de reelección se introduce en una difícil consolidación de un modelo democrático, coexistiendo al menos dos modelos: uno, la democracia constitucional y, por otro lado, la democracia plebiscitaria, que se incrustan en sistemas o regímenes políticos en que cobra vigor el presidencialismo fuerte, el ballotage y la simultaneidad de las elecciones políticas, por una parte, y las coaliciones de partidos, por otra.

El presidencialismo en América Latina —verdadero superlativo del régimen presidencial americano del norte— se mantiene, pero predominantemente con reelección (consecutiva o inmediata, y no consecutiva o mediata) presidencial como regla general, como se observaba a mediados del siglo XX (LOEWENSTEIN, 1949: 159). Con agudeza, ROUQUIÉ (2011) observa críticamente que en América Latina la no reelección presidencial es la "[...] norma constitucional en un continente en que el legalismo de las formas es más importante que la realidad de las prácticas. Así, esta cláusula, a menudo absoluta, a veces combinada con la posibilidad de una reelección no consecutiva, no impidió que jefes máximos o supremos gobernaran por persona interpuesta en el más perfecto continuismo" (p. 89).

La importancia de las cláusulas de no reelección en América Latina llega a operar, con irregular suerte o efectividad, como un "mecanismo anticaudillista" de nuestros presidencialismos, de conformidad con los peligros derivados del prolongado ejercicio del poder. Ahora bien, el siglo XIX en América Latina es prolífico en gobernantes autocráticos que se prolongan en el poder, con o sin cláusula de no reelección. En México son ilustrativos los casos de López de Santa Anna y de Porfirio Díaz (Porfiriato), o bien que recurren a testaferros para guardar las apariencias. La dictadura de Trujillo en República Dominicana es un notable ejemplo acerca del uso de las formas constitucionalismo por una autocracia (Galíndez, 1956). Más aún, en las décadas de 1990 y 2000 se observan reformas constitucionales que permiten la reelección de presidentes en ejercicio (Perú, Brasil, Argentina, Venezuela y Colombia), las que muchas veces ponían de rodillas a arraigadas cláusulas no reeleccionistas.

Sin embargo, existen precedentes exitosos recientes en relación con poner freno a esta tendencia: el referéndum de 4 de marzo de 2018 en Ecuador, impulsado por el expresidente Rafael Correa y cuyo resultado limitó las reelecciones a una sola oportunidad, es un ejemplo en este sentido. Un caso intermedio es el acontecido en Bolivia, país en que, si bien se había puesto freno a una posible reelección indefinida de Evo Morales por los resultados del referéndum de 21 de febrero de 2016, ello fue desactivado al año siguiente, mediante lo fallado por el Tribunal Constitucional Plurinacional en causa rol SCP 0087/2017 de 28 de noviembre de 2017, que suspendió los artículos de la Constitución que establecían tal limitante, acogiendo un recurso de inaplicabilidad de parlamentarios oficialistas, apelando a un derecho autónomo a la reelección presidencial indefinida.

La situación antes referida sirvió como antecedente de hecho para la Opinión Consultiva OC-28/21 de la Corte Interamericana de Derechos Humanos, evacuada en 7 de junio de 2021: ante la solicitud de Colombia respecto de la reelección presidencial indefinida en sistemas presidenciales, en el contexto del Sistema Interamericano de Derechos Humanos, la Corte señala que, a *contrario sensu*, "La habilitación de la reelección presidencial indefinida es contraria a los principios de una democracia representativa y, por ende, a las obligaciones establecidas en la Convención Americana sobre Derechos Humanos y la Declaración Americana de los Derechos y Deberes del Hombre" (numeral 4 de la Opinión Consultiva).

Finalmente, es posible —desde una perspectiva politológica— extrapolar temporalmente una conclusión a la que se llega en América Latina al analizar las elecciones del bicentenario: los partidos siguen manteniendo pautas clientelares, esquemas de liderazgo caudillista y bajos niveles de institucionalización; todo lo cual es el contexto electoral propicio para el continuismo electoral y el reeleccionismo (ALCÁNDARA SÁEZ, 2011), escenario político que es puesto en duda por Dieter NOHLEN al correlacionar reeleccionismo con estabilidad e institucionalización de políticas públicas; aunque reconoce la potencialidad autoritaria del primer fenómeno, concluyendo que la reelección "nunca puede transformarse en un derecho a eternizarse en el poder, como estipula la Comisión de Venecia" (NOHLEN, 2020: 77).

Referendo

Teodoro Yan GUZMÁN HERNÁNDEZ

Es una institución de democracia directa, mediante la cual se consulta al cuerpo electoral un determinado tema de naturaleza jurídica, para que los ciudadanos se pronuncien en las urnas y decidan sobre la base de una votación mayoritaria.

El referendo es el clásico mecanismo de consulta popular, a tales fines, el más usado en la actualidad. SCHMITT (1992) advertía que no es recomendable designar como referéndum todos los casos de votación popular, sino que debe reservarse para el caso en que se someta a los ciudadanos un acuerdo de la representación popular (p. 274).

El referendo es una de las instituciones de participación directa sobre la que más se ha teorizado, en parte debido a que ha sido la que más visibilidad ha tenido cuando se ha usado para el nivel nacional. A través del referendo se han tratado de paliar los defectos y debilidades de la democracia representativa en sentido general, en tanto ha sido una forma de imponerle correctivos al parlamentarismo europeo, cuestión que ha traído criterios divididos en la doctrina.

Se ha derivado una variada tipología de esta institución. Entre las más comunes se encuentran la de referendo constitucional, para denotar cuando recae sobre la reforma de la Constitución o sobre algún tema vinculado al proceso de creación, con la intención de distinguirlo del referendo legislativo, que es el más común y cuyo objeto es una cuestión de ley ordinaria. Desde una perspectiva territorial, se refiere a referendo local para los casos en que se reserve para materias, temas o normas de ese nivel del poder público, a diferencia del referendo nacional.

El referendo de arbitraje de la Constitución de Weimar (1918) pervive en la Constitución de Chile (1980), se emplea a iniciativa del presidente para que la ciudadanía decida un conflicto entre el ejecutivo y el legislativo en el marco del procedimiento legislativo, al darse el veto presidencial a un proyecto aprobado por ambas cámaras y estas insistir con 2/3 de sus miembros.

Una distinción relevante del referendo es aquella que diferencia el referendo preceptivo u obligatorio del facultativo o potestativo. En el primer caso viene impuesto por la Constitución o la ley, como requisito para completar la validez de una disposición jurídica o de la reforma constitucional, incluso para la aprobación de un tratado internacional, mientras que el segundo tiene lugar a iniciativa de determinados sujetos legitimados para ello, que puede variar en dependencia del modelo constitucional.

Esto último produce la distinción entre los referendos iniciados a solicitud de la ciudadanía de aquellos que dependen de la iniciativa de un órgano estatal, generalmente el legislativo o el ejecutivo, sin perjuicio de otros entes de la sociedad civil, como en el caso de Cuba, que puede ser instado por las organizaciones sociales y de masas.

Una última clasificación del referendo puede hacerse teniendo en cuenta su efecto; así la Constitución de la República Bolivariana de Venezuela (1999) regula y distingue los referendos aprobatorio, consultivo, revocatorio y abrogatorio. El referendo con este último fin, explícitamente se regula también en las Constituciones de Costa Rica (1949) y Uruguay (1966).

Ha sido tendencia que en el marco de la institución se exija un *quorum* de participación durante la consulta, al efecto de dotar de legitimidad al resultado, toda vez que este tiene efecto vinculante. La institución también presenta límites similares a la iniciativa popular legislativa, sobre todo cuando se puede activar por la ciudadanía. De ahí que temas presupuestarios, tributarios, crediticios, seguridad, aprobación de empréstitos y contratos o actos de naturaleza administrativa queden sustraídos de ser consultados a través de este mecanismo.

En América Latina, Argentina, Bolivia, Brasil, Colombia, Costa Rica, Cuba, Ecuador, Guatemala, Honduras, México, Nicaragua, Panamá, Paraguay, Perú, República Dominicana, Uruguay y Venezuela reconocen al referendo en su Constitución. La puesta en práctica del referendo en América Latina ha pasado de ser un "evento participativo" relativamente extraordinario y generalmente con una finalidad plebiscitaria antes de la última década del siglo XX, para normalizarse su empleo, sobre todo, al efecto de legitimar reformas constitucionales y cerrar el ciclo de validez de las leyes dentro del procedimiento legislativo.

Con naturaleza plebiscitaria deben recordarse los referendos convocados en el marco de las dictaduras militares, por ejemplo, el convocado por el gobierno *de facto* en Uruguay en 1980, que concluyó con la derrota de la propuesta de los militares. Una suerte diferente corrió la propuesta de PINOCHET y de la junta militar que derrocase por la fuerza al presidente constitucional Salvador ALLENDE, cuando ese mismo año el primero convocase a un plebiscito para aprobar la nueva Constitución.

Algunos referendos constitucionales se han celebrado sin previsión legal para su puesta en práctica, como el que dio paso a la Constitución cubana de 1976. En otros ha hecho falta el resultado positivo de un plebiscito anterior para encauzar el referendo constitucional, como fueron los casos de la Constitución colombiana de 1991, producto del movimiento cívico-estudiantil "la Séptima papeleta", o al fallido proceso constituyente chileno, que culminó con la imposición del "no" en el referendo de 2022. No obstante lo anterior, existe un amplio registro de referendos legislativos de carácter preceptivo, que se han llevado a cabo en América Latina en los últimos 40 años de democracia.

Reforma constitucional

Omar Alberto García Palacios

Es el instituto jurídico que sirve como garantía para la protección de la Constitución. Se trata de un mecanismo que la propia Constitución se da a sí misma con el fin de asegurar su supremacía respecto de las demás normas del ordenamiento jurídico. La reforma constitucional existe dentro del concepto de constituciones rígidas, es decir, constituciones que establecen procedimientos diferenciados para producir o cambiar la Constitución frente a los procedimientos ordinarios para la producción normativa. La reforma constitucional permite la adaptabilidad de la Constitución en el tiempo. Es el instrumento de garantía constitucional que proporciona su continuidad en el tiempo mediante su adaptación a los cambios sociales.

La reforma constitucional nace en el momento en que se crea una Constitución y se establece dentro de ella misma la exigencia de observar un procedimiento rígido para poder hacer cambios en sus artículos. Desde que aparecen las primeras constituciones escritas, doctrinariamente, se comienza a hablar de constituciones rígidas frente a flexibles (aquellas que no diferencian entre la forma de producirlas, cambiarlas, reformarlas de la producción normativa ordinaria que realizan los parlamentos, específicamente, la ley).

Con el paso del tiempo, las constituciones van diseñando con mayor o menor rigidez procedimientos específicos para cambiar o reformar las constituciones. Doctrinariamente van a ir apareciendo varios conceptos íntimamente vinculados a la reforma constitucional. En ese sentido, los conceptos de supremacía constitucional, rigidez, control, mecanismos de garantías y, por supuesto, aparecerá la idea de justicia constitucional (ver voz Justicia constitucional).

En el ámbito latinoamericano, cada país, desde su primer texto constitucional, diseñó un apartado específico en el que se reguló el procedimiento de reforma constitucional.

Las constituciones latinoamericanas establecen procedimientos específicos para la reforma constitucional, y en su mayoría, las normas que regulan el quehacer de los órganos legislativos desarrollan estas previsiones constitucionales. Por ejemplo, a nivel constitucional: México (artículo 135); Cuba (artículos 226-229); República Dominicana (artículos 267-272); Guatemala (artículos 277-281); El Salvador (artículo 248); Honduras (artículos 373-375); Nicaragua (artículos 191-195); Costa Rica (artículos 195-196); Panamá (artículos 313-314); Colombia (artículos 374-380); Ecuador (artículos 441-444); Bolivariana de Venezuela (artículos 342-346); Brasil (artículos 59-60); Perú (artículo 206); Plurinacional de Bolivia (artículos 410-411); Uruguay (artículo 331); Paraguay (artículos 289-291); Argentina (artículos 30 y 39) recogen diversos elementos relacionados con la reforma constitucional.

La reforma constitucional obedece a lo que la doctrina ha denominado "necesidad" de hacer el cambio. Esta necesidad varía según los países, hay países que reforman con mayor facilidad su Constitución y existen otros que son más conservadores con la reforma.

Así pues, la reforma constitucional es un instituto jurídico que obedece a motivaciones o decisiones políticas canalizadas a través de procedimientos jurídicos previamente establecidos en los textos constitucionales. Qué se reforma, cómo y cuándo obedece a varios factores, entre otros: 1) la voluntad política de hacerlo, ello conlleva contar con los votos suficientes para poner en marcha una reforma; 2) la opinión pública y su valoración sobre el tema; 3) el procedimiento constitucional que cada país tiene establecido. Cada Estado, a través de los diversos actores políticos con capacidad para emprender una reforma constitucional decide qué reformar y cuándo hacerlo. Los límites y el control jurisdiccional de la reforma son otros elementos de estudio de este tema. La organización de los parlamentos, según sea unicameral o bicameral, determina la facilidad o dificultad para reformar, el tratamiento sobre las aprobaciones y exigencias de consultas a la población para su entrada en vigencia son factores a considerar a la hora de estudiar la reforma constitucional.

Por último, cada Constitución determina qué cosas pueden ser reformadas y qué no. Admite las reformas parciales y los procedimientos para preparar nuevos procesos de elaboración de nuevas constituciones. Doctrinariamente, esto se mueve entre el poder de revisión o reforma y el poder constituyente. Algunos llaman constituyente y constituyente constituido. En esta voz hemos apuntado a la reforma constitucional como un poder constituido, creado por la propia

Constitución a través de un procedimiento previamente establecido y con la idea de adaptabilidad de la Constitución en el tiempo, ajustarla a los cambios políticos, sociales y económicos, que permitan seguir teniendo un texto normativo y un texto vivo. La reforma permite que la Constitución siga viva y se aplique con toda su normatividad.

Refugio

Ciro Añez

Es una institución de carácter humanitaria, cuya finalidad primordial es dar protección y atención a las víctimas de sucesos históricos en el mundo, la misma que aún se mantiene vigente.

Esta práctica tiene su origen en la Antigüedad, configurando la inviolabilidad de la persona perseguida por cualquier motivo si era admitida en un santuario, generalmente un lugar sagrado o de culto religioso. Este antecedente de los santuarios, luego se convierte en protección internacional a partir del surgimiento del Estado moderno y del concepto de soberanía territorial, dado que sus perseguidores no ejercen jurisdicción sobre el territorio al que ha llegado.

Las constituciones democráticas reconocen al asilo y al refugio como derechos de los perseguidos, debiéndose aplicar el principio de no devolución.

En el Derecho internacional americano se hace la diferencia entre el asilo y el refugio, destinado el primero a evitar la persecución política, fundamentalmente que se origina en la actividad del aparato estatal, a diferencia del refugio, que busca dar protección a quienes son perseguidos por razones de raza, religión, nacionalidad y otras relativas a la pertenencia de grupos sociales, que al no encontrar o no poder ser protegidos en su propio país, debido a temores fundados, se ven obligados a permanecer en otra nación sin regresar al Estado del que provienen; o, por motivos que ha huido y no puede retornar a su país porque su vida, seguridad o libertad han sido amenazadas por la violencia generalizada, agresión extranjera, conflictos internos, la violación masiva de los derechos humanos u otras circunstancias que hayan perturbado gravemente el orden público. Esta diferenciación es posible evidenciarla en sus legislaciones.

En el Derecho internacional, el término *refugiados* es entendido como aquellas personas que, como resultado de persecuciones, operaciones bélicas u otras circunstancias excepcionales, han abandonado el país de su residencia. Este concepto se introduce con más vigor después de la Primera Guerra Mundial.

Aproximadamente en 1921 empezó a organizarse la asistencia internacional a los refugiados, con el nombramiento del ciudadano noruego Fridtjot NANSEN en calidad de Alto Comisionado de la Sociedad de las Naciones para los Refugiados y en su homenaje surgió en la Sociedad, el pasaporte Nansen como documento de identidad para refugiados.

Los primeros esfuerzos orgánicos para proteger a los refugiados se efectuaron en 1933 en beneficio de los refugiados rusos y armenios. En mayo de 1945, se estima que en Europa existía aproximadamente 40,5 millones de personas desplazadas, sin tomar en cuenta la exorbitante cantidad de trabajadores forzados no alemanes ni los germanos que escaparon del avance del ejército soviético.

Durante la Segunda Guerra Mundial se estableció, en el año 1943, la Administración de Socorro y Rehabilitación de las Naciones Unidas (ASRNU), constituyéndose el primer organismo internacional que dedicó esfuerzos específicos para refugiados y personas desplazadas. Posteriormente, el 15 de diciembre de 1946, se instituye la Organización Internacional de Refugiados (OIR), la cual funcionó hasta febrero de 1952.

A partir de la década del cincuenta, el fenómeno cambió de escenario, como, por ejemplo, el desmembramiento de India y Pakistán (1947), la división de Corea y posterior confrontación bélica entre Corea del Norte y Corea del Sur (1950); los conflictos en Vietnam, Laos y Camboya. La extensa guerra civil y la instauración del régimen comunista en China (1949); con la posterior intervención de China en el Tíbet, dando lugar a movimientos masivos de población, sumados a severos problemas para su reasentamiento. Del mismo modo, los conflictos suscitados en África, como consecuencia de su emancipación, división y sucesiva creación de Estados, modificando el mapa político de la región.

Entre los conflictos intermitentes, la numerosa leva de refugiados árabes palestinos en el Medio Oriente causa preocupación, al igual que las crisis suscitadas de orden político- social en Latinoamérica, no siendo esta tampoco ajena a toda esta problemática.

En fecha 03 de diciembre de 1949, la Oficina del Alto Comisionado de las Naciones Unidas para los refugiados (ACNUR), con motivaciones humanitarias y apolíticas, es creada por la Asamblea General de la ONU y entró en funcionamiento desde el 01 de enero de 1951. La referida oficina presta protección jurídica y brinda asistencia material, mediante la iniciativa de un gobierno o del Secretario General de la ONU. El Alto Comisionado es electo por la Asamblea General, a propuesta del Secretario General, y responde de sus actos ante la Asamblea. La Oficina fue distinguida con el premio Nobel de la Paz 1954, en virtud de su trabajo para brindar socorro y ayuda a los innumerables refugiados y personas desplazadas en tiempos de posguerra.

La Asamblea General de la ONU celebró en Ginebra una Conferencia de Plenipotenciarios para redactar una Convención multilateral sobre la condición jurídica de los refugiados, habiendo aprobado el 28 de julio de 1951, la Convención de las Naciones Unidas sobre el Estatuto de los refugiados, que entró en vigor el 21 de abril de 1954. Este instrumento se completa con el Protocolo suscrito también en Ginebra, el 31 de mayo de 1967. Para entonces, la URSS no participó en ambos eventos internacionales.

Cabe mencionar que, en 1963, se adoptó la Convención de la Organización de la Unidad Africana, que rige aspectos concretos de los refugiados en ese continente, y posteriormente la Declaración de Cartagena sobre los refugiados (1984), adoptada por el "Coloquio Sobre la Protección Internacional de los Refugiados en América Central, México y Panamá: Problemas Jurídicos y Humanitarios", celebrado en Cartagena, Colombia, del 19 al 22 de noviembre de 1984.

Estos instrumentos internacionales definen la situación jurídica de los refugiados, establecen sus derechos y deberes, también estipulan normas relativas a la protección contra la repatriación involuntaria, las expulsiones y detenciones ilícitas, así como los derechos del refugiado en cuanto a empleo, educación y asistencia pública. Ante situaciones de repatriaciones voluntarias o el apoyo local en otro país, la Oficina del Alto Comisionado proporciona todo tipo de ayuda, desde cubrir gastos y coordinar operaciones de transporte en gran escala, para colaborar en el establecimiento de nuevas comunidades rurales o en fortalecer la infraestructura de los países anfitriones; además de propiciar negociaciones con gobiernos para que acepten refugiados en sus países.

El Estatuto del ACNUR señala que un refugiado es aquel que "debido a fundados temores de ser perseguido por motivos de raza, religión, nacionalidad, pertenencia a un determinado grupo social u opiniones políticas, se encuentre fuera del país de su nacionalidad y no pueda o, a causa de dichos temores, no quiera acogerse a la protección de su país; o que careciendo de nacionalidad y hallándose, a consecuencia de tales acontecimientos fuera del país donde antes tuviera su residencia habitual, no pueda o, a causa de dichos temores no quiera regresar a él" (artículo 1-A, numeral 2, de la Convención sobre el Estatuto de los Refugiados de 1951, que entró en vigor desde el 22 de abril de 1954).

Con todo ello, en el marco de las Naciones Unidas, la Convención de 1951, complementada con el Protocolo del 31 de mayo de 1967, ambos suscritos en Ginebra, son los principales instrumentos para la protección internacional de los refugiados, el cual codifica los derechos básicos de los refugiados, además de las normas esenciales sobre el trato que debe dárseles. Entre los derechos protegidos se encuentra el respeto al principio de no devolución y el derecho a un tratamiento mínimo humanitario.

Republicanismo

José Walter MONDELO GARCÍA

La tradición republicana es una corriente de pensamiento y acción política surgida a mediados del milenio I a.n.e, que ha ejercido una poderosa influencia en la historia y que experimenta hoy, después de dos siglos de eclipse, un notable resurgimiento. Sus orígenes se ubican en las *polis* del Mediterráneo oriental, escenario de intensas luchas de clases donde tomó forma y se consolidó un conjunto de reflexiones y prácticas políticas que, expresado en leyes e instituciones, por primera vez en la historia humana, defendió la política como un asunto de todos y no como un coto exclusivo de privilegiados. El republicanismo es esencialmente una corriente política caracterizada por una concepción antitiránica, contraria a toda dominación, que reivindica la libertad en estrecha conexión con la propiedad y defiende una comunidad de hombres libres; así como propugna la defensa de ciertos valores cívicos indispensables para el logro de la libertad buscada. Por ello, la política consiste en un ejercicio compartido, donde cada uno gobierna y es gobernado por los demás, como famosamente dejó dicho ARISTÓTELES.

El republicanismo antiguo aparece común y justamente asociado a los nombres de EFIALTES, PERICLES, PROTÁGORAS o DEMÓCRITO (en su versión democrático-plebeya) y a los de ARISTÓTELES o CICERÓN (en su versión no democrática). Eclipsada durante el Imperio, la tradición republicana resurge con las revueltas populares de la Edad Media. Durante los largos siglos del Medioevo, son numerosísimos los movimientos populares de toda clase, incluyendo motines, insurrecciones y revoluciones, para reclamar los derechos del pueblo llano, de la plebe, de los comunes. Más tarde, el desarrollo de las repúblicas comerciales italianas y de las ciudades libres de los Países Bajos impulsó un conjunto de prácticas políticas declaradamente inspiradas en los modelos de la Antigüedad, y el pensamiento político que las teorizó y legitimó (la filosofía política de Marsilio DE PADUA, el humanismo cívico de MAQUIAVELO y ERASMO), se vio a sí mismo como continuador de la tradición de pensamiento republicano que venía desde Atenas y Roma.

En el mundo moderno reaparece también en sus dos variantes: la democrática, que aspira a la universalización de la libertad republicana y a la consiguiente inclusión ciudadana de la mayoría pobre, y aun al gobierno de esa mayoría de pobres; y la no democrática, que aspira a la exclusión de la vida civil y política de quienes viven por sus manos, y al monopolio del poder político por parte de los ricos. Los grandes debates políticos que siguieron a la conquista y colonización de América por los europeos significaron el comienzo de las primeras reflexiones políticas modernas, obra de los teólogos de la Escuela de Salamanca (Francisco DE VITORIA, Domingo DE SOTO, Bartolomé de LAS CASAS y Juan DE MARIANA), que hicieron nacer el concepto de derechos humanos como fundamento de la soberanía popular y actualizaron la tradición republicana. Un siglo más tarde, las grandes luchas políticas que precedieron y condicionaron las revoluciones populares de los Países Bajos, Inglaterra y luego la independencia norteamericana y la Revolución francesa encontraron en autores como SPINOZA, LOCKE, MONTESQUIEU, ROUSSEAU, KANT, Adam SMITH, Tom PAINE, JEFFERSON, MADISON, ROBESPIERRE y MARX, su expresión y concreción teórica más acabada e influyente.

Cualesquiera que sean sus diferencias en otros respectos, todos estos autores comparten al menos dos convicciones. La primera: que ser libre es estar exento de pedir permiso a otro para vivir o sobrevivir, para existir socialmente; quien depende de otro particular para vivir es arbitrariamente interferible por él, y por lo mismo, no es libre. Quien no tiene asegurado el derecho a la existencia por carecer de propiedad, no es sujeto de Derecho propio *(sui iuris)*, vive a merced de otros, y no es capaz de cultivar ni menos de ejercitar la virtud ciudadana, precisamente porque las relaciones de dependencia y subalternidad le hacen un sujeto de Derecho ajeno, un *alieni iuris*, un alienado. Y la otra: que sean muchos (democracia plebeya) o pocos (oligarquía plutocrática) aquellos a quienes alcance la libertad republicana, esta, que siempre se funda en la propiedad y en la independencia material que de ella deriva, no podría mantenerse si la propiedad estuviera tan desigual y polarizadamente distribuida, que unos pocos particulares estuvieran en condiciones de desafiar a la república, disputando con éxito al común de la ciudadanía el derecho a determinar el bien público. Como observó MAQUIAVELO, cuando el grueso de la propiedad está distribuido entre un puñado de gentilhombres (de magnates), no hay espacio para instituir república alguna, y la vida política solo puede hallar alguna esperanza en la discreción de un príncipe absolutista.

La teoría política y social republicana se ha distinguido de otras prácticas y concepciones políticas, ante todo por su concepción de la libertad; la libertad en política no es el goce de la vida privada ausente de interferencias de poderes públicos o del ejercicio del libre arbitrio cuyo único límite sea la libertad de los demás (libertad negativa o libertad liberal). La libertad empieza donde comienza la de todos. La libertad republicana es autogobierno. Somos libres obedeciendo a las leyes que nos damos todos, porque de esta manera nos obedecemos a nosotros mismos, como ya exigió KANT. Las normas se generan en la ley que los humanos nos damos a nosotros mismos y de esa manera creamos el orden moral y colectivo esencial. Somos colegisladores —por el uso de nuestra razón y libertad— de la ley y el orden social.

En segundo lugar, la libertad es ausencia de dominación de unos por otros. Las relaciones de dominación no se generan en el gobierno, si es republicano, es decir, de todos, sino en todo ámbito donde hay poderosos y desiguales; pues la libertad —la condición de quien posee la capacidad y la garantía de una vida autónoma— no es un objetivo que pueda alcanzar un individuo por sí solo: un sujeto aislado será siempre vulnerable frente al poder del resto. Solo podrá ser realmente libre creando con otros una red de instituciones y normas que regulen la vida común, en condiciones que impidan la imposición arbitraria de quienes por su fuerza o su riqueza están en posiciones de predominio. Es decir, la libertad requiere que el espacio público sea *res publica*, una república donde los ciudadanos políticamente iguales establezcan conjuntamente el marco normativo que garantice su autonomía y evite la dominación ajena. Sin autogobierno político no hay libertad. La libertad no puede disociarse de la condición cívica por la que es posible.

En las últimas décadas, después de un eclipse de casi dos siglos, los trabajos de una nutrida serie de historiadores y filósofos han llevado a un verdadero *revival* del republicanismo. Desde E.P. THOMPSON y sus colegas Christopher HILL, Rodney HILTON y Eric HOBSBAWM, pasando por autores como J.G.A. POCOCK, Quentin SKINNER y Hans BARON, hasta los más recientes Philip PETIT, Yannic BOSC, Florence GAUTHIER y Antoni DOMÈNECH, se ha redescubierto la enorme trascendencia de la tradición republicana en la génesis y evolución de las ideas y prácticas políticas desde la Antigüedad, por lo que se considera hoy como la tradición de pensamiento político más importante de la historia, y la génesis del constitucionalismo y, en general, del Derecho público moderno.

Reserva de ley

Boris Wilson ARIAS LÓPEZ

La reserva legal es una garantía, una seguridad otorgada por el Estado para que ciertos contenidos normativos se desarrollen a través de leyes formales y no por otras fuentes del derecho, como las costumbres, jurisprudencia, decretos supremos, etcétera. Generalmente estos contenidos en las constituciones latinoamericanas versan sobre: 1) limitación de derechos; 2) tipificación de delitos; 3) establecimiento de impuestos; 4) regulación de los estados de excepción.

En este sentido, respecto a la limitación de derechos; por ejemplo, en América, la Corte Interamericana de Derechos Humanos (Corte IDH), en la Opinión Consultiva OC - 6/86 del 9.05.1986, referida al término *leyes* del artículo 30 de la Convención Americana sobre Derechos Humanos —que establece que: "Las restricciones permitidas, de acuerdo con esta Convención, al goce y ejercicio de los derechos y libertades reconocidas en la misma, no pueden ser aplicadas sino conforme a leyes..."— provocó que el órgano interamericano establezca que la limitación de derechos debe realizarse solo y únicamente por leyes formales emergentes del legislativo, y no por leyes materiales como son los reglamentos de los órganos ejecutivos o sentencias judiciales, porque el órgano legislativo es más democrático en la medida en la que se compone de mayorías y minorías, de forma que estas últimas puedan ser escuchadas; pero además, debido a que el procedimiento legislativo permite un debate público y abierto de contenidos, los cuales son o deberían ser de interés de toda la comunidad.

En materia de regulación de los estados de excepción, las constituciones han diferenciado escenarios de normalidad y anormalidad, existiendo en estas últimas situaciones la posibilidad de trastrocar la parte orgánica y dogmática de la Constitución política del Estado y limitar derechos fundamentales; en este sentido, los estados de excepción tienen el objeto de afrontar situaciones imprevistas por el legislador constituyente que pongan en vilo a la existencia o identidad de la vida política de un país, de tal forma que son instrumentales en la medida en que son medios para preservar las instituciones del Estado democrático, y permitir el retorno a una situación de normalidad, de ahí que si bien puede decidirse su declaración por el órgano ejecutivo, la regulación debe hacerse necesariamente a través de leyes a efectos de evitar el desvío de poder, puesto que se afectan derechos y garantías, y trastoca la distribución de competencias entre órganos de poder.

En lo relativo a la materia penal, el principio de reserva legal constitucional implica: a) la necesidad de que exista una *lex praevia,* es decir, una norma vigente, entrañando una prohibición de aplicación retroactiva de la norma; b) la necesidad de que la norma penal sea una *lex stricta,* lo que supone en las constituciones la prohibición de aplicar la analogía *in malam partem*; c) la exigencia de una mínima certeza, es decir, la *lex certa,* de forma que exista seguridad y taxatividad en la elaboración del mandato penal, sea en la descripción de la conducta prohibida u obligatoria como consecuencia jurídica, es decir, la sanción o castigo, lo que presupone una prohibición de generalización en la tipificación de la sanción penal. Al decir de Claus Roxin, y bajo la misma lógica, la legalidad entonces al menos implica cuatro tipos de prohibiciones, dos dirigidas al juez: 1) la prohibición de la analogía; y 2) la prohibición del Derecho consuetudinario para fundamentar o agravar pena; y dos prohibiciones dirigidas al legislador: 3) la prohibición de leyes penales indeterminadas o imprecisas, y 4) la prohibición de la retroactividad (Roxin, 1997: 140).

Ahora bien, el principio de reserva legal puede matizarse de acuerdo con las particularidades del procedimiento legislativo y la materia que se aborda, puede concretarse mediante ley ordinaria o leyes estatutarias u orgánicas. Por ejemplo, la Constitución de Colombia, en el artículo 152 apunta que se desarrollan por ley estatutaria los derechos y deberes fundamentales y recursos de su protección. La administración de justicia, la organización y régimen de los partidos políticos, los mecanismos de participación ciudadana, lo estados de excepción.

Dicho esto, el imperio de la ley es un requisito del Estado de Derecho, sin embargo, dicho concepto en los últimos años fue reconceptualizado en América Latina, de forma que prevalezca la legitimidad más que la legalidad, por ejemplo, por la sustitución de la ley como elemento básico del Estado de Derecho por los "derechos", como sucede con la Constitución ecuatoriana, que define lo siguiente: "Ecuador es un Estado constitucional de derechos...".

Revocatoria de mandato

Teodoro Yan GUZMÁN HERNÁNDEZ

Es la institución participativa mediante la cual una parte del electorado u otra instancia promueve el fin del mandato conferido o de la responsabilidad asumida de un funcionario o autoridad, antes de que expire el término legal de su encargo público, a fin de que una mayoría de los ciudadanos decida su permanencia o no.

Los orígenes de la revocatoria popular de mandato se remontan a la Grecia antigua, cuando los ciudadanos decidían el destierro de sus gobernantes por temor a que se convirtieran en tiranos o debido a una deplorable conducta de estos. Esta institución siempre ha estado asociada a la relación ideal de los hombres con sus gobernantes. CAMPANELLA (1974) la concebía en su utópico gobierno en su obra *La ciudad del sol* (p. 68). Antes de marcar su impronta en América Latina, la revocatoria de mandato debe asociarse, fundamentalmente, al *aberrufungsrechte* del modelo helvético y al *recall* de algunos estados de Norteamérica. Otra asociación histórica importante de la revocatoria de mandato está en el Decreto de 4 de diciembre de 1917, elaborado por LENIN a raíz de la instauración de los soviets en el poder político.

Para la teoría euroccidental la revocatoria de mandato merece poco interés por su relativa incompatibilidad con el régimen parlamentario predominante. El auge de la regulación constitucional de la revocatoria y de otros mecanismos de democracia directa en América Latina acaeció a finales de los años ochenta, con el objetivo de contrarrestar la crisis del modelo de democracia representativa imperante en la región, reforzando los espacios de incidencia y control de la representación política. La ampliación de su radio de acción se verifica a partir de la Constitución venezolana de 1999, al quedar todos los cargos de elección popular bajo su radio de acción, de lo cual se hicieron eco las Constituciones de Ecuador (2008) y Bolivia (2009). Antes, en el marco de esta oleada constitucional, la habían previsto constitucionalmente los textos de Colombia (1991) y Perú (1993). Desde una perspectiva teórica, la institución se ha asociado de alguna manera al mandato imperativo. Esta asociación fue traducida por la Constitución colombiana de 1991, con la previsión del voto programático, lo cual trae como consecuencia la necesidad la justificar su empleo a partir del incumplimiento del programa o a causa de la insatisfacción general de los ciudadanos.

La revocatoria puede emplearse contra los representantes electos y contra jueces (incluyendo jueces de paz) y otros funcionarios públicos. Esto último no ha sido una práctica extendida en América Latina, aunque las Constituciones de Perú (1993) y de Bolivia (2008) prevén la participación popular en la revocación de los magistrados que provienen de elección popular, en el caso de Bolivia para los magistrados del Tribunal Supremo de Justicia.

La revocatoria ha llegado a emplearse contra jefes de Estado en el marco de modelos presidencialistas, como en los casos de Hugo Chávez en 2004 en Venezuela, Evo Morales en 2008 en Bolivia y López Obrador en 2022 en México. En todos estos casos, la opción del "no" venció y por lo tanto quedaron ratificadas estas figuras en el cargo. En Venezuela y Bolivia, posteriormente, se abrieron expedientes constitucionales a través de la reforma para la reelección indefinida del presidente de la república.

Como la mayoría de los institutos participativos, desde el punto de vista procedimental, su realización consta de dos fases bien delimitadas: la iniciación o activación y la decisión o votación. Algunas regulaciones de este instituto hacen depender la realización de la segunda fase a que en la primera se rebase el umbral de legitimidad necesario, a partir de un *quorum* de participación preestablecido (artículo 72 de la Constitución de Venezuela, 1999). Cada una de esas fases puede tener diversas derivaciones (subfases), en dependencia de la ingeniería normativa que se emplee para la configuración procedimental de la institución. Igualmente, la revocatoria está sujeta a determinados límites, dentro de los principales se encuentran los que tienen que ver con su ámbito de aplicación (quiénes pueden ser los revocables) y los relacionados con el momento en que puede apelarse a la institución (imposibilidad de iniciarla antes de que expire la primera mitad o en el último año del mandato del electo).

A partir de la regulación de la revocatoria de mandato, se hace una clasificación básica de la institución. Puede ser mixta *(mixed recall)* y completa *(full recall)*, en la primera la ciudadanía interviene en una de las fases, generalmente en la fase decisoria de la consulta, como sucedió cuando la revocatoria de Evo MORALES, mientras que en la segunda lo hace tanto en la iniciativa como en la consulta decisoria. Otra clasificación dependerá de la incidencia de la institución en los diferentes niveles del poder público; si se emplea contra un electo del nivel nacional del poder público o si se usa contra uno del nivel local.

Actualmente, en América Latina, la revocatoria de mandato se encuentra regulada en las Constituciones de Bolivia, Colombia, Venezuela, Cuba, Ecuador, Perú y Panamá. En otros ordenamientos del área tiene un reconocimiento en las constituciones estadales como es el caso de Argentina. Solo en las tres primeras se habilita contra el presidente y en todos, la revocatoria incide en el espacio local. En Panamá, además de la que se prevé a iniciativa de la ciudadanía, se emplea contra los legisladores, a propuesta de los partidos. En un contexto diferente, de monopartidismo, en Cuba se regulan como revocatoria de mandato variantes de remoción a diputados a la Asamblea Nacional y al presidente del Consejo Estado, sin intervención de la ciudadanía. En estos casos de Panamá y Cuba no se configura la institución como un mecanismo de democracia directa, y termina desnaturalizándose su naturaleza jurídico-constitucional.

De un balance parcial de la regulación de este instituto en América Latina resulta que este instituto encuentra mayor reconocimiento, regulación procedimental y grado de aplicación a nivel local, también se observa cierta diversidad en su regulación, en lo cual incide, en la suerte de la materialización de este instituto, la regulación de requisitos y otras cuestiones de procedimiento. Perú es el país en el que más se emplea esta institución, no solo en América Latina, sino en el mundo. En este sentido, TUESTA SOLDEVILLA (como se citó en WELP & SERDÜLTZ, 2012: 17) llamó la atención respecto a que entre 1997 y 2013 se iniciaron 5 303 revocatorias en el periodo comprendido, que dieron lugar a la revocación de 302 alcaldes y 1 435 regidores.

Según María Luisa Eberhardt (2017, s/p) cuando los requisitos y procedimientos dificultan la puesta en práctica de la revocatoria, a tal punto que hacen prácticamente imposible cumplimentarlos, la revocatoria adopta un rol formal en el modelo, los electores no aprecian su utilidad democrática y puede caer en desuso progresivamente. Esto último ha tenido lugar en Cuba, después de más de 40 años de regulación en su forma directa contra los delegados municipales, sin perder de vista que esta patología en el caso cubano responde a otras razones. La estadística recogida en países como Venezuela, Bolivia y Ecuador hasta 2017 por esa autora, a través de la cual se compara el total de revocatorias promovidas, con las que llegaron a consulta popular al poderse cumplir los exigentes requisitos legales y, posteriormente, con las que la remoción se pudo concretar, deja al descubierto la complejidad de este mecanismo y cómo algunos ordenamientos han tenido que "flexibilizar" las exigencias y requisitos procedimentales de la institución.

S

Sala de máquinas

Alex Hassan RENDÓN TERRAZAS

Desarrollado por Roberto GARGARELLA, la "Sala de máquinas de las constituciones" es un concepto que pretende analizar con visión crítica la relación desproporcional entre la parte dogmática (derechos) y la parte orgánica (estructura y organización del Estado) de las constituciones en América Latina. El argumento principal del análisis consiste en que, a pesar del importante desarrollo en el reconocimiento de derechos en la parte dogmática, no se generaron transformaciones profundas porque en estas nuevas constituciones, el diseño de las instituciones es obsoleto y no permite acompañar los cambios proyectados (GARGARELLA, 2015).

Si se toma como contexto los cambios constitucionales en América Latina, podemos citar cómo en Bolivia, por ejemplo, se creó el Consejo de la Magistratura y del Ministerio Público y se introdujeron instituciones encaminadas a promover la participación ciudadana al diseño organizativo estatal; al igual que en Ecuador se creó la Función de Transparencia y Control Social; pero lo cierto es que las antiguas configuraciones de poder no fueron sustancialmente reformadas. Así, al momento de implementar la norma suprema se advirtieron fuertes tensiones entre las antiguas instituciones con las nuevas creadas, situación que pudo haber sido advertida por los constituyentes cuando diseñaron la arquitectura estatal, a efectos de limitar ese estrés organizacional y de funciones.

Por otro lado, la relación entre las viejas estructuras y los nuevos derechos genera un contexto que obstaculiza la realización de las reformas vanguardistas de la parte dogmática. Por este motivo, los constituyentes debieron considerar cómo respondería la "sala de máquinas" a los cambios, situación que es esencial para la implementación de los nuevos paradigmas.

Otro elemento central de esta crítica se trata sobre la posición de la sociedad en la nueva organización estatal. Se cuestiona que, a pesar de existir intentos de desconcentración del poder en las constituciones latinoamericanas, y que ellas hayan permitido ingresar a la ciudadanía en la parte dogmática o de derechos; en el fondo, no fueron tomados en cuenta en la misma medida en la parte organizativa del Estado.

En el marco de sistema de justicia constitucional, si bien tradicionalmente también se ha criticado a las salas, cortes y tribunales constitucionales la limitada apertura a la ciudadanía, Jorge Ernesto ROA ROA (2021) señala que la configuración institucional del sistema de justicia podría desempeñar un papel fundamental en una teoría de la justicia constitucional dentro del contexto del constitucionalismo latinoamericano, ya que la propuesta implicaría fomentar la protección judicial de los derechos a través de la deliberación democrática tanto dentro como fuera de los tribunales.

De esta manera, la protección de derechos fundamentales y garantías constitucionales a partir de recursos judiciales en la justicia constitucional, como el amparo, la acción popular, las acciones de inconstitucionalidad, entre otras; pueden constituir vías de incursión de la ciudadanía a la "Sala de Máquinas" en las configuraciones constitucionales de los países de la región. Sin embargo, en el marco del constitucionalismo transformador, también es importante reconocer que las Altas Cortes aún tienen desafíos importantes para garantizar mecanismos de apertura a la participación ciudadana y el acceso a la información en el proceso de toma de decisiones.

Sanción y veto presidencial

Matías VALENZUELA

El veto presidencial es un mecanismo constitucional que faculta a las y los jefes de Estado legítimos para rechazar un determinado proyecto de ley que ha sido previamente aprobado por el poder legislativo, pero que aún no termina el trámite de promulgación de forma efectiva. El veto presidencial tiene por objeto impedir que ese continente normativo se convierta en ley. Existen mecanismos —en la lógica de los *controles* y *contrapesos*— estipulados en algunas constituciones del continente, con los cuales, mediante votaciones supramayoritarias, habilitan la opción de invalidación en favor del legislativo.

Los sistemas políticos presidencialistas o semipresidencialistas otorgan un rol activo en la constelación de la *gobernabilidad* a quienes ostentan la responsabilidad ejecutiva, introduciendo poderes sustantivos como una forma de reforzamiento de la influencia de las y los presidentes, o bien, según nos señala la experiencia histórico-concreta, como un instrumento de negociación de políticas a nivel interinstitucional. La sanción de un proyecto de ley implica como mínimo, y dada su naturaleza *posreacción*, rechazar o retener la promulgación del texto en cuestión. En principio, ello le da al presidente la posibilidad de proteger la Constitución, la separación de poderes, fortalecer su liderazgo y mantener bajo control la agenda política.

Como sabemos, la distribución material del poder político en un Estado puede ser muy diferente de la distribución de poderes formales. La cultura política, que incluye costumbres, convenciones y expectativas arraigadas, siempre será un activo decisivo para establecer esta diferencia. Y en el continente latinoamericano, de fuerte raigambre presidencialista, una de las facultades más importantes que poseen los presidentes es la capacidad para vetar las disposiciones aprobadas por el poder legislativo mediante vetos totales, parciales y de bolsillo, la mayoría de las veces con respuestas posibles mediante mayorías calificadas de parte del legislativo.

En América Latina, todas las constituciones les confieren a los mandatarios dicho poder, la diferencia radica en los alcances del veto; es decir, puede ser total o parcial. Desde un análisis comparado, podemos afirmar que existe veto total en República Dominicana, Guatemala y Bolivia. En otros países se produce una combinación entre los institutos del veto total y parcial, las Constituciones de Venezuela, Uruguay, Panamá, Nicaragua y México son ejemplos de ello. Con sus particularidades, la experiencia chilena, de El Salvador y de Honduras también contiene esta *combinatoria*. De igual manera existen casos en donde el titular del ejecutivo está facultado para utilizar diferentes tipos de veto, como son los casos de Paraguay, Ecuador, Costa Rica, Colombia, Brasil y Argentina. La *constante* en todos los países es el poder de vetar de forma total las leyes expedidas por el congreso, la diferencia radica en que en algunos países, el presidente puede vetar toda la ley, una parte de esta, o simplemente retrasar su promulgación y, con ello, congelarla cuando esté en desacuerdo con la nueva legislación (en la impronta del "juego de negociaciones" señalado más arriba).

Es menester señalar que las diferencias más relevantes se refieren a las exigencias para superar el veto presidencial. En la mayoría de las cartas constitucionales se requiere de una mayoría calificada, esto es, dos terceras partes de los miembros presentes de las cámaras (en algunas experiencias bicamerales). No obstante, hay países que habilitan esta posibilidad mediante mayoría absoluta (Brasil, Colombia, Nicaragua, Paraguay, Perú y Venezuela).

Existen otras *singularidades*, en Ecuador, por ejemplo, se determina como requisito una mayoría calificada para superar el veto total y una mayoría absoluta para el veto parcial. En la República Oriental del Uruguay se establecen como requisitos que tres quintas partes de los miembros de ambas cámaras manifiesten oposición al uso de la facultad ejecutiva. Lo anterior también implica que en todos los casos, las legislaturas latinoamericanas cuentan con este instrumento para superar un posible veto del ejecutivo.

Segunda vuelta electoral

Miluska ORBEGOSO SILVA

La democracia hace referencia al origen popular del poder y en términos electorales supone que quien sea elegido como cabeza del ejecutivo, el presidente, haya sido elegido por la mayoría, es decir, en términos llanos, por el 50 % más 1 de la población electoralmente activa de conformidad con la regulación de cada país.

En ese orden de ideas, la segunda vuelta electoral o denominada también *ballotage* hace referencia a ese proceso electoral que se inicia cuando luego de una votación, ninguno de los candidatos ha sido elegido por la mayoría y, por lo tanto, se exige que se lleve a cabo un nuevo proceso electoral, denominado "segunda vuelta electoral", en el cual suelen participar los dos candidatos que en la "primera vuelta electoral" alcanzaron los más altos niveles o porcentajes de votación.

Este "nuevo" proceso busca la elección por una real mayoría para que cuente con legitimación popular. Por ello se siguen las mismas reglas y pasos que en la primera vuelta o primera votación, a fin de que se garantice la elección.

El origen de esta figura lo podemos rastrear hasta 1852, durante la instauración del Segundo Imperio de Napoleón III en Francia. Coinciden los autores en que se trata de una institución típica del Derecho constitucional francés y que posteriormente fue aplicada en distintos países europeos como Bélgica en 1899 y Holanda en 1917, donde también se aplicó "la segunda vuelta electoral" para luego ser dejado de lado.

En lo que respecta a Latinoamérica, debemos señalar que la incorporación de "la segunda vuelta electoral" al Derecho electoral es reciente. Este antecedente se remonta a la década de los setenta, cuando los países latinoamericanos vivían un proceso de transición hacia la democracia —la cual aún no se ha conquistado—, intentando legitimar el poder de quien sea electo para fungir como presidente. Es por ello que, desde nuestro punto de vista, el análisis de esta figura, más que jurídico ha sido político, pues trae consecuencias importantes en la propia constitución de los partidos políticos, su participación y presencia en el mundo político de un país.

Finalmente, debemos señalar que no todos los países latinoamericanos prevén esta figura, como es el caso de México. No obstante, se trata de una institución que lejos de perderse, se va extendiendo, como en el caso de Perú, Colombia, Chile, Brasil, entre otros. Así, se empleó por primera vez en Brasil en 1989; en Chile en 1989; en Guatemala en 1985; en Colombia en 1994; en Ecuador en 1978; en El Salvador en 1984; y en República Dominicana en 1996.

Sentencia constitucional

Betty Carolina Ortuste Tellería

Las sentencias suelen definirse como las resoluciones, veredictos o decisiones finales adoptadas por un juez o tribunal, que ponen fin a un litigio o juicio entre particulares o de estos con el Estado. En la vía constitucional revisten una vital importancia, pues como explica RIVERA SANTIVÁÑEZ (2007), tomando en cuenta el rol de los tribunales o cortes constitucionales como máximos guardianes e intérpretes de la Constitución, sus resoluciones revisten forma y contenido jurídico, pero sus efectos trascienden los intereses privados.

En sede ordinaria, las sentencias son impugnables a la luz del derecho de recurrir o doble instancia, como componente del debido proceso. Una vez que adquieren firmeza por la falta de impugnación o haberse agotado todos los recursos que franquea la ley, adquieren la calidad de *cosa juzgada.* Empero, las sentencias emanadas de una corte o tribunal constitucional no admiten recurso ulterior, pues no tienen otro tribunal superior en grado y son de cumplimiento obligatorio o vinculante, dando lugar a la *cosa juzgada constitucional.*

En cuanto a la evolución en Latinoamérica, en sus inicios la mayoría de los países carecían de un tribunal o corte constitucional especializado. Al retorno a la democracia después de un largo periodo de dictadura militar en la década de los años 60 y 70, muchos países optaron por un sistema constitucional predominantemente kelseniano o con resabios del control difuso. Tal es el caso de Brasil, que en su reforma constitucional de 1988 realiza una conjugación de los modelos estadounidense (difuso) y europeo (concentrado) de justicia constitucional, pues en ambos tiene competencia el Supremo Tribunal Federal para desplegar la función de guardián de la Constitución, sea por la vía recursiva (recurso extraordinario) o por la vía directa, actuando como suprema corte y como tribunal constitucional.

Bolivia instituye el Tribunal Constitucional en la reforma constitucional de 1994, entrando en funcionamiento en 1999. Al órgano se le ampliaron las atribuciones en una reforma del año 2009, delineándose un control constitucional plural para proteger derechos y garantías constitucionales vinculados al Derecho consuetudinario de sus naciones y pueblos indígenas.

En Chile actúan como máximos tribunales superiores de justicia la Corte de Apelaciones y Corte Suprema de Justicia, quienes con sus sentencias sientan jurisprudencia relacionada con derechos fundamentales y humanos al momento de resolver casos contenciosos en su jurisdicción. Por su parte, México ha optado por reservar al Pleno de su Tribunal Supremo de Justicia para resolver mediante revisión el amparo constitucional, los conflictos de competencia y control abstracto de normas en su última reforma constitucional del año 2011.

La labor de las cortes o tribunales constitucionales se subsume en 3 tipos de control constitucional: *tutelar, normativo y competencial o del ejercicio del control político.* En el control constitucional tutelar, las sentencias constitucionales restablecen los derechos fundamentales o garantías constitucionales dentro de acciones de defensa, que hubieran sido indebida o ilegalmente suprimidos, restringidos o amenazados.

En un sistema constitucional concentrado, las sentencias que emergen del ejercicio de un control constitucional normativo, *pueden modificar el ordenamiento jurídico del Estado,* pues su Tribunal especializado hace las veces de legislador negativo y con efectos abrogatorios o derogatorios. En cambio, en *sistemas constitucionales americanos o difusos,* todos los jueces pueden resolver un caso concreto inaplicando las normas inferiores a la Constitución de advertir alguna contradicción con esta, estando desprovistos sus fallos de efectos anulatorios, derogatorios o abrogatorios. Finalmente, dentro de un control constitucional competencial, las sentencias *delimitan las competencias de los órganos de poder,* restableciendo el correcto funcionamiento del principio de división de funciones y el armónico equilibrio de poderes entre estos.

Las resoluciones emitidas por cortes o tribunales constitucionales suelen ser de 3 clases: *autos, declaraciones y sentencias constitucionales.* Estas últimas están reservadas para resolver demandas, recursos o acciones constitucionales. En cambio, los autos constitucionales son resoluciones o decisiones de admisión o rechazo de un escrito o memorial, desistimiento u otras que se emiten en el desarrollo del proceso, sin resolver el fondo del asunto. Mientras que las declaraciones constitucionales se emplean usualmente para realizar un control constitucional normativo previo, de carácter abstracto e indeterminado, del texto normativo contrastado con la Constitución.

La *estructura* de las sentencias constitucionales tiene las partes siguientes: 1) introductoria; 2) antecedentes con relevancia constitucional; 3) parte conclusiva; 4) fundamentos jurídicos o parte motiva, donde se desarrolla el *obiter dicta* que contiene razonamientos, cuestiones incidentales o doctrina constitucional, que ayudan a comprender el fallo y la *ratio decidendi* o razón de la decisión, que es la que contiene la jurisprudencia o precedente; y *5) parte resolutiva o decisum*, donde se determina la problemática o litis sometida a su conocimiento.

En cuanto a la clasificación de las sentencias constitucionales, esta puede variar de acuerdo con los criterios o puntos de vista que se adopten. Según se determine la constitucionalidad o no de una disposición legal tachada de inconstitucional, las sentencias serán estimatorias o desestimatorias. Desde el punto de vista del contenido, se distinguen en sentencias interpretativas, aditivas o integradoras, sustitutivas o exhortativas. Con frecuencia se emplean las *sentencias interpretativas* para condicionar la validez del precepto si se le da el sentido expresado por el tribunal constitucional; en cambio, las *exhortativas* van dirigidas a autoridades de otros órganos de poder público, dando la oportunidad de que aquellos adopten las medidas conducentes a mitigarlos. Son poco comunes las sentencias *sustitutivas o aditivas* por tratarse de funciones de legislador positivo o creativas, propias de tribunales como el italiano.

En cuanto a su *alcance o punto de vista de las personas*, las sentencias constitucionales podrán ser *inter partes o concretas*, si solo atañen a los sujetos procesales, o por el contrario, serán *generales o erga omnes* si alcanza a la generalidad de la población, aun cuando no hayan intervenido en el proceso. Desde el *punto de vista temporal*, pueden tener *efecto diferido, retroactivo o inmediato*, siendo este último el más común. Sin embargo, las sentencias podrán tener carácter *retroactivo* y será *diferido*, cuando no retiren a una norma, contraria a la Constitución en forma inmediata, sino que posterguen su efecto concediendo un plazo para su modificación o sustitución por otra disposición legal.

Finalmente, otros distinguen en sentencias básicas, fundadoras, derivadas o sustitutivas, moduladoras, reiteradoras o confirmadoras, unificadoras o reconductoras, siendo novedad las resoluciones de doctrina constitucional adoptadas por el Tribunal Constitucional Plurinacional boliviano, de carácter unificador y naturaleza abstracta, puesto que no resuelven un caso concreto, pero establecen directrices y lineamientos generales que deben ser observados por las salas constitucionales o tribunales de garantías cuando resuelvan casos concretos en alguna materia o asunto objeto de análisis doctrinal con trascendencia constitucional.

Sistema electoral

Eliana Roca Serrano

Las nociones de Derecho electoral y sistema electoral han sido utilizadas de forma indistinta y como sinónimos en el mundo académico y político. No obstante, cabe señalar que la primera hace referencia a la dimensión normativa y la segunda a la parte institucional del hecho electoral. En este sentido, el Derecho electoral es el marco normativo y el sistema electoral es el que confiere las reglas a las cuales debe ajustarse el proceso de designación de representantes políticos.

Por otro lado, se hace además una diferencia entre sistema electoral en sentido amplio y específico. Es así que se entiende por sistema electoral en sentido amplio, el proceso electoral, en tanto la administración electoral, la asignación de escaños para la representación, incluyendo, si es el caso, el contencioso electoral. Por razones académicas se adopta la noción específica del sistema electoral, que describe el procedimiento técnico de la elección y al procedimiento mismo, a través del cual los electores expresan su voluntad política en votos, que a su vez se convierten en escaños que configuran la representación y el poder público (Instituto Interamericano de Derechos Humanos, 2017).

Desde esta perspectiva, el sistema electoral es el conjunto de normas o reglas que posibilita la transformación de la voluntad de los electores en órganos de representación política. El sistema determina las reglas por medio de las cuales los electores pueden expresar sus preferencias políticas; así como los procedimientos diversos que hacen posible convertir los votos en escaños parlamentarios (asamblea nacional, departamental y concejos municipales) y cargos políticos unipersonales (presidente, vicepresidente, gobernador, alcalde, etc.), que configuran la representación política de los Estados multinivel en la región.

Existe un sinnúmero de sistemas electorales, pero se los puede reducir a dos grandes tipos: representación por mayoría y representación proporcional. El sistema mayoritario es aquel en el que se elige al candidato que obtiene la mayoría absoluta o relativa; mientras que en el sistema proporcional la representación política refleja la distribución de los sufragios entre los partidos políticos. NOHLEN (2012) indica que existen diferentes tipos de representación por mayoría y proporcional, así como los mixtos. En la representación mayoritaria rigen criterios de elección por mayoría absoluta o mayoría relativa de votos, ya sea circunscripciones uninominales, plurinominales, entre otras, mientras que la representación proporcional puede contemplar sistemas diversos, como el compensatorio, el proporcional puro, entre otros. Por otro lado, existen también los sistemas combinados o mixtos.

Los elementos que conforman el sistema electoral son las listas electorales, el número de escaños, la circunscripción electoral, las reglas para la distribución de escaños electorales (o la conversión de votos en escaños) y la barrera legal (PEDICOME, 2001). Los elementos citados ejercen efectos muy importantes en el conjunto de resultados de una elección, aunque no son determinantes porque intervienen otros factores sociales y culturales.

Ahora bien, del análisis comparado de la Constitución política del Estado (CPE) boliviano y su legislación electoral con otras de la región destacan dos líneas de reformas que dan cuenta del itinerario de transformaciones inclusivas experimentadas en los sistemas electorales y normativa en algunos países de la región. Por un lado, cabe resaltar la incorporación del principio de equivalencia de la representación de hombres y mujeres, traducido en el carácter mandatorio de la implantación de la paridad y alternancia para cargos electivos o en cuotas de participación mínima como primera fase de inclusión. La otra línea se refiere a las medidas de acción afirmativas a favor de los pueblos y naciones indígenas, históricamente excluidos de la representación política en el caso boliviano y otros países de la región.

En el marco de estas medidas se han producido reformas en los sistemas electorales. Es el caso de las listas electorales, aspecto central y condición necesaria para que se produzca una elección, estas deben asegurar conformación de listas equitativas de hombres y mujeres. En Bolivia, la constitucionalización de principio de equivalencia hombres y mujeres, expresado en los artículos 26 y 11 de la CPE boliviana y el artículo 11 de la Ley de régimen electoral ha sido un hito y es una tendencia manifiesta en los textos constitucionales o en la legislación electoral en varios países de la región. Es el caso de la Constitución política de la República Argentina (artículo 37) y en la Constitución política del Ecuador (artículo 65), al igual que en México y Costa Rica. Esta exigencia de igualdad real de oportunidades no se ve plasmada en la Constitución política de Chile, tampoco en la de Paraguay ni en la de Guatemala.

La otra clave para entender es la tendencia de cambios e innovaciones observada en la legislación territorial, a partir de la cual se regula la distribución los cargos de representación por la cual se reconocen circunscripciones especiales para los pueblos indígenas. El caso boliviano es ilustrativo. Bolivia cuenta con un órgano legislativo bicameral, cuya conformación se basa en un sistema electoral combinado: proporcional para la elección de 36 representantes en el Senado, mientras que en la Cámara de Diputados rige desde 1997 el sistema mixto para la elección de sus 130 miembros, de los cuales 60 se eligen en 9 circunscripciones plurinominales departamentales mediante sistema proporcional y 70 electos en similar número de circunscripciones electorales uninominales, electos por sistema mayoritario de simple mayoría de sufragios válidos. De las 70 circunscripciones, siete corresponden a las circunscripciones electorales especiales indígena originaria campesinos (CEIOC), en las que se eligen por simple mayoría de votos, a un o una representante titular con su respectiva suplente, respetando el principio paritario en las condiciones que fija la Constitución política del Estado y la Ley de régimen electoral

Sin embargo, el sistema electoral boliviano contempla modalidades de elección diferenciadas de los representantes indígenas. A nivel nacional, la postulación de candidaturas en CEIOC se realiza a través de partidos políticos o coaliciones electorales formalmente habilitadas; mientras que la elección de asambleístas departamentales de pueblos indígenas, en ocho de los nueve departamentos, la realizan los pueblos indígenas concernidos según normas y procedimientos propios; su postulación no es mediada por agrupaciones políticas o coaliciones en competencia por acceder al control de la gobernación y su respectiva Asamblea.

En esta línea de reformas, la Constitución política del Estado colombiano de 1991, en su artículo 171 incorporó dos curules especiales para las comunidades indígenas, y de manera indirecta, a través del desarrollo normativo del artículo 176, permitió que los afrocolombianos consiguieran garantizar dos curules especiales en la Cámara de Representantes y uno adicional las comunidades indígenas.

Los efectos inclusivos de las reformas electorales producidas en esta ola democratizadora se reflejan en la conformación de los órganos de representación política. Estas hacen parte de las novedades normativas vigentes o en discusión en diversos cuerpos legislativos en la región. Constituyen una demostración de la capacidad progresiva de adaptación de la normativa electoral, particularmente de los sistemas electorales, a las exigencias y los procesos políticos de ampliación de la representación democrática.

Sistemas indígenas de justicia

Alex Hassan RENDÓN TERRAZAS

Basados en sus tradiciones, costumbres, cosmovisión, valores culturales y espirituales, los sistemas indígenas de justicia se refieren a las normas y los procedimientos de resolución de conflictos en pueblos y naciones indígenas. En general, dichos sistemas tienen un enfoque basado en la armonía de las relaciones comunales entre sus miembros y ellos con la naturaleza; razón por la cual, en lugar de centrarse en el castigo de los hechos, buscan la reconciliación y restauración.

Es importante tener en cuenta que los sistemas indígenas de justicia varían entre las diferentes naciones y pueblos indígenas, en razón de sus propias tradiciones, prácticas e historia. Por ejemplo, para algunos pueblos indígenas, no existe diferencia entre Derecho y justicia, mientras que para otros sí. Por consiguiente, elementos como los peritajes antropológicos o el diálogo intercultural entre autoridades de justicia indígena y estatal, son fundamentales para asomarse a aproximaciones conceptuales sobre la dimensión de un sistema de justicia en un determinado pueblo o nación indígena.

Históricamente, los efectos de la colonización, incluido el colonialismo interno, han afectado negativamente, formal y materialmente, en el ejercicio de las normas y procedimientos de los sistemas de justicia indígena. Adicionalmente, el Estado se ha caracterizado por estar ausente en zonas rurales y muchas veces sus procedimientos y leyes son culturalmente inapropiados para resolver conflictos suscitados en pueblos indígenas.

Ante esta situación, las constituciones latinoamericanas pretenden revertir el *statu quo* a partir de un giro decolonial, sentado en el pluralismo y la interculturalidad; componentes esenciales para garantizar el autogobierno y los sistemas indígenas de justicia, en condiciones de horizontalidad con el Estado.

En Bolivia, el artículo 2 de la Constitución establece: "Dada la existencia precolonial de las naciones y pueblos indígena originario campesinos y su dominio ancestral sobre sus territorios, se garantiza su libre determinación en el marco de la unidad del Estado, que consiste en su derecho a la autonomía, al autogobierno, a su cultura, al reconocimiento de sus instituciones y a la consolidación de sus entidades territoriales, conforme a esta Constitución y la ley". Asimismo, refiere en su artículo 191 que la jurisdicción indígena originario campesina se fundamenta en el vínculo particular de la nación o pueblo indígena con sus miembros; esta jurisdicción especializada se ejerce en los ámbitos de vigencia, personal, material y territorial. Además, sus decisiones son obligatorias y puede solicitar apoyo a los órganos competentes del Estado para garantizar su cumplimiento.

Por su parte, en Ecuador, el artículo 171 señala: "Las autoridades de las comunidades, pueblos y nacionalidades indígenas ejercerán funciones jurisdiccionales, con base en sus tradiciones ancestrales y su derecho propio, dentro de su ámbito territorial, con garantía de participación y decisión de las mujeres. Las autoridades aplicarán normas y procedimientos propios para la solución de sus conflictos internos, y que no sean contrarios a la Constitución y a los derechos humanos reconocidos en instrumentos internacionales".

El Estado garantizará que las decisiones de la jurisdicción indígena sean respetadas por las instituciones y autoridades públicas. Dichas decisiones estarán sujetas al control de constitucionalidad. La ley establecerá los mecanismos de coordinación y cooperación entre la jurisdicción indígena y la jurisdicción ordinaria.

Sistema Interamericano de Derechos Humanos (SIDH)

Silvana INSIGNARES CERA

El sistema interamericano de Derechos Humanos (SIDH), es un mecanismo regional de protección y garantía de los derechos humanos en América latina, surge a partir de la creación de la organización de Estados americanos (OEA), que tiene dentro de sus objetivos lograr un orden de paz y justicia para los Estados miembros, y que permite crear una estructura institucional y jurídica, a partir de la aprobación de la Declaración Americana de Derechos y Deberes del Hombre en 1948. Este esquema hace parte del sistema internacional de protección de los derechos humanos, que en un ámbito (i) universal encuentra asidero en las Naciones Unidas y en el (ii) regional, lo conforman el sistema europeo; el africano, y el interamericano, como la arquitectura institucional encargada de salvaguardar los derechos humanos en las distintas regiones del mundo.

Dentro de la codificación de los instrumentos jurídicos que hacen parte del sistema se destaca el carácter subsidiario, es decir, que la jurisdicción interamericana se activa cuando el Estado ha sido negligente en su deber de protección y garantía de los derechos humanos en su territorio. Por tanto, es perentorio que se agoten todos los mecanismos internos de protección de derechos, que implican el agotamiento de todas las vías administrativas y judiciales tendientes a buscar la tutela efectiva de los derechos, en la medida en que se demuestre que no se ha podido lograr la protección por parte del Estado miembro.

La función subsidiaria del sistema se puede invocar a través de sus dos órganos competentes, representados en (i) la Comisión —CIDH— encargada de promover la observancia de los derechos humanos, así como de realizar visitas *in loco*, elaborar informes sobre el estado de protección de los derechos al interior de los Estados miembros, admitir o examinar el caso objeto de la denuncia por violación de la Convención o de los otros instrumentos internacionales (Convención Interamericana para Prevenir y Sancionar la Tortura, Protocolo de San Salvador, Protocolo relativo a la abolición de la Pena de Muerte, Convención Interamericana para prevenir, sancionar y erradicar la violencia contra la mujer —Convención de Belém do Pará—, Convención para la eliminación de todas las formas de discriminación contra las personas con Discapacidad, entre otros), que permitirán proferir recomendaciones o remitir el proceso ante la Corte. (ii) La Corte —Corte IDH— es el órgano de carácter jurisdiccional encargado de determinar la responsabilidad internacional del Estado infractor frente a la vulneración de los derechos consagrados en la Convención y en los demás instrumentos internacionales que conforman el acervo en materia de protección de los derechos humanos, por lo que se debe reconocer la competencia de la Corte, a partir de la ratificación de la Convención Americana, lo cual genera un carácter vinculante tanto de los distintos instrumentos como de las sentencias proferidas al interior del sistema.

La Corte IDH cumple una función dual, a través de su competencia consultiva, por medio de la cual los Estados miembros le solicitan la interpretación de la Convención o de las otras normas jurídicas que hacen parte del sistema, o frente a la compatibilidad de las normas internas de los Estados miembros respecto de los instrumentos parte del sistema interamericano. Dentro de su labor consultiva, es menester mencionar la Opinión Consultiva OC-23/17, mediante la cual, a partir de una consulta realizada por el Estado colombiano, la Corte sostuvo que el medio ambiente era un derecho fundamental, judicializable de manera independiente y que los Estados tenían obligaciones extraterritoriales para evitar los daños ambientales por contaminación transfronteriza. De la misma manera, en materia contenciosa, la Corte es la encargada de velar por la interpretación y aplicación de la Convención, siempre que los Estados reconozcan su competencia. En el caso de Argentina, a través de su artículo 75, numeral 22, se incorporó dentro del texto constitucional de manera directa los tratados en materia de derechos humanos; en el caso colombiano, título II, artículos 53 y 59, así como a través del bloque de constitucionalidad, se establecieron las garantías para la incorporación de las normas en materia de protección de derechos humanos. De la misma manera, la Corte desarrolló la doctrina de control de convencionalidad, a partir del caso "Almonacid Arellano y otros *vs.* Chile", de 2006, al señalar que los jueces nacionales, además de estar sometidos al imperio de la ley, deben someterse a lo dispuesto por la Convención Americana.

Sistema plural de control de constitucionalidad

Susana SAAVEDRA BANDANI y María Elena ATTARD BELLIDO

En armonía con los principios de plurinacionalidad, pluralismo, interculturalidad, descolonización y despatriarcalización, el sistema plural de control de constitucionalidad centra su ejercicio en mecanismos eficaces de control tutelar de constitucionalidad que resguardan derechos individuales, colectivos y transindividuales, así como en procedimientos constitucionales interculturales como la consulta de autoridades indígenas en relación con la aplicación de sus normas y procedimientos, el conflicto de competencias entre la jurisdicción indígena con otras jurisdicciones que se encuentran en la misma jerarquía, y de manera residual consagra otros mecanismos de control de constitucionalidad, como el control normativo.

De acuerdo con una estructura orgánica plurinacional, este modelo plantea una composición plural, con magistradas y magistrados que devengan tanto de la visión occidental de Derecho como de la justicia indígena, con paridad entre hombres y mujeres y con cuotas preferenciales para mujeres indígenas, para así aplicar enfoques diferenciales de derechos, como es el enfoque de interculturalidad, de género, de interseccionalidad, de los derechos de la Madre Tierra, de los seres sintientes, entre otros. Asimismo postula la disciplina de procedimientos constitucionales plurales en los cuales prevalezca la justicia y el máximo informalismo para el acceso pleno al control de constitucionalidad, preventivo o reparador, superando así históricas barreras de acceso a la justicia, especialmente para pueblos indígenas y otros grupos históricamente excluidos. Además, este modelo se caracteriza por metodologías emancipatorias para la argumentación e interpretación de derechos, basada en los diálogos de saberes y los diálogos interjurisdiccionales, por lo que de acuerdo con sus rasgos particulares, desde un constitucionalismo plurinacional comunitario y descolonizador, el sistema plural de control de constitucionalidad no podría ser enmarcado en el modelo jurisdiccional concentrado, ni en el difuso o mixto, sino debe ser concebido como un modelo específico (ATTARD, 2023: 412).

Históricamente se han desarrollado dos modelos de control de constitucionalidad para el resguardo de la Constitución: (i) el político; y (ii) el jurisdiccional. También existen otros modelos específicos, como el de Francia y su Consejo Constitucional (PEGORARO, 2011: 111).

Aunque PEGORARO (2015: 131) afirma que no existen modelos puros, en cuanto al modelo jurisdiccional, es importante señalar que la teoría constitucional ha abordado los sistemas más conocidos en Derecho comparado: difuso, concentrado y mixto. El sistema difuso nace en Estados Unidos a partir del emblemático caso "Marbury *vs.* Madison" (1803), en el cual, el juez MARSHALL razonó a partir de los principios de independencia judicial y supremacía de la Constitución, estableciendo que cualquier juez es el guardián de la norma suprema. En este contexto, desde la *judicial review*, el juez inferior se vincula a las decisiones de control de constitucionalidad de la Suprema Corte, a partir del precedente y los efectos de la decisión que declare la incompatibilidad de una norma con la Constitución cuyos efectos son interpartes.

Por el contrario, en los sistemas concentrados de control de constitucionalidad, las cortes constitucionales o los tribunales constitucionales ejercen control normativo de constitucionalidad como jueces imparciales, independientes y especializados en justicia constitucional y de verificar la incompatibilidad de una norma con la Constitución, se la declara inconstitucional a través de una sentencia que tiene efectos *erga omnes*, es decir, generales, lo que implica que la decisión tiene efecto abrogatorio o derogatorio de la norma, según la inconstitucionalidad sea total o parcial. Adicionalmente, en este sistema se ejercen otros mecanismos de control tutelar y competencial de constitucionalidad.

Por su parte, los sistemas mixtos, especialmente los desarrollados en Latinoamérica y estudiados por NOGUERA ALCALÁ (2004: 84), encomiendan el cuidado de la Constitución a máximas instancias de justicia ordinaria, pero con roles y competencias propias de un sistema jurisdiccional concentrado en cuanto a la constitucionalidad de leyes; es el caso de Costa Rica y Venezuela, ambos países tienen en sus Tribunales Supremos de Justicia una sala constitucional con competencia de declarar la inconstitucionalidad de normas generales contrarias a la Constitución. En Latinoamérica, las reformas constitucionales de la década de los noventa han implicado que muchos de los países asuman modelos preminentemente concentrados a partir de la creación de cortes constitucionales o tribunales constitucionales, salvo excepciones como Argentina o México, que asumen un sistema difuso de control de constitucionalidad, y el Estado plurinacional de Bolivia, que asume un sistema plural de control de constitucionalidad.

El sistema plural de control de constitucionalidad es consustancial a la plurinacionalidad, al pluralismo jurídico igualitario, a la interculturalidad y a procesos de descolonización y despatriarcalización, por lo que su desarrollo, en Latinoamérica, tiene un epicentro específico: el modelo constitucional boliviano, que consagra los principios antes señalados y una estructura plurinacional, como es la Asamblea Legislativa Plurinacional y un Tribunal Constitucional Plurinacional, con composición plural, ya que de acuerdo con el artículo 197.I de la Constitución, uno de los criterios de preselección debe ser la plurinacionalidad, justamente para una composición plural.

Este sistema plural de control de constitucionalidad desarrollado por la Sentencia Constitucional Plurinacional (SCP) 0778/2014 de 21 de abril, entre otras, tiene un ámbito de control previo de constitucionalidad, el cual no solo controla la compatibilidad de proyectos normativos con la Constitución y el bloque de constitucionalidad; sino que además contiene un procedimiento intercultural por excelencia: la consulta de autoridades indígenas en relación con sus normas y procedimientos, las cuales, de acuerdo con el pluralismo jurídico igualitario, son fuente directa de Derecho. Este procedimiento es conocido por la Sala Especializada del Tribunal Constitucional Plurinacional, la cual, en el marco de diálogos interculturales e interjurisdiccionales debe aplicar pautas interculturales de interpretación para hacer valer la aplicación de normas y procedimientos de los pueblos indígenas en el marco de los derechos colectivos, con incidencia colectiva e individuales vigentes en el esquema de derechos contenido en la Constitución de 2009.

Asimismo, este sistema plural de control de constitucionalidad encomienda a un tribunal constitucional plurinacional, el control reparador de constitucionalidad, en sus cuatro ámbitos: (i) el control normativo que se ejerce a través de la acción de inconstitucionalidad abstracta, la acción de inconstitucionalidad concreta y el recurso contra tributos, procesos constitucionales que son conocidos por el Pleno del Tribunal Constitucional Plurinacional; (ii) el control que contiene un procedimiento intercultural específico: el conflicto de competencias entre las jurisdicciones indígena, ordinaria, agroambiental y especializadas, que es conocido por el Pleno del Tribunal Constitucional Plurinacional; (iii) el control tutelar de constitucionalidad, a través del cual el Tribunal Constitucional Plurinacional conoce en revisión las cinco acciones tutelares: de libertad, de amparo constitucional, de protección de privacidad, de cumplimiento y popular; y (iv) otros procedimientos como la constitucionalidad del procedimiento de reforma parcial de la Constitución.

Desde la concepción del sistema plural de control de constitucionalidad, el Tribunal Constitucional Plurinacional, con una composición plural, a través de los procedimientos constitucionales interculturales, debe aplicar el enfoque de interculturalidad y otros enfoques diferenciados, y aplicar mecanismos dialógicos como los diálogos interculturales e interjurisdiccionales, para así logar el *suma qamaña* o vivir bien y materializar la Constitución y el bloque de constitucionalidad.

Soberanía

Vladimir Pita Simon y Olga Victoria Madrigal Álvarez

La soberanía es una macrocategoría político-jurídica que busca formalizar jurídicamente la idea de un poder político supremo, creando un marco de legitimidad que garantice su ejercicio desde los presupuestos de su exclusividad y originariedad. Representa la síntesis del proceso de construcción del marco conceptual del Estado moderno, que encuentra en el monopolio del poder y la fuerza un prerrequisito funcional de carácter primario. La idea de soberanía permite transitar de la concepción de la fuerza como acto arbitrario, de naturaleza social, al de fuerza política, legitimada jurídica, institucional y discursivamente, mediante un progresivo proceso de racionalización.

La concepción clásica de la soberanía se ha definido por tres grandes características: 1) poder supremo, por encima de cualquier otro poder (religioso, económico, social, etc.); 2) poder originario no derivado de ningún otro, en la medida en que le ha sido otorgado por el pueblo; 3) poder independiente de cualquier otro.

La soberanía ha actuado históricamente como un factor de identidad fundamental del orden político y su evolución conceptual, que ha ocurrido de forma paralela al desarrollo del Estado moderno, reflejando la relación existente entre la sociedad civil y el propio Estado, entre la autoridad política y la comunidad (JÁUREGUI, 2000). En esta relación, el Estado se ha configurado como el sujeto político exclusivo que cuenta con el monopolio del poder público, característica que determina su posicionamiento como el ente generador de la política y el orden social vigente. La soberanía es una idea y una institución de la política y el Derecho modernos, parte de un discurso que permite establecer la coherencia y el orden en el ámbito de lo público.

Los diferentes posicionamientos teóricos del concepto desde su época germinal oscilan entre extremos dentro de los que podemos encontrar múltiples formulaciones, siempre respondiendo al imperativo de concebir al poder político en términos impersonales y abstractos, que con el paso del tiempo derivarán en la concepción del Estado como ordenamiento jurídico que emerge de la identificación entre poder soberano y Derecho.

Están los que ponen el eje de la soberanía en el poder legislativo como máximo cohesionador social al ser el responsable de hacer las leyes (BODIN, 1992), y los que defienden como esenciales las funciones ejecutivas del Estado, como instancia de concentración y ejercicio de la fuerza, elemento que garantiza la eficacia y efectividad de la política (HOBBES, 1992).

Luego Jean-Jacques ROUSSEAU (2017) señala que los caracteres de la soberanía son idénticos a los de la voluntad general: la inalienabilidad, la indivisibilidad, su infalibilidad y naturaleza absoluta. Por su parte, el abate Emmanuel-Joseph SIEYÉS (2019) postula que la soberanía no radica en el pueblo sino en la nación, una entidad abstracta y única, vinculada normalmente a un espacio físico (la patria), a la que pertenecen tanto los ciudadanos presentes tanto como los pasados y futuros, y se define como superior a los individuos que la componen.

En los autores posteriores predomina un enfoque realista que busca identificar el elemento estructurante de los procesos donde se manifiesta la soberanía como atributo de las relaciones sociales y políticas. En este caso encontramos las propuestas de MARX, que identifica como sede de un poder de naturaleza histórica, a la clase económicamente dominante; o la de MOSCA, centrada en la clase política; o la de MILLS, que encuentra su centro en las élites de poder; o SCHMITT, que lo ubica en el decisor capaz de imponer el estado de excepción (BOBBIO & MATTEUCCI, 1982).

Tanto el concepto de soberanía popular como el de soberanía nacional se pueden encontrar indistintamente en las constituciones modernas, aunque después de la Segunda Guerra Mundial, el concepto de soberanía popular se ha retomado con fuerza pues se considera mucho más cercano al concepto de ciudadano, al convertirse en sinónimo de régimen representativo, según la matriz de la ideología liberal. Este paulatino avance de la idea popular de la soberanía está en sintonía con los avances políticos en los procesos de democratización contemporáneos, a la par de los cambios ocurridos en la implementación del Estado de Derecho.

La creciente juridificación del Estado a lo largo de las diferentes etapas de la modernidad, que lo reduce a ordenamiento constitucionalizado, donde nos encontramos poderes constituidos y limitados constitucionalmente, ha hecho ineficaz el concepto tradicional de soberanía, transitándose hacia una concepción centrada en la idea de poder constituyente que posee la capacidad de crear al ordenamiento mismo. Esta tendencia refuerza, en los últimos tiempos, el proceso de redefinición de la soberanía en clave de potencial democratizador del soberano.

Suma qamaña

Ver *Sumak kawsay*.

Sumak kawsay

Ramiro Ávila Santamaría

NOSOTRAS Y NOSOTROS, el pueblo soberano del Ecuador
Decidimos construir
Una nueva forma de convivencia ciudadana,
En diversidad y armonía con la naturaleza,
Para alcanzar el buen vivir, el sumak kawsay

Preámbulo, Constitución de Ecuador, 2008

El Estado asume y promueve
Como principios ético-morales de la sociedad plural:
Suma qamaña (vivir bien)

Artículo 8.I, Constitución de Bolivia, 2009

El *sumak kawsay* o *sumak qamaña* es una expresión *kichwa* que significa "vivir a plenitud." En la Constitución de Ecuador es reconocido como "buen vivir" y en la boliviana como "vivir bien."

Este reconocimiento ha sido considerado por muchas personas juristas y cientistas sociales como un hito histórico. Por primera vez, una práctica de convivencia ancestral entra en un texto constitucional y en los debates políticos occidentales.

Al mirar los usos de la categoría *sumak kawsay* podemos afirmar que hay distintas perspectivas, múltiples voces, no hay consensos sobre su contenido y alcance, y hay una evidente disputa sobre su comprensión. Estas disputas sobre el *sumak kawsay* podrían ubicarse en una de estas tres corrientes: desarrollista-estatista, indigenista-*pachamamista,* y ecologista-posdesarrollista (Hidalgo & Cubillo, 2014).

La visión desarrollista-estatista confunde la noción de buen vivir con la de desarrollo y progreso. Lo cual contribuye a quitar su novedad y potencial emancipador. Esto ha sucedido cuando el Estado y el poder económico se han intentado apropiar de la palabra y dotarle de contenido. En Ecuador al plan de desarrollo se lo denominó "Plan Nacional del Buen Vivir", tenía los típicos indicadores de desarrollo y se basó en el extractivismo a la naturaleza.

La segunda concepción, "pachamamista", considera que la concepción ancestral andina es la única fuente para entender el *sumak kawsay.* Esta visión resulta ser excluyente de otras comprensiones y debates, idealiza al indígena como esencialmente "bueno" y simplifica al mundo indígena, que es complejo y diverso.

El dotar de contenido al *sumak kawsay* es una oportunidad para el diálogo y para el encuentro. En esta tónica, la tercera corriente parecería la más adecuada para encontrar el potencial emancipador del *sumak kawsay.*

La tercera concepción, que es una crítica radical al capitalismo y al concepto de desarrollo, propone una alternativa, no desprecia las experiencias ni las teorías emancipadoras, vengan de donde vengan, y, por supuesto, considera y se inspira en los valores, las prácticas y las ideas de las comunidades indígenas que han resistido a la colonialidad.

En esta línea, la lideresa indígena Chancosa (2014) afirma que "el *sumak kawsay* es una práctica social de los pueblos indígenas; es un proyecto social indígena en permanente construcción, abierta a otros aportes, en el que quepan todas las entidades históricas y sociales comprometidas con la construcción de una nueva sociedad".

El *sumak kawsay* es una alternativa al sistema capitalista y a las nociones de desarrollo y progreso. El capitalismo es un sistema económico y social que se caracteriza por promover la competencia, el egoísmo, la acumulación infinita y que intrínsecamente producen desigualdad, exclusión y violencia.

El *sumak kawsay* se puede entender desde los principios que lo sustentan. La mayoría de las personas que han escrito sobre el *sumak kawsay* mencionan los siguientes:

La *relacionalidad* implica que todo está conectado y es interdependiente. La palabra *kichwa* que representa este principio es *tinkuy*, que "expresa lo sustancial del vínculo entre todos los componentes de la realidad. Nada está desarticulado o desligado de lo otro. La relacionalidad posibilita la totalidad, la integralidad, la vida" (MACAS, 2014.b).

La *reciprocidad* exige la correspondencia mutua de un ser vivo, una persona, algo con otra. Todos los seres de la existencia dan algo y reciben algo. Los seres toman lo que necesitan y dan lo que otros requieren. La palabra kichwa es *ranti ranti*, que implica asistencia mutua, dar y recibir mutuamente.

La *complementariedad* es la comprensión de que cada entidad es naturalmente incompleta y necesita del resto para existir. La palabra *yananti* da cuenta del vínculo de contrarios, y que, al ser dos entidades contradictorias, existe unidad, una dualidad complementaria.

La *correspondencia* es la correlación mutua y bidireccional de dos entes o elementos. No podemos estar bien si hay una persona o un ser que está mal. Si la tierra, las piedras, los ríos, los animales, los pueblos indígenas, los seres humanos, se desertifican, se destrozan, se contaminan, se extinguen, se los aísla, se exterminan, estamos todos mal. En el *sumak kawsay*, "si el uno gana y el otro pierde, todos en realidad pierden" (GIRALDO, 2014).

La *afectividad* y la *espiritualidad* implican el reconocimiento y el desarrollo de los sentimientos, emociones y pasiones. Todos los seres y entes que habitamos en la tierra somos seres sociales, que necesitamos de afecto. En general, todas las actividades reproductivas y de cuidado están estrechamente vinculadas con la afectividad.

La *ciclicidad* se simboliza con la espiral. La línea del tiempo da vueltas en círculos que no se cierran en sí mismos. Cada vuelta es un ciclo y los ciclos se suceden. Se vuelve al pasado en el presente y al mismo tiempo se construye el futuro. En el mundo andino, el pasado tiene ojo, *ñawpa/naira pacha*, y el futuro espalda, *qhipa pacha*. "El ser humano camina de retro hacia el futuro, fijando sus ojos en el pasado como punto de orientación" (ESTERMAN, 2014).

El *comunitarismo* se refiere a las nociones de espacialidad y de los bienes comunes de la humanidad. En el *sumak kawsay* el espacio es abierto e incluyente, se lo construye en comunidad, mediante la solidaridad y la cooperación.

La conjunción de todos los principios es el *sumak kawsay*. Su realización, que es práctica y vivencia de muchos pueblos indígenas, es la constatación de que otro mundo es posible.

T

Trasplante constitucional

Gregor Gonzalo HIDALGO NEUENSCHWANDER

El trasplante constitucional es una práctica en los procesos constituyentes originarios o derivados, mediante la cual un Estado adopta e incorpora figuras o partes de una Constitución extranjera en su propia norma suprema o ley fundamental.

Esta transferencia de normas, figuras o instituciones constitucionales se realiza con el objetivo de mejorar, modernizar o transformar la estructura política y jurídica del Estado receptor, tomando como referencia las mejores prácticas y experiencias de otras naciones.

El trasplante constitucional se ha convertido en una herramienta compleja y controversial en el Derecho constitucional latinoamericano. Si bien puede proporcionar oportunidades valiosas para el fortalecimiento y modernización de las instituciones, también plantea desafíos y riesgos significativos. El éxito del trasplante constitucional radica en una cuidadosa adaptación y consideración del contexto, así como en las necesidades del Estado receptor.

El diálogo interjurisdiccional y la cooperación entre expertos y juristas son fundamentales para garantizar una implementación efectiva, formal y material de esta práctica en la evolución de los sistemas políticos y jurídicos en América Latina en el marco y garantía de la soberanía de cada uno de los Estados. El trasplante constitucional no implica una simple copia, sino requiere de una adaptación cuidadosa y contextualizada a las necesidades y particularidades del Estado receptor.

El fenómeno del trasplante constitucional ha estado presente a lo largo de la historia, aunque su naturaleza ha evolucionado con el tiempo. Uno de los antecedentes más remotos se encuentra en la antigua Roma, donde algunas provincias incorporaron elementos de la

Constitución romana en sus propias instituciones legales. Sin embargo, fue en los siglos XVII, XIX y XX cuando se observaron ejemplos más notables de trasplante constitucional, especialmente después de los procesos de emancipación o cambios políticos significativos en el occidente.

En América Latina, tras los procesos de independencia en el siglo XIX, los Estados adoptaron constituciones inspiradas en su redacción en modelos europeos, y de Estados Unidos de América. Estos trasplantes constitucionales reflejaron la influencia del pensamiento ilustrado y liberal de la época. Los ejemplos notorios son la influencia del constitucionalismo francés con la Declaración de los Derechos del Hombre y del Ciudadano, de 1789; de Inglaterra con la figura del hábeas corpus establecido en la carta magna de Juan Sin Tierra, del año 1215; el de Estados Unidos de América con su sistema republicano presidencialista de 1787; el de Francia con la figura de la separación de poderes (1791); también la Constitución de Cádiz (España) de 1812 tuvo una marcada influencia en las primeras constituciones de los Estados en Latinoamérica.

Posteriormente, en los siglos XX y XXI, varios Estados latinoamericanos experimentaron procesos constituyentes con transiciones políticas y constitucionales, lo que llevó a la adopción de nuevas constituciones basadas en modelos de países europeos y en algunos casos, influenciadas por las constituciones de Estados Unidos de América y otras naciones americanas. Ejemplos relevantes son el trasplante de la novena enmienda de la Constitución de Estados Unidos de América (1791), que se refiere a la cláusula de los derechos abiertos que señala que los derechos no enunciados no serán entendidos como no reconocidos; la institución del Ombudsman (Defensor del Pueblo) de la Constitución del Reino de Suecia (1809); la institución del amparo constitucional de la Constitución de México (1917); el tribunal constitucional (control concentrado de constitucionalidad) de la Constitución de Austria de 1920; la institución de la acción popular, escrita en la Constitución de Colombia (1991), etcétera.

El trasplante constitucional en los textos constitucionales de la región latinoamericana varía considerablemente de un Estado a otro. Algunas constituciones, a través de procesos constituyentes o reformas parciales de sus normas supremas, han permitido la incorporación de principios o instituciones de otras constituciones, mientras que otras son más reservadas en este sentido.

En la doctrina constitucional de Latinoamérica, el trasplante constitucional ha sido objeto de debate y reflexión. Algunos expertos consideran que esta práctica es beneficiosa, ya que permite acceder a mejores modelos y soluciones institucionales que han demostrado ser exitosas en otros contextos. Argumentan que el trasplante constitucional puede ayudar a superar obstáculos históricos, promover la consolidación democrática y garantizar la protección de los derechos humanos.

Por otro lado, hay quienes critican el trasplante constitucional por considerarlo una imposición de modelos extranjeros que no necesariamente se ajustan a la realidad y las necesidades del Estado receptor. Señalan que la adopción ciega de normas o instituciones foráneas en sus textos constitucionales, puede desencadenar conflictos, tensiones políticas y subestimar las tradiciones y la cultura jurídica del Estado.

Tratado internacional

Eric Tremolada Álvarez

Un tratado internacional es el acuerdo escrito celebrado entre dos o más sujetos del Derecho internacional, de conformidad con la práctica internacional, que produce efectos jurídicos en el ordenamiento internacional, cualquiera sea su denominación particular. Como establece derechos y obligaciones para las partes involucradas, los sujetos de derecho internacional deben tener la capacidad legal y política para cumplir con los compromisos establecidos en el tratado y para hacer cumplir sus obligaciones internacionales. Es decir, no todos los sujetos del ordenamiento internacional están calificados para celebrar y aplicar tratados internacionales y de ahí que los sujetos más comunes sean los Estados y las organizaciones internacionales a las que se les atribuyó dicha competencia de forma expresa o implícita. Excepcionalmente, los pueblos y movimientos de liberación colonial, los beligerantes, insurrectos y gobiernos en el exilio, en la medida en que son reconocidos como sujetos por terceros, son capaces de concluir acuerdos relacionados con su condición (REMIRO, RIQUELME, DÍEZ-HOCHLEITNER, *et al.*, 2010). Incluso una entidad jurídica —sin ser sujeto del derecho internacional—, en virtud del reconocimiento de los Estados y las organizaciones internacionales, podría celebrar acuerdos especiales, actuando como un actor legítimo en la esfera internacional para realizar ciertas actividades humanitarias en situaciones de conflicto armado. Este es el caso del Comité Internacional de la Cruz Roja.

La formalización de un tratado internacional implica un proceso de varias fases, en las que intervienen sucesivamente actividades y actos de los sujetos participantes: negociación, adopción del texto, autenticación de este y manifestación del consentimiento en obligarse. De suerte que las normas incluidas en el tratado pasan a ser obligación internacional en el momento en que culmina el proceso de celebración (Convención de Viena sobre el Derecho de los Tratados, 1969, artículos 6 a 18).

Los tratados internacionales tienen una larga historia que se remonta a la antigua Grecia y Roma, donde los acuerdos entre las ciudades-Estado y los imperios eran comunes. Sin embargo, el desarrollo moderno de los tratados internacionales se atribuye principalmente al sistema europeo de Estados de la Edad Media. Como hitos significativos está el Tratado de Tordesillas de 1494, entre España y Portugal, que resolvió la disputa sobre las zonas de influencia y los derechos de exploración y colonización en las tierras recién descubiertas de América y el océano Atlántico; como uno de los primeros tratados modernos, el Tratado de Westfalia de 1648, que puso fin a la Guerra de los Treinta Años en Europa; en el siglo XIX, con el aumento del comercio y las relaciones internacionales, se firmaron una serie de tratados bilaterales y multilaterales para regular estas relaciones y se establecieron las primeras organizaciones internacionales, como la Unión Postal Universal en 1874 y la Organización Internacional del Trabajo en 1919. En Latinoamérica, los tratados internacionales han sido una parte importante de su historia política y jurídica desde la independencia. Durante el siglo XIX, los países de la región firmaron tratados de amistad, comercio y navegación con potencias europeas y Estados Unidos, con el objetivo de establecer relaciones comerciales y diplomáticas. En el siglo XX participaron activamente en la constitución de la Liga de las Naciones y en la Organización de las Naciones Unidas, además de obligarse en una variedad de temas, incluyendo derechos humanos, comercio, medio ambiente, seguridad y cooperación regional.

La mayoría de los países latinoamericanos han incorporado los tratados internacionales en sus constituciones y en sus sistemas jurídicos internos, reconociendo la importancia de estos acuerdos para la protección de los derechos humanos y la regulación de las relaciones internacionales. Los tribunales de la región han utilizado cada vez más los tratados internacionales en su jurisprudencia, en especial, la Corte Interamericana de Derechos Humanos, que ha emitido sentencias relevantes adoptando un enfoque progresista en la interpretación de los tratados internacionales para proteger los derechos de grupos vulnerables, como las mujeres, los pueblos indígenas y las personas LGBTIQ+.

El reconocimiento de los tratados internacionales en las constituciones y la jurisprudencia constitucional latinoamericana ha sido un tema de la mayor importancia en la región. La mayoría de los países latinoamericanos reconocen que los tratados internacionales tienen jerarquía constitucional, lo que significa que los tratados —en particular de derechos humanos— tienen la misma fuerza vinculante que la propia Constitución: la Corte Suprema argentina ha sostenido que los tratados internacionales ratificados por Argentina tienen jerarquía constitucional: "los tratados de derechos humanos tienen jerarquía constitucional, por lo que las normas que ellos contienen están por encima de las leyes" (Corte Suprema de Justicia de la Nación Argentina, 2004). La Constitución política de la República Federativa del Brasil, de 1998, en el numeral 2 del artículo 5 defiende el rango constitucional para todos los tratados internacionales sobre derechos humanos de que Brasil sea parte. La Corte Constitucional de Colombia ha sostenido que los tratados internacionales tienen jerarquía constitucional: "los tratados internacionales hacen parte del bloque de constitucionalidad, lo que significa que tienen el mismo rango que la Constitución y las leyes que se expiden en desarrollo de ella" (Corte Constitucional de Colombia, 1998). En 2011, México aprobó una reforma al artículo primero de la Constitución, en donde otorga rango constitucional a todos los derechos humanos protegidos por tratados internacionales, favoreciendo la protección más amplia a las personas y reconociendo como constitucional el principio pro-persona (Constitución Política de los Estados Unidos Mexicanos, 2011).

En general, las constituciones y la jurisprudencia constitucional latinoamericana han reconocido la importancia de los tratados internacionales y han otorgado a estos instrumentos una jerarquía constitucional, que les permite ser invocados ante los tribunales nacionales en caso de violación de sus disposiciones.

Tribunal constitucional

Omar Alberto GARCÍA PALACIOS

Órgano fundamental de un Estado, que tiene como función esencial ejercer el control constitucional a través de la protección jurisdiccional de la Constitución. El tribunal constitucional es el supremo garante de la Constitución y máximo intérprete jurídico de esta. Debido a la función que realiza y a su posición dentro del Estado social y democrático de Derecho, suele ser catalogado como un órgano constitucional, de conformidad con la teoría italiana de los órganos constitucionales y órganos de relevancia constitucional. El tribunal constitucional se inserta dentro de la noción de justicia constitucional (ver voz Justicia constitucional).

El tribunal constitucional es una creación europea que se ubica dentro del modelo europeo de justicia constitucional. Este modelo de tribunal constitucional inicia con la Constitución de Weimar en 1919; Austria en 1920, bajo la dirección de KELSEN; Checoslovaca en 1920 y España en 1931, después de la Segunda Guerra Mundial; Italia, 1947 (Tribunal Constitucional); Alemania, 1949 (Tribunal Constitucional); España, 1978; Portugal, 1982, entre otros. Estos referentes irán construyendo gradualmente esta idea de justicia constitucional (ver voz justicia constitucional). Indudablemente, KELSEN tiene un rol fundamental al ser el autor de un modelo de control constitucional en el cual existe un órgano especializado (tribunal constitucional), distinto de los otros órganos que ejercen jurisdicción ordinaria, con funciones de jurisdicción concentrada de la declaración de inconstitucionalidad de la Ley, a través de un instrumento jurídico específico llamado recurso por inconstitucionalidad y cuya declaratoria tendrá efectos generales, es decir, el tribunal constitucional se convierte en "legislador negativo".

En el ámbito latinoamericano, el tribunal constitucional como órgano concentrado y máximo intérprete de la Constitución ha ido ganando terreno y en la actualidad, el modelo de justicia constitucional (si nos referimos al órgano) lo podemos ubicar en ciertos países. Todavía en buena parte de países, el sistema de justicia constitucional sigue siendo el órgano de control, los jueces, tribunales, salas especializadas, salas de la Corte Suprema de Justicia y la Corte Suprema de Justicia, es decir, en muchos casos la función la realiza el poder judicial, actuando en materia constitucional.

Ciertas Constituciones en América Latina tienen en su modelo de justicia constitucional, un tribunal constitucional. Este modelo de tribunal constitucional varía según su configuración. En ocasiones, el tribunal constitucional se encuentra como parte de la idea de poder judicial y otras, es un órgano diferente de la idea de poder judicial.

Los países que desde su configuración constitucional han adoptado un modelo de tribunal constitucional son: Corte de Constitucionalidad de Guatemala (artículos 268-272), integrado por 5 magistrados, con 5 suplentes, para un periodo de 5 años; Corte Constitucional de Colombia (artículos 239-245), integrada por un número que determine la ley (hay reserva de ley para este punto), la ley determina que son 9 miembros, periodo de 8 años, sin reelección; Corte Constitucional de Ecuador (artículos 429-440), está integrada por 9 miembros para un periodo de 9 años, sin reelección inmediata; Tribunal Constitucional del Perú (artículos 200-205), integrado por 7 miembros para un periodo de 7 años, sin reelección inmediata; Tribunal Constitucional Plurinacional de Bolivia (artículos 179, 196-204), hay una reserva de ley para determinar número de miembros y su periodo, esto es similar al caso colombiano. Quizá el dato más interesante es el mecanismo de elección. Se trata de una elección popular mediante sufragio universal (artículo 198). El Tribunal está integrado por 9 miembros propietarios y 9 suplentes, al menos 2 miembros deben provenir de la justicia indígena, tienen un periodo de 6 años y no hay reelección ni reelección continua; Tribunal Constitucional de Chile (artículos 92-94), integrado por 10 miembros, periodo de 9 años sin reelección; Tribunal Constitucional de República Dominicana (artículos 184-189), se integra por 13 miembros para un periodo de 9 años, no existe reelección de miembros, salvo que se presente sustitución de una vacante (reemplazante) y el cargo se haya ocupado por un periodo menor de 5 años. Estos miembros son designados por el Consejo Nacional de la Magistratura.

En síntesis, se puede observar que las constituciones latinoamericanas que tienen regulada la existencia de un tribunal constitucional, lo hacen de forma muy diversa, en ocasiones hay reserva de ley para la organización, composición y estructura (caso de Colombia y Bolivia), el número de miembros varía, existen o no miembros suplentes, y el tiempo de duración en el cargo también varía. Composición de 6 miembros como Guatemala y hasta 13 como República Dominicana. Periodos desde seis años como Guatemala, hasta 9 años como en Perú, Chile y República Dominicana. De igual forma, la posibilidad de la reelección se trata de forma diversa y el mecanismo de elección también varía: elección parlamentaria, designación por el Consejo Nacional de la Magistratura (República Dominicana) y elección popular mediante sufragio universal, como es el caso del Tribunal Constitucional Plurinacional de Bolivia.

El tribunal constitucional y la justicia constitucional (ver ambas voces) en el ámbito latinoamericano es una materia no acabada que se encuentra en constante construcción y que goza de una trascendencia fundamental en el desarrollo del Estado social y democrático de Derecho. Como se mencionó en el caso de la justicia constitucional, esta da vida a los derechos fundamentales, los concretiza y ayuda a su realización plena y efectiva. Los jueces constitucionales (tribunal constitucional), a través de sus sentencias dotan de contenido a los derechos, permiten reconocer su titularidad y orientan su ejercicio efectivo.

Tribunal internacional

Eric Tremolada Álvarez

Un tribunal internacional es una institución encargada de juzgar casos relacionados con el Derecho internacional. Estos tribunales —de acuerdo con las competencias conferidas en el tratado constitutivo— tienen jurisdicción sobre una variedad de temas. Son instituciones relevantes en la aplicación y la interpretación del Derecho internacional y desempeñan un papel crucial en la resolución de conflictos internacionales, protección de los derechos humanos y del medio ambiente.

Como garantes del respeto al Derecho internacional, promueven la justicia y la equidad en las relaciones internacionales. Sus decisiones tienen un carácter vinculante y son de obligatorio cumplimiento para las partes involucradas en el asunto, y establecen precedentes de interpretación.

Se caracterizan por ser órganos de carácter permanente, integrados por jueces independientes, usualmente de diferentes nacionalidades, elegidos con antelación al nacimiento del litigio, de acuerdo con reglas estatutarias, y que actúan de conformidad con un procedimiento preestablecido. Estas características sirven para diferenciar el arreglo judicial del arbitraje, si bien ambos procedimientos tienen rasgos funcionales comunes, toda vez que un tercero imparcial resuelve la controversia mediante una decisión obligatoria. A nivel institucional el órgano arbitral tiene carácter temporal y su composición queda a discreción de las partes (Remiro, Riquelme, Díez-Hochleitner, *et al.*, 2010).

Existe un número importante de tribunales internacionales permanentes creados por tratados constitutivos de organizaciones internacionales y/o por convenciones multilaterales. Se destacan la Corte Internacional de Justicia (CIJ), por ser el único tribunal universal de carácter general, además de órgano principal de las Naciones Unidas que se encarga de resolver disputas entre Estados; el Tribunal Europeo de Derechos Humanos (TEDH) y su homólogo, la Corte Interamericana de Derechos Humanos (CIDH), son tribunales que se encargan de resolver —de forma subsidiaria— controversias entre particulares y Estados por violaciones de los derechos humanos en los países que les han otorgado jurisdicción; el Tribunal Penal Internacional (TPI), que tiene competencia sobre crímenes internacionales (genocidio, crímenes de guerra, crímenes de lesa humanidad y agresión), que procesa a los individuos acusados de cometer estos delitos y a los Estados en los casos de agresión. El Tribunal Internacional del Derecho del Mar (TIDM) tiene jurisdicción sobre cuestiones relacionadas con la ley del mar, incluyendo la delimitación de las fronteras marítimas, la protección del medio marino y la resolución de disputas relacionadas con la navegación y la pesca. En materia de integración se destacan el Tribunal de Justicia de la Unión Europea y el Tribunal de Justicia de la Comunidad Andina, ambos resuelven controversias entre Estados, entre particulares y Estados, entre particulares y órganos del proceso de integración y entre particulares.

Cabe señalar que los tribunales internacionales no pueden resolver todas las disputas entre todos los sujetos del Derecho internacional. Su acceso está restringido por la naturaleza de la controversia y las partes involucradas. Además, el acceso a los tribunales puede estar sujeto a ciertas condiciones, como el consentimiento de ambas partes, bien sea previo al surgimiento de la controversia o posterior a ella. Esto último obedece a que no todos los tribunales fueron constituidos bajo el principio de jurisdicción obligatoria y su competencia queda constreñida a la expresa aceptación de las partes en controversia.

Si bien en la antigua Grecia y Roma se establecieron tribunales para resolver disputas comerciales entre ciudades-Estado, solo con la pretendida institucionalización del arbitraje obligatorio en las Conferencias de la Paz de La Haya se trató de materializar un tribunal permanente con las características mencionadas. Sin embargo, el Tribunal de Justicia Arbitral —y por eso lo mencionamos— no es ni tribunal, ni permanente. Así, el primer tribunal permanente fue la Corte de Justicia Centroamericana (CJC), creada en 1907 y que desapareció once años después porque los Estados revaluaron el haberle otorgado jurisdicción obligatoria.

A nivel universal, en 1921, y gracias a la Sociedad de Naciones, se creó el Tribunal Permanente de Justicia Internacional (TPJI), como un órgano de justicia internacional que tenía la tarea de resolver disputas entre Estados miembros. El TPJI operó sin jurisdicción obligatoria hasta 1946, cuando fue reemplazado por la actual Corte Internacional de Justicia (CIJ).

En Latinoamérica se destacan la Corte Interamericana de Derechos Humanos como uno de los tribunales internacionales más importantes de la región. Tiene la tarea de interpretar y aplicar la Convención Americana sobre Derechos Humanos. Además, en el marco de los procesos de integración regional se crearon la Corte Centroamericana de Justicia, el mencionado Tribunal de Justicia de la Comunidad Andina y el Tribunal Permanente de Revisión del MERCOSUR, los dos primeros con el objetivo de garantizar el respeto del Derecho comunitario, y el último encargado de resolver controversias comerciales.

En general, la jurisprudencia constitucional latinoamericana reconoce la competencia de tribunales internacionales, especialmente en lo que respecta a la protección de los derechos humanos y la solución de controversias internacionales.

La Corte Constitucional de Colombia ha venido reconociendo la validez constitucional de los tratados en virtud de los cuales el Estado colombiano otorga jurisdicción a los tribunales internacionales (Corte Constitucional, 2014). La Corte Suprema de Justicia de la Nación Argentina, en los asuntos Casal y Martínez Areco reitera que deben seguirse los criterios sentados en sentencias de la Corte Interamericana de Derechos Humanos (Corte Suprema, 2005).

Tutela judicial efectiva

Santiago Machuca Lozano

La tutela judicial efectiva ha sido conceptualizada como el derecho que tiene una persona o un grupo de personas de acceder a los órganos o autoridades que ejercen potestad jurisdiccional dentro del Estado —cortes, tribunal o jueces— y proponer las acciones que darán lugar a un proceso judicial. Tradicionalmente, la conceptualización que se le ha dado a la tutela judicial efectiva en los textos constitucionales se enmarca exclusivamente en garantizar el acceso al órgano o autoridad jurisdiccional sin que medien trabas o impedimentos de cualquier índole, sin embargo, mediante el desarrollo jurisprudencial de las altas cortes de cada Estado se ha ampliado dicha conceptualización y el contenido de este derecho.

En la actualidad, el derecho a la tutela judicial efectiva no solo está integrado por la garantía de acceso a órganos o tribunales de justicia, ya que también comprenderá, por un lado, la obligación que tiene el órgano o autoridad jurisdiccional de actuar con debida diligencia, dando una respuesta oportuna y debidamente motivada como terceros imparciales en el marco del ordenamiento jurídico del Estado, y por otro lado, la tutela judicial efectiva también comprenderá que dicha respuesta o decisión que se tome por parte del órgano o autoridad jurisdiccional sea debidamente ejecutada y cumplida en todos sus puntos.

Bajo estas consideraciones se entiende que el derecho a la tutela judicial efectiva tiene tres dimensiones: 1) posibilidad de acceso al órgano o autoridad jurisdiccional; 2) debida diligencia en la actuación del órgano o autoridad jurisdiccional; y 3) ejecución de la decisión que tome el órgano o la autoridad jurisdiccional.

Para entender la forma en que las constituciones nacionales reconocen el derecho a la tutela judicial efectiva en Latinoamérica hay que tomar en consideración dos aspectos primordiales: el primer aspecto primordial es que las dimensiones de la tutela judicial efectiva están íntimamente vinculadas con las medidas de protección judicial reconocidas en el artículo 25 de la Convención Americana sobre Derechos Humanos —Pacto de San José— y que han sido desarrolladas en virtud de la interpretación realizada por los órganos del Sistema Interamericano de Derechos Humanos como la Comisión Interamericana de Derechos Humanos y la Corte Interamericana de Derechos Humanos.

Entre estas varias medidas de protección judicial con las que cuentan las personas se destacan las siguientes: a) la obligación de que los Estados cuenten con recursos sencillos, rápidos y eficaces, de preferencia judiciales, para la tutela de derechos fundamentales reconocidos en la Convención, en las constituciones nacionales o en el ordenamiento jurídico interno de los Estados; b) que el Estado garantice la accesibilidad al recurso para que la víctima de la violación del derecho u otra persona pueda presentarlo; c) la obligación de que este recurso sea conocido y tramitado de acuerdo con el ordenamiento jurídico interno de los Estados; d) la posibilidad de que este recurso pueda proponerse en contra de actos cometidos por autoridades públicas y por personas privadas; e) la obligación que tiene el Estado de desarrollar y perfeccionar este recurso para una adecuada tutela de los derechos fundamentales; f) que este recurso no solo sirva para tutelar y proteger el derecho de una manera cautelar, sino la necesidad de que este recurso también permita una posibilidad real de reparación del contenido esencial del derecho que ha sido dañado por la vulneración; y finalmente g) la obligación de las autoridades estatales de cumplir con la decisión dictada a partir de este recurso.

En tal virtud, el reconocimiento del derecho a la tutela judicial efectiva en los textos constitucionales de los países de Latinoamérica y el desarrollo jurisprudencial que hacen de él las altas cortes de dichos Estados, está encaminado a garantizar y darles efectividad a las medidas de protección judicial establecidas por el Sistema Interamericano de Protección de Derechos Humanos.

El segundo aspecto primordial para entender la forma en que las constituciones nacionales reconocen el derecho a la tutela judicial efectiva es que el respeto de este derecho está íntimamente vinculado con el respeto de las garantías judiciales reconocidas en los artículos 8, 9 y 10 de la Convención Americana sobre Derechos Humanos, las cuales están reconocidas y denominadas en las constituciones nacionales como garantías básicas del derecho al debido proceso y garantías del derecho a la defensa. Por lo tanto, otro elemento a tomar en cuenta es que en las constituciones nacionales configuran el reconocimiento y protección del derecho a la tutela judicial efectiva en relación directa con el reconocimiento y protección de los derechos al debido proceso y la defensa.

Entre las garantías básicas del derecho al debido proceso se aprecia la necesidad de motivar la decisión de una autoridad pública, la vigilancia del respeto de las normas y derechos de partes, el principio de legalidad, proporcionalidad y favorabilidad en materia sancionatoria; en tanto que entre las garantías del derecho a la defensa sobresalen, a su vez, el hecho de contar con los medios necesarios para ejercer la defensa en un proceso judicial o administrativo, la actuación probatoria de conformidad con la norma, la necesidad de ser escuchado ante la autoridad, la obligatoriedad de contar con abogado o letrado, la publicidad del proceso judicial o procedimiento administrativo, entre otras.

V

Valores superiores

Ver *Principios constitucionales.*

Voto

Daniel CAPECCHI

En el ámbito político y constitucional, el voto se refiere al derecho y/o deber que tiene el ciudadano de elegir entre distintas opciones que involucran la toma de decisiones públicas. Desde un punto de vista práctico, la votación puede centrarse tanto en la elección de representantes en los órganos de decisión como en consultas populares directas, como referéndums y plebiscitos, cuyo objetivo es decidir sustancialmente sobre un tema. En otras palabras, es el poder-deber que tienen los miembros del pueblo de participar en la soberanía política, decidiendo indirectamente, a través de representantes, o directamente sobre los asuntos públicos. Finalmente, aún dentro del ámbito conceptual del voto, se incluye el derecho a ser votado o sufragio pasivo, que consiste en el derecho a ser elegido para un cargo público.

El reconocimiento de la importancia del derecho al voto ha sido constante desde el origen del constitucionalismo. La Declaración Universal de los Derechos del Hombre y del Ciudadano, de 1789, por ejemplo, determina que todos los ciudadanos tienen derecho a participar, directa o indirectamente, en la formación de la ley. En la misma línea, la Declaración de los Derechos de la Mujer y de la Ciudadana de 1791, propuesta por Olympe DE GOUGES como respuesta al carácter excluyente del texto de 1789, incluye a la mujer en el derecho a participar en la formación de la ley. Desde el principio, por lo tanto, uno de los aspectos centrales del debate sobre este derecho ha sido su grado de cobertura, incluso con respecto a las personas en situación de pobreza, las mujeres y otras minorías. A pesar de ello, el primer Estado en reconocer el derecho al voto de las mujeres fue Nueva Zelanda, y solo en 1893. En América Latina, la Constitución venezolana de 1811, primer documento codificado en la región, ya contemplaba tal derecho, aunque fuera un voto censitario y que excluía a mujeres y hombres que no eran considerados libres. Solo en 1929, Ecuador reconoció el derecho al voto de la mujer, seguido por Brasil y Uruguay, en 1932. El último país en reconocer el derecho al voto femenino fue Paraguay, en 1961. Internacionalmente, la Convención Americana sobre Derechos Humanos de 1969 establece en su artículo 23 el derecho al voto.

Actualmente, todas las constituciones latinoamericanas contemplan el derecho al voto. En general, tal derecho se caracteriza por ser universal, periódico, gratuito y secreto. Además, en al menos 13 constituciones, el voto también se considera una función pública y, por lo tanto, se considera obligatorio. Dos excepciones a esta regla son las Constituciones de Chile y Venezuela. Desde un punto de vista conceptual, en algunos de los sistemas constitucionales de la región, el derecho al voto se entiende como parte de un derecho más amplio de participación ciudadana en la toma de decisiones públicas. Este es el caso, por ejemplo, de la Constitución de Bolivia.

Existen restricciones constitucionales al derecho al voto en varios países de la región. Suelen implicar la exclusión de extranjeros y la edad mínima para votar y ser votado para determinados cargos. Además, en el ámbito específico del sufragio pasivo, ejemplos de restricciones son las previstas por la Constitución brasileña, que establece la inhabilitación de los analfabetos, y por la Constitución chilena, que exige un nivel mínimo de enseñanza media para ser diputado o senador. Aún sobre el tema, la Corte Interamericana de Derechos Humanos, en la Opinión Consultiva OC- 28/21 de 7 de junio de 2021 entendió que no existe derecho a la reelección presidencial indefinida y que mantener a un presidente en el cargo por tiempo indefinido puede tener consecuencias negativas para la democracia y para la separación de poderes.

En cuanto al derecho al voto y la igualdad de género, al menos siete textos mencionan expresamente la igualdad entre hombres y mujeres al tratar el tema electoral (Argentina, Bolivia, Brasil, Ecuador, Nicaragua, Paraguay y República Dominicana). Desde el punto de vista de las acciones para la inclusión femenina, es importante destacar, como afirma Bareiro, que la América Latina es la primera región del mundo en consagrar, por ley, cuotas mínimas para la participación de las mujeres en las elecciones. Argentina fue pionera en esta experiencia, aprobando legislación sobre el tema en 1991. En la misma dirección, en 2022, la Constitución brasileña fue reformada para incluir dispositivos que garanticen un uso mínimo del porcentaje de los recursos de los partidos para la difusión y participación política de mujeres y recursos para sus candidaturas. Otra experiencia destacable es la de Chile, que realizó una Convención Constituyente conjunta entre 2021 y 2022, aunque el proyecto de Constitución fue rechazado por plebiscito en 2022.

Finalmente, como proponen Viciano & Martínez Dalmau (2014), una de las señas de identidad del nuevo constitucionalismo latinoamericano es la inclusión de sectores históricamente marginados, como los pueblos indígenas, lo que también repercute en el derecho al voto. En ese sentido, la Constitución de Bolivia reconoce el derecho de estos pueblos a ser debidamente consultados y a participar en la toma de decisiones públicas. La Constitución de Colombia, a su vez, contempla la representación de estos pueblos en el Senado. Finalmente, un último ejemplo es la Constitución de Venezuela, que establece el derecho a la representación política de estos pueblos. Desde un punto de vista jurisprudencial, es interesante mencionar el caso "Yatama *vs.* Nicaragua", en el cual la Corte Interamericana de Derechos Humanos determinó que la obligación de participar en un partido político para presentarse a elecciones tendría el efecto de excluir a los pueblos indígenas, dado que la organización partidaria es ajena a su cultura. Por esta razón se determinó la realización de cambios a la legislación electoral de Nicaragua para asegurar que estos pueblos participasen en el proceso de toma de decisiones públicas. A nivel doméstico, es ilustrativa de la inclusión de minorías en la decisión del Tribunal Superior Electoral de Brasil, que determinó la necesidad de distribución proporcional de los recursos electorales a los candidatos negros que los partidos presenten para las elecciones.

En resumen, es posible decir que el derecho al voto ha evolucionado sustancialmente en la región, con una preocupación permanente por la inclusión de grupos políticamente minoritarios, como las mujeres, los pueblos indígenas y los afrodescendientes. A pesar de esto, América Latina aún enfrenta muchos desafíos para incluir verdaderamente a estos grupos y garantizar que tengan un derecho real a participar en la toma de decisiones públicas.

Voto electrónico

Jordi Barrat i Esteve

Este término alude al uso de tecnología digital para mejorar el procedimiento electoral y su alcance varía en función del contexto, pero incluye dispositivos para *al menos* la *emisión* del sufragio y/o el *escrutinio* [Rec. 2017 (5) Consejo de Europa].

Quedarían fuera de tal proyección el registro y la identificación de votantes, con el uso de biometría, los dispositivos que ayudan a rellenar correctamente las papeletas y los mecanismos de transmisión de resultados, aunque lo cierto es que algunas soluciones de voto electrónico engloban algunas de las fases mencionadas. Es el caso, por ejemplo, de urnas electrónicas que, partiendo de una identificación biométrica, permiten la votación, el escrutinio y culminan con la remisión telemática de los resultados. Sea como sea, todo voto electrónico incluye al menos emisión y/o escrutinio.

A efectos de clasificación, dos indicadores resultan primordiales: el lugar desde donde se emite el sufragio, sea un entorno supervisado como un colegio electoral o un emplazamiento privado, y la forma de almacenar el voto, ya sea en modo local o remitiéndolo telemáticamente a la correspondiente central.

En función de tales variables, el voto electrónico puede consistir, sin ánimo exhaustivo, en urnas electrónicas locales, que permiten la emisión y posterior recuento de votos, o en dispositivos de reproducción óptica que capturan el contenido de la boleta y la procesan para su posterior escrutinio automático. Ambos mecanismos almacenan localmente el voto, se desarrollan en entornos supervisados y pueden añadir funcionalidades como la identificación biométrica del votante y la transmisión de resultados. Por otro lado, el voto por Internet se fundamenta en la remisión telemática del sufragio y normalmente en su utilización en entornos no supervisados.

El voto electrónico cuenta con una dilatada trayectoria en la que se hallan tanto éxitos como abandonos, a menudo no relacionados con la tecnología, sino con su aplicación práctica. Nos referimos a un marco legal inadecuado, a una comunicación institucional deficiente, a partidismos o, entre otras causas, a una capacitación insuficiente.

En Latinoamérica, y de modo indicativo, Brasil y Venezuela destacan por la utilización universal y prolongada de urnas electrónicas. Hallamos otros casos en Argentina, Paraguay, Perú o México, cada uno con variables nacionales o subestatales y a veces de forma no continua. El voto por Internet fue utilizado en Ciudad de México en 2012 y posteriormente en dos elecciones estatales mexicanas. Tras cierta discontinuidad que afectó tanto a urnas como al voto por Internet, recientemente México ha vuelto a mostrar interés en estos procedimientos. Panamá ha utilizado asimismo el voto por Internet.

En lo que concierne al tratamiento jurídico del voto electrónico, las constituciones no suelen incluir referencias detalladas a las modalidades de sufragio, pero destacan diversas resoluciones judiciales en las que varias magistraturas superiores se han pronunciado al respecto. Sin ánimo exhaustivo, mientras que en México la Sala Superior del Tribunal Electoral autorizó en 2012 el proyecto y rechazó, entre otras, alegaciones relativas a la participación de los partidos políticos, al rango de la normativa reguladora o al secreto del voto, en Brasil el uso de comprobantes en papel suscitó una viva controversia. En Venezuela pueden reseñarse casos en los que la confianza, y cómo afianzarla en un proceso de alta sofisticación tecnológica, se conecta con una aguda polarización política que siempre puede poner en riesgo la implantación del voto electrónico. Finalmente, en Argentina, la jurisprudencia lidia tanto con el carácter federal del Estado, y las correlativas experiencias locales de voto electrónico, como con la necesidad de cubrir lagunas normativas en la materia.

El voto electrónico lleva consigo una alteración sustancial del procedimiento electoral y de las garantías correlativas. Entre otros motivos, interesa referirnos a la verificabilidad del proceso, es decir, a la capacidad de establecer de forma objetiva y por actores imparciales que el trámite electoral se ha desarrollado con integridad y, en concreto, que el sufragio se ha emitido conforme a la intención del elector, se ha almacenado tal como ha sido emitido y finalmente se ha escrutado sin alterar su contenido. Además, resulta imprescindible que el sistema garantice el secreto del voto tanto en su dimensión de libertad del elector a la hora de emitirlo como a la hora de mantener su carácter anónimo. Finalmente, el voto electrónico debe ser inclusivo, es decir, las ventajas que le acompañan no pueden desembocar en electores que no puedan utilizarlo con facilidad.

Se trata de un conjunto de garantías cuya efectividad dependerá en gran medida del tipo utilizado. No es lo mismo una urna electrónica, en la que tanto los comprobantes en papel como el entorno supervisado despejan ciertas dudas, que un voto por Internet, que entraña mayores incógnitas a nivel de verificabilidad y secreto.

Sea como sea, la tecnología hoy en día dista de la utilizada hace pocos años y ello significa que la evolución técnica procura, en la medida de lo posible, obtener respuestas viables a los requisitos y garantías electorales. La verificabilidad exhaustiva, tanto individual como universal, va en este sentido e igualmente las administraciones electorales demuestran una mejor comprensión de la naturaleza del voto electrónico, lo que es esencial para mantener controlada su implantación y asegurar una adecuada rendición de cuentas.

Índice de autoras y autores

Alterio, Ana Micaela. Instituto Tecnológico Autónomo de México, México.

Aló Cardoso Ribeiro, Ilana. Universidade Estácio de Sá, Brasil.

Anzures Gurría, José Juan. Universidad Panamericana, México.

Áñez Núñez, Ciro. Universidad Autónoma Gabriel René Moreno, Bolivia.

Arcaro Conci, Luiz Guilherme. Pontifícia Universidade Católica de São Paulo, Brasil.

Arias López, Boris Wilson. Universidad Mayor de San Andrés, Bolivia.

Attard Bellido, María Elena. Universidad Mayor de San Andrés, Bolivia.

Ávila Santamaría, Ramiro. Universidad Andina Simón Bolívar, Ecuador.

Bagni, Silvia. Universidad de Bolonia, Italia.

Barbosa, Claudia Maria. Pontifícia Universidade Católica do Paraná, Brasil.

Barrat i Esteve, Jordi. Universitat Rovira i Virgili, España.

Bayá Camargo, Mónica Carmen. Universidad Católica Boliviana, Bolivia.

Bellot, Carlos. Universidad Mayor de San Simón, Bolivia.

Bruzón Biltres, Carlos Justo, Cuba.

Cabo de la Vega, Antonio de. Universidad Complutense de Madrid, España.

Cabo Martín, Carlos de. Universidad Complutense de Madrid, España.

Cabrera, Martha (Mama). Autoridades de la nación qhara qhara - marka quila quila originario de Ayllu Escota, Bolivia.

Calle Mesa, Melba Luz. Universidad Militar Nueva Granada, Colombia.

Cansino, César. Universidad Autónoma de Puebla, México.

Capecchi, Daniel. Universidade Federal do Rio de Janeiro, Brasil.

Ferreira Santos, Gustavo. Pontifícia Universidade Católica de Pernambuco, Brasil.

Flores Torres, Cristhian. Universidad Andina Simón Bolívar, Bolivia.

Flores, Samuel (Tata). Autoridades de la nacion qhara qhara — marka quila quila originario de Ayllu Escota, Bolivia.

Franco Zamora, Paul Enrique. Universidad Mayor, Real y Pontificia de San Francisco Xavier de Chuquisaca, Bolivia.

García Palacios, Omar Alberto. Universidad Americana, Nicaragua.

García Pérez, Adiel. Universidad de Matanzas, Cuba.

Gonzales Mantilla, Gorki. Pontificia Universidad Católica del Perú, Perú.

González Cadenas, Diego. Universitat de València, España.

González Monzón, Alejandro. Universidad de La Habana, Cuba.

Guamán Hernández, Adoración. Universitat de València, España.

Guarayo Llacsa, Humberto. Exautoridad indígena de la Nación Yampara, Bolivia.

Gutiérrez Sardán, José Luis. Universidad Andina Simón Bolívar, Bolivia.

Guzmán Hernández, Teodoro Yan. Universidad de La Habana, Cuba.

Hernández Cervantes, Aleida. Universidad Nacional Autónoma de México, México.

Hidalgo Neuenschwander, Gregor Gonzalo. Universidad Mayor de San Andrés, Bolivia.

Hinestroza Cuesta, Lisneider. Universidad Tecnológica del Chocó Diego Luís Córdoba, Colombia.

Hurtado Quintero, William Felipe. Universidad Nacional Abierta y a Distancia, Colombia.

Inarra Zeballos, Luis Gonzalo. Universidad Mayor de San Simón, Bolivia.

Insignares Cera, Silvana. Universidad del Norte, Colombia.

Joffre Calasich, Fabio. Universidad Autónoma Gabriel René Moreno, Bolivia.

La Madrid Thenier, Nelson Omar. Universidad Mayor de San Simón, Bolivia.

Labanca Corrêa de Araújo, Marcelo. Pontifícia Universidade Católica de Pernambuco, Brasil.

Lacasta Zabalza, José Ignacio. Universidad de Zaragoza, España.

León Ortega, Liber Iván. Universidad Nacional Autónoma de México, México.

Loayza Cossío, Marco Antonio. Universidad Mayor de San Andrés, Bolivia.

López Lasso, Alejandro. Universidad Libre de Colombia, Colombia.

Machuca Lozano, Santiago. Universidad Central del Ecuador, Ecuador.

Madrigal Álvarez, Olga Victoria. Universidad de Holguín, Cuba.

Martínez Dalmau, Rubén. Universitat de València, España.

Meco Tébar, Fabiola. Universitat de València, España.

Melo, Patricia. Universidad Federal de Amazonas, Brasil.

Mondelo Tamayo, Jorge Olver. Universidad de Oriente, Cuba.

Molinares Hassan, Viridiana. Universidad del Norte, Colombia.

Moncayo Clavijo, Andrés. Universidad La Gran Colombia, Colombia.

Mondelo García, José Walter. Universidad de Oriente, Cuba.

Montejo Rivero, Jetzabell Mireya. Universidad de Camagüey, Cuba.

Moreno González, Gabriel. Universidad de Extremadura, España.

Navas Alvear, Marco. Universidad Andina Simón Bolívar, Ecuador.

Hidalgo Neuenschwander, Gregor Gonzalo. Universidad Mayor de San Andrés, Bolivia.

Noguera Fernández, Albert. Universitat de València, España.

Oliveira Batista Berner, Vanessa. Universidade Federal do Rio de Janeiro, Brasil.

Oliveira de Almeida, Philippe. Universidade Federal do Rio de Janeiro, Brasil.

Orbegoso Silva, Miluska. Universidad Panamericana, México.

Orías Arredondo, Ramiro. Universidad Mayor de San Andrés, Bolivia.

Saavedra Murillo, Daniela. Universidad Andina Simón Bolivar, Bolivia.

Sampaio Rossi, Amélia do Carmo. Pontifícia Universidade Católica do Paraná, Brasil.

Sánchez Sánchez, Javier. Universidad Complutense de Madrid, España.

Sandoval, Carmen Silvana. Universidad Autónoma Gabriel René Moreno, Bolivia.

Santos do Canto, Vanessa. Universidade de São Paulo, Brasil.

Sardinha Marcolino, Danilo. Universidade Federal do Rio de Janeiro, Brasil.

Sauma Sankys, Mónica Gabriela. Universidad Mayor de San Andrés, Bolivia.

Serrano Ramírez, Jazmín. Universidad Andina Simón Bolívar, Bolivia.

Serrudo Santelices, Patricia. Universidad Mayor de San Andrés, Bolivia.

Sierra León, Yolanda. Universidad Externado de Colombia, Colombia.

Soriano Moreno, Silvia. Universidad de Extremadura, España.

Sosa Sacio, Juan Manuel. Universidad Nacional Mayor de San Marcos, Perú.

Sotillo Antezana, Aquiles Ricardo. Universidad Mayor de San Andrés, Bolivia.

Storini, Claudia. Universidad Andina Simón Bolivar, Ecuador.

Tamburini, Leonardo. Universidad Autónoma Gabriel René Moreno, Bolivia.

Tremolada Álvarez, Eric. Universidad Externado de Colombia, Colombia.

Val, Eduardo Manuel. Universidade Federal Fluminense y Universidade Estácio de Sá, Brasil.

Valdés Díaz, Caridad del Carmen. Universidad de La Habana, Cuba.

Valenzuela, Matías. Universidad Academia, Chile.

Vargas Lima, Alan. Universidad Mayor de San Andrés, Bolivia.

Velandia Canosa, Eduardo Andrés. Universidad Libre de Colombia, Colombia.

Versiani Scott Varella, Renata. Universidade Federal do Rio de Janeiro, Brasil.

Viciano Pastor, Roberto. Universitat de València, España.

Villabella Armengol, Carlos Manuel, Universidad de Camagüey, Cuba.

Wolkmer, Antonio Carlos. Universidade La Salle y Universidade do Extremo Sul Catarinense, Brasil.

Yáñez Cortes, Arturo. Universidad Mayor, Real y Pontificia de San Francisco Xavier de Chuquisaca, Bolivia.

Zaldívar Valdés, Dianelis. Universidad de Oriente, Cuba.

Zúñiga Urbina, Francisco. Universidad de Chile, Chile.

Bibliografía

AA.VV. (2007). *Afro-reparaciones: memorias de la esclavitud y justicia reparativa para negros, afrocolombianos y raizales.* Bogotá: Universidad Nacional de Colombia. Centro de Estudios Sociales (CES).

AA.VV. (2012), *El derecho a la consulta previa de los pueblos indígenas en América Latina.* La Paz: Fundación Konrad Adenauer.

Abad Yupanqui, S. (2010). La defensoría del pueblo. La experiencia peruana. *Teoría y realidad constitucional,* (36), 481-510.

Abramovich, V. y Courtis, C. (2004). *Los derechos sociales como derechos exigibles.* Madrid: Trotta.

Abramovich, Víctor, y Courtis, C. (2009). Apuntes sobre la exigibilidad judicial de los derechos sociales. En C. Courtis y R. Ávila Santamaría (eds.). *La protección judicial de los derechos sociales.* Quito: Ministerio de Justicia y Derechos Humanos.

Abreu Blondet, R. (2012). Medio ambiente, derechos colectivos, consulta previa y ejercicio de derechos humanos por personas jurídicas. *Anuario de Derecho Constitucional Latinoamericano,* año XVIII, 187-200.

Acedo Penco, A. (1996). *El orden público actual como límite a la autonomía de la voluntad en la doctrina y la jurisprudencia.* Cáceres: Universidad de Extremadura.

Acemoglu, D. y Robinson, J. A. (2012). *¿Por qué fracasan los países? Los orígenes del poder, la prosperidad y la pobreza.* Barcelona: Ediciones Deusto, Grupo Planeta.

Acosta, A. (2012). *Buen vivir Sumak kawsay. Una oportunidad para imaginar otros mundos.* Quito: Abya Yala.

Acosta, A. (2019). Construcción constituyente de los derechos de la Naturaleza. Repasando una historia con mucho futuro. En L. Estupiñán Achury; C. Storini; R. Martínez Dalmau (eds.), *La Naturaleza como sujeto de derechos en el constitucionalismo democrático.* Bogotá: Universidad Libre de Colombia, 155-206.

Acuña, J.M. (2020). El parámetro de regularidad constitucional y la ley suprema de la Unión. *Cuestiones Constitucionales. Revista Mexicana de Derecho Constitucional,* 1(42), 73-101.

Adi, H. (2022). *Pan-africanismo: uma história.* Salvador: EDUFBA.

Aláez Corral, B. (2005). Nacionalidad y ciudadanía: una aproximación histórico-funcional. *Historia Constitucional* (revista electrónica), (6), 29-75.

Aláez Corral, B. (2005). Nacionalidad y ciudadanía ante las exigencias del Estado constitucional democrático. *Revista de Estudios Políticos,* (127), 129-170.

Albert, R. (2019). *Constitutional amendments. Making, breaking, and changing constitutions.* Oxford: Oxford University Press.

Albó X. y Barrios Suvelza, F. (2006). *Por una Bolivia plurinacional e intercultural con autonomías.* La Paz: Programa de las Naciones Unidas para el Desarrollo.

Alcántara Sáez, M. y Tagina, M. L. (2011). Las elecciones del bicentenario: un análisis comparado. En *América Latina: política y elecciones del bicentenario (2009-2010).* Madrid: Centro de Estudios Políticos Constitucionales.

Aldemir de Oliveira, J. (2005). Amazônias: sociedades diversas, espacialidades múltiplas. *Hileia. Revista de Direito Ambiental da Amazônia,* (2), 109-114.

Alencastro, L. F. (2000). *O trato dos viventes: formação do Brasil no Atlântico Sul. São Paulo*: Companhia das Letras.

Alexy, R. (2002). *Teoría de los derechos fundamentales.* Madrid: Centro de Estudios Políticos y Constitucionales.

Almeida, P. O. (2022). O caboclo Rui Barbosa no Terreiro de Derrick Bell: Racializando a história do direito por meio do princípio da convergência de interesses. En D. Nunes, *A cor da história & a história da cor.* Florianópolis: Habitus.

Almeida, S. (2017). *Racismo estructural.* São Paulo: Pólen, 2017.

Alterio, A. M. (2021). *Entre lo neo y lo nuevo del constitucionalismo latinoamericano.* México: tirant lo blanch.

Altman, D. (2010). Plebiscitos, referendos e iniciativas populares en América Latina: ¿mecanismos de control político o políticamente controlados? *Perfiles Latinoamericanos,* 18 (35), 9-33.

Álvarez de Mora, J. L. (2022). A propósito de las variantes de la dictadura constitucional en la república romana. *Revista de Derecho UNED,* (30), 47-77.

Álvarez Parra, T. M. (2008). El habeas corpus y la tutela de la libertad personal. *Estudios de Derecho,* 66 (146), 33-56.

AMELLER, M. (1993). Droits de Thomme et immunités parlementaires. In *Le Parlement: gardien des droits de l'Homme, Rapporl introductif dans le cadre du symposium interparlementaire de Budapest.* Ginebra: UIP.

AMORÓS, C. y ÁLVAREZ, A. (coords.). (2014). *Teoría Feminista: De la Ilustración a la Globalización. De la Ilustración al Segundo Sexo.* Madrid: Minerva.

AMSDEN, A. (1989). *Asias Next Giant: South Korea and Late Industrialization.* Oxford: Oxford University Press.

AMSDEN, A. y CHU, W. W. (2003). *Beyond Late Development: Taiwan´s Upgrading Process.* Cambridge (Massachusetts): MIT Press.

ANAYA, J. (2005). *El derecho internacional contemporáneo.* Madrid: Trotta.

ANDALUZ, H. (2012). Consecuencias formales de la regulación constitucional de los derechos. *Revista de derecho (Valparaíso),* (39), 321-336.

ANDRADE MAYORGA, S. H. (2019). *Tutela constitucional del derecho de propiedad en Ecuador.* Quito: Universidad Andina Simón Bolívar.

ANDRADE, E. C. C. (2022). Bolivia: Tensión entre soberanía y la internacionalización de los derechos humanos. *Ciencia Latina. Revista Científica Multidisciplinar,* 6(2), 3444-3465.

ANSUÁTEGUI ROIG, F. J. (2011). Derechos fundamentales y dignidad humana. *Papeles el tiempo de los derechos.* Madrid: Instituto de Derechos Humanos Bartolomé de las Casas, (10), 3-17.

ANZALDÚA, G. (1987). *Borderlands: La Frontera: The New Mestiza.* San Francisco: Aunt Lute Books.

ANZURES GURRÍA, J. J. (2010). La eficacia horizontal de los Derechos Fundamentales. *Cuestiones Constitucionales. Revista Mexicana de Derecho Constitucional,* (22), 3-51.

AÑAÑOS, K. (2015). Régimen constitucional de los tratados de derechos humanos en el derecho comparado latinoamericano. *Revista Prolegómenos-Derechos y Valores.* (1), 135-151.

ARAGÓN REYES, M. (1986). Interpretación de la constitución y el carácter objetivado del control jurisdiccional. *Revista Española de Derecho Constitucional,* 6 (17), 85-133.

ARAGÓN REYES, M. (1987). El Control como elemento inseparable del concepto de Constitución. *Revista española de Derecho Constitucional,* (19), 15-52.

ARAGÓN REYES, M. (2011). Tribunal Constitucional. En M. Aragón Reyes y C. Aguado Renedo (dirs.) *Temas Básicos de Derecho Constitucional.* Madrid: Thomson Reuters-Civitas.

Aragón Reyes, M. (2011). Reforma Constitucional. En M. Aragón Reyes y C. Aguado Renedo (dirs.) *Temas Básicos de Derecho Constitucional.* Madrid: Thomson Reuters-Civitas.

Aragón Reyes, M. (2011). Control parlamentario. En M. Aragón Reyes y C. Aguado Renedo (dirs.) *Temas Básicos de Derecho Constitucional.* Madrid: Thomson Reuters-Civitas.

Arditi, B. (2005). El devenir-otro de la política: un archipiélago post-liberal. En *¿Democracia post-liberal? El espacio político de las asociaciones.* Barcelona: Anthropos/FCPyS-UNAM.

Arencibia Fleitas, Y. (2020). *El ejercicio de los derechos sexuales y reproductivos por parte de sujetos menores de edad.* Santiago de Chile: Olejnik.

Arendt, H. (1972). *Crisis of the Republic.* New York: Harcourt Brace Jovanovich.

Arévalo Ramírez, W., e*t al.* (2022). *Monismo y dualismo: Apuntes de jurisprudencia sobre el control constitucional de los tratados en Colombia.* Colombia: Universidad del Rosario.

Arias López, B. W. (2012). El informalismo en la acción de libertad. *Vniversitas,* 61 (125), 53-82.

Arias López, B. W. (2018). *Introducción al análisis de la jurisprudencia.* Santa Cruz: *El País.*

Aristóteles. (2011). *La Política.* Barcelona: Espasa Libros.

Arrighi, J. M. (2004). *OEA: Organização dos Estados Americanos.* São Paulo: Manole.

Arroyo Lara, E., y Pérez Gil, L. V. (2009). La aplicación constitucional preferente del derecho internacional. *Estudios Internacionales,* 42 (163), 63-82.

Astudillo, C. (2017). El bloque y el parámetro de constitucionalidad en la interpretación de la Suprema Corte de Justicia de la Nación. En M. Carbonell *et al.*, *Estado constitucional, derechos humanos, justicia y vida universitaria.* México: UNAM.

Atria, F. (2013). *La constitución tramposa.* Santiago de Chile: LOM ediciones.

Attard Bellido, M. E. (2023). *La acción popular boliviana y el modelo polifónico de justicia constitucional.* Valencia: Pireo.

Attard Bellido, M. E.; Balmant Emerique, L.; Martínez Dalmau, R; Viciano Pastor, R. (dirs.) (2021). *Sistemas constitucionales de América Latina.* Valencia: Pireo.

Augé, M. (1993). *Los no lugares, espacios del anonimato.* Barcelona: Gedisa.

Ávila Santamaría, R. (2010). Las garantías constitucionales: perspectiva andina. *IUS, Revista del Instituto de Ciencias Jurídicas de Puebla,* (25), 77-93.

Ávila Santamaría, R. (2011). *El neoconstitucionalismo transformador. El estado y el derecho en la Constitución de 2008.* Quito: Abya-Yala, Universidad Andina Simón Bolívar.

Azevedo, T. de. (1975). Democracia racial: ideologia e realidade. *Revista Do Instituto De Estudios Brasileiros,* (18), 96-98.

Badilla, A. E. (2021). El derecho a constitución y la protección de la familia en la normativa y la jurisprudencia del Sistema Interamericano de Derechos Humanos. En Corte Interamericana de Derechos Humanos, *Interpretación de los principios de igualdad y no discriminación para los derechos humanos de las mujeres en los instrumentos del Sistema Interamericano.* San José, Costa Rica: IIDH.

Balmant Emerique, L. (2006). *Direito de oposição política como direito fundamental: discordar, fiscalizar e promover a alternância política.* Curitiba: Juruá.

Balmant Emerique, L. (2009). *Neoconstitucionalismo e direitos sociais: um contributo na luta contra a pobreza.* Rio de Janeiro: Freitas Bastos.

Baptista, R. (2007). Derechos humanos: ¿individuales o colectivos? Propuestas para la Nueva Constitución desde diferentes miradas. *Derechos Humanos y Acción Defensorial,* 2(2). 15-31.

Barcellona, P. (ed.) (1973). *L´uso alternativo del diritto.* Bari: Laterza.

Barnett, R. y Bernick, E. (2019). No Arbitrary Power: An Originalist Theory of the due Process of Law. *William & Mary Law Review,* (60), 1599-1683.

Bolívar, S. (1979). *Obras completas,* edición de V. Lecuna, Fica/Tiempo Presente/Ecoe.

Baronnet, B. y Tapia Uribe, M. (coords.) (2013). *Educación e interculturalidad. Política y políticas.* Cuernavaca: UNAM-CRIM.

Bartelson, J. (1997). Some Remarks on the Concept of Coup d'état and Its History. *Political Theory,* 25(3), 323-346.

Bastos P. M. *et al.* (2012). *Diccionario de Derecho Constitucional Contemporáneo.* Lima: Gaceta Jurídica.

Bazán, V. (2017). Justicia constitucional latinoamericana. *Revista REDEA Derechos en Acción,* 2(5), 255-309.

Beauvoir, S. de. (2008). *O Segundo Sexo.* Rio de Janeiro: Nova Fronteira.

Becker, B. (2006). Da Preservação à Utilização Consciente da Biodiversidade Amazônica. O Papel da Ciência, Tecnologia e Inovação. En I. Garay e

B. Koiffmann Becker. *As Dimensões Humanas da Biodiversidade: o desafio de novas relações sociedade-natureza no século XXI*. Petrópolis: Vozes.

Berlin, I. (2004). *Sobre la libertad*. Madrid: Alianza.

Bernal Pulido, C. (2007). *El principio de proporcionalidad y los derechos fundamentales*, Madrid: Centro de Estudios Políticos y Constitucionales.

Berry, T. (1990). *The Dream of the Earth*. San Francisco: Sierra Club Edition.

Berry, T. (2009). *The Sacred Universe. Earth, spirituality, and religion in the twenty-first century*. New York: Columbia University Press.

Bhabha, H. K. (2013). *Nuevas minorías, nuevos derechos. Notas sobre cosmopolitismos vernáculos*. Buenos Aires: Siglo XXI.

Bidart Campos, G. J. (1996). *Manual de la Constitución Reformada*. Buenos Aires: Ediar.

Biglino Campos, P. (2001). Procedimiento parlamentario. En M. Aragón Reyes y C. Aguado Renedo (dirs.) *Temas Básicos de Derecho Constitucional*. Madrid: Thomson Reuters-Civitas.

Bilbao Ubillos, J.M. (1997). *La eficacia de los derechos fundamentales frente a particulares*. Madrid: Centro de Estudios Políticos y Constitucionales.

Biscaretti di Ruffia, P. (2000). *Introducción al Derecho Constitucional Comparado*. México: Fondo de Cultura Económica.

Blanco Valdés, R. L. (1998). *El valor de la Constitución*. Madrid: Alianza.

Blázquez, N. (2012). Epistemología feminista: Temas centrales. En Oswald, U. *Investigación feminista: epistemología, metodología y representaciones sociales*. México: UNAM.

Blount, J.; Elkins, Z.; Ginsburg, T. (2012). Does the process of constitution-making matter? En T. Gingsburg, *Comparative Constitutional Design*. Cambridge: Cambridge University Press.

Bobbio, N. (1984). *Il futuro della democracia*. Turín: Einaudi. México: Fondo de Cultura Económica.

Bobbio, N. (1991). Desobediencia civil. En N. Bobbio, N. Matteucci y G. Pasquino (eds.). *Diccionario de Política*. Madrid: Siglo XXI.

Bobbio, N. (1992). *El tiempo de los derechos*. Madrid: Editorial Sistema.

Bobbio, N. (1993). *Igualdad y libertad*. Barcelona: Paidós.

Bobbio, N. (1996). *Teoría de las formas de gobierno en la historia del pensamiento político. (Años académicos 1975-1976)*, 2ª ed. México: Fondo de Cultura Económica.

Bobbio, N. (1997). La era de los derechos. En *El tercero ausente*. Madrid: Ediciones Cátedra.

Bobbio, N. (1998). *Teoría general del derecho.* Madrid: Debate.

Bogdandy, A. V.; Morales Antomniazzi, M.; Fix Fiero, H., *Ius Constitucionale Commune en América Latina. Rasgos, potencialidades y desafíos.* México: Instituto de Investigaciones Jurídicas, UNAM.

Bolívar, S, (1979), *Obras completas.* (comp. de Eduardo Rozo Acuña). Bogotá: Fundación para la Educación y la Cultura.

Bolívar, S, (2007), *Obra política y constitucional.* Estudio preliminar de Eduardo Rozo Acuña. Madrid: Tecnos.

Bonilla, D. A. (2015). *Casación, revisión y extradición en el nuevo modelo de justicia penal. Legislación, doctrina y jurisprudencia.* Nicaragua: Instituto de Estudio e Investigación Jurídica (INEJ).

Braga, R. (2003). Introdução. *Hileia. Revista de Direito Ambiental da Amazônia.* (1), 7-11.

Brea Franco. J. (1985). La constitucionalización de los derechos públicos subjetivos: una panorámica. *Ciencia y Sociedad,* 10 (1), 86-101.

Brewer-Carías, A. R. (2007). La aplicación de los tratados internacionales sobre derechos humanos en el orden interno de los países de América Latina. *Revista IIDH,* (46), 215-267.

Brewer-Carias, A.R. (2021). Control de constitucionalidad mixto. *Diccionario de Derecho Constitucional y Convencional* (3ª ed.), t. I. México: Instituto de Investigaciones Jurídicas, UNAM, 373-374.

Buono, E. (2022). *La questione plurinazionale nel diritto pubblico comparato.* Napoli: ESI.

Caamaño, F. (2020). *Federación y Reforma.* València: tirant lo blanch.

Cabanellas, G. (1981). *Diccionario Enciclopédico de Derecho Usual.* Buenos Aires: Arayú.

Caicedo Tapia, D. (2009). El bloque de constitucionalidad en el Ecuador. Derechos Humanos más allá de la Constitución. *Foro: Revista de Derecho,* (12), 5-29.

Calle Meza, M. L., Lacasta-Zabalza, J. I., & Palacios Romeo, F. (2023). *El constitucionalismo de la paz en la cultura jurídica colombiana. Pacifismo kantiano, memoria fracturada y legitimidad partisana en el Acuerdo Final.* Zipaquirá: Neogranadina.

Campello, A. B. (2018). *Manual Jurídico da Escravidão: Império do Brasil.* São Paulo: Paco Editorial.

Cansino, C., y Covarrubias, I. (2006). *En el nombre del pueblo. Muerte y resurrección del populismo en México.* México: UACJ/CEPCOM.

CANSINO, C. (2008). *La muerte de la ciencia política.* Buenos Aires: Sudamericana.

CANSINO, C. (2011). *La revuelta silenciosa. Democracia, espacio público y ciudadanía en América Latina.* México: BUAP/CEPCOM/ALED.

CAÑO-VEGA, A. V. (2017). La etapa del surgimiento y desarrollo de los derechos públicos subjetivos vinculada a la escuela alemana del Derecho Público. *Anuario de La Facultad de Derecho de La Universidad de Alcalá,* (10), 322-337.

CAPPELLETTI, M. (1955). *La giurisdizione constituzionalle delle libertà.* Milán: Giuffrè.

CAPPELLETTI, M. y GARTH, B. (1996). *El acceso a la justicia: La tendencia en el movimiento mundial para hacer efectivos los derechos.* México: Fondo de Cultura Económica.

CARBONELL, M. (2004). *Los derechos fundamentales en México.* México: UNAM, Comisión Nacional de Derechos Humanos.

CARBONELL, M. (2006). Familia, Constitución y derechos fundamentales. En R. M. Álvarez de Lara (coord.), *Panorama internacional del Derecho de familia. Cultura y sistemas jurídicos comparados,* t. I. México: Universidad Autónoma de México.

CARBONELL, M. (Ed.) (2009). *Neoconstitucionalismo(s).* Madrid: Trotta.

CARBONELL, M. (2013). *Derechos fundamentales y democracia.* México: Instituto Federal Electoral.

CARBONELL, M. y GRÁNDEZ CASTRO, P. (Coords.). (2010). *El principio de proporcionalidad en el Derecho Contemporáneo,* Lima: Palestra.

CARDUCCI, M., BAGNI, S.; MONTINI, M., *et al.* (2020). *Towards an EU Charter of the Fundamental Rights of Nature.* Study. Brussels: European Economic and Social Committee.

CARMAGNANI, M. (coord.) (1993). *Federalismos latinoamericanos: México/Brasil/Argentina.* México: El Colegio de México, Fondo de Cultura Económica.

CARRASCOSA, M. (2020). *Estados de excepción en América Latina. Una revisión de la limitación de derechos durante la COVID-19.* Bogotá: Konrad Adenauer Stiftung, Asociación de Investigación y Estudios Sociales

CARRERA, G. (1969) *El culto a Bolívar.* Caracas: Instituto de Antropología e Historia, Universidad Central de Venezuela.

CASTELLÀ ANDREU, J. M. (2001). *Los derechos constitucionales de participación política en la administración pública.* Barcelona: Cedecs Editorial.

Cenicacelaya, M. N. (2011). El derecho humano al agua en Latinoamérica. *Anales de la Facultad de Ciencias Jurídicas y Sociales UNLP,* (41), 86-96.

Centro de Derechos Reproductivos (*2010). Aborto y derechos humanos. El deber de los Estados de moderar las restricciones y garantizar el acceso a servicios de salud reproductiva seguro.* Disponible en http://reproductiverights.org/wp-content/uploads/2018/08/BRB-Aborto-y-Derechos-Humanos.pdf

Chavez, P.; Quiróz, T.; Mokranis, D.; *et al.* (2011). *Despatriarcalizar para descolonizar la gestión pública.* La Paz: Vicepresidencia del Estado Plurinacional de Bolivia. Dirección de participación ciudadana.

Cicerón, M. T., (1984). *De la Republica.* México: UNAM, Instituto de Investigaciones Filológicas.

Clavero Salvador, B. (2004). Multiculturalismo constitucional con perdón, de veras y en frío. En J. D. Oliva Martínez, F. M. Mariño Menéndez (coords.), *Avances en la protección de los derechos de los pueblos indígenas.* Madrid: Dykinson.

Collins, P. H. (2017). The Difference that Power Makes: Intersectionality and Participatory Democracy. *Investigaciones Feministas* 8 (1), 19-39.

Colón-Ríos, J. I. (2020). *Constituent Power and the Law.* Oxford: Oxford University Press.

Comanducci, P. (1998). Igualdad Liberal. *Revista Jurídica de la Universidad de Palermi.* 3 (2), 82-90.

Comanducci, P. (2003). Constitucionalización y Neoconstitucionalismo. En M. Carbonell y L. García Jaramillo (eds.), *El canon neoconstitucional.* Madrid: Trotta.

Comisión Económica para América Latina y el Caribe (CEPAL) y Fondo de Población de las Naciones Unidas (UNFPA) (2020). *Afrodescendientes y la matriz de la desigualdad social en América Latina. Retos para la inclusión.* Santiago: CEPAL.

Comisión Interamericana de Derechos Humanos (CIDH) (2021). *El derecho a la libre determinación de los pueblos indígenas y tribales.* Washington DC: OEA.

Comunidad de Derechos Humanos y UNFPA (2022). *Normativa y jurisprudencia nacional, regional e internacional sobre el derecho a una vida libre de violencia, los derechos sexuales y los derechos reproductivos,* t. I. La Paz: Fondo de Población de Naciones Unidas y Embajada de Suecia.

Conci, L. G. A. (2023). *Democracia Constitucional e Populismos na América Latina - entre fragilidades institucionais e proteção deficitária dos Direitos Fundamentais.* São Paulo: Contracorrente.

Consejo de Participación Ciudadana y Control Social (CPCCS) (2023). *Control social.* Disponible en: https://www.cpccs.gob.ec/participacion-ciudadana-y-control-social/control-social/introduccion/

Córdova Vinueza, P. (2020). *Justicia dialógica en las cortes constitucionales.* Sucre: Tribunal Constitucional Plurinacional de Bolivia.

Córdova Vinueza, P. (2020). *Administrar justicia desde un diálogo entre iguales.* Bogotá: Grupo Editorial Ibañez.

Córdova Vinueza, P. (2023). Diálogo de tribunales en la CAN: La constitucionalización del Derecho Comunitario y la comunitarización del derecho constitucional. En: Montaño Galarza C. y Storini C. (edits.). *Miradas constitucionales a medio siglo de integración andina.* Bogotá: tirant lo blanch, 77-92.

Corral Talciani, H., ¿Del Derecho de familia a un Derecho de las familias? Reflexiones críticas sobre la teoría de la 'pluralidad de formas de familia'. En S. Díaz Balart, *100 años de la Revista de Derecho Privado 1913-2013.* Madrid: Reus.

Correa da Silva, M. (2013). *Metamorfoses da Amazônia.* Manaos: Valer.

Corte Interamericana de Derechos Humanos (2021). Derechos humanos de las mujeres. *Cuadernillo de jurisprudencia de la Corte Interamericana de Derechos Humanos,* No. 4, San José, Costa Rica: Corte IDH.

Corte interamericana de Derechos Humanos (2021). Derechos económicos, sociales, culturales y ambientales. *Cuadernillo de jurisprudencia de la Corte Interamericana de Derechos Humanos,* No. 22. San José, Costa Rica: Corte IDH.

Cortez Buotto, M. (2015). De los derechos individuales a los derechos colectivos. La situación de la educación en Chile. *Revista Userena,* 20 (1), 11-24.

Cortina, A. (2017). *Aporofobia, el rechazo al pobre. Un desafío para la democracia.* Barcelona: Paidós.

Cossío Díaz, J. R. (2017). *Derechos humanos. Apuntes y reflexiones.* México: El Colegio Nacional.

Crenshaw, K. (1989). *On Intersectionality: Essential Writings.* New York: The New Press.

Criado, M. (2011). La igualdad en el constitucionalismo de la diferencia. *Revista Derecho del Estado,* (26), 7-49.

Cruz Parcero, J. A. (2012). Los derechos colectivos en el México del Siglo XIX. *Isonomía,* (36), 147-186.

Cruz Parcero, J. A. (2017). *El concepto de derecho subjetivo.* México: Fontanara.

CRUZ VILLALÓN, P. (1987). *La formación del sistema europeo de control de constitucionalidad (1918-1939).* Madrid: Centro de Estudios Políticos y Constitucionales.

CUBILLO-GUEVARA, A. P.; HIDALGO-CAPITÁN, A. L. y DOMÍNGUEZ-GÓMEZ, J. A. (2014). El pensamiento sobre el Buen Vivir. Entre el indigenismo, el socialismo y el posdesarrollismo. Revista del CLAD *Reforma y Democracia,* (60), 27-58.

CULLINAN, C. (2010). The Legal Case for the Universal Declaration of the Rights of Mother Earth. Disponible en https://therightsofnature.org/wp-content/uploads/pdfs/Legal-Case-for-Universal-Declaration-Cormac-Cullinan.pdf

CULLINAN, C. (2011). *Wild Law. A Manifesto of Earth Justice.* 2ª ed. Vermont: Chelsea Green Publishing.

DA COSTA, H. J. (2019). *Escravidão nas Américas.* Estudios Históricos. 32 (66), 5-32.

DAHL, R. (2009). *Poliarquía. Participación y oposición.* Madrid: Tecnos.

DANTAS, F. A. DE C. (2019). El nuevo constitucionalismo latinoamericano como una propuesta jurídica decolonial. En A. de Julios-Campuzano, *Constitucionalismo. Un modelo jurídico para la sociedad global.* Pamplona: Aranzadi.

DANTAS, F. A. DE C.; ESTUPIÑÁN, L.; MARTÍNEZ DALMAU, R., *et al.* (eds.) (2019). *Derechos de la Naturaleza: teoría, política y práctica.* Valencia: Pireo.

DANTAS, F. A. DE C.; RACHID COUTINHO, A.; GRAU, E. R. *et al.* (2009). *Entre a natureza e a natureza jurídica das coisas: os povos indígenas, os bens ambientais e os processos de apropriação jurídica da Natureza na Amazônia brasileira. Liber Amicorum: homenagem ao Prof. Doutor António José Avelãs Nunes.* Coimbra: Coimbra Editora.

DAU-LIN, H. (1988). *Mutación de la Constitución.* San Sebastián: Instituto Vasco de Administración Pública.

DE CABO, A. (2012). El fracaso del constitucionalismo social y la necesidad de un nuevo constitucionalismo. En M. Aparicio Wilhelmi *et al., Por una Asamblea Constituyente.* Madrid: Sequitur

DE CABO, A. (2014). La crisis del Estado Social. En A. Noguera Fernández y A. Guamán Hernández (dir.). *Lecciones sobre Estado social y derechos sociales.* Valencia: tirant lo blanch.

DE CABO, C. (2006). *Teoría constitucional de la solidaridad.* Madrid: Marcial Pons.

DE CABO, C. (2014). *Pensamiento crítico, constitucionalismo crítico.* Madrid: Trotta.

De Sassoferrato, B. (1983). *De regimine civitatis, Consiglio nazionale delle ricerche.* Italia: L. S. Olschki.

De Sousa Santos, B. (2014). *Derechos humanos, democracia y desarrollo.* Bogotá: Dejusticia.

De Sousa Santos, B. (2014). *Justicia entre saberes: Epistemologías del Sur contra el epistemicidio.* España: Ediciones Morata.

De Sousa Santos, B.; Araujo, S.; Aragón Andrade O. (2021). *Descolonizando el constitucionalismo. Más allá de promesas falsas e imposibles.* Ciudad de México: Akal.

Dermizaky Peredo, P. (2004). *Derecho constitucional,* 7ª ed. Cochabamba: Serrano.

Días, M. B. (2021). *Manuel de Direito das Famílias,* 14ª ed. San Salvador de la Bahía: Jus Podivm.

Díaz Revorio, F. J. (2009). *Interpretación de la Constitución y Justicia Constitucional.* México: Porrúa, IMDPC.

Díaz Revorio, F. J. (2018). *Valores superiores e interpretación constitucional.* México: tirant lo blanch.

Dimoulis, D. (2021). *Direito de igualdade:* antidiscriminação, minorias sociais, remédios constitucionais. São Paulo: Almedina.

Doncel Luango, J. A. y Camisón Yagüe, J. A. (2011). La polémica Kelsen-Schmitt sobre quién debe ser el defensor de la Constitución. *Anuario de la Facultad de Derecho,* V. XXIX, 129-149.

Downs, A. (1957). *An Economic Theory of Democracy.* Nueva York: Harper & Brothers.

Ducoudray-Holstein, H. L. V. (2014). *Memorias de Simón Bolívar y de sus principales generales.* Bogotá: Vela

Durand Ponte, V. M. (2010). *Desigualdad social y ciudadanía precaria. ¿Estado de excepción permanente?* México: Siglo XXI, UNAM.

Echeverri, S. (2014). Los estados de excepción en Colombia: un estudio de caso. *CES Derecho,* 5 (1), 6-17.

Eguiguren Praeli, F. J. (1999). Poder judicial, Tribunal Constitucional y *habeas data* en el constitucionalismo peruano. *Cuadernos constitucionales México - Centroamérica,* No. 35. México: Centro de Estudios Constitucionales México-Centroamérica, Instituto de Investigaciones Jurídicas, UNAM, Corte de Constitucionalidad Guatemala.

Ekmekdjian, M. A. y Pizzolo, C. (1996). *Habeas Data.* El derecho a la intimidad frente a la revolución informática. Buenos Aires: Depalma.

Elster, J. (2012). The optimal design of a constituent assembly. En H. Landemore (ed.), *Collective wisdom: Principles and Mechanisms*. Cambridge: Cambridge University Press.

Esborraz, D. (2015). El concepto constitucional de familia en América Latina. Tendencias y proyecciones. *Revista de Derecho Privado,* (29), 15-55.

Escobar, A. (2014). *Sentipensar con la tierra. Nuevas lecturas sobre desarrollo, territorio y diferencia.* Medellín: UNAULA.

Escobar, L. (2017). La consulta popular en México. *Revista de la Facultad de Derecho de México,* 64(262), 185-201.

Estrada, A. J. (1997). *La teoría de los derechos públicos subjetivos en la obra de Georg Jellinek.* Colombia: Instituto de Estudios Constitucionales, Carlos Restrepo Piedrahita.

Estupiñán Achury, L. (2019). Neoconstitucionalismo ambiental y derechos de la Naturaleza en el marco del nuevo constitucionalismo latinoamericano: El caso de Colombia. En L. Estupiñán Achury; C. Storini; R. Martínez Dalmau, R.; *et al.* (eds.). *La Naturaleza como sujeto de derechos en el constitucionalismo democrático.* Bogotá: Universidad Libre de Colombia.

Estupiñán Achury, L.; Martínez Dalmau, R.; Storini, C.; Dantas, F., (2019). *La Naturaleza como sujeto de derechos en el constitucionalismo democrático.* Bogotá: Universidad Libre de Colombia.

Etxeberria, X., (2001). *Enfoques de la desobediencia civil.* Bilbao: Universidad de Deusto, España.

Facio, A. y Fríes, L. (2005). Feminismo, género y patriarcado. *Academia. Revista sobre enseñanza del Derecho de Buenos Aires,* (6), 259-294.

Fajnzylber, F. (1983). *La industrialización trunca de América Latina.* México: Nueva Imagen, México.

Feres Júnior, J.; Campos, L. A.; Daflon, V. T., *et al.* (2018). *Ação afirmativa: conceito, história e debates.* Rio de Janeiro: EDUERJ.

Fernández Segado, F. (2011). La doctrina constitucional sobre las prerrogativas parlamentarias en España. *Foro: Revista de ciencias jurídicas y sociales,* (14), 13-72.

Fernández-Viagas, P. B. (1990). *La inviolabilidad e inmunidad de los diputados y senadores. La crisis de los "privilegios" parlamentarios,* Madrid: Civitas.

Ferrajoli, L. (2006). Sobre los derechos fundamentales. *Cuestiones Constitucionales. Revista Mexicana de Derecho Constitucional,* (15), 113-136.

Ferrajoli, L. (2006). Las garantías constitucionales de los derechos fundamentales. *Doxa, Cuadernos de Filosofía del Derecho,* (29), 15-31.

Ferrajoli, L. (2008). *Democracia y garantismo.* Madrid: Trotta.

FERRAJOLI, L. (2016). *Los derechos y sus garantías.* Madrid: Trotta.

FERRAJOLI, L., *et al.* (2009). *Los fundamentos de los derechos fundamentales.* Madrid: Trotta.

FERRAJOLI, L. (2022). *Por una Constitución de la tierra. La humanidad en la encrucijada.* Madrid: Trota.

FERRER MAC-GREGOR, E. (2002). *Los tribunales constitucionales en Iberoamérica,* México: Fundación Universitaria de Derecho Administrativo.

FERRER MAC-GREGOR, E. (2013). *Panorámica del Derecho procesal constitucional y convencional.* Madrid: Marcial Pons.

FINCHELSTEIN, F. (2020). *Uma breve história das mentiras fascistas.* São Paulo, Brasil: Vestígio.

FISCH, G.; MARENGO J. A.; NOBRE, C. A. (1998). *Uma revisão geral sobre o clima da Amazônia. Acta amazônica,* 28(2), 101-126.

FIX FIERRO, H., y MARTÍNEZ URIARTE, J. (2018). *Derechos humanos: cien años de evolución de los derechos en la constitución mexicana.* México: Fondo de cultura económica.

FIX-ZAMUDIO, H. (2004). Los estados de excepción y la defensa de la Constitución. *Boletín mexicano de Derecho comparado,* 37 (111), 801-860.

FIX-ZAMUDIO, H. y VALENCIA CARMONA S. (2021). *Derecho constitucional mexicano y comparado,* 2ª ed. México: Porrúa.

FONTENLA, M. A. (2009). ¿Qué es el Patriarcado? En S. B. Gamba (coord.). *Diccionario de estudios de Género y feminismos.* Buenos Aires: Biblos.

FORERO, E. S. (2015). Empoderamiento pacifista para otros mundos posibles. *Revista de Paz y Conflictos,* 8(2), 75-95.

FOUCAULT, M. (2005). *Em defesa da sociedade:* curso no Collège de France (1975-1976). São Paulo: Martins Fontes.

FRASER, N. (2000). De la redistribución al reconocimiento. Dilemas de la justicia en la era 'postsocialista'. En *Iustitia Interrupta: Reflexiones críticas desde la posición "postsocialista".* Bogotá: Siglo de Hombres Editores.

FRASER, N., (2006). La justicia social en la era de la política de la identidad: Redistribución, reconocimiento y participación, En N. Fraser, A. Honneth, *¿Redistribución o reconocimiento?* Madrid: Ediciones Morata.

FRASER, N. (2020). *Los talleres ocultos del capital.* Madrid: Traficantes de Sueños.

FUCHS, M. C.; HENNIG, L.; MÔNIA, C. (coords.) (2022). *Activismo Judicial I. Cómo deciden los tribunales constitucionales en América Latina. Un análisis a partir del matrimonio civil igualitario.* Bogotá: Fundación Konrad Adenauer.

Galiaga Saura, Á. (2003). *La legislación en el Estado de Derecho.* Madrid: Dykinson.

Galtung, J. (2003). *Paz por medios pacíficos. Paz y conflicto, desarrollo y civilización.* Bilbao: Bakeaz.

García Belaunde, D. (1997). El *habeas corpus* en América Latina (algunos problemas y tendencias recientes), *Revista de Estudios Políticos,* (97), 105-124.

García Costa, F. M., Ana Pedra, A. S; Muñiz Pérez, J. C. *et al.* (dirs.) (2019). *Historia constitucional de Iberoamérica.* Valencia: tirant lo blanch.

García Cué, J. R. (1985). Teoría de la ley y de la soberanía popular en el 'Defensor Pacis' de Marsilio de Padua. *Revista de Estudios Políticos* (Nueva Época), (43), 107-148.

García Herrera, M. A. (1994). El fin del Estado social. *Sistema: Revista de Ciencias Sociales,* (118-119), 135-150.

García Herrera, M. A. (2015). Estado social y estado económico. *Jueces para la democracia,* (84), 51-66.

García Huerta, D. A. (coord.) (2022). *Construir la igualdad: reflexiones en clave judicial.* México: Corte Suprema de Justicia.

García López, E. (1989). *Inmunidad parlamentaria y Estado de partidos.* Madrid: Tecnos.

García Méndez, E. (2007). *Infancia: de los derechos y de la justicia.* México: Fontamara.

García Palacios, O. A. (2006). *La Contraloría General de la República y el control externo en el Estado democrático nicaragüense.* Managua: Universidad Centroamericana.

García Palacios, O. A. (2015). *Manual de Derecho Constitucional.* Nicaragua: Asamblea Nacional.

García Pelayo, M. (1988). *Las transformaciones del Estado contemporáneo,* Madrid: Alianza.

García Pelayo, M. (1999). *Derecho constitucional comparado,* Madrid: Alianza.

García Pino, G. y Contreras Vásquez, P. (eds.) (2014), *Diccionario Constitucional Chileno.* Santiago de Chile: Tribunal Constitucional de Chile.

García Ramírez, S. (2006). El acceso de la víctima a la jurisdicción internacional sobre derechos humanos. *El Otro Derecho,* (35), 13-56.

García, L. (2023). *Pueblos indígenas y la falta de una definición única que abarque a todos los pueblos indígenas del mundo.* Copenhague: IWGIA.

García, M. (2023). *El proceso de hábeas corpus en Derecho comparado.* México: UNAM, 503-528.

García, M. y Uprimny, R. (2005). *¿Controlando la excepcionalidad permanente en Colombia? Una defensa prudente del control judicial de los estados de excepción*. Bogotá: Dejusticia.

García, M.; Barragán, M.; Alcántara, M. (2021). *Los Parlamentos en América Latina en tiempos de pandemia*. Madrid: Centro de Estudios Políticos y Constitucionales.

Gargallo, F. (2015). *Feminismos desde Abya Yala. Ideas y proposiciones de las mujeres de 607 pueblos en Nuestra América*. México: UAM

Gargarella, R. (2008). La dificultosa tarea de la interpretación constitucional. En *Teoría y crítica del Derecho Constitucional*, t. I. Buenos Aires: Abeledo-Perrot.

Gargarella, R. (2014). *La Sala de Máquinas de la Constitución. Dos siglos de constitucionalismo en América Latina (1810-2010)*. Buenos Aires: Katz.

Gargarella, R. (2018). Sobre el "nuevo constitucionalismo latinoamericano". *Revista Uruguaya de Ciencia Política*, 27(1), 109-129.

Gargarella, R. y Courtis, C. (2009). *El nuevo constitucionalismo latinoamericano: promesas e interrogantes*. Santiago de Chile: CEPAL.

Gaussens P. y Ayvar Acosta M. I. (2018) Investigaciones sobre la paz desde América Latina: interdisciplinariedad con perspectiva crítica. *Interdisciplina* (6), mayo-agosto, 7-16.

Gentile, E. (2018). *Il fascinio del persecutore George L. Mosse e la catastrofe dell'uomo moderno*,2ª ed. Roma: Carocci Editore.

Gil Valencia, W. E.; Arias Cantor, M. Y. (2013). La pluralidad familiar, a la luz de la sociología relacional. *Ánfora*, 20 (35), 173-195.

Gilissen, J. (Dir.) (1971). *Le Pluralisme Juridique*. Bruxelles: Éditions de l'Université de Bruxelles.

Goizueta, J.. (1997). Los Estados de excepción en América Latina: los controles desde el derecho internacional. *Revista de la facultad de Derecho y Ciencias Políticas*, (98), 184-215.

Gomes, J. B. (2001). *Ação afirmativa & princípio constitucional da igualdade: o Direito como Instrumento de Transformação Social. A experiência dos EUA*. Rio de Janeiro: Renovar.

Gomes, N. L.; Da Silva, P. V. B.; De Brito, J. E. (2021). Ações afirmativas de promoção da igualdade racial na educação: lutas, conquistas e desafios. *Educação & Sociedade*, Campinas, (42), 1-12.

Gómez Hurtado, A. (1958). *La revolución en América*. Barcelona: AHR.

Gómez, C., (2000). Saber y poder político en Gabriel Naudé. *Res publica*, (5), 111-13.

GONÇALVES, l. P., NETO, O. C. (2020). *O fascismo em camisas verdes: do integralismo ao neointegralismo.* Sao Paulo, Brasil: Editora FGV.

GÓNGORA MERA, M. E. (2016). La difusión del bloque de constitucionalidad en la jurisprudencia latinoamericana y su potencial en la construcción del Ius Constitutionale Commune latinoamericano. En A. V. BOGDANDY; M. MORALES ANTOMNIAZZI; H. FIX FIERO, *Ius Constitucionale Commune en América Latina. Rasgos, potencialidades y desafíos.* México: Instituto de Investigaciones Jurídicas.

GONZALES, G. (2010). *Los Jueces. Cultura legal y carrera judicial.* Lima: Palestra, Pontificia Universidad Católica del Perú.

GONZÁLEZ CADENAS, D. (2018). *Democracia y procesos constituyentes. Un análisis jurídico-político.* València: tirant lo blanch.

GONZÁLEZ, L. (1988). Categoría político-cultural de amefricanidade. *Tempo Brasileiro,* 92(93), 69-82.

GONZÁLEZ, L. (2020). *Por um feminismo afro-latino-americano.* Rio de Janeiro: Zahar.

GRANDA, V. (2023). *Derecho de Control, Contraloría, y Tribunal de Cuentas o de Recursos Públicos en Ecuador.* Quito: Universidad Andina Simón Bolívar, Corporación Editora Nacional.

GRIFFITHS, J. What is Legal Pluralism? *Journal of legal pluralism,* 24, 1986, 55 pp.

GRIJALVA, A. (2012). *Constitucionalismo en Ecuador.* Quito: Corte Constitucional de Ecuador.

GROBER, U. (2012). *Sustainability. A Cultural History.* Totnes-Devon: Green Books.

GUASTINI, R. (1999). Sobre el concepto de Constitución. *Cuestiones Constitucionales,* (1), 161-176.

GUASTINI, R. (2003). La "constitucionalización" del ordenamiento jurídico: el caso italiano. En M. Carbonell, (Ed.) *Neoconstitucionalismo(s).* Madrid: Trotta.

GUASTINI, R. (2016). *La sintaxis del derecho.* Madrid: Marcial Pons.

GUDYNAS, E. (2009). *El mandato ecológico. Derechos de la Naturaleza y políticas ambientales en la nueva Constitución.* Quito: Abya Yala.

GUDYNAS, E. (2021). Justicia hídrica: explorando las variedades de justicia y los derechos de la Naturaleza. En A. Guzmán (ed.), *Justicia hídrica: una mirada desde América Latina.* Cusco: Centro Bartolomé de las Casas.

GUERRERO SALOM, E. (2004). *El Parlamento. Qué es, Cómo funciona, Qué hace.* España: Síntesis.

Gutiérrez, J. P.; Souza Ferrão, A.; Peçanha Rocha, T. de C. (2011). O afeto como principal vínculo familiar e a sua abordagem no Direito de Família brasileiro. *Revista Vídere,* 3 (6), 171-198.

Guzmán Hernández, T. Y. (2019). La iniciativa legislativa popular en América Latina. Un análisis comparado en clave axiológico-procedimental. *Revista de Investigações Constitucionais,* (Curitiba), (6)1, 35-59.

Habermas, J. (1998). *Facticidad y validez.* Madrid: Trotta.

Habermas, J. (2000). *Ensayos políticos.* Barcelona: Península.

Hakkanson Nieto, C. (2012). *Curso de Derecho Constitucional.* Lima: Palestra Editores.

Haro, J. V, (2010). Los problemas del federalismo en Venezuela y el Consejo Federal de Gobierno. *Erga Omnes. Revista Jurídica de la Sindicatura Municipal de Chacao,* (6), 132-149.

Hart, H. L. A. (1961). *El concepto de derecho.* Buenos Aires: Abeledo-Perrot.

Harvey, D. (2007). *Breve historia del neoliberalismo.* Madrid: Akal.

Held, D. (1991). *Modelos de democracia.* Madrid: Alianza.

Heller, H. (1971). *Teoría del Estado.* México: Fondo de Cultura Económica.

Hernández Cervantes, A. (2014) *La producción jurídica de la globalización económica. Notas de una pluralidad jurídica transnacional.* México: Universidad Autónoma de San Luis Potosí, CEIICH, UNAM.

Hernández Cervantes, A. (2019). Estructuras jurídicas del Despojo: un caso de reforma estructural en México. En M. Benente y M. Navas, M. (coords.), *Derecho, conflicto social y emancipación: Entre la depresión y la esperanza.* Buenos Aires: CLACSO.

Hernández Marín, R. (1998). *Introducción a la teoría de la norma jurídica.* Madrid: Marcial Pons.

Herrera Flores, J. (2004). Derechos humanos, interculturalidad y racionalidad de resistencia. *Dikaiosyne: revista semestral de filosofía práctica,* (12), 39-58.

Hesse, K. (1983). *Escritos de Derecho constitucional: Selección.* Madrid: Centro de Estudios Constitucionales.

Hevia de La Jara, F. (2010). La iniciativa legislativa popular en América Latina. *Revista Convergencia,* (17), 155-186.

Hinestrosa, F. (1999). Diversas formas familiares. En A. K. de Carlucci (coord.), *El Derecho de Familia y los nuevos paradigmas,* t. I. Buenos Aires: Rubinzal Culzoni.

HIRSCHMAN, A. O. (1981). The rise and decline of development economics. En A. O. Hirschman, *Essays in Trespassing: Economics to Politics and Beyond*, Cambridge: Cambridge University Press.

HOBSBAWM, E. (2010). *Nacionalismo y nacionalidad en América Latina*. Barcelona: Critica.

HOHFELD, W. N. (1992). *Conceptos jurídicos fundamentales*. México: Fontamara.

HUANACUNI MAMANI, F. (2010). *Vivir Bien - Buen Vivir. Filosofía, políticas, estrategias y experiencias regionales*. Lima: Coordinadora Andina de Organizaciones Indígenas, CAOI.

HUERTAS, O. y CÁCERES, V. (2014). Los golpes de Estado constitucionales en Latinoamérica: una amenaza emergente para el principio democrático. *Justicia Juris*, 10(2), 28-35.

HURTADO QUINTERO, W. F. y MARÍN REINA, C. A. (2021). Treinta años de la Constitución Política de Colombia de 1991: antecedentes, origen, cambios y reformas. *Revista Análisis Jurídico-Político*, 3(5), 17-58.

SCHWARCZ, L. M. (Org.). (1996). *Negras imagens. Ensaios sobre cultura e escravidão no Brasil*. São Paulo: Edusp, Estação Ciência.

IGREJA, R.; SANTOS, R.; AGUDELO, C. (2023). *Race and racism in Latin America and the Caribbean. A crossview from Brazil*. Berlin: The Gruyter.

INSIGNARES, S. (2011). *El proceso de integración europeo: entre lo supranacional y lo intergubernamental*. Colombia: Universidad del Norte.

INSIGNARES, S. (2013). *La integración latinoamericana, su construcción jurídico-política*. México: Porrúa.

INSIGNARES, S. (2015). *Construcción constitucional del proceso de integración suramericano*. Colombia: Universidad del Norte.

INSTITUTO SOCIO AMBIENTAR (ISA) (2019). *Yanomami. Povos Indígenas no Brasil*. Disponible en: https://pib.socioambiental.org/pt/Povo:Yanomami.

JELLINEK, G. (1906). *Verfassungsänderung und Verfassungswandelung: Eine Staatsrechtlich-politische Abhandlung*. Berlín: O. Haring Editor.

JELLINEK, G. (2011). *System der subjektiven öffentlichen Rechte*. Kersten Jens, 2ª. ed. Tübingen: Mohr Siebeck.

KANT, I. (2016). *La paz perpetua*. Madrid: Alianza Editorial.

KELSEN, H. (1949). *Teoría General del Derecho y del Estado*. México: Imprenta Universitaria.

KELSEN, H. (1981). *La Garantie juridictionnelle de la Constitution*. En *La giustizia costituzionale*. Milán: Giuffrè.

KELSEN, H. (1995). ¿Quién debe ser el defensor de la Constitución? Madrid: Tecnos.

KELSEN, H. (2011). La garantía jurisdiccional de la Constitución (la Justicia Constitucional). *Anuario iberoamericano de justicia constitucional,* (15), 249-300.

KEMELMAJER DE CARLUCCI, A. (1999). *El Derecho de familia y los nuevos paradigmas (*presentación de la obra). Buenos Aires: Rubinzal Culzoni.

KEMELMAJER DE CARLUCCI, A. (2007). *El derecho humano a la vida íntima de la mujer embarazada, el riesgo grave para su salud y el principio de igualdad frente a los casos de no punibilidad en la jurisprudencia del Tribunal Europeo de Derechos Humanos.* Argentina: Fondo Editorial La Ley, Academia Nacional de Derecho y Ciencias Sociales de Buenos Aires.

KEMELMAJER DE CARLUCCI, A. (2010). *El Derecho de las familias en la jurisprudencia argentina.* Bogotá: Pontificia Universidad Javeriana, Facultad de Ciencias Jurídicas, Grupo Editorial Ibáñez.

KIM, J. (2023). Critical Review of Substantive due Process of Law: Discussion on the Necessity of Substantive due Process of Law in the Korean Constitution. *Korean Assoc. Int. Assoc. Const. Law,* 1 (29), 59-94.

KONI, Y., BUNGA, M., KODAI, D., *et al.* (2021). Application of Law Enforcement due Process System in Law against Child Crimes. *Musamus Law Review,* 2(3), 72-83.

KRAUZE, E. (2008). *El poder y el delirio.* Barcelona: Tusquets.

KYMLICKA, W. (1996). *Ciudadanía multicultural. Una teoría liberal de los derechos de las minorías.* Barcelona: Paidós.

KYMLICKA, W. y Norman W. (2002). *El retorno del ciudadano. Una revisión de la producción reciente en teoría de la ciudadanía.* Lima: Instituto de Estudios Peruanos.

LA BARBERA, M. C. (2017). Interseccionalidad = Intersectionality. *Eunomía. Revista en Cultura de la Legalidad,* (12), 191-198.

LACASTA ZABALZA, J.I. (2019). *Simón Bolívar.* Iruña/Pamplona: Pamiela.

LA ROSA, J. (2007). Acceso a la justicia: elementos para incorporar un enfoque integral de política pública. Centro de la Justicia para las Américas. En Javier La Rosa (ed.). *Acceso a la Justicia en el mundo rural.* Lima: Instituto de Defensa Legal.

LANDA, C. (2017). Los derechos sexuales y reproductivos en la jurisprudencia de la Corte Interamericana de Derechos Humanos. *Revista da AJURIS,* 44 (122), 47-78.

LAURENTINO SOUZA, J., *et al.* (1985). *Torü Duü'ügü, nosso povo.* Rio de Janeiro: Museu Nacional.

LECHNER, N. (1986). *La conflictiva y nunca acabada construcción del orden deseado.* Madrid: Centro de Investigaciones Sociológicas, Siglo XXI.

LENGUA, A. (2017). *La relación subsidiaria y complementaria entre los sistemas nacionales de protección de derechos humanos y el Sistema Interamericano. Themis,* (71), 153-165.

LINZ, J. J. y VALENZUELA BOWIE, A. (2013). Los peligros del presidencialismo. *Revista Latinoamericana de política comparada,* (7), 11-31.

LIVÉ, L. (1999). *Multiculturalismo y pluralismo.* México: Paidós.

LIZIERO, L. (2019). Was There Federalism in the Brazilian Empire? A Case of Contrast between Federal State and Federalism in 19th Century. *International Journal of Law and Public Administration,* (2) 2, 41-47.

LLASAG FERNÁNDEZ, R. (2018). *Constitucionalismo plurinacional desde los Sumak Kawsay y sus saberes.* Quito: Huaponi Ediciones.

LLORENTE RUBIO, F. (2001). Bloque de constitucionalidad. En M. Aragón Reyes y C. Aguado Renedo (dirs.) *Temas Básicos de Derecho Constitucional.* Madrid: Thomson Reuters-Civitas.

LOCKE, J. (2004). *Segundo Tratado sobre el Gobierno Civil.* España: Alianza.

LOEWENSTEIN, K. (1998). *Teoría de la Constitución.* Barcelona: Ariel.

LÓPEZ Y LÓPEZ, A. M. (2018). *La disciplina constitucional de la propiedad.* Valencia: tirant lo blanch.

LÖSING, N. (2002). *La Jurisdiccionalidad Constitucional en Latinoamérica.* Uruguay: Fundación Konrad Adenauer.

MCPHERSON, C. B. (1977). *La democracia liberal y su época.* Madrid: Alianza.

MAESTRO BUELGA, G. (2012). Estado y mercado en el nuevo constitucionalismo latinoamericano. *Revista general de derecho público comparado.* (9), 1-30.

MAGALLONI, B., (1990). La desobediencia civil en la democracia constitucional. *Estudios. Filosofía. Historia. Letras,* (22), 17-46.

MAIHOFER, W.; VOGEl, H. J.; HESSE, K. *et al.* (2001). *Manual de Derecho Constitucional,* 2ª ed., Madrid: Marcial Pons.

MÁIZ, R. (2018). *Nacionalismo y federalismo. Una aproximación desde la teoría política.* México: Siglo XXI Editores.

MARCONE, J. (2009). Las razones de la desobediencia civil en las sociedades democráticas. *Andamios, Revista de investigación Social,* 5(10), 39-69.

MARDONES, M. y URSUA, N. (1994). *Filosofías de las ciencias humanas y sociales,* 5ª ed. México: Fontamara.

MARQUARD, B. (2016), *Historia constitucional comparada de Iberoamérica. Las seis fases desde la revolución de 1810 hasta la transnacionalización del siglo XXI.* Bogotá: Ibáñez.

Márquez Restrepo, M. L. (2012. La construcción de la nación y la lucha por la memoria histórica en Venezuela. *Diálogos de saberes,* (36), 127-137.

Marshall, T. H. (1963). *Sociology at the Crossroad.* Londres: Heinemann.

Marshall, T. H. (1997). Ciudadanía y clase social. *Reis: Revista española de investigaciones sociológicas,* (79), 297-344.

Martínez, R. (2014). Subtipos de golpes de Estado: transformaciones recientes de un concepto del siglo XVII. *Revista CIDOB d'Afers Internacionals,* (108), 191-212.

Martínez Dalmau, R. (2014). Arte, derecho y derecho al arte. *Revista Derecho del Estado,* (32), 35-56.

Martínez Dalmau, R. (2018) ¿Han funcionado las Constituciones del nuevo constitucionalismo latinoamericano? *Cultura Latinoamericana. Revista de Estudios Interculturales,* 28(2), 138-164.

Martínez Dalmau, R. (2019). *Fundamentos para el reconocimiento de la Naturaleza como sujeto de derechos.* En L. Estupiñán Achury; C. Storini; R. Martínez Dalmau (eds.). *La Naturaleza como sujeto de derechos en el constitucionalismo democrático.* Bogotá: Universidad Libre de Colombia.

Martínez Dalmau, R. (2022). El giro ecocéntrico en Naciones Unidas y en la Unión Europea: la Agenda 2030 y el Pacto Verde Europeo. En AA.VV., *La lucha contra el cambio climático y el reconocimiento de los derechos de la Naturaleza. Actas del congreso celebrado en la Universitat de València los días 29 y 30 de junio de 2022,* Valencia: Pireo.

Martínez Dalmau, R.; Storini, C.; Viciano Pastor, R. (2021). *Nuevo Constitucionalismo Latinoamericano. Garantía de los derechos, pluralismo jurídico y derechos de la Naturaleza.* Santiago de Chile: Olejnik.

Martínez Dalmau R. y Viciano Pastor, R. (2010). Aspectos generales del nuevo constitucionalismo latinoamericano. En *El nuevo constitucionalismo en América Latina.* Quito: Corte Constitucional de Ecuador.

Martínez Martínez, V. L. (2017). La quimérica dicotomía entre derechos individuales y sociales. *Revista Latinoamericana De Derecho Social,* (24), 39-69.

Marx, K. (2001), *Simón Bolívar,* (edición comentada J. Aricó, M. Roitmann, S. Martínez Cuadrado). Madrid: Sequitur.

Masapanta Gallegos, C. R. (2022). Multidimensionalidad del Derecho a la Propiedad en el Constitucionalismo Ecuatoriano. *Juees,* 2(1), 74-99.

Matilla Correa, A. (comp.) (2009). *Estudios cubanos sobre control de constitucionalidad (1901-2008).* México: Porrúa.

Maturana, H. (2001) *La democracia es una obra de arte.* Colombia: Magisterio.

Matus Roa, K. G. (2012). *El control parlamentario en el ordenamiento jurídico nicaragüense.* Managua: Universidad Nacional Autónoma de Nicaragua.

Matvieieva, L.; Dorofeieva, L.; Burdin, M. *et al.* (2022). Legal Process in the National Legal Doctrine of Ukraine through the Scope of the Case Law of the European Court Of Human Rights. *International Journal for Court Administration,* 13 (2), 1-5.

McAdam, D.; Tarrow, S.; Tilly, C. (2009). Para mapear o confronto político. *Lua Nova,* (76), 11-48.

McCarthy, J.; Zald, M. (1977). Resource mobilization and social movements. *American Journal of Sociology,* (82), 1212-1241.

Medici, A. M. (2016). *Otro nomos. Teoría del Nuevo Constitucionalismo Latinoamericano.* San Luis Posí: CENEJUS, UASLP.

Mejía Quintana, O. (2000). *La problemática iusfilosófica de la obediencia al derecho y la justificación constitucional de la desobediencia civil.* Bogotá: Unibiblos.

Mellor, M. (2000). *Feminismo y ecología.* México: Siglo XXI.

Melo Sampaio, P. (2006). Etnia e legitimidade: fontes eclesiásticas e história indígena na Amazônia. Em P. Melo Sampaio y R. Carvalho Erthal, (comps.). *Rastros da memória: histórias e trajetórias das populações indígenas da Amazônia.* Manaus: EDUA.

Melucci, A. (2001). *A invenção do presente: movimentos sociais nas sociedades complexas. Petrópolis,* Rio de Janeiro: Vozes.

Mendoza, B. (2023). *Colonialidad, género y democracia.* México: Akal.

Menezes Fonseca, O. J. (2006). Amazônia: olhar o passado, entender o presente, pensar o futuro. *Hileia - Revista de Direito Ambiental da Amazônia,* (4), 103-104.

Mezzetti, L. (2009). *L'America Latina.* En P. Carrozza; A. di Giovine; G. F. Ferrari (eds.), *Diritto costituzionale comparato.* Roma-Bari: Laterza.

Mezzetti, L. (2010). Teorie della giustizia costituzionale e legittimazione degli organi di giustizia costituzionale. *Estudios Constitucionales,* (1), 307-354.

Mijangos y González, J. (2007). *Los derechos fundamentales en las relaciones entre particulares.* México: Porrúa.

Monroy Gálvez, J. (1996). *Introducción al Proceso Civil.* Lima: Temis.

Montalván Zambrano, D. (2021). Antropocentrismo y ecocentrismo en la jurisprudencia de la Corte Interamericana de Derechos Humanos. *Araucaria. Revista Iberoamericana de Filosofía, Política, Humanidades y Relaciones Internacionales,* 23(46), 505-527.

Montés Penadés, V. (1980). *La propiedad privada en el sistema de Derecho Civil contemporáneo.* Madrid: Civitas.

Montesquieu (1976). *El espíritu de las leyes.* La Habana: Ciencias Sociales.

Moreira, A. (2020). *Tratado de Direito Antidiscriminatório.* São Paulo: Contracorrente.

Moreno Velador, O. H., Figueroa Ibarra, C. A. (2029). Golpe de Estado y neogolpismo en América Latina. *Debates,* 13(1), 150-172.

Mortati, C. (2000). *La Constitución en sentido material.* Madrid: Centro de Estudios Políticos y Constitucionales.

Mosquera, S. (2014). *Las ciencias y la cultura en la colonización de los otros.* Quibdó: Mincultura-Muntú-Bantú, Fundación Social Afrocolombiana.

Mosse, G. (1995). Estetica fascista e società: alcune considerazioni. En A. del Boca, M. Legnani y M.G. Rossi (eds.), *Il regime fascista: storia e storiografia.* Roma: Laterza.

Moura, C. (1988). *Sociologia do negro brasileiro.* São Paulo: Ática.

Moreau, S. (2010). What is discrimination? *Philosophy & Public Affairs.* 38 (2). 143-179.

Munanga, K. (2019). *Rediscutindo a mestiçagem no Brasil: identidade nacional* versus *identidade negra.* Belo Horizonte: Autêntica.

Múnera, A. (2019). *El fracaso de la nación. Región, clase y raza en el caribe colombiano (1717-1821).* Bogotá: Planeta.

Naciones Unidas (2003). *Racism, Racial Discrimination, Xenophobia and all Forms of Discrimination. Report of the Working Group of Experts on People of African Descent on its first and second sessions.* E/CN.4/2003/21.

Navas Alvear, M. (2017). Chaves metodológicas para a pesquisa do Novo Constitucionalismo latino-americano: uma visão sociojurídica. *Culturas Jurídicas,* 4(9), 1-23.

Navas Alvear, M. (2018). Los derechos de participación en la región andina. Relevancia, configuración y efectividad, reflexiones desde el caso ecuatoriano. *Revista General de Derecho Constitucional,* (26), 1-28.

Neves, M. (2012). Transconstitucionalismo, con especial referencia a la experiencia latinoamericana. En G. Capaldo; J.; Jan Sieckmann; L. Clérico. *Internacionalización del derecho constitucional, constitucionalización del derecho internacional.* Buenos Aires: Editorial Universitaria de Buenos Aires, Alexander von Humboldt Stiftung Foundation.

Nino, C. S. (1997). *La constitución de la democracia deliberativa.* Barcelona: Gedisa.

North, D. C. (1993). *Instituciones, cambio institucional y desempeño económico.* México: Fondo de Cultura Económica.

Novozhylov, V. (2019). Due Process in Code Enforcement as Criminal Procedural Task: To the Issue on Essence and Practical Use. *Journal of the National Academy of Legal Sciences of Ukraine,* 26(4), 90-107.

Núñez Rivero, C. y Fernández Aller, C. (2010). El Defensor del Pueblo en Centroamérica. Análisis Comparado. *Teoría y realidad constitucional,* (26), 451-479.

O'Donnell, G. (1995). Delegative Democracy. *Journal of Democracy,* 5(1), 13-23.

O'Donnell, G. (1998). Accountability horizontal e novas poliarquias. *Lua Nova,* (44), 27-54.

Offen, K y Ferrandism M. (1991). Definir el feminismo: un análisis histórico comparativo. *Historia Social,* (9), 103-135.

Oliva, J.; Blázquez, D.; Peces-Barba, G. (2007). *Los derechos humanos ante los desafíos internacionales de la diversidad cultural.* Valencia: Universidad de Valencia.

Olivé, L. (2004). *Interculturalismo y justicia social.* México: UNAM.

Oliveira Moraes, G. (2018). *Harmonia com a Natureza e direitos de Pachamama.* Fortaleza: UFC.

Ortíz Magallón, R. (2007). Declaración Universal sobre laicidad en el siglo XXI. En R. Ortíz Magallón, *Estado laico, condición de ciudadanía para las mujeres* (compilación). México: Centro de Producción Editorial, Grupo Parlamentario del PRD en la LX Legislatura.

Osorio-Montoya, R. O. (2018). La extradición y la cooperación internacional. Falta de justicia, legitimidad o incapacidad del Estado colombiano: su historia. *Revista Iusta,* (48), 179-198.

Oyěwùmí, O. (2017). *La invención de las mujeres. Una perspectiva africana sobre los discursos occidentales del género.* Bogotá: Editorial en la frontera.

Panikkar, R. (2007). *Mito, fe y hermenéutica.* México: Herder.

Parra Vera, O. (2016). "Empoderamiento institucional" e iniciativas progresistas: impacto del Sistema Interamericano de Derechos Humanos en tensiones y choques entre órganos del Estado. *Pensamiento Jurídico,* (43), 405-442.

Pasquino, G. (1998). *La oposición.* Madrid: Alianza.

Passaglia, P. (2019). Da Tocqueville a Marshall, passando per Kelsen: il sincretismo del sistema messicano di giustizia costituzionale. *Cuestiones Constitucionales. Revista Mexicana de Derecho Constitucional.* (41), 559-577.

Pateman, C. (1970). *Participation and democratic theory*. Cambridge: Universidad de Cambridge.

Pateman, C. (2019). *El Contrato Sexual*. Madrid: Ménades Editorial.

Pavani, G. (2018). Mutaciones del estado federal en América Latina. Notas metodológicas para la investigación. *Revista General de Derecho Público Comparado*, (23), 3-21.

Peces-Barba, G. (1999). *Curso de Derechos Fundamentales*. Madrid: Universidad Carlos III.

Pegoraro, L. (2014). Justicia Constitucional (modelos). En *Diccionario de Derecho Constitucional y Convencional*, 2ª ed. México: Instituto de Investigaciones Jurídicas, UNAM.

Pegoraro, L. (2019). *Sistemi di giustizia costituzionale*. Torino: Giappichelli.

Pereira Menaut, C. (2011). *En defensa de la Constitución*. Lima: Palestra Editores.

Pérez Luño, E. (2002). Ciudadanía y definiciones. *Doxa: Cuadernos de Filosofía del Derecho*, (25), 177-211.

Pérez Murcia, L. E.; Uprimny, R.; Rodríguez Garavito, C. (2007). *Los derechos sociales en serio: hacia un diálogo entre derechos y políticas públicas*. Bogotá: Dejusticia, IDEP.

Pérez, C. (2001). *Cambio tecnológico y oportunidades de desarrollo como blanco móvil*. *Revista de la CEPAL*, (75), 4-33.

Peruzotti, E. y Smulovitz, C. (2006). Social Accountability: an introduction. En E. Peruzzotti y C. Smulovitz (eds.), *Enforcing the rule of law:* social accountability in the new latin american democracies. Pittisburgh: Univesity of Pittsburgh Press.

Pettit, P. (2006). *Una teoría de la libertad*. Madrid: Losada.

Pinto, A. C. (2019). *Latin American dictatorships in the era of fascism: the corporatist wave*. Londres: Routledge.

Pisarello, G. (2007). *Los derechos sociales y sus garantías. Elementos para una reconstrucción*. Madrid: Trotta.

Pisarello, G. (2011). *Un largo termidor. La ofensiva del constitucionalismo antidemocrático*. Madrid: Trotta.

Pita, F. (2002). Neoliberalismo y neoconservadurismo: la nueva derecha. En V. E. Marcaida (coord.). *Estudios de historia económica y social. De la Revolución Industrial a la globalización neoliberal*. Buenos Aires: Biblos.

Pizzorno, A (2006). La naturaleza de la desigualdad: poder político y poder privado en la sociedad en vías de globalización. *Estudios de Política y Sociedad*, 1 (3), 73-107.

Pizzorno, A. (2005). Las imposibilidades de la democracia. *Metapolítica,* 8 (39), 59-70.

Pizzorusso, A. (1982). I sistemi di giustizia costituzionale: dai modelli alla prassi. *Quaderni costituzionali,* (3), 521-533.

Pizzorusso, A. (2001). Las generaciones de derechos. *Anuario Iberoamericano de Justicia Constitucional,* (5), 291-307.

Portantiero, J.C. (1988). *La producción de un orden. Ensayos sobre la democracia entre el Estado y la sociedad.* Buenos Aires: Nueva Visión.

Posey, D. (1986). Etnobiología: teoria e prática. En B. Ribeiro (ed.), *Suma Etnológica. Brasileira. Etnobiología.* Petrópolis: Vozes, FINEP.

Poulantzas, N. (1968). *Poder político y clases sociales en el Estado capitalista.* México: Siglo XXI editores.

Pozzolo, S. (1998). Neoconstitucionalismo y especificidad de la interpretación constitucional. *Doxa. Cuadernos De Filosofía Del Derecho,* 2 (25), 339-353.

Prudente, E. A. J. (2005). Em busca das raízes das nossas desigualdades sociais. *Augusto Guzzo Revista Acadêmica,* (7), 34-43.

Quijano, A. (2005). Colonialidade do poder, eurocentrismo e América Latina. En E. Lander (coord.). *A colonialidade do saber:* eurocentrismo e ciências sociais - perspectivas latinoamericanas. Buenos Aires: CLACSO.

Quijano, A. (2020). *Ensayos en torno a la colonialidad del poder.* España: Ediciones del Siglo.

Ramíres Parco, G. (2011). *Extradición, juicio y condena de Alberto Fujimori.* Lima: Instituto de Defensa Legal.

Ramírez Cleves, G. A, (2005). *Límites a la reforma constitucional en Colombia: el concepto de constitución como fundamento de la restricción,* Bogotá: Universidad Externado de Colombia.

Ramírez Cleves, G. A, (2017). Teoría de la Constitución, constitución y poder constituyente. En AA.VV. *Lecciones de Derecho Constitucional,* t. I. Bogotá: Universidad Externado de Colombia.

Ramírez Gallegos, R. (2023). *La vida y el tiempo: apuntes para una teoría ucrónica de la vida buena.* Buenos Aires: CLACSO.

Remiro Brotons, A.; Riquelme Cortado, R.; Díez-Hochleitner, J. & Orihuela Calatayud, E. y.-P. (2010). *Derecho internacional.* València: tirant lo blanch.

Rivas-Robledo, P. (2022). ¿Qué es el activismo judicial? Parte II: una definición más allá de la extralimitación de funciones. *Díkaion,* 31(2), 1-28.

Rivera Cusicanqui, S. (2015). Violencia e interculturalidad. Paradojas de la etnicidad en la Bolivia de hoy. *Telar: Revista del Instituto Interdisciplinario de Estudios Latinoamericano*, (15), 49-70.

Rivera Cusicanqui, S. (2010). *Ch'ixinakax utxiwa: una reflexión sobre prácticas y discursos descolonizadores.* Buenos Aires: Tinta Limón.

Rivera Santiváñez, J. A. (2001). *Jurisdicción constitucional. Procedimientos constitucionales en Bolivia.* Cochabamba: Kipus.

Rodotà, S. (1981). *Il terribile diritto. Studi sulla proprietà privata.* Bologna: Il Mulino.

Rodríguez, C. G. (2009). Control parlamentario en América Latina. *Boletín Élites*, (15-09), 1-6.

Rodríguez, J. (2006). *La figura del Ombudsman, Guía de acompañamiento a los pueblos indígenas como usuarios.* San José de Costa Rica: Instituto Interamericano de Derechos Humanos.

Rodríguez, J. *La independencia de la América española.* México: Fondo de Cultura Económica, 2006.

Rodríguez Garavito, C. (coord.) (2011). *El derecho en América Latina: un mapa para el pensamiento jurídico en el siglo XXI.* Buenos Aires: Siglo XXI.

Rodríguez Vázquez, M. A. (2015). Estado laico y religión en la era de la globalización. En J. M. Serna de La Garza (coord.). *Contribuciones al Derecho Constitucional.* México: Instituto de Investigaciones Jurídicas, UNAM.

Rogel Vide, C. (2008). Origen y actualidad de los derechos de la personalidad. En *Estudios de Derecho Civil. Persona y Familia.* Madrid: Reus.

Rojas Tudela, F. L. (2018). *Constitución y deconstrucción.* La Paz: CIS, Vicepresidencia del Estado Plurinacional de Bolivia.

Romano, S. (1963). *El ordenamiento jurídico.* Madrid: Instituto de Estudios Jurídicos.

Rosental, M. y Ludin, P. (1959). *Diccionario filosófico abreviado.* Montevideo: Pueblos Unidos.

Ross, A. (1970). *Sobre el derecho el derecho y la justicia.* Buenos Aires: Eudeba.

Ross, A. (2007). *Teoría de las fuentes del derecho. Una contribución a la teoría del derecho positivo sobre la base de investigaciones histórico-dogmáticas.* Madrid: Centro de Estudios Políticos y Constitucionales.

Rouquié, A. (1981). *Dictadores, militares y legitimidad en América Latina.* Buenos Aires: CLACSO.

Roxin, C. (1997). *Derecho penal. Parte general.* Madrid: Civitas.

Rubio Llorente, F., (coord.). (1995). *Derechos fundamentales y principios constitucionales (Doctrina jurisprudencial).* Barcelona: Ariel.

Rebouça dos Santos, M. do C. (2021) *Constitucionalismo e Justiça Epistêmica: o lugar do movimento constitucionalista haitiano de 1801 e 1804*. Rio de Janeiro: Telha.

Sabadell, A. L. (2000). *Manual de sociologia jurídica: introdução a uma leitura externa do direito*. São Paulo: Revista dos Tribunais.

Sagüés, N. P. (2002). *Derecho procesal constitucional*. Buenos Aires: Astrea.

Salazar Ugarte, P. (2006). Laicidad y democracia Constitucional. *Isonomia,* (24), 37-49.

Salmón, E. y Blanco C. (2021). *El derecho al debido proceso en la jurisprudencia de la Corte Interamericana de Derechos Humano,* 4ta ed., Perú: Fondo editorial PUCP.

Sánchez Rubio, D. (2022). Humanismo intercultural biocentrado: una propuesta desde lo común. *Anuario de Filosofía del Derecho,* (38), 215-250.

Sánchez, V. M. (2021). Amnistías y Derecho Internacional en perspectiva histórica: Bartolomé De las Casas vs. Hugo Grocio. *Revista de Filosofía del Derecho y Derechos Humanos,* (44), 167-208.

Sánchez-Vidal, A. (2017). Empoderamiento, liberación y desarrollo humano. *Psychosocial Intervention,* 26 (3), 155-163.

Santofimio, J. (2017). *Compendio de Derecho Administrativo*. Bogotá: Universidad Externado de Colombia.

Santos Molano, R. (2016). La misión Kemmerer. *Revista Credencial*. Disponible en https://www.revistacredencial.com/historia/temas/la-mision-kemmerer

Santos, S. A. (2007). *Ações Afirmativas e Combate ao Racismo nas Américas*. Brasília: UNESCO, BID, Ministério da Educação do Brasil.

Sarrión Esteve, J. (2011). El Pluralismo constitucional en la Unión Europea: ¿una construcción artificial? *Revista CEFLegal Revista Práctica de Derecho,* (124), 73-90.

Sartori, G. (1957). *Democrazia e definizioni,* Boloña: Il Mulino.

Schlesinger, A. M. (1947), *The Supreme Court*. New York: Time Incorporated.

Schmitt, C. (1985). *La dictadura. Desde los comienzos del pensamiento moderno de la soberanía hasta la lucha de clases proletaria*. Madrid: Alianza.

Schmitt, C. (2011). *Teoría de la Constitución*. Madrid: Alianza.

Schmitt, C. y Kelsen, H. (2009). *La polémica Schmitt/Kelsen sobre la justicia constitucional: El defensor de la constitución versus ¿Quién debe ser el defensor de la Constitución?* Madrid: Tecnos.

SCHUMPETER, J. (1942). *Capitalism, Socialism and Democracy.* Nueva York: Harper & Row.

SEGATO, R. (2006). Antropologia y derechos humanos: alteridade e ética no movimiento de expansão dos direitos universais. *Mana,* 12 (1), 207-236.

SEIXAS, B. y SOUZA, R. (2014). A importância do princípio constitucional do devido processo legal para o efetivo acesso à justiça no Brasil. *Revista Cadernos do Programa de Pós-Graduação em Direito/UFRGS,* 9 (1), 435-465.

SENENT DE FRUTOS, J. A. (2004). Sociedad del conocimiento, biotecnología y biodiversidad. *Hiléia - Revista de Direito Ambiental da Amazônia,* (2), 115-144.

SIERRA LEÓN, Y., (2014). Relaciones entre el arte y los derechos humanos. *Revista Derecho del Estado,* (32), 77-100.

SIERRA LEÓN, Y., (2020). Arte, justicia transicional y derechos humanos en Colombia. *Anuario Iberoamericano de Derecho del Arte 2020,* (1), 387-434.

SIERRA MADERO, D. M. (2012). *La objeción de conciencia en México. Bases para un adecuado marco jurídico.* México: Instituto de Investigaciones Jurídicas, UNAM.

SILVA UGARTE, A. (2006). Alvores da conquista espiritual do Alto Amazonas (século XVI-XVII). En P. Melo Sampaio e R. Carvalho Erthal. (Dirs.), *Rastros da memória: histórias e trajetórias das populações indígenas da Amazônia.* Manaos: EDUA.

SILVA, C. y MARTÍNEZ, M. L. (2004). Empoderamiento: proceso, nivel y contexto. *Psykhe (Santiago),* 13(2), 29-39.

SIMENTAL, V. A. (2018). Concepciones neoconstitucionales sobre el agua en Latinoamérica. *Alegatos,* (99), 287-308.

SIVERINO BAVIO, P. (2010). El Derecho ante la diversidad: la transexualidad y el derecho a la identidad sexual en la jurisprudencia argentina. *Revista de la Asociación Ius et veritas,* (41), 50-69.

SOSA, E. C. (2020). Consideraciones en torno al origen y evolución de la intervención federal en Argentina, Brasil y México. *Revista Española de Derecho Constitucional,* (120), 139-168.

SOTO BARRIENTOS, F. y WELP, Y. (2018). La consulta popular y calidad de la democracia en América Latina. En J. Tudela *et al.*, *Libro blanco sobre la calidad democrática en España.* Madrid: Marcial Pons.

SOUSA SANTOS, B. (2006). *A gramática do tempo: para uma nova cultura política.* São Paulo: Cortez.

STEPAN, A. (2001). Towards a new comparative politics of federalism, (multi)nationalism and democracy: Beyond Rikerian Federalism. En A. Stepan, *Arguing Comparative Politics.* Oxford: Oxford University Press.

Stone, C. D. (1972). Should Trees Have Standing? Towards Legal Rights for Natural Objects. *Southern California Law Review*, (45), 450-501.

Tapia Rodríguez, M. (2008). Del Derecho de familia hacia un Derecho de las familias. En A. Guzmán Brito (ed.), *Estudios de Derecho Civil III, Jornadas nacionales de Derecho civil, Valparaíso, 2007*. Santiago de Chile: Legal Publishing.

Taylor, C. (1993). *El multiculturalismo y la "política del reconocimiento"*. México: Fondo de Cultura Económica.

Thoreau, H. D., (2005). *Desobediencia civil y otros escritos*. Madrid: Alianza.

Touraine, A. (1985). An Introduction to the Study of Social Movements. *Social Research*, 52 (4), 749-787.

Trejo Osornio, L. A. (2010). *La objeción de conciencia en México, el derecho a disentir*. México: Porrúa.

Tremolada Álvarez, E., y Martínez Dalmau, R. (2014). Jerarquía constitucional y aplicación preferente del derecho de la integración. Elementos para la solución del posible conflicto entre derechos e integración. *Vniversitas*, (128), 383-409.

Uhthoff López, L. M. (2009). El Departamento de Contraloría y la búsqueda del control del presupuesto en México, 1917-1932. Una aproximación. *Secuencia. Revista de Historia y Ciencias Sociales*, (74), 83-101.

Uprimny, R. (2011). Las transformaciones constitucionales recientes en América Latina: tendencias y desafíos. En C. Rodríguez Garavito (coord.). *El derecho en América Latina, un mapa para el pensamiento jurídico del Siglo XXI*. Buenos Aires: Siglo XXI.

Valle Franco, A. (2009). El derecho a tener derechos. Los derechos en la movilidad humana: del control a la protección. En N. Pérez Ruales y A. Valle Franco (eds.), *Serie de justicia y derechos humanos, neo constitucionalismo y sociedad*. Quito: Ministerio de la Justicia y Derechos Humanos.

Valles Vives, F. (2003). *El control externo del gasto público. Configuración y garantía constitucional*. Madrid: Centro de Estudios Políticos y Constitucionales.

Van Der Hults, M. (2000). *El mandato parlamentario: estudio comparativo Mundial*. Ginebra: Unión Parlamentaria Internacional.

Vargas, A. E. (2018). Bloque de constitucionalidad y control de convencionalidad en Bolivia. *Anuario de Derecho Constitucional Latinoamericano*, (24), 535-556.

Vedaschi, A. (2009). La giustizia costituzionale. En P. Carrozza; A. di Giovine; G. F. Ferrari, (eds.). *Diritto costituzionale comparato*. Roma-Bari: Laterza.

VEGA MERE, Y. (2009). *Las nuevas fronteras del Derecho de Familia.* Lima: Montevisa Editora Jurídica.

VELA BARBA, E. (2017). *Derechos sexuales y reproductivos.* México: Universidad Nacional Autónoma de México, Instituto de Investigaciones Jurídicas, Instituto Belisario Domínguez.

VERSIANI, R. (2017). A pesquisa militante na América Latina: uma chave para a compreensão dos movimentos sociais. *[Tesis de Doctorado en Sociología, Universidade do Estado do Rio de Janeiro, Instituto de Estudos Sociais e Políticos].*

VIAENE, L. (2021). Indigenous Water Ontologies, Hydro-Development and the Human/More-Than-Human Right to Water: A Call for Critical Engagement with Plurilegal Water Realities. *Water,* 13 (12), 2-22.

VICIANO PASTOR, R. y MARTÍNEZ DALMAU, R. (2010). Aspectos generales del nuevo constitucionalismo latinoamericano. En *El nuevo constitucionalismo en América Latina.* Quito: Corte Constitucional de Ecuador.

VICIANO PASTOR, R. y MARTÍNEZ DALMAU, R. (2010). Los procesos constituyentes latinoamericanos y el nuevo paradigma constitucional. *Ius: Revista del Instituto de Ciencias Jurídicas de Puebla,* (25), 7-29.

VICIANO PASTOR, R. y MARTÍNEZ DALMAU, R. (2011). El nuevo constitucionalismo latinoamericano: fundamentos para una construcción doctrinal. *Revista General de Derecho Público Comparado,* (9), 1-24.

VICIANO PASTOR, R., MARTÍNEZ DALMAU, R. (2017). Crisis del Estado social en Europa y dificultades para la generación del constitucionalismo social en América Latina. *Revista General de Derecho Público Comparado,* (21), 721-742.

VICIANO PASTOR, R. y MORENO GONZÁLEZ, G. (2018). Cuando los jueces declaran inconstitucional la Constitución: la reelección presidencial en América Latina a la luz de las últimas decisiones de las Cortes Constitucionales. *Anuario Iberoamericano de Justicia Constitucional,* (22), 165-198.

VILA CASADO, I. (2018). *Historia del constitucionalismo colombiano.* Colombia: Grupo Editorial Ibáñez.

VILLABELLA ARMENGOL, C. M. (2008). *Las formas de gobierno en el mundo.* México: Instituto de Ciencias Jurídicas, Universidad Autónoma de Puebla.

VILLABELLA ARMENGOL, C. M. (2014). *Nuevo constitucionalismo latinoamericano ¿un nuevo paradigma?* México: Grupo editorial Mariel, Juan Pablo Editor, S.A.

VILLABELLA ARMENGOL, C. M. (2017). El constitucionalismo contemporáneo en América Latina. Breve estudio comparado. *Boletín Mexicano de Derecho Comparado,* (149), 943-978.

VILLABELLA ARMENGOL, C. M. (2018). El dilema presidencialismo *vs.* parlamentarismo en América Latina. Apuntes sobre la realidad en el siglo XXI. *Estudios Constitucionales*, (1), 15-38.

VILLABELLA ARMENGOL, C. M. (2020). *Estudios de Derecho Constitucional.* La Habana: Unijuris.

VILLABELLA ARMENGOL, C. M.; PÉREZ GALLARDO, L.; MOLINA CARRILLO, G. (2016). *Derecho Familiar Constitucional.* México: Grupo Editorial Mariel.

VILLAVICENCIO RIVERA, M. (2017). *La acción popular en el Perú y en el derecho comparado.* Informe temático del Congreso de la República. Lima: Congreso de la República.

WALLERSTEIN, I. (2007). *O universalismo europeu - a retórica do poder.* São Paulo: Editora Boitempo.

WALSH, C. (2008). Interculturalidad, plurinacionalidad y decolonialidad: las insurgencias político-epistémicas de refundar el Estado. *Tabula Rasa*, (9), 131-152.

WALSH, C.; GARCÍA LINERA, A.; MIGNOLO W. (2006). *Interculturalidad, descolonización del Estado y del conocimiento.* Buenos Aires: Signo.

WALZER, M. (2004). *Las esferas de la justicia: una defensa del pluralismo y la igualdad.* México: Fondo de Cultura Económica.

WEHLING, A. (2006). O Escravo ante a Lei Civil e a Lei Penal no Império (1822-1871). En A. C. Wolkmer, *Fundamentos de História de Direito,* 3ª. ed. Belo Horizonte: Del Rey.

WILLIAMSON, J. (1998). Revisión del Consenso de Washington. En L. Emmerij y J. Núñez del Arco (comps.). *El desarrollo económico y social en los umbrales del siglo XXI.* Washington, D.C.: BID.

WOLKMER, A. C. (2017). *Teoría crítica del derecho desde América Latina.* México: Akal.

WOLKMER, A. C. (2018). *Pluralismo Jurídico - Fundamentos de una Nueva cultura del Derecho.* 2ed. Madrid: Dykinson, 2018. (Versión portuguesa: 4ed. São Paulo: Saraiva, 2015).

ZAFFARONI, E. R.; CAAMAÑO, C.; WEIS, V. V. (2021). *¡Bienvenidos al lawfare!: Manual de pasos básicos para demoler el derecho penal.* Buenos Aires: Capital Intelectual.

ZAGREBELSKY, G.; PORTINARO, P. P.; LUTHER, J. (1994). *Il futuro della costituzione.* Torino: Einaudi.

ZANATTA, L. (2012). *Historia de América Latina.* Buenos Aires: Siglo XXI.

ZANOTTI, I. (2006). *Extradition in Multilateral Treaties and Conventions.* Leiden/Netherlands: Martinus Nijhoff Publishers.

Zúñiga Urbina, F. O. (2010). Separación de poderes y estado de derecho. *Revista de Derecho de la Pontificia Universidad Católica de Valparaíso,* (14), 191-199.